↑↑↑ 钱学森的父亲钱均夫留学日本时的照片

↑↑↑ 满周岁的钱学森与父亲的合影

↑↑↑ 钱学森与母亲章兰娟(居中者)、姨妈

↑↑↑ 钱学森（左一）和父亲（左二）、母亲（左三）、祖母（左四）以及女佣在杭州方谷园（陈天山提供）

↑↑↑　杭州方谷园小巷（钱学森摄）

↑↑↑ 1926年在北京师大附中念书的钱学森

↑↑↑ 钱学森（前左一）与交通大学铜管乐队其他成员合影

↑↑↑ 钱学森的交通大学毕业文凭（英文版）

↑↑↑　1935年8月，钱学森从上海乘船赴美国留学

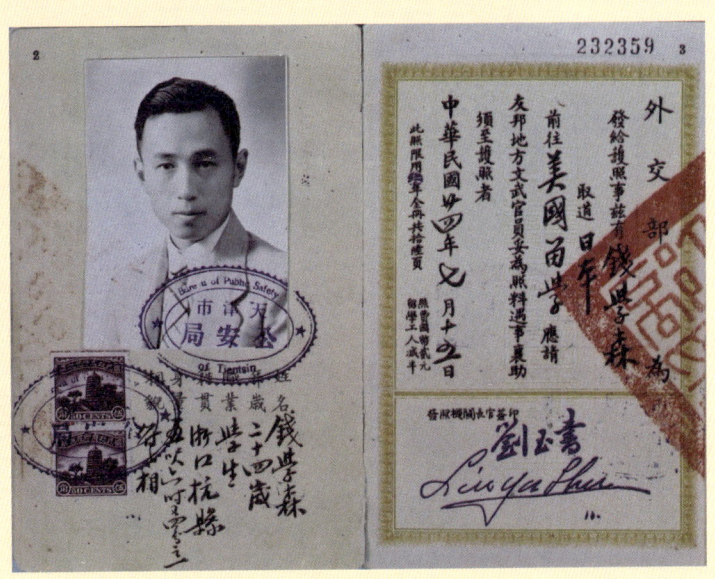

↑↑↑　钱学森1935年赴美国时的护照

↑↑↑ 1938年钱学森在美国

↑↑↑ 1945年4、5月间,穿着美军上校制服的钱学森(中)和导师冯·卡门在德国哥廷根会见空气动力学家L.普朗特(左)。普朗特是冯·卡门的老师

↑↑↑ 钱学森和同事在古根海姆办公楼前

↑↑↑ 1947年10月钱学森和蒋英在上海拍摄的结婚照

↑↑↑ 钱学森在美国的自拍像

↟↟↟ 美国的瀑布（钱学森摄）

↑↑↑ 归国途中钱学森一家在"克利夫兰总统号"轮船甲板上

↑↑↑ 1955年10月,钱学森一家回到上海时与钱学森父亲钱均夫的合影

↑↑↑ 1991年10月16日,国务院、中央军委授予钱学森"国家杰出贡献科学家"荣誉称号和"一级英雄模范奖章"。这是钱学森在仪式上讲话(新华社供图)

↑↑↑ 钱学森全家福

走近
钱学森

叶永烈 / 著

天地出版社 | TIANDI PRESS

图书在版编目（CIP）数据

走近钱学森 / 叶永烈著. —成都：天地出版社，2019.9
（2025年10月重印）
ISBN 978-7-5455-4250-9

Ⅰ.①走… Ⅱ.①叶… Ⅲ.①钱学森-1911-2009-传记
Ⅳ.①K826.16

中国版本图书馆CIP数据核字（2018）第222427号

ZOUJIN QIAN XUESEN
走近钱学森

出 品 人	杨　政
作　　者	叶永烈
责任编辑	杨永龙　李建波
封面设计	思想工社
内文排版	尚上文化
责任印制	王学锋

出版发行　天地出版社
　　　　　（成都市锦江区三色路238号 邮政编码：610023）
　　　　　（北京市方庄芳群园3区3号 邮政编码：100078）

网　　址	http://www.tiandiph.com
电子邮箱	tianditg@163.com
经　　销	新华文轩出版传媒股份有限公司
印　　刷	北京文昌阁彩色印刷有限责任公司
版　　次	2019年9月第1版
印　　次	2025年10月第15次印刷
开　　本	710mm×1000mm　1/16
印　　张	39.5
字　　数	688千字
定　　价	68.00元
书　　号	ISBN 978-7-5455-4250-9

版权所有◆违者必究

咨询电话：（028）86361282（总编室）
购书热线：（010）67693207（营销中心）

如有印装错误，请与本社联系调换。

目 录

小 引　形形色色的评价 / 1

第一章　冲破罗网

美国要给钱学森授奖 / 2

"火箭专家返回红色中国" / 3

"怀疑的乌云扫过我的头上" / 6

"千军易得，一将难求" / 13

中国"原子弹主将"幸运漏网 / 16

托运的行李被细细"研究" / 19

牢狱之灾突然降临 / 21

四面八方的声援 / 25

被监控的生活是痛苦的 / 29

在"工程控制论"中闪光 / 32

中美在日内瓦的较量 / 37

躲过特工寄出至关重要的信 / 40

头等舱的故事 / 45

菲律宾华侨的信与合众社的评论 / 47

第二章　华丽家族

杭州方谷园大宅门 / 52

钱家祖辈乃丝行大亨 / 56

作为教育家的钱均夫 / 59

父亲是第一位老师 / 65

浓浓的"宣武门情结" / 68

名牌小学的熏陶 / 70

17位深刻影响钱学森的人 / 75

在中学打下扎实的基础 / 76

跨进交通大学校门 / 85

伤寒突然袭来 / 90

请求老师扣分的故事 / 96

从地上跑的到天上飞的 / 100

母亲早逝使钱学森痛心疾首 / 104

进京赶考 / 105

幸遇伯乐叶企孙 / 109

三位名师的指点 / 112

第三章　**美国深造**

横渡太平洋 / 120

戴上硕士方尖帽 / 124

钱学森的"影子" / 127

冯·卡门的传奇人生 / 129

在冯·卡门麾下 / 133

冯·卡门访华受到高规格接待 / 136

"卡门—钱近似"公式 / 137

加盟"火箭俱乐部" / 140

"约翰·狄克"之谜 / 145

罗斯福总统关注研制火箭 / 148

"卍"旗下的秘密火箭 / 151

"喷气推进实验室"的诞生 / 155

第四章　**火箭专家**

　　进入五角大楼 / 162

　　神秘的"回形针行动" / 167

　　以美军上校身份飞赴德国 / 172

　　三代空气动力学家的会晤 / 175

　　提审德国"火箭之王" / 178

　　重返麻省理工学院 / 183

　　双喜临门的 1947 / 187

　　"内定"交通大学校长 / 190

　　从干女儿到儿媳 / 194

　　"声震屋瓦"的女高音歌唱家 / 199

　　良缘天成　佳话传世 / 203

　　再度来到加州理工学院 / 206

　　钱学森的"红色"挚友 / 211

　　"北方当局"的召唤 / 216

第五章　**一将难求**

　　"钱先生，请坐车" / 222

　　陈赓大将专程飞往哈尔滨 / 230

　　在大和旅馆密谈导弹 / 235

　　国防部长彭德怀的关注 / 240

　　跟大将、上将、中将研究导弹 / 243

　　第一个提出组建"火箭军" / 245

　　毛泽东要钱学森坐在他身边 / 249

　　叶剑英的宴请与周恩来的看重 / 251

　　中央作出决策，研制导弹 / 254

　　公开的身份——力学家 / 256

走进力学研究所 / 261

在中关村"海归楼"安家 / 268

举办《工程控制论》讲座 / 271

有什么说什么 / 274

女秘书眼中的"国宝" / 277

聂帅挂帅"两弹" / 280

"黄带子坟"的绝密研究院 / 285

关于"中将"军衔的传说 / 289

美苏争霸太空 / 295

手心上的神机妙算 / 300

满洲里车站的庞然大物 / 303

苏联导弹成了中国的"过继儿子" / 305

"响尾蛇"与"萨姆"导弹的较量 / 308

1957年的"震撼弹" / 313

"三钱"之中倒了钱伟长 / 318

庄严的入党时刻 / 324

讲坛上的风采 / 329

"三起三落"物理力学 / 334

第六章 两弹一星

"1059"导弹的诞生 / 338

聂荣臻秘书柳鸣的回忆 / 341

"争气弹"终于飞上天 / 345

如影随形的警卫秘书 / 351

身边的工作班子 / 355

增添了学术秘书 / 358

"两弹"差一点下马 / 360

"失败是成功之母" / 362

古巴导弹危机中的小插曲 / 366

钱学森"失踪" / 370

"黑寡妇"的穷途末路 / 374

中国放了"大炮仗" / 378

钱家来了化验员 / 386

"邱小姐"与导弹结合 / 389

挚友郭永怀不幸遭遇空难 / 395

"导弹+氢弹" / 398

"我们也要搞人造卫星" / 400

探空火箭从上海起飞 / 405

起用年轻人挑起研制卫星的大梁 / 408

"富有人情味" / 413

在"文化大革命"的风暴中 / 416

"武力保护"钱学森 / 422

中国卫星终于飞上太空 / 426

"海中蛟龙"核潜艇 / 432

水下"撒手锏" / 435

第七章　梦圆飞天

"把载人航天的锣鼓敲起来" / 442

中国小狗飞上天 / 446

"曙光号"飞船搁浅 / 449

毛泽东在病中记起钱学森 / 455

与钱学森的零距离接触 / 458

目击中国航天员的训练 / 462

飞船与航天飞机之争 / 467

力荐王永志挂航天之帅 / 474

第八章　金色晚年

第三大贡献 / 480

三次激动 / 492

亲手剪报 / 496

"铁杆"广播迷 / 499

科普高手 / 502

钱学森写信 / 505

郝天护·茅以升PK钱学森 / 508

"集大成，得智慧" / 511

"中国航天"打造香港大佛 / 516

关注"现代帝国主义研究" / 522

首创"山水城市" / 528

留住阳光　改造沙漠 / 533

草产业使内蒙古绿起来富起来 / 538

从美国归来的"宝贝" / 544

"钱永健旋风" / 546

钱学森的"再传弟子" / 548

丰硕的人生秋天 / 552

"我是大科学家钱学森！" / 560

最后的岁月 / 564

万众送别科学巨星 / 566

后　记 / 573

附录一　**钱学森年表** / 577

附录二　**钱学森著作一览** / 595

小 引

形形色色的评价

记得一位雕塑家朋友告诉我,他在雕刻人像之前,总是从各个不同的角度观察被雕刻的人,因为人是立体的,而铜像同样也是立体的。

其实,写一部传记,也就是用文字在纸上"雕刻"出一尊"铜像",同样需要从不同的角度观察传主。在细细向你介绍本书的主人公——钱学森博士之前,我先罗列各色人等对于他的形形色色的评价,使你对于他有一个多角度的立体的了解。

导师冯·卡门曾这样评价钱学森:

我们的朋友钱学森,是我1945年向美国国防部科学咨询团推荐的专家之一。他是当时美国处于领导地位的第一流火箭专家,后来成了世界闻名的新闻人物。

钱学森作为加州理工学院火箭小组的元老,曾在第二次世界大战期间对美国火箭研究作出重大贡献。

他是一个无可置疑的天才,他的工作大大促进了高速空气动力学和喷气推进科学的发展。

钱的这种天资是我不常遇到的。

我发现他非常富有想象力,他具有天赋的数学才智。

人们都这样说，似乎是我发现了钱学森，其实，是钱学森发现了我。

美国专栏作家米尔顿·维奥斯特曾这样写道：

冯·卡门是空气动力学领域里独一无二的大师，而钱的名望仅在他一人之下，钱是冯·卡门雄心壮志与事业的继承者。

钱（学森）是帮助美国成为世界第一流军事强国的科学家银河中的一颗明亮的星。

美国海军次长丹·金贝尔评价钱学森说：

无论在哪里，他都值五个师。

一位美国专栏作家这样评论钱学森的《工程控制论》：

工程师偏重于实践，解决具体问题，不善于将之上升到理论高度；数学家则擅长理论分析，却不善于从一般到个别去解决实际问题。钱学森则集中两个优势于一身，高超地将两只轮子装到一辆战车上，碾出了工程控制论研究的一条新途径……

1980年5月20日，合众国际社记者罗伯特·克莱伯在《中国导弹之父——钱学森》一文中指出：

金贝尔对钱学森博士的才能的高度评价，已经被1955年钱获准离开美国回国以来的事实所证明。正是因为有了钱学森，中国才在1970年成功地发射第一颗人造卫星。现在，由他负责研究的火箭，正使中国成为同苏联、美国一样能把核弹头发射到世界上任何一个地方的国家。

美国火箭专家克拉克（P.S.Clark）说：

中共的归国学人当中，无人重要性能出钱学森其右。

小 引
形形色色的评价

在接受美国《60分钟》电视节目专访时，曾参与曼哈顿计划的拉尔夫·莱波被问及钱学森在中国核武器和导弹研制计划中扮演的角色，莱波回答道：

> 我会说，他是为此奠下基础的人。事实上，具有火箭科学背景的他，必定是中国导弹计划中指引方向的那盏明灯。就中国目前以及未来的成就来看，我都会将之归功于钱学森的带领。

美国麻省理工学院斯蒂弗（Guyford Stever）教授认为：

> 他（引者注：指钱学森）在美国的成绩很好，但不足以令人折服。他对中华人民共和国的贡献才真正了不起。

英国著名科幻小说家克拉克（Arthur C.Clarke）在长篇小说《2010：太空漫步》（*2010: Odyssey Two*）中，把一艘中国太空船命名为"钱学森号"。

法国《世界报》选择北京举行钱学森葬礼的那一天——2009年11月6日，发表了由法国国防部长埃尔文·莫兰和《世界报》驻京记者布鲁诺·菲利浦共同完成的文章，专门介绍了"中国导弹之父"——钱学森的生平。文章指出：

> 中国感谢钱学森作出的贡献，今天有许多人参加了吊唁活动，而亿万网民也在互联网上纷纷向这位"超级明星"致敬。
>
> 中国导弹之父钱学森的命运非常离奇。他在美国航天科学发展史上部分地扮演了首创者的角色。而如果当时不是麦卡锡主义盛行，钱学森对美国航天发展的贡献会更大。

1956年，郭沫若写了一首七言诗《赠钱学森》：

> 大火无心云外流，登楼几见月当头。
> 太平洋上风涛险，西子湖中景色幽。
> 突破藩篱归故国，参加规划献宏猷。

从兹十二年间事，跨箭相期星际游。

钱学森夫人蒋英对丈夫的评价是：

　　他是一位把祖国、民族利益和荣誉看得高于一切的人，说得上是一位精忠报国、富有民族气节的"中国人"。

钱学森的学生、院士、国务委员宋健这么评价老师：

　　钱老是我们的民族英雄。

钱学森的好友、"两弹元勋"、中国科学院学部委员郭永怀的夫人李佩女士于2010年5月15日接受本书作者采访时，这样评价钱学森：

　　钱学森是战略科学家。

钱学森的学生范良藻这样评价老师：

　　钱学森先生的治学之道就是会看方向、出点子，为国为民，想人之不敢想，言人之不敢言，为人之不敢为，超前意识，浑然一体。
　　正如爱因斯坦所说的那样："与其说我是物理学家，不如说我是哲学家。"先生的治学之道，是以马克思列宁主义哲学为指导。科学和哲学的根本区别，在于科学上的所有认知都必须接受科学实验的检验，哲学可以指导科学，但绝不可以取代科学；不懂哲学的科学家是渺小的，同样，不懂科学的哲学家也是渺小的。

1991年10月14日，国务院、中央军委发布授予钱学森"国家杰出贡献科学家"荣誉称号的命令，指出：

　　国务院、中央军委号召广大科学工作者向钱学森同志学习，学习他崇高的民族气节、严谨的科学态度、朴实的工作作风。像他那样坚持运用辩证唯物主义和历史唯物主义的科学世界观、方法论指导科研工作；像他那样勤勤恳恳，艰苦奋斗，顽强拼搏，无私奉献，为发展和繁荣我国科技事业，推进社会主义现代化建设，作出新的贡献。

2001年9月24日，原中国科学院党组书记、副院长张劲夫在回忆文章中这样评价钱学森：

>从钱学森在美国和他回国以后的经历中，不难看出钱学森同志的政治品质和治学品质同样高尚。事实证明钱学森同志是我党难得的政治上成熟的战略科学家，中国人民忠诚的儿子。我冒昧地将他的品德和精神概括为"钱学森精神"，殷切地期望广大青年科技工作者以钱学森同志为榜样，向钱学森同志学习。如果在我们年轻一代中，能涌现出许多位"钱学森"，那对推动我国今后科技事业的发展，对贯彻落实科教兴国的战略将是意义深远的。若然，我这名在科技战线战斗过的老人将十分欣慰。

2001年12月21日，中国科学院院长路甬祥在"钱学森星"命名大会上说：

>钱学森院士作为"两弹一星"功勋奖章获得者和唯一的"国家杰出贡献科学家"，既是一位杰出的科学家，也是一位伟大的爱国主义者，始终将个人的前途与祖国的命运联系在一起。

《中国青年报》的社调中心在2003年10月15日、16日进行了一次电话抽样调查：谁是"中国首席科学家"？结果是钱学森以33.2%的提名率成为民选的"中国首席科学家"，第二位是华罗庚（16.9%），第三位是袁隆平（12.8%）。

2007年，当钱学森被评为当年"感动中国年度人物"时，感动中国组委会对钱学森的颁奖词是：

>在他心里，国为重，家为轻，科学最重，名利最轻。5年归国路，10

年两弹成。他是知识的宝藏，是科学的旗帜，是中华民族知识分子的典范。

感动中国推选委员阎肃，对钱学森的评价是：

大千宇宙浩瀚长空，全纳入赤子心胸。惊世两弹冲霄一星，尽凝铸中华豪情，霜鬓不坠青云志。寿至期颐回首望去，只付默默一笑中。

感动中国推选委员陈章良，对钱学森的评价是：

他不仅以自己严谨和勤奋的科学态度在航天领域为人类的进步作出卓越的贡献，更以淡泊名利和率真的人生态度诠释了一个科学家的人格本质。

2009年3月28日晚，"世界因你而美丽——2008影响世界华人盛典"在北京大学举行，钱学森获"终身成就最高荣誉大奖"。组委会指出：

已近98岁高龄的钱学森先生，是享誉世界的杰出科学家、中国航天科学的奠基人、中华知识分子的优秀典范，曾经获得"国家杰出贡献科学家"和"两弹一星功勋奖章"荣誉称号。钱学森先生作为中国火箭、导弹和航天计划的技术领导人，精心组织攻关会战，为"两弹一星"事业的成功倾注了大量心血，建立了卓越功勋。从领导岗位上退下来以后，钱老仍然关心国家建设，关注科技发展，为经济、科技、国防建设作出了突出贡献。

钱老在科学研究领域，始终高瞻远瞩，视野广阔。数十年的科研实践，使他逐步形成了对科学技术的独特理解，从最初技术科学概念的提出，再到现代科学技术体系结构的建立。他认为，现在的科学技术早已不只是自然科学技术的那些东西了，而是人类认识和改造客观世界的整个知识体系。科学技术的研究对象，从根本上讲只有一个：那就是整个客观世界。而学科的区别，只是人们研究问题的着眼点和看问题的角度不同而已。他还认为，一个科技工作者要有大作为，成大气候，应该有意识地学会运用这个知识体系，利用这个知识体系的综合优势和整体力量来认识和解决在祖国现代化建设中所遇到的种种问题。

钱老一生默默治学，成就无数，荣誉如海。但无论在什么时代，什么地方，他所选择的，既是一个科学家的最高职责，也是一个炎黄子孙的最高使命。他一生的经历和成就，在中国的国家史、华人的民族史和人类的世界史上，同时留下了耀眼的光芒，照亮了来路。作为中国航天事业的先行人，他不仅是知识的宝藏、科学的旗帜，而且是民族的脊梁、全球华人的典范，他向世界展示了华人的风采。在中华人民共和国建国60年之际，钱学森先生荣获此项"世界因你而美丽——2008影响世界华人大奖"之"终身成就最高荣誉大奖"，既是实至名归，也是全球华人的众望所归。

在钱学森因病于2009年10月31日8时6分在北京逝世之后，11月6日新华社发出电讯《钱学森同志生平》，称钱学森是"中国共产党的优秀党员，忠诚的共产主义战士，享誉海内外的杰出科学家和我国航天事业的奠基人，中国科学院、中国工程院资深院士"。《钱学森同志生平》用十一个"第一"，概括了钱学森对于中国航天和国防科技事业作出的巨大贡献：

——1956年，参与筹备组建中国导弹航空科学研究领导机构航空工业委员会，受命负责组建中国第一个火箭、导弹研究机构——国防部第五研究院，并兼任院长。

——1956年，设立空气动力研究室，组建了中国第一个空气动力学专业研究机构。

——1960年2月，指导设计的中国第一枚液体探空火箭发射成功。

——1960年11月，协助聂荣臻成功组织了中国第一枚近程地地导弹发射试验。

——1964年6月，作为发射场最高技术负责人，同现场总指挥张爱萍一起组织指挥了中国第一枚改进后的中近程地地导弹飞行试验。

——1966年10月，作为技术总负责人，协助聂荣臻组织实施了中国首次导弹与原子弹"两弹结合"试验。

——1970年4月，牵头组织实施了中国第一颗人造地球卫星发射任务。

——1971年3月，组织完成"实践一号"卫星发射试验，首次获得中国空间环境探测数据，为中国研制应用卫星、通信卫星积累了经验。

——1972年至1976年，领导设计制造了中国第一艘核动力潜艇。

——1972年至1976年，指挥成功发射了中国第一颗返回式卫星。

——1980年5月、1982年10月、1984年4月，参与组织领导了中国洲际导弹第一次全程飞行、潜艇水下发射导弹和地球静止轨道试验通信卫星发射任务。

钱学森之子钱永刚这样谈及父亲：

父亲逝世后，我跟记者们一再强调："咱们还得实事求是，我们敬仰钱老，但是我们不能说那种过头话，钱老实实在在的东西要挖掘，说清楚。但是也不能乱扣高帽，扣得再多，名实不副，戴了也白戴，几十年以后都得摘了。他不是什么教育家、政治家、军事家……他就是一个'家'，著名科学家。"[1]

---

[1] 钱永刚口述，徐梅整理：《钱学森之子追忆父亲：他就是一位科学家》，《南方人物周刊》2009年第48期。

第一章　冲破罗网

1955年钱学森一家启程回国时，在"克利夫兰总统号"轮船的甲板上

美国要给钱学森授奖

1985年初,美国总统科学顾问基沃思博士访华,会晤了国家科委主任宋健。基沃思知道宋健乃钱学森高足,郑重其事地请他向钱学森转达:美国政府准备授予钱学森先生美国科学和工程领域的最高荣誉——美国国家科学奖。

基沃思特别说明道:"美国国家科学奖是美国许多本土科学家穷其一生而不可得的国家最高荣誉。""美国国家科学奖的授奖仪式通常在白宫举行。如果钱学森先生去美国接受这项荣誉,我不能保证总统一定出席,但我可以保证,至少副总统一定会出席,并亲自给他颁奖。"

基沃思还说,如果钱学森先生愿意去美国,授予他美国科学院院士和美国工程院院士的称号是没有问题的。

基沃思说明美国政府邀请钱学森的原因:"钱学森先生在美国学习、工作了二十年,为美国科学发展作出了重大贡献,麦卡锡主义曾给了他不公正的待遇,所以这一次美国政府郑重邀请钱学森访问美国,并由美国政府和有关学术机构表彰他对科学的重要贡献。"

基沃思还说,如果钱学森先生不愿意去美国领奖,美国可以派美国科学院院长普雷斯来中国授予钱学森美国国家科学奖。

当时,74岁的钱学森身体硬朗,耳聪目明,飞一趟美国不在话下。此后的两年——1987年3月,钱学森以中国科协代表团团长的身份应皇家学会邀请访问英国、西德。3月22日,他还在伦敦谈笑风生,为中国留英学生作了一次题为《建国百年之际,中国必然强盛》的演讲。

为了给基沃思一个明确的答复,国防科工委、国家科委和外交部一起给钱学森写了一份请示件。钱学森毫不含糊地答复:"这是美国佬耍滑头,我不会上当。当年我离开美国,是被驱逐(deport)出境的,按美国法律规定,我是不能再去美国的。美国政府如果不公开给我平反,今生今世绝不再踏上美国国土。"

钱学森还说:"如果中国人民说我钱学森为国家、为民族做了点事,那就是最高的奖赏,我不稀罕那些外国荣誉头衔!"

钱学森所说的"当年我离开美国,是被驱逐(deport)出境的"是怎么回事?基沃思所说的"麦卡锡主义曾给了他不公正的待遇"又是怎么回事?

"火箭专家返回红色中国"

时间的钟摆缓缓地从太平洋此岸的中国,摆向彼岸的美国,然后又从美国摆回中国。这一来一回,从1935年至1955年,整整花费了20个春秋。

1955年10月9日,新华社从广州发出的电讯《钱学森到达广州》,是钱学森归国之后的第一篇报道。电讯中称钱学森是"从美国归来的著名的中国科学家钱学森",用了这么一段简短的文字,首次向中国广大读者介绍钱学森从1935年至1955年在美国的经历:

> 钱学森在一九三五年去美国研究航空工程和空气动力学,得到加利福尼亚工学院(加州理工学院)博士学位,曾历任这个学校的讲师、副教授、教授及超音速实验室主任等职务,一九四九年起,他是这个学校古根海姆喷气推进中心主任。一九五〇年钱学森离美返国时,曾被美国当局留难并非法逮捕,并拘禁了十五天以后才给予释放,但此后钱学森便一直被禁止离开美国。当钱学森在今年九月十七日和他夫人以及物理学家李正武博士夫妇等乘克利夫兰总统号邮轮离开洛杉矶回国时,美国移民局和联邦调查局曾搜查了他的行李并监视着他的离开。

跟钱学森一起回到中国的,有他的夫人、歌唱家蒋英以及七岁的儿子钱永刚、五岁的女儿钱永真。

钱学森回国所乘坐"克利夫兰总统号"(President Cleveland)邮轮,是一艘客货两用轮船,同时兼营邮政业务,所以被称为邮轮。"克利夫兰总统号"是来往于中美之间的轮船之一,由于许多中国名人乘坐过这艘邮轮,诸如胡适、张爱玲、李小龙以及科学家华罗庚、郭永怀、朱光亚等，使这艘邮轮留存在中国人的记忆之中。钱学森所乘坐的是"克利夫兰总统号"第六十个航次。

身为加州理工学院教授的钱学森，住在洛杉矶的帕萨迪纳市（Pasadena）校区。帕萨迪纳市位于洛杉矶市东北约十英里处。通常，洛杉矶有着洛杉矶市与大洛杉矶之别：所谓洛杉矶市，即City of Los Angeles，简称L.A.，是美国第二大城市，拥有近400万人口。所谓大洛杉矶，是指大洛杉矶地区，包括洛杉矶县、奥兰治县、河滨县等5个县131个城市，帕萨迪纳市就是其中一个城市。帕萨迪纳市闻名于世，是因为加州理工学院坐落在这座小城。小城居民中的很多人在加州理工学院工作。

"克利夫兰总统号"始发地为旧金山，途经洛杉矶，然后经停夏威夷的檀香山、日本横滨、菲律宾马尼拉，最后到达香港九龙，整个航程为21天。钱学森离开洛杉矶那天，当地出版的《帕萨迪纳晨报》上印着特大字号的通栏标题——《火箭专家钱学森今天返回

钱学森一家归国途中在"克利夫兰总统号"轮船甲板上

钱学森离开洛杉矶时，当地报纸刊登钱学森一家照片

红色中国！》。这下子，钱学森成了新闻人物，不仅方方面面的朋友前来送别钱学森，而且众多记者赶往码头采访钱学森。加州理工学院院长杜布里奇在9月17日虽然没有到码头上送行，但是他却说了一句意味深长的话："钱学森回

国绝不是去种苹果树的。"

火箭翘楚钱学森回中国，当然不是"去种苹果树的"。

1955年1月18日，中国人民解放军解放了包括大陈岛在内的所有浙江沿海岛屿。美国国会参议院紧急通过《美台共同防御条约》，提出"台湾海峡安全受到威胁时"，他们有权使用原子弹。

美国总统艾森豪威尔与刚从台湾访问归来的国务卿杜勒斯谈话之后，1955年3月16日，在电视讲话中宣称："难道原子弹不能像其他常规武器一样使用吗？""核武器不仅是战略武器，也可以用于战术目的。"言外之意，要对红色中国进行一场核战争。

面对美国的核讹诈，毛泽东的回答是："发展我们自己的原子弹。"

毛泽东问周恩来道："在原子弹和导弹研制方面，我们的人才如何？"

周恩来回答说："我们有这方面的人才优势，钱三强与诺贝尔奖获得者约里奥·居里夫人同在一起工作过，杨承宗和彭桓武是从法国、英国回来的著名放射物理学家，另一位在美国'火箭之父'冯·卡门博士门下工作过的导弹专家钱学森教授，我们正在通过各种途径，争取他早日归国……"

这清楚地表明，在钱学森归来之前，毛泽东和周恩来都已经把关注的目光投向这位著名的导弹专家。

经过漫长的航行，1955年10月8日早上，"克利夫兰总统号"到达香港九龙。港英当局以所谓"押解过境"的名义，把钱学森一家送到深圳罗湖口岸。

那时候，英国殖民统治下的香港与中国深圳，只隔着一条宽不过50米的深圳河。架在深圳河之上的罗湖桥，成为香港与中国内地的通道。当时的桥面由粗木铺成，桥的两端分别由中英两方的军、警把守，严格地检查着过往旅客的证件。桥的那头飘扬着英国的米字旗，桥的这头飘扬着中国的五星红旗。

当天中午，钱学森一家跨过罗湖桥，朱兆祥专程从北京赶来在桥头迎接。朱兆祥当时是中国科学院秘书处负责人，受国务院陈毅副总理的派遣，作为中国科学院的代表，专程赶往罗湖桥头迎接钱学森一家。朱兆祥不认识钱学森，当时还特地去上海拜访了钱学森的父亲钱均夫老先生，拿到钱学森一家的照片。朱兆祥和钱学森紧紧握手的一刹那，钱学森百感交集，终于回到祖国的怀抱了。

从此，钱学森献身于新中国的"两弹一星"这一宏伟的事业。"两弹一星"最初是指导弹、原子弹和人造卫星。"两弹"中的一弹——原子弹，后来演变为原子弹和氢弹的合称。"两弹一星"的实现，是中国国力迅速崛起的标志，也是中国大国地位的象征。

钱学森是火箭专家、导弹专家。"两弹一星"与钱学森有着密切的关系：

"两弹"中的导弹，海外称为"飞弹"，其实准确地说，应当是"导向性飞弹"。导弹是在火箭上安装了炸药，火箭发射之后依靠制导系统来控制飞行轨迹，以求准确命中目标，达到毁伤的效果。

"两弹"中的另一"弹"，尽管钱学森并不参与中国核武器的研制，但是参与研制了核导弹。就导弹而言，弹头装普通炸药的，为常规导弹；弹头装核弹的，为核导弹。核导弹的核弹头属于核技术，而用来运载核弹头的导弹则是由钱学森负责研制的。

至于一"星"，那"星"——各种各样的人造地球卫星，是依靠火箭送上太空的。研制火箭，乃是钱学森的"看家本领"。

正因为这样，国外评论家指出："由于钱学森的归来，使红色中国的'两弹一星'提前了 20 年。"

"怀疑的乌云扫过我的头上"

著名科学家钱学森竟然被美国"驱逐（deport）出境"，这令人气愤的一幕虽然发生在 1955 年，但是起因在 1950 年。

自从 1934 年钱学森毕业于交通大学，考取清华大学的留美公费生，于 1935 年来到美国留学起，他就没打算在美国工作一辈子。诚如钱学森自己所说：

> 我于 1935 年去美国，1955 年回国，在美国待了 20 年。20 年中，前三四年是学习，后十几年是工作。所有这一切都是在作准备，为了回到祖国后，能为人民做点事。我在美国那么长时间，从来没有想过这一辈子要在那里待下去。我这么说是有根据的。因为在美国，一个人参加工作，总要把他的一部分收入存入保险公司，以备晚年退休之后用。在美国期间，有人好几次问我存了保险金没有？我说一美元也不存。他们听了感到奇怪。其实，没有什么奇怪的，因为我是中国人，根本不打算在

美国住一辈子。到1949年底,我得知新中国成立,认为机会到了,应该回祖国去。

当时,数学家华罗庚从美国回到新中国,在通过罗湖口岸前夕,发表了一封《告留美同学的公开信》,使钱学森为之动容:"中国在迅速进步着。1949年的胜利,比一年前人们所预料的要大得多,快得多……朋友们,梁园虽好,非久居之乡!为了抉择真理,我们应当回去;为了国家民族,我们应当回去;为了为人民服务,我们也应当回去;建立我们的工作基础,为了我们伟大祖国的建设和发展而奋斗!"

华罗庚的文章鼓舞了准备回国的钱学森。这是叶永烈采访著名数学家华罗庚的照片

不过,那时候钱学森在美国还有诸多未了的工作,他并没有打算马上回国。在跟朋友谈起的时候,他也只是说,打算回国一趟,把父亲接到香港,再回到美国。

1981年2月19日,加州理工学院前院长杜布里奇在接受该校档案保管员古德斯坦(Judith R. Goodstein)的采访时,回忆说:

> 1950年的一天,钱(学森)来看我,并且对我说:"你知道我在中国有年迈的父亲。我很久没见到他了。当然,在打仗时我是不可能回去的,但我现在也许可以回去了。我只想请一段时间的假。"我问:"多久?"他说:"嗯,我实在不知道自己想和他住多久,这取决于我父亲的健康,总之是几个月。"我说:"当然,你可以离开一段时间。"因此他完全公开地做了安排,并且告诉了所有人。结果有人告诉了当时是美国海军次长的丹·金贝尔(Dan Kimball),钱(学森)将要回中国访问。丹说:"哦,不行,我们不应该让他去中国。"你知道,中国不是我们最好的朋友。钱显然知道这一点,金贝尔觉得让钱(学森)回中国对钱(学森)以及对美国都有点冒险。我却不那样认为。我对钱(学森)有足够的信任,我相信他不会带很多文章和一些航空理论工作回去做。麻烦的是,

有人把金贝尔的评论看得很认真,说:"我们必须阻止他。"怎样去阻止呢?他们想到的阻止他的办法是指控他为共产党人。[1]

杜布里奇院长把事情的经过说得很清楚,起初钱学森当面向他请假,回国探望父亲,已经获得他的同意。钱学森打算回国探亲,"完全公开地做了安排,并且告诉了所有人"。如果不是"半路上杀出个程咬金",钱学森的回国之路应当很顺利。

然而,钱学森惊动了那位"程咬金"金贝尔先生,形势陡然发生剧变……

金贝尔是美国海军次长,亦即美国海军部副部长。为什么金贝尔作为美国海军次长,会干涉加州理工学院教授钱学森的回国探亲之事?钱学森所从事的研究,固然跟美国海军关系不大,但是金贝尔此前曾经担任航空喷气公司执行副总裁兼总经理,曾经深入了解过钱学森的学术成就,评价说"钱学森是美国最优秀的火箭专家之一"。

钱学森的学生郑哲敏也说:"金贝尔与钱学森曾是很好的朋友,早年,钱学森参加的'火箭俱乐部'与美国军方有过合作,用火箭改进飞机起飞时的助推器,大大缩短了跑道的距离。后来,'火箭俱乐部'的几个成员创办了一家公司,钱学森是技术顾问,金布尔是公司的管理人员,负责经营。他们很早就认识。如今,这家公司已成为全球规模最大的火箭与推进剂制造企业——通用航空喷气公司。"

金贝尔一听说钱学森要回中国,立即出面阻拦。金贝尔给美国移民局打了电话,表示"说什么也不能放他回到红色中国"。

于是就在钱学森想走而未走的当口,一件意想不到的事件突然降临了。那是1950年6月6日,钱学森正在洛杉矶加州理工学院的办公室里工作,两个陌生人进来了。对方一脸严肃,出示了联邦调查局

丹·金贝尔

---

[1] 古德斯坦:《杜布里奇访谈录》(1981年2月19日),卢昌海译。

的证件。真是无事不登三宝殿，他们宣称，有足够的证据表明，钱学森是美国共产党党员，早在1939年就成为美国共产党帕萨迪纳支部第122教授小组的成员。据说美国共产党帕萨迪纳第122教授小组中有一个化名"约翰·M.德克尔（John M. Decker）"的党员，联邦调查局确认"John M. Decker"就是钱学森。他们对钱学森进行盘问，尤其是盘问他与他的朋友马林纳、威因鲍姆的关系。尽管钱学森坚决否认自己是美国共产党党员，他们仍不以为然。

当时，正处于冷战的严峻岁月。1950年2月9日，威斯康星州的共和党参议员麦卡锡在西弗吉尼亚威灵市的共和党妇女团体集会上，发表了惊人的演说，矛头直指民主党人、国务卿艾奇逊。麦卡锡扬言，手中握有"一份205人的名单"，"这些人全都是共产党和间谍网的成员"，"国务卿知道名单上这些人都是共产党员，但这些人至今仍在草拟和制定国务院的政策"。麦卡锡的演说，如同一颗猛烈的炸弹在美国政坛爆炸。尽管麦卡锡夸大其词，在人们的追问下把"秘密名单"上的共产党员从205人减到81人，最后减到57人，然而，在麦卡锡的大声鼓噪之下，美国开始了一场声势浩大的"清共运动"，从美国国务院扩大到方方面面，尤其是军事机要部门。麦卡锡因此一举成名，他的反共排外的政治主张被称为"麦卡锡主义"。美国著名的物理学家爱因斯坦、美国原子弹之父奥本海默，也都被列进了黑名单。

黑名单不断扩大，联邦调查局把目光投向了钱学森。钱学森在美国参与研制导弹、制定美军尖端武器发展规划等，均属美国国防事务，而钱学森的好友之中，马林纳、威因鲍姆等都是美共党员。钱学森曾经参加过威因鲍姆领导的学习小组，一起学习了恩格斯的《反杜林论》。尽管那个学习小组并非美共组织，钱学森却被认定是美国共产党员。于是，钱学森也被列入黑名单。马林纳是钱学森多年的老朋友，担任加州理工学院喷射推进实验室执行主任，而威因鲍姆是喷射推进实验室的研究员。

就在联邦调查局派人盘问钱学森的当天，加州理工学院校方接到美国第六军团本部的秘密信件，要求校方从此严禁钱学森从事任何与美国军事机密相关的研究工作，吊销了钱学森的安全许可证。钱学森是在1942年经他的导师冯·卡门的推荐、经过美国宪兵总司令部人事安全主管巴陀上校的安全审核，于该年12月1日获得安全许可证的。这样，钱学森从事美国军事机密研究工作已经长达8年。到了1950年，钱学森所从事的研究工作大部分与美国军事有关，没有安全许可证，意味着钱学森再也无法做他已经从事多年、驾轻就熟、成绩斐然的工作。

冯·卡门在晚年所写的回忆录中，曾经专门写了一章《中国的钱学森博士》，他清楚地说出了钱学森遭到迫害的起因：

冯·卡门，著名航空科学家

> 麦卡锡反共浪潮席卷了美国，掀起一股怀疑政府雇员是否忠诚的歇斯底里狂热症。对大学、军事部门和其机构几乎天天进行审查或威胁性审查。在这种情况下，素以聚集古怪而独立不羁的科学家著称的小小加州学府，不可避免地要受到注意。凡是1936—1939年在加州理工学院工作过的人，都有可能被视为40年代中的不可靠分子。后来，很多好人不得不通过令人困窘而可恶的审查程序证明自己的清白。
>
> 有一天，怀疑终于落到钱的身上。事情可能是这样开始的：当局要钱揭发一个名叫西尼·温朋[1]的化学家，此人因在涉及一件共产党案件中提供伪证，当时正在帕沙迪纳[2]受审。钱和温朋本是泛泛之交，只是替他介绍过职业，还不时去他家欣赏欣赏古典音乐。
>
> 我听说，由于钱拒绝揭发自己的朋友，引起了联邦调查局对他的怀疑。这事是1950年7月[3]，军事当局突然吊销了他从事机密研究工作的安全执照[4]。[5]

关于钱学森被指为美国共产党党员一事，加州理工学院前院长杜布里奇在1981年2月19日在接受该校档案保管员古德斯坦采访时，把问题说得很清楚：

---

[1] 即威因鲍姆。
[2] 即帕萨迪纳。
[3] 应为1950年6月6日。
[4] 即安全许可证。
[5] 冯·卡门著，曹开成译：《中国的钱学森博士》，《复杂系统与复杂性科学》2006年第2期。

第一章
冲破罗网

杜布里奇：他们发现在三十年代（在加州理工学院）曾经有过一个共产主义小组。

古德斯坦：我以前听说过那个。

杜布里奇：我不知道其中有什么人。但在大萧条时期这里曾经有过一个小组，就像很多大学都有的那样。他们说一定存在一种更好的经济体系，也许俄国人已经找到了。钱（学森）对于他与那个小组的关系的说法是这样的：在这个指控刚被提出时，他对我说："我不明白这是怎么回事。"我说："你与共产主义小组有过任何联系吗？"他说："这里有一群搞社交聚会的人。当我作为一个陌生人来到这个国家时，有两三个这种加州理工学院的人邀请我去他们的屋子参加社交小聚会，我去过几次。"他说："我估计有过一些政治话题，但所谈的大都只是一般事务，我把它们当成纯粹的社交活动。我绝没有以任何方式加入过任何共产党，我甚至不记得'共产党人'一词在那些活动中被提及过。"但有人在一张纸上记下了参与其中某次聚会的人的名字，这后来成为了证据。我想那是一个打印名单，在边上写着"钱"，那害苦了他。他以前（1947年）曾回过中国，然后又返回美国。当你返回这个国家时，标准的程序显然是回答这样一个问题："你过去或现在是否是共产党的成员？当然，他写了"不"。因此对他的指控是伪证罪——即他曾经是这个共产主义小组的成员，却在重返这个国家时说自己不是。

古德斯坦：证据就是那个名单？

杜布里奇：是的。

古德斯坦：你看到过那个名单吗？

杜布里奇：我看过一个复印件。在他的听证会上那被当作了证据……

古德斯坦：钱（学森）是被诬告的吗？你觉得那真的是一份写在纸上的真人名单吗？

杜布里奇：是的。我没有理由怀疑它，因为我们在麦卡锡时代曾发现过两到三位加州理工学院的研究生及其他人涉及了此事。那的确是一个共产主义小组，有些人后来承认了这一点。但我也确实相信钱（学森）所说的他没有将之视为加入共产党。他在这个国家是一个孤独的陌生人，他受到了加州理工学院大家庭及镇上的这一小群友善的人的欢

11

迎。我想，他说过他在这些友善的社交聚会中度过了美好的时光，从未想到过他涉入了任何不恰当的事情。"被诬告"不是一个正确的用语，我想那只是一系列的误会及过度反应。

古德斯坦：学院的理事们对钱（学森）的事情感到很心烦吗？他们曾经对鲍林[1]（Pauling）心烦，钱（学森）的事情发生在同一个时期。

杜布里奇：是的。我想那些不喜欢鲍林的人大都也相信针对钱的指控。我记得我告诉过理事会，我们已经调查过，并且确信钱（学森）不属于这个共产主义小组，而只是与很多人一样与其中某些人有交往。我不记得有什么理事对此提出过有力的评论。我知道他们中有些人觉得（钱所受到的对待）是一种耻辱。有些人曾与我们携手，找寻有什么能做的，但我想他们中也有一些人认为："如果钱（学森）是共产党人，那就把他送回中国吧。"

古德斯坦：通过这件事，他们显然造就了一位热忱的中国共产党员。

杜布里奇：是这样的。[2]

也就是说，一张出席社交小聚会的名单，仅仅因为其中有几个人是美国共产党党员，美国联邦调查局就把那张名单当成了美国共产党党员名单。而钱学森曾经几次参加这一社交小聚会，名单上有一个"钱"字，就被当成钱学森是美国共产党党员的证据。就连加州理工学院院长杜布里奇在学院的理事会上都明确表示"确信钱（学森）不属于这个共产主义小组"。

别以为只有在中国"文化大革命"时期才有那么多的冤假错案，在美国也有冤假错案。作为一位正直的科学家，平白蒙冤，钱学森深感人格遭到莫大的侮辱，自尊心蒙受极大伤害。

山雨欲来风满楼。6月16日，威因鲍姆在家中被捕，而马林纳由于已经在1947年远赴法国巴黎工作，联邦调查局鞭长莫及。由于威因鲍姆进入喷射推进实验室是钱学森推荐的，于是联邦调查局缠上了钱学森。6月19日，当联邦调查局干员再度光临的时候，钱学森把一份事先准备好的声明交给他们。钱学森在声明中写道："当年我成为一位受欢迎的客人的情境已经不在了，一

---

[1] 译者原注：鲍林是1954年诺贝尔化学奖得主，曾被麦卡锡主义者列入黑名单。
[2] 古德斯坦：《杜布里奇访谈录》（1981年2月19日），卢昌海译。

第一章
冲破罗网

1950年9月，威因鲍姆（右二）被认定有罪，戴上手铐步出法庭

片怀疑的乌云扫过我的头上，因此，我所能做的事就是离开。"钱学森告诉来人，这份声明已经同时交给加州理工学院工学院院长林德菲以及教务长华森，因为这份声明也就是钱学森决定辞去加州理工学院一切工作的辞呈。

"千军易得，一将难求"

就在钱学森递交那份离开美国的声明之后一周，太平洋彼岸的朝鲜战火顿起，麦卡锡主义借助于朝鲜战争的爆发在美国国内甚嚣尘上。1950年6月27日，美国总统杜鲁门发表声明，宣布武装干涉朝鲜，并决定以武力阻挠中国人民解放台湾，美国第七舰队向台湾出动。钱学森加快了离开美国的步伐。

那时候中美之间没有外交关系，只有美国驶往香港的轮船，也有不多的美国飞往香港的航班。在8月31日，美国邮轮"威尔逊总统号"从旧金山经停洛杉矶驶往香港，原本是钱学森的最佳选择，当钱学森与加州理工学院的博士研究生罗沛霖一起去买船票时，由于罗沛霖是学生，当场买到了船票，而钱学森由于是教授，必须得到移民局批准才能买船票，无法与罗沛霖一起回国，而机票也是一票难求。无可奈何之下，急于离开美国的钱学森一家，预订了加拿大太平洋航空公司8月28日从加拿大首都渥太华飞往香港的机票。

钱学森进入了"紧急状态"，他在办公室里收拾好书籍、手稿、笔记本等，在家中收拾好细软。他委托一家名叫白金斯的打包公司打包。按照当时美国的习惯，准备托运的行李要由托运者先把物品装入一个个防水的纸箱里，然后由打包公司运走，在他们的仓库里装入结实的大木箱，以防在长途运输中损坏。在装好大木箱之后，打包公司把木箱运往码头，交付轮船运至香港，再从香港转运到上海。

对于如此优秀的学者的离去，美国的知识界抱不平者有，惋惜者有，挽留者有。加州理工学院院长杜布里奇是最突出的一位，他深为钱学森的离去扼腕长叹。

杜布里奇是一位物理学家，身材瘦削，长着一副娃娃脸，人们用这样的话形容他："生活简朴、精力充沛和一味渴望从事重要工作。"杜布里奇从1947年起出任加州理工学院院长之后，由于工作出色，担任院长长达22年之久。

杜布里奇大力挽留钱学森，原因有三：

一是杜布里奇本人富有正义感，向来公开反对各种政治迫害。

二是他深知钱学森是难得的优秀科学家。1948年10月，他亲自致函当时在麻省理工学院任职的钱学森，邀他回到加州理工学院。钱学森接受了他的邀请。1949年初夏，钱学森和冯·卡门一起返回加州理工学院，钱学森出任该院喷气推进中心主任，学院还授予他以美国火箭先驱戈达德命名的讲座教授荣誉称号。从此，钱学森在帕萨迪纳加州理工学院附近安家。

三是杜布里奇跟白宫关系密切。他兼任白宫科学咨询委员会主席。这个委员会专门就科技问题向政府提供建议。

他一面尽力挽留钱学森，一面运用自己的影响，希望华盛顿相关部门举行一次听证会，以求拂去钱学森头上那"一片怀疑的乌云"，重新发给钱学森安全许可证，让钱学森安心地在加州理工学院从事原先的研究工作。尽管华盛顿方面表示钱学森是美国共产党员的"证据不足"，但是宁可信其有，不可信其无。杜布里奇写道："这简直是再荒谬不过的事，一个伟大的火箭及喷射推进专家，在这个国家里，无法在他所选择的领域中得到工作的机会，因而逼使他回到红色中国，让他的才干在共产党政权中施展。"经杜布里奇再三坚持，华盛顿决定在8月23日举行听证会。钱学森面对院长杜布里奇的一片善意，却之不恭，何况在离开美国之前能够澄清种种不实之词，也是值得的。于是，钱学森在8月21日从洛杉矶飞往华盛顿。

杜布里奇建议钱学森，到华盛顿应当首先拜访美国海军次长丹·金贝尔。

杜布里奇的目的显而易见，想借助于金贝尔在华盛顿进行疏通，帮助钱学森重新获得安全许可证，这样可以达到挽留钱学森的目的。

当钱学森出现在金贝尔的办公室时，金贝尔显得非常客气。然而，他却是一位"太极拳"高手。他劝钱学森去找律师波特，以便在听证会上为他辩护。

钱学森在到达华盛顿的第二天——8月22日，拜访了波特律师。波特听了钱学森的陈述，认为明天就举行听证会显然太仓促，他必须有充分的时间进行准备，建议推迟听证会。钱学森同意了波特的意见。实际上，推迟听证会等于取消听证会。钱学森已经订好8月28日的回国机票，六天之后就要离开美国。

8月23日，钱学森再度来到金贝尔的办公室，告诉他由于美国无理取消他的安全许可证，他决定离开美国，返回中国。金贝尔一听，露出了他的真面目。他对钱学森说："你不能走，你太有价值了！"他劝钱学森三思而行。钱学森在尴尬的、不愉快的气氛中，结束了与金贝尔的谈话。

华盛顿之行，钱学森一无所获。

时间紧迫，离他从渥太华飞往香港的时间只有五天，何况他还必须留出时间从洛杉矶飞往渥太华。当天下午，钱学森就乘飞机急急赶回洛杉矶。

经过六小时的飞行，钱学森刚下飞机，美国移民局的一位官员已经在洛杉矶机场恭候多时。他交给钱学森一纸限制出境的公文："禁止离开美国！"

钱学森无比震惊，也无比愤懑。

美国移民局的动作如此迅速，不言而喻是金贝尔在幕后操纵。

后来才知道，正是由于金贝尔太知道钱学森的价值，所以他在钱学森离开他的办公室之后，马上致电美国司法部。

后来才知道，金贝尔在电话中说了一句"名言"：

> 他知道所有美国导弹工程的核心机密，一个钱学森抵得上五个海军陆战师，我宁可把这个家伙枪毙了，也不能放他回红色中国去。

"一个钱学森抵得上五个海军陆战师",这就是金贝尔对钱学森的价值的最精确计算。金贝尔深知"千军易得,一将难求"这句话的真谛。

后来才知道,金贝尔是一个相当仇视中华人民共和国,而跟台湾当局关系密切的人物,所以他才会说"我宁可把这个家伙枪毙了,也不能放他回红色中国去"。

后来才知道,钱学森经过5年的漫长抗争,终于回到北京,金贝尔又说了一句"名言":

> 放钱学森回中国是美国曾做过的最愚蠢的事。

中国"原子弹主将"幸运漏网

后来才知道,钱学森要求返回中国,引起了美国政府的高度注意,由此关注起"类钱学森"式的中国留学生。

就在钱学森遭到"禁足"之后的第五天——8月28日,美国邮轮"威尔逊总统号"从旧金山途经洛杉矶驶往香港。在这艘邮轮上,有一百多位中国旅客,内中大都是留学生、学者,既有后来成为"中国原子弹主将"的邓稼先,也有后来对中国核事业作出重大贡献的赵忠尧教授,还有钱学森的学生罗时钧。罗时钧就读于加州理工学院时,在钱学森指导下获得了博士学位。在洛杉矶码头,美国移民局官员登船,盘问赵忠尧教授并搜查了他的行李。

"威尔逊总统号"按照既定的航程,在停靠夏威夷檀香山之后,便驶向下一站——日本横滨。中国留学生们长长地舒了一口气,因为离开夏威夷,意味着彻底离开了美国。

9月12日清早,船抵日本横滨。这时,船上响起广播,说是由于有的客人在横滨下船了,要调整房间,要求以下三名旅客带随身行李,搬到指定的房间……

调整房间,这本是很正常的事情。这三位旅客都带着随身行李,到了指定房间。谁知,美国中央情报局的官员正在那里等候,来一个,扣一个!

这三名旅客,都是来自加州理工学院,即赵忠尧教授和中国留学生罗时钧、沈善炯。沈善炯在1950年获得加州理工学院生物学博士学位。

赵忠尧是在1927年赴美国加州理工学院留学，1930年获理学博士学位。1948年，身在美国的他，当选为当时中国的中央研究院院士。美国情报部门在注意起钱学森之后，也注意起赵忠尧，他们知道赵忠尧同样曾经在美国核心机密科学部门工作。尽管美国移民局在洛杉矶码头盘问时抓不住赵忠尧的把柄，在赵忠尧离开洛杉矶之后，美国中央情报局三度发出电报，要追截赵忠尧。终于，中央情报局在日本截捕了赵忠尧。

赵忠尧（1902—1998），核物理学家

庆幸的是邓稼先。邓稼先没有被列上黑名单的原因有二：一是他很年轻，比赵忠尧小22岁，比钱学森小13岁，不像钱学森、赵忠尧那样"树大招风"；二是他在美国印第安纳州的普渡大学（Purdue University）物理系上学，没有跟加州理工学院沾边。8月20日邓稼先获得普渡大学博士学位，赶紧前往旧金山，在旧金山登上"威尔逊总统号"邮轮，途经洛杉矶回国。

1924年6月25日，邓稼先出生于安徽怀宁县一个书香门第。1935年，他考入北京崇德中学，与比他高两班、且是清华大学院内邻居的杨振宁结为最好的朋友。1945年邓稼先毕业于昆明西南联合大学，1948年到1950年赴美国普渡大学读理论物理。

据罗时钧后来回忆说，美国中央情报局的官员手里拿着名单，向三名被扣押的中国留学生和学者说道："你们看这船上有一百多个中国人，有哈佛的、麻省理工的，为什么偏偏找加州理工学院的？钱学森，你们都知道的！"

接着，美国中央情报局的官员宣布，摆在他们面前的有三条路：要么回美国去，要么去台湾岛，如果美国、台湾都不去，那就在日本坐牢！

三个人都没有选择回美国、去台湾岛，于是都被押解下船。他们被投进东京下野的巢鸭监狱，那是曾经囚禁日本战犯的监狱。他们被关进巢鸭监狱时，被剃成光头。据说是为了防止把臭虫带进监狱，他们的身上被撒满刺鼻的农药"六六六"黄色粉末。

当时，中日之间没有外交关系，驻日本的是台湾当局。他们派人到巢鸭监狱，劝说赵忠尧等去台湾。当时担任台湾大学校长的傅斯年发来电报给赵忠尧："望兄来台共事，以防不测。"赵忠尧回电说："我回大陆之意已决。"

1950年9月23日，《人民日报》发文报道《美政府阻挠我留美教授学生归国 钱学森等被非法扣留 归国学生发表声明抗议美帝暴行》：

【新华社广州二十二日电】因不堪美国政府压迫而返回祖国的我国留美学生，又有一批一百一十一人于本月二十日返抵广州。据说，他们启程前曾受到美国政府多方阻难，经过几个月的奋斗，终于乘"威尔逊总统号"邮轮离美返国，但拟回国的力学专家钱学森博士于动身前竟被美国政府扣留。当"威尔逊总统号"邮轮驶到日本横滨时，同轮返国的原子物理学家赵忠尧教授及学习理工的罗时钧、沈善炯二位学生竟又遭美国占领当局的非法扣押。全体回国学生对美帝国主义此种暴行极表愤慨。他们抵穗后发表了告同胞书，内称："我们谨以最愤慨的心情，向国人报告三位同胞在日本横滨港遭美国陆军部无理拘留的经过：八月二十八日轮船到洛杉矶时，赵忠尧教授被移民局职员再三盘问和搜查行李，书籍几被全部扣留。九月十二日船到日本横滨时，美国驻日本占领军第八军，竟无理将赵忠尧教授及罗时钧、沈善炯两同学扣押。九月十七日船到菲律宾马尼拉时，鲍文奎同学复被美国特务检查行李历四小时，幸未被扣。我全体同学对这次美国陆军部借武力非法扣押我国学者和归国同学的行动，极为愤怒。我们除将上述情况报告我中央人民政府外，并向美国国务院提出严重抗议。"

为了援救被扣押在美国的钱学森、在日本的赵忠尧等中国科学家，中华人民共和国总理兼外交部部长周恩来发表严正声明。1948年夏就已经从法国回到北京的钱三强，还请他的老师、世界保卫和平委员会主席约里奥·居里出面，谴责美国政府的无理行径。

经过三个月的关押，美国政府迫于无奈，终于在1950年11月底释放赵忠尧等人，他们途经香港回到了祖国。

从赵忠尧事件可以看出，当时钱学森为什么没有乘船，而是想乘飞机绕道加拿大回中国。倘若他跟赵忠尧一起乘船离开美国，也会在日本被投进监牢。然而，钱学森根本就是"插翅难飞"，除被限制出境之外，新的厄运朝他袭来……

托运的行李被细细"研究"

钱学森从华盛顿回到洛杉矶。他既然被限制出境，只能退掉飞机票，并从海关取回原本打算托运到香港的八大箱行李。他是在飞往华盛顿那天，把需要打包的物品交给了打包公司。当时，打包公司派人从钱学森办公室运走了书籍、手稿、笔记本等，存放在打包公司的仓库里，在那儿装入八只木箱，然后由他们运往轮船码头。如果钱学森能够顺利地在 8 月 28 日从渥太华飞往香港的话，那么这批行李正好在 8 月 31 日搭上赵忠尧他们乘坐的"威尔逊总统号"邮轮运往香港。

钱学森从海关得到的答复是料想不到的："钱先生，您的行李被依法扣查了！"

当钱学森问为什么的时候，海关语出惊人，称钱学森托运的行李中有美国机密文件，因而违反了美国的"出口控制法、中立法和间谍法"。

如果说涉及前两项法规，那还算一般，而违反"间谍法"则意味着问题相当严重了。

其实，钱学森在办公室整理文件时，已经注意将涉及机密的文件全部锁在办公室的一个文件柜里，并把钥匙交给了同事克拉克·米立肯教授。

事后，钱学森才得知，当时的他已经处于美国联邦调查局的监控之中。就在他 8 月 21 日飞往华盛顿的时候，嗅觉异常灵敏的美国联邦调查局就着手"研究"起钱学森准备托运的八箱行李。"据说"是白金斯的打包公司的工人在打包时，发现钱学森托运的文件有"机密""极机密"字样，于是报告了打包公司的老板，而老板则马上报告美国联邦调查局。这"据说"，不知道是美国联邦调查局制造的由头呢，还是那位打包工人本身就是美国联邦调查局的特工。

有了这么一个"据说"的由头，联邦调查局会同海关、美国空军调查官员以及美国国务院的官员，在 8 月 21 日、22 日齐聚在白金斯打包公司的仓库

1950年8月被美国海关查扣的钱学森托运的八大箱行李

里,细细"研究"起钱学森托运的行李,重点是其中的"文字性东西"。这时候,钱学森正在华盛顿跟海军次长丹·金贝尔交谈呢!

"研究"钱学森的托运物品,不是一件容易的事,内中有众多的藏书、手稿、文件,还有九大本剪报。剪报是钱学森多年养成的工作习惯,看到有参考价值的文章,就从报纸上剪下来,整整齐齐地贴在剪报本上,按内容分类。钱学森这些"文字性东西",有英文,也有中文、德文、俄文,内容则涉及方方面面,不用说读懂这么多文件非常费事,即便是大致了解一下是什么内容,也够他们忙一阵子。

美国联邦调查局在"研究"中发现,其中甚至有关于美国原子能方面的详尽剪报。美国联邦调查局感到不解,钱学森的专业是火箭,并不是原子能,他为什么那样关注美国的原子能研究?这会不会是一种"间谍"行为?后来他们"研究"了钱学森方方面面的剪报之后,终于认定,这是一位高层次的科学家的广博学识的体现。只有达到像钱学森那样的学问层次,才会对众多的科学前沿的研究都给予关注。

不过,不管怎么说,美国联邦调查局的"研究"精神还是令人"敬佩"的。他们居然把钱学森这些"文字性东西"用微缩胶卷拍摄下来,拍了一万两千多张！他们还把这些文件编成详细的目录……

美国联邦调查局毕竟还是有收获的。他们在钱学森托运的行李中，发现里面有的文件还盖着"机密""保密"的图章。他们居然还发现一本"密电码"！

为了给限制钱学森离开美国找一个"合乎逻辑"的理由，联邦调查局向媒体"放话"。

洛杉矶的报纸《洛杉矶时报》《明镜》等马上以大字标题报道："在钱学森回中国的行李中查获秘密资料"。

钱学森据理力争。钱学森在报纸上发表声明：

> 我想带走的只是一些个人的笔记，其中多数是一些我上课的讲义，以及未来我研究所需要的资料。我一点也不打算带走任何一点机密，或者试图以任何不被接受的方式离开美国。

钱学森说，那些盖着"机密""保密"的图章的文件，其实早已过了保密期。钱学森还针对报道中宣称他的行李中夹带"密码""蓝图"，进行说明："这里头没有重要书籍、密码书籍或者蓝图，那只是一些草图、一些对数表，不过这可能被误认为是密码或暗号。"

原来，大约美国联邦调查局的探员的数学太差，没有见过对数表，以致把对数表当成了"密电码"！

不过，联邦调查局的最大收获，据说是在钱学森的行李中，发现了一张钱学森化名"约翰·M. 德克尔（John M. Decker）"的美国共产党党员登记卡，和警方线人抄录的一致，成为证明钱学森是美国共产党党员的重要物证。但是，表上并没有钱学森的签名，而且也不能证明钱学森提交了这份申请表，在法律上又不足为证据……

牢狱之灾突然降临

钱学森的处境越来越险恶。奇耻大辱的一天终于到来。

那是 1950 年 9 月 7 号下午，美国移民归化局官员来到位于洛杉矶帕萨迪纳的钱学森住所。移民归化局总稽查朱尔和稽查凯沙摁响了门铃。铃声响过，钱学森夫人开门，他们提出要见钱学森先生。

朱尔后来回忆说：

> 我很清楚那天的情形。钱夫人来开门的时候，手里抱着孩子。我说要见她的丈夫。不久，钱氏走出来。奇怪得很，他一点也没有激动的表情。但是，在他的脸上可以察觉到，他似乎对自己说："好吧，这事终会有水落石出的一天。"

钱学森夫人手里抱着的孩子，是出生只有两个多月的女儿钱永真。钱学森的儿子钱永刚，当时只有两岁。

钱学森一眼就看出，这位移民归化局总稽查朱尔就是半个多月前，当他从华盛顿返回洛杉矶时，在机场向他出示"禁止离境"公文的那个官员。今天又来了，难道还怕我钱学森跑了不成？钱学森还真没猜错。原来钱学森从华盛顿回到家中，一连7天就待在家中没有出门。这让在钱学森住所周围监视钱学森行踪的移民归化局的探员们不放心了：钱学森该不是偷偷"跑"了？要是这样，上司怪罪下来，谁也吃罪不起！偏偏这时又听到传言：有人在美国与墨西哥边境看到了钱学森的汽车从美国越过边境向墨西哥驶去——钱学森"跑"了！这使监视钱学森行踪的探员们吃惊不小。尽管后来证实此消息完全是空穴来风，却也让移民归化局心存疑虑：这次没"跑"，下一次呢？因此要采取切实行动，确保他不能"跑"。所谓"切实行动"就是把他拘留起来，这样就保险了。

钱学森当然不可能知道，金贝尔给司法部打过电话，以及此后移民归化局禁止他离境、监视其行踪，为保险起见还要把他拘留的前前后后。但看着这两个移民归化局的官员，三个多月来与美国政府这帮家伙打交道的情景顿时浮现眼前：他们先是要求说清在1939年是否是美国共产党帕萨迪纳支部第122教授小组成员，现在又是否仍为美国共产党党员；进而无理吊销"安全许可证"，禁止参加任何涉及美国军事机密的研究工作；又借口以"凡是在美国受过像火箭、原子能以及武装设计这一类教育的中国人都不准离开美国，因为他们的才能会被利用来反对在朝鲜的联合国武装部队"而禁止其离境；同时非法查扣托运到中国的行李，认为涉嫌盗取美国"军事机密"，声称："这个狡猾的中国人的全部活动证明他是毛的间谍。"某些新闻媒体也随之"起哄"：钱学森原来是一名"共产党的高级间谍"，企图携带机密文件离开美国。可是证据呢？一件像样的也拿不出来！难道"对数表"能被硬说成"密码本"？今天他们又来了，还会有什么名堂呢？

"钱先生，请跟我们走一趟。"移民归化局官员的话打断了钱学森的沉思。

"秀才遇上兵，有理说不清。"在联邦政府的官员面前，钱学森属于弱势群体，辩白、抗议无济于事。

钱学森什么也没说，看了一眼身旁抱着永真的夫人，什么也没拿，跟着移民归化局官员走了。

关于钱学森被关进什么监狱，流传甚广的"版本"是说被关进"恶魔岛"监狱。"恶魔岛"，Alcatraz Island，直译应为"鹈鹕岛"，是位于旧金山著名景点渔人码头不远处的一座小岛。1859年美军在岛上修筑了碉堡，1907年成为军事监狱，1934年这里修建了联邦监狱，关押过黑手党头目Al Capone等一百多名要犯，直至1963年监狱从这里撤离。如今，这里是金门国家公园，成为观光景点。由于"恶魔岛"监狱名声在外，许多人就产生"合理联想"，钱学森当年一定被关押在这里。

其实，钱学森被关在洛杉矶以南圣佩德罗湾一个叫特米诺岛（Terminal

关押钱学森的特米诺岛拘留所全景

Island）的移民归化局的拘留所里。特米诺岛又称"响尾蛇岛"，是一个不起眼的小岛。岛上原本有一座废弃了的石油探井架，井架附近有几间简易房。后来被移民归化局看中，扩建为拘留所。

特米诺岛拘留所跟"恶魔岛"监狱一样四周是海。选择小岛作为拘留所，是便于与外界隔绝，防止犯人逃跑。特米诺岛拘留所又暗又潮湿又拥挤。牢房里常常充斥着西班牙语，因为这里关押的大都是墨西哥的越境犯。许多贫穷的墨西哥人想到美国打工，于是偷越美墨边境，被抓住了，就被押往这个离美墨边境不远的拘留所。

总算还好，考虑到钱学森是著名科学家，移民归化局没有把他跟那些越境犯关押在一起，而是关进一间单人牢房，有单独的卫浴设备，生活条件还可以。

杜布里奇作为加州理工学院院长曾经多次前往拘留所看望钱学森。他后来回忆说：

> 他们把他关在圣佩德罗的一个拘留所，我们在那里看望了他。他有一个小隔间，一个完全舒适的房间。那不是监狱——但那是一个拘留所。他有一个房间，一张桌子，一盏灯，一张床等。但那样的拘留对他——对他的自负和自尊——是一个可怕的打击。他想到自己曾经那么充分地效力于这个国家（他的确如此），却得到了这种对待……这最终使他变得非常愤恨。克拉克·密立根（Clark Millikan）和我常常去探望他，并与我们想得到的所有人作了交谈。
>
> 丹·金贝尔深感震惊。他说："你知道我并不是说他该被拘留，那太糟糕了，他并不是共产党人，拘留他是没有理由的。"移民归化局的行动让丹·金贝尔恼火——我觉得金贝尔是非常恼火，对移民归化局将他随口说说的评论如此当真，以及没有用其他方式劝钱（学森）不要走。也许丹·金贝尔认为我应该劝说钱（学森）不要走——我不知道。不管怎么说，那是一个令人难过的事件。我去那里探访过钱（学森）几次，只是与他交谈，了解他的想法。他们后来让他假释回到了帕萨迪纳，但没有许可，不能离开洛杉矶郡。他的假释由克拉克·密立根监督，后者需要起誓一旦钱（学森）离开该郡就汇报。这是很受羞辱的经历。[1]

---

[1] 古德斯坦：《杜布里奇访谈录》（1981 年 2 月 19 日），卢昌海译。

杜布里奇的回忆表明，就连丹·金贝尔都对移民局拘留钱学森表示不满，而且丹·金贝尔明确地说，钱学森"他并不是共产党人"。

夫人蒋英只是在释放前一天获准前来探望。然而，如钱学森出狱后对一位记者所说：

> 我被禁止和任何人交谈，夜里，守卫每15分钟就来亮一次灯，使我没法好好休息，这样的痛苦经历使我在这么短的时间里瘦了30磅！

钱学森一下子瘦了那么多，还在于遭受了沉重的心理打击。作为一位著名的教授，钱学森蒙受不白的牢狱之灾，心灵遭到的煎熬，远远超过皮肉之苦。

四面八方的声援

就在钱学森被从家里带走不久，帕萨迪纳的电台迅即报道了这一令人震惊的消息。那时候，加州理工学院的教授们都有听电台新闻广播的习惯（钱学森本人即便是在回中国之后也是几十年如一日听电台新闻广播），透过无线电波，这近乎爆炸性的新闻在加州理工学院不胫而走。教授们、学生们感到难以置信，温文儒雅的钱学森教授怎么会是"间谍"？当晚，很多朋友赶往钱宅，安慰同样温文儒雅的钱学森夫人蒋英。

翌日，钱学森被捕的消息在报纸上披露，在洛杉矶、在加利福尼亚州、在美国引起惊愕，引起愤懑。

加州理工学院院长杜布里奇为营救钱学森，竭尽心力。他紧急致电正在欧洲访问的钱学森的导师冯·卡门。冯·卡门大吃一惊，当即中断访问，提前赶回美国。

杜布里奇还紧急致函那位在华盛顿的美国海军次长丹·金贝尔，信中非常明确地否定了关于钱学森是共产党员的指控：

> 他们怀疑钱与共产党有关，所有的疑点我都可以解释，因为我觉得毫无证据足以证明他是共产党员。他虽然同那些被认为是共产党员的人

做朋友，但那是公开的来往，毫无秘密之处。我相信，他们的关系，不是基于政治，他自己也始终不知道是在参加什么共产党集会。

杜布里奇还指出：

> 关于他返回中国大陆的安排，这自然牵涉到复杂和久远的历史，我们需要详加研究。他所采取的步骤，我们认为都是合乎逻辑的、公开的和可以理解的。他设法订船位于8月底离开洛杉矶，后来他所订的船位迟迟没有结果，他便写信给国务院询问怎样获得许可离境的手续，国务院官员在私人交谈中告诉他，可以列入学生名单返回中国大陆。
>
> 他给国务院的信中解释他要离美的意图，要求获得必需的协助。后来，他与加拿大太平洋航空公司接洽，想经过渥太华至香港。加拿大航空公司下属的旅行社，帮助他办理途经英属加拿大领土以及香港的一切签证手续。我可以证明，他从来未曾否认过这些安排。相反，他公开进行此事，而且在学校里告诉我们这些计划。我知道他赴华盛顿时，也把这些安排告诉过你和鲍特……

香港报纸也纷纷刊载著名科学家在美国被扣押的新闻。香港《文汇报》以《我们坚决反对美帝逮捕钱学森》为题，发表评论指出：

> 新中国诞生了，新的国家欢迎一切有才能的同胞投入到伟大的建设事业中去，我们要使国家建设走上工业化的大道。
>
> 钱学森在新中国这个响亮的号召下准备回到中国来了，可是美国帝国主义者剥夺了他的自由，无理地把他扣留了，无耻地给他一个莫须有的罪名：美共。我们坚决反对美帝这一侵犯人权的暴行，我们要求释放钱学森博士……

1950年9月24日，李四光以中华全国自然科学专门学会联合会主席的名义，发表声明《抗议美帝非法拘捕我科学家钱学森等》。

郭沫若以中国保卫世界和平大会委员会主席的身份，于1950年9月25日致电世界和大主席居里博士，抗议美国无理拘捕钱学森：

第一章
冲破罗网

巴黎世界和大主席居里博士：

我国航空力学专家钱学森博士于申请回国时被美警拘捕，物理学家赵忠尧教授和学生二名在返国途中，在日本横滨为驻日美军拘捕。此等蹂躏人权、摧残科学家的暴行，已激起中国科学界及中国人民的普遍愤怒。请你和贵会号召全世界科学家对美帝国主义暴行加以谴责，并要求立即释放被捕之科学家。

中国保卫世界和平大会委员会主席　郭沫若
一九五〇年九月二十五日[1]

新中国的科学家们，也发出强烈的抗议声音。曾昭抡、叶企孙、陆志韦、丁燮林、饶毓泰、向达、刘仙洲、汤佩松、钱崇澍、严济慈、钱三强等189名中国科学家发表联名抗议书：

我们以无比的愤怒抗议美国政府非法地扣押将自美返国的钱学森博士，在日本的美占领军当局无理地扣留了返国途中的赵忠尧教授和罗时钧、沈善炯两位同学。我们认为这一连串的侵犯人身自由的暴行是美国帝国主义者想尽种种方法决心与中国人民为敌的又一次表现，既卑劣又疯狂。[2]

1950年10月18日，搭乘"威尔逊总统号"邮轮回国的中国留学生与回国不久的留学生汪稷曾、邵循道、沈慧等183人，致电联合国秘书长赖伊、联合国会员大会主席安迪让及安理会主席和人权保障委员会，要求制裁美国政府扣留钱学森等教授，并防止此类事件的再度发生。他们还致电美国国务院国务卿艾奇逊，提出严重抗议，要求立即恢复钱学森等教授的自由。

加州理工学院院长杜布里奇开展多方营救钱学森的社会活动。

在种种舆论的压力之下，事情开始有了转机。金贝尔接到杜布里奇院长的信后，表示可以考虑释放钱学森，接着要求钱学森写下声明：保证倘若没得

---

[1]《美国无理拘捕钱学森等　郭沫若致电居里博士　吁请谴责美帝无耻暴行》，《人民日报》1950年9月27日。

[2]《美国政府无理扣押钱学森赵忠尧两教授　首都科学家和教授联名抗议　并向全世界科学家控诉战贩血手玷污科学》，《人民日报》1950年9月30日。

特米诺岛上的移民归化局,钱学森曾经在此受审

到加州理工学院院长杜布里奇和海军次长丹·金贝尔的书面同意,他绝不会擅自离开美国。

9月20日,钱学森从特米诺岛拘留所被带到设在岛上的移民归化局,在那里钱学森接受审讯。以移民局古尔西欧主任为首的八名官员(其中也包括海关和特米诺岛监狱官员)进行对钱学森的审讯。加州理工学院的法律顾问古柏律师则为钱学森辩护。由于移民局对钱学森的"间谍罪"提不出确凿的证据,审讯不了了之。

不久,钱学森接到特米诺岛拘留所的通知,在交出一万五千美元的保释金之后,可以获得保释。

在当时,一万五千美元是一笔不小的数目。加州理工学院院长杜布里奇和从欧洲赶回的钱学森的导师冯·卡门得知这一消息,当即为钱学森保释筹款,很快筹得一万五千美元。

9月22日,钱学森终于获释,结束了这15天的监牢之灾。蒋英开车来到特米诺岛,接钱学森回家。蒋英曾回忆当时的情景:"我去接他出来的时候,他一言不发,你问他什么只是点点头,摇摇头。我明白了,他失声了,不会说话了!"

第一章
冲破罗网

被监控的生活是痛苦的

钱学森获准保释了,终于离开了那人间地狱。他的出狱,又一次成为媒体的关注焦点。

然而,乌云依然在钱学森头顶盘旋。

美国移民局规定,钱学森每个月必须要到帕萨迪纳移民局去登记,并要随时接受移民局官员的传讯。另外,还规定他只能在洛杉矶市内生活,如果要超出洛杉矶的市界,必须申报,获得批准方可出洛杉矶。

钱学森还发现,住所附近常常出现陌生人在那里晃荡。不言而喻,那是移民归化局的特工在暗中监视他。

夜深,电话突然响起。钱学森一接电话,对方就把电话挂掉了。显而易见,那是在测试钱学森在不在家。

钱学森的电话受到监听、信件受到拆检。钱学森发现,就连他上街,背后也有人跟踪。一句话,钱学森虽然获释,但是仍处于软禁之中。

得知儿子在美国遭到软禁,父亲钱均夫写信勉励他:"吾儿对人生知之甚多,在此不必赘述。吾所嘱者:人生难免波折,岁月蹉跎,全赖坚强意志。目的既定,便锲而不舍地去追求;即使弯路重重,也要始终抱定自己的崇高理想。相信吾儿对科学事业的忠诚,对故国的忠诚;也相信吾儿那中国人的灵魂永远是觉醒的……"

夫人蒋英是音乐家。这时候她不得不暂时放弃自己的专业,在家中相夫教子。她不敢雇保姆,生怕保姆万一被移民归化局收买,监控他们的一举一动。

在1950年11月初,钱学森的八大箱行李经过移民归化局两个多月的反复"研究",并没有发现内中有机密文件,决定退还给钱学森。

洛杉矶的报纸披露那些特工们把钱学森行李中的对数表当成了"密码",一时间在加州理工学院传为笑谈。

远在万里之外的上海,父亲钱均夫得知钱学森在美国遭到无端迫害,无一日不牵挂着远方的儿子。

钱学森一次次受到传讯。所幸加州理工学院的法律顾问古柏律师仗义执

1950年11月在洛杉矶移民局的听证会上，左起为律师古柏、钱学森以及移民局官员、记者

言，据理为钱学森申辩。

经过几番审讯，1951年4月26日，帕萨迪纳移民局通知钱学森，他的案件经过审理，认定他"曾经是美国共产党员的外国人"。依据美国国家安全条例的规定，凡是企图颠覆美国政府的外国人，必须驱逐出境。因此，帕萨迪纳移民局决定驱逐钱学森！

钱学森本来就打算离开美国，根本用不着美国"驱逐"，他早在1950年8月28日就准备离开美国，乘坐加拿大首都渥太华飞往香港的航班返回中国。

然而，移民局马上受到来自华盛顿的干涉，要求暂缓执行对钱学森"驱逐出境"的决定。还是美国海军次长丹·金贝尔的那句话："他知道所有美国导弹工程的核心机密，一个钱学森抵得上五个海军陆战师，我宁可把这个家伙枪毙了，也不能放他回红色中国去。"

于是，对钱学森"驱逐出境"的裁定，就一直被拖着，拖着……其实，这"拖"的策略，无非是想在一日千里的科技时代中，让钱学森脑袋中的那些导弹知识老化，变得陈旧，变得无用。

没有被"驱逐出境"的钱学森，依然处于无限期的软禁之中。导师冯·卡门最能深刻理解钱学森的性格和为人，他曾经在《中国的钱学森博士》

中写道：

> 此举严重伤害了钱的自尊心。他去找杜布雷奇[1]院长当面申述，没有安全执照他无法留在喷气推进中心继续工作。他情绪激昂地说，与其在这里遭受怀疑，宁愿返回中国老家去。杜布雷奇以好言相劝，希望他先保持镇静，并建议他就此事提出上诉。钱不想上诉，他觉得在当时那种紧张气氛下，一个侨居的中国教授难打赢这场官司。更何况他秉性高傲，认定没有必要去向美国司法当局申述自己不是共产党人。我想，在当时情势下，要是有人利用我曾经为匈牙利短命的库恩·贝拉政府干过事而诬陷我，那么我也会作出和钱同样的反应。

为了便于一旦美国允许自己离境回国，就能马上动身，钱学森没有固定住所。他的租房合同往往只签一年，到期后就搬家。那些从海关退回的总重量达800千克的8个大木箱，钱学森再没打开过，一直放在那里，以便一旦有机会离开美国，随时可以再度交船托运。夫人蒋英还准备好3个手提箱，放着随身用品，一旦获准回国，可以提起这3个手提箱就走。

钱学森的好友郭永怀夫妇来到加州理工学院看望他，使他在困境中得到宽慰。钱学森曾经回忆说：

> 1953年冬，他（引者注：指郭永怀）和李佩同志到加州理工学院。他讲学，我也有机会向他学习奇异摄动法。我当时的心情是很坏的，美国政府不许我归回祖国而限制我的人身自由，我满腔怒火，向我多年的知己倾诉。他的心情其实也是一样的，但他克制地劝我说，不能性急，也许要到1960年美国总统选举后，形势才能转化，我们才能回国。[2]

据李佩回忆，当时她看到钱学森家空空如也，客厅里只有一张餐桌，几把椅子，还有3只手提箱。[3]钱学森说，一旦美方同意他回国，他和蒋英拎起

---

[1] 即杜布里奇。
[2] 钱学森：《写在〈郭永怀文集〉的后面》，《郭永怀文集》，第333页，科学出版社1982年版。
[3] 2010年5月15日上午叶永烈在中国科学院力学研究所采访郭永怀先生91岁的夫人李佩。

这3只手提箱随时可以马上动身。

蒋英告诉李佩，钱学森被捕的那些日子里，幸亏有郑哲敏帮忙。当蒋英去拘留所看望钱学森时，郑哲敏就过来照料两个孩子。

在软禁期间，钱学森仍不时受到移民局的审讯，审讯的主题一直是为了确证钱学森"曾经是美国共产党员的外国人"，而钱学森自始至终否定"曾经是美国共产党员的外国人"。双方对峙着，僵持着。

有一回，检察官突然调换了一个角度，问钱学森道："你忠于什么国家的政府？"

钱学森答道："我是中国人，忠于中国人民。"

检察官追问："你说的'中国人民'是什么意思？"

钱学森答："四亿五千万中国人。"

当时，中国的总人口为四亿五千万。

检察官又问："这四亿五千万人现在分成了两部分，那么我问你：你是忠于在台湾的国民党政府，还是忠于在大陆的共产党政权？"

钱学森答："我认为我已经说过我忠于谁的原则了，我将根据自己的原则作出判断。"

检察官问："你在美国这么长时间，你敢发誓说，你是忠于美国政府的吗？"

钱学森答："我的行动已经回答了这个问题，在第二次世界大战中，我用自己的知识帮助美国做事。"

检察官问："你现在要求回中国大陆，那么你会用你的知识去帮助大陆的共产党政权吗？"

钱学森说："知识是我个人的财产，我有权要给谁就给谁。"

在"工程控制论"中闪光

失去了安全许可证，钱学森无法从事原先与军事相关的喷气推进研究工作，他改变了自己的研究方向，把目光投向一片崭新的领域——工程控制论。

工程控制论与美国国防机密毫无关系。钱学森似乎在向美国联邦调查局表明，他完全改行了。

回忆工程控制论的研究工作时,钱学森曾经这样说:

> 研究工程控制论只是为了转移美国特务们的注意力,争取获准回归祖国。当时并没有想到建立一门新学科。

对于钱学森来说,时间就是生命,他不愿把时间荒废在不知道终点的漫长的等待之中,而是抓紧时间从事新学科的研究。

是金子,放在哪里都能发光。钱学森把蒙受冤屈的痛苦搁在一边,全身心投入工程控制论这片待开垦的处女地。他的思绪放马驰骋,纵横捭阖,不时闪闪发光,不时有所斩获。

钱学森的学生、《工程控制论》中译本译者之一戴汝为院士对笔者说起了控制论的历史:控制论是法国物理学家和数学家A.M.安培在1834年提出的,最初的定义是"管理国家的科学"。1948年,美国数学家N.维纳把控制论运用于动物体内自动调节和机器控制过程的研究,把控制论建立为一门新的学科。[1]

1931年维纳当选美国数学学会会长。1935年8月至1936年6月,维纳曾经来到中国,在清华大学做访问教授。维纳作为美国的名教授,怎么会来中国清华大学呢?那是因为维纳有一个博士生,叫李郁荣,在维纳教授指导下完成了博士论文《用拉盖尔函数之傅立叶变换的网络合成法》。后来李郁荣应清华大学工学院院长顾毓琇之邀,到清华大学工作。李郁荣通过顾毓琇以及清华大学校长梅贻琦向维纳教授发出邀请,于是维纳来华讲学,并与李郁荣合作,研究并设计出很好的电子滤波器。维纳教授还为清华大学数学系讲授了调和分析,指导华罗庚与徐贤修完成了《关于傅立叶变换》的论文。后来华罗庚与徐贤修都成为著名数学家,华罗庚成为中国科学院学部委员(院士),徐贤修成为台湾"中央研究院"院士、台湾新竹清华大学校长。戴汝为说,当时清华大学为维纳教授包了一辆黄包车,往返接送维纳教授于北京西直门与清华大学之间。

在第二次世界大战期间,维纳接受了一项与火力控制有关的研究工作,促使他深入探索了用机器来模拟人脑的计算功能,由此深入研究控制论问题。

---

[1] 2010年5月17日下午,叶永烈在北京中国科学院自动化研究所采访戴汝为院士。

1948年，维纳出版《控制论》，成为控制论这门新兴学科的奠基之作。

思想敏锐的钱学森，把维纳新创立的控制论运用到工程系统的控制之中，创立了新的学科——工程控制论。钱学森把控制论概括为"一个系统的不同部分之间相互作用的定性性质，以及由此决定的整个系统总体的运动状态"，把工程控制论定义为"研究控制论这门科学中能够直接用在控制系统工程设计的那些部分"。

花费了三年时间，钱学森把他对于工程控制论的见解，用英文写成30多万字的《工程控制论》。1954年，署名"Tsien, H. S."的 *Engineering Cybernetics*（即《工程控制论》）由美国 McGraw-Hill 出版社出版。

钱学森在《工程控制论》的序言中，以扼要的文字论述了工程控制论的意义：

> 控制论是关于机械系统与电气系统的控制与操纵的科学……是关于怎样把机械元件与电气元件组合成稳定的并且具有特定性能的系统的科学。这门新科学的一个非常突出的特点就是完全不考虑能量、热量和效率等因素……控制论所讨论的主要问题是一个系统的各个不同部分之间的相互作用的定性性质，以及整个系统的总的运动状态。
>
> 工程控制论的目的是研究控制论这门科学中能够直接应用在工程上设计被控制系统或被操纵系统的那些部分。
>
> 工程控制论是一门技术科学，而伺服系统工程却是一种工程技术。技术科学的目的是把工程实际中所应用到的许多设计原则加以整理与总结，使之成为理论，因而也就把不同领域的共同性显示出来，而且也有力地说明了一些基本概念的重大作用，简单地说，理论分析是技术科学的主要内容，而且它常常用到比较高深的数学工具……
>
> 把工程控制论建成一门技术科学的好处就是：工程控制论使我们可能有更广阔的眼界用更系统的方法来观察有关的问题，因而往往可以得到解决旧问题的更有效的新方法，而且工程控制论还可能揭示新的以前没有看到过的前景。

这是一部开创性的、奠基性的著作，引起了各国科学家的关注。1956年苏联出俄文版 *ТЕХНИЧЕСКАЯ КИБЕРНЕТИКА*，1957年民主德国出德文版

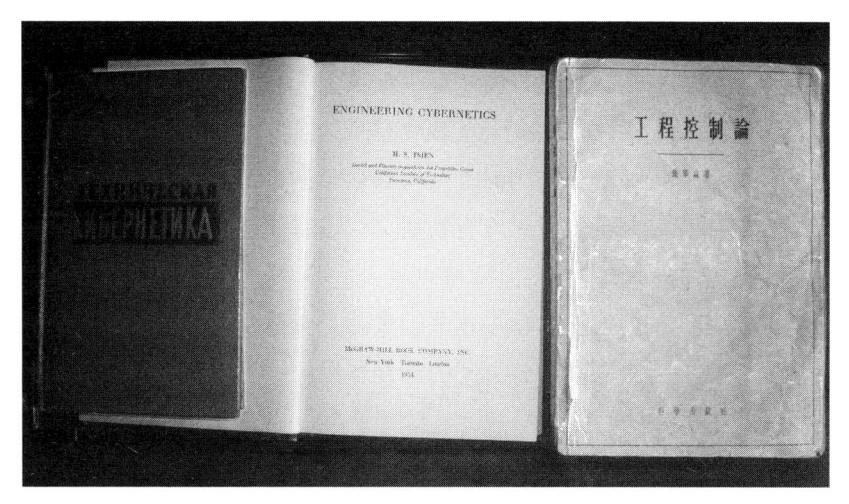

钱学森著《工程控制论》的三种版本，左起为俄文版、英文版、中文版

Technische Kybernetik，1958年中国出中文版。这部著作在1957年获中国科学院1956年度科学奖金。1957年国际自动控制联合会（IFAC）第一届理事会推举钱学森为首届理事长。1980年，钱学森又与宋健等人共同完成了中文修订版。

关于《工程控制论》一书，美国一位专栏作家这样评论道：

> 工程师偏重于实践，解决具体问题，不善于将之上升到理论高度；数学家则擅长理论分析，却不善于从一般到个别去解决实际问题。钱学森则集中两个优势于一身，高超地将两只轮子装到一辆战车上，碾出了工程控制论研究的一条新途径……

《工程控制论》中文版的译者之一、钱学森的学生戴汝为指出：

> 工程控制论是机器和人的通讯及控制的科学，早期被苏联哲学界攻击为"伪科学"。《工程控制论》一书1954年在美国出版后，苏联的科学界转变了态度。所以钱学森的《工程控制论》迅速被译成俄文并在苏联出版。正因为这样，1956年钱学森应邀到苏联出席应用数学会议，受到热烈的欢迎，给予高规格的接待。[1]

---

[1] 2010年5月17日下午，叶永烈在北京中国科学院自动化研究所采访戴汝为院士。

钱学森的崭新的研究成果表明，他不仅是一流的导弹专家，而且一旦转向其他领域的研究，他依然是一流的科学家。

《工程控制论》是一部前瞻性的学术著作，以至在出版之后，美国的科学界在三四年内没有读懂！因为当时美国自然科学的论著要么论述物质，要么论述能量，而《工程控制论》里一没有物质、二没有能量。

这门新科学的一个非常突出的特点就是完全不考虑能量、热量和效率等因素，可是在其他各门自然科学中这些因素却是十分重要的。控制论所讲述的主要是一个系统的各个不同部分之间的相互作用的定性性质，以及整个系统的综合行为。

《工程控制论》的重要学术价值是随着时间的推移，才逐渐为人们所理解、所认识的。

孙家栋院士曾经回忆说，他1958年毕业于苏联茹可夫斯基军事学院航空系。当时苏联老师把钱学森著俄文版《工程控制论》列为四本必读的著作之一，使得钱学森著俄文版《工程控制论》一下子被学生们购买一空。于是，孙家栋在暑假回国时，到北京外文书店购买钱学森著俄文版《工程控制论》成为他的一大"任务"。他带着好多本钱学森著俄文版《工程控制论》回到茹可夫斯基军事学院，受到同学们的一致夸奖。

在研究工程控制论的同时，钱学森还从事一门新兴的科学——物理力学的开创性研究工作，用英文写出《物理力学讲义》，并为加州理工学院开设了这门课程。

《工程控制论》和《物理力学讲义》是钱学森在被监控之下完成的学术专著。欲归不能，钱学森处于漫长而痛苦的等待中。钱学森不知道这样等待的日子，何年何月方能结束。

在足球场上，球员避开对方盯梢的办法是不断移动自己的位置。钱学森也成了"球员"，在帕萨迪纳不断搬家，居然搬了四次家。最后他搬到一个不太好的区，房子也没原来的大，环境也差，而且隔一条街就是黑人区。

中美在日内瓦的较量

就在钱学森埋头于工程控制论研究的时候，中美之间的博弈在激烈地进行着……

1950年6月25日朝鲜战争爆发。美军打着联合国的招牌进军朝鲜，中国则派出中国人民志愿军进军朝鲜。虽然中美双方是在"志愿军"和"联合国军"的名义下交战，实际上中美两国成了敌对的交战国，中美关系紧张到了极点。正是在这样的大背景之下，美国逮捕了钱学森。

1953年7月27日，《朝鲜停战协定》在板门店签字，标志着历时3年的朝鲜战争终于结束。这时，中美关系虽然还是那样的僵冷，毕竟交战已经终止。

1954年4月，美、英、法、中、苏五国外长在日内瓦举行会议，讨论和平解决朝鲜问题以及恢复印度支那和平问题。以周恩来总理兼外长为团长的中国代表团来到日内瓦出席会议，象征着新中国首次以五大国的地位和身份出现在世界上。在会场，中美两国代表相遇时，冷漠而又尴尬，没有握手，没有寒暄，甚至连点一下头都没有，彼此都把对方视为陌路人。

当时，中华人民共和国与美国没有外交关系，但是与英国有外交关系。曾任英国驻新中国的第一任代办的杜维廉（Humphrey Trevelyan）出面居中斡旋。美国通过英国代表杜维廉向中方表示，希望解决美国在华被拘留的美方人员返回美国的问题。这批在华被拘留的美方人员之中，有侵犯中国领空而被中国政府拘禁的美国飞行员等军事人员，还有一批在中国被捕的美国间谍，仅1954年11月23日经中国最高人民法院军事审判庭依法作出判决的美国间谍就有13人。当时中国也有一批像钱学森这样的科学家以及留学生被扣在美国，无法回国。中美双方都希望解决彼此的被扣押人员。

周恩来认为应利用时机，开辟同美国直接接触的渠道。于是，6月5日中美代表在日内瓦联合国大厦进行了首次直接接触。中方代表为中国代表团秘书长、中国驻波兰大使王炳南，美方代表为美国代表团秘书长、副国务卿、美国驻捷克大使尤·阿·约翰逊。虽然第一次会谈只有15分钟，但毕竟是中美这两个互不承认、没有外交关系的国家举行的大使级会谈，因此成为世界外交史上的创举。

王炳南有着不凡的经历，他曾经留学日本、德国。1936年，在西安事变中协助周恩来做了诸多统战工作。此后，在1945年的重庆谈判中，由于王炳南在国统区人头极熟，所以毛泽东在重庆期间特地请他担任秘书。新中国诞生后，王炳南担任政务院外交部办公厅主任、部长助理，成为周恩来的得力外交助手。

有一就有二。从6月5日起，至6月21日，在日内瓦会议期间，中美代表就侨民和留学生问题进行了4次接触。

日内瓦会议结束以后，这种接触改为双方驻日内瓦领事会谈，从1954年7月29日至1955年7月15日，双方领事共举行了11次会谈。

1955年7月13日，美国政府通过英国政府向中国政府建议举行大使级会谈，中国政府表示同意。双方派出的代表是老对手，中方代表仍为中国驻波兰大使王炳南，美方代表依然是美国驻捷克大使约翰逊。

1955年7月25日，中国外交部成立了一个中美会谈指导小组，由周恩来直接领导。

1955年8月1日下午4时，中美大使级会谈在日内瓦联合国大厦举行。

会谈一开始，王炳南就宣布："大使先生，在我们开始讨论之前，我奉命通知你下述消息：中国政府在7月31日按照中国的法律程序，决定提前释放阿诺德等11名在朝鲜战争期间俘获的美国飞行人员。他们已经在7月31日离开北京，估计在8月4日可以到达香港。我希望，中国政府所采取的这个措施，将对我们的会谈起到有利的影响。"

约翰逊当即向王炳南表示谢意。接着双方先商谈了会谈议程，一是双方侨民遣返问题，二是有争执的其他实际问题。

8月2日，第二次中美大使级会谈在日内瓦继续举行。

这一回，约翰逊首先发言："美国人民关心中国继续拘留的美国人，其中大部分关在监狱里，有的得不到出境许可。现在还有36位美国平民被拘，此事影响美国人民及政府对中国的态度。"约翰逊随即把36人名单交给王炳南。

王炳南则针锋相对地指出，在美国的中国侨民，绝大多数的家属都在中国大陆。由于美国政府的限制，他们不能自由回返他们的祖国，无法回到他们自己的家庭。这个问题不仅是他们所迫切要求解决的问题，也是中国人民和中

第一章
冲破罗网

中美大使级会谈在日内瓦举行后，11 名美国空军战俘得以返回美国。这是他们在夏威夷机场的合影

国政府一向极为关切的问题。

按照周恩来总理的授意，王炳南在会谈一开始就着重提出美国政府至今仍在限制中国留美学者返回中国。

约翰逊当场否认。他宣称，美国政府在 1955 年 4 月就取消了扣留中国学者的法令，允许他们来去自由。

这时，王炳南大使当场揭穿约翰逊的谎言："请问大使先生，既然美国政府早在今年 4 月间就取消了扣留中国留学生的法令，为什么中国科学家钱学森博士还在 6 月 15 日写信给中国政府请求帮助回国呢？显然，中国留学生要求回国依然遭受美方的种种阻拦。据回国同学报告，钱学森被禁止离开他所在市界。"

王炳南大使同时还出示了钱学森的一封亲笔信。

约翰逊看了钱学森的亲笔信，无言以对，表示马上向美国政府转达。

8 月 4 日，第三次中美大使级会谈继续在日内瓦举行。

约翰逊告诉王炳南说，美方已经同意钱学森回国。但是，约翰逊对此作出了"解释"："在朝鲜战争期间，我们政府曾根据 1918 年的立法条文发布命令，凡是在美国受过像火箭、原子能以及武器设计这一类教育的中国人不准离

1955年8月，王炳南大使在日内瓦和美国大使约翰逊会谈

开美国。"

8月5日，美国司法部移民归化局正式通知钱学森，允许他离开美国，回到中国。

躲过特工寄出至关重要的信

王炳南大使手中的钱学森亲笔信，成为钱学森能够回国的关键性文件。

远在美国、处于软禁之中的钱学森，是怎么寄出那封请求中国政府帮助他回国的信呢？

钱学森向来有着每日读报的习惯。1955年5月，钱学森在一张华人报纸上，看到了毛泽东主席在北京天安门广场主持庆祝五一劳动节典礼的报道。突然，在长长的观礼者的名单中，有一个熟悉的名字闯进钱学森的眼帘——陈叔通！

陈叔通先生当时任全国人大常委会副委员长。钱学森为什么特别注意陈叔通的名字呢？

原来，陈叔通是钱学森的杭州同乡。陈叔通在26岁时（1902年）中举人，次年中进士，并朝考中试，授翰林。这位清末翰林是钱学森的父亲钱均夫的好友。钱均夫进入杭州求是书院学习时，监院（相当于教务长）是陈仲恕先生，乃陈叔通之兄。陈叔通也执教于求是书院，与钱均夫亦师亦友。钱学森在1947

年暑假回国结婚时，曾经看望过"太老师"陈叔通——陈叔通是钱均夫之师。

接着，钱学森又陆续从报纸上读到中美两国谈判双方侨民归国的问题，特别是美国报纸宣称"中国学生愿意回国者皆已放回"，于是钱学森决定给陈叔通写信，报告自己被美国拘留、有国难归的困境，请求中国政府给予帮助。

细节决定成败。作为导弹专家的钱学森，尤其懂得在发射的时候，每一根导线、每一个焊点、每一个元件都必须绝对可靠。"差之毫厘，谬以千里"，任何细节都不允许疏忽。为了把这封极其重要的信准确"发射"到陈叔通手中，钱学森经过了深思熟虑。

1955年6月15日，钱学森在家中写好给陈叔通的信。钱学森事先写好草稿，然后用一手繁体汉字，端端正正写下致陈叔通的这封至关重要的信。信的全文如下：

叔通太老师先生：

  自一九四七年九月拜别后未通信，然自报章期刊上见到老先生为人民服务及努力的精神，使我们感动佩服！学森数年前认识错误，以致被美政府拘留，今已五年。无一日、一时、一刻不思归国参加伟大的建设高潮。然而世界情势上有更重要更迫急的问题等待解决，学森等个人们的处境是不能用来诉苦的。学森这几年中唯以在可能范围内努力思考学问，以备他日归国之用。

  但是现在报纸上说中美交换被拘留人之可能，而美方又说谎谓中国学生愿意回国者皆已放回，我们不免焦急。我政府千万不可信他们的话，除去学森外，尚有多少同胞，欲归不得者。从学森所知者，即有郭永怀一家（Prof.Yong-huai Kuo, Cornell University, lthaca, N.Y.），其他尚不知道确实姓名。这些人不回来，美国人是不能释放的。当然我政府是明白的，美政府的说谎是骗不了的。然我们在长期等待解放，心急如火，唯恐错过机会，请老先生原谅，请政府原谅！附上纽约时报旧闻一节，为学森五年来在美之处境。

在无限期望中祝您

康健

钱学森谨上
一九五五年六月十五日

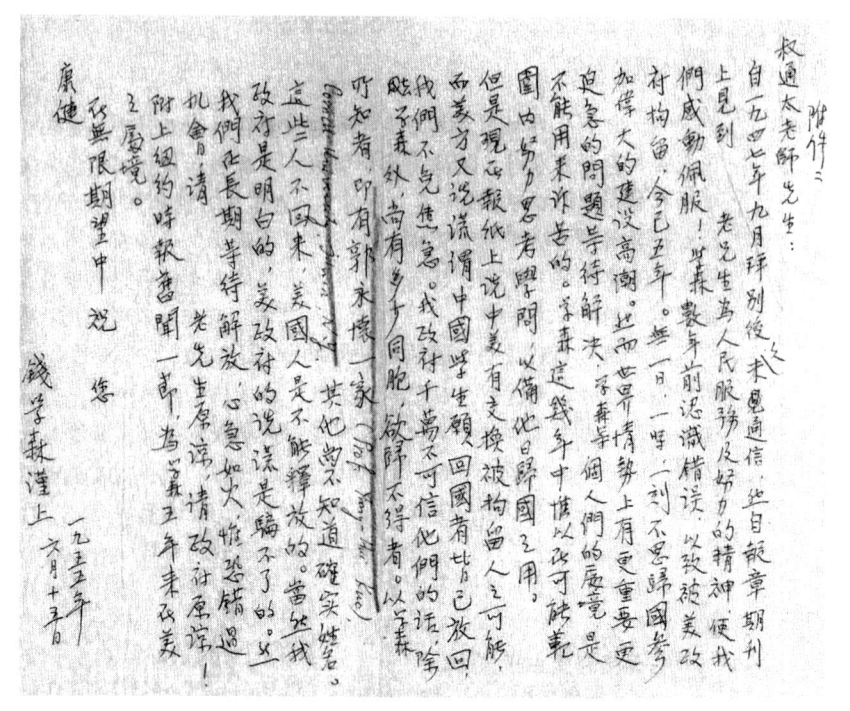

钱学森 1955 年 6 月 15 日致陈叔通的信

在信中，钱学森还附了一份豆腐干大小的 1953 年 3 月 6 日《纽约时报》特别报道剪报，题为《驱逐对美国不利》：

> 钱学森——加州理工学院著名的火箭专家，3 月 5 日在洛杉矶被驱逐回中国。但同时又不许他离开美国，因为他的离去"不利于美国最高利益"。
>
> 这个自相矛盾的消息是由美国移民局地区副局长阿尔伯特今天披露的，此时钱学森博士仍在加州理工学院工作。
>
> 钱学森博士是 8 月份（引者注：应为 1950 年 9 月）被逮捕的，他试图将 1800 磅的技术资料运往"红色中国"。他被驱逐回他的祖国，但由于美国政府不承认中国，驱逐令并没有起作用。
>
> 检查这些打印材料的联邦机构人员没有发现任何秘密资料。

钱学森写好信之后，怎么把这封至关重要的信件寄到陈叔通手中呢？他当时并不知道陈叔通的通信地址，只能寄给在上海的父亲，请父亲代转。倘

第一章
冲破罗网

若从美国寄给在上海的父亲，风险很大，因为联邦调查局非常注意拆检钱学森写给父亲的信，万一落到他们手中就麻烦了。他把这封信写好之后，装在一个信封里，并在信封上写了上海家中的地址。然后把这封信夹在夫人蒋英寄给妹妹的信中，那就相对要安全些。蒋英的妹妹蒋华当时侨居比利时。从美国寄往比利时的信，远没有寄往中国的信件那么容易引起关注。蒋英请妹妹在收到这封信之后，从比利时转寄到上海钱学森父亲家中。

居住在比利时的蒋英的妹妹蒋华在离别北京近60年后，2006年回到北京定居。图为她2006在北京天安门前的留影

为了确保能够寄出这封信，钱学森每一个细节都精心打理：他让蒋英用左手写，模仿儿童的笔迹，在信封上写了妹妹的地址，以使联邦调查局的特工认不出是蒋英的笔迹。

钱学森处于联邦调查局的监视之中，如何避开特工的眼睛把信投进邮筒，也是"发射"链条中的重要一环。

钱学森记起，在一家大商场里，有咖啡馆，也有邮筒。于是，钱学森和夫人来到那家商场，钱学森在门口等待，夫人蒋英进入商场。男人不进商场，这在美国很正常。如果有特工在后面跟踪，紧盯的当然是钱学森。钱学森站在商场门口，特工也就等在商场之外。蒋英走进商场，看看周围无人注意她，也就悄悄而又敏捷地把信投进了商场里的邮筒。

这封信就这样躲过了联邦调查局无处不在的监视的眼睛，安全到达比利时。

蒋华收到信件之后，立即转寄给在上海的钱学森父亲钱均夫。钱均夫马上寄给北京的老朋友陈叔通。陈叔通当即转交周恩来总理。这一系列的转寄，都是安全无误。

周恩来深知钱学森这封信的重要，令外交部火速把信转交给正在日内瓦进行中美大使级谈判的中方代表王炳南，并指示："这封信很有价值。这是一个铁证，美国当局至今仍在阻挠中国平民归国。你要在谈判中用这封信揭穿他们的谎言。"

8月2日，王炳南大使当着美国代表约翰逊的面，念了钱学森的信，指出美方"说谎谓中国学生愿回国者皆已放回"，"当然我政府是明白的，美政府的说谎是骗不了的。然我们在长期等待解放，心急如火，唯恐错过机会"。这下子，约翰逊哑口无言。

这封经过千山万水、辗转传递的信件，在关键的时刻，起了关键的作用。钱学森的"导弹"，准确地射中在日内瓦联合国大厦举行的中美大使级会谈。

就在钱学森已经获准离开美国而又尚未离开美国之际，1955年8月24日，《人民日报》发表评论《留美学生有什么回国自由》，首次透露了钱学森致陈叔通的信的部分内容，并以此批驳美国政府：

> 所谓中国留美学生已可"自由"离美回国的说法，是同事实完全不符的。事实上，自美国的所谓限制回国的禁令"取消"以后，中国学生不但是继续被限制离开美国，而且是被变相地扣留在美国。
>
> 钱学森先生在美国的遭遇可以充分证明这一点。著名的中国科学家钱学森自一九五〇年八月起即准备回国，但他竟然遭到美国当局的非法逮捕，被无故拘禁达十五天之久。自此之后，他就处在一种极其不合理的状态中。《纽约时报》一九五三年三月六日报道说："钱学森博士正受到驱逐出境的命令，离开美国到中国去；但他同时也接到不许离开美国的命令。"他不但不能离开美国，而且不能离开他所住的县的边界。这种情况是并没有因为美国"取消"了所谓限制离境的禁令而有所改变的。正因为如此，所以在今年六月十五日，即美国"取消"了限制禁令之后两个月，钱学森还不得不写信给全国人民代表大会常务委员会副委员长陈叔通，请求援助他回返祖国。在信里，钱学森说："被美政府扣留，今已五年，无一日、一时、一刻不思归国，参加伟大的建设高潮。"
>
> 面对着这些事实，人们不能不得出这样的结论：美国政府对中国留学生要求回国的限制实际并未取消；中国留学生被限制返国的情况并无根本改变。如果说，目前的情况与过去相比有所变化，那么变化仅仅是：美国当局采取了更隐蔽的办法。它以为这种办法既能达到阻挠我国留学生回国的目的，又能把美国当局的责任推卸得干干净净。
>
> 但，这是办不到的。中国有句老话：一只手不能掩尽天下人的耳目。美国政府应该拿行动来证明它的言辞。

中美大使级会谈是世界上罕见的"马拉松会谈"，断断续续地进行了15年，直至1970年2月20日，共进行了136次会谈。由于美方坚持其干涉中国内政的立场，会谈未能在缓和与消除台湾地区紧张局势这个关键问题上取得进展，但是当时两国没有外交关系，中美大使级会谈起着保持接触的渠道的作用，在中美关系史上留下了特殊的一页。

周恩来总理曾感叹说："中美大使级会谈虽然没有取得实质性成果，但我们毕竟就两国侨民问题进行了具体的建设性的接触，我们要回了一个钱学森。单就这件事来说，会谈也是值得的，有价值的。"

在第二次世界大战之前，希特勒驱赶的一批顶尖的犹太裔科学家到了美国，成为美国后来搞"两弹一星"的主力，人们嘲笑希特勒把最好的"礼物"送给了美国。其实，美国在第二次世界大战之后也犯了同样的"错误"，把钱学森"送给"了中国，成为中国搞"两弹一星"的主力。人们嘲笑道，麦卡锡主义因为恐惧"红色"而将一位原本为美国服务的科学家变成了真正的"红色"科学家。

头等舱的故事

经过5年的久久企盼，经过5年的艰辛斗争，钱学森终于迎来欢欣的日子，可以回国了。

对于钱学森的离去，他的导师冯·卡门感慨道："美国把火箭技术领域最伟大的天才、最出色的火箭专家钱学森，拱手送给了红色中国！"

当钱学森向他告别时，冯·卡门博士深情地说："你现在在学术上已经超过我，回你的祖国效力去吧，科学是不分国界的。"

1955年9月7日，陈叔通给远在美国的钱学森发了一份电报，表明了来自北京的关怀："您6月15日的信件收到。美国驻日内瓦大使通知，禁止你离开美国的命令已经取消。你可以随时离开美国。电告归期。告知我任何困阻。"

钱学森一家急于离开美国，生怕晚了一步有变。钱学森先是去订购飞机票，但是近期的机票早已售完。于是，只能订轮船票，最近一班轮船是1955年9月17日从洛杉矶驶往香港的"克利夫兰总统号"，这是"克利夫兰总统

走近**钱学森**

1955年9月17日钱学森（中）离开洛杉矶时，成为记者们追逐的对象

洛杉矶报纸报道钱学森返回红色中国

号"往返于中美之间的第60个航次，不过头等舱的船票已经售完，只剩下三等舱的船票。归心似箭的钱学森当即买好三等舱的船票。

钱学森在登船离开美国的前一天，按照美国移民局的规定，他仍然必须去那里办理一月一次的登记手续。这是他最后一次办理登记手续。此后，他再也用不着受美国移民局的监视了。

钱学森离开洛杉矶的时候，很多朋友送来花篮。钱学森上船之后，由于三等舱的房间太狭小，连花篮都放不下，不得不把一部分花篮放到过道上。

没想到，"新闻人物"钱学森引起一位住头等舱的美国老太太的注意。在船过夏威夷之后，这位美国老太太忽然请钱学森夫妇到自己的头等舱房间里喝咖啡。钱学森夫妇来到那里，方知老太太是美国的女权运动领袖，在美国相当有名气。寒暄几句之后，老太太派人把船长叫来。船长不敢怠慢，来到了头等舱。老太太指着钱学森夫妇问船长："你认识他们吗？"船长推说不知道。老太太对船长说："钱先生是世界知名科学家，你怎么可以让他和太太住三等舱？"船长连忙说："让我去查一查，还有没有空余的头等舱。"船长出去没多久，就回来了，说是正巧有多余的头等舱，请钱学森一家立即搬进头等舱。

从洛杉矶到夏威夷，"克利夫兰总统号"已经航行了7天。船上有空着的头等舱，船长当然早就知道。当时，美方故意对钱学森说，只有三等舱的船票了，以为钱学森也就不会马上走。谁知钱学森去意那么坚决，就是坐三等舱也要走。得道多助，钱学森夫妇终于在那位爱打抱不平的素昧平生的美国老太太的帮助下，带着7岁的儿子钱永刚和5岁的女儿钱永真住进了头等舱。

漫长的海上航行是很累的，他们一家在船到夏威夷檀香山的时候，下船散步，双脚踏上久违的陆地。然而，在日本和菲律宾，钱学森被告知不能下船，因为那里不是美国的领土，美方无法保证他的安全。

1955年10月8日，钱学森跨过深圳罗湖桥，终于回到祖国的怀抱。

菲律宾华侨的信与合众社的评论

关于钱学森乘坐的"克利夫兰总统号"邮轮，还有一个故事：

那是在2005年7月，温家宝总理去医院看望钱学森，这一消息见报之后，钱学森收到一封来自菲律宾的用英文写成的信。

那是当时已经75岁的菲律宾老华侨林孙美玉写来的信，回忆起当年"克利夫兰总统号"停靠在马尼拉码头时，她巧遇钱学森。

林孙美玉女士在信中回忆了50年前的情景，钱学森谦称自己只是"蛋糕表面的糖衣"：

敬爱的钱学森先生：

距我们第一次见面已经50年了，那时您正在归国途中，船停泊在马尼拉。与您见面的那一刻对我来说是极其重要的，我一直铭记在心。那时，我们当地的日报有对您的报道，说您是中国伟大的科学家，放弃了在美国的舒适生活毅然回归中国。这让我对您产生深深的崇敬之情，因为很多人为了自己的生活，不惜做任何事情也要到美国去。但是，您却是放弃了优越的物质生活坚决要回到中国，为自己的祖国服务。

我已经记不起具体是哪一天见到您，但我知道是1955年，那一天我弟弟正好乘您坐的船去加拿大。我们全家登上船送弟弟，我们都盼望能有机会在船上见到您。我们找到了您的舱位，问保安人员是否可以与您谈话。非常幸运，当您走出船舱见我们时保安同意了。我们介绍了自己并说我们是中国人，您看起来与众不同，表情生动灵活，人显得高、瘦，当然不用说非常英俊潇洒。

我们进行了如下谈话：

"您为什么想回到中国？"我问。

"我想为仍然困苦贫穷的中国人民服务，我想帮助在战争中被破坏的祖国重建，我相信我能帮助我的祖国。"您回答。

"您离开美国困难吗？"我又问。

"是的，美国政府设置了太多的条件。他们不允许我带走我的书和笔记，但是，我将尽最大努力恢复它们。"您接着回答。

"菲律宾怎么样，这里的中国人被歧视吗？"您轻声询问。

"是的，非常受歧视，他们瞧不起中国人，很多人被错误地怀疑是共产党。"我回答。

"你是做什么工作的？"您又问。

"我姐姐是初中老师，我是高中老师。"我回答。

您说："非常好，中小学的老师非常重要，因为这是一个社会发展的基础。青年是社会的未来，他们必须受到好的教育，以培养他们的潜能和创造力。"

我说："但是，我只能教低层次的东西。不像您，是杰出伟大的科学家，能够创造伟大的事业。"

您又说："不，我只是蛋糕表面的糖衣。蛋糕要想味道好，里面的用料必须好。基础非常重要，培养年轻人是一个国家进步的基础。不要瞧不起你的工作，你是在塑造年轻人的灵魂。"

啊，您真是给我上了美妙的一课！听了您的话，我感到前所未有的幸福。这样谦逊，这样理解人的话语，在当今物质世界里真是再也难以听到。

过了一会，保安过来做了一个手势。我们的谈话结束了。您抱歉地说："我得回去了。"

第一章
冲破罗网

　　再次见到您是十年后，在北京的国庆招待会上。我和丈夫被邀请参加国庆庆典。那时您已是中国著名的官员，领导着导弹、航天等方面的工作，并为中国在这些领域的进展做出了卓越的贡献。我知道您得到了极高的荣誉。

　　现在，我已经75岁了，而您已是95岁高龄。我听说您生病住在北京的一家医院，听到这个消息我很难过，但同时我也非常高兴地知道您还在人世，并且仍然用您那永不枯竭的灵感热爱着中国。

　　我在菲律宾向主祈祷，保佑您幸福，并且在您不适的时候让您得到安慰。我感谢主，她把您这个最好的礼物给了中国，您的爱国主义精神鼓舞了包括海外华人在内的所有中国人。我们为您而骄傲。

　　与您对中国负有的重大责任和开创性的贡献相比，我实在很渺小。我真的感谢曾经有机会与您会面，哪怕只有那么一会。请人捎去的包裹里有几样菲律宾的小纪念品，是为了回忆与您在马尼拉的会面，尽管我们的会面被限制在一个船舱里。虽然您的足迹从没有踏上菲律宾的土地，但您给我留下了美好的回忆。与一名优秀的民族英雄的会面令我回味不已，这对我已经足够了，甚至比我想要的还要多。

　　致以最崇高的敬意和最殷切的祝愿。

林孙美玉
2005年8月4日

　　关于钱学森回国之后，对于新中国所作的巨大贡献，可以从1980年5月20日合众国际社记者罗伯特·克莱伯的题为《中国导弹之父——钱学森》一文中，略见一斑。那是在两天前，中国成功地向太平洋预定海域发射了第一枚远程运载火箭，罗伯特·克莱伯为此写道：

　　主持研制中国洲际导弹的智囊人物是这样一个人：在许多年以前，他曾经是美国陆军上校，由于害怕他回到中国，美国政府竟把他扣留了五年之久。

　　他的名字叫钱学森，今年六十八岁。在这个名字的背后，有一段任何科学幻想小说或侦探小说的作者都无法想象出来的不同寻常的经历。"我宁可把这个家伙毙了，也不能放他回红色中国去！"五十年代的美国海军次长丹·金布尔（引者注：即金贝尔）说，"那些对我们来说至为宝贵的情况，他知道的太多了。无论在哪里，他都值五个师。"

金贝尔对钱学森博士的才能的高度评价，已经被1955年钱获准离开美国回国以来的事实所证明。

正是因为有了钱学森，中国才在1970年成功地发射第一颗人造卫星。现在，由他负责研究的火箭，正使中国成为同苏联、美国一样能把核弹头发射到世界上的任何一个地方的国家。

本星期四，是钱终身事业中的又一个里程碑，在这一天，中国宣布，她将向新西兰和澳大利亚周围海域发射一枚洲际弹道火箭。

今天，钱在中国政府的国防科委中占据高位……今年早些时候，他会见了来访的美国国防部长哈罗德·布朗。布朗是他在麻省理工学院的同班同学。

回顾试图从美国回国期间的种种磨难，钱学森这么说道：

"使我感到愤慨的是，当我学有所成，又获知新中国成立的消息，并决心回国报效祖国的时候，反动的麦卡锡主义横行美国，掀起了一股迫害共产党人、进步人士的歇斯底里狂潮。他们无端地指责我是'共产党人''非法入境''携带机密材料'等，不准我回国，对我进行监禁和监视，使我滞留美国5年之久。"

第二章　华丽家族

从右到左：钱学森，母亲章兰娟，姨妈

杭州方谷园大宅门

"上有天堂,下有苏杭。"这话的意思,就是说杭州是人间天堂。用意大利著名旅行家马可·波罗的话来说,杭州是"世界上最美丽的华贵之城"。

杭州的美,来自那碧波万顷、幽静安谧的西子湖。那山与水、塔与船、光与影、云与雾、风与浪、花与叶、草与树、蜂与蝶、莺与雀组成了一支妙不可言的西湖交响曲。

西湖之东,一马平川,那里是杭州的老城区。从湖滨横穿三四条马路,就来到南北走向的马市街,那里有一条细细长长、绿树掩映的小巷,名曰小营巷。组成北京的"微血管"是胡同,到了上海叫弄堂,在杭州就叫巷。这小营巷,是杭州众多小巷中的一条。在巷口有一石碑,上镌《江南名巷——小营巷》:

> 据《杭州市志·建置篇》记载,小营巷在南宋时曾为朝廷禁卫军金枪班、银枪班的驻地。现巷内犹存"银枪班巷"。因有禁卫军小营部队驻扎,故人称"小营巷"。

1958年1月5日,小营巷名震全国。那天,毛泽东主席在杭州饭店接见外宾之后,正准备离开杭州前往广州。看看时间尚早,毛泽东提出看看杭州市的卫生,因为当时全国正在推行消灭"四害"的卫生运动。中共浙江省委副书记吴宪说,小营巷的卫生搞得最好。毛泽东说,那就去看看……于是,小营巷这名字上了《人民日报》,上了众多的媒体。于是,"1958年1月5日"这个日子,成为小营巷永记不忘的日子,以致在1966年"红卫兵"掀起的改名潮中被改为"一五巷"(1月5日之意),直到1981年才恢复原名。那时候,跟小营巷相交叉的马市街,原本因南宋时此地为马市而得名,1966年更名为向阳巷，同样直到1981年才恢复原名。

小营巷乃藏龙卧虎之地。在小营巷里，有一座"听王府"，那是1861年12月31日太平军攻克杭州后，镇守杭州的太平军主将听王陈炳文在此设指挥部，人称听王府。小营巷巷中有巷，里面有一条小巷名为方谷园。方谷园全长不过215米、宽只有2米，然而巷里豪门大宅鳞次栉比，当年是富贾贵族聚居之地。

杭州方谷园（叶永烈摄）

方谷园原本是明仁宗时布政使应朝玉宅第的后花园。相传应氏欲与富豪石崇的金谷园争比豪华，称后花园为"方谷园"——这"方"字源于布政使又称方伯。

方谷园在清顺治十七年（1660年）十月二十三日失火，大火吞噬了应朝玉宅邸，延烧七里，从此仅留地名。

在方谷园8号门口，立着"杭州市历史建筑"石碑。由于主人名唤胡汉威，人称"胡宅"。胡汉威的祖辈是杭州达人。这是一幢建于清朝末年的传统院落式民居建筑，每幢建筑均为两层，两坡小青瓦屋顶的木结构房屋，内有多个天井。

方谷园20号则是傅宅，即傅式说私宅。在20世纪40年代，傅式说曾任汪精卫国民政府的铁道部部长、建设部部长、浙江省省长。

方谷园2号的大门口，如今挂着一块白底红字的牌子：

> 杭州市文物保护点
> 　钱学森故居
> 　　杭州市园林文物局

根据杭州市房管局的档案记载，这里原本是方谷园15号（现改为2号），建于光绪二十七年（1901年），产权人：钱学森。

在新中国成立前，这座房子的产权就归于钱学森名下。钱学森在20世纪

60年代写信给杭州市政府,要求将他的私有房产即"方谷园2号"无偿捐献给杭州市政府。但杭州市政府从未收过钱学森的房产,所以至今"方谷园2号"仍是钱学森的私有房产,市房管局仅作代管产处理。

钱学森故居呈长方形地块。前门在方谷园,后门在小营公园,所以这座大院的另一个门牌就是"小营公园3号"。

钱学森故居被五六米高的白色围墙包裹着,大门又并不直接面对方谷园,而是朝里要推进十几米,所以站在方谷园看过去,只见白墙下石门框里一扇深褐色的大门,并不起眼。推开大门,走过"L"形的过道,来到天井,这才见到高墙内的大院。这是一幢木结构的典型的杭式大宅,横向面阔三间,纵向进深三楹,中间是两层过街楼式的木屋民居。右侧有一长长的走廊。整个大院有十几个房间,总占地面积为899平方米,总建筑面积为802平方米。在第三进后面,有一个颇大的后花园。

格子长窗,雕花门板,所有的房间以及客厅,都铺着地板,一律漆成深褐色。

钱学森是辛亥革命的同龄人。就在1911年10月10日武昌起义爆发不久,12月11日(阴历辛亥年十月廿一日),钱学森降生于上海,不久就来到杭州方谷园2号,直至3岁时随父母迁往北京。当时,钱学森住在第二进房子西侧的小房间里。

钱学森出生在上海何处?

有两种可能:

一是当时钱均夫正在上海创办"劝学堂",钱学森出生在上海家中。

二是钱学森的母亲怀的是头胎,钱学森的父亲钱均夫格外重视,何况当时家庭又经济宽裕,于是就早早到上海最好的医院待产。至于在上海哪家医院出生,不得而知。在当时,上海最著名的妇产科医院当推"红房子医院"。红房子医院即今日上海第一医学院附属妇产科医院,由于医院大楼用红砖砌成,上海人称之为红房子医院。红房

木结构的钱学森杭州故居(叶永烈摄)

子医院的前身西门妇孺医院，是一所美国基督教会主办的教会医院。1884年6月由美国人玛格丽特·威廉逊（Margaret Willianson）女士捐款创建，成为上海首家妇孺医院。笔者曾经求教于红房子医院病史室，询问是否保存着1911年的接生档案，对方答复说没有。病史室告知，该院是在1950年之后开始保存病史。[1]

除"红房子医院"之外，当时上海设有妇产科的著名医院还有：伦敦基督教会1844年在上海创办的仁济医院、美国基督教会1867年在上海创办的同仁医院、天主教江南教区1904年在上海创办的广慈医院，以及清宣统二年（1910年）中国红十字总会在海格路（今乌鲁木齐中路）创建的中国红十字会总医院。

普善团所设的上海普善医局，从1887年开始用西医方法接生。教会办的上海圣伊利沙白女医院和伯特利医院产科分院，在20世纪早期先后开设，成为继"红房子医院"之后的专业妇产科医院。克美产科医院（今上海重庆南路139号，现为上海卢湾区政府2号楼）也是设施较好的专业妇产科医院。钱永龄称，1938年他出生于克美产科医院，当时他家住在上海愚园路1032弄（岐山村）15号。

笔者在访问长期照料钱学森父亲钱均夫的钱月华时，曾经问及钱均夫生前是否说起钱学森出生在上海哪家医院，钱月华说，没有谈及。[2] 但是，钱月华回忆说，章兰娟曾经跟她说起，剖腹产下钱学森。

1929年，钱学森考入上海的交通大学机械工程系，家已经从北京迁往杭州。这样，钱学森在上大学时，寒暑假均在杭州度过，还因患伤寒回杭州养病一年。1935年，钱学森从交通大学毕业之后，还曾经在杭州飞机制造厂实习。

迄今，钱学森在方谷园2号留下的一帧照片，是在他考入交通大学之后，回到杭州，跟父母、祖母一起在客厅里的合影[3]。钱学森穿着一袭白色长衫，父亲长衫马褂，母亲穿中短袖中式大襟上衣，祖母则是中式衣裙。茶几上放着兰花、银盾，女佣怀里抱着小狗。

新中国成立后，方谷园2号陆陆续续搬进35户人家，这里从独家独户的

---

[1] 2009年9月25日电话采访。

[2] 2010年5月14日，叶永烈在北京采访90岁的钱均夫干女儿钱月华。

[3] 这一珍贵照片是钱学森的堂甥陈天山先生提供给作者。

钱学森（左一）和父亲（左二）、母亲（左三）、祖母（左四）以及女佣在杭州方谷园（陈天山提供）

豪宅变成了人口众多的大杂院。一进大门，墙上便钉着一大排电表，电线如同蜘蛛网一般。那只最大的电表的户名，一直写着钱学森父亲钱均夫的名字。那么多人住进这幢老宅，雨天漏水、白蚁虫害、私搭违建，把这豪门大院折腾得千疮百孔、面目全非。

从2002年开始，杭州市园林文物保护局和杭州市上城区政府着手修缮钱学森故居。后来又陆续迁走大院里的居民。如今，方谷园2号已经全部腾空，整修一新。杭州为钱学森而自豪，将把钱学森故居辟为钱学森展览馆，让千千万万为西湖而来的游客也能到这里领略杭州深厚的文化底蕴——杭州既"地灵"又"人杰"。

钱家祖辈乃丝行大亨

其实，方谷园2号原本是钱学森外祖父、外祖母的物业。后来，作为钱学森母亲章兰娟的陪嫁，"带"到钱家。

章家富甲一方。不光方谷园2号是章兰娟的嫁妆，钱学森父亲后来在上海愚园路1032弄（岐山村）111号的住宅，也都是章家的产业。

章兰娟的父亲章珍子曾经担任两广盐运使，后来回到杭州经商，经营丝业、酱园等业，钱财广进。章珍子在杭州住在羊坝头开元路附近一处豪宅内。[1]

章珍子有一子三女。长子章乐山，长女章兰娟，章兰娟之下还有两个妹妹。

钱家也是"华丽家族"。钱家世代在杭州经营丝业，乃丝行大亨。

钱家老宅在方谷园不远处，即东街路887号（后改为建国北路369号，位于建国北路与凤起路交叉口）。祖居杭州市三墩乡钱家桥村。

东街路那一带也是杭州老城区，当年因位于吴越国罗城东城墙外而得名。抗日战争时期，蒋介石改"抗战救国"为"抗战建国"，一时间在中国许多城市出现许多"建国路"，这时候东街路也被改为建国路，分建国北路、中路、南路三段，直至今日。1999年建国路经过拓宽，成为杭州城东贯通南北的主干道之一。

杭州这地方，茶丝两业鼎盛。茶，龙井茶也；丝，杭州丝绸。这一茶一丝，乃杭州的两张"金名片"，驰名海内外。

在中国古代，漫漫丝绸之路经中亚通往南亚、西亚以及欧洲、北非，使精美细柔的中国丝绸饮誉世界，成为东方文明的标志。

丝绸之路的源头，乃是被称为"丝绸之府"的杭嘉湖地区。杭州是"丝绸之府"的中心。早在四五千年前，杭州的先民已经忙于种桑、养蚕、缫丝、织帛。春秋时代，越王勾践以"奖励农桑"作为富国之策。唐代时，杭州盛产的绫类已有"天下为冠"的盛誉，成为宫廷贡品。南宋时，杭州城内"机杼之声，比户相闻"，一片繁忙。马可·波罗在元初游历杭州时说："杭州生产大量的丝绸，当地居民中大多数的人，总是浑身绫绢，遍体锦绣。"

当年东街路一带，丝行绸庄云集。绸庄里绸、缎、绫、罗、锦、纺、绒、绉、绢，样样齐全，而丝行则专门为绸庄收购土丝，供应原料。钱学森的曾祖父钱继祖开设的钱士美丝行，在杭州颇有名气，执丝行之牛耳。

据云，钱士美丝行的门面达三根电线杆——如果按照两根电线杆的距离为50米的话，那就相当150米。

---

[1] 2009年10月11日、2010年8月9日采访章杰。

东街路的丝行每年正月十六开张，四月的小满一过，进入东街路的黄金季节，投售土丝的蚕农摩肩接踵。近到笕桥、乔司，远到南浔、湖州，蚕农们纷纷赶到东街路出售土丝。丝行掌柜唱价称码，忙得不亦乐乎。卖完土丝，蚕农们在茶馆歇个脚，在戏院里看出戏，这才回去。

据钱学森的堂侄钱永龄回忆："祖辈在杭州经营丝业，为当年赫赫有名的钱士美丝行。当时在杭州很有影响，每到夏初春丝上市前，要我家丝行定价全省方可开市。"[1]

钱家老宅的客厅里挂着"亚魁"两个大字的横匾，表明钱家祖上曾获科举第二名。

东街路上的钱家老宅是钱家的祖屋，钱学森的曾祖父钱继祖、祖父钱承镒都生活在那里。钱学森的父亲钱均夫在那里出生，直至与章兰娟结婚才迁入方谷园2号。

然而，东街路上的钱家老宅在前些年杭州进行旧城改造的时候被拆除，已经无从寻觅，今日矗立在那里的是一幢四星级高层大楼：杭州国际假日酒店。

钱家老宅没有留下照片。曾经住在钱家老宅的钱学森堂甥陈天山，根据回忆画出了钱家老宅的平面图，可以看出也是前有天井、后有后花园的三进大院，其规模不亚于方谷园2号。中间的主建筑，也是两层过街楼式的木屋民居。

钱学森的曾祖父钱继祖经营有方，丝行生意兴隆。钱继祖家庭也兴旺，育有四子。钱家是依照"继承家学，永守箴规"八字论辈取名，钱继祖的长子取名钱承镕，次子为钱承镒，三子钱承铎，而第四子过继给钱继祖夫人卢家，改姓卢。

到了钱承镕、钱承镒、钱承铎这一辈，"开始转入仕途，家业经营交由大伙（相当于经理）某某管理，此人投靠钱士美丝行时，只有一个小包，最后钱士美丝行破产，而此人却买下东街路887号墙门里最新最好的一片房产"[2]。从此钱家丝行生意一落千丈。

钱学森的祖父钱承镒有两子，"家"字辈，长子钱家润，字泽夫，次子钱

---

[1] 钱永龄：《我家往事》。
[2] 钱永龄：《我家往事》。

家治，字均夫。两人后来都以字行世，即钱泽夫、钱均夫。

在钱学森的祖父钱承镒去世之后，钱学森的伯父钱泽夫住在钱家老宅两层过街楼式的木屋的楼下，而钱学森的父亲钱均夫住在楼上。钱泽夫之孙，即2008年度诺贝尔化学奖得主钱永健。

作为教育家的钱均夫

在中国的《百家姓》中，第一句就是"赵钱孙李"，钱姓排名第二，是中国的大姓。不过，对于杭州而言，钱姓有着特殊的意义。

在西湖的柳浪闻莺公园东北角，有一座钱王祠，相传那里原是钱王钱镠的故居，后人建祠以纪念他。

钱镠，五代十国人（852—932），字具美，浙江临安人，谥武肃。21岁从军，骁勇多谋。887年授杭越管内都指挥使、杭州刺史。907年被梁朝廷晋封为吴越国国王，人称钱王。钱镠创建了一郡十三州的吴越国（今浙江省和江苏、福建部分地区），他重视农桑，修筑河塘，开拓海运，发展商贸，使吴越国富甲江南，奠定了杭州作为"人间天堂""丝绸之府"的基础。

钱王家训中告诫子孙："爱子莫如教子，教子读书是第一义。"在钱氏子孙之中，人才辈出，宰相、翰林比比皆是。在现当代钱王后裔之中就有钱钟书、钱玄同、钱其琛、钱正英、钱君陶、钱复、钱穆。

钱学森、钱伟长、钱三强亦为钱王后裔，人称"三钱"。有趣的是，在"三钱"之中，钱学森生于1911年，钱伟长生于1912年，而钱三强生于1913年，这"三钱"正好在连续三年中出生。

据查证，钱学森之父钱均夫是钱镠的第32世孙。钱均夫曾说："我们钱氏家族代代克勤克俭，对子孙要求极严，或许是受祖先家训的影响吧！"

钱均夫出生于1882年12月，清末秀才。当时，钱家已经是家道中落。钱均夫幼入蒙馆。1895年入正蒙义塾。

1899年，钱均夫就学于杭州求是书院，即浙江大学前身。

清光绪二十三年（1897年），杭州知府林启受命查办杭州蒲场巷内普慈寺僧人不法案件，籍没了寺产。借此机会，他和杭州一些士绅商议，极力建议利

钱均夫留学日本时的照片

用寺屋开办新式学堂。在多方促进下，决定就寺兴学，办起了求是书院。求是书院是当时中国最早的几所中西式高等学堂之一。1928年改名为"国立浙江大学"。

钱均夫入求是书院时，监院（相当于教务长）是陈仲恕先生，乃陈叔通之兄。清末翰林陈叔通也执教于求是书院，既是钱均夫之师，亦是钱均夫之友。

钱均夫从求是书院毕业之后，与厉家福（字绥之）一起乘船进京，考取赴日公费留学生。

1902年，钱均夫与许寿裳、经亨颐、陈衡恪、厉绥之等一起到日本东京留学。经亨颐后来成为著名教育家，他的女儿经普椿乃廖承志夫人。陈衡恪则后来成为名画家。厉绥之就读于日本金泽医学专门学校，在毕业后又考入了日本京都帝国大学医学部。1909年厉绥之学成回国，成为中国第一代西医，同年被清廷授予"医科举人"。1911年辛亥革命后厉绥之担任浙江陆军医院院长，后又在沈钧儒先生支持下，于1912年与他人共同创办浙江医学专门学校（浙江医科大学前身）。由于厉绥之与钱均夫有着同窗之谊，所以家中有人生病必请厉绥之诊治，厉绥之成了钱家的家庭医生。

"钱家祖辈的三个兄弟，即钱承镕、钱承镒、钱承铎，共有五个儿子。其中，钱承镕次子钱家瀚、钱承镒次子钱家治、钱承铎独子钱家澄早在一百多年前分别前往美国和日本留学。也就是五个兄弟中有三个留学海外，这即使在当今社会，也是十分罕见的。"[1] 其中钱家澄（号紫斋）与钱均夫一起到日本留学[2]。

在人生的道路上，有时候朋友会起着至关重要的作用。对于钱均夫来说，许寿裳就是这样的一位朋友。许寿裳（1883—1948），字季黻，号上遂，浙江绍兴人，跟钱均夫在求是学堂相识。许寿裳后来成为教育家。许寿裳为人

---

[1] 引自钱有为致钱永龄函（2010年3月31日）。
[2] 引自钱永龄致陈天山函（2010年4月4日）。

忠厚，注重情义。

当钱均夫、许寿裳来到日本，因为不懂日语，所以首要的任务就是过语言关。他们到东京之后入弘文学院补习日语时，许寿裳结识了也在那里学习的绍兴同乡周树人（后来以笔名鲁迅传世）。当时，鲁迅从南京陆军学堂附近的矿路班毕业，比钱均夫、许寿裳早半年来到日本。从此，许寿裳成为鲁迅终身挚友。在鲁迅病逝之后，1937年他与周作人共同编撰了《鲁迅年谱》。他的《亡友鲁迅印象记》一书，成为研究鲁迅的重要著作。许寿裳历任北京大学、北京高等师范学校、成都华西大学、西北联大等校教授。1946年转往台湾大学任教。1948年2月18日，许寿裳在台湾大学宿舍不幸遇害身亡。

在东京弘文学院学习日语之后，钱均夫与许寿裳、经亨颐于1904年入日本东京高等师范学校，钱均夫为史地科。在日本，钱均夫与鲁迅交往颇多。鲁迅挚友许寿裳在《亡友鲁迅印象记》一书中，曾详述"从章先生学"的经过。章先生，即国学大师章太炎，杭州余杭人。许寿裳写道：

> 章先生出狱以后，东渡日本，一面为《民报》撰文，一面为青年讲学，其讲学之地，是在大成中学里一间教室。……我们同班听讲的，是朱蓬仙（名宗莱）、龚未生、钱玄同（夏）、朱逖先（希祖）、周豫才（树人，即鲁迅）、周起孟（作人）、钱均夫（家治）和我，共八人。[1]

周作人则在《知堂回想录》中，回忆当时听课的情形："一间八席的房子，当中放了一张矮桌子；先生坐在一面，学生围着三面听，用的书是《说文解字》，一个字一个字地讲上去，有的沿用旧说，有的发挥新义，干燥的材料却运用说来很有趣味。"

1908年春，钱均夫毕业于日本高等师范学校史地科。此后，在日本考察教育半年。

与钱均夫留日同鲁迅结下深谊相似，"钱家瀚当年在美国哥伦比亚大学留学期间，与任鸿隽、杨杏佛、赵元任、胡适等同期在美国留学的一批留学生共同出资创办了中国近代第一个科学团体——中国科学社（见《中国科学社档案——认股一览表》），为近代中国科学事业的普及以及新文化运动的传播做

---

[1] 许寿裳：《亡友鲁迅印象记》，上海文化出版社2006年版。

出了一定的贡献"[1]。

辛亥革命前夜，许寿裳、鲁迅、钱均夫先后从日本回国：1909年4月，许寿裳回国，在杭州的浙江两级师范学堂担任监学（即教务长）。浙江两级师范学堂又称浙江官立两级师范学堂，是中国建立最早的六大著名高等师范学校之一。7月，鲁迅回国，经许寿裳推荐，鲁迅到该校担任化学教员、生理卫生学教员。1908年冬钱均夫回国，后来经许寿裳推荐，在浙江两级师范学堂任史地科主任教员，不久又兼任浙江高等法政学校心理、伦理教员。

"'家'字辈学有所成的子女，全部投身教育事业。留学归国的钱家治、钱家瀚、钱家澄三兄弟，全部从事教育事业。除钱家治外，钱家瀚和钱家澄同时在国立北京工业专门学校任教授。"[2]钱家澄1913年与他人合著《无机化学》教科书，558页[3]。1918年左右英年早逝[4]。

浙江两级师范学堂的监督（即校长）原为沈钧儒。他是清末进士，后来赴日本留学。他思想倾向革命，所以担任校长之后，校内民主空气浓厚。1909年10月，浙江巡抚改派浙江教育总会会长夏震武兼任浙江两级师范学堂的监督，发生了鲁迅所说的"木瓜之役"。那是因为夏震武思想保守，尊孔读经，鄙视科学，与鲁迅、许寿裳、钱均夫等"海归"产生尖锐矛盾是理所当然的。鲁迅等人称夏震武为"木瓜"，杭州话的意思是木头木脑、不懂事理。于是，1909年11月10日起，鲁迅等人发动"木瓜之役"，反对夏震武，教师们纷纷辞职。钱均夫也积极参加"木瓜之役"，跟鲁迅站在一起。许寿裳在《亡友鲁迅印象记》中这样写及：

> 我因为新旧监督接替未了，即向旧监督辞职，不料教员们也陆续辞职，鲁迅便是其中之一。教员计有朱希祖、夏丏尊、章嵚、张宗祥、钱家治（钱均夫）……统统搬出了校舍，表示决绝。[5]

学生奋起响应，举行罢课。夏震武无奈，离职。"木瓜之役"可以说是浙

---

[1] 引自钱有为致钱永龄函（2010年3月31日）。
[2] 同上。
[3] 引自钱永龄致陈天山函（2010年4月4日）。
[4] 同上。
[5] 许寿裳：《亡友鲁迅印象记》，上海文化出版社2006年版。

江两级师范学堂里的一场"辛亥革命"。

"木瓜之役"胜利之后,许寿裳辞去监学之职,前往南京。鲁迅回到故乡绍兴,在绍兴府中学堂当教师。夏震武则在辛亥革命之后回到故乡浙江富阳,束发古装,足不入城市,以清王朝遗老自居,封建到底。

钱均夫也离开了浙江两级师范学堂,先是任杭州私立安定中学教习,后任浙江省立第一中学校长。

"木瓜之役"之后,许寿裳、鲁迅、钱均夫原本已经分处南京、绍兴、杭州,然而辛亥革命风云际会,却又促成三人齐聚北京教育部——这是三人在日本、浙江两级师范学堂相聚之后的第三次相聚。

许寿裳、鲁迅、钱均夫的重聚,又是许寿裳在牵线,如同当年鲁迅、钱均夫到浙江两级师范学堂,是由于许寿裳在那里担任监学一样。

1911 年 10 月 10 日,辛亥革命在武昌爆发,全国各省区纷纷响应,宣告脱离清王朝。12 月 29 日,各省区代表在南京开会,选举刚刚回国的孙中山为临时大总统。1912 年元旦,孙中山在南京宣誓就职,定国号为"中华民国",并建立中央政府——南京临时政府。中华民国的诞生,不仅结束了 200 多年的清朝统治,也结束了 2000 多年的封建帝制。

木瓜之役的 25 名教员,1909 年底摄于杭州"湖州会馆",前排右起第三人是鲁迅,后排右起第二人为钱钧夫

南京临时政府任命蔡元培为教育总长。应蔡元培之邀,许寿裳在"木瓜之役"之后,赴南京任中华民国教育部普通教育司第一科科长。经许寿裳向蔡元培推荐,1912年1月,鲁迅赴南京任教育部部员。从此鲁迅在教育部任职长达14年,直至1926年离开。

1912年5月,教育部迁往北京,许寿裳、鲁迅随教育部北迁。到北京后,许寿裳任教育部佥事(地位略高于科长)、普通教育司司长,鲁迅任教育部佥事、社会教育司第一科科长。

许寿裳在举荐了鲁迅之后,又举荐了钱均夫。

钱均夫在辛亥革命之后,在上海创办了"劝学堂"。1913年,钱均夫重回杭州,在浙江省立第一中学任校长。

由于许寿裳举荐,在1914年初,钱均夫携全家前往北京,出任北洋政府教育部视学。

《鲁迅日记》在1914年1月22日的日记中写及:"二十二日,张阆声、钱均夫到部来看。晚复关来卿先生函,又复宋子佩函。夜濯足。"

《鲁迅日记》中后来还多处提到钱均夫:

> 1915年3月13日,午后同齐寿山、与钱均夫至益昌饭,又游小市。
> 1916年4月21日,钱均夫来。
> 1917年7月2日,钱均夫代买江苏碑拓十八枚,直九元。
> 1918年1月23日,微雪……午后寄季市《新青年》一册,赠通俗图书馆、齐寿山、钱均夫各一册。
> 1918年3月11日,晴。上午分送图书分馆、钱均夫、齐寿山,《新青年》各一册。又寄季市一册并函。赠戴螺舲笋三枚。下午得徐宗伟函,即复。陈师曾与好大王陵专拓本一枚。又同往留黎厂(引者注:即琉璃厂)买杂拓片三枚,一元。又《曹全碑》并阴二枚,二元。

1917年,教育部总长范源濂任命钱均夫为吉林省教育厅厅长,钱均夫未赴任,仍在教育部担任原职并兼任普通教育司第三科科长。

1928年,政府南迁,钱均夫随之南迁,任南京政府教育部普通教育司一等科员。当时,钱均夫只身去南京,夫人章兰娟和钱学森仍在北京。

1929年,钱均夫回到杭州,在浙江省教育厅任督学。这时,钱学森从北京师范大学附属中学毕业。于是，夫人章兰娟和钱学森也迁往杭州，住在方谷园。秋，钱学森考入交通大学机械工程系。

1931年，钱均夫任浙江省教育厅秘书。

1934年冬，52岁的钱均夫因病退休。后来，从杭州移居上海。

父亲是第一位老师

虽说钱家到了钱均夫这一辈的时候，家道中落，钱宅之内最新的一幢楼也变卖了。不过，作为杭州富豪的章家却不重钱财，倒是看中钱均夫的才华和人品，把女儿章兰娟嫁了过去，还把方谷园2号作为嫁妆让女儿带到了钱家。

据钱学森堂甥陈天山先生告诉笔者一个重要的细节，他听母亲钱学仁说，钱均夫从日本回来之后，在杭州私立安定中学礼堂发表演讲，讲述"新文化运动"。在听众之中，有章兰娟的父亲章珍子。钱均夫一表人才，学识渊博，受到章珍子的赏识。再加上章家与钱家都是杭州丝业大家，原本就相识，后来钱均夫成了章家女婿。[1]

在辛亥革命推翻中国封建王朝那惊天动地的岁月，钱学森来到人世，在方谷园2号度过他人生最初的岁月。

钱均夫按照钱家"继承家学，永守箴规"八字论辈取名，新生儿属"学"字辈。至于名字，沿用"木"字旁，因为他的同辈堂兄弟，除都用"学"字辈之外，名字都用"木"字旁，诸如钱学榘、钱学梁、钱棠（钱棠按辈分应名钱学棠，因其母亲名字中有"学"字，为避讳取单名钱棠）。钱均夫最初曾用双木——"林"字，后来索性再加一木——"森"，更加葱郁

满周岁的钱学森与父亲的合影

---

[1] 陈天山2010年8月1日致叶永烈函。

葱茏，充分体现繁茂之意。然而，"学森"的谐音是"学深"，倒是体现了学问深远之意。

顺便说及一件趣事，钱学森的签名有时候看上去像"化学系"，后来他从事"两弹一星"工作时，为了保密，有人就以"化学系"作为钱学森的代号[1]。

钱均夫终生从事教育工作，对于钱学森的教育更是倾尽心力。正因为这样，钱学森后来常说："我的第一位老师是我父亲。"

钱均夫兴趣广泛，给了钱学森颇多影响。钱学森在晚年曾经对秘书涂元季这么说及父亲钱均夫：

> 我的老师冯·卡门听说我懂得绘画、音乐、摄影这些方面的学问，还被美国艺术和科学学会吸收为会员，非常高兴，说我有这些才华很重要，这方面我比他强，因为他小时候没有我那样的良好条件。我父亲钱均夫很懂得现代教育，他一方面让我学理工，走技术强国的路；另一方面又送我去学音乐、绘画等艺术课。我从小不仅对科学感兴趣，也对艺术感兴趣，读过许多艺术理论方面的书，像普列汉诺夫的《艺术论》，我在交通大学念书时就读过了。这些艺术上的修养不仅加深了我对艺术作品中那些诗情画意和人生哲理的深刻理解，也让我学会了艺术上大跨度的宏观形象思维。我认为这些东西对启迪一个人在科学上的创新是很重要的。科学上的创新光靠严密的逻辑思维不行；创新的思想往往开始于形象思维，从大跨度的联想中得到启迪，然后再用严密的逻辑加以验证。我已九十多岁了，想到中国长远发展的事情，其中包括如何使我们一些一般性的大学接近或达到世界一流大学的水平，达到科学和艺术的结合的标准。

钱学森的母亲章兰娟，生于1888年，大家闺秀，温良谦恭，一心一意相夫教子。尤其是当丈夫忙于公职，她以更多的时间教育幼小的钱学森。

钱学森在回忆他的母亲时说："我的母亲是个感情丰富、纯朴而善良的女性，而且是个通过自己的模范行为引导孩子行善事的母亲。母亲每逢带我走在

---

[1]《钱学森"四大弟子"缅怀恩师》，《光明日报》2009年11月5日。

北京大街上，总是向着乞讨的行人解囊相助，对家中的仆人也总是仁厚相待。"

章兰娟颇有几分数学天赋，心算很快，在钱学森小时候，她常跟钱学森做心算游戏，从小培养了钱学森的数学爱好。

钱学森父母对于独子钱学森的培养，不遗余力。钱均夫作为留日归来的学者，给钱学森选择了正确的教育途径：不进私塾，而是接受辛亥革命之后建立不久的现代教育。

出身豪门，加上章家的宽绰的财力，再加上父亲作为教育家的指点，钱学森可

钱学森的母亲章兰娟女士

以说是走过了一条最正规的循序渐进的学习途径：蒙养院→小学→中学→大学→留学→硕士→博士→副教授→教授。

尤其值得提到的是，钱学森每一阶段进入的学校，全是第一流的名牌学校：

> 初小：国立北京女子高等师范学校附属小学校（今北京市第二实验小学）
> 高小：国立北京高等师范学校附属国民学校高等小学校（今北京市第一实验小学）
> 中学：国立北京师范大学校附属中学校（今北京师范大学附属中学）
> 大学：国立交通大学
> 硕士：美国麻省理工学院
> 博士：美国加州理工学院

可以说，钱学森所受到的教育是最好的。当然，这一条由一系列名牌学校组成的学习链条，只是客观的条件。应当说，这一学习链条的设计师，便是作为教育家的钱学森父亲钱均夫。

就主观条件而言，钱学森天资聪颖，学习刻苦而又认真。

一颗饱满的种子，落在肥沃的土壤和良好的气候中，茁壮成长为亭亭华

盖的大树。优秀的主观条件和优越的客观环境相结合，便打造出名牌科学家钱学森。所谓十年树木，百年树人，钱学森就是这样练就的，这位导弹专家就是这样在扎扎实实的学业基础上腾飞的。

浓浓的"宣武门情结"

　　钱均夫从杭州调往北京教育部工作，原本只是一次工作调动而已。然而，父亲的这次工作调动，却在无意之中给钱学森造就了最良好的学习环境——因为当时北京最优秀的中小学，恰好集中在教育部所在的宣武门附近。
　　北京城有九座城门，分别是东城墙上的东直门、朝阳门，南城墙上的崇文门、正阳门、宣武门，西城墙上的阜成门、西直门，北城墙上的德胜门和安定门。
　　在南面的三座城门之中，正阳门居正南，崇文门为东南，宣武门为西南。
　　宣武门在钱学森的成长道路上，打下了深深的印记。
　　北洋政府的教育部，坐落在宣武门北大街不远处。那里原本是清朝敬谨亲王尼堪的王府。尼堪是清太祖努尔哈赤之孙，广略贝勒褚英的第三子。尼堪的王府很大，整座王府坐北朝南，东起宣武门内大街，西至参政胡同，北到手帕胡同。清光绪三十一年（1905年），光绪皇帝御准设立学部统管全国学政，选定敬谨亲王府为学部衙署。辛亥革命之后，清学部改教育部。教育部前的那条街，也就叫作教育部街（今日叫"教育街"）。
　　钱均夫在北京宣武门的教育部工作，钱学森也就在宣武门外上小学、中学。从此，宣武门一带成为钱学森度过童年、少年时代的地方。为了寻找钱学森童年、少年时代的足迹，笔者从上海前往北京采访时，特地在宣武门住了十多天。
　　宣武门有着高高的城楼和城墙。在明、清时，宣武门是京师内城九门之一。宣武门的"武"字，据说源于城门守军训练用的护卫校场设在宣武门外。宣武门与东面的崇文门相对应，两门一"文"一"武"，取"文治武安，江山永固"之意。
　　钱学森有着浓浓的"宣武门情结"。

钱学森曾经回忆当年北京的家："我家住在一条很深很深的胡同里。门洞两侧是青灰色的砖墙。两扇漆黑的大门上钉着两个很大的铜环，然而大门里面是一座敞亮的四合院。在院子中央有一个大鱼缸……"

钱学森还回忆说，"我自3岁到北京，直到高中毕业离开，1914—1929年，在旧北京待过15年。中山公园、颐和园、故宫，以至明陵都是旧游之地。日常也走进走出宣武门。北京的胡同更是家居之所，所以对北京的旧建筑很习惯，从而产生感情。"

据钱学森之子钱永刚告诉笔者，他的爷爷钱均夫初来北京，借住在钱学敏的祖父钱承誌家。[1]钱承誌，字念慈，1889年9月由浙江求是书院选送留学日本，回国之后任大理院推士，京师大学堂（即今北京大学）教务长。当时他属于礼部官员，而礼部乃六部（吏、户、礼、兵、刑、工）之一。六部在今日天安门广场西面的六部口一带，官员住在附近。钱承誌家的四合院，在今日人民大会堂与国家大剧院之间。

童年钱学森

钱承誌家毕竟是暂时落脚而已。不久，钱均夫一家迁往口袋底胡同。

北京有许许多多"口袋胡同"。在1953年，北京仍有10条同名的"口袋胡同"。此外还有"大口袋胡同""小口袋胡同""东口袋胡同""西口袋胡同""南口袋胡同""北口袋胡同"。其实，所谓的"口袋胡同"，就是指不能穿行的死胡同，形似口袋。钱家所住的口袋底胡同，后来叫敬胜胡同，在西单与西四之间，邻近辟才胡同、太平桥大街。不远处，就是"小口袋胡同"。

钱家最后迁至宣武门内大街的西绒线胡同，今日四川饭店附近。从那里到钱均夫上班的教育部，只有一箭之遥。钱学森从那里到宣武门外上学，也非常方便。

西绒线胡同是一条幽静而深邃的胡同。这里有几家卖副食的油盐铺，而

---

[1] 2010年9月9日叶永烈采访钱永刚于上海。

北京人称小杂货店为"绒线铺",因而得名绒线胡同。

西绒线胡同里的大户人家,是勋贝子府——贝子绵勋是康熙皇帝第24子、诚亲王胤祕的曾孙。那是一座五进的大四合院。新中国成立后成为监察院的办公所在。1959年改为四川饭店。毛泽东、周恩来以及"四川老乡"朱德、陈毅、邓小平都曾经光顾这家饭店。1995年6月,这里改为"北京中国会",成为京城里最高级的私人会所之一。

钱学森所说的"日常也走进走出宣武门",就是因为钱学森家在宣武门内,后来除了初小在宣武门内,钱学森上的高小、中学都在宣武门外,所以钱学森对宣武门一带格外地熟悉。

对于今日的读者而言,"蒙养院"是一个陌生的名字。其实,蒙养院也就是幼儿园。在民国十一年(1922年)以前,幼儿园叫"蒙养院"。民国十一年1月2日,总统黎元洪颁布《学校系统改革案》,蒙养院改称"幼稚园"。1949年后,在中国大陆,幼稚园改称幼儿园,而在台湾仍称幼稚园。

清末光绪三十一年(1905年)9月24日,清政府派出端方、载泽、戴洪慈、徐世昌、绍英五大臣出使西方考察。端方在归来之后,认为"东西各国之富强莫非发源于教育",而教育要从小抓起,仿照西方在中国创办蒙养院。所谓"蒙养",即"蒙以养正",就是从小就"正本慎始"。

1914年初,3周岁的钱学森随父母来到北京。当时,蒙养院在北京还是"稀有元素"。能够把孩子送进蒙养院进行启蒙学习的,差不多都是达官富贾。钱家当时包了一辆"洋包车"(老舍笔下的骆驼祥子拉的人力车),由女佣陪同,接送钱学森到宣武门蒙养院。

常言道:"三岁看老"。3岁时的启蒙教育,关系到此后的整个人生。那时候,在蒙养院里,孩子在"修身话"中接受做人之道的教育,在"行仪"中学习行为举止,在"读方"中识字,在"数方"中学习数数和加减,在"手技"中搭积木,在"乐歌"中初习歌舞,在"游戏"中活泼成长。

名牌小学的熏陶

1917年9月,不满6岁的钱学森在父亲的陪同下,来到离家不远的小学就读。

那是从教育部街往西,不远处有一条细长的胡同,叫作手帕胡同。手帕是形容其小。北京有好几条手帕胡同,为了区别起见,这条手帕胡同由于邻近西单,通常被叫作西单手帕胡同。在手帕胡同34号(今18号)有一所小学,当年门口挂着"国立北京女子高等师范学校附属小学校"的牌子。

通常,师范院校的附属中小学,都是教育质量上乘的学校,因为师范院校是培养教师的基地,而师范院校附属中小学正是师范院校进行教学实践的基地,所以师资优秀而充沛。钱学森的父亲在教育部任中小学科科长,当然深知其中的道理,所以钱学森不论是小学还是中学,都在师范院校附属学校就学,而且钱学森所读的学校,都是"名牌学校",都是当时北京以至全国第一流的学校。

上小学时的钱学森

京师女子师范学堂附属小学,前身是"京师女子师范学堂附属两等小学堂",建校于清宣统二年(1910年9月19日),校址在石附马大街,是中国第一所女子小学,当时只招收女生4个班。1911年,更名为"京师女子师范学堂附属小学",实行三学期制。1912年,又更名为"国立北京女子高等师范学校附属小学校",开始兼收男生,同年夏,迁入手帕胡同34号。这所小学不断更名,其实是因为京师女子师范学堂不断更名。如今,这所小学叫作北京市第二实验小学(2007年12月19日迁入新文化街111号新校址)。

手帕胡同虽小,倒是书香浓浓。手帕胡同的21号是一座三进的四合院,那是清朝著名诗人龚自珍的府第。

钱学森在国立北京女子高等师范学校附属小学校所留下的故事不多,只知道他是当时班上年龄最小的学生。如今仍在流传的是关于纸飞镖的故事:钱学森和同学一起玩纸飞镖,每次总是钱学森的纸飞镖扔得最远。同学们很奇怪,向钱学森请教。钱学森说出了其中的窍门:"飞镖要折得有棱有角,非常规正,这样投起来空气的阻力小。"

这个故事被人们引申为钱学森小小年纪就已经懂得"空气动力学"的常

识,难怪他后来成为空气动力学家。这样的引申虽说有点牵强,不过钱学森从小就爱动脑筋,这倒是确确实实的。

当年小学的学制是 3 年初小,3 年高小。在国立北京女子高等师范学校附属小学校念完初小 3 年,9 岁的钱学森在 1920 年转校到国立北京高等师范学校附属国民学校高等小学校,从宣武门内转到了宣武门外。

国立北京高等师范学校附属国民学校高等小学校创办于 1912 年 9 月 5 日,校址在宣武门外琉璃厂厂甸。这所学校在 1955 年 10 月改名为北京第一实验小学,如今那里叫南新华街。

从宣武门沿着香炉营头条往东,就到了南新华街。再从南新华街向南步行几分钟,就看到两所学校隔着南新华街遥遥相对。马路西边的学校门口的一堵墙上,横卧着"北京第一实验小学"八个金色的斗大的字;马路东边学校的高楼墙上,嵌着一行金字:"北京师范大学附属中学"。

这两所学校,都是钱学森的母校。不过,北京师范大学附属中学校长刘沪先生说,南新华街西边沿街的北京第一实验小学是新校舍,钱学森当年并不在那里读书。[1] 钱学森当年就读的国立北京高等师范学校附属国民学校高等小学校,在南新华街东边,那里如今是北京师范大学附属中学校园的一部分。南新华街西边,当年是北京师范大学。

南新华街东边有一幢两层大楼,刘沪校长说,那就是国立北京高等师范学校附属国民学校高等小学校当年的教学主楼。这幢两层楼房青砖外墙,红色柱子、栏杆,绿色镶边,人称"红楼"。

"红楼"是在 1919 年落成的,成为当时北京最有气派、最漂亮的小学。翌年,钱学森进入这所北京最好的高小,在这里度过了 3 年的小学时光。

国立北京高等师范学校附属国民学校高等小学校的首任校长是由国立高等师范学校校长陈宝泉亲自兼任。陈宝泉拟订了办学目标——"吸纳世界最新学理加以试验,为全国小学改进之先导。既为实验,须敢为前人所不为之事,创前人所未创之先"。这所小学在全国的小学中始终保持着实验性与示范性。

那里的学生后来回忆:

> 每天下午课后放学前,轮流值日做大扫除,翻椅挪桌,水擦地板,

---

[1] 2010 年 5 月 12 日下午,叶永烈采访北京师大附属中学及校长刘沪。

"红楼"——钱学森在国立北京高等师范学校附属国民学校高等小学校上学时的校舍，如今成为钱学森纪念馆所在地

就这样培养我们从小讲卫生爱清洁的好习惯。

劳作教室是专供男孩子用的，备有齐全的工具和工作台。当时我们学过用竹子做筷子、餐刀和汤匙。女孩子的劳作课则是在后院东边的小楼上层进行。她们在那里学过缝纫和烹饪，曾经试做过"萨其玛"和糖葫芦。

钱学森依然乘坐"洋包车"上、下学，不过，这时的钱学森比上蒙养院的时候要顽皮，在车上不时左顾右盼，有时趴在车上从后面的车窗朝外看，有时朝路人做鬼脸。不过，到了学校，钱学森在课堂里却是聚精会神，他的成绩总是名列前茅。

进入高小的钱学森，已经渐渐懂事。

钱学森的级主任（即班主任）是于士俭先生。在新中国成立后，于士俭先生荣获北京市模范教师称号。

钱学森后来回忆说："记得我在师大附小读书时，级主任于士俭老师教我们书法课，小学生可以按照自己的爱好，选择颜真卿、柳公权、欧阳修、赵孟颇等人的字帖临写，老师如果看学生写得不太好，就坐下来，照着字帖临写一个字，一笔一画地教，他写什么体的字，就极像什么体的字，书法非常好，使你不得不喜爱书法艺术。"

在国立北京高等师范学校附属国民学校高等小学校培养的学生中，有后来成为外交部部长的吴学谦，有最高人民检察院检察长任建新，中国科学院院士马大猷，中国科学院、中国工程院院士张维，著名作家林海音等。

值得一提的是，当时邓颖超也在该校教书，虽然当时邓颖超并没有教过钱学森。邓颖超在1920年毕业于直隶女师（即河北师大的前身）。同年8月18日，她到国立北京高等师范学校附属国民学校高等小学校任教，是该校第一位女教师。1922年夏，邓颖超离开国立北京高等师范学校附属国民学校高等小学校，应天津达仁女校校长马千里之聘到该校任教。

该校1927年毕业生颜一烟，后来回忆说："使我终生难忘的是，一个比我还小着一岁的男同学告诉我，他是从一年级就进校的，他的级主任是邓颖超老师。他告诉我，是邓老师教他认识的第一个字；是邓老师把着手教他写会第一句话；是邓老师教他懂得了许多知识，学会了许多生活的能力；是邓老师谆谆教导他：现在要好好学习，将来做个对国家、对人类有用的人！"

由于有着师生之谊，钱学森后来见到邓颖超，总是称之为"邓老师"。

在国立北京高等师范学校附属国民学校高等小学校执教的邓颖超

1984年秋，中国科协主席周培源任期即将届满，需要推选新的主席。众望所归，钱学森被提名为中国科协主席。钱学森力辞这一职务。钱学森说，自己只是个科技人员，不是一块"当官"的料。如果不是工作需要，他不会同意担任力学所所长，也不会同意担任国防部第五研究院院长、七机部副部长和国防科委副主任等一系列职务。这些职务都是后来在他主动而坚决的要求下辞去的。尤其是钱学森知道，担任中国科协主席之后，还会兼任全国政协副主席。

当时主持科技领导工作的国务院副总理方毅请出了"王牌"——钱学森的老师

邓颖超。邓颖超约钱学森到中南海谈话。邓颖超说："这好办，我告诉政协机关，叫他们平时不找你的麻烦。"

"邓老师"的这番谈话，说服了钱学森。

1991年10月17日，当80岁的钱学森荣获"国家杰出贡献科学家"荣誉称号，87岁高龄的"邓老师"致函祝贺：

钱学森同志：

今天从报纸上新闻报道中得知你荣获"国家杰出贡献科学家"荣誉称号和一级英雄模范奖章消息，我非常高兴，向你表示祝贺。

党和国家为了表彰你在科学事业上的伟大功绩，给予崇高的荣誉，你是受之无愧的。这不仅是你个人的荣誉，也是全体科学工作者的荣誉，因为，你是中青年科学工作者的前辈和老师，给他们树立了榜样。我为中国有你这样的科学家而自豪！

祝你健康长寿！

邓颖超

1991年10月17日

17位深刻影响钱学森的人

钱学森曾亲笔写下一份珍贵文件，回忆在他的一生中给予他深刻影响的人，总共17位：

1）父亲 钱家治——写文言文
2）母亲 章兰娟——爱花草
3）小学老师 于士俭——广泛求知，写字
4）中学老师 董鲁安（于力）——国文，思想革命
　　俞君适——生物学
　　高希舜——绘画、美术、音乐
　　李士博——矿物学（十级硬度）

　　　　王鹤清——化学（原子价）

　　　　傅仲孙——几何（数学理论）

　　　　林砺儒——伦理学（社会发展）

　5）大学老师　钟兆琳——电机工程（理论与实际）

　　　　陈石英——热力学（理论与实际）

　6）预备留美　王助——经验设计

　7）留美　Theodore von Karman（引者注：即冯·卡门）

　8）归国后　毛泽东　周恩来　聂荣臻

父母对于钱学森的影响，当然深刻。

钱学森归国之后，毛泽东主席、周恩来总理、聂荣臻元帅给予钱学森的影响，也是深刻的。

除父母和新中国的领袖总共5位之外，其余12人都是钱学森的老师。

名牌学校的魅力，很大程度上依仗名师的魅力。钱学森把他留学美国时的导师冯·卡门列入名单，是理所当然的。冯·卡门是美国科学名师，有口皆碑。

除博士生导师冯·卡门之外，列入钱学森所写的名单之中的，有小学老师1位、大学老师3位，然而值得注意的是，中学老师占了7位！足见中学教育给予钱学森的影响之深刻。

尤其值得注意的是，这7位中学老师，全部集中在一所学校——北京师范大学附属中学。

国立北京师范大学校附属中学校是北京响当当的名牌中学，历史悠久，名师云集，人才辈出。

在中学打下扎实的基础

国立北京师范大学校附属中学校也在南新华路上。

1923年至1929年，钱学森就读于国立北京师范大学校附属中学校，也就是从国立北京高等师范学校附属国民学校高等小学校向北，只有一墙之隔的国立北京师范大学校附属中学校。

国立北京师范大学校附属中学校是中国第一流的中学,早在清光绪二十七年九月二十二日(1901年11月2日),钦定五城中学堂成立,这便是国立北京师范大学校附属中学校的前身。辛亥革命之后,1912年奉南京临时政府教育部令,五城中学堂改名为"国立北京高等师范学校附属中学校"。1923年暑假之后,钱学森升入附中。恰恰就在7月,北京高等师范学校改名为北京师范大学校,附中也就相应改名为"国立北京师范大学校附属中学校"。

1926年在北京师大附中念书的钱学森

当时,国立北京师范大学校在路西,国立北京师范大学校的附属中学校、附属小学校在路东,形成一个"品"字形。

北京师大附中教学的特点是:起点高,方法活,要求严,学生能力强,负担不太重。

北京师大附中教师的特点是:师德高尚、学识渊博、理念先进、治学严谨、教书育人。

北京师大附中的校园里,有一尊青铜半身像。刘沪校长说,这是当年的北京师大附中主任(相当于校长)林砺儒先生。[1] 林砺儒先生早年曾经留学日本,从1922年至1930年担任北京师大附中主任,而钱学森在1923年至1929年就学于北京师大附中,从入学到毕业,都是在林砺儒先生执教之下学习,他对钱学森产生了深刻的影响,所以钱学森把林砺儒先生列为恩师之一。

林砺儒力主教育改革,反对灌输式的死记硬背。

据传有这么一个故事:林砺儒虽然是钱学森所在学校的校长,却不是他的任课老师。为此,钱学森的父亲特地找到林校长,请他辅导自己的儿子。林校长并没有答应下来,而是出了几道题,要考考钱学森。两个大人正在聊天,却发现钱学森到外面去玩了,而他的答卷放在桌上。林砺儒看了钱学森的答卷,非常满意,于是收下了这个学生,教授他伦理学。

---

[1] 2010年5月12日下午叶永烈采访北京师大附属中学及校长刘沪。

新中国成立后林砺儒出任教育部副部长。

钱学森回忆说：

> 那个时期高中分一部、二部，一部是文科，二部是理科，我在理科。高中毕业时，理科课程已经学到我们现在大学的二年级了。所以，北京师大附中在那个时候办得那样好我是很怀念的。[1]

钱学森回忆说：

> 在那样一种艰难困苦的年代，办学真不是一件易事。但是国立北京师大附中当时的校长（那时称主任）林砺儒却把师大附中办成了一流的学校，真是了不起。讲附中那时的情景，有点像神话，我们这些小孩子都知道，世界上有两个伟人，一个是列宁，一个是爱因斯坦。

钱学森还说：

> 我从1923年到1929年在国立北京师范大学附属中学念书。那个时代，在北京办学是非常困难的，但是，当时的校长林砺儒先生能把北京师范大学附属中学办成质量上乘的第一流学校，实在难能可贵。他实施了一套以提高学生智力为目标的教学方法，启发学生学习的兴趣和自觉性。当时我们临考都不开夜车，不死读书，能考80多分就是好成绩，只求真正掌握和理解所学的知识。
>
> 我在读书时，没有死背书，看了许多书，但从不死读书，而是真正理解书。
>
> 国文老师董鲁安（即于力）、化学老师王鹤清、数学老师傅仲孙、生物老师俞谟（即俞君适）、美术老师高希舜等讲课都各有特色，给我中学时代的数、理、文等课程打下了良好的基础。
>
> 我们的美术老师高希舜（后来成为著名的国画大师），暑假里开办暑期绘画训练班，教画西洋画，父亲很支持我去，我买不起油彩就用水彩

---

[1] 钱学森：《在授奖仪式上的讲话》，《人民日报》1991年10月19日。

学画，也学画中国画，后来我画得还不错。国文老师是董鲁安，他思想进步，常在课堂上议论时弊，厌恶北洋军阀，欢迎国民革命军北伐，教我们读鲁迅的著作和中国古典文学作品，到了高中一年级时，我对用文言文写文章小品特别感兴趣。我们的音乐老师也非常好，上课时，他用一部手摇的机械唱机（当时没有电唱机）放些唱片，教我们学唱中外名曲，欣赏各种乐曲，如贝多芬的第九交响曲等，后来，贝多芬憧憬世界大同的声响，一直在我心中激荡。

钱学森的中学国文老师董鲁安

董鲁安老师上课幽默诙谐。张维（两院院士、清华大学副校长）曾回忆说："语文老师董鲁安先生是在二十世纪二十年代师大附中最为学生称道的老师之一。董先生给人们的印象是个乐观派、名士派，非常潇洒。他讲起书来慢条斯理，一板一眼。讲到精彩段落，时常忘我地坐在讲台椅子上自言自语。有时讲得出神，就给同学们讲述一些轶事甚至离题好远的趣闻。所以他的课深受学生们的欢迎。一次董先生上课走了题。林津同学在下边悄悄地议论：'又神聊啰！'董先生笑了笑，就回到课文正题。过了些天，讲课又走了题。董先生想起了林津的话，于是就问他：'林津，我是不是又神聊啦？'全班同学哄堂大笑。对这件事，同学们多年后再见面，还津津乐道。"

1942年的8月中旬，根据中共地下党组织的安排，董鲁安几经周折，抵达晋察冀解放区，受到聂荣臻将军的欢迎。董鲁安在《晋察冀日报》和延安《解放日报》上发表了长篇报告文学《人鬼杂居的北平市》（署名于力）。1949年9月30日当选政协第一届全国委员会委员。新中国成立后，董鲁安任中央人民政府政务院人民监察委员会委员、河北省人民政府委员兼人民监察委员会主任等职。

几何课老师傅钟荪（钱学森写作"傅钟孙"）说："公式公理，定义定理，是根据科学、根据逻辑推断出来的，在课堂如此，到外面如此；中国如此，全

走近**钱学森**

世界如此，即使到火星上也如此！"钱学森从此懂得科学的严谨。

化学课老师王鹤清开放化学实验室。你有兴趣做化学实验，随时都可以到那里去做。生物课俞君适（原名俞谟，后来任江西南昌大学生物系教授）老师则带领同学们去野外采集标本，解剖蜻蜓、蚯蚓和青蛙。这两位老师培养了钱学森的动手能力。

图书是进步的阶梯。北京师大附中的图书馆，曾经给了钱学森莫大的帮助：

钱学森的中学化学老师王鹤清

在（二十世纪）二十年代，我是北京师大附中的学生。当时学校有一个小图书馆，只有一间书库，但却是同学们经常去的地方。那间图书馆收藏有两类图书：一类是古典小说，像《西游记》《儒林外史》《三国演义》等，这类图书要有国文老师批准才能借阅；二是科学技术图书，我们自己可以借来看。记得初中三年级时，一天午餐后休息，同学们聚在一起闲聊，一位同学十分得意地说："你们知不知道二十世纪有两位伟人，一个是爱因斯坦，一个是列宁？"大家听后茫然，便问他是怎么知道的。他说是从图书馆的一本书上看到的，爱因斯坦是科学伟人，列宁是革命伟人。但那时我们谁也不知道爱因斯坦是相对论的创始人，列宁是俄国的伟大革命家，更不知道还有马克思、恩格斯。但这次茶余饭后的闲谈却激起了我对科学伟人和革命伟人的崇敬。到高中一年级我就去图书馆找介绍相对论的书来看，虽不十分看得懂，但却知道了爱因斯坦的相对论概念和相对论理论是得到天文观测证实了的。[1]

北京师范大学附中很注重外语教学，有的课程用英语授课，钱学森的英语

---

[1] 钱学森：《图书馆与钱学森》，1996年4月在西安交通大学"钱学森图书馆"揭幕典礼上的书面发言。

基础就是那时候打下来的。到了高中二年级,钱学森还选修了第二外语德语。

钱学森还曾回忆:"说起旧事,我还非常怀念我的母校北京师大附中,当时高中分文理科,我在理科,我今天说了,恐怕诸位还不相信,我高中毕业时,理科课程已经学到我们现在大学的二年级了。"

钱学森还说:

> 我附中毕业后,到交通大学学习,第一年觉得大学功课没有什么,因为我在中学都学过了。交大四年实际上就学了两年,考上公费留学美国,是靠附中打下的基础。现在的中学能像当年附中那样水平就行。[1]

值得一提的是,就在钱学森在北京师大附中读初一的时候,1924年1月17日,鲁迅先生来校作《未有天才之前》的著名演说。那时候,鲁迅还在教育部任职,是钱学森父亲的同事。鲁迅穿了一件旧的青布长衫,用带有很浓的浙江口音讲话:

> 我看现在许多人对于文艺界的要求的呼声之中,要求天才的产生也可以算是很盛大的了,这显然可以反证两件事:一是中国现在没有一个天才,二是大家对于现在的艺术的厌薄。天才究竟有没有?也许有着罢,然而我们和别人都没有见。倘使据了见闻,就可以说没有;不但天才,还有使天才得以生长的民众。
>
> 天才并不是自生自长在深林荒野里的怪物,是由可以使天才生长的民众产生,长育出来的,所以没有这种民众,就没有天才。有一回拿破仑过Alps山(引者注:即阿尔卑斯山)说:"我比Alps山还要高!"这何等英伟,然而不要忘记他后面跟着许多兵;倘没有兵,那只有被山那面的敌人捉住或者赶回,他的举动,言语,都离了英雄的界线,要归入疯子一类了。所以我想,在要求天才的产生之前,应该先要求可以使天才生长的民众。——譬如想有乔木,想看好花,一定要有好土;没有土,便没有花木了;所以土实在较花木还重要。花木非有土不可,正同拿破仑非有好兵不可一样。

---

[1] 钱学森:《北京师大附中的六年》,《光明日报》2007年12月3日。

然而现在社会上的论调和趋势，一面固然要求天才，一面却要他灭亡，连预备的土也想扫尽。

…… ……

泥土和天才比，当然是不足齿数的，然而不是坚苦卓绝者，也怕不容易做；不过事在人为，比空等天赋的天才有把握。这一点，是泥土的伟大的地方，也是反有大希望的地方。而且也有报酬，譬如好花从泥土里出来，看的人固然欣然的赏鉴，泥土也可以欣然的赏鉴，正不必花卉自身，这才心旷神怡的——假如当作泥土也有灵魂的说。

鲁迅先生的这篇演说，后来被收入中学语文课本作为课文。北京师大附中作为一所中学，能够请到鲁迅前来演讲，也从一个侧面反映出这所中学思想的活跃、活动的广泛，名人的演讲开阔了学生的视野。

那幢"红楼"，原本是国立北京高等师范学校附属国民学校高等小学校主楼，后来归属于北京师大附中。那里如今成了钱学森纪念馆。楼前的巨石上，刻着温家宝总理题写的"钱学森纪念馆"6个金色大字。

"红楼"底层的五间教室，如今成了钱学森纪念馆的展室。步入纪念馆，众多的照片、手稿、书籍形象地展示了钱学森的人生之路。纪念馆共分四部

北京师大附属中学的钱学森纪念馆

分,即"中华之光""人生基石""海外赤子"和"科学巨人"。

钱学森对北京师大附中充满感情,1955年10月29日,他从美国回到北京,就到这所阔别20多年的母校看望老师。用钱学森的话来说,在北京师大附中的6年,"这是我一辈子忘不了的六年"。纪念馆展出钱学森1986年11月初参加北京师大附中85周年校庆活动的照片,充分表明钱学森对母校的看重。从照片上可以看出,钱学森是穿着簇新的中山装去参加北京师大附中校庆的,那衣服在闪光灯下闪闪发亮。

在纪念馆里,写着钱学森的一段话:"在我一生的道路上,有两个高潮,一个是在师大附中的六年,一个是在美国读研究生的时候。"从这一段话中可以看出钱学森对于北京师大附中的深厚感情。

纪念馆里陈列了钱学森所说的17位深刻影响他的人中的6位北京师大附中老师的照片,即林砺儒、董鲁安、高希舜、李士博、王鹤清、傅仲孙。刘沪校长说,钱学森提到的俞君适老师,至今仍未找到照片。

在纪念馆里展出的老照片之中,有一幅国立北京高等师范学校附属国民学校高等小学校师生站立在操场上听主任(校长)训话的照片,刘沪校长指着照片右侧的一位女教师说:"她就是邓颖超。"在那里,有一个按照当年模样布置的教室,刘沪校长说,邓颖超当时就在这间教室里教书。

国立北京高等师范学校附属国民学校高等小学校校长训话时的照片(右前立者为邓颖超)

在纪念馆里，有诸多北京师大附中校友的照片，其中光是中国科学院院士就有钱学森、马大猷、汪德昭、汪德熙、段学复、汤佩松、陈永龄、张维、梁守槃、雷天觉，中国工程院院士有钱学森、姜泗长、张维。此外，还有经济学家于光远、作家李健吾、电影导演张骏祥、哲学家张岱年……一所中学的毕业生中有如此众多的佼佼者，充分显示了这所中学教育的高质量。

漫步北京师大附中校园，可以看到赵世炎烈士的白色大理石雕像。赵世炎是中国共产党早期的领导人之一，1915年至1919年在北京师大附中学习。

1919年五四运动爆发时，赵世炎被北京师大附中学生推选为学生会干事长，组织和领导同学走出校门，同各大、中学校的师生一起参加轰轰烈烈的爱国运动。1920年到法国勤工俭学，1922年任中共法国组书记，1924年回国任中共北京地委书记，1926年在上海和周恩来等一起领导了工人第三次武装起义，1927年7月29日牺牲于上海龙华，年仅26岁。

在钱学森纪念馆不远处，有一尊钱学森全身铜像。那是在北京师大附中学习时的钱学森的形象。这是笔者所见到的钱学森铜像中，最生动、最传神、最富有感染力的一座。那时年轻的钱学森身穿长衫，头发和胸前的围巾被风吹起，左手持一叠书本，充满青春活力，黑色底座上刻着"附中人钱学森"，显得很亲切。凝视着这尊别具一格的铜像，仿佛可以看见"附中人"钱学森正在校园里意气风发地向前走去，走向那无比深远的科学之路。

北京师大附中钱学森纪念馆的展室

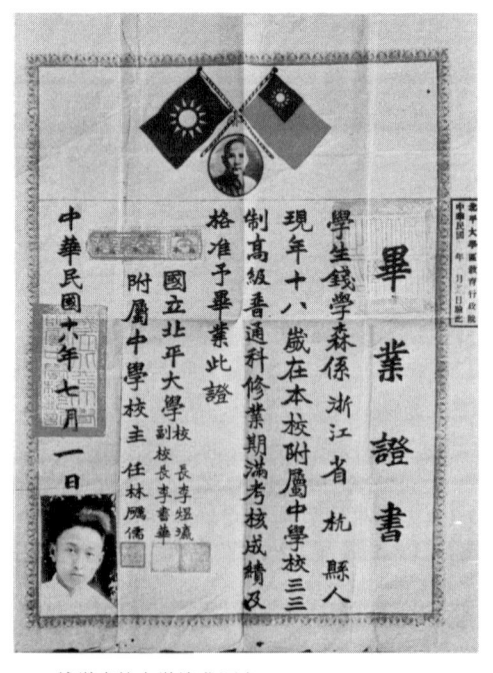

钱学森的中学毕业证书

跨进交通大学校门

每一个时代，青年都有着带有鲜明的时代印记的追求。

在钱学森高中毕业的时候，他充满着"实业救国"的理想，即"习西夷之长，救中国之短"。那时候，他关注的目光在铺轨上飞驶的火车上。

自从 1825 年世界第一条铁路在英国正式通车，那冒着黑烟在铁道上飞快前进的火车头，是工业革命的写照，是资本主义高速发展的缩影。

1865 年，外国人只在北京铺了示范性的一里铁轨，那呼哧呼哧奔跑着的庞然大物，令国人大惊，"诧所未闻骇为妖物举国若狂"。

1895 年，清政府在甲午战争中败北。当时，英国铁路已横贯全国，长达 26000 多千米，美国也已经达到一年内能够建造铁路 1 万多千米的水平。铁路，象征着速度，象征着国力，象征着工业化的程度。

中国的革新派们——直隶总督兼北洋大臣李鸿章、湖广总督兼两江总督张之洞、首任台湾巡抚刘铭传、海军衙门帮办曾纪泽（曾国藩的长子）先后上书："急造铁路"！

由詹天佑总工程师设计的中国第一条铁路——京张铁路，终于在 1909 年 8 月 11 日通车。然而，中国的国土如此辽阔，大批铁路亟待兴建。钱学森决心献身于"铁道救国"。

虽然北京有着北京大学、清华大学那样的名牌大学，但是钱学森却要报考上海的交通大学，那是因为铁道机械工程属于铁道部主管，当时只有直属铁道部的交通大学才设有最棒的铁道机械工程专业。

钱学森报考上海的交通大学的另一原因是钱学森在北京师大附中读到高二的时候，父亲钱均夫随政府南迁，到了南京任职。为了不影响钱学森的学习，钱家决定等钱学森毕业后再搬迁杭州，钱均夫先一人前往赴任。1929 年，钱家搬到了祖籍地杭州，钱学森也考上了交通大学工程机械学院，上海离杭州很近，钱学森的父母便于照料独生子。

1929 年 9 月，钱学森考取交通大学机械工程学院，攻读铁道机械工程专业。如今，当人们称呼钱学森为中国"航天之父""导弹之父"的时候，几乎忘掉了钱学森当初是学铁道机械工程的。

钱学森是以总分第三名的成绩考取交通大学。钱学森曾回忆说：

> 我是北京师范大学附属中学高中二部（理工科）毕业后，于一九二九年夏考入交大机械工程系的。记得当录取名单在上海《申报》公布时，我在机械工程系的名次是第三；第一名是钱钟韩，现在的南京理工大学名誉校长；第二名是俞调梅[1]，现在的上海同济大学教授。不过他们二位后来都转入他系，只有我留在机械工程系，于一九三四年毕业于机械工程铁道机械工程门（注：指专门化）。[2]

钱钟韩，后来成为工程热物理和自动化专家，中国科学院技术科学部学部委员（即院士）；总分第二名是俞调梅，同济大学教授，武汉长江大桥、上海宝山钢铁厂顾问。

1927年8月25日国民政府定都南京，1928年6月20日改北京为北平。钱学森从北平来到上海，周遭的环境发生了巨大的变化：钱学森在北平的家是胡同里的四合院，北平洋溢着浓厚的千年古都气氛。在那里念完蒙养院、小学、中学的钱学森，一口京腔。然而，上海是一座新兴的充满商业气氛的南方大都市。北方人往往不习惯南方的生活，对于钱学森来说，上海却是格外亲切的，因为这里是他的出生地——"阿拉上海人"，虽说他不会讲"阿拉"上海话。

交通大学坐落在上海市区西南的徐家汇。这"徐家"得名于晚明文渊阁大学士、著名科学家徐光启，徐家当年在此建农庄、立别业；而"汇"则是得名于地处肇嘉浜与法华泾两水汇合之处。徐家汇曾是法租界，地标式的建筑是始建于清光绪二十二年（公元1896年）的徐家汇天主教堂，全然是法国中世纪教堂样式，尖顶的歌德式钟楼高达50米。在天主教堂与交通大学之间，是创办于清道光三十年（1850年）的徐汇中学，一律法式红砖楼房。当年傅雷就是在这所中学接受了法语教育，以至终身从事法国文学的翻译。

---

[1] 曾勋良先生2010年9月4日来函称，钱学森的回忆有误。据交通大学档案馆资料，第二名为高潜。

[2] 钱学森：《回顾与展望》（写于1989年），《老交大的故事》，江苏文艺出版社1998年12月版。

交通大学是上海历史悠久的大学之一。交通大学的创办人是晚清洋务运动的代表人物盛宣怀。他亦官亦商,既有着"清太常寺少卿、大理寺少卿、太子少保、轮船招商局督办、电报局总办、邮传部大臣"之类官衔,又是颇有实力的实业家。盛宣怀又号称中国的"铁路大王",清政府任命他以四品京堂候补督办铁路总公司。他很有魄力,力倡"科教救国,实业兴邦",居然两年之内一口气创建两所大学:1895 年在天津创办北洋大学堂,1896 年则在上海创办了南洋公学,两所大学皆以美国哈佛大学、耶鲁大学为蓝本,以培养高级人才为办学目标。这北洋大学堂就是天津大学的前身,这南洋公学就是交通大学的前身。至今,步入交通大学校门,仍可以在校门附近的一块石碑上,见到刻着"南洋公学"四个大字。南洋公学的首任督办,便为盛宣怀本人。

南洋公学在建立之初,就以铁路交通作为主要的教学和研究目标。

南洋公学几经改名:1912 年南洋公学改称上海工业专门学校。1921 年交通部长叶恭绰把上海工业专门学校、唐山工业专门学校、北平铁路管理学校及北平邮电学校合并为交通大学,分别称各校为"交通大学上海学校""交通大学唐山学校"及"交通大学北京学校"。孙中山先生曾亲莅交通大学上海学校,勉励师生"奋发学习,掌握科技,以期在不远的将来迎头赶上欧美强国"。到了钱学森进入交通大学的时候,当时的名称又改为"铁道部交通大

上海交通大学的前身南洋公学

作者在上海交通大学门口

上海本部"，直属国民政府铁道部，当时的铁道部部长兼交通大学校长是孙中山的公子孙科，铁道部次长黎照寰兼任副校长。在1942年，交通大学更名为"国立交通大学"。如今，交通大学有着上海交通大学、西安交通大学、西南交通大学、北京交通大学和新竹交通大学。

在上海所有的大学之中，唯有交通大学的校门与众不同，那样的赭红色宫门，朱户碧瓦，一对高大的石狮子雄踞左右，这在北京比比皆是，而在上海绝无仅有，这显示交通大学的"官办背景"。当年，南洋公学刚成立的时候，采用了中国牌坊式的木质建筑结构，也是为了强调这所大学的"公立"身份。不过，当钱学森进入交通大学的时候，还没有这座宫门式校门，那是在钱学森从交通大学毕业一年之后才建成的。那时候，校门口横着一条通向肇嘉浜路的小河，在几年前建成一座钢筋水泥桥，取代了建校之初的木桥。

走进那扇强调"官办""公立"的中式校门，迎面是一大片草坪，而在草坪四周却矗立着一群用红砖或者红砖与青砖相间砌成的欧式建筑，仿佛无言地在那里宣称，这是一座"官办"的西式大学。盛宣怀在创办南洋公学的时候，就是"以美国哈佛大学、耶鲁大学为蓝本"，聘请美国人福开森亲自设计并督造西式三层主楼——建于1899年的中院。此后，同样风格的上院（1900年建成）、新中院（1909年建成）、图书馆（1919年建成）、体育馆（1925年建成）、总办公厅（1933年建成）相继落成，构成了一座上海的"哈佛大学、耶鲁大学"。钱学森踏进交通大学校园之际，迎接他的就是这样一组欧式建筑方阵（除了总办公厅在稍后建成）。

钱学森入学之后不久，经孙科拨出专款，新建的学生宿舍落成了。这幢欧式的马蹄形楼房，回廊曲折，红砖白缝，中间三层，两翼二层，非常漂亮，叫"执信西斋"。这名字是为了纪念国民党元老朱执信先生。钱学森住进了执信西斋。当时，一年级学生八人住一间，二年级学生六人住一间，三年级学生

1920年的交通大学上院

四人住一间，四年级学生则两人住一间。

1930年3月12日《交大三日刊》上，曾有一学生撰写了《为新宿舍成功告毕业及离校同学》一文。文中这样描述执信西斋：

> 她的美丽，像朝霞映着鲜花，像雨后的牡丹，像出浴的少女，一排粉红色墙，围护着黑色的瓦，玻璃窗子，等距离地嵌在墙上，两盏乳白色的电灯，伸出门外。
>
> 一进这门，是那黄色美丽的墙，马蹄形的长弄中，整天燃着电灯……
>
> 每一个房间的门，都对着长弄中，你随便走进哪一位室中，白天是有充足的阳光和空气，晚间有电灯照着通明，嫩黄色的墙，白色的天篷，赭红色的地板和窗台，褐色的书架、书桌和椅子，嵌着镜子的衣柜，舒服的铁床。

执信西斋可以说是当年中国设施最完善的大学生宿舍，就连美国、法国的大学考察团前来参观之后，都惊讶在中国的大学里竟然有如此优雅的宿舍。

就在钱学森入学不久，1930年5月2日，交通大学公布校训："精勤求学，敦笃励志，果毅力行，忠恕任事"。那时候，交通大学的墙上写着"实业救国，科技救国"八个大字。

南洋公学建校之初，从麻省理工学院和哈佛大学购来成套教科书，依照美国大学课程进行教学。后来，交通大学逐渐明确"以理科为基础、工科为重点、兼有管理学科"，以美国麻省理工学院为蓝本。这样，到了20世纪30年代，交通大学有了"东方的MIT"（即东方的麻省理工学院）的美誉。

可以说，钱学森跨进交通大学校门，等于一只脚踏进了美国的麻省理工学院。当时，交通大学毕业生到欧美留学，从来无须再入学考试，可见交通大学与欧美大学达到了"接轨"。钱学森从交通大学毕业之后去美国麻省理工学院求学时，发现许多课程与在交通大学学习的完全一样。钱学森曾说，当时他发现："交大的课程安排全部师抄此校的，连实验课的实验内容也都是一样的。交大是把此校搬到中国来了！因此也可以说交大在当时的大学本科教学是世界先进水平的。"交通大学照搬麻省理工学院模式，是因为"麻省理工学院的工科教育安排是20世纪初的模式，对培养一种成型的工程技术的工程师是有效的"。钱学森在交通大学读本科时，就已经读了美国麻省理工学院的研究生课程，他赴美后要求免修这些课程，得到了麻省理工学院批准。

伤寒突然袭来

从降生到进入交通大学，钱学森在人生的道路上一直顺风顺水。

钱学森考入交通大学，京沪铁路已经于1912年完工，只是当年的火车速度甚慢，而且到了浦口还要乘坐渡轮横渡长江，再换乘火车到上海。为了便于就近照料自己的独生子，钱学森的父亲辞去了在教育部的公职，来到浙江省教育厅任职，全家从北平迁回杭州，住在方谷园。这样，每逢寒暑假，钱学森就可以从上海回到杭州，跟父母、祖母团聚。

钱学森顺顺当当地在交通大学念完了一年级。就在这年——1930年的暑假，钱学森回杭州，却意外地遭遇了人生的第一场风暴。

那是在钱学森即将度完暑假的时候，突然腹泻、头痛，高烧达39℃至40℃，皮肤上出现玫瑰疹斑。钱学森的体质向来不错，不大生病，而这次患病来势汹汹。父母急请医生诊治，断定钱学森染上伤寒。

祸不单行，钱学森的祖母也与钱学森同时发病。

伤寒是伤寒杆菌随污染的水或食物进入消化道而引起的。伤寒杆菌随血流进入肝、脾、胆囊、肾和骨髓后大量繁殖，产生大量内毒素，使患者发高烧，严重的会造成肠道出血或穿孔，导致死亡。在当年，伤寒是相当严重的传染病。在19世纪50年代，土耳其、英国、法国、撒丁王国与俄国之间为争夺巴尔干半岛的控制权发生的克里米亚战争中，双方总共阵亡50万将士，而其中因伤寒而死亡的士兵是因战斗而死亡的10倍，达45万人！

在世界的伤寒病例中，最著名的是"伤寒玛莉"事件。

那是在1901年，纽约曼哈顿的一个家

1909年报纸上的"伤寒玛莉"插图

庭成员陆续发烧、腹泻，一位洗衣女孩因此死去。经医生查明，所患的是伤寒。紧接着，一位律师家中的8名成员有7位染上伤寒。后来，伤寒又在长岛扩散，两周内11个家庭中有6户因伤寒住院……

纽约卫生官员乔治·梭佩进行追踪调查，发现这几起伤寒都与一位女厨师玛莉·马龙（Mary Mallon）有关，此人先后在这些发病的家庭中工作。于是，禁止她从事与食物有关的职业。然而，此人不服，在1915年化名"玛莉·布朗"在纽约一家医院掌厨，导致25人感染，其中两位不治身亡。纽约公共卫生主管机关不得不把她逮捕，并且宣判终身隔离。1938年11月11日她死于肺炎，验尸后发现她的胆囊中有许多活体伤寒杆菌，表明她是一个伤寒杆菌的带菌者，只是她本身健康无症状。

西医治伤寒，首选的药物是具有广谱杀菌作用的抗生素青霉素。青霉素早年的译名为盘尼西林，是英国细菌学家弗莱明在1928年发明，1944年才进入中国。所以在钱学森患伤寒的年月，西医对伤寒几乎束手无策。

钱学森的父亲求助于中医。一位中医给钱学森开了一个偏方，即每日吃三顿豆腐乳卤加稀饭。钱学森遵医嘱连吃了三个月，居然伤寒病就痊愈了[1]！

---

[1] 2006年8月29日采访钱永刚于上海。

这可能是由于"豆腐乳卤加稀饭"使饮食清淡而干净,止住腹泻,消除了高烧。

不过,这"豆腐乳卤加稀饭"并非万应灵丹。钱学森的祖母当时也如此这般治理,却不治身亡。当然,这可能是因为钱学森年轻,而老祖母毕竟上了年纪。

钱学森后来回忆说:"我在上海读书时患了伤寒,请一位中医看,命是保住了,但是却留下了病根。那位中医没有办法去根,就介绍我去找铁路上的一个气功师调理,结果除了病根。练气功在屋里可以进行,很适合我,所以在美国时也没有中断。"[1]

钱学森对中医和气功产生浓厚的兴趣,最初就始于这场伤寒症。钱学森年近百岁时,仍每日坚持练气功。

钱学森虽然康复了,但是这场大病耽误了时间,使一向用功的他不得不暂时休学一年,在杭州养病。

钱学森在父母陪伴下,常去风光旖旎的西子湖畔漫步。绿柳拂面,轻舟荡漾,人在湖畔,宛如画中。父亲钱均夫聘请了一位画家,教钱学森画国画。钱学森是个聪明人,很快就掌握了山水国画的技巧。钱学森对父母说:"在观察景物,运笔作画时,那景物都融会在我的心里。那时,什么事情都全部被忘掉了,心里干净极了。"后来,在交通大学临近毕业时,他所在的1934年级级徽以及校友通讯录的封面,都是他设计的。

除了作画,钱学森在休养中还以音乐为友。

宋朝诗人林升的《题临安邸》,传诵一时:"山外青山楼外楼,西湖歌舞几时休?暖风熏得游人醉,直把杭州作汴州。"他的原意是讽刺南宋小朝廷赵构逃到江南,只求苟且偏安,不思收复中原失地。不过诗中这句"西湖歌舞"倒是道出杭州深厚的音乐、舞蹈底蕴。出身杭州豪门的钱学森,也有几许音乐细胞,尤爱吹奏圆号。

1932年11月16日《交大三日刊》(第218期)报道,由袁炳南同学筹备组织,本校管弦乐队已正式成立,聘请德国人C.J.Van Heyst为指导,每周二、四下午四时在音乐室练习,预定12月公演。11名乐队成员及准备的曲目里,钱学森演奏的是Euphony(圆号)。C.J.Van Heyst(凡·海斯特)当时是上海

---

[1] 2001年9月24日钱学森与张劲夫的谈话。

工部局乐队指挥。钱学森还学会演奏多种乐器。

据钱学森回忆，他是在同级同学林津的"动员"下加入交通大学铜管乐队的：

> 我在交大读了五年，因为在一年级与二年级之间的暑假快终了的时候我害了伤寒，康复时间长，只得休学一年。但休学一年对我也有好处，乘机看了些科学社会主义的书，对当时政府的所作所为知道了点底细，人生观上升了。于是再回到学校读三年级时，对每星期一上午的"纪念周"就想逃，不愿恭听黎照寰校长的讲话。正好这时间同级的林津（也是北师大附中的）来动员加入学校的铜管乐队，说在"纪念周"开始时乐队伴奏后就可以退席。我欣然从命，学吹中音喇叭。[1]

据交通大学档案记载，1933年的《军乐队成员名单》《学生会管弦乐队成员名单》《雅歌诗社成员名单》《口琴会名单》里，都有钱学森的名字。

当时钱学森每天要花半小时练习圆号。他在班上成绩名列前茅，得到一笔奖学金，第一反应就是赶紧到上海南京路去买俄罗斯作曲家格拉祖诺夫的《音乐会圆舞曲》唱片，足见他对音乐的痴迷。

钱学森（前左一）所在的交大铜管乐队合影

---

[1] 钱学森：《回顾与展望》（写于1989年），《老交大的故事》，江苏文艺出版社1998年12月版。

在 1935 年，24 岁的钱学森在第四期《浙江青年》上发表了一篇题为《音乐与音乐的内容》的文章。一个理工科的大学生能够对音乐发表独特而深刻的见解，表明了他对音乐的喜爱和修养。

在 1934 年，钱学森因赴南京报考留美公费生，住在父亲钱均夫好友厉家祥家。厉家祥夫人毕业于国立上海音专钢琴科，常在家中弹钢琴：

> 女主人一曲弹完，钱学森才开口，说："你弹的是 Pour Elise 吧。"之后他就饶有兴致地与女主人聊起了音乐，从《致爱丽丝》乐句的处理、和声的色彩到他个人对不同严肃音乐的偏好和见解，再到西洋音乐家们的轶事掌故。钱学森谈兴甚浓，看得出他对音乐有着纯粹的热爱。那位女主人越聊越觉得吃惊，钱学森在论及音乐时不经意间引出的许多音乐家的掌故连钢琴专业出身的她都还不知道，她当时的第一感觉就是，钱学森的谈话很有深度，很有见地，他对音乐也很有领悟力。[1]

后来，钱学森与女高音歌唱家蒋英结为百年之好，对于音乐的共同爱好使他们成为知音。1950 年至 1955 年，钱学森在美国遭到软禁，他常常吹木箫，夫人蒋英弹吉他，两人在家一起演奏 17 世纪的古典室内乐，以排遣心中的无限郁闷。

钱学森向来就喜欢读书，此时广阅专业之外的"杂书"。

钱学森在书店里买到了鲁迅所译的新书——普列汉诺夫的《艺术论》。普列汉诺夫被誉为"俄国马克思主义之父"，他的《艺术论》一书收入《论艺术》《原始民族的艺术》《再论原始民族的艺术》和《论文集〈二十年间〉第三版序》。鲁迅据外村史郎的日译本译出《艺术论》，1930 年 7 月由上海光华书局出版。

鲁迅为《艺术论》中译本所写序言最初发表于 1930 年 6 月 1 日出版的《新地月刊》（即《萌芽月刊》第一卷第六期），后编入《二心集》。鲁迅指出：

> 蒲力汗诺夫（引者注：即普列汉诺夫）也给马克斯主义艺术理论放

---

[1] 厉声教：《挚友后人追忆钱学森及其父钱均夫的点点滴滴》，人民网－文化频道 2010 年 4 月 4 日。

下了基础。他的艺术论虽然还未能俨然成一个体系，但所遗留的含有方法和成果的著作，却不只作为后人研究的对象，也不愧称为建立马克斯主义艺术理论，社会学底美学的古典底文献的了。

钱学森还从书店买了另一本新书，即上海江南书店在1929年出版的布哈林的《辩证法底唯物论》。布哈林是苏联共产党和共产国际著名活动家，曾任苏共中央政治局委员、《真理报》主编。

钱学森读了这些书之后说："既然我是学科学的，那么，对于社会和宇宙的看法，就得有一个正确的科学态度。我们科学工作者如果掌握了它，就等于我们掌握了研究宇宙、人类社会和研究科学的钥匙，就等于我们在人生道路上有了正确的方向。"

钱学森在休学期间，还跟堂表弟李元庆有了许多交往。李元庆小钱学森3岁，1930年考入杭州国立艺术专科学校（又称西湖艺专）学习钢琴、大提琴。李元庆后来成为知名的大提琴家。他和夫人李肖在1941年10月前往延安，担任延安鲁迅艺术学院音乐系教师，并担任《民族音乐》杂志编辑。1950年任中央音乐学院研究部主任。1954年任中国音乐研究所所长。

钱学森的堂侄钱永龄回忆说：

> 李元庆早年就读于杭州艺专，家中都说他是共产党，当年国民党要抓他，住到我家，他曾与我父辈各兄弟姐妹相处很好。尤其是与钱学森伯父交往十分频繁。他经常向学森伯父灌输进步思想，讲述民族危亡现状，一心希望早日唤起全中国各民族的伟大觉醒。那时，他经常向学森伯父偷偷传阅《共产党宣言》《辩证唯物主义》等进步书籍。
>
> 李元庆1979年12月2日去世，钱学森伯父参加了李元庆的追悼会。[1]

钱学森经过一年的休养，在1931年暑假结束之后，又回到了交通大学。

---

[1] 钱永龄：《我家往事》。

请求老师扣分的故事

一个小故事。故事虽小，却折射出钱学森严格自律的可贵精神。

那是1980年，钱学森回到母校上海交通大学，金悫（念"确"）教授拿出一份珍藏了47年的"文物"，说起1933年的一段往事。后来，金教授把这件"文物"捐给了上海交通大学档案馆永久收藏，而金教授讲述的故事在上海交通大学也传为佳话……

1933年，22岁的钱学森在国立交通大学机械系读三年级，金悫教授讲授水力学。6月23日，进行水力学考试。按照当时交通大学的规矩，考试之后，老师在试卷上用红笔打上"√"或者"×"，然后在下一堂课发给学生，让学生校看，知道什么题答对、什么题答错。这试卷再还给老师，老师在试卷右上角的分数栏里用红笔写上分数。

钱学森一看金悫教授发下的试卷上，全部都打"√"，意味着这次稳拿100分。可是，钱学森细细一看，发现一个小小的错误：在一道公式推导的最

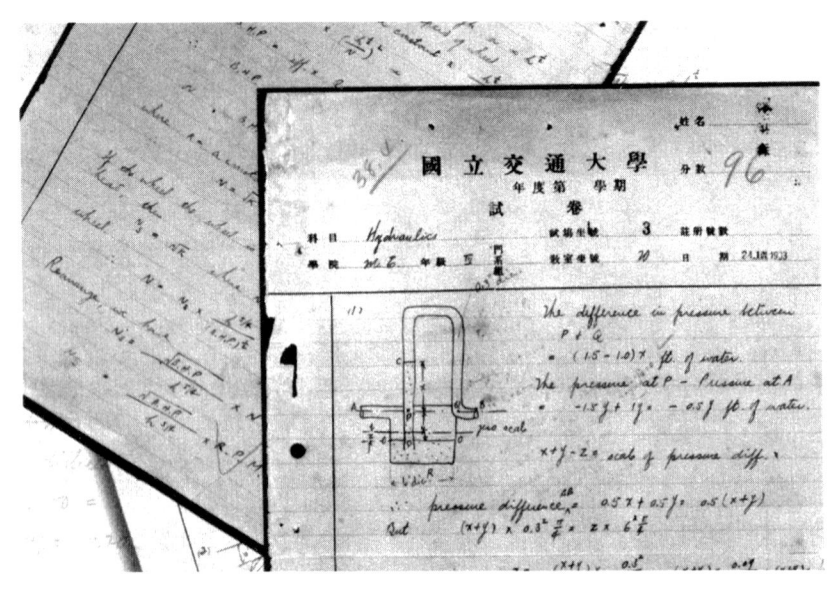

1933年6月24日钱学森在交通大学水力学考试的试卷

后一步，把"Ns"写成了"N"。于是钱学森立即举手，说明自己的错误，主动请求老师扣分。金悫教授一看，果真如此，于是给了钱学森96分。

钱学森主动要求扣分，使金悫教授深为感动。金悫的"悫"的含义，就是"诚实谨慎"。金悫从小受到的家教就是"诚实谨慎"。正因为这样，他非常赞赏这位诚实的学生，保留了钱学森的这份试卷。即便在抗日战争中那流离颠沛的日子里，这份试卷仍存放在金悫教授的箱子里跟随他到了大西南。正因为这样，在47年之后，听说钱学森回到母校，金悫教授便拿出了这份珍贵的历史文献。

交通大学的校规是相当严格的。学校规定，考试科目有30%以上不及格者，不准补考，令其留级；超过50%不及格者，令其退学。有的班级到二年级时尚有三分之二的学生，到毕业时只剩下三分之一的学生了。各科成绩平均达80分以上的学生很少。

钱学森曾回忆说："当时交通大学的求知空气并不很浓，但却十分重视考分，学期终了，平均成绩计算到小数点以后两位数字。我对此很不习惯，但也不甘落后，每门功课必考90分以上，获得了免缴学费的鼓励。"

当时，大多数同学的分数在70—80分之间，而钱学森每年的平均成绩都超过了90分。例如，现在保存于交通大学档案馆1932年的成绩单，其中注册号（即学号）为469的，总分在班上22名学生中位居第一的便是钱学森：热力工程89分；机械实验90分，电机工程96，电机实验94分，工程材料92.7，机械计划97分，机械计划原理90分，金工实习86分，工程经济84.2分，最后平均成绩为90.44分。当时的第二名是丁履德，平均成绩为83.97分，后来他也考取留美公费生，去意大利攻读纺织机械工程学。

1933年4月8日，交通大学成立37周年纪念典礼在文治堂举行，典礼中颁发学生奖品，受奖者为平均成绩在90分以上、兼品行端纯者，钱学森、钱钟韩等9名学生获奖，免缴本学期学费。

1934年6月，交通大学校长黎照寰先生发给钱学森的奖状上写道："兹有机械工程学院四年级学生钱学森于本学年内潜心研攻学有专长，本校长深为嘉许，特给此状以示奖励。"

1934年6月，即将毕业的钱学森、张光斗、徐人寿、倪文杰等人当选为中国斐陶斐学会会员。该会会员入选条件严格，大学毕业班人数在50人以下者，每10人选1人，在50人以上者增选1人，入选者必须在校连续7个学期

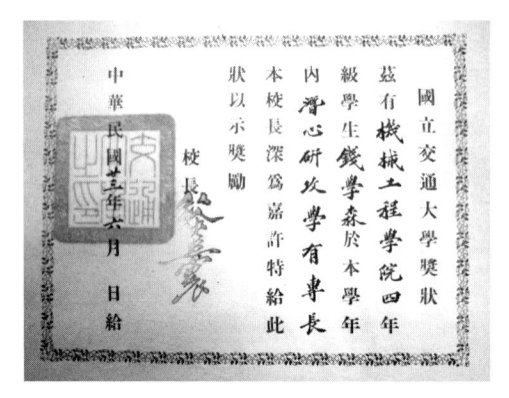

钱学森在交通大学获得校长黎照寰先生发的奖状

（最后一个学期不计）成绩均在 85 分以上，操行最近 3 个学期名列甲等。

1934 年 6 月 15 日，在交通大学上海本部第四次教务会议上，审定了各项奖励学生名单：学期免费奖，钱学森、钱学榘、张光斗等 11 名。

1934 年 6 月 30 日，在交通大学第三十四届毕业生典礼上，钱学森毕业于交通大学机械工程学院铁道工程门，总平均分数 89.10 分，为机械工程学院第一名。

顺便提一句，金悫教授也是一位人格高尚的师表。1983 年，他在弥留之际留下遗嘱，把私房一幢赠给交通大学做职工宿舍，把两万元人民币积蓄捐赠给学校作学生奖学金。

除金悫教授之外，钱学森还一直怀念交通大学的陈石英教授、钟兆琳教授：

四年级大半年的专业设计课是在图板上画蒸汽机车。专业基础课

1934 届交通大学机械工程学院学生合影（前排右二为钱学森）

中给我教育最深的是陈石英先生,他讲工程热力学严肃认真而又结合实际,对我们这些未来工程师是一堂深刻的课,我对陈先生是尊敬的,有幸于1955年10月归国后到母校参观,又是陈先生作为上海交大的领导接见了我。我1980年春在上海还去拜访了陈石英先生。还有许多老师如电机工程的钟兆琳先生对我的教育,我也是十分感谢的,师恩永志于心!只是毕业后未有机会再见到他们。[1]

陈石英1890年生于上海,1913年赴美国麻省理工学院造船系学习,1916年毕业回国,历任交通大学(时名上海工业专门学校、南洋大学)教授、机械系主任、代理教务长。1949年任交通大学校务委员会副主任委员,后来任交通大学副校长,在交通大学工作达67年之久,被老一辈交大人尊称为"陈老夫子"。

陈石英教授曾经说,钱学森是他最好的学生,钱学森则多次称陈石英教授为恩师。

前文述及钱学森在交通大学学习时,由于发现自己的水力学答卷有一个小小的错误,主动要求金悫教授把100分改掉,而陈石英教授则把钱学森应该得100分的热力学考卷,只批了99分!

陈石英教授为什么扣了钱学森1分呢?陈石英教授说,那是因为钱学森的成绩一直非常优异,为了防止他自满,没有给100分。

当钱学森为自己满分的考卷只得了99分感到惊讶的时候,陈石英教授向钱学森说明原委,钱学森非常感谢陈石英教授的良苦用心,在学习上倍加努力。

陈石英教授曾经把这个故事告诉他的外孙王其藩。1983年陈石英教授去世之后,当王其藩问起钱学森有无此事,钱学森回答说"确有此事"[2]。

钱学森在回忆交通大学所受到的教育时说:"我要感谢那时的老师们。他们教学严,要求高,使我确实学到了许多终身受用不浅的知识。"

---

[1] 钱学森:《回顾与展望》(写于1989年),《老交大的故事》,江苏文艺出版社1998年12月版。
[2] 引自曾勋良2010年9月4日函。据告,这一故事系王其藩教授(同济大学发展研究院院长)2004年6月9日接受上海交通大学档案馆秦慰祖访问时口述。

从地上跑的到天上飞的

当时，交通大学实行四年制。钱学森从1929年入学，中间因病休学一年，到1934年以优异成绩毕业。照理，他可以顺顺当当去做铁道工程师。然而，钱学森在上海交通大学学习期间，却把专业志向从关注地上跑的火车，转移到天上飞的飞机。

促使钱学森在专业方向上的大转变，决心告别火车，转向研究飞机，是上海天空上出现的机翼上漆了红色"膏药"的轰炸机。倾泻而下的炸弹，震惊了正在埋头读书的钱学森。

钱学森刚入交通大学的时候，时局还算平静。1931年9月18日爆发的"九一八事变"之后，短短四个月中，日军吞噬了中国东北三省。交通大学的校园不再平静，刚刚从伤寒病中康复的钱学森，也参加了上街游行，抗议日本军国主义侵略中国。

日本军国主义在占领了中国的东三省之后，觊觎的目光投向上海。

上海有着日本的立足点——虹口一带的公共租界里，有一个日本区（又称日租界）。日军开始在那里秘密集结。

1932年1月28日午夜，上海闸北天通庵车站和上海火车北站突然响起密集的枪声，日军调集海军陆战队1800余人、武装日侨4000余人、飞机40余架、装甲车数十辆，从上海的公共租界进袭上海。驻守上海的国民革命军第十九路军在总指挥蒋光鼐、军长蔡廷锴指挥下奋起反抗，震惊中外的"一·二八淞沪抗战"打响了。

日军是经过日本上海公使馆助理武官田中隆吉和女间谍川岛芳子的精心策划，唆使日僧天崎启升等五人向马玉山路中国三友实业社总厂的工人义勇军投石挑衅，制造事端，于是以"保护日侨"为借口，发动了对上海的突袭。

在"一·二八淞沪抗战"爆发不久，钱学森和所有住在执信西斋的学生全部迁出，暂住到西宿舍及上院。交通大学让出了最新最漂亮的执信西斋，作为"国民伤兵医院"的临时病房。交通大学虽然前门开在法租界，但是后门则在华界虹桥路，大批十九路军伤兵从华界虹桥路送入交通大学执信西斋。

第二章 华丽家族

"国民伤兵医院"的发起人是孙中山夫人宋庆龄,交通大学校长黎照寰是孙中山先生的好友,鼎力相助。宋庆龄与廖仲恺夫人何香凝一起,不断来到执信西斋。两位夫人穿上白色护士服,为伤兵服务,感动了伤兵,也感动了交通大学师生。

面对上海军民的激烈抵抗,日军从1932年2月27日增兵上海,调集总兵力达9万人、军舰80艘、飞机300架。国民党军队不敌日军。5月5日,国民党政府与日本签订了丧权辱国的《淞沪停战协定》。这一协定划上海为"非武装区",中国不得在上海至苏州、昆山一带驻军,而日本则可以在许多地区驻军。

日本军国主义如此肆无忌惮地侵略中国,交通大学的莘莘学子无不义愤填膺。尤其是日本空军凭借空中优势,掌握了制空权,狂轰滥炸,使中国军民惨遭杀戮。面对日本飞机的呼啸声,面对被炸伤的中国军民的呻吟声,钱学森痛感中国必须拥有强大的空军,中国必须拥有强大的航空工业。

在中国,最早提出"航空救国"响亮口号的是孙中山先生,而最早为"航空救国"付出心血的是中国飞机设计师冯如。

1903年12月17日,在北卡罗来纳州的基蒂霍克,来自美国俄亥俄州代顿的自行车制造商莱特兄弟首次成功地使一架双翼飞机——"飞行者一号"飞上天空,成为人类历史上第一次有动力的持续飞行。那天,"飞行者一号"留空时间为12秒,飞行距离为36.5米。

6年之后,1909年9月21日的傍晚,在奥克兰,一架双翼飞机环绕一个小山丘飞行,飞行了大约800米。这一奇迹是一个中国25岁的小伙子创造的。他叫冯如,原名冯九如,1884年1月12日出生于广东省恩平县一个贫苦农民的家庭。他从小喜欢制作风筝,爱听飞天故事,做着飞天梦。冯如说:"吾闻军用利器莫飞机若。誓必身为之倡,成一绝艺,以归饷祖国。苟无成,毋宁死。"他又说:"中国之强,必

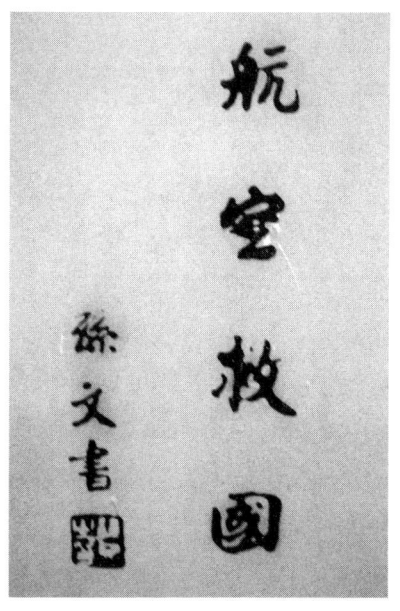

孙中山题词"航空救国"(叶永烈摄于台北航空科学馆)

空中全用飞机，如水路全用轮船。"

1909年10月28日，冯如与黄梓材、刘一枝、朱竹泉等合作，把奥克兰的广东制造机器厂扩充为广东制造机器公司，冯如担任总工程师。

1910年6月，冯如在奥克兰制成了更加先进的"冯如2号"飞机。那时候，孙中山正在旧金山进行革命活动，得到消息之后，赶到奥克兰观看冯如的飞行试验。孙中山非常高兴地对冯如说："吾国大有人才矣！"孙中山提出了"航空救国"的口号。

为了响应孙中山的"航空救国"的号召，1911年2月22日，冯如率助手朱竹泉、司徒壁如、朱兆槐等一起携飞机及设备乘轮船回国。就在冯如回国后不久，爆发了辛亥革命。冯如加入了革命的洪流。11月9日，当广东革命政府成立的时候，冯如被任命为广东革命政府飞机长。他在广州燕塘建立广东飞行器公司，这是中国第一个飞机制造厂。冯如在广州制成了一架新的飞机。

1912年8月25日，冯如在广州燕塘进行飞行表演，飞行高度约36米，飞行了八千米。就在冯如打算提高飞机的飞行高度时，不幸发生事故，飞机坠地，冯如受了重伤，送医不治，年仅29岁。

在抗日战争的烽火中，面对日本的"空中优势"，人们又记起了孙中山的"航空救国"的号召。1933年初，国民党政府决定举办"航空救国飞机捐"，组织中华航空救国会（后更名为中国航空协会），宣称要"集合全国民众力量，辅助政府，努力航空事业"，在全国各地发行航空奖券。

1933年2月5日，《申报》的《自由谈》副刊发表了《航空救国三愿》，署名何家干。

何家干是谁呢？钱学森父亲钱均夫的好友鲁迅！

鲁迅在《航空救国三愿》中写道：

> 现在各色的人们大喊着各种的救国，好像大家突然爱国了似的。其实不然，本来就是这样，在这样地救国的，不过现在喊了出来罢了。
>
> 所以银行家说储蓄救国，卖稿子的说文学救国，画画儿的说艺术救国，爱跳舞的说寓救国于娱乐之中，还有，据烟草公司说，则就是吸吸马占山将军牌香烟，也未始非救国之一道云。
>
> 这各种救国，是像先前原已实行过来一样，此后也要实行下去的，决不至于五分钟。

> 只有航空救国较为别致，是应该刮目相看的……

在"航空救国"的热潮中，钱学森决意为"航空救国"作出自己的贡献。他得知交通大学由外籍教师 H. E. Wessman 开设了航空工程课程，就于 1933 年下半年开始选修这门课程，两学期平均成绩为 90 分，是选修这门课程的 14 名学生中成绩最好的一个。

钱学森回忆说，在交通大学学习期间，就已经在图书馆里阅读了飞艇、飞机和航空理论的图书：

> 那时交大图书馆在校门右侧的红楼，是我每天必去的地方。一是读报，二是看书。当时学校订了许多报纸，有国民党办的，也有进步人士办的。国民党的报纸"太臭"，我是不读的。对图书，特别是科技书，那真是如饥似渴，什么科目的书都看。我是学机械工程的，常去找有关内燃机的书，特别是讲狄塞尔（Diesel）发动机的书来读，因为它热效高。后来我的专业是铁道机械工程，四年级的毕业设计是蒸汽机车。但我到图书馆借读的书绝不限于此，讲飞艇、飞机和航空理论的书都读。讲美国火箭创始人戈达德（R.Goddard）的书也借来看。我记得还借过一本英国格洛尔（H.Glauert）写的专讲飞机机翼气动力学理论的书来读；当时虽没完全读懂，但总算入了气动力理论的门，这是我后来从事的一个主要专业。[1]

自从选修了航空工程课程，钱学森决定在毕业之后，从铁道机械工程专业转向航空专业。

1934 年钱学森从交通大学毕业时，拿到两份毕业证书，一份是中文的，另一份是英文的。英文的毕业证书比中文毕业证书大了一圈。2010 年 6 月 6 日，当钱学森图书馆在上海交通大学奠基时，钱学森之子钱永刚把这两份精心保存了 76 年的毕业证书捐赠给了钱学森图书馆。

---

[1] 钱学森：《图书馆与钱学森》，1996 年 4 月在西安交通大学"钱学森图书馆"揭幕典礼上的书面发言。

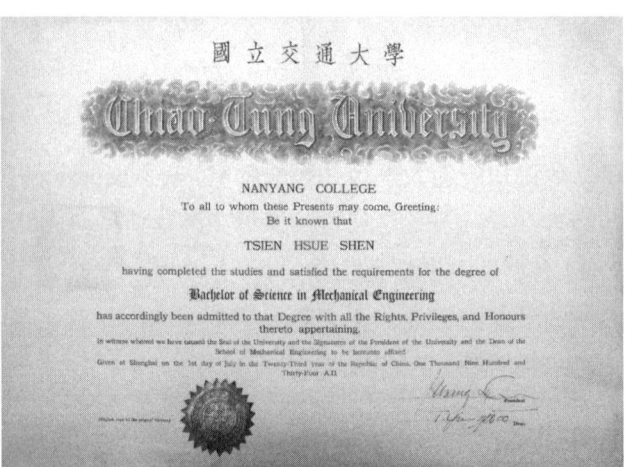

钱学森在交通大学的毕业照　　钱学森的交通大学毕业文凭（英文版）

母亲早逝使钱学森痛心疾首

当钱学森在交通大学上学的时候，他有了一位"干妹妹"，名叫钱月华。

钱月华是杭州一位贫苦农民的女儿，跟钱家原本毫无关系。11岁的时候，即1930年，由于家中生活艰难，父母把她送到杭州方谷园钱家帮佣。当时，钱家从北京迁回杭州不久，家中有厨师、保姆，还有车夫——钱均夫在浙江省教育厅上班，包了一辆黄包车，拉他上下班。

钱学森因染伤寒在家休学一年。钱均夫见钱月华为人老实，工作勤恳，就认她作干女儿。从此，钱月华叫钱均夫为"爸"，叫章兰娟为"娘"，叫钱学森为"森哥"，成为钱家的一员。她比"森哥"小9岁。

钱月华说，钱家只有钱学森一个独生子，钱均夫先后认了四个干女儿：

最大的干女儿是钱学仁，即钱均夫胞兄钱泽夫（钱家润）的女儿，比钱学森大1岁。钱月华叫她姐姐。

第二个干女儿钱惠英是钱均夫堂弟钱家澄的女儿，是钱学森的堂妹，小钱学森5岁。由于钱惠英出生在1916年，属龙，钱月华喊她"龙姐"。钱惠英是在2岁的时候被钱均夫认作干女儿，从杭州带到北平，在钱均夫家生活了一年，后来重新回杭州。

第三个干女儿就是蒋英，钱均夫把她改名钱学英。

钱月华成了钱均夫的第四个干女儿。

钱月华说，在钱均夫的四个干女儿之中，钱学仁和钱惠英本来就是钱学森的堂姐妹，蒋英是钱均夫挚友的女儿，只有她跟钱家原本非亲非戚，而且出身贫寒，但是她照料钱均夫的年月最长。

在钱月华的印象中，章兰娟是大家闺秀。章家是杭州有名的富豪。她到过杭州三元坊章家，房子很大，很阔气，花园也大，有许多盆景。当时，章家由章兰娟的哥哥当家。方谷园钱均夫家的房子有三进之多，那么大，其实那是章兰娟的陪嫁。

章兰娟脾气很好，而且有文化修养。在章兰娟的培养下，钱月华小小年纪，很快就懂得操持家务，能够做一手好菜，而且把钱家里里外外收拾得干干净净。

"森哥"在伤寒痊愈之后，继续到交通大学上学。每年寒暑假，他总是回到杭州方谷园。

钱月华记得，1934年夏天，钱学森毕业于交通大学机械工程系。章兰娟非常高兴，跟钱均夫一起到上海接儿子回家。在火车上，章兰娟还吃五香豆腐干。真没有想到，可能是因为天气太热，又过度劳累，体质又弱，章兰娟回到杭州就病倒了。钱均夫赶紧请医生诊治，结论是子宫大出血[1]。很不幸，章兰娟医治无效，拖了将近一年病逝，年仅48岁。

母亲的早逝，使钱学森痛心疾首。

章兰娟死后，安葬于杭州鸡笼山。

进京赶考

夏日的南京，在没有空调的岁月，热不可耐，号称中国的三大"火炉"之一。1934年8月，刚从交通大学机械系铁道工程专业毕业的钱学森，却从

---

[1] 引自2010年8月1日陈天山致叶永烈函。但是，据钱月华告诉笔者，章兰娟是死于伤寒。又：章兰娟哥哥章镜秋之子章杰在2010年8月9日告诉笔者，章兰娟肺部不好，常咳嗽，是死于肺病。

上海乘坐火车沿沪宁铁路前往当时的首都南京。他是"进京赶考",一年一度的清华大学留美公费生(又称"官费生")考试在南京的中央大学举行——虽然是清华大学留美公费生,但是考试并不在清华大学。

清华大学"二十三年度"(民国二十三年,即1934年度)留美公费生,只招20名。来自全国各地的大学毕业生角逐这20个名额。

今日的大学毕业生打算去美国留学的话,大都报考TOEFL(检定非英语为母语者的英语能力考试)和GRE(研究生入学考试),成绩优秀者获得美国大学的奖学金,得以赴美国留学。在钱学森那个年代,是靠报考留美公费生,前往美国留学。

钱学森来到南京,住在颐和路20号,那是一幢二层的小洋房。屋主厉家祥,乃钱学森父亲钱均夫的好友。厉家祥夫人曾回忆说,钱学森当时身着长衫。[1]

钱学森作为交通大学的毕业生,为什么去考清华大学的留美公费生呢?

内中的历史渊源,说来话长:1900年,中国庚子年。那年,义和团杀入北京,围攻各国使馆,当街杀死德国公使克林德。于是,八国联军攻占北京,慈禧太后弃都而逃。1901年,李鸿章被迫签订耻辱的《辛丑条约》,同意向14国(包括后来参战的比利时、荷兰等6国)赔偿军费——白银四亿五千万两,分39年付清,史称"庚子赔款"。中国承担着这一沉重的债务,直到1942年才全部还清。

"庚子赔款"要求赔偿的是十四国军队来华所花费的军费,而中国驻美公使梁诚在1904年发现美国"浮报冒报"军费达一倍多,经过艰苦谈判,美国政府同意退还中国"庚子赔款"中超出美方实际损失的部分,用这笔钱"帮助中国办学",并资助中国学生赴美留学。

这"帮助中国办学",办的就是1910年新建的"清华学堂"(即清华大学前身)。1911年,"清华学堂"更名为"清华学校"(留美预备学校),专门培养、派遣赴美留学生。1928年,"清华学校"改建为国立清华大学。这样,当时全国各地的大学毕业生想要公费留学美国,就要报考清华大学留美公费生。

钱学森在南京的考试科目有物理、微积分、热力学、机械工程,另外还有中文、英文以及第二外语的考试。所有的这些考试,在一天之内考完。尽管到

---

[1] 厉声教:《挚友后人追忆钱学森及其父钱均夫的点点滴滴》,人民网-文化频道2010年4月4日。

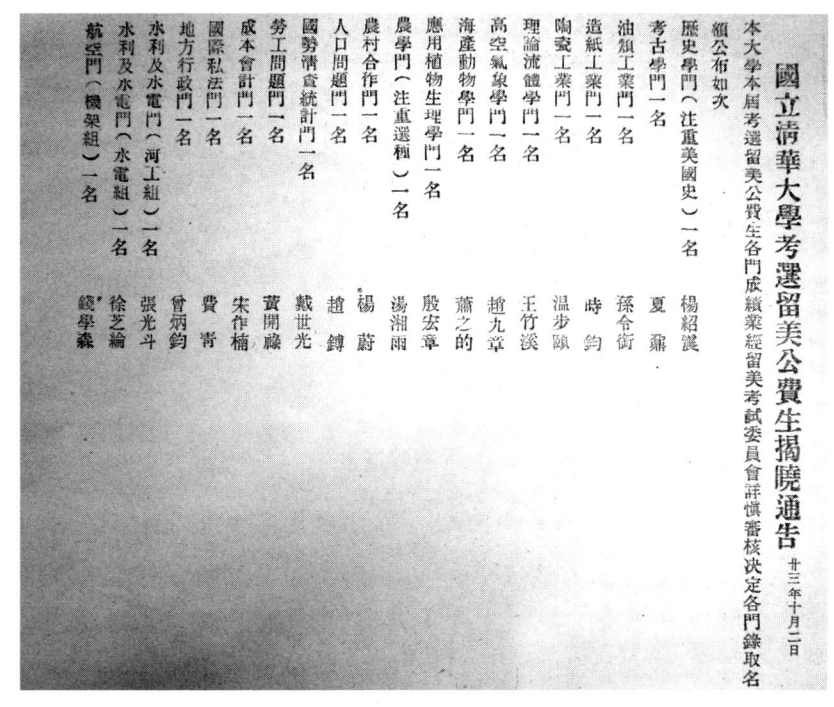

清华大学1934年度留美公费生揭晓通告

那里参加考试的都是各校的尖子，钱学森还是对自己能够脱颖而出充满信心。

钱学森从南京回到杭州，静候佳音。在金秋十月，他欣喜地获知，他考上了清华大学留美公费生！

在钱学森保存多年的《国立清华大学考选留美公费生揭晓通告（1934年10月2日）》上，总共20人：

历史学门（注重美国史）一名 杨绍震

考古学门一名 夏鼐

油类工业门一名 孙令衔

造纸工业门一名 时钧

陶瓷工业门一名 温步颐

理论流体学门一名 王竹溪

高空气象学门一名 赵九章

海产动物学门一名 萧之的

应用植物生理学门一名 殷宏章

农学门（注重选种）一名 杨湘雨

农村合作门一名 杨蔚

人口问题门一名 赵𫓶

国势清查统计门一名 戴世光

劳工问题门一名 黄开禄

成本会计门一名 宋作楠

国际私法门一名 费青

地方行政门一名 曾炳钧

水利及水电门（河工组）一名 张光斗

水利及水电门（水电组）一名 徐芝纶

航空门（机架组）一名 钱学森

其中夏鼐后来成为著名考古学家，王竹溪后来成为著名物理学家，赵九章后来成为著名气象学家，张光斗后来成为著名水利学家，殷宏章后来成为著名植物生理学家……

在这份揭晓通告上，写着"航空门（机架组）一名 钱学森"。

在交通大学的"本届投考清华留美公费生"的名单上，则写着"姓名：钱学森；投考科目：航空机架"。

"航空门（机架组）"，也就是"航空机架"。

当时，在清华大学考选留美公费生中只有一个"航空机架"专业名额。所谓"航空机架"，也就是飞机机架的设计和制造。飞机除发动机之外的部分，就是机架。这清楚表明，钱学森作为交通大学铁道机械工程专业的毕业生，已经改学航空机械工程了。诚如钱学森后来所回忆的："1934年夏我报考清华公费留美，改行了，要学航空工程。录取后，在国内杭州笕桥及南昌的飞机工厂见习了几个月，算是入门。"

交通大学公布本校考取清华大学留美公费生名单，钱学森名列其中

幸遇伯乐叶企孙

值得一提的是，钱学森能够考取清华大学"航空机架"专业留美公费生，主持招考工作的清华大学理学院院长叶企孙先生起了关键性的作用。

不知什么原因（也许是母亲当时病重），向来擅长数学的钱学森，在报考清华大学留美公费生时，竟然数学不及格！

向来在交通大学成绩名列前茅的钱学森，在报考清华大学留美公费生时，其他成绩也并不好。

清华大学魏宏森教授查阅了当年的考试档案，曾对此进行了仔细的考证：

叶企孙

> 从清华保存的档案来看，钱学森考试的成绩与清华大学毕业的赵九章、王竹溪等人的成绩相比略有逊色，而且数学还不及格。其他成绩亦不理想，但是他在"航空工程"这门课程的考试中，却得了87分高分。当时清华大学负责招生选派留学生的是叶企孙教授，他是一位知名的物理学家，时任理学院院长、特种研究所主席，是清华少有的伯乐，他指导和选派过多名留学生，大都成长为新中国各门学科的带头人，这证明他很有眼力。他也发现钱学森这个天才人物，破格录取了他……[1]

如果没有叶企孙破格录取钱学森，钱学森当时就无法到美国留学，也就不会成为冯·卡门的学生。钱学森的历史，将完全改写！

叶企孙，1898年7月16日出生于上海的一个书香门第。1918年从清华

---

[1] 魏宏森：《叶企孙为钱学森选派导师组》，《学习时报》2010年1月11日。

学校毕业之后，考取庚子赔款留美公费生前往美国留学，先后就读于芝加哥大学和哈佛大学物理系，并于1923年获哈佛大学哲学博士学位。1924年回国。1925年清华学校创立大学部，他创建清华物理系并出任系主任。1929年，清华大学理学院成立，叶企孙出任院长。此后他长期担任清华大学理学院院长兼物理系系主任。

叶企孙不仅是一位优秀的物理学家，而且是一位杰出的教育家。叶企孙先生亲自培养了我国一大批著名科学家。在"两弹一星"的23位元勋之中，有10位是他的学生，即王淦昌、赵九章、彭桓武、钱三强、王大珩、陈芳允、邓稼先、朱光亚、周光召、王希季。此外，杨振宁、李政道、林家翘、戴振铎、王竹溪、钱伟长等著名科学家皆出于他的门下。正因为这样，叶企孙被誉为"培养大师的大师"。

叶企孙虽然没有直接教过钱学森，但是在钱学森人生的关键时刻帮了他一把，可谓钱学森的伯乐。

叶企孙不仅长期担任清华大学理学院院长兼物理系系主任，而且长期主管清华庚款留学基金。清华大学每年选派留美公费生，都由叶企孙定夺。由于叶企孙本人就是当年作为清华庚款留学生到美国留学的一员，有着亲身的体会，所以叶企孙对于每年选派留美公费生工作格外认真。

1931年9月18日爆发"九一八事变"之后，大批日本轰炸机掠过中国上空，掷下成千上万的炸弹，使叶企孙意识到中国必须培养自己的航空人才，以求发展航空工业和空军。1933年，叶企孙在清华大学选派的留美公费生，招收3名飞机制造专业学生，其中的一名是赴美学习"航空机架"。

1933年，毕业于交通大学唐山工程学院的林同骅，考取了这一名额，成为清华大学第一个"航空机架"专业留美公费生。林同骅是四川重庆人，出生于1911年，与钱学森同龄。钱学森因伤寒病休学一年，所以比林同骅晚一年报考这一专业。林同骅后来成功设计、制造了中国首架运输机。

1934年，叶企孙在遴选"航空机架"专业留美公费生时，注意到钱学森虽然其他科目的成绩不是太好，但是"航空工程"这门课程考了87分高分，看得出钱学森有志于"航空工程"的学习，于是破格录取了钱学森。

清华大学有着不拘一格选人才的优良传统：钱钟书在报考清华大学时，也是数学不及格，仍被录取；吴晗两次考试数学皆为0分，也被清华大学破格录取……

叶企孙是一位正直而且富有组织能力的学者。他后来还担任中央研究院总干事，成为当时中国科学界的实际领导者，但是他并非国民党党员。在"文化大革命"中，叶企孙被造反派逼问为什么担任中央研究院总干事时，他曾写下这样的"交代"："据吾推测……是因为吾对于各门科学略知门径，且对于学者间的纠纷尚能公平处理，使能各展所长。"

李政道在《纪念叶企孙老师》一文中曾经写道：

> 叶企孙老师是我的老师，也是我老师的老师。1944年，我从当时在贵州湄潭的浙江大学转学，插班到昆明西南联合大学物理系二年级，叶老师教我们电磁学。我在浙江大学的物理老师王淦昌先生是1925年叶老师创办的清华大学物理系的第一届学生。据王老师说，一开始物理系的老师只有叶老师一人，助教两人，即赵忠尧先生和施汝为先生。所有的物理专业课都由他一人主讲。我进西南联大后，有幸遇见了吴大猷老师。吴老师的老师饶毓泰先生和叶老师、吴有训先生、胡刚复先生被并称为中国现代物理学的四位先驱。

1949年春，北平解放，5月，叶企孙出任清华大学校务委员会主席。9月，参加第一届中国人民政治协商会议，当选为全国政协委员。1955年，中国科学院成立时，叶企孙当选为学部委员，即今日的院士，并担任中科院数理化学部常委。

在"文化大革命"中，叶企孙被诬为"国民党中统在清华大学的头子"。1968年4月，70岁的叶企孙被逮捕关押。当时的他，"每月只有50元生活费。疾病缠身：两脚肿胀、前列腺肥大、小便失禁，只好日夜坐在一张旧藤椅上，读点古典诗词或历史书打发时光"。海外友人任之恭、赵元任和学生林家翘、戴振铎、杨振宁等回国观光时要求探望他，均遭拒绝。1977年1月13日，叶企孙在昏睡中去世。

叶企孙这位"培养大师的大师"，在1934年除破格录取钱学森为清华大学"航空机架"专业留美公费生之外，还亲自为钱学森聘请三位航空工业名家组成指导小组：

> 按照清华大学的规定，凡选派出国的留学生，必须由学校指派导师

补习一年的课程，于是叶企孙就为钱学森选派了三位教授组成导师组，对他进行具体指导。这几位导师都是当时中国顶级航空工程专家，由他们对钱学森的学业作了精心的筹划和严格安排，使其在国内补修了航空工程基础知识……

当时叶为钱学森聘请了以清华大学王士倬为首的指导小组，对钱学森加以具体指导。其成员还有钱莘觉、王助，共三人。[1]

三位名师的指点

叶企孙为钱学森所聘请的三位导师，皆为当时中国航空界的名家。

导师之一钱莘觉又名钱昌祚，后来以钱昌祚之名传世。1919年他由清华学校作为庚款留学生前往美国，1922年在麻省理工学院机械工程系毕业后进读航空工程研究班，1924年获硕士学位。回国后任国民党政府中央航空学校教育长、航空机械学校校长、南川第二飞机制造厂厂长、中国航空工程学会会长、航空委员会技术处处长。

1934年11月2日，钱昌祚在致清华大学校长梅贻琦的信函中写道：

……至于录取钱君学森将来拟建议派赴MIT麻省……且为易于选课起见，似可仿照上届航空工程之生办法于五月间放洋，先入暑校习毕各项大学部未了课程，俾研究部求学时可减至一年或年半，可否之处仍祈酌核，至于钱君在国内服务之指导似不必令其远道来赣面商，请将其在校时成绩单及报考相片抄寄一份备查，俾可函介先至京杭厂实习，候有便时再约其晤谈也……

钱昌祚谨上　十一、二

从钱昌祚的这封信可以看出，钱学森后来赴美国进入麻省理工学院学习，是钱昌祚的安排。麻省理工学院是钱昌祚的母校。

---

[1] 魏宏森：《叶企孙为钱学森选派导师组》，《学习时报》2010年1月11日。

按照钱昌祚的意见，安排钱学森先到杭州中央飞机制造厂、南昌第二航空修理厂和南京第一航空修理厂参观实习，后来又派到上海海军制造飞机处实习。这些实践活动使钱学森学到了许多从未接触过的航空知识，了解了航空工业的生产实践过程，为他攻读航空专业打下初步的基础。

根据导师钱昌祚的安排，钱学森先在杭州、南京、南昌的机场或者飞机修理工厂实习，然后到北京清华大学接受导师的辅导。那时候，全中国只有一百来架进口飞机，没有一家像样的飞机制造厂。钱学森的实习地点，与早他一年的航空专业留美公费生林同骅的实习地点完全一样。

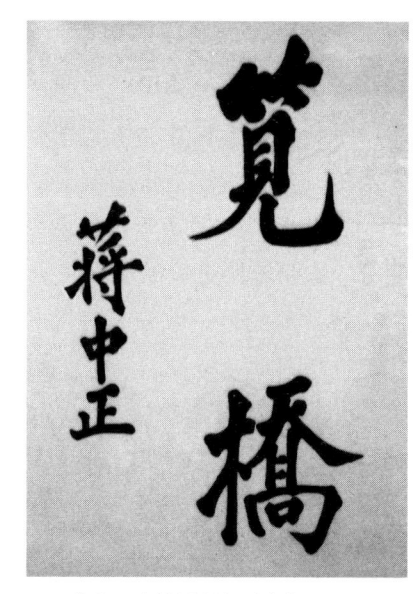

蒋介石为笕桥题字（叶永烈摄于台湾航空科学馆）

杭州的笕桥机场，是当时最重要的航空专业实习场所。

笕桥机场位于杭州市东北，离市中心约 11 千米。那里原本是清末八十一标马队和炮营校场，在 1931 年改建为军用飞机场。后来笕桥机场在 1957 年扩建为民用机场，成为杭州的空中门户，直至 2000 年由于萧山机场的建成，笕桥机场才逐步退出历史舞台。

笕桥机场在 1931 年改建为军用飞机场的同时，还建成了中央航空学校，专门培养航空人才。就在钱学森前往笕桥的前夕，1933 年 8 月，"中央杭州飞机制造公司"在笕桥筹备成立。

家在杭州的钱学森，去笕桥机场实习当然是最方便的了，何况在笕桥机场的实习期最长。

钱学森在笕桥机场有两个"第一次"：

一是第一次看见了飞机，或者更准确地说，是停在地上的飞机。那时候，钱学森不仅从来没有乘坐过飞机，也没有细细观看过飞机。笕桥机场上停着两架"布莱盖"飞机。

那是民国二十三年，即 1934 年刚从法国进口的布莱盖 Bre-273 侦察轰炸机。当时中国买了 10 架，从法国飞抵上海，编号为 501 至 510。这 10 架布莱盖 Bre-273 侦察轰炸机从上海飞往南京，一时间轰动首都南京。当时，蒋介石不在南京，而在江西南昌行辕指挥"剿共"，他决定买这十架侦察轰炸机就是为了"剿共"之用。然而，当这 10 架侦察轰炸机从南京飞往南昌，到达南昌时却只有 8 架——其中两架飞机在中途由于驾驶不慎，在鄱阳湖口迫降时失事！

后来，那八架之中，有两架飞往杭州笕桥机场。钱学森在笕桥机场有机会第一次与刚刚进口的法国飞机"亲密接触"。

钱学森的另一收获是在笕桥机场第一次见到了他的导师、鼎鼎大名的飞机设计师王助教授。

2006 年 4 月胡锦涛主席在美国西雅图访问波音公司时，波音公司总裁曾详尽地向胡主席介绍王助对波音的贡献。王助是波音公司第一位设计师，他为波音设计了第一架飞机，因此有人把王助称为"波音之父"。

王助，字禹朋，1893 年出生于北京。1909 年，年仅 16 岁的王助被清朝大臣选中到英国留学，1915 年 9 月，转往美国麻省理工学院学习航空工程，获得航空硕士学位，这是中国人第一次获得航空工程学位。1917 年，王助被聘为波音飞机公司第一任总工程师。他设计出乙型水上飞机，一下卖出 50 架，使波音飞机公司赚到了"第一桶金"。就在王助成为波音公司的顶梁柱的时候，美国的种族歧视使他无法忍受。作为总工程师的他竟然无法进入测试场地对自己设计的飞机进行测试！王助忍无可忍，于 1918 年 2 月回国。1931 年，王助出任中国航空公司总工程师。1933 年 8 月，王助出任中央杭州飞机制造公司第一任监理，在笕桥工作了 3 年。中央杭州飞机制造公司是中国与美国合资经营的，修理、组装和制造飞机 235 架，其中包括"道格拉斯"教练机、"霍克－Ⅱ"和"霍克－Ⅲ"战斗机、"弗利特"教练机、"雪力克"截击机和"诺斯罗普"轻轰炸机等。中央杭州飞机制造公司是旧中国历史上修造飞机最多的飞机制造厂。

王助很喜欢聪慧好学的钱学森，他教导钱学森务必重视工程技术实践和制造工艺问题。

在钱学森晚年，当他回忆曾经对他产生过深刻影响的 17 位先辈之中，王助也是其中之一。钱学森写道："预备留美　王助——经验设计。"

1965 年 3 月 4 日，王助在台南病逝，终年 73 岁。

接着，钱学森前往南京、南昌。当时，国民党政府的航空委员会设在南昌，所以钱昌祚在南昌工作。

在"航空救国"的口号下，1933年，作为国民党政府航空委员会技术处处长的钱昌祚提出，航空"工程师之训练，宜于工科大学设立航空工程学系，即军官出身者，亦可送至大学训练，可利用工科大学之普通工程设备，得有良好之基础"。这样，在1934年，航空委员会召开航空技术会议，决定协助各大学设立航空工程学系。

1934年，清华大学在机械工程学系设立了"航空工程组"，相当于航空工程专业，聘请了世界著名航空专家华敦德博士来校任教。他在清华工作了近两年，为清华大学航空工程专业做了开创性工作。王

1947年钱学森回国期间与清华大学王助教授合影

助、庄前鼎、王士倬、李辑祥、冯桂连、殷文友教授，也加入了这一新兴的专业，开设理论空气力学、飞机工程、飞机机架设计、内燃机实验、飞机机架实验等课程。

钱学森来到南昌，拜见了导师钱昌祚。钱昌祚给予钱学森以指导。后来，钱昌祚于1949年6月去了台湾，1971年在台湾退休。钱昌祚的晚年所著自传中，只字未提钱学森，内中原因显而易见，因为当时海峡两岸剑拔弩张，钱昌祚不便于提及中国大陆"两弹一星"元勋钱学森是他的弟子。

钱学森在南昌、南京两家国民党空军的飞机修理厂实习。在那里，钱学森见到了美国制造的"寇蒂斯"飞机。

格伦·哈蒙德·寇蒂斯是美国早期的飞机设计师，擅长设计水上飞机和军用飞机。辛亥革命之后，孙中山用中国同盟会美洲总部募集的捐款购买了6架"寇蒂斯"飞机，从美国飞抵南京。钱学森在南京飞机修理厂里见到的，就是上了"年纪"的孙中山当年所购"寇蒂斯"飞机。

钱学森离开南昌之后，到上海海军制造飞机处实习。

1935年6月3日，钱学森在上海致信清华大学，报告自己的实习进度：

谨启者……敝人现已自南昌赴沪，曾到南昌航委处谒钱昌祚先生及在第二航空修理厂并南京第一航空修理厂参观见习。现在沪海军制造飞机处见习……

钱学森谨启

六月三日

经过实习，钱学森对于飞机有了许多感性的认识。他在结束实习之后，回到离别已经五年的北京。在清华大学，钱学森面见导师王士倬教授。

王士倬比王助年轻12岁，只比钱学森大6岁。跟王助一样，王士倬也是在美国麻省理工学院获得航空工程硕士学位。他主持设计、建造了中国第一座风洞，是中国航空事业的先驱人物之一。

王士倬教授说，虽然飞机是美国莱特兄弟在1903年发明的，但是中国人很早就有着飞天梦想。他讲述了"万户飞天"的故事，给钱学森留下了难忘的印象：

故事发生在公元十五世纪的中国。

那是明朝宪宗皇帝成化十九年。有一位富有人家的子弟叫万户。他熟读诗书，但不去投考。因为他不爱官位，爱科学。他最感兴趣的，是中国古人发明的火药和火箭，想利用这两种具有巨大推力的东西，将人送上蓝天，去亲眼观察高空的景象。为此，他做了充分的准备。

这一天，他手持两个大风筝，坐在一辆捆绑着四十七支火箭的蛇形飞车上。然后，他命令他的仆人点燃第一排火箭。

只见一位仆人手举火把，来到万户的面前，心情非常沉痛地说道："主人，我心里好怕。"

万户问道："怕什么？"

那仆人说："倘若飞天不成，主人的性命怕是难保。"

万户仰天大笑，说道："飞天，乃是我中华千年之夙愿。今天，我纵然粉身碎骨，血溅天疆，也要为后世闯出一条探天的道路来。你等不必害怕，快来点火！"

仆人们只好服从万户的命令，举起了熊熊燃烧的火把。

只听"轰"的一声巨响，飞车周围浓烟滚滚，烈焰翻腾。顷刻间，飞车已经离开地面，徐徐升向半空。

　　正当地面的人群发出欢呼的时候，第二排火箭自行点燃了。突然，横空一声爆响。只见蓝天上万户乘坐的飞车变成了一团火，万户从燃烧着的飞车上跌落下来，手中还紧紧握着两支着了火的巨大风筝，摔在万家山上。

不言而喻，王士倬借用这样的历史故事，鼓励钱学森继续实现中华民族的飞天梦。

在王助、王士倬这两位教授的指导下，钱学森开始走进了航空工程的科学殿堂。

1935年1月，钱学森在航空委员会编辑的《航空杂志》第五卷第一期上发表论文《气船与飞机之比较及气船将来发展之途径》。该文通过气船与飞机在飞行效率、结构效率及旅客安适等方面的比较，指出气船将来的发展途径和改进余地，认为气船容量大、安全性可靠，具有发展前景。

王士倬后来担任国民党航空委员会直接领导的中国第一航空发动机制造厂厂长，还担任国民党政府航空工业局副局长。新中国成立后，作为"旧官僚"的王士倬受到冷遇，并在政治运动中遇到"麻烦"。

钱学森不避嫌疑。1955年10月底，钱学森在上海校友和科学界的欢迎会上曾这样说："我突然想到了我的一位导师对我的教导，我在这里重复一遍，作为我们的共勉吧。这位导师就是王士倬教授，他在出国前曾对我说：'一个有责任感的科学家，必须对社会作出更加实际的贡献；一个出色的科学家必然是改变社会现象的有力因素……'"

经过钱学森的举荐，王士倬被聘为国务院参事。

2007年12月，航空工业出版社出版了《中国航空事业先驱王士倬》一书，以钱学森致王士倬的一封亲笔信作为序言——

士倬吾师：

　　接到由林婷君同志转达老师的信息，不胜感慨。忆自别老师后，已近五十年，但喜吾师身体健康，尚念及三十年代事。

　　近来由西北工大姜长英教授发起，修订我国航空史，已陆续出版了一些材料。老师对我国航空事业开创之功，已有记载，令人欣慰！如今不但由航空而航天，而且既有航空工业又有航天工业，在此讨论新技术革命对策之际，吾师亦必为之高兴吧？

专此恭候

钧安！

钱学森
1984 年 7 月 17 日

常言道："一道篱笆三个桩，一个好汉三个帮。"在三位名师的指导下，毕业于铁道工程专业的钱学森，终于迈入航空工程的大门。

#　第三章　美国深造

1935年8月，钱学森从上海乘船赴美国留学

横渡太平洋

1935年,在钱学森赴美国前夕,钱均夫又因胃病病倒了。钱月华记得,当时钱学森每天早上给父亲用奶粉泡好牛奶,煮好麦片。钱学森说,牛奶与麦片有利于胃病康复。钱月华从"森哥"那里学会了这一手艺,后来也给钱均夫做这样的早餐。在出太阳的日子里,钱学森还跟钱月华一起翻晒钱均夫的被褥,说这样有益于健康。

众亲友纷纷祝贺即将远行的钱学森鹏程万里。

1935年7月31日,天津友人亦梅致函钱学森:

> 数年来屡闻人言,森——乃一不可限量者,此次因事来津,相处数日,见君纯厚质朴,果一有为之青年,且不日即将出国深造,将来学成归国后,于吾国航空事业自必有所建设也。数语书此,用志纪念并录东坡句章呈:
> "有如社燕与秋鸿,
> 　相逢未稳还相送。"
>
> 　　　　　　亦梅于沽上
> 　　　　　　廿四、七、卅一 [1]

亦梅所引苏东坡的诗,出自苏东坡的《送陈睦知潭州》。由于燕子和大雁都是候鸟,但在同一季节里飞的方向不同,所以人们常以"社燕秋鸿"比喻刚见面又离别。

钱学森去天津,如同他1935年6月25日致清华大学函中所言:去北京时

---

[1] 原文无标点。为了读者阅读方便,标点符号系本书作者所加,下同。

"可在天津办理出国护照事"。当时，航空业还不发达，出国大都乘坐海轮，所以护照不能在北京办理，而是要在对外开放的通商口岸办理。天津是离北京最近的通商口岸。正因为这样，钱学森去美国时所用"中华民国护照"上，是盖着"天津市公安局"的大印。

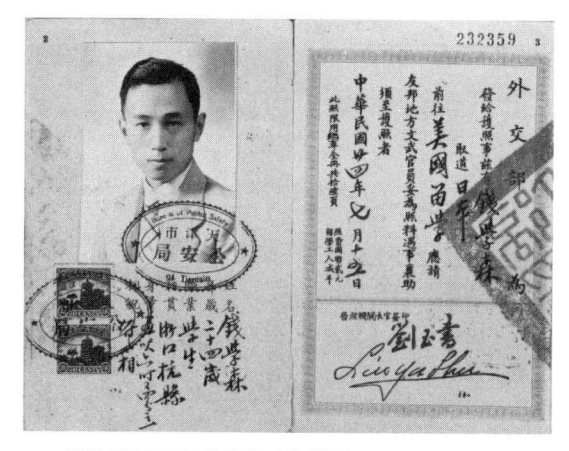

钱学森1935年赴美国时的护照

那时候的规定跟现在不一样，签证时不一定要护照。钱学森赴美国的签证，是由清华大学代办的。所以钱学森在1935年6月3日致清华大学的信中说，"美领署加签出国护照"已经收到。

1935年8月2日，钱学森舅舅章乐山之子章镜秋寄语即将赴美的钱学森：

> 森弟——好学不倦乃有为之青年也，将于民国二十四年八月乘轮赴美，以求深造，攻航空学。他日学成归来，于祖国防空政策，自必有伟大之贡献也。谨志数语以赠并留纪念。
>
> 镜秋草于沪寓
> 二四、八、二[1]

1935年8月16日，友人张允仅的寄语，最为简明，也最为期盼：

> 学森兄：
> 　　祖国待君
>
> 张允仅
> 廿四、八、十六

经过一年的实习，在1935年8月20日，满载着亲友的企望，钱学森负笈

---

[1] 2010年8月9日采访章镜秋之子章杰。

1935年8月,钱学森从上海乘船赴美国留学

东行,从上海乘坐"杰克逊总统号"邮轮横渡太平洋,前往美国西岸的西雅图。钱学森把照料钱均夫的重任,交给了钱月华。也正是因为有钱月华细心照料钱均夫,钱学森才能安心在美国求学。

这是钱学森第一次出远门,第一次出国。钱学森的父亲送他到上海,直至送他到黄浦江码头,登上"杰克逊总统号"邮轮。

在"杰克逊总统号"邮轮上,21名来自中国天南地北的清华大学留学美国学生相聚[1]。其中10名是1934年录取的应届留学美国公费生:

曾炳钧、戴世光、杨绍震、徐芝纶、时钧、赵博、黄开禄、宋作楠、孙令衡、钱学森

另外同船赴美的11名中国赴美留学生是:

谢兆芬、雷光翰、赵夔、陈允徵、丘中文、朱民声、卓年来、朱宝镇、祝新民、柳无垢、周惠允

这是一群充满朝气、充满理想的中国青年,也是中国未来的知识精英。在20多天的漫长航行之中,他们彼此交流,结下友情。

9月3日,在"杰克逊总统号"邮轮即将到达西雅图的时候,21位中国的留学美国公费生齐刷刷穿上西装,打好领带,站在甲板的栏杆旁以及扶梯上,拍下历史性的合影。钱学森站在倒数第二排右侧,他的旁边是三角形的旗帜,上面写着:"清华,TSING HUA"。

---

[1] 这21人名单是清华大学人文学院教授魏宏森前往清华大学档案馆查实的。

1935年，清华留美公费生们在轮船上合影

还有一位中国学生没有出现在这张照片上，名叫贝聿铭，后来成为闻名世界的建筑大师。贝聿铭当时只有18岁，不是大学生，而是上海圣约翰大学附属中学毕业的高中生。他也不是公费生，而是自费生。他的父亲贝祖诒曾任中国银行行长，家境富裕，所以贝聿铭在高中毕业之后就到美国去读大学。

在结束了横渡太平洋的长途旅行之后，钱学森于9月4日又开始了横穿美国全境的新的长途旅行，从美国西海岸的西雅图，经芝加哥，前往东海岸的波士顿，住进麻省理工学院学生宿舍11楼24室。

钱学森把目的地锁定在波士顿的麻省理工学院，是因为他的两位导师王助、王士倬都毕业于这所美国名校，理所当然地向他推荐了自己的母校。再说，在上海交通大学学习的时候，麻省理工学院的大名不时闯进钱学森的耳朵，因为交通大学是按照麻省理工学院的模式建立起来的，连课程设置、教科书都"抄"麻省理工学院。诚如钱学森所回忆：

> 一九三四年夏我报考清华公费留美，改行了，要学航空工程。录取后，在国内杭州笕桥及南昌的飞机工厂见习了几个月，算是入门。一九三五年秋就到美国麻省理工学院航空工程系学习，这才发现，交大

的课程安排全部是抄此校的，连实验课的实验内容也都是一样的。交大是把此校搬到中国来了！因此也可以说交大在当时的大学本科教学是世界先进水平的。[1]

当时，清华大学给每位公费留学生除提供学费之外，每月还发给一百美元生活费。在当时，一百美元生活费算是不错的了，所以公费留学生们在美国用不着打工，可以把全部精力投到学习之中。

有趣的是，自费生贝聿铭在上海的时候听说宾州大学很不错，所以从西雅图下船之后直奔费城。到了宾州大学之后，才知道当时的宾州大学在"常青藤"大学排行榜的名次最低（今日的宾州大学是美国名牌大学）。年轻气盛的贝聿铭当即决定转学，两个星期之后就转学到"常青藤"大学排行榜榜首的麻省理工学院。

戴上硕士方尖帽

"麻省理工学院"（Massachusetts Institute of Technology，缩写：MIT）其实是清朝时的译名，那时候把麻萨诸塞州译为麻萨诸塞省，于是也就译为麻省理工学院。这所高校创建于1861年，如今拥有6个学院、8个研究所，早已是大学规模，而麻萨诸塞州如今按照标准的音译应为马萨诸塞州，所以"麻省理工学院"准确的译名应是"马州理工大学"，只是"麻省理工学院"这译名用惯了，也就一直沿用至今。

麻省理工学院坐落在波士顿剑桥镇。波士顿是马萨诸塞州的首府，是大西洋畔美丽的城市。波士顿是一座书香浓郁的文化城、大学城，哈佛大学和麻省理工学院这两所美国名校比邻而居，成为波士顿的城市名片。如果说，哈佛大学相当于中国的北京大学，麻省理工学院便相当于中国的清华大学。很巧，北京大学也与清华大学比邻而立。

镶着白色窗框、用赭红色砖头砌成楼房，古堡式钟楼，绿地毯一般的草

---

[1] 钱学森：《回顾与展望》（写于1989年），《老交大的故事》，江苏文艺出版社1998年12月版。

麻省理工学院校园（叶永烈摄）

坪，百年老树几步一株，古色古香的麻省理工学院安谧而典雅。钱学森来来回回于用红砖铺地的人行道上，这人行道被人们誉为"通往知识之宫的红地毯"。

麻省理工学院精英云集，被誉为"世界理工大学之最"。曾经有78位诺贝尔奖得主在麻省理工学院学习或工作过。

钱学森的同班同学中，哈罗尔德·布朗后来成为20世纪70年代的美国国防部长。

麻省理工学院功课很重，这里的学生必须拿满360学分才能毕业，少1分也不行，这跟上海交通大学差不多。在交通大学"身经百战"的钱学森，在麻省理工学院很快就适应了环境。美国有句俗话说："麻理的学生不会读，哈佛的学生不会算。"擅长数学的钱学森进入麻省理工学院，理所当然挥洒自如。

不过，钱学森在麻省理工学院也感到心里不舒坦，因为那里的美国同学看不起中国人，他们嘲笑中国太落后。钱学森愤愤不平地说："中国现在是比你们美国落后，但作为个人，我们人比人，你们谁敢和我比试？"

在麻省理工学院，流传着一个这样的故事：

一次，有位教授出了一道动力学难题，复杂至极，谁也算不出来。一位中国留学生，叫叶玄的，跑去请教钱学森。钱学森作了一个巧妙的转换，将复杂的运算变为简单的代数，问题便迎刃而解。叶玄佩服得不得了。叶玄后来留在美国科研部门，1989年他回国时见到钱学森，忍不住旧事重提，问道："那么复杂的运算，怎么到您手里就变得那么简单？"钱学森淡然一笑，说："那算不得什么，小技巧而已。"

另一次，有位教授出了一份很难的考卷，班上大部分人不及格。这事引起普遍的不满，认为教授是有意刁难。一部分人集议，决定找教授说理。当他们来到教授门外，看到门上贴了一份试卷，是钱学森的，卷面工工整整，答题完美无缺。学生们一下傻了眼，再也不敢敲门找教授评理了。[1]

钱学森确实非常努力，在麻省理工学院只花了1年时间，就戴上了飞机机械工程硕士的方尖帽。

尽管学业成绩不错，但是作为实践性很强的飞机机械工程学生，钱学森本来应该去美国的飞机制造厂实习。可是，当时美方规定，美国的飞机制造厂只准许美国学生去实习，不接纳外国学生。钱学森不由得记起他的导师王助在美国波音公司的遭遇：当时，王助已经是波音公司的总设计师，尽管"B&W-C水上飞机"的设计、制造都出自王助之手，但在进行飞行测试时，美国方面却不允许王助进入测试场地，因为王助不是美国人，担心他会偷学"美国最高航空技术"！正处于事业巅峰的王助，愤愤地辞去波音公司总设计师的职务，回国去了。

钱学森到美国留学才一年，他不能因此而回国，他只得改变自己的专业方向，即从飞机机械工程转为研究航空理论。航空理论需要大量的数学计算，而这恰恰是钱学森的特长所在。

美国的航空理论研究中心，不在麻省理工学院，而在洛杉矶的加州理工学院，那里的冯·卡门教授是航空理论研究的权威。

于是，钱学森在麻省理工学院获得飞机机械工程硕士学位之后，便决定转学到加州理工学院，并获得加州理工学院的同意。于是，钱学森从美国东北部麻省理工学院所在的波士顿，斜穿整个美国大陆，前往美国西南部加州理工学院所在的洛杉矶。

---

[1] 卞毓方：《天才不需要转弯抹角——钱学森拜师记》，《散文·海外版》2010年第1期。

钱学森的"影子"

走笔至此，该提一下一个对钱学森"紧跟紧追"、如影随形的人物，名叫钱学榘。

对于今日的中国读者来说，钱学榘这名字远不如钱学森那样熟悉。然而，如果换一种说法，即"钱永健之父"，那么读者十之八九就明白了。

钱学榘是钱学森的堂弟，关系之密切不亚于亲兄弟。

钱学榘，1914年出生于杭州。通常钱学榘被说成是1915年出生，因为这是他在美国的墓碑上刻着的出生年月，实际上他是1914年出生，比钱学森小3岁。

钱学榘的父亲叫钱泽夫（钱家润），跟钱学森的父亲钱均夫（钱家治）是亲兄弟。从钱氏家谱可以看到，钱学森的祖父为钱承镃。钱承镃有二子，长子钱泽夫，次子钱均夫。钱泽夫有一子一女，即钱学榘和钱学仁。钱均夫唯有一子，即钱学森。

后来，钱学榘的家中途没落，作为叔叔，钱学森的父亲钱均夫负担起了钱学榘姐弟的学费。钱均夫对钱学榘视如己出。平日，钱均夫在钱学榘面前话语不多，但是在关键时刻，会用三言两语激励的话，催促他上进。

钱学森、钱学榘两兄弟有着极其相似的学历，由于钱学森年长于钱学榘，所以钱学榘几乎是前脚后步追着钱学森的步伐，仿佛成了钱学森的"影子"：

钱学榘在杭州安定学堂（杭州七中的前身）毕业之后，1931年8月，年仅17岁钱学榘考取浙江大学，在考生中总分排名第11，应当说是很不错的了。浙江大学校长是钱均夫的友人，打电话给钱均夫，

钱学榘

表示祝贺。

可是，钱均夫却对钱学榘说："你考取的只是浙江大学，你森哥考取的是交通大学呀。"那时候，交通大学的声望在浙江大学之上。钱均夫这一句激励的话，使钱学榘非要考交通大学不可。那时候，正好交通大学招生在浙江大学之后，钱学榘赶往上海报考，以总分第4名考取交通大学（钱学森当年是以总分第3名考取交通大学），攻读机械专业。这样，钱学榘和钱学森同在交通大学学习。钱学森在1929年夏考入交通大学，比钱学榘早两年。

钱学森因病休学一年，在1934年毕业于交通大学，而1935年7月，钱学榘以总平均分89.87的高分毕业于交通大学，名列全校总平均分第1名。

钱学森从交通大学毕业后，考取清华大学留美公费生，于1935年前往美国，入读麻省理工学院航空系，而钱学榘交通大学毕业后，在清华大学当助教。这时，钱均夫又对钱学榘说："你在清华教书当然不错，可是你森哥到美国留学了。"钱均夫这一句激励的话，使钱学榘决心跟钱学森一样也去报考清华大学留美公费生，而且同样报考航空专业。

当时，钱学榘与另一名考生李耀滋分数相同，而航空专业留美公费生只招1名。经过仔细评比，钱学榘已经发表论文七八篇，而李耀滋的论文比他少两三篇，于是钱学榘被录取。从此，钱学榘与李耀滋竟结为好友。李耀滋于翌年再考，终于考取清华大学留美公费生赴美，进入麻省理工学院学习，获博士学位，后来任麻省理工学院教授、美国国家工程院院士、全美华人协会主席。

钱学榘于1936年赴美，跟钱学森一样，进入麻省理工学院航空系，兄弟俩在同一个名校同一个系，传为美谈。钱均夫深为欣慰。钱学榘在麻省理工学院获得航空工程博士学位。后来，钱学榘在美国一直从事航空研究，成为美国波音公司高级顾问。

钱学榘的夫人叫李懿颖，育有三子，即钱永佑、钱永乐、钱永健。

钱学榘在1939年曾经回国，当时正值抗战期间，他在贵州担任中国政府航空委员会所办飞机发动机厂总工程师，为中国制造飞机。当时，飞机发动机厂属国民党军队编制，他被授予中校军衔。长子钱永佑出生在贵州。然而，生逢乱世，报国无门，造飞机的资金竟然被官员贪污。1944年，钱学榘心灰意冷地回到纽约。钱永佑也随父亲钱学榘和母亲李懿颖来到美国，后来成为著名的神经生物学家，曾任斯坦福大学生理系主任，当选美国科学院院士。1950年，钱学榘的第二个儿子钱永乐在美国纽约出生；1952年，小儿子钱永健在美国纽约出生。

钱学榘是出色的空气动力学专家，拥有许多航空技术专利。

1949年，钱学森曾经劝说他回到中国，钱学榘因顾虑到自己曾经是国民党军队的中校，而共产党已经执政，他担心回国会挨整，所以决定加入美国国籍。钱学森回国之后，跟钱学榘也就很少联络。用钱学森之子钱永刚的话来说，那就是"从此两人就天各一方、各为其主了"。

1979年，钱学榘和夫人李懿颖携长子钱永佑以及长媳回中国，给父母上坟。他们来到北京的时候，钱学森前往钱学榘下榻的华侨饭店看望钱学榘一家。多年未见，相见甚欢。

1984年，钱学榘偕夫人应邀来中国北京和上海讲学。

钱学榘的业余兴趣是画油画及水彩画。他曾经画过一张他站在母亲身后的母子肖像巨幅油画，挂在客厅里。在晚年，他画了许多水彩画，在美国举行水彩画展。每次展出的水彩画，多达六七十幅。

钱学榘曾任全美交通大学联谊会会长。

1997年，83岁的钱学榘罹患胰腺癌在美国加州病逝。在钱学榘病逝之后，2000年8月，夫人李懿颖率长子、长媳以及孙子、孙女回到中国探亲，并到杭州临安祭祖。

冯·卡门的传奇人生

1936年10月，钱学森从大西洋岸边的波士顿，来到太平洋岸边的洛杉矶。跟波士顿漫长而寒冷的冬日形成鲜明对比的是，洛杉矶一年到头阳光灿烂，气候温暖。从波士顿来到洛杉矶，那感觉如同从中国的哈尔滨来到深圳。

加州理工学院（California Institute of Technology，简称Caltech）创建于1891年，坐落在洛杉矶帕萨迪纳市。帕萨迪纳市是大洛杉矶地区的一座美丽小城，到处是绿树葱郁，一幢幢一两层的居民住宅融合在这一片浓绿之中。加州理工学院就在这星罗棋布的木质的居民小楼包围之中。

加州理工学院的方形校园，仅占一个街区，根本无法跟加利福尼亚州的另外两所名校——位于旧金山的斯坦福大学和加州大学伯克利分校相比，只及

加州理工学院教学大楼（单子恩摄）

斯坦福大学校园的五十分之一！然而，小小的加州理工学院，居然能够与斯坦福大学、加州大学伯克利分校在美国西部形成三足鼎立之势。

加州理工学院办校理念就是"小而精，小而美"，是精英学府的典范。这所学院直至今日，也只有本科生约900人、研究生1100人、教师1000人，但是教师之中有教授280余人。至今该校有42名校友和教授获得了43次诺贝尔奖（其中鲍林一人得到两项诺贝尔奖）；现任教授中有75名美国科学院院士，29名美国工程院院士，75名美国文理学院院士。

不少华裔科学家出自加州理工学院，其中有赵忠尧，物理学家，中国核物理的奠基人；冯元桢，生物力学的奠基人；林家翘，力学和数学家，当代应用数学学派的学术带头人；周培源，理论物理学家、流体力学家；叶公杼，生物物理学家、美国国家科学院院士；谈家桢，中国现代遗传学奠基人；鲍文奎，中国植物遗传学家；陈繁昌，先后担任加州大学洛杉矶分校自然科学学院院长、香港科技大学校长……

加州理工学院强调理工结合，培养的学生既是科学家，也是工程师。博大精深，是加州理工学院对于学生的要求。

钱学森离开麻省理工学院，转往加州理工学院，是冲着冯·卡门教授而来。冯·卡门是航空动力学专家。钱学森从航空机械工程转向航空动力学,便决意拜冯·卡门教授为师。

按照别人的习惯,从麻省理工学院转往加州理工学院,也许都会先给冯·卡门写封信或者打个电话,而钱学森却是带着行李直奔加州理工学院,到了那里才给冯·卡门写了一封求见信。

以下是冯·卡门一生的轮廓线,粗线条地勾画出他的传奇人生经历:

1938年中国留学生与冯·卡门兄妹的合影。前左为钱学森,前右为谈家桢

  冯·卡门 美国工程力学大师、航天技术理论的开拓者。1881年5月11日诞生于匈牙利的布达佩斯城。1902年毕业于约瑟夫皇家工业大学。1904年入德国哥廷根大学深造,1908年获博士学位。在"空气动力学之父"普朗特指导下完成空气动力实验,研究边界层分离现象,提出著名的"卡门涡街"(Karman Vortex Street,又称"卡门涡列")理论。1926年阐明并建立"湍流"概念。1938年指导成立火箭研究小组,这个小组后来发展成为闻名于世的加州理工学院喷气推进实验室。1944年牵头组成科学顾问团,为研究火箭技术创造条件。第二次世界大战后被派往德国考察火箭,提出研制导弹的计划。特别是对振动空气动力学的发展作出杰出贡献。1963年2月18日,美国政府向他颁发"国家科学勋章"。1963年5月6日逝世。

冯·卡门是科学奇才。他是出生在匈牙利的犹太人。他具有极高的数学天赋,在6岁的时候能对五位数的乘法略加思索就报出答案来,屡屡使他的父亲震惊不已。

1908年3月,他在游历法国巴黎的时候,目睹了法国人亨利·法曼驾驶

钱学森的导师冯·卡门

一架试验飞机进行飞行，从此对这诞生才5年的奇特的飞行器产生浓厚的兴趣，以至研究起飞行空气动力学。

对于冯·卡门来说，进入德国西北部的哥廷根大学，在名师普朗特教授（Ludwig Prandtl，1875—1953）的指导下获得博士学位，是人生的重要经历。普朗特是著名力学家，近代力学的奠基人之一。

1911年，也就是钱学森出生的那一年，冯·卡门发现当气流和物体之间附壁作用失效，并在物体后面乱成一股尾流时，就会产生型面阻力。这个发现被定名为"卡门涡街"，成为飞机、船舶和赛车设计的理论基础。

后来，冯·卡门担任德国亚琛工业大学航空系教授。亚琛工业大学是德国最负盛名的理工科大学。1930年，冯·卡门又发表关于"湍流理论"的重要论文，受到同行们的高度评价。

就在冯·卡门处于学术巅峰时期，法西斯纳粹势力在德国崛起。希特勒对犹太人大开杀戒，迫使冯·卡门离开德国，移民美国。法西斯拱手把一位天才科学家送给了美国。从此，冯·卡门执教于加州理工学院，并加入了美国籍。由于冯·卡门的加盟，由于他在应用力学、流体力学、滞流理论、超音速飞行和火箭等领域的研究，美国的航空事业和宇航事业取得长足的进步，以至在全世界处于领先的地位。

冯·卡门终生未婚。在他的晚年，写下了回忆录，记述自己那传奇的一生。

1963年2月18日，美国总统肯尼迪授予冯·卡门美国第一枚科学勋章，以表彰他对美国的巨大贡献。82岁的冯·卡门双脚患关节炎，走起路来摇摇晃晃，肯尼迪总统赶紧上前扶他一把。冯·卡门推开了肯尼迪总统，幽默地说："总统先生，走下坡路是不用扶的，只有向上爬的时候才需要拉一把。"

处于人生下坡路的冯·卡门在两个多月之后，便与世长辞。

为了纪念冯·卡门，他的祖国匈牙利在1992年8月3日发行了一枚纪念

冯·卡门纪念邮票。左图为美国发行，右图为匈牙利发行

他的邮票；1992年8月31日，美国也发行了一枚冯·卡门的纪念邮票。

冯·卡门对中国充满友好的感情，他曾两度访华，一次在1928年（当时他是德国亚琛工业大学教授），另一次在1937年（这时候他是美国加州理工学院教授）。

在冯·卡门麾下

冯·卡门桃李满天下，然而，在他晚年所写的回忆录中，专门用一章的篇幅记述自己的学生，那就是《中国的钱学森博士》。

冯·卡门这样回忆同钱学森的第一次见面：

> 1936年的一天，钱学森来看我，征询关于进一步进行学术研究的意见。这是我们的第一次见面。我抬头看见一位个子不高、仪表严肃的年轻人，他异常准确地回答了我所有的问题。他思维的敏捷和富于智慧，顿时给我以深刻印象。我建议他转到加州理工学院来继续深造。

钱学森在回忆与冯·卡门的第一次见面时，记得冯·卡门对他说的话：

密斯脱钱，希望你到加州来，到这里来。你在这里可以得到你所需要的知识。我相信我们会合作得很好。

就这样，不远千里，钱学森从麻省理工学院投奔到冯·卡门麾下。55岁的冯·卡门成为25岁的钱学森的导师。就这样，钱学森马上办理在加州理工学院的注册手续，住了下来。钱学森在冯·卡门的指导下，在加州理工学院攻读博士学位。

加州理工学院给钱学森的印象是全新的。钱学森曾回忆说："在这里，拔尖人才很多，我得和他们竞赛，才能跑到前沿。这里的创新还不能局限于迈小步，那样很快就会被别人超过。你所想的、做的要比别人高出一大截才行。你必须想别人没有想到的东西，说别人没有说过的话。"也就是说，加州理工学院教育的核心价值就是创新。

创新，是科学的灵魂。世界上最容易的事情，莫过于踩着别人的脚印走。这种因循守旧的人，就像老是围着碾子打转转一样，永远不能走别人所没有走过的路，创造别人所没有创造的东西。一部科学发展史，其实就是一部科学创新史。

冯·卡门就非常推崇创新精神。

冯·卡门曾经问学生："你们的100分标准是什么？"

学生回答说："全部题目都答得准确。"

"我的标准跟你们的不一样，"冯·卡门说，"因为任何一个工程技术问题根本就没有百分之百的准确答案。要说有，那只是解决问题和开拓问题的方法。如果有个学生的试卷对试题分析仔细，重点突出，方法对头，且有自己的创新，但却因个别运算疏忽，最后答数错了，而另一个学生的试卷答数正确，但解题方法毫无创造性，那么，我给前者打的分数要比后者高得多。"

钱学森还曾对戴汝为说起一个关于冯·卡门的故事：一个学生把文章拿给冯·卡门看，冯·卡门看看文章头，看看文章尾，想了想，然后告诉学生说中间计算错了。那学生感到奇怪，你还没好好看我的论文，怎么能得出这样的结论？那是因为在那个学生研究的领域里的问题冯·卡门几乎都想过，大概会得什么结论其实他心里有数，所以他一看就知道。

钱学森记得，在一次学术讨论会上，冯·卡门讲了一个非常好的学术思想，美国人叫"good idea"（好点子）。有人问："冯·卡门教授，你把这么好的思想都讲出来了，就不怕别人超过你？"冯·卡门说："我不怕，等他赶上来，我又跑到前面老远去了。"

所谓"good idea"，其实就是科学上创新的想法。钱学森后来说，来到加州理工学院，来到冯·卡门身边，使他"一下子脑子就开了窍"。在这里，钱学森的思想变得非常活跃。

在加州理工学院经常开展学术讨论会，他们这个团队每天上午在老师冯·卡门的领导下，争得面红耳赤是常有的事，下午各自回去整理、丰富自己的论点，忙到深夜。第二天上午又继续争论下去。

也有时学术讨论会是在下午召开。后来，钱学森曾对他的学生樊蔚勋说："那时候早晨起来晚，上午到图书馆翻杂志，或者到实验室看实验，并和实验人员聊天，下午参加讨论班的争论，卡门教授也参加争论，但不影响人与人的关系，或者乱七八糟听课如听广义相对论等。晚上以后就一直工作到子夜 12 点钟。最后发表论文，虽然只写了钱某的名字，但在实际上，科研成果绝不是钱某一个人的，它是集体工作的结晶。"

"灯越拨越亮，真理越辩越明。"加州理工学院的学术民主空气，推动着科学讨论，推动着科学创新。

钱学森后来回忆说，他有一次在发表自己的学术见解时，一个老头提了些意见，被钱学森不客气地用一句话顶了回去。会后，冯·卡门对钱学森笑道："你知道那老头是谁吗？"钱学森说不知道。冯·卡门说，那位是航空界鼎鼎有名的大教授冯·米赛斯。接着，冯·卡门又说，你那句话回答得好极了。

就连钱学森跟冯·卡门之间，也曾因为对一个科学问题的见解不同而起了争论。有一次，钱学森把写好的一篇文章请冯·卡门看，冯·卡门看后表示不同意钱学森的观点，而钱学森坚持自己的观点，师生之间话语不投机便争辩起来。最后，冯·卡门一气之下把文章扔到地上，两人不欢而散。等到第二天一早，冯·卡门在办公室见到钱学森时，给他深深地鞠了一躬，并对钱学森说："我昨天一夜未睡，想了想，你是对的。"[1]

冯·卡门虚怀若谷的作风，使钱学森感动不已。

---

[1] 2010 年 5 月 17 日下午，叶永烈在北京中国科学院自动化研究所采访戴汝为院士。

冯·卡门访华受到高规格接待

结识钱学森的翌年,冯·卡门第二次访问了中国,受到很高的礼遇。

那是1937年6月下旬,冯·卡门在结束了对苏联的访问之后,从莫斯科乘坐火车,沿着漫长的西伯利亚大铁道前往中国。他乘坐了十天十夜,这才终于到达山海关。那时候,东北三省处于日本殖民统治之下,他目睹了中国人受到日军蹂躏的惨状。

当时,冯·卡门应邀到清华大学讲学。国民党政府得知之后,邀请他从北平前往南京,因为中国面对着日本军国主义的威胁,正准备自己制造军用飞机,知道这么一位美国的航空大师到来,连忙"有请"。

7月7日下午6时,在清华工学院院长兼航空研究所所长顾毓秀教授陪同下,冯·卡门乘火车刚刚离开北平,卢沟桥就爆发了"七七事变"。从此北平与南京之间的火车中断了12年,冯·卡门庆幸自己在无意之中赶上了最后一班列车。

冯·卡门在南京会晤了国民党政府的空军司令周至柔将军。正值夏日,在"夏宫"庐山避暑的蒋介石夫妇决定接见冯·卡门。当冯·卡门从南京乘专机到达九江机场时,钱学森的老师、清华王士倬教授也乘另一架专机到达那里迎接冯·卡门。

当蒋介石和宋美龄在庐山上接见冯·卡门时,在座的有清华大学校长梅贻琦。蒋介石向冯·卡门询问中国发展航空工业之策。然而,当时的中国工业技术是那么的落后,中国依靠自己的力量制造飞机谈何容易。不过,清华大学校长梅贻琦从冯·卡门那里得知,清华大学派出的公费生钱学森正在冯·卡门门下学习。

冯·卡门离开中国之后,到日本讲学,那里洋溢着穷兵黩武的军国主义气氛。冯·卡门不愿在日本久留,从那里返回美国加州理工学院。

冯·卡门的中国之行,使他对于钱学森的祖国——中国有了深入的了解,他明白为什么中国人对发展自己的航空事业有着那么强烈的愿望。作为匈牙利人,作为深受德国纳粹欺凌的犹太人,冯·卡门对于中国受到日本军国主义的欺凌，感同身受。正因为这样，冯·卡门曾说："世界上最聪明的人种有两个，一个是犹太人，另一个就是中国人。"这句话是在他结识钱学森之后发出的感叹语，也是他1937年中国之行的感悟。

"卡门—钱近似"公式

冯·卡门整整年长钱学森30岁，他们是两代人。在冯·卡门身边，钱学森经历了"三部曲"：

最初是学生，逐渐成为得意门生；

接着，钱学森成了冯·卡门的助手；

最后，钱学森成了冯·卡门在科学研究中的最密切的合作者，甚至创立了用两人的姓氏命名的"卡门—钱近似"公式。

冯·卡门当时是世界空气动力学的权威。钱学森在冯·卡门的指引下，闯进空气动力学这片正待开发的密林。

空气动力学是力学的一个分支，是航空工程的基础理论。航空要解决的首要问题是如何获得飞行器所需要的举力、减小飞行器的阻力和提高它的飞行速度，这正是空气动力学需要研究和解决的课题。

戴汝为院士是钱学森的学生，他记得钱学森曾经这样对他说："我不是说大话，我在做空气动力学的时候，关于空气动力学方面的英文的、法文的、德文的、意大利文的文献我全都念过。为了要把它做好，我得这么念，而且还进行了分析。"[1]

钱学森进入空气动力学研究领域的时候，恰恰赶上世界航空工业大转折的时代：从老式的螺旋桨飞机向喷气式飞机发展，飞机正处于追赶甚至超过声音速度的时代。

声音在空气中的传播速度，在一个标准大气压条件下大约为340米／秒，亦即1224千米／小时。这叫音速，也叫声速。音速，仿佛成了划分飞机飞行速度的里程碑。

---

[1] 2010年5月17日下午，叶永烈在北京中国科学院自动化研究所采访戴汝为院士。

早年的老式螺旋桨飞机，用活塞式发动机推动，飞行的速度远远低于音速。当时能够达到时速750千米，算是很不错的了。

要想提高飞机的速度，必须采用崭新的发动机。20世纪20年代末，英国空军教官弗兰克·惠特尔提出了喷气发动机的设想。但是在当时这一设想如同科学幻想，还很遥远。直到1935年，惠特尔得到银行家的资助，成立"动力喷气有限公司"，这才终于制成第一台涡轮喷气发动机。

与惠特尔同时，德国的冯·奥亨也在研制涡轮喷气发动机。1939年8月27日，冯·奥亨研制的世界上第一架喷气式飞机试飞成功，成为世界航空史上划时代的事件。

涡轮喷气发动机大大提高了飞机的飞行速度，使飞机接近声音的速度，称为"亚音速飞机"。后来，喷气式飞机的飞行速度甚至超过了声音的速度，称为"超音速飞机"。

往日，科学家们所研究的只是低速飞行动力学，如今，飞机以"亚音速"飞行、"超音速"飞行，空气动力学规律与低速飞行全然不同。要想提高喷气式飞机的速度，必须解决两大科学难题：

一、当飞机的飞行速度提高到亚音速时，气体的可压缩性对飞行器的性能到底有什么影响，它们之间的定量关系是怎样的？

二、如果想再把飞机的飞行速度进一步提高到超音速时，应该采用什么样的最富有成效的理论指导和技术设计才能实现？

冯·卡门要求钱学森把这两大难题作为他的博士论文的研究课题，从而建立崭新的"亚音速空气动力学"和"超音速空气动力学"。

钱学森的论文《非线性弹性力学》仅手稿就有800多页。钱学森后来曾经对他的学生范良藻说及："不流大汗，不受大累，仅凭一点小商小贩的小聪明，是做不出来的。"

在冯·卡门的指导下，钱学森花费三年的时间，终于成功地攻克这两大难题。

1939年，钱学森完成了《高速气体动力学问题的研究》等四篇博士论文，第一次显示了他在科学研究上的惊人才华。钱学森因此获得加州理工学院航空和数学的双博士学位。

钱学森后来的学生戴汝为是这样谈及钱学森的博士论文："当飞机的速度越来越快，要看压缩性效应，而压缩性直接影响到飞行体表面的摩擦阻力。钱学森开始做这种工作的时候，他的老师推荐他用'Mises变换'，然后根据不可压缩的解进行迭代。钱学森并没有按照老师的建议做迭代的运算，然后交卷完事，而是一开始就收集和阅读了大量参考文献，写了450页的笔记，改正了前人很多不足的地方，然后才整理他的论文，这就是他的第一篇博士论文。这么一种认真踏实的态度对人们影响很大，我想对大家都是有参考意义的。论文的第二篇，也是按这样子来做，做完之后的研究成果形成了'卡门—钱近似'公式，这公式已经收录在流体力学的教科书里。所以，我常常和我的学生说不要妄自菲薄，好的博士论文可以解决很大的问题。你在写论文的时候，正是最年轻、思想最活跃的时候，你得吃苦，不能觉得自己肯定就行了，一定要花工夫，一定要勤奋。前辈的科学家已经给了我们很好的例子。"

钱学森博士论文中的重大成果是"热障"理论和"卡门—钱近似"公式。

所谓"热障"理论，是指"飞机在高速飞行时，其表面气流温度很高，会使金属外层强度降低，甚至熔化。因此在设计高速飞机时，必须对飞机表面采取有效的防热或冷却的措施，才能持续高速飞行"。

所谓"卡门—钱近似"公式，是"一种计算高速飞行着的飞机机翼表面压力分布情况的科学公式，后来被世界各国广泛应用于超声速飞机设计与制造"。

钱学森的博士论文，奠定了他在空气动力学上的地位。

冯·卡门这么说起钱学森："钱学森跟我一起解决很多数学难题。他想象力极为丰富，不但数学能力强，而且善于观察自然现象的物理性质，在若干相当困难的题目上，都能帮我厘清观念。他的天资卓越，实在难能可贵，我们顺理成章成为亲密工作伙伴。"

冯·卡门还说："钱的这种天资是我不常遇到的。"

从此，钱学森成为冯·卡门的亲密合作者，他被加州理工学院古根海姆航空实验室聘为研究人员，继续为突破飞机在高速飞行下的"声障"和"热障"作出巨大贡献。

纵观钱学森走过的道路，可以说是一条名校之路，可以说是受到最良好的教育。在这逐级递升的名校之中，钱学森得到诸多名师的指点，直至成为世界一流的科学家冯·卡门的高徒。名校的教育、名师的指导是外因，钱学森本身天资聪慧又勤恳学习则是内因。钱学森从蒙养院到博士，走过了最良好的学习之路，打下最扎实的学术基础。此后的钱学森，正是在这样扎实的基础上起飞的。

加盟"火箭俱乐部"

就当钱学森在航空理论——空气动力学上屡建奇功的时候，他的研究方向又一次开始转移，转向了火箭。

1938年秋，加州理工学院院长米立肯和冯·卡门一起飞往华盛顿，出席陆军航空兵署召开的会议。在会上，美国军方拿出五个亟待解决的军事难题，请几个参加会议的大学代表挑选，然后军方拨给研究经费。其中的课题之一，是为重型轰炸机设计一种助推火箭，以使重型轰炸机能够在很短的跑道上或从航空母舰上迅速起飞。

出席会议的麻省理工学院航空系主任汉萨克不愿接受这个课题，认为难度太高，因为麻省理工学院对火箭没有什么研究。他挑了"制造飞机挡风玻璃的除冰装置"这个课题。

当时，加州理工学院可以挑选一个课题。冯·卡门认为这个课题富有挑战性，建议米立肯院长选择这一课题。在冯·卡门看来，如果说重型轰炸机如同一个大胖子，那么助推火箭等于在大胖子起飞时推它一把，助一臂之力。

于是，研制这种火箭的任务，就落在加州理工学院冯·卡门教授头上。为了保密，这项研制计划的代号为"JATO"。

没有金刚钻，不揽瓷器活。冯·卡门敢于揽下"JATO"这个事关美国国防的任务，不仅因为他对火箭有着多年的研究，而且他手下有那么一个"火箭俱乐部"。

在冯·卡门的门生之中，最早对火箭发生兴趣的是马林纳。他来自波兰，比钱学森小1岁，是航空工程研究生。马林纳

"火箭社"成员马林纳

第三章
美国深造

的兴趣广泛，大概是因为从小读了法国科学幻想作家儒勒·凡尔纳的小说《从地球到月球》，他对火箭情有独钟。马林纳也酷爱绘画。马林纳还是美国共产党党员。后来为了避免在美国受到迫害，移民到法国，干脆放弃航空工程专业，当起现代派画家来了。1981年11月9日，马林纳在巴黎病逝。

1936年初，在实验室例行的周末学术讨论会上，冯·卡门的助手史密斯作了一场关于火箭推进飞机可能性的报告，报告主要引用奥地利工程师欧根·桑格尔所做的研究。帕萨迪纳当地的报纸发表了冯·卡门的另一位助手维廉·玻雷的文章，很快吸引了两位"火箭迷"帕森和福尔曼。他们找到了冯·卡门的实验室，结识了"火箭迷"马林纳和史密斯。

在马林纳的提议下，1936年2月，这四位"火箭迷"组成了"火箭俱乐部"，又叫"火箭社""火箭小组"，马林纳成了头儿。

"火箭俱乐部"中的四个"火箭迷"，各有所长，马林纳和史密斯是航空工程研究生，负责总体设计，化学专业的帕森负责制造火箭燃料，而福尔曼则擅长机械制造。

钱学森来到加州理工学院之后，分配到一间小实验室，这间实验室是他跟史密斯共用。史密斯知道钱学森的数学功底很好，就把他也拉进了"火箭俱乐部"。于是，"火箭俱乐部"的成员从四个发展到五个。

钱学森后来回忆说："马林纳这个人很聪明，小组的其他几个人动手能力也很强，但他们在理论上不怎么行，于是找到我，要我帮助他们解决一些理论

"火箭社"成员史密斯　　　　　　　　"火箭社"成员福尔曼

1938年钱学森在美国

和计算问题。"

这个"火箭俱乐部",是这么几个学生自发组织起来的研究火箭的小组,更准确地说,是研制火箭的小组。可是,研制火箭需要资金,而"火箭俱乐部"的五个小伙子都是热情有余,财力不足。

到了1937年1月,气象系的研究生阿诺德成为"火箭俱乐部""编外成员",才使资金问题有了着落。所谓"编外成员",是因为阿诺德的气象专业跟火箭没有什么关系,他对这个俱乐部产生兴趣是因为在校园里听了马林纳的一次演讲,知道他们缺乏资金,而他在募捐方面有"办法",便承诺为这个俱乐部募集1000美元——在当时,这是一笔不小的数目。阿诺德提出了他的"条件",他是一个摄影爱好者,他希望在火箭发射时能够让他拍下壮观的画面。

"火箭俱乐部"在很爽快地答应阿诺德的"条件"的同时,也对他心存疑虑:这家伙别是吹牛专家吧?

阿诺德倒是说到做到。过了些日子,他真的把一包用报纸包裹着的美元送到马林纳手中。马林纳打开一看,整整1000美元,只是其中有不少是1元面值的,这恰恰表明阿诺德是辛辛苦苦募捐而得。马林纳差一点被感动得掉下眼泪!

"火箭俱乐部"自从有了这一笔启动资金之后,五个小伙子真的开始设计、制造火箭了。他们从附近工厂的废料库、垃圾场里挑拣一些五金材料,回来敲敲打打,制造火箭模型。钱学森依然是理论家的角色。他在紧张地做他的关于空气动力学的博士论文的同时,在1937年5月29日为这个"火箭俱乐部"写出了论文,论文虽说不算很长,那题目却很长:《喷嘴发散角度变化对火箭推力的影响;火箭引擎的理想周期;理想效率与理想推力;考虑分子解离效应之燃烧室温度计算》。这篇论文成为钱学森从事火箭研究的开山之作。

从事火箭研究,毕竟是业余的工作。那时候,钱学森常常在吃过晚饭之后,夹着计算尺和笔记本到马林纳家中,从事火箭参数的计算。

第三章
美国深造

从 1936 年 10 月 29 日到 1937 年 1 月,"火箭俱乐部"进行了多次试验。

"火箭俱乐部"由于得到冯·卡门教授的宝贵支持,从 1937 年被"收编",从原本几个学生自发组织的"草根"小组,成为加州理工学院古根海姆航空实验室属下的一个课题组,冯·卡门教授允许他们利用古根海姆航空实验室的设备开展研究工作。

然而,"火箭俱乐部"出师不利,在最初的日子里接连发生了两起事故:

一次是在试验时不慎把一瓶四氯化碳打翻了,古怪的气味在校园里蔓延,一下子就招来诸多指责;

另一次是他们做成一只 8 英寸长的小火箭,吊在实验室的屋顶上进行试验。他们在实验室里把四氯化碳跟酒精混合,火箭喷出红褐色的气体和泡沫,把实验室弄得一片狼藉。

这两起事故,轰动了全校。同学们笑称"火箭俱乐部"是"自杀俱乐部"。

然而,接着发生的另两起事件,却又使"火箭俱乐部"咸鱼翻身:

一是 1938 年 1 月,为了迎接在纽约召开的第六届全美航空科学协会年会,"火箭俱乐部"由马林纳和史密斯执笔,写出了论文《探空火箭的飞行分析》。经过钱学森的计算,论文指出,从理论上证明火箭的飞行高度可以达到 10 万英尺。冯·卡门十分欣赏这篇论文,给了马林纳二百美元作为路费,让他乘火车前往纽约出席会议。这篇论文在年会上一炮打响,美国许多报纸报道了加州理工学院的"火箭俱乐部"。马林纳从纽约归来,成了加州理工学院校园里的新闻人物。

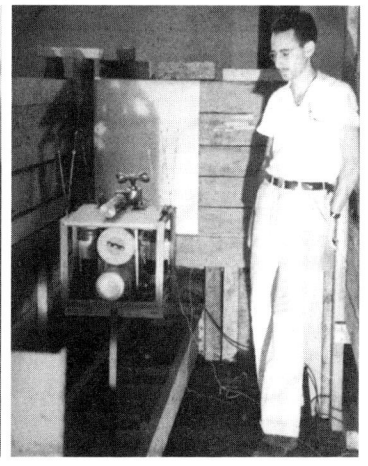

加州理工学院实验室工作照片(钱学森摄)

二是1938年秋天，冯·卡门和加州理工学院院长米立肯从美国陆军航空兵署带回为重型轰炸机研制火箭的"JATO"计划。于是，已经把阿诺德捐赠的1000美元花得差不多的"火箭俱乐部"，一下子有了来自军方的研究任务，尽管马林纳本人极其不愿意把火箭用于军事目的，用他的话来说，那就是"不做军火商"，不过，毕竟军方的研究课目，会使"火箭俱乐部"得到可贵的资金。

1938年，马林纳前往华盛顿，跟美国科学院就"JATO"计划作了具体的商谈，写出初步研究规划。1939年1月，美国科学院给加州理工学院拨款1000美元，作为"JATO"计划的启动资金。

美国国防部的一位名字也叫阿诺德的将军，来到加州理工学院，他非常看重"火箭俱乐部"的研究工作。后来，美国军方拨给"火箭俱乐部"的研究经费增加到10000美元。

冯·卡门教授亲自主持了"火箭俱乐部"每周一次的研讨会，来自不同专业的这五个小伙子分别报告自己一周来的新的设想，大家互相补充，冯·卡门给予指点。这样，一个个技术难题迎刃而解。

小伙子们急于进行试验。在1939年3月的一次试验中，他们闯了大祸，火箭爆炸了！一块金属碎片飞向马林纳平常坐的椅子，幸亏那时他没有坐在那里。

爆炸声惊动全校，"火箭俱乐部"真的成了"自杀俱乐部"。校方为了安全，从此明令禁止"火箭俱乐部"在校园里进行这种危险的试验。

"火箭俱乐部"被逐出加州理工学院校园之后，把试验基地设在学校几千米外的荒凉的阿洛约·塞科山谷，那里有一块干涸的河床。他们在那里竖立起火箭发射架和火箭。他们获得了第一次的成功———一枚火箭在点火之后蹿向碧空，稳稳地飞行了一分钟！尽管那是一支小小的探空火箭，毕竟那是迈向胜利的第一步。

这个民间组织"火箭俱乐部"，成了美国历史上最早的研制火箭的组织。那五个小伙子，后来被推崇为美国研制火箭的"元老"。

阿洛约·塞科山谷，如今是著名的美国宇航局喷气推进实验室的所在地。在对外开放的日子里，成千上万的人饶有兴趣地到那里去参观。

1936年秋，钱学森（左二戴白帽者）和火箭研究伙伴们

"约翰·狄克"之谜

钱学森在"火箭俱乐部"跟马林纳成为好友。在马林纳家里，钱学森又结识了马林纳的好朋友S.威因鲍姆博士。正如当时钱学森并不知道马林纳是美国共产党党员一样，钱学森也不知道威因鲍姆是美国共产党党员。

威因鲍姆是加州理工学院化学系的药物学博士。他是乌克兰人，1922年从乌克兰工学院来到美国加州理工学院，1927年加入美国国籍，1929年获得博士学位。

马林纳的业余兴趣是绘画，威因鲍姆的业余兴趣是音乐，两人的共同爱好是读书。喜欢看书又喜欢音乐的钱学森，自然而然跟威因鲍姆很谈得来。威因鲍姆说，他组织了一个读书会，通常在每周三的晚上举行活动，欢迎钱学森到他家做客。

于是，钱学森来到威因鲍姆的家。那里的常客是马林纳夫妇，也有加州理工学院化学系的杜布诺夫和他的夫人贝丽以及其他的学者。其中有生物学博士杜柏诺夫，物理学博士法兰克·奥本海默，也都是美国共产党党员。他的哥哥罗伯特·奥本海默在第二次世界大战中成为闻名世界的核科学家——在日本广岛、长崎爆炸的原子弹，就出自罗伯特·奥本海默的研究和策划，他被称为美国的"原子弹之父"。法兰克·奥本海默也参与了原子弹的研制工作。

这个读书会听听音乐，聊聊读书心得，很轻松。他们读了英国传记作家李顿·斯特雷奇（Lytton Strachey，1880—1932）的作品，后来读恩格斯的关于自然辩证法的名著《反杜林论》。

钱学森早在1930年因病休学的时候，就在杭州读过布哈林的《辩证法底唯物论》，所以对恩格斯的《反杜林论》也很感兴趣。再说，读书会的朋友们在聊起中国正在进行抗日战争时，无不谴责日本军国主义对中国的侵略行径，使钱学森跟这些美国朋友很谈得来。

钱学森并不知道，这个读书会的很多成员是美国共产党员，读书会实际上是美国共产党的外围组织。当美国共产党总书记白劳德来到洛杉矶的时候，读书会的成员们还去听过白劳德的演讲。

美国共产党的诞生比中国共产党早两年——1919年9月1日成立。美国共产党的创始人为鲁登堡。1921年美国共产党被迫转入地下，1923年4月恢复合法地位。在1938年，美国共产党进入鼎盛时期，当时拥有7.5万名党员，是美国共产党历史上党员人数最多的时候。在20世纪50年代受麦卡锡主义的严重打击，美国共产党党员人数剧减，进入21世纪，美国共产党的党员人数仅3000人，党的经费主要来自党在纽约的总部大楼的租金收入，人称"以房养党"。

钱学森只在1937年至1938年参加过威因鲍姆组织的读书会。这个读书会只维持一年左右的时间，也就解散了。

后来，在1950年，美国联邦调查局因钱学森与美国共产党党员马林纳、威因鲍姆的好友关系，怀疑钱学森是美国共产党党员，以致逮捕钱学森，后来软禁钱学森达5年之久。

钱学森被美国联邦调查局"认定"是美国共产党党员，还有一个"证据"：那就是所谓的"约翰·狄克"。

当时，美国共产党在加州理工学院相当活跃，在帕萨迪纳成立了一个党支部，称为"122支部"，成员大多是加州理工学院的博士、教授。尽管当时美国共产党在美国有着合法、公开的地位，但是美国联邦调查局早就监视美国共产党的活动。洛杉矶美国警察局的特工比尔·金普尔打进了美国共产党，不断把美国共产党的活动情报提供给洛杉矶警察局侦探长海尼斯。

据比尔·金普尔称,"122支部"有一份党员名单,保存在美国共产党党员伦斯尼克夫妇那里。比尔·金普尔打进美国共产党组织之后,担任美国共产党洛杉矶一位主任委员的助理。有一次,他从伦斯尼克夫妇那里拿了"122支部"党员名单,要交给美国共产党洛杉矶地区党部。比尔·金普尔拿到这一名单之后,赶紧到了洛杉矶警察局,跟侦探长海尼斯一起手抄了一份,然后由比尔·金普尔把原件送到美国共产党洛杉矶地区党部。

比尔·金普尔说,在"122支部"的党员名单上的名字,都用化名。经查实,名单上的"艾波顿"就是威因鲍姆,"弗圣"就是法兰克·奥本海默,"约翰·凯利"就是杜柏诺夫。内中,有一个化名为"约翰·狄克",不知是谁。

当时,美国联邦调查局查不清楚这个"约翰·狄克",就搁置在那里。到了20世纪50年代美国掀起反共高潮时,威因鲍姆被证实是美国共产党"122支部"负责人而被捕并判处4年徒刑,美国联邦调查局又重新调查起这个"约翰·狄克"。由于钱学森当时与美国共产党党员马林纳、威因鲍姆有诸多交往,于是"怀疑的乌云"就落到钱学森头上。

然而,比尔·金普尔与海尼斯手抄的所谓"122支部"党员名单,并非原件,在法律上不足以作为证据。更加奇怪的是,当移民局的听证会上传唤伦斯尼克夫妇与比尔·金普尔、海尼斯对质的时候,比尔·金普尔和海尼斯竟然认不出站在他们面前的是伦斯尼克夫妇!这表明,洛杉矶警察局档案中所保存的比尔·金普尔与海尼斯手抄的所谓"122支部"党员名单,很可能是当时洛杉矶警察局内部掌控的被怀疑为美国共产党党员的名单,并非从伦斯尼克夫妇那里拿到的"122支部"的党员名单。更何况比尔·金普尔与海尼斯在听证会上拿不出足够的证据,证明"约翰·狄克"就是钱学森。

尽管当时的中国清华大学留美公费生之中,确实有人加入了美国共产党,例如:

  胡敦元(1902—1975),经济学家。安徽绩溪人。1925年赴美留学。哥伦比亚大学经济学博士。1927年加入美国共产党。1951年回国。曾任职国家外贸部,后任北京外贸学院教授。

  章裕昌(1902—1976),又名章友江。江西南昌人。1915年入清华学校,1925年赴美留学。1927年加入美国共产党,后赴莫斯科。20世纪30

年代被王明等开除出党，后回国任教，成为民主人士。20世纪50年代任国务院参事。国民党革命委员会成员。

徐永煐（1902—1968），江西龙南人。1925年赴美留学。1927年加入美国共产党，曾任美共中央中国局委员、书记，中共在美工作领导小组负责人。曾任太平洋学会研究员。1946年底回国，任职中共中央外事组等。1949年后历任上海市军管会外事处副处长，毛选英译委员会主任，外交部美澳司司长，外交部顾问，外交学会副会长等。1957年被中共中央指定为翻译重要文件的英文审订组组长。

施滉（1900—1933），云南洱源人，白族。1924年赴美留学。史学硕士。1927年入美国共产党，参与创建美共中央中国局，任书记。1929年赴莫斯科学习。翌年回国，曾任中共中央翻译，中共河北省委宣传部长、省委书记。1933年因叛徒出卖被捕，同年牺牲。

以上四人，都是在1927年加入美国共产党。

钱学森在1937年至1938年之间，只是与几位美国共产党党员有所交往，他本人并非美国共产党党员。

然而，1951年4月26日，美国洛杉矶帕萨迪纳移民局最后还是认定钱学森是美国共产党党员，因而认定他是"间谍"。

罗斯福总统关注研制火箭

1939年6月9日，钱学森在加州理工学院戴上了博士帽。火箭俱乐部的伙伴们为钱学森举行了一次宴会庆贺。那天，马林纳拉起小提琴，威因鲍姆弹起钢琴，钱学森弹起吉他，共同演奏贝多芬、莫扎特、勃拉姆斯的名曲。这群小伙子不仅在研制火箭中配合默契，在演奏的时候也是那么的协调。

钱学森走过了"学士—硕士—博士"的学习之路，获得博士学位意味着他结束学生生涯，成为加州理工学院航空系的助教。摆在他面前的是"讲师—副教授—教授"的执教之路。

1940年初，钱学森收到清华大学导师王助的来信，希望他回国工作。

按照当时清华大学留美公费生的规定，在美学习期限不得超过3年。这时，钱学森已经在美国5年了，他的学生签证也即将到期。

钱学森也想回国，他原本就没有打算在美国久留。然而，冯·卡门非常欣赏钱学森的才华，建议钱学森在美国再留一年。

1940年4月20日，冯·卡门教授致函王助教授：

> 本人绝无耽误钱先生为国尽忠的意图，但也正如你所说，每个人都可以用不同的方式为国服务。我认为钱先生返国前，若能在航空工程与航空科学等领域再多做些研究，对他个人和中国都会更有帮助。
>
> 他在高速气体动力学和结构学方面已有可观的成绩。我们目前正致力研究浮筒与船舶的流体力学。这是个很重要的题目，贵机构想必也很需要一位熟悉海平面流体力学的人才。
>
> 基于以上观点，本人建议钱先生在加州理工学院多留一年。当然他的工作能力与愉快合群的个性也令人激赏，但请相信，本人作此建议绝非出于自私的动机。

1939年，钱学森在美国加州理工学院获航空、数学博士学位

就这样，在冯·卡门教授的再三挽留下，钱学森继续在加州理工学院从事航空动力学的研究。

也就在这些日子里，时局发生了剧烈的变化：

1939年9月1日，德国对波兰发动了突然进攻。英、法对德国宣战，从此第二次世界大战拉开大幕。

1941年6月22日，德国不宣而战，大举进攻苏联，苏德战争爆发，不久德军兵临斯大林格勒城下。

1941年12月7日,日本突袭了美国珍珠港,美国对日本宣战,卷入战争风暴。

虽然日军早在1931年9月18日就打响吞并中国东北的战争,在1937年7月7日发动全面侵华战争,但是国民党政府直至日军偷袭美国珍珠港两天之后,才正式对日本宣战。

在珍珠港事件的第四天,德国和意大利向美国公开宣战。

自此,以美、苏、英、中为一方(当时法国已经被德国侵占而沦亡),以德、意、日为另一方,第二次世界大战激烈地进行着。双方将士在前线厮杀,双方科学家在背后较量。内中,特别是美国与德国在军事科学上的角逐,更是你追我赶,高潮迭起。

科学是一把双刃剑。诚如原子能可以用来发电,也可以用来制造原子弹,火箭既可以用于运载太空飞船探索宇宙奥秘,也可以安装炸药成为导弹。

战争像兴奋剂,深深刺激并加速了美国政府制造原子弹的计划和制造火箭、导弹的计划——美国的"两弹"计划。

美国总统罗斯福高度关注美国的军事科学。1939年8月2日,美国科学家爱因斯坦致信罗斯福。爱因斯坦在信中预言,在不久的将来,铀元素会变成一种重要的新能源。它也可以用来制造出极有威力的新型炸弹,而德国在这方面有可能采取先发制人的行动……

爱因斯坦的这封信引起罗斯福重视,他当即成立"铀问题咨询委员会",加州大学伯克利分校的物理学教授罗伯特·奥本海默受命评估制造原子弹的可能性。在得到奥本海默肯定的回答之后,美国政府戈罗夫斯将军主持制订了"曼哈顿计划",秘密进行研制原子弹的工作。

1940年初,德军凭借远程轰炸机、战斗机和机械化部队的优势,横扫欧洲大陆。罗斯福总统拨款几十亿美元,投入军事科学研究,希望能够在军事装备上超越德国。

奥本海默成为"曼哈顿计划"的首席科学家。1943年4月,奥本海默建立了洛斯·阿拉莫斯实验室(the Los Alamos Scientific Laboratory),最初参加这一实验室工作的只有几百名科学家,在美国军方大力支持下,6000名方方面面的科学家加盟这一实验室。27个月之后,这些专家在奥本海默的领导下,成功地制造出世界上第一颗原子弹。奥本海默也因此被誉为"美国原子弹之父"。

罗斯福总统高瞻远瞩，他的手指在揿下原子弹研制计划的启动键之后，又移向火箭、导弹研制计划的启动键。

研制导弹这一重任，落在了冯·卡门的头上。

如同钱学森后来所说："二战爆发后不久，罗斯福总统特别注意发展科学技术，多次把科学家们找来共同讨论在美国如何发展科学技术的问题。当时就找到冯·卡门等科学家，他们讨论来，讨论去，结果就做出要尽快搞火箭发射、搞原子弹和氢弹这个英明的决定。因为一般的火炮打原子弹、氢弹，打不远，不行。有了火箭发射，你想打到哪儿，哪儿就完了，毁灭性的。"

也就是说，在罗斯福总统的直接过问下，美国启动了"两弹"计划。

"卐"旗下的秘密火箭

由于火箭技术受到美国政府的高度关注，原本是"草台班子"的"火箭俱乐部"也今非昔比了。1941年，"火箭俱乐部"扩大成了"航空喷气通用公司"，冯·卡门出任总经理，马林纳为司库，钱学森出任公司顾问。

"航空喷气通用公司"开张之后，忙着接受来自美国科学院所属的空军研究委员会、作战部、兵工局的订单，为他们设计、制造新式的航空、火箭武器。"JATO"计划就是在1941年8月完成的。在第二次世界大战中，"JATO"这种重型轰炸机的火箭助推起飞装置，使重型轰炸机在很短的跑道或者航空母舰上起飞，很快就在美国空军中得到广泛的应用。钱学森在"JATO"的研究、设计过程中，发挥了重要的作用。

"航空喷气通用公司"还接受了培训现役空军和海军军官的任务，为他们讲授工程数学原理和喷气推进原理。钱学森担任了教员，写出了教材《喷气推进》，成为美国第一部关于喷气推进和火箭基本原理的专著。

不过，随着"航空喷气通用公司"接受的军事订单越来越多，钱学森反而跟当年火箭俱乐部的伙伴们的来往不多。这是因为钱学森在美国是外国人，按照美国政府的规定，不能参加涉及军事机密的研究工作。钱学森在冯·卡门的指导下，在空气动力学的研究工作中多有建树，发表了许多论文。

为了尽量留住钱学森，1941年8月，冯·卡门把钱学森在美国的居留身份由原先的学生改为访问学者。

钱学森这么优秀的人才，不能继续参加美国的火箭研究，冯·卡门深感遗憾。

钱学森已经是冯·卡门的左右手，已经是有着相当造诣的科学家。迫于扩军备战的紧急需要，迫于美国军事尖端科技人才的匮乏，1942年12月1日，在冯·卡门的推荐下，经过美国宪兵总司令部人事安全主管巴陀上校的安全审核，钱学森获得了安全许可证，获准参加海陆空三军、国防部、科学研究发展局等一切军事机密工作。

从此，钱学森介入美国国防的核心机密，在美国的火箭研制工作中作出重大贡献。

火箭，成为第二次世界大战中克敌制胜的新型秘密武器。

希特勒的装甲部队轻而易举地征服了法国之后，就把攻击的矛头指向英国。然而，英国与欧洲大陆之间毕竟隔着一道英吉利海峡，这个天然屏障阻断了希特勒大军前进的步伐。德军只能派出空军轰炸英国。一时间，1800多架机翼上漆着"彡"标志的飞机，黑压压地飞越英吉利海峡，把成吨的炸弹倾泻到伦敦市区，在一阵剧烈的爆炸声响起之后，伦敦燃起火光，冒出蔽日浓烟。

然而，德国空军遭到英军的顽强抵抗。那个手持烟斗、硕大的脑袋里充满智慧的英国首相丘吉尔，不是那么容易被征服的。丘吉尔一边向美国总统罗斯福求救，一边号召英国军民抵抗到底。一架架德国战机被英军击落，冒着黑烟从蓝天栽下。德国空军付出了沉重的代价，依然无法迫使英国人举手投降。第二次世界大战进入胶着状态。

希特勒见势不妙，加速德军的V-1和V-2火箭的研制。因为大炮无法把炮弹射过英吉利海峡，而空军又连连遭挫，对付英国的最佳方案就是用V-1和V-2火箭把炸药送到伦敦。这种运载了炸药、用制导系统控制飞行路线的火箭，就是最初的导弹。

一位来自中国的留学生亲身经历了伦敦遭受德国导弹轰击的难忘场景。他叫黄纬禄，已故的中国科学院院士、导弹专家。1940年，24岁的黄纬禄毕业于中央大学电机系，1943年赴英国实习。他先是到伦敦标准电话电缆公司实习一年，后又转到马可尼公司实习。

就在这时，德国V-1、V-2火箭一次次袭击伦敦。

黄纬禄回忆说，所谓V-1火箭也就是无人驾驶飞机。其命中率较低，落

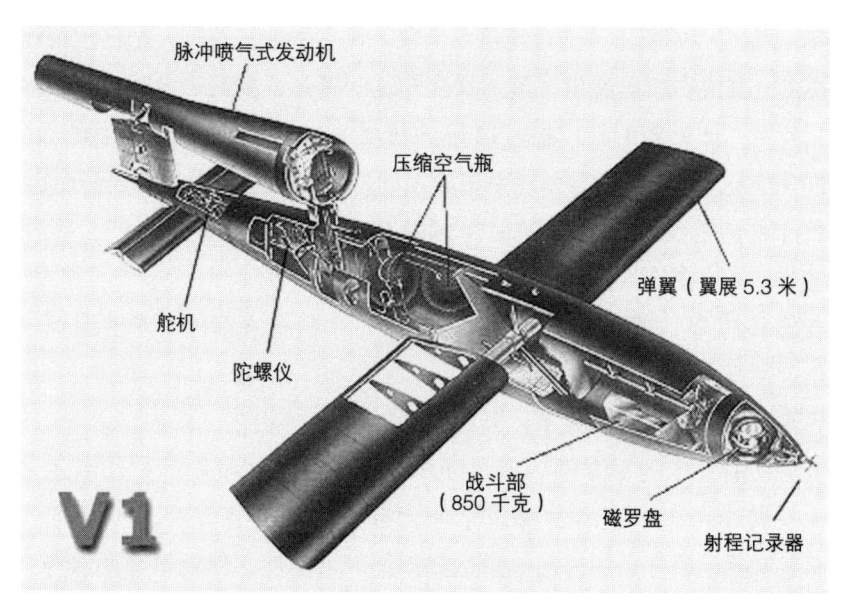

德国 V-1 火箭

到伦敦区就算命中了目标。其方位是用相当于指南针的陀螺来控制的，飞行距离由所带燃料多少来控制。发动机声音很大，很远便可听见。燃料燃尽时，发动机即刻停止工作，机体便俯冲下来，落地爆炸。

黄纬禄说，他学会听 V-1 火箭声音来判断自身安全。即听见声音在很远处就不必着慌，若声音过了头顶就绝对安全了。怕就怕声音在正前方不远处骤然停止，导弹很可能会俯冲到自己身旁。黄纬禄就差点丧生在 V-1 火箭的爆炸里。

有一天，一枚 V-1 火箭落在了他实习区窗外 10 米远的地方。他一到现场就看见自己的办公室被炸得破损不堪，与他一起工作的 5 位英国人当场死了 4 位，另一位在送往医院途中死去。他那天晚到半小时，幸免于难。

黄纬禄说，最初由于英国歼击机的速度没有德国的 V-1 火箭快，对付 V-1 火箭很困难。后来英国成功研制喷气式歼击机，能够在英吉利海峡上打掉 V-1 火箭。于是德国开始使用 V-2 火箭袭击伦敦。V-2 火箭是最初始的地对地导弹，速度快，在起飞之后最初由制导系统控制，距离发射点远了之后就失去控制。严格地说，V-2 仍是火箭，不是导弹。不过 V-2 由于初始阶段有制导系统控制，所以命中率比 V-1 高，而且由于 V-2 速度快，英国的歼击机很难打掉它。

有一回，一枚德国V-2火箭落在伦敦，没有爆炸。英国人把这枚德国V-2火箭放在伦敦博物馆里展出。黄纬禄获知这一消息，就赶去参观，亲眼看见了直径1米多、长7至8米、重达14吨的德国V-2火箭——他成为第一个看见导弹的中国人。当然，这导弹还是很原始的，在严格意义上只是火箭而已。

来自欧洲前线的情报，促使美国总统和军方高度重视火箭、导弹的研制，而当时美国在这方面远远落后于德国。

早在1927年，德国就建立了世界上第一个研究火箭的学术性组织——火箭学会。

德国在20世纪20年代末，开始研制火箭。

德国火箭技术的军方领导者是陆军炮兵局研究与发展部主任卡尔·贝克尔，他是科学博士、著名的弹道学家，有着陆军少将军衔。1929年秋，卡尔·贝克尔就已经开始探讨用火箭运载炸弹的可能性。年轻军官瓦尔特·罗伯特·多恩伯格上尉负责具体的研究工作。当时，多恩伯格刚刚在柏林工业大学机械工程专业获得硕士学位。1930年，德国陆军部召开了火箭武器研制会议，启动了火箭武器研制计划。

德国陆军火箭武器研制负责人多恩伯格（中）

1932 年，多恩伯格从德国"太空旅行协会"遴选了四位火箭专家，建立火箭研制小组。这四位火箭专家是冯·布劳恩、鲁道夫·内贝尔、克劳斯·里德尔和瓦尔特·里德尔。

德国军方投入大量资金用于火箭武器的研制计划。1936 年，德国东北波罗的海边乌瑟多姆岛上的一座不起眼的小镇佩内明德，被德军选中建立隐秘而庞大的火箭研究中心。小镇靠海，运输方便，而那里除少数渔民之外，别无他人。德军在四周架起通电的铁丝网，严禁外人接近。德军从布痕瓦尔德集中营押解大批囚犯作为劳动力。德军耗资 3 亿多马克，在佩内明德小镇建立火箭研制基地。那里集中了几千名德国工程技术人员（最多时达 17000 人），他们为尽快研制火箭夜以继日地工作。而当时，美国加州理工学院那个由 5 个大学生自发组织起来的"火箭俱乐部"刚刚建立，跟德国的佩内明德火箭研究中心相比，简直相差十万八千里！

瓦尔特·罗伯特·多恩伯格成为德国火箭研究的组织者。他在 1935 年获柏林工业大学工程博士学位。1936 年到 1945 年间，多恩伯格担任佩内明德火箭研制中心和试验基地的司令官，全面负责德军的火箭研制、生产和部队训练。

德军开始研制 V-1 和 V-2 型火箭。"V"来源于德文 Vergeltung，意即报仇、复仇。

V-1 是飞航式，是现代巡航导弹的雏形。

V-2 是弹道式，是现代弹道式导弹的先驱。

V-1 火箭最早称"弗赛勒"导弹，后来又称"嗡嗡"弹——因为在飞行中会发出"嗡嗡"之声。

1940 年，V-2 型火箭研制工作全面展开。V-2 型火箭长 13.5 米，发射全重 13 吨，能把 1 吨重的弹头送到 322 千米以外的地方。

1942 年 10 月 3 日，V-2 型火箭试验成功，年底投入定型大规模生产。

"喷气推进实验室"的诞生

尽管德国对于火箭的研制工作严格保密，但是美国的情报人员无孔不入。德军在火箭研制工作中的迅速进展，使美国军方坐立不安。

美国五角大楼派人前往加州理工学院，要求冯·卡门主持研制新式火箭这一重大任务，并尽快提出具体方案。

冯·卡门和马林纳、钱学森等经过研究后认为，当务之急就是必须建立一个新的、大型的火箭实验室。不过，冯·卡门经过考虑，认为"火箭"这个名字最初是出现在科幻小说之中，容易给人一种不严肃的感觉，所以他建议把实验室的名字改为"喷气推进实验室"（Jet Propulsion Laboratory），简称"JPL"。只有建立了这样的实验室，才能设计出射程超过100英里的火箭。

为了能够追赶德国的火箭技术，美国陆军参谋长马歇尔爽快地给加州理工学院拨款300万美元兴建喷气推进实验室——不再像最初研制"JATO"时给1000美元、10000美元那样"小气"了。这充分表明，五角大楼已经把发展美国的火箭技术列为重中之重！

喷气推进实验室在"火箭俱乐部"当年进行试验的阿洛约·塞科山谷动工兴建。冯·卡门教授被任命为喷气推进实验室主任，下设弹道、材料、火箭、结构四组，钱学森被任命为火箭研究组长。

钱学森仔细研究了美国情报部门送来的德国导弹情报，得知德国 V-1 火箭的详细介绍。在此基础上，钱学森撰写出长篇报告《喷气推进》，这是美国首部全面系统论述喷气推进原理和导弹性能的著

加州理工学院喷气推进实验室筹建中的第一工作室

钱学森的好友马林纳所画的加州理工学院喷气推进实验室开会时的漫画，前左第三人为钱学森

作。后来，这篇报告成为美国空气动力学研究生和军事工程师必读的教材。

在1941年至1942年，中国学者钱伟长、郭永怀、周培源、史都华、林家翘先后来到加州理工学院，他们也参加了喷气推进实验室，进行弹道分析、燃烧室热传导、燃烧理论研究等工作。

当时，钱学森跟钱伟长建立了很好的友谊。

钱伟长比钱学森小1岁，1931年考取清华大学历史系。钱伟长虽然名曰"伟长"，但是进入清华大学即创造了一个纪录：当时清华大学规定学生身高必须超过1.50米，而钱伟长只有1.49米，因成绩优异被破格录取。

不过，钱伟长虽然个子矮小，却酷爱体育运动。他在清华大学求学期间，参加过1933年的全国大学生运动会，并以13秒4的成绩在100米栏的比赛中位列季军。1937年入选中国队，参加了在菲律宾举行的远东奥林匹克运动会。

"九一八"事变之后，在"科学救国"精神感召下，钱伟长居然决定要从历史系转入物理系，从文科跳到理科！

1940年他考取清华大学公费留学生。当时的公费留学生不仅有留学美国的，也有留学英国的。钱伟长考取的是留学英国的公费生。不过，由于1939年9月1日第二次世界大战爆发，钱伟长无法去英国留学，但是按照当时的规定可以去英联邦国家留学。于是，钱伟长赴英联邦国家加拿大多伦多大学应用数学系学习，只用了50天的时间完成论文《弹性板壳的内禀理论》，受到冯·卡门的欣赏，把这篇论文收到冯·卡门的60岁祝寿文集里。钱伟长1942年在加拿大多伦多大学获博士学位，他的博士论文以连载的形式在美国《应用数学季刊》一、二卷上刊登。他提出的一组非线性方程组被称为"钱伟长方程"。应冯·卡门之邀，钱伟长在1942年至1946年来到加州理工学院喷气推进实验室工作。

钱伟长性格开朗。这位从历史系跳到物理系再跳到数学系的人物，知识面广，兴趣广泛，很快就跟钱学森无话不谈。在喷气推进实验室工作的那些日子里，"两钱"常常一起吃晚饭，边吃边聊，取长补短。

1946年5月，钱伟长以探亲的名义从洛杉矶乘船回到中国，应聘担任清华大学教授，兼任北京大学、燕京大学教授。

郭永怀也成了钱学森的好友。郭永怀比钱学森大两岁。他是山东农家子弟，靠着刻苦用功，1935年毕业于北京大学物理系，1940年考取清华大学公

1947年，冯·卡门、钱学森、郭永怀等合影于美国

费留学生，到加拿大多伦多大学应用数学系留学并获硕士学位，1941年到美国加州理工学院研究可压缩流体力学，1945年获博士学位。1946年起在美国康奈尔大学任副教授、教授。1957年回国后，历任中国科学院力学研究所副所长（当时所长是钱学森）、中国力学学会副理事长（当时理事长是钱学森）、中国科学院学部委员（即今院士）。他是力学家、应用数学家、空气动力学家。

钱学森曾回忆说：

> 我第一次与他相识是在1941年底，在美国加州理工学院。当时在航空系的有林家翘先生，有钱伟长同志，还有郭永怀同志和我。在地球物理系的有傅承义同志。林先生是一位应用数学家。傅承义同志专的是另外一行。钱伟长同志是个多才多艺的人。所以，虽然我们经常在一起讨论问题，但和我最相知的只有郭永怀一人。他具备应用力学工作所要求的严谨和胆识。当时航空技术的大问题是突破"声障"进入超声速飞行，所以研究跨声速流场是个重要课题，但描述运动的偏微分方程是非线性的，数学问题难度很大。永怀同志因问题对技术发展有重大意义，故知难而进，下决心攻关。终于发现对某一给定外形，在均匀的可压缩理想气体来流中，当来流马赫数达到一定值，物体附近的最大流速达到局部声速，即来流马赫数为下临界马赫数；来流马赫数再高，物体附近

出现超声速流场,但数学解仍然存在;来流马赫数再增加,数学解会突然不可能,即没有连续解,这就是上临界马赫数。所以真正有实际意义的是上临界马赫数而不是以前大家所注意的下临界马赫数,这是一个重大发现。[1]

周培源最为年长,他比钱学森大9岁。他是在1924年成为清华大学留美公费生,先在美国芝加哥大学获硕士学位,1927年转往加州理工学院,获博士学位。此后,他到德国、瑞士从事研究工作,然后回到中国,担任清华大学物理系教授。在1936年至1937年,他再度赴美,在普林斯顿大学工作。回国之后,在1943年至1946年第三次来美国,这一回他在加州理工学院从事湍流理论研究,结识冯·卡门,结识钱学森。

当时,周培源和夫人王蒂澂一起来加州理工学院,他家经常成为中国学者聚会之处。在王蒂澂下厨招待客人的时候,钱学森有时也"露"一手,做个杭州菜给朋友们享用。

1946年10月,周培源和夫人王蒂澂回国,周培源继续担任清华大学教

1943年,钱学森和几位中国研究生在帕萨迪纳与周培源夫妇合影

[1] 钱学森:《写在〈郭永怀文集〉的后面》,《郭永怀文集》,第332页,科学出版社1982年版。

授，夫人王蒂澄则在清华大学附属中学担任教师。

在喷气推进实验室，有那么多中国学者一起工作，钱学森感到非常愉快。

值得一提的是，还有许多中国学者先后来到加州理工学院，虽然他们不是钱学森的同行，但是也都成了钱学森的好朋友。内中有研究遗传学的谈家桢，在1934年夏赴加州理工学院，师从遗传学权威摩尔根，于1936年获哲学博士学位后留校任博士后研究助理。此外，赵忠尧、孟昭英、胡宁、唐有祺、郑哲敏等也都是钱学森的加州理工学院校友。

钱学森的专业是航空，参加火箭俱乐部最初原本只是学习之余的兴趣。没想到，随着火箭技术的日益重要，他的研究重心从航空转向火箭，以致人们现在一提起钱学森，加在他名字前的定语就是"火箭专家"。

其实，钱学森从航空工程转向研制火箭，不只是他个人的专业方向的改变，也是时局的选择——当钱学森在交通大学学习时，抗日战争使他投身到"航空救国"，而在加州理工学院学习时，第二次世界大战把他推上了火箭专家的位置。

第四章　火箭专家

钱学森在美国加州理工学院讲授火箭客机

进入五角大楼

英伦三岛久攻不下,战争的形势越来越不利于德国。英美联军包抄德军的后路,在西西里岛登陆。在亚历山大将军指挥下,英美联军横扫意大利。1943年9月8日,德国的盟友意大利被盟军攻陷,墨索里尼投降了。

纳粹德国加速了已经定型的V-2火箭的批量生产,生产量从几十枚激增到几百枚,甚至要增加到几千枚。不言而喻,新式武器V-2火箭出现在欧洲战场,将对盟军构成极大的威胁。

1943年初,盟军情报人员迅速探明了德军的这一重要动向。

1943年夏,冯·卡门收到3份来自英国的重要情报,第一次了解到德国大规模发展导弹,远远领先于美国,使冯·卡门意识到务必奋起直追。

冯·卡门与钱学森、马林纳仔细分析了这三份情报,让钱学森和马林纳起草了题为《关于远程火箭运载器的评价和初步分析》的报告,冯·卡门为这篇报告写了一份备忘录。在报告中,钱学森和马林纳分析了当时德国火箭研究的动向,指出美国应当立即着手制订远程导弹发展计划。他们认为,按照美国的科技水平,制造总重1万磅(4.54吨)的液体火箭,射程可以达到120千米。

五角大楼认可了这份报告。

就在这时,1943年7月,盟军情报人员终于获得准确的情报,德国的火箭基地在佩内明德!

英军统帅部制定了代号为"九头蛇"的秘密计划。

1943年8月17日,月光如洗,照耀着佩内明德。在如此美好的月夜,一团乌云突然朝佩内明德袭来。在英国空军元帅阿瑟·哈里斯爵士的精心组织和指挥下,英国皇家空军的571架四引擎重型轰炸机神不知鬼不晓地出现在佩内明德上空,把2000多枚炸弹朝德军的这一火箭基地倾泻。佩内明德顿时成了一片火海。

第四章
火箭专家

这次出其不意的大轰炸，摧毁了佩内明德火箭基地的大部分实验室、工厂和宿舍，735 人死亡或者失踪。德国四位最重要的火箭专家之一的瓦尔特·里德尔博士，基地总工程师埃列克·华尔脱，都在爆炸中丧命。

这次大轰炸给了德国火箭研制工作以沉重的打击，推迟了 V-2 火箭批量生产的速度。德军赶紧把制造 V-2 火箭的工厂迁到德国中部山区的山洞里。

后来，美国艾森豪威尔将军在回忆录中说，如果德军能提早 50 天将 V-1、V-2 火箭这两项武器用于实战，那对盟军的诺曼底登陆准备和作战将带来巨大阻碍和困难，甚至无法组织诺曼底登陆。

也就在这些日子里，肩负重任的加州理工学院的喷气推进实验室，加紧了试制美国的火箭和导弹。

钱学森向冯·卡门建议，在美国设立"喷气式武器部"，以便集中力量研制导弹。他还建议成立一个学会来促进喷气推进技术。

1944 年 1 月，美国陆军炮兵部向加州理工学院喷气推进实验室下达了"ORDCIT 计划"，即"炮兵部和加州理工联合计划"。这项计划要求加州理工学院喷气推进实验室尽快研制可以用于实战的导弹。计划提出了对于导弹性能的要求：

> 推进剂重量不小于 1000 磅（454 千克）；
> 射程为 75-100 英里（120-160 千米）；
> 最大射程的弹着点误差不超过 2%；
> 飞行速度足以使敌方战斗机探测不到。

"ORDCIT 计划"要求研制以下四种型号的导弹：
"单兵 A"，固体推进剂发动机推进；
"单兵 F"，单兵 A 的有翼型；
"下士 E"，采用液体推进剂发动机；
"下士 F"，采用泵输送推进剂的液体发动机。

其中的"下士"系列导弹总重量为 5 吨，发动机液体火箭推力为 9.1 吨，工作时间为 60 秒，射程约 64.5 千米。

1944 年 6 月 6 日，英美军队在诺曼底登陆，欧洲第二战场开辟，战局急转直下，纳粹德国处于劣势。

为了扭转颓势，6月13日德军从法国北部的发射场向伦敦发射了第一枚V-1火箭。这种新式武器的出现，在英国造成很大的恐慌。

从6月13日至15日，德军对英国发动三次袭击，总共发射200枚V-1火箭，其中33枚被击落，77枚命中伦敦，其余散落在各处。德军的导弹对伦敦的攻击，大都选择交通高峰时段，即上午7至9时、中午12至下午2时、下午6至7时。火箭从天而降，使伦敦不时响起爆炸声、惊叫声、哭泣声，伦敦市民无时无刻不绷紧了神经。

从6月13日至7月15日，德军对英国发射4361枚V-1火箭，其中2500枚射入英国境内，被击落1241枚。

1944年9月，英美地面部队占领法国北部发射场，德军便从荷兰境内使用He-111型飞机携带V-1火箭进行空中发射，但空中发射效果较差，只有66枚命中伦敦。

1944年9月8日，德军开始从荷兰海牙发射场发射V-2火箭，到1945年3月2日英美军队占领海牙发射场为止，德军向英国发射1403枚V-2火箭，其中1115枚射到英国境内，517枚命中伦敦。

德军的导弹造成英国1.16万人死亡，6.6万人受伤，炸毁房屋2.6万余幢。

德军用火箭攻击英国，第一次显示了火箭在军事上的威力。倘若不是1943年8月17日英军轰炸了佩内明德火箭基地，英国蒙受的损失会更加惨重。

除向伦敦发射外，当盟军在1944年9月4日占领荷兰安特卫普港后，德军向安特卫普港进行了大规模火箭攻击。

为了实地了解德军用火箭攻击英国的情况，马林纳奉命从洛杉矶飞往战火横飞的伦敦，对德国V-1和V-2火箭的实战能力作了详细的考察。

与此同时，时任美国陆军航空兵司令的阿诺德将军请教冯·卡门教授，要他评价美国航空技术发展的现状，预测未来20年、30年甚至50年的发展，并就如何确保美国空军未来的领先地位提出建议。

1944年，冯·卡门主持美国国防部科学咨询团第一次全体会议，后左二为钱学森

1944年12月1日，美国国防部科学咨询团正式成立，由冯·卡门任团长。它的任务是评价航空研究和发展的趋势，为美国准备有关科学技

术事务的特别报告。冯·卡门任国防部科学咨询团团长达 11 年之久,直至 1955 年。

冯·卡门推荐钱学森到华盛顿参加他领导的美国国防部科学咨询团。冯·卡门后来这样回忆:

> 我的朋友钱学森,是我向美国国防部推荐的科学咨询团专家之一。钱是加州理工学院的火箭小组元老,第二次世界大战中为美国的火箭研制做出过重大贡献。他 36 岁时已是一位公认的天才,他的研究工作大大地推动了高速空气动力学和喷气推进技术的发展。有鉴于此,我举荐他为空军科学咨询团成员。

1944 年底,钱学森从洛杉矶飞往美国首都华盛顿,参加美国国防部空军司令部科学顾问团的工作,在五角大楼上班。这时,钱学森虽然是外国人,却可以佩戴金色证章出入五角大楼——美国国防部所在地。这金色证章是参与美国最高军事机密的通行证。钱学森还获准出入华盛顿的秘密高层指挥中心。

当时持"中华民国护照"的钱学森,能够进出五角大楼,除冯·卡门的鼎力推荐之外,还在于当时美国注重留用外国籍的杰出人才,以加速美国国防高端科学技术的发展。冯·卡门本人就是一例。爱因斯坦、美国"曼哈顿工程"的主要领导者之一恩里科·费米、美国的"氢弹之父"爱德华·特勒被德国法西斯赶到美国之后,都得到美国政府的重用。美国这种"不问国籍用人才"的政策,使美国国防高端科学技术迅猛发展。有人称在第二次世界大战前,希特勒犯了一个巨大的错误,那就是将一大批最顶尖的科学家驱离了德国,成为他送给盟军的最大礼物。后来有人以《希特勒的礼物》为题写了一本书。

钱学森能够进出五角大楼,还在于钱学森当时的国籍"中华民国"是美国的"友邦"。在珍珠港事件之后,国民党政府对日宣战,中国与美国成了盟国关系——这与 6 年之后截然不同,1950 年由于中国人民志愿军进入朝鲜,与打着联合国牌子的美国军队作战,中国与美国成了敌对国,所以美国政府就找岔子吊销钱学森的相关证件,不许钱学森再参与美国最高军事机密的工作,直至"驱逐出境"。

1944 年 12 月,马林纳从英国回来,建议马上着手研制一种比"下士"小得多的探空火箭,以娇小的女士来命名,称为"女兵下士"。这一建议迅即获得炮兵部火箭研究与发展部的批准，于是加州理工学院喷气推进实验室着手研制这种"女兵下士"。

"女兵下士"长4.9米，直径20.5厘米，总重302千克，空重136千克，尾部装有三片稳定翼，动力装置是一台液体火箭发动机，推力为680千克，工作时间45秒。

1945年9月26日至10月25日，"女兵下士"探空火箭进行了多次发射试验。

1945年10月11日，一枚"女兵下士"在试验中飞达72.8千米的飞行高度，超过了设计指标。

"女兵下士"成为美国第一枚取得成功的探空火箭，为后来美国探空火箭以及运载火箭的发展打下了基础。

跟德国当时已经批量生产了上万枚V-1和V-2火箭并用于实战相比，美国的火箭与导弹实在相差甚远。

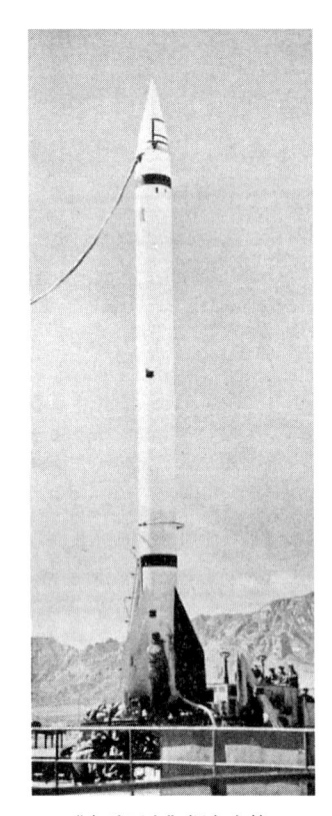

"女兵下士"探空火箭　　　1945年，喷气推进实验室试验"女兵下士"火箭

第四章
火箭专家

神秘的"回形针行动"

就在钱学森到华盛顿五角大楼上班的日子里,加州理工学院喷气推进实验室正忙着研制娇小的"女兵下士"的时候,第二次世界大战以飞快的速度进入终点:

1945年4月30日,法西斯德国元首阿道夫·希特勒自杀。

1945年5月7日,法西斯德国宣布无条件投降。

1945年8月15日,日本昭和天皇宣布无条件投降。

就在第二次世界大战落下大幕前夕,身为盟国的美国和苏联之间开始了新的争夺。他们争夺的目标,就是德国火箭的秘密,也就是争夺德国火箭基地和火箭专家。双方都对德国用火箭隔着英吉利海峡轰击伦敦印象深刻,意识到火箭技术、导弹技术的战略重要性。

从此,在火箭的跑道上,不是美国跟德国竞争,而是美国和苏联开始新的竞争。

苏联的克格勃,在猎取德国的火箭情报方面,先于美国的中央情报局。早在1935年,一份关于德国秘密研制导弹计划的情报,送到了斯大林手中。这是苏联驻柏林的克格勃从纳粹党卫军高官威利·莱曼那里获得的绝密消息。后来莱曼的"卖国"行径被纳粹发觉,遭到枪决。

此后,由于西方间谍的努力,在1939年一份被称为"奥斯陆报告"的秘密情报投进英国驻挪威大使馆的信箱,这份报告概述了纳粹正在研制的火箭武器系统,从此英国和美国终于获知德国研制火箭的情报。

1943年8月17日,英国轰炸机偷袭德国火箭基地佩内明德,那份关于佩内明德的绝密情报来自在那里做苦役的法国俘虏。不过,虽然佩内明德遭到猛烈的轰炸,但是大部分火箭专家也因及时躲进防空洞而逃过一劫。尤其是德国头号的火箭专家冯·布劳恩在轰炸中安然无恙,成为美苏两国特工们最为关注的目标。

由于佩内明德目标暴露了,纳粹在哈尔茨山区的诺德豪森建设了新的火箭生产基地。哈尔茨山区位于德国中部的图林根州。这个州的东部是平原,而西北部是森林蓊郁的哈尔茨山脉。这里不仅山高林密，便于隐蔽，而且这里原本就有许多废弃的矿井，可供改造利用。德军迅速在这里的大山之中建设了新的火箭生产基地。1万多名来自集中营的囚徒，在德军皮鞭下日夜加班挖掘山洞，建设导弹工厂。

冯·布劳恩也从佩内明德来到诺德豪森，在这里指挥新建火箭生产基地。从1944年8月到1945年2月，诺德豪森生产了3000多枚V–2火箭。

美国中央情报局获知哈尔茨山区的动向，向美国总统罗斯福密报。罗斯福接到情报之后，认为人

德国导弹掩体内部的巨大轨道通道

才至上，头脑比领土更为重要，指示在攻入德国本土之后，务必设法网罗德国火箭人才。美国中央情报局据此制定了神秘的"回形针行动"，务求抓住以冯·布劳恩为首的一大批德国火箭专家。这个秘密计划之所以用"回形针"为代号，是因为一大堆纸片被风一吹就撒落一地，有了回形针就夹住了纸片，这回形针就是冯·布劳恩。

与此同时，五角大楼草拟了一个调查组的专家名单，准备前往德国，以便对德国的火箭专家们进行审讯，对德国的火箭基地进行考察。列在名单之首的是冯·卡门教授，成员之中有钱学森的名字。五角大楼要求调查组的专家作好前往德国的准备。

1945年初，苏军从东面，美英联军从西面，几乎同时攻入德国本土。这时，不论是美、英联军的先头部队，还是苏联红军的先头部队，都接到各自国家的情报部门的密令，不惜一切代价搜罗纳粹火箭科学家，头号追捕目标是冯·布劳恩。

在美国中央情报局施行"回形针行动"的时候，美国以1个伞兵师、2个装甲师加上第6集团军重兵出击德国，以求掩护一支刚刚成立的"阿尔索斯"

突击队。"阿尔索斯"是一支间谍部队，秘密任务就是抢在任何国家尤其是苏联之前，俘虏德国、意大利那些优秀的世界知名的科学家，并劝服这些科学家加入美国籍，为美国工作。

当时的冯·布劳恩，不仅是美、苏两国特工搜捕的重点，德国的盖世太保也监视着他。那是因为在1944年3月，身为纳粹党员的冯·布劳恩竟然声言，他反对把火箭用于战争，他研究火箭的目的始终是"宇宙旅行"。为此，他被捕入狱，差一点被以"叛国罪"枪毙。毕竟冯·布劳恩是德国最优秀的火箭专家，经过朋友们的多方营救和叛国罪名理由不充分，冯·布劳恩在斯德丁的监狱中被拘押了两周之后，终于获得释放，但是仍处于盖世太保监视之中。

1944年6月13日，纳粹向伦敦发射了第一枚V-1火箭，冯·布劳恩闻讯，把这一天称为"一生中最黑暗的日子"，并声称："我们的火箭表现出色，只是它在一个完全错误的星球上着陆。"

当美英联军和苏联红军攻入德国，哈尔茨山区成为双方的必争之地。按照美英和苏联在此前秘密划定的双方军队占领德国的版图，哈尔茨山区属于苏占区。

作为V-1、V-2火箭的总设计师的冯·布劳恩面临选择：到苏联去，还是去英、美？他反感苏联的共产主义制度，不愿意去那里。虽然同在欧洲的英国很适合他，但是他深知，英国是万万去不得的，尽管他反对火箭用于战争，但是轰炸伦敦的正是他所研制的导弹，他脱不了干系。剩下的唯一选择，就是前往大西洋彼岸的美国。

冯·布劳恩说："把我们的'婴儿'交给妥当的人，这是我们对人类应尽的责任。"他所说的"婴儿"，就是火箭。他把美国视为"妥当的人"。

1945年4月11日，美军第一军团不顾事先的约定，抢先进入了本属于苏军占领区的诺德豪森市。美军少校罗伯特·斯达弗领导的科技情报小分队，加入了美军先头部队的行列。这支科技情报小分队专门的职责就是实行"回形针行动"。在美军抓捕名单上，列在首位的便是冯·布劳恩。

美军从诺德豪森的地下工厂里，运走大批图纸、资料，已经制造好的100枚V-2型火箭以及制造导弹的设备，足足装满了300个车皮！

美军在诺德豪森俘获了492名德国导弹专家及其644名家属，把他们押上了美国的军车。另外，美军就连那些训练有素的德国导弹兵士也不放过，动员他们前往美国。

美军成功地实行了"回形针行动"。美军撤离6小时之后，苏军赶到诺德豪森市，那里的导弹工厂已经人去楼空！

对于来不及运走的导弹制造设备，美军就地销毁，不愿留给苏军。

然而非常遗憾，在诺德豪森并没有发现列在抓捕名单首位的冯·布劳恩。

冯·布劳恩到哪里去了呢？

真是踏破铁鞋无觅处，得来全不费功夫。美军意外地在慕尼黑发现了冯·布劳恩。

原来，战争的形势越来越紧张的时候，在瓦尔特·罗伯特·多恩伯格率领下，包括冯·布劳恩在内的一批德国火箭精英，被转移到了巴伐利亚州慕尼黑附近的小镇奥伯阿梅高。

多恩伯格曾经担任佩内明德火箭研制中心和试验基地的司令官，是德国负责火箭研制的最高官员，他本人也是火箭专家。

1945年5月2日，当美国第44步兵师的一队巡逻侦察兵出现在慕尼黑城郊时，多恩伯格和负责看守那批德国火箭精英的党卫军指挥官穆勒进行密商，"识时务者为俊杰"，他们背叛纳粹，向盟军投降。

他们派出了布劳恩的弟弟作为谈判代表。布劳恩的弟弟马格斯是火箭引擎工程师，他后来在日记中写道：

"我最年轻，英语最流利，万一美国人过于紧张向我开枪也不要紧，反正我是整个设计团队里最不重要的一个。"

当时，马格斯骑着一辆自行车，来到美军巡逻侦察兵那里。这个小伙子用自以为"流利"而实际上是非常蹩脚的英语说："我是马格努斯·冯·布劳恩，我的哥哥就是V-2火箭的设计师，我们现在投降了。"

真是天上掉下一个大馅饼！以冯·布劳恩为首的126名德国火箭精英，就这样倒戈，投进美国人的怀抱。

当冯·布劳恩到达美军营地的时候，美国士兵不敢相信这个年仅33岁的年轻人，就是鼎鼎大名的德国"火箭之王"。一位美国步兵说："我们如果不是抓到了第三帝国最伟大的科学家，就一定是抓到了个最大的骗子。"

除冯·布劳恩之外，向美军投诚的还有在研制德国火箭方面仅次于冯·布劳恩的鲁道夫·内贝尔。当初被多恩伯格从德国"星际航行协会"选中的四位火箭专家，其中之一是冯·布劳恩，其中之一是鲁道夫·内贝尔。

瓦尔特·罗伯特·多恩伯格当然因此立了大功。后来，多恩伯格被送往美国，出任美国空军部所辖的赖特－帕特森空军基地导弹设计顾问。1964年，他成为贝尔飞机公司副总经理兼首席科学家。

美国还派出突击队深入佩内明德。虽然那里的专家和图纸已经不多了，但是美军还是尽力收入自己囊中。

1945年5月5日，苏军占领了佩内明德，又比美军晚了一步。

美军在德国各地至少俘获了1000名火箭科学家、工程师。

苏联也赶紧出招。针对美国的"回形针行动"，苏军朱可夫元帅决定实行"面包换人"计划。在美苏占领区交界的小镇卡本霍夫，苏军把黄油和面包直接摆在检查站边上，号召德国的火箭科学家、工程师到苏占区吃"面包"。果真，也有不少德国专家被黄油和面包所吸引。其中最大的收获是赫尔穆特·格罗特鲁普向苏军投诚，他是佩内明德火箭中心专门负责制导控制系统研究的专家，后来成为苏联导弹工程的重要科学家。据赫尔穆特·格罗特鲁普后来自述，他在第二次世界大战中设计导弹的关键技术，是应用了钱学森在两年前发表的论文《超声速气流中锥形体的压力分布》。

百分之九十的德国一流的火箭专家被美国俘获。苏联所得到的是剩下的百分之十以及美军一时搬不走的笨重的火箭生产设备。

在第二次世界大战结束后的第二年，一座V-2火箭的制造工厂就在伏尔加河下游的试验区内悄然开工。

美国与苏联之间的战备和太空竞赛开始了。

德国陆军火箭武器研制负责人（前排左为多恩伯格，右为冯·布劳恩）

以美军上校身份飞赴德国

与"回形针行动"相辅相成的是，1945年4月，美国五角大楼派遣国防部科学咨询团一行36人，赶往德国。

纳粹德国正处于岌岌可危之时，即将覆灭而未覆灭，美英联军和苏联红军正在向希特勒老巢柏林推进。隆隆的炮声、炸弹声，震撼着德意志大地。

空军科学顾问团一行一身戎装，佩美军军衔，出现在战火纷飞的德国。团长是冯·卡门少将，作为冯·卡门主要助手的是34岁的钱学森上校。整个空军科学顾问团有36人，在访问德国之后写出给美国国防部的报告，总共九章，冯·卡门写前面总的一章，而出自钱学森之手达五章，从中可以看出钱学森在这个顾问团中的重要作用。

五角大楼任命冯·卡门为空军科学顾问团团长，出于两方面的考虑：第一是在学术上，冯·卡门是当然的首席科学家；第二，冯·卡门曾经在德国工作多年，不仅会讲流利的德语，而且非常熟悉德国，尤其是熟悉德国的航空工程界。

对于冯·卡门来说，这次重返德国，重访故地，感慨万千。在当年，由于他是犹太人，遭到纳粹的种族歧视，不得不离开德国前往美国。如今，身穿美军少将军服，以胜利者的姿态出现在纳粹德国，将亲眼目击纳粹德国覆灭的最后的日子。

对于钱学森来说，这是他第一次来到欧洲，第一次来到当时火箭技术最为领先的德国，这是极为难得的考察、学习机会。没想到当年他在北京上高二的时候，曾经选修了第二外语德语，在这次考察中派上了大用场。虽说他的德语不像英语那样纯熟，但是懂得德语毕竟给在德国考察带来了很大方便。在整个考察期间，钱学森一直是工作笔记不离身，作了详尽的记录，为他回国之后撰写考察报告提供了重要的依据。

钱学森的学生郑哲敏曾经回忆说，当年钱学森出入五角大楼的通行证以及前往德国的上校军官证至今仍被他的一个美国朋友所收藏。郑哲敏说："1993年，我去美国访问，还看见过。"

1945年5月14日，钱学森（右一）、冯·卡门（右二）等摄于惠海姆学院

空军科学顾问团来到德国的美占区，第一站就是直奔德国下萨克森州东部的一座小城市不伦瑞克（Braunschweig）。这座只有二十来万人口的不起眼的小城，在美国国防部科学咨询团的眼中，却是极其重要的考察目标。

在不伦瑞克附近的浓密松林里，一道高高的通电铁丝网围成一片军事禁区，里面有56幢漆成绿色的楼房，侦察机从空中难以发现。戈林空气动力学研究所就隐藏在这里。戈林是纳粹头子，德国空军司令，这个空气动力学研究所直属戈林，上千名德国科学家在这里从事研究。空气动力学家是航空工程的基础。冯·卡门、钱学森都是空气动力学家，所以非常详尽地考察这个密林中的研究所。钱学森仔细检验高速风洞、实验室和所属工厂等总共50多处伪装良好的建筑物。这里设有研究导弹、飞机引擎的成套设备。美国国防部科学咨询团从这个研究所里查获了300万份秘密研究报告，重达1500吨的成套仪器，全部运回了美国。

钱学森和国防部科学咨询团的成员们一起，在这里提审了德国科学家，考察了设备，分析了技术成果。这些考察成果，对于美国空军，对于加州理工学院喷气推进实验室，都极具参考价值。其中最为重要的，就是在这里见到了"消失"多年的德国同行——空气动力学家阿道夫·布斯曼。

阿道夫·布斯曼是德国著名空气动力学家普朗特的学生，而冯·卡门也

1944年，钱学森（右一）参与审讯德国著名飞机设计师阿道夫·布斯曼（右三）

是普朗特的学生，只是阿道夫·布斯曼比冯·卡门年轻得多。

阿道夫·布斯曼第一次引起外界注意，是在1935年罗马举行的沃尔它高速航空研讨会上。普朗特也出席了会议。阿道夫·布斯曼在这次会议上，首次打破当时飞机都是直翼式的陈规，提出了"后掠式"机翼的设想，认为这是飞机通向高速之路的重要改革。冯·卡门后来在一篇文章中写道："在这次会议上，最精彩的论文出自一位年轻的德国人之手，他就是阿道夫·布斯曼博士。"

奇怪的是，此后多年，阿道夫·布斯曼再也没有在公共场合露面，他"消失"了。

在不伦瑞克的密林里，冯·卡门见到阿道夫·布斯曼，才知道这么多年阿道夫·布斯曼就"隐藏"在这里，从事后掠式飞机的研究。

在第二次世界大战后期，美国和英国的战斗机飞行员惊讶地发现，德国的ME-262型喷气战斗机，机翼改成45度后掠式，速度非常快。在1941年，ME-262型喷气战斗机的速度就已经达到每小时998千米。在当时，这是了不起的速度。这就是阿道夫·布斯曼对德国的贡献。

在不伦瑞克，面对冯·卡门率领的国防部科学咨询团，阿道夫·布斯曼是受审者。在国防部科学咨询团之中，乔治·希瑞尔是飞机设计师，当时他正在设计一种新型高速轰炸机。他在仔细阅读了阿道夫·布斯曼的论文和风洞试验数据，并与阿道夫·布斯曼本人进行讨论之后，马上决定取消新型高速轰炸机的直翼，改为后掠式。回到美国之后，乔治·希瑞尔设计、制造了美国第一架后掠翼轰炸机 B-47。这就是国防部科学咨询团在不伦瑞克密林中的重大收获之一。后来，乔治·希瑞尔成为美国波音飞机公司副总裁。

美国当然也不会放过阿道夫·布斯曼这样的德国优秀科学家。阿道夫·布斯曼从阶下囚变为座上宾。他担任美国航空航天局（NASA）高级顾问15年之久，从1963年起受聘为美国科罗拉多大学教授。

苏联人也注意到阿道夫·布斯曼的研究成果，把自己的战斗机改为后掠翼，大大提高了飞行速度。

具有讽刺意义的是，朝鲜战争爆发之后，美国的 F-86 后掠翼战斗机和苏联米格-15 后掠翼战斗机在朝鲜上空打得不可开交，这两种战斗机的设计都是阿道夫·布斯曼的研究成果。

接着，国防部科学咨询团来到由美军占领不久的哈尔茨山区的诺德豪森进行考察。那里是纳粹的火箭、导弹基地。美军抢先占领了这一军事要地。苏军是在三个星期之后才进入这一原本划给苏军的地区。就在美军占领诺德豪森这短暂的空隙，空军科学顾问团深入这里，考察了藏在地下的导弹生产工厂。虽说在那里的考察时间相当匆促，因为必须在苏军到来之前结束，但是这一考察对于了解纳粹德国的 V-1、V-2 火箭有了重要的第一手资料。

冯·卡门和钱学森理所当然关注冯·布劳恩的命运。他们得知，冯·布劳恩已经率一大批在诺德豪森工作的德国火箭专家向美军投诚，已经被美军妥善安排在慕尼黑城郊的美军军营保护起来，便期待着在慕尼黑能够见到这位心仪已久的德国头号火箭专家。

国防部科学咨询团当然非常希望能够前往佩内明德实地考察，那里是纳粹经营多年的另一个火箭、导弹基地，但是苏军的先头部队已经占领那里，只得作罢。

三代空气动力学家的会晤

对于冯·卡门来说，重访亚琛和哥廷根，有着特别的亲切感。

地处德国最西部的亚琛，也是国防部科学咨询团感兴趣的地方。亚琛是一座具有 2000 年历史的古城，毗邻荷兰、比利时。亚琛位于欧洲中心，享有"欧洲心脏"之称。第一次世界大战期间，亚琛是德国空军基地。第二次世界大战中，因为是德国重要的工业中心而遭盟军猛烈轰炸，城市百分之八十被摧毁。国防部科学咨询团在这里考察了德国空军基地。第二次世界大战之后，亚琛成为装备有潘兴导弹的地对地导弹基地。

在亚琛，冯·卡门熟门熟路，因为他曾经担任亚琛工业大学航空学院院长。1930 年，冯·卡门就是在这里发表关于"湍流理论"的重要论文，受到同行们的高度评价。

冯·卡门带领国防部科学咨询团来到德国西北部的哥廷根，对于这座城市，冯·卡门更是了如指掌，因为他的青年时代就在哥廷根大学度过。在哥廷根大学，冯·卡门在名师路德维格·普朗特[1]教授的指导下获得博士学位。普朗特对于冯·卡门的师恩，犹如冯·卡门对于钱学森的师恩。

然而这一回，冯·卡门在哥廷根，他不是带着感恩的心情去拜访当年的导师普朗特，而是以美军少将的身份审讯普朗特！因为冯·卡门被纳粹赶往美国之后，他与导师普朗特在政治上已是分道扬镳、各为其主了，冯·卡门效忠于美国，而普朗特则效忠于纳粹德国。眼下，美国是战胜国，而德国沦为战败国。

普朗特（1875—1953）

普朗特是世界公认的近代流体力学的奠基人，有着"空气动力学之父"的美誉。特别是他认为研究空气动力学必须做模型实验。1906 年普朗特设计、建造了德国第一个风洞，从此风洞成为空气动力学必备的研究手段。

在希特勒上台之后，特别是在第二次世界大战期间，作为著名空气动力学家的普朗特与戈林的帝国空军部有着密切的合作关系。这样，普朗特对法西斯发动的不义之战，有着不可推卸的责任。他接受了冯·卡门和钱学森的审讯。

---

[1] 普朗特常易与普朗克混淆，他俩同为德国著名科学家，而且差不多同时代。其实，普朗克是著名量子物理学家，发现并提出热力学的第二定律，"普朗克常数"就是以他的名字命名的。

普朗特叹道,作为科学家,他是被迫走上与纳粹合作的道路的。

海因里希·希姆莱在德国是一个铁腕人物,一个不可一世的人物。只要看看他担任过的职务,就可以知道他的厉害:纳粹党卫队队长、党卫队帝国长官、纳粹德国秘密警察(盖世太保)首脑、警察总监、内政部长等要职,他还兼任德国预备集团军司令、空军总监。

希姆莱是以空军总监的身份,召见了普朗特教授,要求他为空军制造超音速喷气飞机服务。凭借科学家的良心,普朗特婉拒了纳粹头目希姆莱的要求。但是,没几天,普朗特的助手和几名优秀学生就被盖世太保逮捕。普朗特迫于无奈,只得在希姆莱面前低头……

冯·卡门和钱学森审讯普朗特,这是一场不愉快的会面,但是也是一次历史性的会面。因为这是三代空气动力学家的会面——普朗特是冯·卡门的导师,而冯·卡门是钱学森的导师。

在三代空气动力学家的合影上,冯·卡门在微笑着,坐在右边、戴着美军军帽的钱学森也面带笑容,而普朗特则面无表情,大檐呢帽压得低低的。

令冯·卡门和钱学森惊讶的是,曾经为纳粹德国出了大力的普朗特,却问冯·卡门:"今后我们的研究经费,是否从美国来?"在普朗特的眼里,"有奶便是娘",他手中的科学是谁给钱就可以为谁服务。

1945年4、5月间,穿着美军上校制服的钱学森(中)和导师冯·卡门在德国哥廷根会见空气动力学家L.普朗特(左)

后来，冯·卡门在晚年口述的回忆录中这样道及：

> 我发现，是钱（引者注：即钱学森）和我在哥廷根共同审问我昔日的老师路德维格·普朗特。这是一次多么不可思议的会见啊，现在把自己的命运和红色中国联系在一起的我的杰出的学生，与为纳粹德国工作的老师会合在一起，我们经历的是一个多么奇特的境遇……

钱学森的学生宋健则这样论及这次三代空气动力学家的会面：

> 普朗特、冯·卡门、钱学森三代，为三个不同国家做成了导弹，普朗特为希特勒，冯·卡门为美国，我们的钱学森为中华人民共和国。[1]

通过冯·卡门的介绍，普朗特认识了钱学森。普朗特对冯·卡门说，很巧，他有一位中国的女研究生，叫陆士嘉。

普朗特请陆士嘉来，跟钱学森见面。

陆士嘉是苏州人，跟钱学森同龄，她在1938年进入德国哥廷根大学学习。她要拜普朗特为师，而普朗特却因她是中国人而且又是女性，不愿接收她为研究生。陆士嘉提出，让普朗特对她进行一次考试。普朗特惊讶地发现，陆士嘉的成绩是那么的优秀，于是接收她为研究生。在普朗特的指导下，陆士嘉完成论文《圆柱射流遇垂直气流时的上卷》，获得了博士学位。陆士嘉后来在1947年7月回国，在天津北洋大学航空系任教。新中国诞生后，她是北京航空学院第一任空气动力学教研室主任，成为中国第一个空气动力学专业的主要奠基者之一。她还翻译出版了普朗特所著《流体力学概论》一书。

提审德国"火箭之王"

冯·卡门和钱学森的德国考察之旅的高潮在慕尼黑。

---

[1] 宋健：《控制论和系统科学与中国有不解之缘》，《系统工程理论与实践》1998年第1期。

第四章
火箭专家

依山傍水，慕尼黑位于阿尔卑斯山北麓，是一座景色秀丽的山城。慕尼黑是巴伐利亚州的首府，是德国南部第一大城。在德国，慕尼黑是仅次于柏林和汉堡的第三大城市。

慕尼黑也是希特勒的发迹之地，希特勒曾在这里建立最初的法西斯武装冲锋队和党卫军，成立国社党。

当国防部科学咨询团来到这里时，到处是断垣残壁，因为美、英盟军的空军曾经对慕尼黑施行66次轰炸。

在慕尼黑附近的小镇奥伯阿梅高的美军军营里，冯·卡门和钱学森提审了德国头号火箭科学家冯·布劳恩。对于冯·卡门和钱学森来说，早就听说这位V-1、V-2火箭的总设计师的大名，这一回是第一次见面。

个子高大的冯·布劳恩非常年轻，比34岁的钱学森还小1岁。他的英语很差，幸亏冯·卡门能够讲一口纯熟的德语，钱学森也能听懂德语，所以他们能够很好地交流。

冯·布劳恩一开始，面对冯·卡门和钱学森说了这么一段话："我知道我们（纳粹德国）创造了一种新的战争模式，问题是现在我们不知道，应该把我们的才智贡献给哪个战胜国。我希望地球能避免再进行一场世界大战，我认为只有在各大国导弹技术均衡的条件下，才能维持未来的和平。"

冯·布劳恩应钱学森的要求，写出书面报告《德国液态火箭研究与展望》。

冯·布劳恩讲述了他自己从事火箭研究的经历……

1912年3月23日，冯·布劳恩出生于德国维尔西茨。他的父亲是德国农业大臣，对天文极有兴趣。

6岁生日那天，母亲送给冯·布劳恩一副天文望远镜，使他从此对浩瀚的宇宙产生了浓厚的兴趣。16岁那年，他读了《飞往星际空间的火箭》一书，幻想乘坐火箭遨游太空，同年他成为德国太空旅行协会最年轻的成员之一。他打算报考柏林工业大学学习航空工程，听说进入这一专业必须有很好的数学基础。原本他对数学毫无兴趣，为此下了一番苦功夫，居然以优异的成绩考入这一日思夜想的专业。

德国太空旅行协会类似于马林纳、钱学森当年组织的火箭俱乐部，是由一批年轻的"火箭迷"所组成的民间性质的业余爱好组织。最初，他们所试验的，充其量也只是"玩具火箭"罢了。当年，加州理工学院几个大学生组成的火箭俱乐部，被美国军方所看中，拨了可观的经费，他们的火箭研究才步上正轨。就在太空旅行协会的火箭迷们幻想如何用火箭进行太空旅行时，德国军方注意起他们来。

德国军方重视火箭研究早于美国军方，这也许就是德国火箭的研制水平远远超过美国的原因。早在1929年秋，德国陆军就已经在研究"利用喷气推进火箭运载炸弹的可能性"。德国陆军炮兵局研究与发展部主任卡尔·贝克尔少将把研制火箭的任务交给了瓦尔特·罗伯特·多恩伯格上尉。

1932年，布劳恩大学毕业，他还学会了驾驶飞机，获得了飞机驾驶执照。就在这时，太空旅行协会的四个小伙子冯·布劳恩、鲁道夫·内贝尔、克劳斯·里德尔和瓦尔特·里德尔，应多恩伯格的邀请，入住柏林附近陆军库莫斯道夫炮兵试验场。多恩伯格在那里建立了"陆军火箭研究中心"。这时候，冯·布劳恩才20岁！

虽然冯·布劳恩知道军方研制火箭的目的是"利用喷气推进火箭运载炸弹"，但是他明白，不借助于军方的财力，凭借他们这几个小伙子很难研制真正意义上的火箭。冯·布劳恩全身心投入军方的研制火箭工作，其最终目的仍是太空旅行！

经过一次又一次的计算，经过一次又一次绘制图纸，经过一次又一次试制火箭，经过一次又一次的失败，其中有一次火箭爆炸甚至导致3人当场被炸死！冯·布劳恩和他的伙伴们经过两年的研制，在1934年12月，终于成功地发射了第一枚用液体燃料推进的火箭——A-2型火箭。A-2火箭的升空高度达1.8千米，这是当时世界上升空高度最高的火箭。

这一成功引起德国军方的极大兴趣，认为火箭能够比威力最大的加农炮射程高出一倍。

于是，1936年，德国军方在多恩伯格主持下，在佩内明德兴建秘密的火箭研制基地，其中包括研究实验室、试验台、风洞、居住村以及集中营。那里的集中营中的囚犯，成为建设火箭研制基地的劳动力。

1937年5月，冯·布劳恩领导的火箭研究团队从库莫斯多夫迁到佩内明德，他本人担任技术部主任。冯·布劳恩成为佩内明德基地的首席火箭科学家，"导弹鼻祖"，这时他才25岁！

冯·布劳恩讲述的一个细节给冯·卡门和钱学森留下深刻的印象：

那是在1939年3月23日，他的27岁生日，希特勒参观了竖立在发射台上的火箭，布劳恩被指定给元首讲述火箭技术原理。布劳恩极其认真细致地向希特勒讲解，他发现，希特勒心不在焉。然而，当他讲到火箭的军事用途的时候，希特勒判若两人，双眼发亮，耳朵竖了起来！

冯·布劳恩的讲解引起希特勒的格外重视，希特勒把导弹视为最新式的武器，想使之成为克敌制胜的重要法宝。

于是，火箭的研制工作成了纳粹德国的重大军工项目。

1942年10月13日，V-1火箭试射成功。V-1火箭被称为"飞翔的炸弹"（the flying bomb），即巡航导弹的初型。两个月后，V-2火箭试射成功。V-2火箭是地对地导弹的初型。

1942年12月，希特勒在观看了V-2火箭的试射后，亲自下令把V-1火箭、V-2火箭列入批量生产，并作为针对伦敦的"复仇武器"。

1943年7月，冯·布劳恩为希特勒放映了V-2火箭的发射实况影片并作现场解说，希特勒授予他"荣誉教授"称号。

在"元首"的命令下，V-1火箭和V-2火箭一下子就生产了上千枚以至上万枚。这两种火箭袭击伦敦，震惊了世界，而这时冯·布劳恩感到自责，但是已经为时太晚……

通过审讯冯·布劳恩，冯·卡门和钱学森等还获悉了一个令他们震惊的情报——德国已经在着手研制一种射程可以达到3000英里的远程导弹，美国纽约竟然在它的射程之内。

1945年6月20日，美国国务卿赫尔致电感谢冯·卡门调查团所作出的贡献，批准将冯·布劳恩等德国科学家尽快送回美国。

1945年9月16日清晨，灰色的美国运兵船"阿根廷号"驶进了纽约港。船上除几千名回国的美军士兵之外，还有一支来自德国由120名成员组成的"交响乐乐队"。其实，这支德国"交响乐乐队"的成员，清一色都是德国火箭专家！

他们到达美国的第二天，《纽约先驱论坛报》这样报道："一群德国人被带到美国，他们将为美军运输部队开车。"

美国军方对德国导弹专家来到美国守口如瓶，这一方面出于军事上的保密，另一方面也担心一旦消息泄露，会得到"把纳粹分子带回美国"的骂名。直到很晚很晚，这些"交响乐乐队"的成员由于对美国作出巨大的贡献，在受到美国政府表彰时，才逐一公开亮相。

冯·布劳恩（1912—1977），德国工程师，成为美国《时代》周刊封面人物

作为"头号宝贝"，作为在德国获得的最重要的"头脑财富"，冯·布劳恩是被美军用飞机秘密送到美国的。

冯·布劳恩刚到美国的那些日子，常常受到监视。一次，当他发现一名联邦调查员跟踪自己的汽车时，他说："我唯一不喜欢美国的一点是他们到处跟踪我。"不过，冯·布劳恩也很无奈，他毕竟来自纳粹德国，何况原本还是纳粹党员。常言道："用兵不疑，疑兵不用。"美国人要用他这"疑兵"，一边用，一边"疑"。

1958年1月31日，由冯·布劳恩设计的"丘比特"C火箭成功地把美国第一颗人造地球卫星"探险者"1号送上太空。《时代》杂志把冯·布劳恩当成了封面人物，美国总统艾森豪威尔还向他颁发了"美国公民服务奖"。从此，冯·布劳恩在美国昂起头来，再也不是"疑兵"，再也没有"二等公民"的自卑感。

1961年5月25日，美国宣布实施"阿波罗"载人登月计划。布劳恩成为总统空间事务科学顾问，分管"阿波罗"工程。

1969年7月，由冯·布劳恩设计的世界上最大的火箭"土星"5号第一次把人送上了月球。宇航员尼尔·阿姆斯特朗在月球上踩出人类第一个脚印。与阿姆斯特朗通话的控制中心官员情不自禁高呼："你踩下的脚印也是冯·布劳恩博士的足迹！"冯·布劳恩顿时成为美国家喻户晓的英雄。冯·布劳恩也终于实现了他的太空旅行之梦。

在20世纪70年代，冯·布劳恩为研制美国的航天飞机奉献了最后的心力。

1977年6月16日，冯·布劳恩因患肠癌在弗吉尼亚州的亚历山大医院与世长辞，终年65岁。

冯·布劳恩的成功，印证了美国总统里根的一句话："我们美国是一个由外来移民组成的国家。我们的国力源于自己的移民传统和我们欢迎的异乡侨客。这一点为其他任何一个国家所不及。"

就在冯·布劳恩等在美国大展宏图的同时，那些主管导弹发射的纳粹头子作为战犯却被押上了审判台。

重返麻省理工学院

在访问德国之后，国防部科学咨询团在冯·卡门的率领下，又访问了法国和英国。

在法国，钱学森见到的是满目疮痍。那时候，法国刚刚从纳粹德国的铁蹄下解放出来。法国的空军正在重新组建之中。

至于英国，成了国防部科学咨询团考察德军V-1、V-2火箭"战果"的地方。可以看出，当时德国火箭的制导能力还不好，所以V-1、V-2火箭的命中率还不高。但是一旦命中，产生的破坏力是相当强的。尤其是命中伦敦闹市之后，会严重扰乱民心。

这次欧洲之行，对于钱学森来说，开了眼界，学术丰收。钱学森深深感到，德国的火箭、导弹技术已经走在了美国前面。

回国之后，国防部科学咨询团在冯·卡门的领导下，由钱学森担任主要执笔者，写出了题为《迈向新高度》的考察报告，对比了美、德两国在战争期间的科技发展，并指出美国已有可能研制射程达9600千米的导弹。报告共9卷，其中第3、4、6、7、8卷和技术情报附录均出自钱学森之手。钱学森认为，纳粹德国战败前，在飞机和导弹技术方面已超越美国。他总结了欧洲各国特别是纳粹德国的科研成果和发展经验，向美国政府提出战略性发展规划和实际可行的技术路线。钱学森详细阐述了高速空气动力学的发展，包括脉冲式喷气发动机、冲压式喷气发动机、固态与液态燃料火箭、超音速导弹乃至把核能作为飞行动力的可能性等尖端技术。

由于钱学森在考察德国的火箭技术发展情况方面作出贡献，1945年冬，加州理工学院晋升他为航空系副教授。

接着，冯·卡门又拿出了名为《通向新地平线》的第二份报告。该报告包括钱学森等25位作者的32份分报告，内容涉及从空气动力学、飞机设计到炸药、末端弹道等。《通向新地平线》报告的主要观点是"科学是掌握制空权的基础"。报告强调，要成为航空大国，没有一劳永逸的解决办法，只有不断地加强研究和发展，才能确保国家安全。报告预测，新的作战能力肯定会陆续出现，超声速飞行是可能的，卫星和有相当精度的远程导弹将研制出来，涡轮喷气和涡轮螺旋桨发动机将取得重大进展。

后来，美国专栏作家密尔顿·维奥斯特对钱学森在第二次世界大战期间的作用作了这样的评述：

"在第二次世界大战期间，在钱的帮助下，使大大落后于德国的非常原始的美国火箭事业过渡到相当成熟的阶段。他对建造美国第一批导弹起过关键性的作用。他穿上了军装随同盟国军队进入德国去研究由希特勒的工程师们设计的可怕的空袭武器。4年以后，他就成为制定使美国空军从螺旋桨式飞机向喷气机过渡，并最后向遨游太空的无人航天器过渡的长远规划的关键人物。钱的贡献的价值，一次又一次地得到美国官方的赞扬和确认。钱是帮助美国成为世界第一流军事强国的科学家的银河中的一颗明亮的星。"

这一段时间，钱学森发表诸多论文：

1938年，冯·卡门与钱学森共同发表论文《可压缩流体边界层》《倾斜旋转体的超音速流》，刊载于《航空科学杂志》第五卷。

1939年，冯·卡门与钱学森共同写作《外压引起的地壳的翘曲》；1940年，他们合作了另一篇论文《曲泵对结构翘曲特性的影响》，都发表在《航空科学杂志》第七卷上。

1939年6月，钱学森完成《高速气动力学问题的研究》等4篇博士论文。其中《可压缩流体的二维亚音速流》阐明压力修正公式，后被学界称为"卡门—钱近似"公式。

1940年，由于王助教授的推荐，钱学森成为成都航空研究所的通信研究员，写了题为《高速气流突变之测定》的专论，刊登在该所报告第二号。

从1940开始，钱学森与冯·卡门合作，对飞机金属薄壳结构非线性屈曲理论的研究取得了一系列成果，包括外部压力所产生的球壳的屈曲，结构的曲率对于屈曲特性的影响，受轴向压缩的柱面薄壳的屈曲，有侧向非线性支撑的柱子的屈曲，以及曲度对薄壳屈曲载荷的影响等。

1941年，冯·卡门与钱学森共同撰写了《薄柱壳在轴压下的翘曲》，发表在《航空科学杂志》第八卷上。这篇文章定稿的手稿只有几十页，但从钱学森积存下来的手稿中可以看出，他为这篇文章前后修改了五次，为这项工作所做的演算草稿达700多页。在把最后一稿装入一个信封时，钱学森随手写上"Final"（最后的定稿），但钱学森思索了一下，在"Final"旁边又写下

"Nothing is final!!!",即"(科学上)没有什么(认识)是最终的"。

1962年,钱学森在北京的一次力学会议上,曾经这样说及:

> 我过去发表过一篇重要的论文,关于薄壳方面的论文,只有几十页。可是,我反复推敲演算,仅报废的草稿便有七百多页。要拿出一个可看得见的成果,仅仅像一座宝塔上的塔尖。

在1941年,钱学森还发表论文《风洞的汇聚风斗之设计》。

1943年,冯·卡门与钱学森撰写了《关于远程火箭抛射体可能性的综述》,在《喷气推进实验室报告》上发表。钱学森与火箭专家马林纳合作,完成《远程火箭的评论与初步分析》的研究报告。

1943年,冯·卡门、钱学森与康荣等合作撰写的《利用喷气的引射作用作为驱动推进剂泵的动力源可能性的研究》,发表在同年的《喷气推进实验室报告》上。

1944年,冯·卡门、钱学森与马林纳共同撰写的《关于喷气推进系统应用于导弹和跨声速飞机的比较研究的综述》,发表在同年的《喷气推进实验室报告》上。

1945年,冯·卡门与钱学森合作,完成论文《非均匀流体机翼的升力线理论》,发表于《应用力学》季刊第三卷上。

1946年,钱学森发表论文《超等空气动力学》《稀薄气体力学》,主编《喷气推进的新天地》论文集。他还在美国的《航空科学》杂志上发表论文《原子能》,对爱因斯坦提出的质能关系、原子结构、核分裂等诸多方面的理论,提出了自己独到而清晰的理解,并给出了在航空航天上应用核能和进行工程设计的物理原则与量化信息。

1946年,钱学森把稀薄气体的物理、化学和力学特性结合起来研究,在当时这是先驱性的工作。他与郭永怀合作,完成论文《二维可压缩亚、超声速混合流和上临界马赫数》,在跨声速流动问题中最早引入上下临界马赫数的概念。

1946年暑期,冯·卡门教授因与加州理工学院当局有分歧而辞职,转往麻省理工学院任教。作为冯·卡门的学生,钱学森也离开加州理工学院,跟随冯·卡门回到麻省理工学院。钱学森在麻省理工学院航空系任副教授,专教空气动力学专业的研究生。

这一回钱学森驾车从美国西南的洛杉矶，斜穿美国到东北部的波士顿，他并不感到寂寞，因为有好友郭永怀与他同行：

> 1946年秋，郭永怀同志任教于由 W. R. Sears 主持的美国康奈尔大学航空学院，我也去美国麻省理工学院，两校都在美国东部，而加州理工学院在西部，相隔近三千里，他和我就驾车旅行。有这样知己的同游，是难得的，所以当他到了康奈尔而留下来，而我还要一个人驾车继续东行到麻省理工学院时，我感到有点孤单。[1]

钱学森对父亲非常孝顺，当时钱均夫的生活费便是由钱学森负担的。

钱均夫患胃病多年，常出血，曾经动手术切除三分之二。体弱多病的他，没有再兼教职，也就没有收入，全靠钱学森接济。

在日军占领上海时期，伪上海市长、汉奸陈公博等曾多次邀请留学日本的钱均夫出山，均遭拒绝[2]。

1945年，钱学森的杭州同乡、电机专家朱维衡到美国留学，钱均夫跟朱维衡父亲朱光焘相熟，两家一度商定，钱学森把给父亲钱均夫的生活费寄给在美国的朱维衡，而在杭州的朱维衡的父亲则把相应款项汇给上海的钱均夫，这样双方都避免了跨国汇款的麻烦。

朱维衡的父亲朱光焘与钱均夫曾经一起赴日本留学。朱维衡1942年毕业于上海大同大学电机系，1945年留学美国。朱维衡虽然年少于钱学森，但是按照辈分是钱学森母亲的表弟，钱学森叫他表舅[3]。朱维衡于1948年1月回国。朱维衡后来从事磁浮列车研究，被誉为"中国磁浮列车教父"，著有《飞车梦》一书。

钱学森来到波士顿的麻省理工学院之后，在1947年初曾经专程驾车前去纽约州伊萨卡的康奈尔大学看望好友郭永怀。

据郭永怀夫人李佩（当时尚是未婚妻）回忆说，她就是在那时候认识钱

---

[1] 钱学森：《写在〈郭永怀文集〉的后面》，《郭永怀文集》，第332页，科学出版社1982年版。
[2] 陈天山：《关于钱均夫》，2010年8月7日寄叶永烈。
[3] 2010年8月6日叶永烈采访林海鸣。

学森的。[1]

当时，李佩来到康奈尔大学攻读管理硕士，遇见郭永怀。当年，她在西南联大学习时就认识郭永怀，如今在异国相见，彼此倾心，陷入了热恋。那时候，李佩住在康奈尔大学女生宿舍，郭永怀还不是正教授，住在一个单间里，房间很小，起床之后就把床翻起来，"贴"在墙上，以求扩大空间。不过屋里有卫生间，也有厨房，算是一房一厅吧。有一天，郭永怀对李佩说，有两位好朋友从波士顿的麻省理工学院来，请李佩一起见个面。郭永怀亲自动手，炖了一只鸡，招待朋友。

那天乘钱学森的轿车一起去看望郭永怀的，是林家翘。林家翘1937年毕业于清华大学物理系。1939年林家翘与郭永怀、钱伟长等21人同期考取庚子赔款留英公费生。因第二次世界大战突发，船运中断，改派加拿大。1940年入加拿大多伦多大学，1941年获多伦多大学硕士学位。1944年获美国加州理工学院博士学位之后，1947年转往麻省理工学院任教，与钱学森同校工作。林家翘后来一直在麻省理工学院任教，成为美国科学院院士。

两位好朋友的到来，使郭永怀非常高兴，他把自己的未婚妻李佩介绍给他们。这是李佩第一次见到钱学森。当时，他们讨论的科学问题，李佩不懂。她只记得，钱学森夸奖郭永怀炖的鸡是原汁原味。

双喜临门的1947

对于36岁的钱学森来说，1947年是双喜临门的一年：他晋升为麻省理工学院的正教授，终身教授；他结婚了。

钱学森从副教授升到教授用的时间非常短暂：从1943年至1945年，钱学森的职称是航空学助理教授（Assistant Professor of Aeronautics）。1945年冬，钱学森在加州理工学院升为副教授。才过了一年多，1947年2月，他经冯·卡门推荐，不仅成为麻省理工学院的正教授，而且同时成为该校最年轻的终身教授。通常，当时在美国从副教授到教授需要三年或者更长的时间。

---

[1] 2010年5月15日上午，叶永烈在中国科学院力学研究所采访郭永怀先生91岁的夫人李佩。

冯·卡门教授在推荐书中写道：

> 钱博士在应用数学和数学物理解决气体动力学与结构弹性方面的难题，绝对是同辈中的佼佼者……他人格成熟，堪当正教授之责，也是一位组织能力极强的好老师。他对知识和道德的忠诚，使他能全心奉献于科学。

教授并不等同于终身教授。麻省理工学院有数百位教授，但是每个系一般只有2—3名终身教授。

所谓终身教授，也就是中国人所说的"铁饭碗"。一经聘任后，终身教授的聘期可以延续到退休，不受学校各种阶段性教学、科研工作量的考核，而且没有被解聘的压力，同时他们还享受学校颁发的终身教授津贴。只要你不犯法，大学是不能解聘终身教授的。

美国在1940年开始实行终身教授制。那一年，美国教授协会和美国学院协会发表了《关于学术自由与终身聘任制原则的1940年声明》，正式确认了终身教授制。

当然，在美国要晋升为终身教授，条件也是很严格的：必须要在大学工作满6年；必须在本领域权威学术杂志上发表一定数量的论文；必须得到学生的普遍拥戴，同事的认可；必须通过自己的努力获得国家或者社会提供的相当数量的科研基金等。

在成为麻省理工学院航空系终身教授的时候，钱学森应邀在航空系大厅举行题为《飞向太空》的报告。麻省理工学院院长主持这一报告会。除麻省理工学院的教授、学生之外，来自方方面面的同行、中国友人出席了报告会。特别引人注目的是，五角大楼的军界代表也出席了报告会。

钱学森讲述火箭的历史，火箭的原理，火箭的发展现状，火箭的诱人前景——带领人类飞向太空。他还特别讲述了用核能燃料助推火箭的可能性。

钱学森的报告内容新颖，引起与会者的关注和兴趣。这次报告，是钱学森作为终身教授第一次在麻省理工学院亮相。

钱学森决定在1947年暑假回国探望父亲。诚如冯·卡门后来在回忆录中所写的：

第四章 火箭专家

1947年2月,我愉快地推举他为麻省理工学院正教授。此后不久,钱收到从中国的来信,说他的母亲去世了[1]。他决定回祖国去安抚年迈的父亲。这是他12年来第一次回国。

几个月后,在一封长信里他十分详尽地告诉我他在祖国见到的人民贫困和痛苦。当时那里是在国民党人手里。信的结尾他顺便告诉我,他已经和一位名叫蒋英的姑娘在上海结婚,准备把她带来美国。她是一位具有歌唱家天才的可爱的世界主义者,曾在柏林研究过德国歌曲,后来在苏黎世接受一位匈牙利女高音歌唱家的指导。钱爱好音乐,看来他很幸福。我也感到高兴,他终于找到一位具有国际知识的妻子。

在离开美国之前,钱学森办好了美国绿卡(green card),即美国永久居民卡(United States Permanent Resident Card)。绿卡,是用于证明外国人在美国拥有永久居民身份的一种身份证。拥有美国绿卡后,只要离开美国不超过一年,绿卡本身可以当作有效的入境移民签证,不需去美国大使馆或领事馆另外申请签证。根据美国国籍与移民法,绿卡持有者属于没有美国国籍、也不具有美国公民身份的外国人,但其在美国境内基本享有和本国国民一样的待遇,不过没有选举权和被选举权。

钱学森在1935年前往美国留学时,作为清华大学公费生,当时持中华民国护照。在申请了美国绿卡之后,钱学森回到中国度假,不必再去美国大使馆办理赴美签证,就能顺利返回美国。

1947年7月,趁学校放暑假,钱学森向麻省理工学院请假,回国探亲。当时,飞越太平洋的航线(经停夏威夷)开辟不久,中美之间有了直达航班。钱学森从美国乘飞机抵达上海龙华机场,他的好友范绪箕(1980年任上海交通大学校长)专程从杭州赶来迎接他。

1947年钱学森回国时,前往机场迎接他的范绪箕

---

[1] 其实钱学森的母亲在钱学森出国之前就已经病逝。

"内定"交通大学校长

已经12年没有回到中国。

出现在钱学森眼前的是一个混乱的中国,是一个混乱的上海。

1945年8月,在日本投降之后,毛泽东应蒋介石之邀前往重庆谈判。双方签订的双十和平协定墨迹未干,1946年6月蒋介石就发动全面内战,国共双方在中国大地上激烈交火。

1947年3月13日,国民党胡宗南部队23万人在空军配合下,攻下红都延安。然而,从1947年7月起,中国人民解放军在全国范围内转入战略进攻。

上海十里洋场,依然灯红酒绿。然而,物价飞涨,民心浮动。黄金价格竟然一日五涨,而国民党政府发行的法币惨跌。抢购黄金、美元的风潮席卷大上海。上海物价飞涨到第二次世界大战前的1.2万倍!

钱学森下了飞机,直奔上海愚园路1032弄111号。那里的红砖四层楼房,原本是钱学森母亲章家的家产。由于章家家道中落,后来卖掉此楼,但是又向陆姓房东租回此楼。钱均夫住在底楼,上面三层是钱学森舅舅章乐山之子章镜秋等人居住。那里是法租界,在日本占领上海的时候,法租界没有日本兵,相对安全些。

家中挂着钱学森母亲章兰娟的遗像。父亲钱均夫看上去很消瘦,但是精神还不错。

钱均夫见到儿子事业有成,万里归来,万分欣喜。钱学森留学美国,家中幸有父亲的干女儿钱月华照料,总算有个依靠。

钱学森回国,应邀在上海交通大学、北平清华大学、杭州浙江大学演讲,受到热烈欢迎。钱学森演讲的题目是《工程技术与工程科学》。钱学森在演讲中讲述了德国著名数学家克莱因倡导的应用力学学派在工程应用上的重大成就和发展前景,指出这个学派提倡科学和工程相结合,从而推动工业技术飞速发展。在自然科学和工程技术之间形成了一个独立的科学体系,这就是工程科学,后来改称技术科学。

钱学森说:

既然工业是国家富强的基础，技术和科学研究就是国家富强的关键。

如同长期以来的农业、金融政策或者外交关系一样，技术与科学研究现已成为国家的事情，虽然在早期，技术与科学研究是以未加计划的、个体的方式进行的，可是到了今天，在任何主要国家这种研究都是受到认真调控的。

…… ……

纯科学上的事实与工业应用间的距离现在很短了……为了使工业得到有成效的发展，纯科学家和工程师之间的密切合作是不可少的。

就在钱学森回国期间，1947年8月28日上海《申报》上刊登这样一则报道：

【本报讯】据可靠方面消息：国立交通大学校长人选，教部内定交大校友钱学森继任。钱氏原任美国麻省理工学院教授有年，新近由美返国，现留居北平，朱部长前在平时，曾请北大校长胡适出面商与钱氏。钱氏以校务责任甚重，尚在让辞中。

交通大学校长的人选，为什么要由北京大学校长胡适出面聘请钱学森呢？

原来，1945年9月胡适任北京大学校长，就着手为北京大学网罗人才。其中，北京大学五洲工学院院长的人选，一直没有着落。北京大学物理系主任饶毓泰向胡适推荐了钱学森。饶毓泰把钱学森写的《工程科学系之目的及组织大纲（草案）》交给胡适，并提出"可否由北大聘钱学森先生为工学院长"的建议[1]。于是，胡适致函在美国的

1947年，《申报》《大公报》《新闻报》刊登有关教育部内定钱学森为交通大学校长的报道

---

[1] 耿云志主编：《胡适遗稿及秘藏书信》，第42卷，第518页，黄山书社1995年版。

钱学森。1946年1月2日胡适收到钱学森的回信："现在加省理工航空系任事，与校方约定一两年后回国。故北大如定明春开办工学院，则学森无参加可能。"

与钱学森这么打过一次交道，而且钱学森又没有把话说死，只是称与加州理工学院航空系有约，"一两年后回国"。如今已经"一两年"，而且钱学森正好回国。于是，国民党政府教育部想凭借胡适的威望聘请钱学森出任交通大学校长。

天津《大公报》则于1947年8月31日刊登报道：

教育部决定聘请钱学森继任交通大学校长

【本报南京30日发专电】据悉：教育部已决定聘钱学森出长（注：应为"掌"）交通大学。按钱氏为交大校友，留美工学博士，历任麻省理工学院航空系专任正教授，现任教北大，胡适校长曾聘其为该校工学院长；学识湛深，为国内外极负声誉之工程学家。此次朱部长家骅北行时，曾托人婉达聘请之意。闻钱学森氏尤在考虑让辞中。顷悉：朱部长于二十九又曾专电叶企孙教授，敦促钱氏接长（注：应为"掌"）交大。

当时，1947年5月中旬，交通大学近3000名学生为了抗议国民党当局停办航海、轮机两科，在中共交大总支领导下，自行开火车去南京向国民党政府请愿抗议。交通大学校长吴保丰为此请辞。

交通大学校友会向教育部推荐蒋梦麟、凌鸿勋、茅以升三位校友，请教育部在三人中选任一人为交大校长。但是三人均婉言谢绝。正在交通大学校长一职空缺之际，钱学森从美国归来，国民党政府十分看重钱学森，北京大学校长胡适邀请钱学森出任北京大学工学院院长，而教育部则"内定"钱学森为上海交通大学校长。正因为这样，当时的上海《申报》《新闻报》和天津《大公报》都透露了相关的消息。

天津《大公报》报道中提及："朱部长于二十九又曾专电叶企孙教授，敦促钱氏接长（注：应为"掌"）交大。"叶企孙教授就是13年前破格录取钱学森为清华大学留美预备生的伯乐。得知钱学森不负众望，在美国12年，就取得令人刮目的成就，便邀请钱学森来北平讲学，并住在自己家中——清华北园7号。

从1925年来到清华之后，叶企孙一直住在清华北园7号。这是一套三室一厅的平房。单身的叶企孙只用一半的房子，空出的两间房用来招待友人。据他的侄子叶铭汉院士回忆说："钱学森回国探亲在清华参观时，就在叔父那里住了一个礼拜，钱三强1948年在清华教书时，因家在城里，周一至周五也住在叔父家里，差不多有一年的时间。"叶企孙单身，一直有一位工友照顾他的生活。叶铭汉说："这位工友会做饭，好几个单身教授或家不在北京的教授就在那里吃饭。"教授们借吃饭之机商议校政，图谋教育改革，逐步形成了一个"少壮派"教授核心改革派力量，清华校史称之为"北园7号饭团"，后来，施嘉炀、萨本栋、金岳霖、叶公超等也加入"饭团"。

由于钱学森就住在叶企孙的家中，所以教育部长朱家骅就把电报发给叶企孙。叶企孙在1947年8月29日日记写道："晚接骝先（按：即朱家骅）部长致钱学森电，请彼担任交大校长。"

不料，钱学森连连婉言推辞，不愿出任交通大学校长。

后来胡适在答天津《大公报》等记者问时说："唯因钱氏不克分身，并未答允，钱氏年轻，学识丰富。"

钱学森的导师冯·卡门在回忆录中也曾经写及：

> 后来，我听别人说，他在中国时曾经受到聘请，担任他的母校交通大学的校长，但他没有接受，他要在美国继续深入进行研究。这件事钱本人没有跟我谈过。

其实，最关注钱学森的，当首推清华大学。由于钱学森是清华大学派出的留美公费生，所以清华大学一直关注钱学森在美国的动向就理所当然了。

最近几年从清华大学的档案中查出，早在1939年6月，得知钱学森在美国获博士学位，7月清华大学第四次聘委会作出决议，聘任钱学森为航空研究所副教授，月薪280元。[1] 1944年，清华大学校长梅贻琦又批示，聘请钱学森为教授，月薪450元。当时正值抗日战争期间，清华大学迁至昆明，交通阻隔，远在万里之外的钱学森并不知道清华大学的这些决定。

1947年回国期间，国民党政府教育部派人与钱学森洽谈出任上海交通大学校长事宜。钱学森一再"谦辞"、婉拒，内中的原因是钱学森深知国民党政

---

[1] 魏宏森：《钱学森与清华大学之情缘》，《清华大学学报（自然科学版）》2008年第48卷第11期。

府正处于风雨飘摇之中,他不愿为国民党政府装点门面。

钱学森曾说:"目前国内局势战乱不止,国民党政府腐败无能。在这样的情况下,我不能回来为国民党装点门面。"

从干女儿到儿媳

1947年9月17日,钱学森和比他小8岁的蒋英在上海沙逊大厦举行隆重的婚礼[1]。当时,在婚礼上担任钢琴伴奏的是周广仁。后来,周广仁成为中央音乐学院钢琴系教授,成为蒋英的同事。

在婚礼上提花篮的小女孩,是当年上海影星徐来的女儿。徐来嫁给国民党的唐生明将军,而唐生明之兄唐生智将军是蒋百里的学生。

沙逊大厦(Sassoon House)位于南京东路外滩,是一幢10层的大楼,1929年竣工,以老板英国人维克多·沙逊的名字命名,成为当时上海最顶尖的旅馆兼饭店。那高达10米的墨绿色方尖形的屋顶,成为上海外滩建筑群中醒目的标志。1956年,沙逊大厦改称和平饭店。1992年,和平饭店被世界饭店组织列为"世界著名饭店",中国仅此一家获此殊荣。

钱学森在沙逊大厦举行婚礼,从此与蒋英比翼齐飞,闯出一片新天地。

在婚礼上,《结婚词》被郑重其事地宣读了:

维中华民国三十六年九月十有七日杭州市钱学森和海宁

1947年9月,钱学森与蒋英在上海结婚

---

[1] 很多书误传为1947年8月30日在上海国际饭店14楼摩天厅举行婚礼。就连上海国际饭店的介绍中也说钱学森曾经在本店14楼举行婚礼。这次笔者根据原始文件钱学森和蒋英的《结婚词》予以更正。

县蒋英在上海沙逊大厦举行婚礼懿欤乐事庆此良辰合二姓之好本是苔芩结絜之交绵百世之宗长承诗礼传家之训鲲鹏鼓翼万里扶摇琴瑟调弦双声都荔翰翰花陌上携手登缓缓之车开径堂前齐眉举卿卿之案执柯既重以冰言合卺成夫嘉礼结红丝为字鸳牒成行申白首之盟虫飞同梦盈门百两内则之光片石三生前国共证云尔

其实，蒋英原本是钱均夫的干女儿，曾经取名"钱学英"。她与钱学森青梅竹马，从钱家的干女儿变成了儿媳。

这是怎么回事呢？

原来，蒋英也出身于"华丽家族"。蒋家和钱家乃世交。蒋家是浙江海宁望族，祖籍杭州。

蒋英的父亲名方震，后以字百里传世，人称蒋百里。蒋百里早年在杭州求是书院（浙江大学前身）读书时，与钱均夫是同窗好友，莫逆之交。1901 年 4 月，蒋百里考入日本陆军士官学校，当时曾经托钱均夫照顾自己病弱的母亲，可见两人关系之密切。翌年，钱均夫也到日本留学。归来之后，蒋百里任保定陆军军官学校校长，钱均夫任杭州府中学校长。

1947 年，钱学森在上海外滩的沙逊大厦（今和平饭店）举行婚礼

蒋百里（1882—1938）

蒋百里有"五朵金花"，而钱均夫膝下只有独子钱学森。钱均夫与妻子章兰娟希望有个女儿，见蒋百里的三女儿蒋英活泼可爱，恳求蒋百里夫妇把蒋英过继给他们。

蒋百里夫妇慨然答应，于是钱家正儿八经办了酒席，过继蒋英，从此蒋英改名"钱学英"，并与奶妈一起住进了钱家。那年"钱学英"5 岁，钱学森

13岁，钱学森和"钱学英"以兄妹相称，两小无猜，青梅竹马。他俩还曾一起合唱《燕双飞》，博得两家的喝彩。未几，蒋百里夫妇思念三女儿，还是把蒋英接回去了。

蒋英在晚年回忆说：

> 他父亲和我父亲回国后，都在北京工作，两家常有来往。钱学森是他们家的独生子，我们蒋家有5个女儿。钱学森的妈妈非要跟我妈要一个女儿。我妈说："那你就挑一个吧！"他妈妈挑了老三，就是我。当时还请了几桌客，算我正式过继给钱家，从小跟我的奶妈也过去了，我的名字也改为钱学英。那时我才5岁，而钱学森已经10多岁了，跟我玩不到一块儿，我记得他会吹口琴，当时我也想吹，他不给我吹，我就闹，他爸爸问我怎么回事，我说大哥哥欺负我。他爸就带我到东安市场买了一个口琴给了我。
>
> 过了一段时间，我爸爸、妈妈醒悟过来了，更加舍不得我，跟钱家说想把老三要回来。再说，我自己在他们家也觉得闷，我们家多热闹哇！钱学森妈妈答应放我回去，但得做个交易：你们这个老三，长大了，是我干女儿，将来得给我做儿媳妇。后来我管钱学森父母叫干爹、干妈，管钱学森叫干哥。我读中学时，他来看我，跟同学介绍，是我干哥，我还觉得挺别扭。那时我已经是大姑娘了，记得给他弹过琴。后来他去美国，我去德国，来往就断了。

蒋百里是中国近代著名的军事理论家。1905年，他毕业于日本陆军士官学校步兵科，成绩为第一名。他又赴德国见习一年。在辛亥革命之后，1912年，30岁的蒋百里任保定陆军军官学校校长，领少将衔。天津北洋武备学堂、保定陆军军官学校、广州黄埔军官学校三足鼎立，是中国三所军官名校。蒋百里一心要把保定陆军军官学校办成第一流的学校，无奈经费严重不足，一再向北洋当局申请，均无着落。蒋百里向袁世凯请辞，又不准。蒋百里为人刚

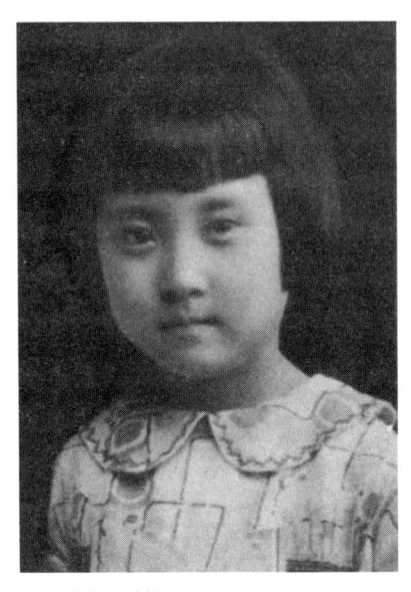

蒋英小时候

烈，1913年6月18日清早，在全校2000多师生面前突然拔出短枪，对准胸部开枪自杀。全校师生大惊，紧急送医治疗。袁世凯闻讯，急请日本公使馆派出医官和护士长左藤屋子幸赶往保定诊治。由于子弹未伤及要害，蒋百里经救治脱险，但是日本医官又发现蒋百里枕下有许多安眠药片。护士长左藤屋子幸力劝蒋百里万不可轻生，百般劝慰。两人竟然因此产生爱慕之情！

1914年秋，蒋百里与左藤屋子幸小姐结婚，左藤屋子幸改名蒋左梅。佐藤屋子幸小蒋百里8岁，日本北海道人，毕业于日本护士助生专门学校，然后又在帝国大学产科学习过5年。蒋百里喜欢梅花，为她取名字"左梅"之后，在家乡浙江硖石购地数亩种梅200株，号曰"梅园"。

蒋百里先后担任袁世凯总统府一等参议、黎元洪总统府顾问、吴佩孚部总参谋长。

蒋百里不仅是武将，而且颇具文才，可谓文武双全。1918年底到1919年，蒋百里随梁启超赴欧洲考察。回国之后，蒋百里写出《欧洲文艺复兴史》一书，请梁启超为之作序。梁启超下笔不能自休，竟写了5万多字，太长，于是梁启超只好另作短序。后来，梁启超把那篇长序加以补充，写成《清代学术概论》，请蒋百里作序。在当时，传为一段文坛佳话。

1923年，蒋百里与胡适一起创办了新月社，并同徐志摩结为至交。

1935年，蒋百里出任国民党军事委员会高等顾问，翌年奉蒋介石之命赴欧洲及美国考察。

1937年，蒋百里在庐山为国民党高级军官讲学，把讲稿写成《国防论》出版，首次提出了抗日持久战的军事理论。该书扉页题词是："万语千言，只是告诉大家一句话，中国是有办法的！"

1938年8月，蒋百里代理陆军大学校长（校长为蒋介石）。同年11月4日，蒋百里病逝于广西宜山，终年仅56岁，国民党政府追认其为陆军上将。

抗日战争胜利后，左梅夫人雇船把蒋百里的灵柩从广西运到杭州安葬。

左梅夫人后来一直住在北京女儿的家

1936年，蒋百里在德国留影

里，直到 1978 年去世，享年 88 岁。1984 年，蒋英护送母亲的骨灰至杭州，把母亲与父亲合葬于凤凰山下的南山公墓。

在与蒋左梅结合之前，蒋百里曾经有一次婚姻。原配夫人查品珍由父亲包办，终身未育。查品珍虽出身名门，但是目不识丁，因此蒋百里对这一包办婚姻甚不满意。

2009 年 3 月 28 日，香港举办"世界因你而美丽——2008 影响世界华人盛典"，钱学森荣获最高奖，即"终身成就最高荣誉大奖"。获奖者之一的香港作家查良镛（金庸）笑谓，他跟钱学森有亲戚关系。查良镛跟钱学森有什么亲戚关系呢？

原来，查良镛竟是钱学森的表小舅子，而钱学森则是查良镛的表姐夫。查良镛也是浙江海宁人氏，查家乃海宁名门。蒋百里的原配夫人查品珍，是查良镛同宗的远房姑母。蒋百里的第二位夫人左梅是日本人，即蒋英的生母。所以查良镛称蒋英为表姐。

由于蒋百里不满于包办婚姻，婚后不久就离家北上。查品珍一直居住在硖石镇蒋氏老宅，侍奉蒋母杨太夫人。查品珍于 1939 年去世，终年 59 岁。

蒋百里与蒋左梅结婚之后，生下"五朵金花"：

蒋百里夫妇与"五朵金花"，左一为蒋英

长女蒋昭，曾经学习演奏小提琴，不幸早逝。

二女儿蒋雍，原在香港中文大学读书，抗战期间回国参加救护队，为伤员服务，后定居美国。

三女儿即蒋英。

四女儿蒋华，侨居比利时，兴办欧洲中山学校。1955年当钱学森被软禁于美国，写信给中国人大副委员长陈叔通求救，那封至关重要的信，就是寄到比利时蒋华那里，由她转寄到中国。蒋华在晚年回到北京。

五女儿蒋和，居北京。"文化大革命"期间因父母亲的历史受到审查，蒋和在交代材料中赫然写着"陈伯达是杂种"，审讯者吓得不敢将材料上交。

蒋百里作为中国的抗日将领，娶了日本妻子，在抗日战争期间备受风言风语之苦。左梅夫人在婚后不再说日语，在家中教女儿说汉语。

"声震屋瓦"的女高音歌唱家

1935年，当24岁的钱学森准备远渡重洋前往美国留学之际，蒋百里带了女儿蒋英前去看望。蒋家有女初长成，这位昔日的小妹妹已经15岁了，亭亭玉立，举手投足全然是大家闺秀的风韵。

蒋英跟大哥哥钱学森很谈得来，尤其是谈论音乐。喜欢音乐的她，已经弹得一手好钢琴，而钱学森也喜欢音乐，他不仅是交通大学铜管乐队的队员，而且前不久——1935年2月，还在《浙江青年》第一卷第四期上发表了文章《音乐和音乐的内容》。

自从钱学森去了美国，翌年，蒋百里以军事委员会高等顾问名义出访欧美各国考察军事。这是蒋百里继1906年留学德国、1918年底至1919年赴欧洲考察之后，第三次去欧洲。这次他带夫人以及三女儿蒋英、五女儿蒋和同往。

他们乘坐意大利"维多利亚号"邮船前往意大利，然后经维也纳到达德国柏林。蒋百里把两个女儿蒋英、蒋和留在柏林，进入贵族学校冯·斯东凡尔德学习。不久，蒋英考取国立柏林音乐大学声乐系，师从系主任、男中音海尔曼·怀森堡，学习西洋美声唱法。与此同时，她还学习德语、法语、意大利语和英语。

1936年，蒋百里（右二）与左梅夫人（右三）暨女儿蒋英（右一）、蒋和（左一）在德国参观柏林动物园时合影，并在相片上题词赠给蒋英

1936年11月，蒋百里偕左梅夫人从欧洲飞往美国考察。蒋百里夫妇到洛杉矶的时候，前往加州理工学院看望了钱学森。自从去美国之后，钱学森与蒋英失去了联系。蒋百里把蒋英的一张照片送给了钱学森，似乎表达了有意让钱学森成为他的女婿的意愿。

那时候，钱学森已经在麻省理工学院获得航空工程硕士学位，然后转到加州理工学院跟随冯·卡门教授学习空气动力学。钱学森告诉蒋百里，父亲钱均夫不赞同他从航空工程改学航空理论，给他写信说："国家已经到了祸燃眉睫的重要关头，应在航空工程上深入钻研，不宜见异思迁，走上理论的途径。"

钱学森把自己的想法告诉了蒋百里。蒋百里细细听了之后，觉得钱学森的选择有道理。

1936年12月初，蒋百里和夫人回国。12月11日，蒋百里从南京飞赴西安向蒋介石汇报欧美之行。当天下午，蒋介石在华清池接见蒋百里，谈了一个多小时。不料，次日拂晓，就发生了震惊中外的西安事变。在西安事变发生之后，蒋百里曾被东北军扣留，但很快就获释。他三晤张学良，力劝他释放蒋介石，为和平解决西安事变出了一份力。

在西安的两周里，蒋百里差不多每天都写信给在德国的女儿蒋英、蒋和。他在信中写道：

今天，张（治中）将军又来了，备了一桌好酒菜，还有好烟，爸爸的胃口真好!

在那一段短期的俘虏生活中,好似一幕喜剧,那么多的军政大员都在扮演丑角,因为他们离开了权力,回到本来生活中,便显得软弱如婴孩,只得由环境来摆布了。只有爸爸是可以冷眼看事件的人,唯有爸爸同意张的主张,给予斡旋。

今天飞机轧轧声,南京有人飞到西安来了……

今天又一声轧轧,委员长回南京去了……

明天还有一声轧轧,你们的爸爸将离开这座古城飞回上海……

蒋百里跟钱均夫见面,转达了钱学森的想法。蒋百里对钱均夫说:"学森的转向是对的,你的想法却落伍了。欧美各国的航空趋势,在于工程、理论一元化,工程是跟着理论走的。而且,美国是一个富国,中国是一个穷国,美国造一架飞机,如果有理论上的新发现,立刻可以拆下来改造过来,我们中国就做不到了。所以中国人学习航空,在理论上加工是有意义的。"

钱均夫听后,非常赞同蒋百里的见解,称赞说:"百里的头脑,一日千里,值得刮目相看。"

后来,作家曹聚仁在《蒋百里评传》里记述了这件事。

从1940年开始,英国空军对德国进行轰炸,蒋英不得不离开柏林,转往中立国瑞士,在卢塞恩音乐学院学习。非常凑巧的是,钱学森在美国的导师是来自匈牙利的冯·卡门,而蒋英在瑞士的导师是匈牙利歌唱家依罗娜·杜丽戈。

1944年,即将毕业的蒋英在瑞士国际音乐节上演唱,她甜美的歌声深受好评。

蒋英音域宽广优美,成了德律风根公司的十年唱片签约歌手。德律风根公司历

蒋英在演出之前(1938年)

史悠久，1903年德意志联邦共和国通用电力公司和西门子公司联合成立了德律风根公司。能够被这家公司青睐，成为十年唱片签约歌手，表明蒋英具有相当高的演唱水平。

1945年，当钱学森随同冯·卡门率领的国防部科学咨询团来到德国、法国、英国考察时，蒋英在瑞士，无缘相见。

第二次世界大战的硝烟终于散去。1946年，蒋英乘船回国。经过一个多月的海上航行，终于回到了上海。

1947年5月31日，由上海市政府交响乐团主办，钢琴名家马果斯基教授伴奏，27岁的蒋英在上海的兰心大戏院举办归国后第一次独唱音乐会，一时间成为上海媒体关注的歌坛新秀。

位于上海茂名南路的兰心大戏院建于1930年，是一座典雅的欧式风格的建筑物。兰心大戏院是当年上海设施最完备的剧场，也是当时高贵的娱乐场所，晚上常有西方剧团演出或是音乐会，进出的男士身穿燕尾服，而女士则往往穿曳地长裙。

在蒋英的独唱音乐会之后，1947年6月2日，音乐评论家俞便民在上海《每日新闻》上发表评论指出：

> 蒋英的音乐会是本评论者听到的最佳音乐会之一，她也是近年来舞台上出现的青年女高音。蒋的歌喉是抒情的，她的特点是懂得如何运用她的嗓音，最令人信服的是她有音乐感……
>
> 她戏剧性的才华得到充分发挥，无论在音域和音量上，都掌握得极为出色，熟练的技术与丰富的经验，使得快速的滑音和花腔都显得极为轻巧和优美。
>
> 她卓越的歌唱艺术，加强了记者对中国艺坛感到必将吐射光华的信念……
>
> 演唱确实是有水平的，能在陌生人中发现一位知音，为我是真正的收获。

蒋英还应邀到杭州举行了独唱音乐会。

后来，在1957年，查良镛在香港《大公报》所开的专栏"三剑楼随笔"中，写过一篇《钱学森夫妇的文章》，写及表姐蒋英：

歌唱音量很大，一发音声震屋瓦，完全是在歌剧院中唱大歌剧的派头，这在我国女高音中确是极为少有的。

良缘天成　佳话传世

就在蒋英的歌声在上海上空飘荡的时候，"飞将军自九霄来"，钱学森从大洋彼岸乘坐飞机降落在上海。

关于火箭专家跟女高音歌唱家之间的恋爱，种种加油添醋的传说不足为凭。女主角蒋英曾用这么朴实的语言，叙述了恋爱的经过：

> 对于学森，我父亲倒是有些想法。他到美国考察，专门去了学森就读的学校，把我的照片给了他。
>
> 因为许久不见，后来再也没提这件事。我们之间没有联系。
>
> 他没朋友，一直到36岁。他是1947年回国的，当时他爸爸问我家人："小三有朋友了吗？"我排行第三，他们都喊我"小三"。
>
> 我家奶奶说："小三的朋友多着呢！"
>
> 其实，我那时候根本没有对象，追我的人倒是不少，我一个都没看上。
>
> 那时候，他父亲每周都送些杭州小吃来，学森不懂得送东西，倒是常来我们家玩。好多人让我们给他介绍女朋友，我和妹妹真给他介绍了一个。他坐在中间，不好意思看我们给他介绍的姑娘。可是他却一直跟我聊，我们倒是很谈得来。
>
> 后来，他老来我们家，嘴上说是来看望蒋伯母，实际上是看老三。他不懂怎么追姑娘，也不知拿点花来。
>
> 后来，他对我说："你跟我去美国吧！"
>
> 我说："为什么要跟你去美国？我还要一个人待一阵子，我们还是先通通信吧！"
>
> 他反反复复老是那一句话："不行，现在就走，跟我去美国。"
>
> 没说两句，我就投降了。

我妹妹知道后对我说："姐，你真嫁他，你不会幸福的。"我妹妹在美国和钱学森在一个城市，她讲起学森在美国的故事：赵元任给他介绍了一个女朋友，让他把人家这位小姐接到赵家，结果他把人家小姐给丢了。赵元任说："给他介绍朋友真难。"

那时，我从心里佩服他，他才36岁就是正教授了，很多人都很敬仰他，我当时认为有学问的人就是好人。

蒋英，这个原本是钱家的过继女儿的"钱学英"，最后还是嫁到钱家，变成钱家的儿媳，可谓良缘天成，佳话传世。她说，在1947年她跟钱学森重逢之后，一见钟情，6个星期就结婚了。

与钱学森结婚前夕的蒋英（1947年）

这一良缘的另一方、男主角钱学森，几乎没有对外人披露过他追求蒋英的经过，但是多次谈及这位女高音歌唱家使他一生生活在幸福之中。

每当听到蒋英的歌声，钱学森总是说："我是多么有福气啊！"

钱学森还说："在我对一件工作遇到困难而百思不得其解的时候，往往是蒋英的歌声使我豁然开朗，得到启示。"

1991年10月16日，钱学森在人民大会堂授奖仪式上的即兴演讲中，这样公开谈论自己的妻子：

> 44年来，蒋英给我介绍了音乐艺术，这些艺术里所包含的诗情画意和对人生的深刻的理解，使我丰富了对世界的认识，学会了艺术的广阔思维方法。或者说，正因为我受到这些艺术方面的熏陶，所以我才能够避免死心眼，避免机械唯物论，想问题能够更宽一点、活一点。[1]

当然，私底下，蒋英对上门拜访的朋友夸奖钱学森的一手好厨艺："我们

---

[1] 钱学森：《在授奖仪式上的讲话》，《人民日报》1991年10月19日。

家钱学森是大师傅，我只能给他打打下手。"钱学森则俏皮地说："蒋英是我家的'童养媳'！"

1947年9月26日，钱学森先乘飞机离开上海，途经夏威夷檀香山办理进入美国的手续，然后从那里飞往美国波士顿，重返麻省理工学院。一个多月后，钱学森在波士顿迎接新婚妻子蒋英的到来。

他们在麻省理工学院附近租了一幢房子作为自己的新家。钱学森给蒋英买了一架黑色大三角钢琴，作为结婚礼物。

冯·卡门曾这样回忆新婚的钱学森："钱现在变了一个人，英，真是个可爱的姑娘，钱完全被她迷住了。"

蒋英则这样回忆说，1947年她去美国与新婚的丈夫钱学森会合，到美国的第一天，钱学森把她安顿好后，就去麻省理工学院上课去了，蒋英独自一人待了一天。晚上回来，钱学森带她去外面吃饭。回

1947年，蒋英在上海举行独唱音乐会

钱学森1947年回国探亲后，于9月26日在上海龙华机场乘飞机返回美国

到家8点多钟，钱学森泡了一杯茶，对蒋英说了一句话：回见！便独自走进了书房，关上了门，灯光一直亮到夜里12点。这种习惯，钱学森保持了60多年。

钱学森的好友郭永怀，特地和李佩一起从康奈尔大学到波士顿看望钱学森和蒋英。当时，李佩已经与郭永怀结婚。郭永怀和李佩在宾馆住下之后，来到钱学森家中。李佩回忆说，钱学森家的客厅很大，最显眼的是安放着一架崭新的大钢琴，那是钱学森买给蒋英的结婚礼物。[1] 钱学森说起1947年暑假回

---

[1] 2010年5月15日上午，叶永烈在中国科学院力学研究所采访郭永怀先生的夫人91岁的李佩。

到中国，在交通大学、清华大学、浙江大学作讲座，在上海举行婚礼。

那天，钱学森夫妇在家中宴请郭永怀夫妇，钱学森亲自下厨炒菜，蒋英给钱学森打下手，李佩这才知道钱学森能做一手好菜，是一位美食家。那一回，两对新婚夫妇在波士顿度过了愉快的一天。

几年之后，美国专栏作家密尔顿·维奥斯特在《钱博士的苦茶》一文中写道：

> 钱和蒋英是愉快的一对儿。作为父亲，钱参加家长、教员联合会议，为托儿所修理破玩具，他很乐意于尽这些责任。钱的一家在他们的大房子里过得非常有乐趣。钱的许多老同事对于那些夜晚都有亲切的回忆。钱兴致勃勃地做了一桌中国菜，而蒋英虽也忙了一天准备这些饭菜，却毫不居功地坐在他的身边。但蒋英并不受她丈夫的管束，她总是讥笑他自以为是的脾性。与钱不一样，她喜欢与这个碰杯，与那个干杯。

蒋英则这样回忆说："那个时候，我们都喜欢哲理性强的音乐作品。学森还喜欢美术，水彩画也画得相当出色。因此，我们常常一起去听音乐，看美展。我们的业余生活始终充满着艺术气息。不知为什么，我喜欢的他也喜欢……"

1948年，钱学森被推选为全美中国工程师学会的会长。

他完成了《关于火箭核能发动机》的论文，这是世界上第一篇关于核火箭的论文。

1948年10月13日，儿子出生于波士顿。按照钱家宗族辈分"继承家学，永守箴规"，钱学森的儿子属于"永"字辈，取名钱永刚，希望儿子是一个刚强的男子汉。

再度来到加州理工学院

钱学森和蒋英在麻省理工学院安家不久，就传出消息，他们要回到加州理工学院了。

第四章 火箭专家

在美国，钱学森经历了从麻省理工学院到加州理工学院，从加州理工学院回到麻省理工学院，如今又要从麻省理工学院返回加州理工学院。

当年，钱学森是随着冯·卡门的离去与导师共进退，来到麻省理工学院。那时候，冯·卡门与加州理工学院院方不合而离去。随着杜布里奇出任加州理工学院院长，加州理工学院与冯·卡门之间的"疙瘩"解开了。1948年10月，杜布里奇致函冯·卡门和钱学森，邀请他们回到加州理工学院。钱学森又一次与导师冯·卡门共进退。

决定钱学森再度回到加州理工学院的另一原因，是实力雄厚的古根海姆基金会在加州理工学院和普林斯顿大学各成立一个喷气推进中心。这两个中心不约而同地热情邀请钱学森担任中心主任。钱学森选择了加州理工学院，因为他熟悉并喜欢加州理工学院。

诚如钱学森所回忆：

> 1949年我再次搬家，又到美国加州理工学院任教，所以再一次开车西去，中途到康奈尔。这次我们都结了婚，是家人团聚了，蒋英也再次见到我常称道的郭永怀和李佩同志。这次聚会还有 Sears 夫妇，都是我们在加州理工学院的熟朋友。我们都是我们的老师 Theodore von Karman 的学生，学术见解很一致，谈起来逸趣横生。这时郭永怀同志已对跨声速气动力学提出了一个新课题：既然超出上临界马赫数不可能有连续解，在流场的超声速区就要出现激波，而激波的位置和形状是受附面层影响的，因此必须研究激波与附面层的相互作用。这个问题比上临界马赫数问题更难，连数学方法都得另辟新途径。这就是 PLK 方法中 Kuo（郭）的来源，现在我们称奇异摄动法。这项

1949年，钱学森与夫人蒋英在美国出游（郭永怀摄）

走近**钱学森**

工作是郭永怀同志的又一重大贡献。[1]

1949年初夏,钱学森和冯·卡门一起返回加州理工学院,钱学森出任该院喷气推进中心主任,同时担任航空系教授,兼任喷气工程公司的顾问。

这样,钱学森在美国的20年之中,16年是在加州理工学院度过的,而在麻省理工学院只有4年。

钱学森和夫人蒋英、不满周岁的儿子钱永刚一起回到阳光灿烂的洛杉矶,在帕萨迪纳加州理工学院附近安了家。

古根海姆基金会创立于1937年,是由美国采矿业巨头所罗门·R.古根海姆创立的,原本主要是从事于博物馆的资助,在纽约、拉斯维加斯和意大利威尼斯都创立了古根海姆美术馆。

从事喷气推进研究需要大量的资金,是一个"耗资大户",每年花费的资金达到加州理工学院全院资金的30%。加州理工学院争取到实力雄厚的古根海姆基金会的资助,所以喷气推进中心也就以古根海姆冠名。

古根海姆喷气推进中心的主要任务是研究喷气推进的新理论、新技术,为战后美国空军的发展提供科学理论和技术措施。

钱学森的学生郑哲敏回忆当时的情况说:

> 我选过他开设的火箭的课程,我当时的同屋是钱学森交大的同学、好朋友罗沛霖,罗每个周末都到钱先生家里去,

钱学森(左三)和同事在古根海姆办公楼前合影

---

[1] 钱学森:《写在〈郭永怀文集〉的后面》,《郭永怀文集》,第332-333页,科学出版社1982年版。

罗对我非常了解，可能对钱先生说过我什么话，那就不知道了。

钱先生落脚在航空系，隶属航空系的喷气推进中心授课的教学大纲、经费以及招生由钱先生做主。

那时，钱先生已是讲座教授，管着一摊事情，这在当时美国的华人中还是比较少的，同时他在社会上也很有名气，美国的《时代》杂志登过关于他的特别报道和照片，那是钱学森在美国的一个学术会议上的报告，这个报告很有名，连美国老百姓都知道有这个人。[1]

郑哲敏

郑哲敏提到的钱学森那个"很有名"的报告，是1949年12月，钱学森在纽约召开的美国火箭学会的会议上，提出实现洲际高速客机的蓝图。钱学森说，将来可以设计出一种"火箭客机"，它的形状像一支削尖的铅笔，长约80英尺，直径约9英尺，自纽约垂直起飞后，到达洛杉矶的飞行时间将不到1小时。

钱学森身为著名的火箭专家，他关于"火箭客机"的设想引起公众的极大兴趣。美国的《大众科学》《飞行》《纽约时报》《时代》等各大报纸杂志，都报道了钱学森的这一设想。

后来，钱学森说："在30年内，人类将可以登上月球，而这趟月球之旅，可以在一个星期内完成！"

钱学森提出"火箭客机"的设想，也就是后来的航天飞机。

当时，冯·卡门的家庭正遭遇巨大不幸。冯·卡门在父亲去世后，母亲和妹妹也先后因病离开人世。冯·卡门把自己在古根海姆大楼二层的办公室交给钱学森。冯·卡门对钱学森说："我的母亲和妹妹走了，我也要走了……我让你接替我的工作。"

---

[1] 杨虚杰：《郑哲敏：一切皆力之变》，《中华读书报》2009年4月29日。

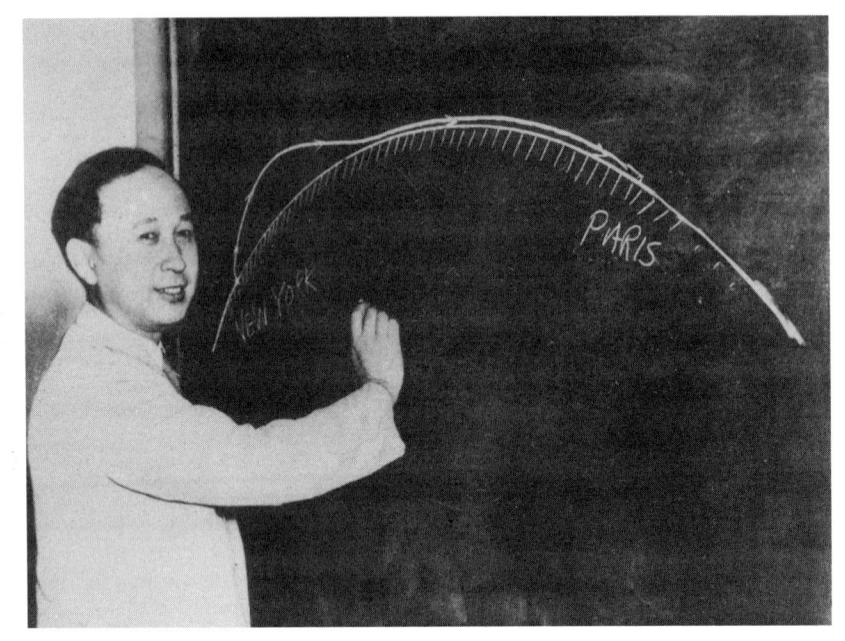

钱学森在美国加州理工学院讲授火箭客机

钱学森成了冯·卡门事业的继承人。诚如美国专栏作家密尔顿·维奥斯特所说：

> 冯·卡门是空气动力学领域里独一无二的大师，而钱的名望仅在他一人之下，钱是冯·卡门雄心壮志与事业的继承者。

当时，钱学森在担任美国炮兵导弹工程项目协调人，每年5万美元，加上每个项目给3000—7000美元不等的奖金（平均每月两个到三个项目）；钱学森担任加州理工学院教授、物理研究所兼职研究员，每月分别收入2000美元和1600美元。由此可见，钱学森在美国收入相当高。不仅远远高于当时国民党统治下的中国大学教授的工资，更是远远高于后来钱学森回国之后中国大陆的大学教授的工资。

可以说，当时钱学森在美国已经进入"成功人士"的行列。

钱学森的"红色"挚友

钱学森在加州理工学院安家之后,有一位老朋友几乎每个周末都来钱学森家,或者是共同欣赏音乐,或者是聊天。

钱学森当时并不知道这位老朋友的真实政治身份。说实在的,要讲清楚这位老朋友的真实政治身份也不容易:当时他名义上并不是中国共产党党员,但是他曾经在延安工作,跟周恩来、董必武这样的中共领导人有着相当密切的关系,而且还受到过毛泽东的接见。虽然他名义上并不是中国共产党党员,却担负着中共的统战工作任务!他跟钱学森交情匪浅,所以他会成为钱学森家的常客。他对钱学森产生了深刻的影响。

若干年之后,他才公开亮出了政治身份——中国共产党党员,然而他又不是一般意义上的中共统战干部,他是货真价实的科学家。他后来既成为中国科学院院士,又成为中国工程院院士——这充分表明他是中国第一流的科学家。他甚至是中国工程院六名发起人之一,关于建立中国工程院的报告就出自他的笔下。他被誉为"新中国电子产业的奠基人",又有着"红色科学家"之称。

他的科学家的身份向来是公开的,而他的中国共产党党员身份最初是保密的。正因为这样,他当时在美国的中国留学生之中做统战工作,可以说是如鱼得水。

当时的钱学森,对于国共双方来说,都是重要的争取对象。钱学森在国民党方面有许多朋友,广有人脉,尤其他的岳父蒋百里就是国民党高官。钱学森1947年回国期间,国民党方面通过北京大学校长胡适、教育部长朱家骅、清华理学院院长叶企孙等做钱学森的工作,希望钱学森站到国民党一边来。

钱学森跟中国共产党的交往倒是不多。但是即将在中国执政的中国共产党非常重视钱学森,把钱学森作为重要的争取对象,主动派人做钱学森的思想工作。尽管钱学森远在美国,那位有着神秘色彩的中国留学生受中国共产党派遣还是来到美国,做争取留美中国学生、学者、教授回国的工作,特别是做钱学森的思想工作。

青年罗沛霖

1948年在中共党组织领导下，在留美学生中建立了"留美科技人员协会"。该协会的任务就是动员留美人员回国。那位成为钱学森家中座上客的人物，是该协会的积极活动分子，是加州理工学院"留美科技人员协会"分会的负责人。

他便是罗沛霖，原名罗霈霖，在延安时期化名"罗容思"。在加州理工学院，罗沛霖与钱学森的学生郑哲敏住在同一套公寓里。前面引用的郑哲敏的回忆中，就提到了罗沛霖。

罗沛霖小钱学森两岁，1913年生于天津。

罗沛霖跟钱学森相似，乃名门望族之后。父亲罗朝汉，天津名流，有着双重身份，即画家和电讯学家。

罗朝汉是天津相当有名气的画家，善画兰竹。罗沛霖的母亲孙梦仙也擅长诗画，著有《梦仙诗画稿》。

不过，画画并非罗朝汉的正业，电讯学才是他的正业。他是中国早期电信界元老，做过天津电报局局长、北京电话局局长。罗朝汉和罗沛霖的舅父孙洪伊在天津设立了天津电报学堂（1904—1934），是我国北方最早培养电讯人员的学校。

罗沛霖的舅父孙洪伊是天津早期的同盟会会员，曾任孙中山大元帅府（广州）内务总长，1922年孙中山与李大钊的第一次会见就是在孙洪伊的上海寓所进行的。

罗沛霖是罗家"少爷"，从小过着优裕的生活。受父亲的影响，他从小就喜欢玩电报、电话。

跟钱学森一样，罗沛霖天资聪颖，而且受到最良好的教育，在天津最好的中学上学。高中毕业之后，罗沛霖居然同时被3所当时中国的名牌大学——清华大学、交通大学和南开大学录取。罗沛霖最终选择了交通大学，原因是交通大学设有他最喜爱的电讯专业。

1931年，罗沛霖从天津来到上海，进入交通大学电机系。罗沛霖跟钱学森不同系、不同班，却成为好友。

罗沛霖是怎么跟钱学森认识的呢？

有一天，罗沛霖到南开中学老同学郑世芬的宿舍串门。当时，郑世芬在读电机系二年级，比罗沛霖高一年级。跟郑世芬同寝室住的，正是在机械系二年级就读的钱学森。就这样，罗沛霖结识了钱学森。一聊起来，得知彼此都曾经在北京师范大学附属小学读书，一下子亲近了许多。大约是家庭背景相似，气质相投，何况两人都是音乐"发烧友"，这两位不同系、不同班的年轻人，成了好朋友，经常在一起交谈。钱学森参加了学校的铜管乐队，是主力圆号手，而罗沛霖则喜欢跑上海的北京路旧货店买旧唱片。在课余，两人聚在一起欣赏音乐、谈论音乐，有时候还一起去音乐厅听音乐会。

钱学森对于学业非常勤奋，门门功课都优秀。罗沛霖是一个特立独行的人，听课心不在焉，连听课笔记都不记。到了考试时，应付一下，所以成绩平平。罗沛霖只对电讯感兴趣，大量阅读电讯书刊，花费大量的时间进行深入钻研。

罗沛霖总是夸奖钱学森学习成绩名列前茅，而钱学森则对罗沛霖说："你也是能够考得很好的，但你却不屑去追求。"

确实，以罗沛霖那样的才华，完全可以拿到高分，他却不屑于此，自称是一个"偏才"，凭兴趣学习。

钱学森和罗沛霖谈得来，还在于彼此都富有正义感，高度关注国家的命运。罗沛霖一直记得钱学森对他所说的一句很深刻的话："中国的政治问题不经过革命是不能解决的，光靠读书救不了国。"

在交通大学当年的毕业生之中，罗沛霖是很另类的一个。很多毕业生希冀到外国留学，而罗沛霖居然奔赴延安！

1935年罗沛霖从交通大学毕业之后，先是到国民党广西第四集团军无线电厂担任电子工程师，每月120块大洋。一年多后，他不满于国民党军队无能和腐败，在同学孙以德（友余）、周建南的影响之下，他做出了在当时相当难能可贵的人生选择——奔赴红都延安。

孙以德后来以孙友余这一名字传世。1937年肄业于交通大学，1938年赴延安，加入中国共产党。历任中央军委三局器材厂技术指导员、通信学校中队长。1940年后在中共中央南方局任秘密交通。新中国成立后任第一机械工业部副部长、国务院机械工业委员会副主任。

周建南也肄业于交通大学。1938年赴延安，1940年加入中国共产党，长期从事统战和情报工作。新中国成立后任第一机械工业部部长、国家进出口委员会副主任、中央财经领导小组顾问。他的长子周小川，现为政协十二届全国委员会副主席、中国人民银行行长。

罗沛霖来到西安七贤庄八路军办事处，诉说要求前往延安，受到林伯渠的接见。当时延安正缺罗沛霖这样的电讯专家。1938年3月，罗沛霖来到延安，这才知道当时延安只有一个电台，是从国民党军队那里缴获得来的，由于没有专业的技术人员，发射机坏了没有人修理，只剩下了半部接收机来监听敌人的情报。罗沛霖的父亲当年就是天津电报局局长，所以罗沛霖对于电台、对于无线电收发报机的技术相当娴熟，三下五除二，就修好了电台。罗沛霖在延安充分发挥自己的专长，成为难得的技术专家。他担任延安通讯材料厂工程师，在极其艰难的条件下，成批生产电台，到了1938年底之前，也就是罗沛霖来到延安不过7个多月后，居然生产了60多部电台，使八路军以及中共地下组织跟延安之间有了快捷的联络方法，大大改善了通讯面貌。当时八路军总司令朱德每月只有5块大洋的津贴，而给予罗沛霖这样的工程师每月津贴是20块大洋。

罗沛霖回忆说：

> 自从奔赴延安参加革命起，我就时刻以一名共产党员的标准来努力要求自己。1939年，党组织"撤"我到大后方重庆去经受锻炼和考验。在当时的白色恐怖笼罩下，我坚持参加地下党组织的各项活动，努力完成组织委派的任务。

在重庆，罗沛霖在周恩来领导下从事地下工作。他向中共中央南方局领导董必武（后来曾任中华人民共和国副主席）和徐冰（后来曾任中共中央统战部部长）申请加入中国共产党。经过董必武和徐冰研究之后，徐冰正式通知罗沛霖："为了便于做统一战线工作，根据董老的意见，决定你留在党外，做党外布尔什维克。组织上是按照一名党员的标准来要求你的，组织上是信任你的。"

也就是说，罗沛霖虽然名义上不是中国共产党党员，实际上已经成为中国共产党党员。后来，在1956年3月，罗沛霖不再是"做党外布尔什维克"，正式加入中国共产党。

在重庆，罗沛霖不仅在周恩来领导下工作，跟周恩来有许多接触，而且在1945年8月毛泽东来到重庆谈判时，还在红岩村受到毛泽东的接见。

罗沛霖这位"红色科学家"，又是怎样来到美国、来到钱学森身边的呢？

1947年，罗沛霖在天津从事地下工作。据罗沛霖回忆：

> 我到天津以后，有一天孙有余来了，代表党组织，他对我说，你是不是想办法到美国去一趟，去学习学习，去开开眼界吧。全国解放指日可待了，解放以后我们要搞社会主义建设，得个博士回来，也是我们的光荣。

罗沛霖前往美国，其实主要的原因是中共派他到美国在中国留学生和教授中开展统战工作，争取他们回国。然而，罗沛霖只有正儿八经地成为美国大学的博士研究生，成为在美国的中国留学生中的一员，才便于开展统战工作。

别人去美国留学，要么拿中国政府的奖学金，要么拿美国大学的奖学金，而罗沛霖又是另类，中共党组织给了他500美元，作为去美国的费用！在当时，中国共产党尚未成为中国的执政党，能够拿出500美元送罗沛霖到美国去，名义上说是让罗沛霖本人"得个博士回来"，而实际上罗沛霖担负着重要的统战工作任务。

光是有了路费，罗沛霖去不了美国。恰恰在这个时候——1947年夏日，钱学森回国探亲。当钱学森来到北京时，罗沛霖找到了他。老朋友12年没有见面了，久别重逢，分外欣喜。罗沛霖也就请钱学森帮助他办通前往美国的手续。钱学森建议罗沛霖去加州理工学院学习，并为罗沛霖写了推荐信，信中说："我对于罗沛霖先生超越常人的独特创造力，有深刻的感受。"

于是，罗沛霖凭借钱学森的介绍，开始与美国加州理工学院联系入学问题。最初，罗沛霖只是打算去读硕士研究生。对于罗沛霖来说，他从交通大学毕业已经12年了。这12年之中，他的大部分时间用于地下工作，并没有多少时间从事科学研究。他的英语也荒疏了。他必须迎头赶上——也就在这12年间，钱学森已经成为美国名牌大学麻省理工学院的正教授，成为美国知名的科学家。

借助于老校友钱学森的推荐，1948年9月，罗沛霖进入加州理工学院攻读博士学位——校方认为罗沛霖不必读硕士,可以直接读博士学位。

这一回,罗沛霖一改当年在交通大学学习时的听课心不在焉的脾气,而是以高度的责任感全身心投入学习。他的头发一下子掉了许多。他到底是一个高智商的人,在久离校园生活之后重归校园,以多出别人一倍的努力攻读博士学位。他竟然以23个月的时间,拿下博士学位!与此同时,罗沛霖在留美的中国学生以及教授之中,广泛开展统战工作,争取他们回国。

就在罗沛霖进入加州理工学院一年之后,钱学森一家从美国波士顿的麻省理工学院,搬到了加州理工学院。

与钱学森曾经有过那么亲密的友谊,罗沛霖理所当然成为钱学森家中的常客,成为钱学森的"红色"挚友。无疑,罗沛霖把钱学森锁定为重要的统战对象。

"北方当局"的召唤

1949年,中国历史的转折点。

从1948年9月12日开始,到1949年1月31日,辽沈、淮海、平津三大战役在中国大地展开。在这139天的作战中,中国人民解放军平均每天歼灭国民党军队1个正规师。三大战役总共歼敌154万人。蒋介石大势已去。

1949年1月31日,中国人民解放军进入北平。

1949年4月23日,中国人民解放军百万雄师过长江,占领了南京,宣告国民党政府在中国的统治的覆灭。

1949年10月1日,首都北京30万军民在天安门广场集会,隆重举行开国大典。毛泽东主席庄严宣告中华人民共和国成立。

中国大地上的决战,深刻地影响着每一个在美国的中国留学生和学者的命运。蒋介石在中国大陆兵败如山倒,不得不逃往台湾。在美国的中国留学生和学者面临抉择:如果回国,是回中国大陆,还是前往台湾?

这一批海外的中国知识精英,成为国共双方争取的对象,那形势有点像纳粹德国即将崩溃之际,德国的火箭专家成为美国、苏联双方争夺的对象。

中共高度重视在美国的中国留学生之中开展统战工作,罗沛霖仅仅是当时被派往美国的秘密中共党员之一。比罗沛霖稍早，那位潜伏在号称"西北王"的第一战区司令长官、西安绥靖公署主任胡宗南身边，担任胡宗南机要秘书的熊向晖，为中共提供大量重要情报，曾经被毛泽东称为"一人可以顶几个师"。熊向晖 1936 年 12 月在清华大学学习时就秘密加入中国共产党。在 1947 年 7 月，熊向晖也被中共派往美国留学。他来到美国之后，披着国民党的蓝色外衣，谁都不知道他是红色秘密使者，更有利于在留学生以及留美学者中开展统战工作……

当时，尽管国民党政府即将被逐出中国大陆，但是在美国华人之中，国民党政权仍拥有很大的势力。当时的美国与"中华民国"有着外交关系，国民党政府利用这一优势，派出驻美国的使馆人员动员中国留学生和学者前往台湾。钱学森在美国已经是屈指可数的火箭专家，而他的岳父蒋百里虽然已经过世，但先前是国民党高级将领，跟蒋介石有过那么多的交往，所以他理所当然成为国民党政府争取的重点对象。这从 1947 年钱学森回国探亲时，那么多国民党政府高官出马，聘请钱学森出任交通大学校长，便可见一斑。从钱学森"华丽家族"那样的家庭背景，从钱学森的师友胡适、梅贻琦以及导师钱昌祚都选择了台湾，国民党方面当然以为争取钱学森去台湾是有可能的。

尤其是钱学森身为全美中国工程师学会会长，在美国的中国留学生和学者中广有影响。倘若钱学森能够去台湾，将会带动一大批在美国的中国留学生和学者前往台湾。

国民党政府还使出这么一手，声称中国留美的学者和留学生手中原有的"中华民国"护照必须更换新的"中华民国"护照，老护照是可以进中国大陆的，而新护照则只是进出台湾。钱学森当时拿的是国民党政府发给的"中华民国"护照，属于"中华民国"公民，属于"中华民国"驻美国的使馆的管辖范围，必须按照规定更换护照。

摆在钱学森面前只有两条路：要么换"中华民国"新护照去台湾，要么申请美国国籍留在美国。

钱学森不想去台湾，台湾对于钱学森来说是一个陌生的地方，他念兹在兹的是曾经生活过多年的北京、上海、杭州，但是他又不能公开作如此表态。于是，在 1949 年 4 月 5 日，钱学森申请加入美国国籍，以便把手中的"中华民国"护照改换为美国护照，这样就可以不再受制于台湾的蒋介石政权。当时，钱学森填了美国的入籍申请表。钱学森还在洛杉矶加州理工学院一带看房子，准备买房子，似乎要在美国长期住下去，以避免国民党政府驻美使馆人员的纠缠。

钱学森当时填了美国的入籍申请表，是"明修栈道，暗度陈仓"，他已经在暗中积极准备回到中国大陆。其实，钱学森在美国已经生活了14年，他已经是美国的有一定声望的学者，并有着相当高的收入，即便是他选择加入美国国籍原本也无可厚非。杨振宁、李政道等以及钱学森的堂弟钱学榘都选择了这样的道路。不能把"爱国主义"理解得那么狭窄。只要有一颗炎黄子孙的心在跃动，不必计较他们手中所持是什么样的护照。在今日那么多的"海归"之中，持美国护照的比比皆是，他们都为中国的发展作出了巨大的贡献。

与此同时，中国共产党在美国留学生和学者中的联络工作也非常活跃。中国共产党向来善于做统战工作。在世界所有的共产党之中，唯有中国共产党设有统战部。当时除罗沛霖之外，中国共产党也通过各种各样的渠道争取钱学森回国。

1949年5月20日，美国芝加哥大学金属研究所副教授葛庭燧给钱学森写信，动员钱学森回国。至今，钱学森仍保存着这封信。葛庭燧在信中写道：

> 以吾兄在学术上造诣之深及在国际上之声誉，如肯毅然回国，将影响一切中国留美人士，造成早日返国致力建设之风气，其造福新中国者诚无限量。弟虽不敏，甚愿追随吾兄之后，返国服务。弟深感个人之造诣及学术地位较之整个民族国家之争生存运动，实属无限渺小，思及吾人久滞国外，对于国内之伟大争生存运动有如隔岸观火，辄觉凄然而自惭！

葛庭燧1937年毕业于清华大学，1941年赴美国留学，1943年获加州大学伯克利分校物理学博士学位，曾参与美国曼哈顿计划中有关原子弹及远程雷达的研究。1949年2月，葛庭燧等在芝加哥发起并成立留美中国科学工作者协会，他担任理事会主席。

葛庭燧当时并非中共党员，但是与中共地下党组织有着密切联系。1949年10月1日，葛庭燧在芝加哥以留美科协的名义主持召开了一个纪念会，并在会上高举五星红旗。他还邀集了34位在芝加哥的清华大学留美同学，打电报给在国内的清华大学叶企孙教授，转致对新中国的祝贺。

1949 年 11 月，葛庭燧和夫人何怡贞带着 7 岁的女儿和 2 岁的儿子回国。1955 年，葛庭燧当选中国科学院学部委员（相当于院士）。1979 年，葛庭燧加入中国共产党。

葛庭燧在 1949 年 5 月 20 日写给钱学森的信中，附了曹日昌教授 1949 年 5 月 14 日从香港写给钱学森的一封信，表达了"北方当局"的召唤。那"北方当局"，不言而喻是指已经解放了大半个中国北方的中国共产党。

曹日昌与钱学森同龄，生于 1911 年，毕业于清华大学心理学系，1948 年获英国剑桥大学博士学位。

1947 年曹日昌在英国由陈天声和刘宁一介绍加入中国共产党，1948 年转为中国共产党正式党员。这一年他在剑桥大学毕业，8 月由英国到香港，成为香港大学公开招聘的第一位全日制心理学教师。曹日昌同时在中国科学工作者协会香港分会兼职，致力于联络、争取在海外的中国留学生和学者回国。那一时期从海外回国的许多中国留学生和学者，都是曹日昌经手联络，经过香港返回中国内地的。

曹日昌致函钱学森，表达了"北方当局"的关切，欢迎钱学森回国。

后来，葛庭燧在 1999 年曾经回忆说：

> 1992 年，中国科技大学在合肥为庆祝杨振宁 70 寿辰举行了一个学术报告会，杨振宁讲了碳 60 的研究概况，我也讲了回国若干年来在国内获得的研究成果。在报告的最后，我谈到我与杨振宁同在芝加哥大学四年（1945—1949 年），随后虽然分别走了两条不同的道路，但都在各自的岗位上做出了一点成绩。这说明我们同是一根生的中国人无论在国外和在国内都能够在世界的科学上有所建树。在这一点上，我们说科学是无国界的。在庆祝杨振宁寿辰的当天，我赠送他五匹唐三彩的小马，并祝他长寿和落叶归根。他看到礼物和颂词以后轻轻地对我说："你曾给钱学森写过信。"这当然指的是在 1949 年替中共地下党转信给钱学森时写给他的信。我猜不出杨振宁说这句话的意思，但却引起我万分感慨。[1]

1949 年 10 月 6 日，中秋节。这是新中国成立后的第一个中秋节。晚上，

---

[1] 葛庭燧：《科学无国界　科学家有祖国》，《民主与科学》1999 年第 5 期。

在加州理工学院校门对面的一个街心花园里，钱学森夫妇与罗沛霖、庄逢甘等十几位中国留学生一起聚会。他们名义上是庆祝中秋节，实际上是庆祝中华人民共和国在六天前诞生。这个聚会的组织者，便是那个没有公开亮出红色身份、悄然在进行统战工作的罗沛霖。罗沛霖趁着聚会，介绍中国命运的巨大转折。

罗沛霖与钱学森相约在1950年暑假一起回国。罗沛霖是回国之后不再去美国，而钱学森则说是回国探望父亲。

就在钱学森准备以探望父亲的名义在1950年暑假回国的时候，1950年6月6日，钱学森在洛杉矶加州理工学院的办公室里工作，突然遭到美国联邦调查局两名探员的审问。

美国联邦调查局在调查钱学森的同时，也开始注意与钱学森过从甚密的罗沛霖。

1950年6月25日凌晨，朝鲜战争爆发。6月27日，美国政府宣布参战。在美国的中国留学生和教授们都加快了回国的步伐。罗沛霖还有几个月就可以拿到博士学位，他向导师要求提前口试答辩。

在罗沛霖的口试答辩通过那天，由钱学森驾车，他俩一起前往洛杉矶轮船公司，本想一起乘船回国。当时轮船规定，中国留学生可以买轮船票，而钱学森作为教授必须得到移民局的同意才能买回中国的船票。罗沛霖是学生，他买到了8月31日从洛杉矶前往香港的船票。

就这样，罗沛霖早走一步，乘轮船离开了美国。

罗沛霖刚走，美国联邦调查局就派人到加州理工学院调查这位有着非同一般经历的中国留学生。

罗沛霖充分利用回国轮船漫长的旅程，在船上完成了他的博士论文。

然而，钱学森在美国遭到无理逮捕，从此开始了漫长的5年的磨难和抗争……

罗沛霖后来回忆说："我临走的时候，正好钱学森的第二个孩子钱永真刚刚出世，给孩子用尿布什么这些东西都打包在行李中，钱学森在5年内没有开箱，就带回中国来了。那时候，恰好我的小儿子出世，他就送给我了。"

第五章　一将难求

中国科学院院长吴有训在北京火车站迎接钱学森

走近**钱学森**

"钱先生，请坐车"

1955年10月8日，对于钱学森来说，是历史性的一天：

上午，钱学森一家乘坐"克利夫兰总统号"邮轮从美国到达香港；

中午，跨过罗湖桥，抵达深圳；

晚，到达广州。

得知钱学森平安归来，周恩来总理打电话给中共广东省委书记兼省长陶铸，指示要热烈欢迎、亲切接待钱学森及其家人。

周恩来总理说："要好好待钱学森，科学家是我们国家的精华，他是科学家的一个代表。"

后来，钱学森在回忆周恩来时，这么说道："许多党外人士说，我们是认识周恩来才认识共产党的，相信周恩来才相信共产党的。"

正是根据周恩来总理"要好好待钱学森"的指示，在钱学森一家跨过罗湖桥的时候，在罗湖桥深圳一侧迎接钱学森一家的中国科学院秘书处负责人朱兆祥，是从北京专程赶来的。朱兆祥受国务院陈毅副总理的派遣，作为中国科学院的代表来迎接钱学森，并在钱学森回国之初，陪同钱学森走访全国各地。

朱兆祥先生在50年后回忆说：

当我到广州时，陈毅副总理已有电报来请省府关照。地方上很支持，派了一位

朱兆祥先生回忆钱学森回到祖国的经过

副处长陪同我前往深圳协同工作。

1955年10月8日深圳罗湖桥头动人心魄的一幕是很难忘怀的。当时我们已经从中国旅行社探知，钱先生等30位离美归国人员所乘邮轮将在九龙靠岸，当时的港英当局屈从美国的压力，对钱先生等一行将以所谓"押解过境"的屈辱名义来对待。近中午时分，罗湖桥门打开了，这支光荣的爱国者队伍踏上界桥，面向祖国，步行过来了。正当我们拿着照片紧张地搜索钱先生一家之时，我的手突然被队伍中的一位先行者抓住，使劲地握着。我猛转身，发现对方眼眶里噙着的眼泪突然掉了下来。我意识到，此时此地我这个人，虽然原来谁也不认识我，也不知道我是来干什么的，现在却被看作伟大祖国的代表了。我也极为感动。就这样，一个挨着一个，每个人都带着激动的泪痕跨入国门——我终于接到了钱学森先生一家。永刚和永真两个天真的孩子拉着我的手，不停地喊着："Uncle Zhu，Uncle Zhu"（引者注：即"朱叔叔，朱叔叔"），他们也和父母一样沉浸在回到祖国的幸福之中。同时从美国加州理工学院所在地帕萨迪纳出发，和钱先生一家一路同行的还有李正武、孙湘教授一家。进入深圳车站休息室坐定后，我把科学院吴有训副院长和院学术秘书钱三强先生的欢迎函面交给他们。钱学森先生站了起来，再次和我们握手，并走到李教授跟前说："正武兄，这下我们真的到了中国了。恭喜！恭喜！"两个人又激动地握手。孙湘教授把怀中的孩儿递给丈夫，从手提包里取出他们随身带来的离美那天出版的《帕萨迪纳晨报》给我看，上面印着特大字号的通栏标题——《火箭专家钱学森今天返回红色中国！》。

这天，钱先生终于安全地回到了祖国，开始了生活上崭新的一页。[1]

在如今已经解密的档案中，有一份朱兆祥在1955年10月16日从浙江杭州加急发给中国科学院并转外交部的电报，这份电报同时抄报周恩来总理办公室。这份题为"钱学森等已抵深圳"的电报，真实记录了钱学森刚回国时的情况：

"钱学森8日已抵深圳，当晚抵广州，游览一日后赴上海。"

电报说，钱学森归国途中，除在檀香山、马尼拉、香港等地受记者包围

---

[1] 朱兆祥：《钱学森先生在力学所初建的日子里》，《科学时报》2005年12月7日。

外，美国当局未加阻碍，"可能由于近期美国对此态度略有改变，扣留不成，就讨好些，故未留难"。

电报称："钱学森等留学人员经历了五年的软禁和特务跟踪的不自由生活到深圳后，他们相互恭喜，如履新生。对于归国的留学生们，国内公共场所的整洁和招待人员的效率都使他们感到兴奋，感到祖国进步的神速。到广州后，他们急着上书店买《宪法》、'五年计划'等阅读。"

钱学森说："在美国估计有四千留学生，绝大部分愿意回国，但都有各种顾虑，如恐怕提出申请美国不准因而影响职业和生活，也有人旅费不够。希望政府给他们旅费补助，这样一定可以争取很多人回国。"

在钱学森到达广州的当晚，中国科学院华南植物研究所所长陈焕镛、广东省人民委员会办公厅副主任郑天保、中山大学校长许崇清、华南工学院院长罗明燏、华南医学院副院长梁伯强等到火车站欢迎，这充分表明祖国对钱学森归来的高度重视。

在到达广州的翌日，在朱兆祥的陪同下，钱学森游览广州，参观了苏联经济及文化建设成就展览会，也参观了毛泽东1926年在广州讲课的地方——农民运动讲习所。

晚上，中华全国自然科学专门学会联合会（中国科学技术协会的前身）广州分会举行了隆重的欢迎宴会。这是钱学森回到祖国之后，第一次在公众场合亮相。钱学森受到热烈的欢迎。

10月10日，钱学森一家在朱兆祥的陪同下乘火车从广州前往上海。就在这一天，《人民日报》刊登了钱学森抵达广州的新闻。

那时候的沪穗之间交通还很不方便，要乘火车，速度甚慢。尽管乘坐的是快车，火车直至10月12日上午，才抵达上海。

从1947年秋钱学森与新婚妻子蒋英告别父亲钱均夫离开上海，如今已经整整8年，钱学森和蒋英带着7岁的儿子钱永刚和5岁的女儿钱永真归来，74岁的钱均夫分外欣喜。尤其高兴的是，翌日——10月13日，正是钱永刚的生日，全家吃面，表示庆贺。唯一的遗憾是钱学森的母亲章兰娟不幸病逝，未能亲眼一见孙子和孙女。

钱永刚生日那天，钱家在上海愚园路岐山村家中拍摄了团圆照。照片的右侧是钱均夫的干女儿钱月华。

据钱月华告诉笔者，她自从1930年来到杭州方谷园钱家，在那里住了7

年。[1]1937年抗日战争爆发，钱均夫和钱月华逃难到浙江富阳，从此离开了方谷园。虽说方谷园的屋主一直是钱均夫，但是那么大的房子一直空关着，钱家的一些亲戚就搬进去住。中华人民共和国成立后，方谷园的产权属于钱学森，而钱学森又表示自己已经加入无产阶级政党，这房子捐献给国家，但是杭州又不接收。那时候，方谷园由房管所管理，搬进几十户人家，成了大杂院。如今，那几十户人家都已经迁走，方谷园整修一新。偌大的方谷园作为钱学森故居对外开放。可是，哪个房间原先是谁住的，放了什么家具，院子当年是什么样的，人们只能求教于钱月华，因为唯有她才能说清楚内中的种种细节，按照她的回忆恢复方谷园的原貌。

1955年10月12日，钱学森从美国归国到达上海。这是钱学森（右三）一家和父亲钱均夫（右二）、照料钱均夫的钱月华（右一）在上海家中合影

钱月华说，1937年钱均夫逃难，先是从杭州逃到浙江富阳，借住在学生蒋伯泉家中。后来，辗转到上海愚园路1032弄（岐山村）111号。

岐山村迄今仍在，位于上海长宁区东部，安西路与江苏路之间。岐山村在当时是上海一个中高档居民住宅区，有75幢楼房，在民国十四年至十九年（即1925年至1930年）兴建，占地2.2公顷。

钱月华说，岐山村111号是一幢三层楼房，是章兰娟的哥哥用金条"顶"下来的房子（即房主典当的房子）。钱均夫跟章家亲戚一起住在那里。底楼是客厅。钱均夫最初住在二楼的亭子间，显得有点局促，与杭州的方谷园有着天壤之别。不过在战火纷飞的岁月，能够在上海找到一个安身之处，已经算是不错的了。没有想到，钱均夫在这里一住就是19年。

岐山村111号二楼的亭子间终究太小，后来钱均夫和钱月华搬到一楼客厅旁边的一套房子里住。

钱均夫由于失去了工作，又体弱多病，经济每况愈下。钱学森向来孝

---

[1] 2010年5月14日上午，叶永烈在北京采访钱月华。

顺，在美国开始工作之后便接济父亲。其中有一年多因太平洋战争，钱学森无法从美国汇钱给父亲，钱均夫不得不向亲友借款，直至钱学森的汇款寄到，赶紧还给亲友。

在钱学森1947年回国之前，钱均夫一度因十二指肠穿孔住进上海同孚路的中美医院（今石门一路82号），全靠钱月华细心照料，才得以康复。

"森哥"非常感谢钱月华对钱均夫的照料。他说，如果没有干妹妹钱月华，他无法在美国求学，也无法在美国工作，因为他是父亲的独生子，母亲又早逝，他必须挑起照料父亲的重担。有了干妹妹钱月华长期无微不至照料父亲，他才得以在美国安心学习和工作。"森哥"称赞钱月华是家里的"大功臣"。

令钱学森非常感动的是，在他被美国当局软禁的5年之中，由于不能如常给父亲汇款，杭州市政府民政局从钱学森堂妹钱学仁那里获得这一情况，向上反映，据说周恩来总理知道之后，批准每月给钱学森父亲钱均夫100元人民币的补助[1]。在当时，每月100元人民币维持钱均夫和钱月华两人的生活绰绰有余。

钱永刚和钱永真当时一口英语，讲起汉语来反而不利索。

父亲钱均夫为了欢迎钱学森归来，特地买了一套钱学森喜爱的复制的"中国历代名画"送给他。

1955年10月，钱学森一家回到上海与老父亲钱均夫合影

为了便于钱学森回家看望，朱兆祥安排钱学森一家住在附近的宾馆。钱学森一家步行几分钟，就可以到家与父亲团聚。

回到宾馆之后，钱学森就接到电话，提醒道："钱先生，请坐车，务请注意安全。"

不言而喻，刚刚回国的钱学森，受到中国有关部门的严密保护。即便是这几分钟的

---

[1] 据钱学森堂甥陈天山2010年8月1日致叶永烈函。

路,也务必请钱学森乘坐为他提供的专车,以保障他的安全。

10月15日,钱学森一家前往杭州。又见西湖,又见方谷园,只是母亲已经故去11年,钱学森率全家祭扫母亲章兰娟的墓,不胜唏嘘。

钱学森在杭州重游西湖,会晤亲友。钱学森看望了伯父钱泽夫。当时,钱泽夫卧病在床,见到钱学森甚为高兴,说道:"学森你回来了,我的儿子学榘呢?"钱学森说,我回国前曾经问过钱学榘,他说将继续留在美国工作。翌年,钱泽夫病逝,终年74岁。

1955年,刚回国时的钱永刚和钱永真于杭州

他还来到浙江大学参观。当时,《人民日报》这样报道:

> 在杭州浙江大学参观的时候,他被学生们热情地包围起来,他看到新中国青年学生们充满着学习求知的热情,看到学生们美好的学习环境,这一切都使他非常感动。在上海和杭州的工厂参观的时候,他第一次看到祖国工人的幸福生活和高度的工作热情,看到了中国工人自己亲手制造的各种机器,这是他多少年来就梦想着实现的。[1]

在杭州停留5天后,于10月20日返回上海。

在上海,钱学森两度前往母校交通大学,看望师友,受到师生们的热烈欢迎。

10月22日,钱学森来母校交通大学参观。钱学森在彭康校长、陈石英副校长的陪同下参观了学生宿舍及实验室。

10月23日,中国科学院上海办事处举行茶话会,欢迎钱学森归来。

10月25日,钱学森又应邀再度回母校交通大学与系主任、教研室主任等30余人举行了座谈会。座谈会由陈石英副校长主持。会上钱学森谈及亲身经

---

[1] 柏生:《热爱祖国的科学家钱学森》,《人民日报》1955年11月3日。

历及回到祖国的感受，认为祖国科技发展有无限广阔的前途，还介绍了他近期正在从事的科研工作。

10月26日，钱学森一家在朱兆祥陪同下乘坐火车前往北京。

10月28日上午，火车抵达北京。在火车站，中国科学院副院长吴有训和首都著名科学家华罗庚、周培源、钱伟长、赵忠尧等20多人热烈欢迎钱学森一家。

钱学森一家入住北京饭店256、257号房间。北京饭店坐落在天安门广场东侧。10月29日清早，钱学森来到天安门广场。作为"老北京"，钱学森曾经多次来到这里，然而如今展现在他眼前的是五星红旗在高高飘扬，天安门城楼正中挂着毛泽东主席画像。钱学森满怀深情地说："我相信一定能回到祖国，现在终于回来了！"

10月29日上午，钱学森拜访了中国科学院院长郭沫若、副院长张稼夫和吴有训。

钱学森非常怀念他在北京师大附中度过的6年。10月29日下午，他回到母校，看望当年培育过他的老师们。

北京饭店离王府井的东安市场仅一箭之遥，钱学森带着全家步行去逛东安市场。当他回到北京饭店，又接到电话："钱先生，请坐车，务请注意安全。"

刚刚回国的钱学森变得非常忙碌，各种各样的行程排得满满的。钱学森在北京参观中国科学院各有关研究单位，参观首都高等学校。

中国科学院院长吴有训在北京火车站迎接钱学森

1955年10月29日，钱学森（左四）从美国回到北京就到阔别20多年的母校北京师大附中看望老师

第五章
一将难求

11月1日，中国科学院院长郭沫若举行宴会，欢迎钱学森归来。

11月3日，《人民日报》以显著位置刊登记者柏生的长篇报道《热爱祖国的科学家钱学森》。这篇报道记述了钱学森回国的艰难历程，还记述了钱学森归国之初的感想和表态：

> 钱学森博士在上海、北京看到了许多多年不见的老朋友，老同学，他发现他们都在朝气蓬勃地工作和学习。一九四七年暑假他曾回国住过一个多月，那时正是国民党反动统治的黑暗时代，他看到曾和他一起在美国留学的植物学家殷宏章的苦闷情形。那时殷宏章连科学研究工作也无法进行。但是这次回国，他看到殷宏章在中国科学院植物生理研究所紧张地进行着科学研究工作，饱满的工作精神，使他异常感动。他参观了一些研究所，使他感到了中国共产党和人民政府对科学事业和科学家的关怀和重视。这些都是他过去所没有看到过的情景。当他看到中国的科学研究工作和其他各种事业一样在兴盛起来的时候，他很自然地连想起现在美国的科学研究工作也和美国其他各种事业一样，在走着没落道路。美国现在除一些同战争有关的科学部门可以得到政府的支持和发展外，许多科学部门都得不到发展。一些正义的科学家由于不愿违背自己的良心把他们的研究成果用来残害人类，宁肯离开研究室去种花或修饰房屋，作为自己精神上的寄托。
>
> 钱学森博士看到祖国的各种新气象，对比着他在美国所看到的那些事实，格外使他感到祖国有无限美好的前途。在他到北京的第二天清早，他就带着妻子和两个孩子去观看他们曾经在美国日夜想念过的那个伟大的地方——中国人民的伟大领袖毛泽东主席曾经在那里宣布中华人民共和国诞生的巍峨的天安门。站在天安门的广场上，他越发感到祖国的伟大和可爱。
>
> 钱学森博士谦虚地表示，自己刚刚回国，许多东西都还要学习，他愿意把自己二十年来从事科学研究工作的成果完全贡献出来，并为祖国培养年青的科学研究人才。能为祖国服务他感到光荣和骄傲。现在他已经接受了中国科学院的聘请，准备主持和领导中国科学院力学方面的研究工作。

11月4日，钱学森出席外交部副部长章汉夫主持的座谈会，就中国在美国的留学生和学者的回国问题，谈了自己的看法。

11月5日，国务院副总理陈毅接见钱学森，代表中央人民政府欢迎钱学森归来。

陈赓大将专程飞往哈尔滨

接见，宴会，会友，讲座，参观——钱学森回国之初，从深圳、广州，到上海、杭州，到北京，始终处于兴奋和忙碌之中。

1955年11月12日，《人民日报》刊登报道《最近从美国回国的著名科学家钱学森，半月以来在北京连续进行了参观、访问等活动》。报道中写道：

> 十一月五日晚，钱学森怀着兴奋的心情参加了中国科学院庆祝十月社会主义革命三十八周年的纪念会，并在会上讲了话。他说：回国后的短短时间中，已经感觉到祖国的重大变化，看到了科学研究工作受到人民政府的大力支持和科学事业以及其他各方面建设的迅速进步。他指出这是同马克思列宁主义思想的指导和苏联的帮助分不开的。
>
> 钱学森到北京后，参观了中国科学院应用物理研究所等研究单位，并参观了北京大学、清华大学、中央民族学院等高等学校。在北京大学参观时，北京大学校长马寅初举行了欢迎宴会。
>
> 钱学森还去参观了国营北京第一棉纺织厂。他在仔细看了工厂车间以后，又看了职工的宿舍和食堂，以及职工子弟小学、托儿所等福利设施。他还参观了"治理黄河展览会"等，他对治理黄河的伟大规划甚为感动。
>
> 钱学森告诉记者说，通过半月来的参观、访问等活动，第一，他已经看到了祖国正在进行社会主义建设事业，但这一事业的规模之大，是他过去所没有想到的；第二，他所参观过的部门，几乎每一单位的负责人都对他谈到对技术人才的需要，因此他深感到今后自己在工作岗位上培养新生力量的重要，他说同时应该争取在国外的留学生都尽快回到祖

国来参加建设事业。

钱学森在正式开始工作以前,还将去东北进行参观、访问等活动。

回国不久的钱学森,脱下已经穿了 20 年的西装,换上了咔叽布的中山装。看上去,跟国内普通的中年人没有什么区别,只是那睿智的目光,那宽阔的前额,那非同一般的气质,透露出他的博士风采、教授风度。

他一口流利的京腔,从不说着说着就蹦出几句英语。他回国之际,正值中国大陆开始推行简体字,钱学森很认真地学写简体字。很快地,写惯繁体字的他能够写一手简体字,而且几乎没有间杂一个繁体字。

钱学森一过罗湖桥,就是由中国科学院派人接待,表明要安排他在中国科学院工作。

经周恩来总理亲自安排,1955 年 11 月 21 日,钱学森正式到中国科学院报到。在那个年代,中国人讲究要有"单位",钱学森回国之后的"单位"就是中国科学院,尽管在当时还没有落实到中国科学院的哪个单位。

中国科学院安排钱学森在北京各处参观之后,开始到外地参观,为的是让他这个在美国生活了 20 年的洋博士尽快熟悉中国的国情。

中国科学院副院长吴有训建议钱学森去东北参观,他说"中国的重工业都集中在东三省"。钱学森接受了这一建议,在朱兆祥的陪同之下,从 1955 年 11 月 22 日启程,在东北地区整整参观、访问了一个月的时间。

11 月 23 日,钱学森到了哈尔滨。哈尔滨是东北最漂亮的城市,绿树丛中散落着一幢幢米黄、湖绿、天蓝色的俄式建筑。钱学森是第一次来到这座东北的莫斯科城。

中共黑龙江省委事先得到中国科学院的通报,非常重视钱学森的到来。那时候,在中共黑龙江省委眼里,钱学森是重要的"统战对象",所以钱学森一到哈尔滨,就由中共黑龙江省委统战部部长亲自接待,并陪同钱学森参观哈尔滨。

钱学森作为贵宾,住进火车站广场的大和旅馆。这是一座建于 1903 年的豪华建筑,当年曾是俄国驻哈尔滨的总领事馆所在地。在伪满洲国时进行重新装修之后,成为哈尔滨首屈一指的宾馆——大和旅馆。

按照中共黑龙江省委统战部的安排,11 月 24 日钱学森在哈尔滨开始参观,行程的第一站,就是前往南岗区一曼街的东北烈士纪念馆。这座白色欧式建筑在日伪时期是伪满警察厅旧址,许多共产党人和爱国志士曾在此被关押和刑讯,著名抗日女英雄赵一曼曾在这里受到酷刑摧残。1948年10月10日,这里改建为东北烈士纪念馆,成为全国最早的革命博物馆之一。

在参观东北烈士纪念馆之前,钱学森就向陪同参观的朱兆祥提出来,听说有两个老朋友在哈尔滨的一所军队的大学里工作,希望能见到他们。

钱学森所说的两个老朋友,就是罗时钧和庄逢甘。罗时钧是钱学森的学生,就读于加州理工学院时,在钱学森指导下获得了博士学位。1950年8月,罗时钧乘坐美国邮船"威尔逊总统号"从洛杉矶回国。由于受钱学森案的牵连,罗时钧在途经日本横滨的时候,被美国中央情报局追捕,关押在日本达三个月之久。经过中国政府的再三抗议和交涉,这才终于回到祖国。庄逢甘是空气动力学家。他在美国加州理工学院留学时,正值钱学森担任古根海姆喷气推进中心主任,得到钱学森的许多指导和帮助。庄逢甘在1950年回国,先在上海交通大学任教,然后调往"哈尔滨的一所军队的大学"工作。

这"哈尔滨的一所军队的大学",其实就是中国人民解放军军事工程学院,由于学院设在哈尔滨,人们通常称之为哈尔滨军事工程学院,简称"哈军工"。由于这是一所保密度很高的学校,所以钱学森当时只知道是"哈尔滨的

哈尔滨工程大学(原哈军工)

一所军队的大学",连学校的正式名称也不知道。不过,钱学森既然到了哈尔滨,理所当然希望一晤罗时钧和庄逢甘。

中国人民解放军军事工程学院选址哈尔滨,其中的原因之一是学院建立之初,聘请了许多苏联军官担任教师,哈尔滨离苏联很近。另外,把中国人民解放军军事工程学院设在远离北京的哈尔滨,也是为了便于保密。"哈军工"于1952年开始筹建,1953年4月25日基建破土动工,9月1日举行第一期开学典礼,1955年初具规模,设有五个系和一个预科。

朱兆祥其实预料到钱学森会提出看望罗时钧和庄逢甘的要求,只是中国人民解放军军事工程学院是对外严格保密的单位,按照当时的规定,地方上只有省委委员以上的干部才能进入"哈军工"参观。钱学森当时刚从美国归来,连工作单位都没有定下来,能否让钱学森进入这所学院,朱兆祥没有把握,所以在与中共黑龙江省委统战部商谈钱学森在哈尔滨的行程时,没有把参观中国人民解放军军事工程学院列入。现在,既然钱学森正式提出来了,朱兆祥马上通过陪同参观的中共黑龙江省委统战部部长向中共黑龙江省委请示。这件事,就连中共黑龙江省委也无法做主,于是赶紧打电话向正在北京的陈赓大将请示。陈赓是"哈军工"的首任院长兼政委,同时也是人民解放军副总参谋长,所以陈赓平常大都在北京。陈赓当场就在电话中表示同意,欢迎钱学森参观"哈军工"。

这样,当钱学森结束了东北烈士纪念馆的参观,一回到大和旅馆,朱兆祥就告诉他,那个"哈尔滨的一所军队的大学",正式的名称叫中国人民解放军军事工程学院,明天到那里参观,并会晤罗时钧和庄逢甘。

第二天——11月25日上午8时多,朱兆祥陪同钱学森来到哈尔滨文庙街,进入中国人民解放军军事工程学院。轿车停在王字形的主楼前,钱学森刚刚下车,一群身穿中国人民解放军军服的军人就朝他走了过来。这是曾经进出于美国五角大楼、曾经身穿美国上校军服的钱学森,第一次与中国人民解放军的军人们握手。为首的是中等个子的军人,紧握着钱学森的手说:"欢迎你钱先生,我是陈赓。"

陈赓?昨天还在北京中国人民解放军总参谋部办公室,今天怎么一早就出现在"哈军工"?在交通不便的1955年,可谓"神速"!陈赓解释说,为了迎接钱学森先生的到来,他今天起了个大早,乘坐专机赶到哈尔滨!

陈赓,中国人民解放军富有传奇色彩的将领。陈赓原名陈庶康,1922年

陈赓大将

加入中国共产党。1924年5月成为黄埔军校第一期学生。1925年10月，在第二次东征时，蒋介石身陷重围，陈赓冒死相救，帮助他突围。然而，他却在1927年参加南昌起义，1928年主持中共中央特科工作。1931年9月赴鄂豫皖苏区，任中国工农红军第四方面军师长。1932年因负重伤秘密到上海就医，向鲁迅详细介绍了红军。1933年3月在上海被捕，毕竟他曾经救蒋介石一命，蒋介石以礼相待，愿委以重任。陈赓坚决不从，经中共和宋庆龄等营救，终于脱险。此后，陈赓参加长征，并在抗日战争、解放战争中屡建奇勋。

1950年2月，任云南省人民政府主席、云南军区司令员。1951年参加抗美援朝，任中国人民志愿军副司令员。1952年6月奉调回国，毛泽东点名要他筹办中国人民解放军军事工程学院。陈赓从零开始，选址哈尔滨，只用了一年多的时间，兴建起36幢教学、科研、宿舍大楼，从全国各地调集人才，办起中国人民解放军军事工程学院。钱学森的学生罗时钧和庄逢甘，就是他"挖"来的。

大约由于陈赓主持过情报工作，大约由于陈赓是中央军委分管作战的副总参谋长，所以他很早就关注钱学森的动向，深知钱学森的学识和在美国学术界的地位。在钱学森回国之后，陈赓就立即向国防部部长彭德怀建议：应当请钱学森先生考察中国人民解放军军事工程学院，听取这位著名的火箭专家对于中国研制火箭的意见。彭德怀随即把这一意见报告周恩来总理和毛泽东主席。就在彭德怀转告陈赓，可以邀请钱学森考察中国人民解放军军事工程学院的时候，钱学森在中国科学院的安排下，已经来到哈尔滨！

正因为这样，陈赓不仅在电话中告诉中共黑龙江省委马上安排钱学森参观中国人民解放军军事工程学院，向来做事干脆、风风火火的他当即从北京赶来。

第五章
一将难求

在大和旅馆密谈导弹

陈赓跟钱学森握手的一刹那，钱学森深受感动。陈赓向钱学森介绍了站在他身后的几位军人、中国人民解放军军事工程学院领导班子刘居英、徐立行、张衍等。内中的刘居英，少将军衔，"哈军工"副院长。他的哥哥刘志贤，即陆平。后来，当刘居英接替陈赓出任中国人民解放军军事工程学院院长时，陆平出任北京大学校长，兄弟俩同时执掌中国两所重要大学，一时间传为佳话。

陈赓快人快语，对钱学森说："我们军事工程学院打开大门来欢迎钱学森先生。对于钱先生来说，我们没有什么密要保的。那些严格的保密规定，无非是在美国人面前装蒜，不让他们知道我们的发展水平。"

陈赓的一番话，充满了对于钱学森的信任感。

陈赓花费一天时间，陪同钱学森在中国人民解放军军事工程学院参观。

钱学森来到空军工程系，系主任唐铎少将带领许多教授、教师跟钱学森见面。钱学森见到了罗时钧、庄逢甘，非常开心。不过，他俩都穿着中国人民解放军军装，给钱学森面目一新的感觉。

出乎钱学森的意料，他还见到老同学、老朋友梁守槃、马明德、岳劼毅。他们怎么也会来到中国人民解放军军事工程学院执教呢？

原来，这批航空工程专家都是陈赓"挖"来的：

在抗日战争期间，国民党曾经在贵州省大定县（今大方县）羊场坝一个叫乌鸦洞的山洞里，创建了一家航空发动机厂。当年这家工厂的技术骨干、研究课课长梁守槃（1980年当选中国科学院院士）、设计课工程师马明德、机工课欧阳昌宇，都被"挖"来了。

1949年11月9日，原属国民党政府的中国航空公司和中央航空公司部分在香港的员工宣布起义，史称"两航起义"。内中的航空技术专家董绍庸、凌之巩、蒋志扬、李纬文、严汝群，也被"挖"去。

岳劼毅，1936年毕业于清华大学机械系，后来在上海交通大学航空系担任空气动力学教授，成为钱学森的"同行中的同行"，同样被"挖"去。

岳劼毅担任空军工程系空气动力学教授会（当时的"教授会"，相当于教研室）的主任，马明德为副主任。

看到有那么多同行云集建院才几年的中国人民解放军军事工程学院，钱学森被陈赓求贤若渴、高度重视知识分子的态度深深感动。钱学森说："地球真小，我没想到在军事工程学院会见到这些老同学和老朋友。"

到处"挖"人的陈赓，当时还曾打算把钱学森从中国科学院"挖"过来，担任中国人民解放军军事工程学院副院长呢。

岳劼毅教授请钱学森参观风洞实验室。这是中国第一个风洞实验室，拥有两座实验段直径为1.5米的回流低速风洞，一座是开口的，编号为一号风洞；另一座是闭口的，编号为二号风洞。他们正在建设一座实验段截面为80毫米×80毫米的超音速风洞，编号为三号风洞。风洞是由岳劼毅、马明德、庄逢甘、罗时钧四位教授共同设计的，马明德为风洞建设总指挥。

钱学森看了之后非常欣喜，说道："了不起啊，你们的空气动力学研究已经走在全国的前列。"

下午，陈赓等陪同钱学森参观炮兵工程系，在那里钱学森第一次见到了任新民，后来任新民成了钱学森的左右手。

任新民，1915年12月5日出生于安徽省宁国县。1929年10月，年仅14岁的任新民就加入了中国共产主义青年团。1934年考取南京中央大学化工系。1937年抗日战争全面爆发之后，他考入重庆兵工学校大学部造兵系，1940年毕业。1945年赴美国密歇根大学研究院留学，获机械工程硕士、工程力学博士学位。1948年9月，被美国布法罗大学机械工程系聘任为讲师。1949年8月，在新中国诞生前夕，他从美国回国。9月，任新民在陈赓领导的南京华东军区军事科学研究室任研究员。1952年8月，当陈赓在北京成立中国人民解放军军事工程学院筹备委员会时，任新民就是八位筹备委员之一。当中国人民解放军军事工程学院在哈尔滨正式成立之后，陈赓任院长，任新民任教务处副处长。任新民希望能够到教学第一线工作，陈赓任命他为炮兵工程系教育副主任兼火箭教授会主任。1955年任新民被授予上校军衔。在钱学森1955年10月回国之前，任新民可以说是中国最早研究火箭的专家。

任新民后来担任第七机械工业部副部长、航空航天部总工程师、中国宇航学会理事长。1980年当选为中国科学院技术科学部学部委员。1985年10月被国际宇航科学院接纳为院士。1999年被国家授予"两弹一星"功勋奖章。

任新民在接受本书作者采访时，说及一件重要的事：就在钱学森来到中国人民解放军军事工程学院的前几天，他和周曼殊、金家骏三位教员给陈赓院长写了一个报告，并请陈赓院长转交中央军委。[1] 这个报告提出了我国应当重视研制火箭武器和发展火箭技术。

任新民回忆说，当时只叫"火箭武器"，其实就是导弹。在当时，导弹有不同的中译名，有的称"可控火箭"，海外大都译作"飞弹"，是钱学森提出译作"导弹"。细细考究，"可控火箭"只是说明可以控制飞行的火箭，并没有说明火箭上装有弹头（爆炸物）；"飞弹"则只说明那"弹"会"飞"，并没有表达可控的意思；钱学森提出的"导弹"一词，两个字说明了两层含义，即既表达了可控的意思，又表明是一枚炸弹。钱学森对于科学名词的中译名总是反复推敲，相当严谨。所以钱学森所译的"导弹"一词，已经被大家所普遍接受，只有海外的华人仍用"飞弹"一词。

任新民、周曼殊和金家骏三人的建议，是在钱学森到来的前夕发给陈赓院长转中央军委的。不早不晚，钱学森恰恰在这个时候来到中国人民解放军军事工程学院，所以跟任新民、周曼殊和金家骏这三位火箭专家谈得非常投入。

在火箭教授会的实验室里，任新民向钱学森介绍了室外固体火箭点火试车的试验，钱学森这才得知，中国也已经在着手火箭研究。任新民指着一个10多米高的铁架子，谦虚地说："不怕钱先生笑话，我们做比冲试验，方法很原始，另外用火箭弹测曲线，也是笨办法上马。"

钱学森称赞说："不容易。你们的研究工作已有相当的深度，尽管条件有限，已经干起来了嘛。迈出这一步，实在出乎我的意料！"

钱学森对陈赓说："任教授是你们的火箭专家，我今天有幸认识了他！"

陈赓马上抓住这一话题，问钱学森道："钱先生，你看我们中国人能不能搞导弹？"

---

[1] 2010年5月20日下午，叶永烈在北京航天科技集团公司2410室采访95岁的任新民院士。

钱学森不假思索地回答道:"有什么不能的?外国人能造出来的,我们中国人同样能造出来。难道中国人比外国人矮一截不成?"

陈赓听罢,笑道:"钱先生,我就要您的这句话!"

其实,陈赓专程从北京赶来,就是要听钱学森的这句话!

钱学森后来回忆说:

> 陈赓大将听了以后非常高兴,说好极了!就要你这句话。从这位领导人讲的这些话里头,我慢慢悟出来,他们不是说一个简单科学技术问题,而是我们社会主义中国建设的问题,这是以毛泽东为首的党中央一个伟大战略决策。抗美援朝战争那个时候已经结束,他们想到就是社会主义中国要建设,要有一个比较安定的环境。我们必须认真对付敌人的核威慑。所以中国搞两弹、发射卫星,目的不是别的,是为了我们国家不受外国人的核威慑,能够平稳地建设我们的社会主义。

当天晚上,陈赓大将在大和旅馆最好的包房里举行一个小型的晚宴,宴请钱学森。除钱学森和朱兆祥一身便衣之外,其余的出席者一色军服。陈赓请任新民作主陪,出席宴会的都是中国人民解放军军事工程学院与航空、火箭相关的教授。钱学森的学生罗时钧、庄逢甘也都在座。不过,考虑到谈话的内容涉及高度机密,陈赓连中共黑龙江省委统战部的部长都没有请。

那个夜晚,他们边吃边谈,谈话的主题就是导弹。

钱学森告诉陈赓,依照他的估计,中国如果着手研制射程为300千米至500千米的短程火箭,弹体及燃料用两年时间可望解决,但是关键问题是自动控制技术。相对于火箭而言,研制导弹的工作量百分之八十在于自动控制技术。

陈赓说:"钱先生的话让我心里有了底,我们一定要搞自己的火箭,自己的导弹。我可以表个态,我们'哈军工'将全力以赴,要人出人,要物出物,钱先生只要开口,我们义不容辞!"

在1955年,导弹还只是刚刚冒出军事地平线的新生事物。然而,作为中央军委分管作战的副总参谋长陈赓,以极其敏锐的目光注意到最新的武器导弹,注意到从美国归来的导弹专家钱学森。

整整54年之后,新中国60大庆阅兵式上所展示的庞大的导弹部队,充分证实了陈赓的远见卓识。

这支导弹部队包括：陆军的反坦克导弹方队、防空导弹方队，海军的舰对空导弹方队、反舰导弹方队、岸舰导弹方队，空军的"红旗-9"型地对空导弹方队、"红旗-12"型地对空导弹方队。

作为"导弹专业户"的是第二炮兵导弹方队，是整个受阅方队中的"压轴"巨阵。

"第二炮兵"很容易使人以为是炮兵部队，其实第二炮兵就是"战略导弹部队"。当年为了保密，由周恩来亲自命名为"第二炮兵"。

第二炮兵参阅的 5 个导弹装备方队由 6 支导弹劲旅组成，108 枚参阅导弹全部是最新型号。其中有"东风-15B"型常规导弹方队、"东风-21C"型常规导弹方队、"东风-11"型常规导弹方队、远程精确制导的"长剑-10"型陆基巡航导弹方队、"东风-31A"型洲际核导弹方队。其中的巡航导弹是航空母舰的克星，而洲际核导弹是"核威慑"的王牌。

这么多型号的导弹，这么多的导弹部队，表明中国人民解放军实现了"导弹化"，成为国防现代化的重要标志。所有这些导弹，100% 是国产的。

中国人民解放军"导弹化"的起点，就是哈尔滨大和宾馆的那个夜晚，就是始于陈赓大将与钱学森的促膝深谈。

就在这一个夜晚，回国只有一个多月的钱学森，从美国的导弹专家演变为中国的导弹专家。

就在这一个夜晚，中国"两弹一星"中的导弹工程，提到日程上来了。

钱学森在晚年回忆往事时说："我回国搞导弹，第一个跟我说这事的是陈赓大将。"

钱学森还说："陈赓大将很直爽，他想干什么，让人一下就明白。'君子坦荡荡'，他的心是火热的，他的品质透亮，像水晶一样。"

陈赓大将是一个高度忙碌的人，第二天清早，他就乘坐专机返回北京。陈赓请钱学森在中国人民解放军军事工程学院再考察一天，让钱学森对当时中国的航空、火箭研究水平有一个深入的了解，并与任新民等教授进行了深入的探讨。

住在大和旅馆，也有一件事令钱学森很看不惯：那里进进出出，有许多苏联专家。这是因为中国人民解放军军事工程学院建院之初，聘请了一批苏联专家讲课。陈赓院长向周恩来总理递交报告，请求把大和旅馆作为"哈军工"

的苏联顾问团专用宿舍。钱学森来哈尔滨，中共黑龙江省委把他安排住在这座苏联顾问团专用宿舍里。钱学森不解，干吗要请那么多的苏联专家呢？

在访问了中国人民解放军军事工程学院之后，在朱兆祥的陪同下，钱学森从哈尔滨南下访问了长春、吉林、沈阳、抚顺、鞍山，最后来到旅大市。钱学森在东北广泛考察工厂、矿山、大学和中国科学院在东北的研究所。钱学森所到之处，都受到盛情的接待。

不过，在一个月的东北之行中，钱学森最重要的行程，还是与陈赓大将的历史性会面。

时隔多年，钱学森才获知，当时陈赓奉周恩来总理和彭德怀部长的指示，专程赶往哈尔滨，就中国发展火箭、导弹等问题专门请教钱学森。

这是因为早在钱学森归国之前，毛泽东主席就向周恩来总理问起："在原子弹和导弹研制方面，我们的人才如何？"在那个时候，周恩来总理就告诉毛泽东主席，在美国有一位"在'火箭之父'冯·卡门博士门下工作过的导弹专家钱学森教授，我们正在通过各种途径，争取他早日归国"。

钱学森那封写给陈叔通的信，是周恩来总理阅后指示立即送交日内瓦，请王炳南大使在中美大使级会谈中作为证据出示……

周恩来理所当然关切着从美国归来的钱学森。周恩来深知，遭到美国"驱逐出境"的钱学森有一颗强烈的爱国之心，在归来之后必定为发展中国的导弹事业竭尽全力。

国防部长彭德怀的关注

在东北参观、考察了一个月后，钱学森回到了北京。

陪同钱学森参观的朱兆祥当即回到中国科学院院部，汇报钱学森的东北之行。这时，中国科学院办公厅的办事员告诉朱兆祥："彭老总的办公室来了几次电话，叫你回到北京之后，赶快到这个地方去一趟。"

办事员说着，交给朱兆祥一张小纸条，上面写着他根据彭老总的办公室电话记录下的地址。

朱兆祥不知道那是一个什么地方，就按照小纸条的地址来到中南海不远处的灵境胡同的一座四合院。四合院门口，有穿军装的门卫，表明这里是部队机关。朱兆祥说明来意之后，门卫似乎已知道此事，请朱兆祥到客厅坐下，进内通报去了。

主人未到，熟悉的笑声先到，原来是陈赓大将，原来这里就是陈赓的家。

"欢迎科学院的同志光临！"陈赓一边跟朱兆祥亲切握手，一边问起了钱学森的近况。

据朱兆祥后来回忆：

> 陈赓大将问我："钱先生对我们哈军工有什么意见和看法？"
>
> 我说："钱先生对我们新中国有这样装备新颖和管理井井有条的军事工程学院非常高兴。但他对学校里请了这么多苏联专家来教书，很不以为然。他说，难道我们中国人不会教书啊，请了这么多外国人来做什么！哈军工的教师好像事事都要听从苏联专家，显得很被动。这对学校发展很不利。"
>
> 陈赓一听，就兴奋地站了起来说："哎呀，钱先生民族自尊心这么强，多么可贵啊！"
>
> 陈将军随即半开玩笑地说："你们科学院的同志，可真厉害啊！我们刚刚听到钱学森即将回国的消息，很想及早会见他请教请教，就有人告诉我：科学院早已派人到深圳去迎接了。等钱学森到了北京，我们很想请他到部队来发挥专长，就有人告诉我，人家科学院早已请妥他创办力学研究所啦，房子、班子都准备好了。所以我说你们科学院同志，想得早，干得快，真厉害。"
>
> 他的玩笑中隐含着一股迫切的心情。[1]

朱兆祥还回忆说，当他说出钱学森对中国人民解放军军事工程学院请那么多苏联专家而提出异议时，担心身为院长的陈赓大将会不高兴，因为当时正处于中苏友好的"蜜月期"，这样的话会被说成"反对苏联"，那可是近乎"反动言论"。没想到，陈赓大将反而称赞了钱学森，这使朱兆祥感到陈赓大将的直率和大度。

---

[1] 朱兆祥：《钱学森先生在力学所初建的日子里》，《科学时报》2005年12月7日。

陈赓大将跟国防部长彭德怀过从甚密。在朝鲜战争期间，彭德怀担任中国人民志愿军司令员，陈赓是副司令员。陈赓说起他跟彭德怀在朝鲜战争中的感受，那就是痛切地感到中国与美国在国防科技上的巨大差距，而在打蒋介石的时候，他们还没有这种感受。如今，美国军队已经用导弹武装起来了，中国军队在现代化战争中没有导弹绝对不行。

陈赓在哈尔滨见了钱学森之后，一回到北京，立即向彭德怀部长作了汇报。陈赓向彭德怀部长介绍说，钱学森是在美国搞了十几年的空气动力学、飞行器飞行力学和火箭导弹技术的著名科学家。钱学森很有信心，中国一定能造出火箭和导弹。

彭德怀则对陈赓说，"哈军工"任新民等三位教师在1955年11月关于发展火箭武器给国防部的建议书他已经看过了，并已批给国防部副部长黄克诚阅办。

陈赓请朱兆祥向钱学森转达彭德怀部长的意思："彭老总知道钱先生是火箭专家，要向他请教几个问题。你们还在东北的时候，他就问过几次了，问你们回来没有？可惜现在他患病住院了。等我跟他约好了时间，我们一起去医院看看彭老总怎样？麻烦你把这个意思转达给钱先生。这件事，我们一定请科学院的同志支持啊！"

陈赓还说："请你跟钱先生说，我们想请他吃顿饭，表示我们部队同志欢迎钱先生回国之意，你和他一块儿来。"

在钱学森回国之初，陈赓成为代表中国人民解放军与钱学森联络的第一人。

1955年12月26日下午，在陈赓的陪同下，钱学森来到北京东单的北京医院高干病房，在那里会见了心仪已久的国防部长彭德怀元帅。

彭德怀出身贫寒，种过田，捡过煤，只念过两年书。彭德怀在战场上叱咤风云，不论是在井冈山上还是长征途中，不论是在抗日战争、解放战争还是朝鲜战争，他指挥若定，建立奇勋。毛泽东主席曾经赋诗称赞彭德怀："山高路远坑深，大军纵横驰奔，谁敢横刀立马，唯我彭大将军。"

彭德怀见到"洋博士"钱学森，一点也不见外，当作自己人。彭德怀说自己文化粗浅，要向钱学森请教关于导弹的方方面面。

彭德怀说："我们不想打人家，但若人家打过来，我们也要有还手之力。"既然人家有了导弹，我们也应该有导弹。我们先易后难，从试制短程导弹开始。

钱学森完全赞同彭德怀的意见。钱学森认为，应当建立一支研制导弹的专业队伍。美国军方从着手研制导弹，到试制成功第一枚导弹，大约花费了10年时间。中国可以比他们快，花费5年时间，就可以试制成功第一枚导弹。当然，导弹从短程到中程到洲际，需要时间，需要逐步提高研制水平。

彭德怀高兴地对钱学森说，有你这样的导弹专家，我相信中国一定能够研制出导弹。

彭德怀发出惊人之语："就是当掉裤子，也要上导弹！"这句话体现了彭德怀一定要研制导弹的决心，体现了这位国防部长对导弹战略地位的高度重视。

彭德怀对陈赓说，可以请钱学森先生给我们军队的高级干部讲课，让我们的高层指挥员都知道导弹是怎么回事，为什么我们中国人民解放军一定要用导弹武装起来。

在会晤彭德怀元帅的那天晚上，钱学森出席了周恩来总理为欢迎苏联科学家访华代表团举行的晚宴。1955年12月27日《人民日报》是这样报道的：

> 新华社二十六日讯　国务院总理周恩来今晚设宴招待苏联科学家访华代表团团长诺维科夫教授和全体团员。苏联驻中国大使尤金院士、国务院文教总顾问马里采夫和中国科学院院长顾问拉扎林科也应邀出席了宴会。
>
> 出席宴会作陪的，有全国人民代表大会常务委员会副委员长彭真，国务院副总理李富春、李先念、秘书长习仲勋，中国科学院副院长李四光、张稼夫、吴有训，在北京的著名科学家钱学森、华罗庚、侯德榜、王淦昌、赵忠尧、周培源、钱伟长、陈凤桐、白希清以及政府有关部门负责人等。

跟大将、上将、中将研究导弹

在会见彭德怀元帅之后，陈赓代表国防部在北京高干俱乐部宴请钱学森。出席宴会的除了朱兆祥，还有两位钱学森不认识的穿军服的人。陈赓介绍说，一位是中国人民解放军副总参谋长王震，另一位是中国人民解放军总参谋部装备计划部部长万毅。陈赓笑道，这两位都是对钱学森先生格外敬仰、对火箭和导弹特别感兴趣的人。

王震，中国人民解放军上将，经历过二万五千里长征，指挥过数不清的战斗，但是给人们印象最为深刻的是领导359旅在延安南泥湾垦荒。

万毅，中国人民解放军中将，当年是张学良东北军的中校团副，1938年秘密加入中国共产党，成为东北军中的中共特别党员。1941年被捕，1942年8月在蒋介石密令处决的前夕逃出，成为中国人民解放军将领。

中国人民解放军这样三位大将、上将、中将出席宴会，宴会又一次成了导弹研讨会。

陈赓大将说起了1954年9月随以彭德怀为首的中国军事代表团出访苏联的故事。

他们应苏联国防部长布尔加宁的邀请，参观原子弹爆炸实兵对抗军事演习。参观苏联核试验的中国军事代表团规格相当高，除了国防部长彭德怀，还有南京军事学院院长刘伯承，总参谋长粟裕，总参高级步校校长宋时轮，沈阳军区司令员邓华，空军司令员刘亚楼，装甲兵司令员许光达，总参作战部部长王尚荣和海军参谋长周希汉，还有陈赓，总共10人。

9月13日，中国军事代表团来到苏联核基地达托斯克，被安置在离核爆炸区不远的一个营地。罗马尼亚、保加利亚、波兰、阿尔巴尼亚、匈牙利等几个"兄弟国家"的军事代表团也在那里。苏军参加此次试验演习的有4.5万人。

原子弹爆炸时，冲击波引起的狂风把彭德怀的军帽都吹掉了。

演习结束之后，苏联国防部部长布尔加宁把原子弹的钥匙——起爆的钥匙，赠给了彭德怀。

陈赓说："光给一把象征性的钥匙，不给原子弹，有什么用？"彭德怀听了，说道："你是军事工程学院院长，可以组织班子研制嘛！"

陈赓讲完这个故事，对钱学森说，"现在我们不仅要搞原子弹，而且要搞导弹！"

钱学森当即表态，要为发展中国的导弹尽自己最大的努力。

万毅中将是一个喜欢钻研的人。他向钱学森请教，国外的华文媒体常常把导弹译成"飞弹"，而我国的媒体有的译为"导弹"，有的译为"弹道导弹"，到底是译成"飞弹"好还是"导弹""弹道导弹"好？

钱学森回答说，在他看来，以"导弹"这译名为好，因为"导"字体现了制导系统，导弹是在制导系统，也就是在自动控制系统控制下才能精确地命中目标。"弹道导弹"是指导弹沿着一条预定的弹道飞行，攻击地面固定目标，也就是导弹，不如导弹一词简洁、易懂。

钱学森一锤定音，从此中国一直称"导弹"，而至今海外华文媒体仍把导弹称为"飞弹"。

万毅中将还围绕导弹的性能和原理向钱学森提问，钱学森用通俗的语言一一作了回答。

陈赓见到此情此景，对钱学森说，彭老总今天下午对钱先生说，可以请他给我们军队的高级干部讲课，我看，钱先生你就像刚才那样用很通俗的语言，给在京的解放军高级军官作演讲，你看好不好？

钱学森答应了下来。

第一个提出组建"火箭军"

在陈赓大将的大力推动下，钱学森与军方的关系日益密切，北京军队高层出现了"导弹热"。陈赓大将前往中国科学院，正式代表国防部邀请钱学森讲课。

1955年12月27日，万毅中将根据彭德怀元帅和军委秘书长黄克诚的指示，拿出中国人民解放军军事工程学院任新民、周曼殊和金家骏三位教员关于研制我国火箭武器和发展火箭技术的建议书，当面听取了钱学森关于如何发展我国火箭技术的意见。

就在这个时候，1956年的元旦到来了。

对于新中国来说，1956年是第一个五年计划的开局之年，也是中共中央发出"向科学进军"的一年。钱学森在这个年月出现在北京，格外受到重视，也格外受到欢迎。

1956年1月14日至20日，中共中央在北京召开关于知识分子问题会议。这是新中国成立后中共中央第一次召开的以知识分子问题为主题的全国性大型会议。1月20日，毛泽东主席到会讲了话，他指出，技术革命、文化革命，没有知识分子是不行的,中国应当有大批的知识分子。他号召全党努力学习科学知识,同党外知识分子团结一致,为迅速赶上世界科学先进水平而奋斗。

就在毛泽东号召"全党努力学习科学知识"的背景下,1956年1月,在陈赓大将的安排下,钱学森在北京积水潭总政文工团排演场给在京的军事干部讲关于导弹武器知识的概述,连讲三场,引起中国人民解放军高级将领对于导弹的极大兴趣。

那时候,很多人都还不知道导弹为何物。身经百战的贺龙、陈毅、叶剑英、聂荣臻元帅,都兴致勃勃地听讲,当起了钱学森的学生。

钱学森在讲课时,在黑板上写下"火箭军"三个字。他说,这"火箭军",也就是导弹部队,是一支不同于现有的陆、海、空三军的新型部队,是一支能够远距离、高准确度命中目标的部队,是现代化战争中极其重要的后起之秀。

钱学森提议组建"火箭军"的时候,中国还没有导弹,更没有导弹部队。60年后——2015年12月31日,中国人民解放军火箭军正式成立。中国人民解放军火箭军是中国大国地位的战略支撑,是维护国家安全的重要基石。

总参作战部空军处参谋李旭阁曾经回忆当时听钱学森讲座的情形:

> 1956年元旦的第一场春雪刚刚落下。那天上午,在中南海居仁堂办公的总参作战部空军处参谋李旭阁,被处长杨昆叫进办公室,递给他一张入场券,说下午三点总政排练场有个秘密报告,规格很高,你去听听!
>
> 北京城郭一片雪白。李旭阁骑车而去,中南海到新街口总政排演场大厅路并不远。他匆匆步入会场,环顾左右,已座无虚席。令他吃惊的是在座的几乎是清一色的将军,他们都是三总部和驻京军兵种的领导,许多人都是他所熟悉的。主席台上,摆着国防部副部长陈赓大将的名字。蓦然回首,满堂高级将领,唯有他一个人年纪最轻,职务也最低,佩戴少校军衔。
>
> 刚刚落座,电铃就响了。陈赓大将率先走出来,身后跟着一位穿中山装的学者。两个人坐下,陈赓大将便介绍说,这位就是刚刚归国的钱学森教授,世界上大名鼎鼎的空气动力学家,今天由他给大家讲世界上最先进的尖端武器——导弹。顿时,全场掌声雷动。
>
> 钱学森教授站起来鞠了一躬,然后走至黑板前,挥笔写了一行字:

"关于导弹武器知识的概述"。

李旭阁在一个崭新的笔记本上记下了这一行字,这是他第一次听到关于世界上最尖端武器的介绍。他聚精会神地听,一丝不苟地记,什么导弹结构用途,美国、苏联导弹发展现状,等等。特别是钱学森饶有意味地说的一番话,深深印在他心里:"中国人完全有能力,自力更生制造出自己的火箭。我建议中央军委,成立一个新的军种,名字可以叫'火箭军',就是装备火箭的部队。"以后,钱学森又于1960年3月22和23日在高等军事学院讲授火箭和原子能的应用,李旭阁再次前往听课,钱学森深入浅出、引人入胜的讲解,至今让他记忆犹新。

2004年4月份,李旭阁在整理过去的资料时,意外地发现了自己当年的笔记本,打开一看,竟是1956年元旦听钱学森讲课的手记,他记了厚厚一个本子。钱学森的儿子和秘书得知情况后,立即专程来到他家,将原件拍照和复印,准备放到上海交大钱学森图书馆展出。[1]

后来,钱学森是这样谈起讲座的体会:

我在美国那么长时间,知道他们那里没有这个本事不行。美国的科研人员要争取基金会的经费支持,就要参加董事会的会议,向董事们做10到15分钟的讲解,在限定的时间内把他要报告的事情讲清楚,要不他就得不到经费。这就是一个社会要求,也是一种压力。所以在美国,中学里就有辩论会,培养人的口才。我举一个例子,我在美国加州理工学院研究超声速问题的时候,有一次,系里来了一位官员,是美国国会议员,管这方面事的,他问超声速是怎么回事啊。我的老师冯·卡门是很会作科普宣传的,他先不说什么,把国会议员带到他的澡盆边,放上水,用手在水面上划。划得很慢很慢,水波就散开了,于是告诉他这是因为手划得比水波慢,像亚声速;他又划得很快,水波就成尖形两边散开,这就像超声速。这位国会议员说他懂了,其实也没完全懂,只是这个意思他大致上明白了。这就是一个怎么让不懂的人懂的形象例子。

我回国后发现中国的科技人员这方面的能力比较差,往往是讲了十

---

[1] 徐剑:《中国第一朵蘑菇云里的英雄传奇》,《解放军报》2009年9月9日。

几分钟还没到正题，扯得老远，有些简直就让人听不懂，不会用形象、通俗易懂的语言表达好专业科学知识。从前我问一些听科学报告的党政干部，他们就常常说没听懂，他们欢迎我去讲，说听我讲能懂得差不多。我回到祖国接受搞导弹的任务后，在积水潭总政文工团的排演厅作报告，讲高速飞行问题，当时陈赓大将和许多军队高级将领都在座。讲完以后有一个人对我说，他这次算听懂一点了。要求科技工作者对不在行、不懂行的人介绍自己的工作，我觉得是很需要的。

道理很简单：科学技术很重要，要大家都懂，都重视，就需要科普。

在那里连听三场钱学森演讲的朱兆祥，后来是这么回忆的：

陈赓大将亲自陪同钱先生和我一起到医院去看望彭德怀同志。这次会见很特别，彭老总开门见山就提出问题说：我们是社会主义国家，不会去打人家。但我们一定要把部队用新式武器装备起来，落后了要挨打。我很想知道，我们中国人，能不能自己造出导弹来？需要多少时间？双方就这个问题讨论很久，谈得很投机。看来彭老总心情很急，简直就像交代任务一样。钱先生对导弹原理和国际情况都了然于胸，陈赓就提出请钱先生为部队的校级以上干部作个普及导弹知识的报告。这个计划不久就实现了。在总政排演场礼堂，钱先生连讲了三天。以上这些活动我都参加了，使我感到了紧锣密鼓的气氛。

朱兆祥所说的"感到了紧锣密鼓的气氛"，真实地反映了中国军方借助于钱学森回国，刮起了钱学森旋风、导弹旋风。

不久，钱学森又受周恩来总理的邀请，在中南海怀仁堂向党和国家的高层领导人作《导弹概论》讲座。在听众之中，有中共中央书记处书记，有国务院的副总理和部长们。

钱学森清楚地意识到，中国导弹事业即将腾飞。在美国经过5年的艰难抗争终于回到新中国，值！

其实，新中国在启动"两弹一星"的导弹这一"弹"研制工作的时候，已经启动了另一"弹"——原子弹的研制工作。

那是在1955年1月15日，也是在中南海，当毛泽东主持中共中央书记处扩大会议时，邀请了两位著名的科学家——钱三强和李四光作关于原子弹的讲座，列席会议的有地质部副部长刘杰。

毛泽东在听了钱三强和李四光的讲座之后说：

> 我们国家，现在已经知道有铀矿，进一步勘探一定会找出更多的铀矿来。解放以来，我们也训练了一些人，科学研究也有了一定的基础，创造了一定的条件。过去几年其他事情很多，还来不及抓这件事。这件事总是要抓的。现在到时候了，该抓了。只要排上日程，认真抓一下，一定可以搞起来。[1]

从这一天起，中国正式启动原子弹的研制工作。当时，为了保密，把研制原子弹称为"原子能事业"。

为了加强对"原子能事业"的领导，1955年7月，中共中央指定陈云、聂荣臻、薄一波组成三人小组，负责指导"原子能事业"的工作，具体业务由以薄一波为主任的国务院第三办公室管理。

此后三个月，钱学森归来了，中国研制导弹的工作随之也启动了。

"两弹"提到工作日程上了，"红色中国"朝着国防现代化的目标迅跑。

毛泽东要钱学森坐在他身边

1956年1月30日至2月7日，中国人民政治协商会议第二届全国委员会第二次全体会议在北京召开。

这次会议除原有545位委员外，新增119位委员。从美国归来才三个多月的钱学森名列新增委员之中，应邀出席这次大会。这是钱学森首次在中国政治舞台上亮相。

当时的全国政协主席是周恩来。在会上，周恩来作政治报告，被热烈的掌声打断了44次之多。此外，还有全国政协副主席李济深的常委会工作报

---

[1]《当代中国的核工业》，第14页，中国社会科学出版社1987年版。

告,全国政协副主席、最高人民法院院长董必武作了《关于肃清一切反革命分子问题》的报告,全国政协副主席、中国科学院院长郭沫若作了《在社会主义革命高潮中知识分子的使命》的报告,全国政协副主席、中华全国工商业联合会主任委员陈叔通作了《关于资本主义工商业的社会主义改造》的报告,全国政协常务委员、中共中央农村工作部副部长陈伯达作了《中国农业的社会主义改造》的报告。

钱学森也应邀在大会上作了发言。

在二届二次会议期间,1956年2月1日晚上,毛泽东以中华人民共和国主席、中国共产党主席、中央军委主席的身份举行盛大宴会,宴请全国政协委员。

钱学森收到了鲜红的毛泽东主席签署的请柬,上面写着他的席位在第三十七桌。

到了宴会厅,钱学森在第三十七桌却找不到自己的名字牌。这时,工作人员领着他来到第一桌,在紧挨毛泽东座位的右面——第一贵宾的位置,写着钱学森的大名!

这是怎么回事呢?

后来才知道,毛泽东主席在审看宴会来宾名单时,用红铅笔把钱学森的名字从第三十七桌钩到了第一桌[1]。

"来,来,学森同志,请到这里坐。"毛泽东操着浓重的湖南口音,热情地邀请钱学森同自己坐在一起。

钱学森在毛泽东右侧坐下来,顿时成为整个会场的焦点。

宴会一开始,毛泽东就指着钱学森,笑着对大家说:"他是我们的几个'王'呢!什么'王'?工程控制论王,火箭王。各位想上天,就找我们的工程控制论王和火箭王钱学森。"

毛泽东主席伸出五个手指头,对钱学森说,听说美国人把你当成五个师呢!我看呀,对我们说来,你比五个师的力量大得多。我现在正在研究你的工程控制论,用来指挥我们国家的经济建设。

钱学森回国才三个来月,就被毛泽东如此看重,表明新中国的领袖深知钱学森的不凡。毛泽东对于钱学森在美国的情况相当熟悉,了解钱学森的归来对于新中国的重要价值。

---

[1] 2003年9月25日,叶永烈在北京采访钱学森秘书涂元季。

记者拍下了毛泽东与钱学森交谈的照片。钱学森穿一身中山装,脸上漾着微笑。这张与毛泽东主席的合影,成为钱学森一生中的经典照片,也是钱学森一生中最难忘的时刻。

此后,毛泽东主席多次接见钱学森,充分表明毛泽东对钱学森的看重。

叶剑英的宴请与周恩来的看重

中国导弹事业的穿针引线人,确非陈赓大将莫属。在安排钱学森在北京作了多场导弹讲座之后,1956年2月4日[1],陈赓又陪同钱学森夫妇到北京西海之滨的叶剑英元帅家中做客。叶剑英当时担任中央人民政府革命军事委员会副主席、国防委员会副主席,特设家宴款待钱学森。这次见面,话题依然是导弹。

关于钱学森来到叶剑英元帅家,当时的一个小女孩——叶剑英的干女儿戴晴(即傅小庆),后来在《我的义父——叶剑英》一文中,寥寥数语道及钱学森的来访,倒是颇有意思:

> 我对导弹的最初的认识就来自他的亲口诠释。一天,那时我刚读初中,他请才从美国归来的钱学森夫妇吃饭。客人未到之前,他极为高兴地以几个孩子为对象,讲这马上来的人有多么了不起,是"研究一种能追着飞机飞的炸弹的"。要不是凌子(引者注:指叶剑英二女儿叶向真)的坚决抵制,他恐怕会把家中所有的孩子都送进哈尔滨军事工程学院。

钱学森所说的这种"能追着飞机飞的炸弹"引起叶剑英的极大兴趣,以致1960年戴晴中学毕业之后,被保送到哈尔滨军事工程学院导弹工程系学习。

叶剑英元帅是一员儒将,问得很仔细,问及研制导弹需要的人力和物力,需要设置怎样的研究机构,制订怎样的计划。钱学森一一作了回答。

听了钱学森的周详的研制导弹的构思,仿佛勾勒出中国导弹的发展蓝

---

[1] 这一日期通常被说成是"1956年2月初的一个周末",笔者查阅万年历,"1956年2月初的一个周末"应是1956年2月4日。

图，陈赓认为应当抓紧时机向周恩来总理汇报。

陈赓此人，是一个"工作狂"，做什么事都全身心投入。当年，在筹办"哈军工"的时候，他为了从各地调集几位重量级的教授，需要周恩来总理批准，他来到中南海西花厅，周恩来总理正忙，在接待一大批客人。陈赓在外面耐心等待，终于等到周恩来出来上厕所，就上前截住周恩来，要周恩来当场在他的报告上签字，然后高高兴兴走了。

像陈赓这样敢于在门外截周恩来签字的，数遍中国人民解放军将领，没有第二人。这是因为陈赓早在黄埔军校学习时，就深得周恩来看重。后来，陈赓曾经担任周恩来的警卫副官。1925年夏，周恩来与邓颖超经组织同意准备结婚。当时，周恩来在广州，邓颖超乘坐轮船从天津来广州，周恩来事忙，不能亲自到码头接邓颖超，就派陈赓手持邓颖超照片去码头迎接……

正因为陈赓跟周恩来的关系这么"铁"，而且他又熟知周恩来的行踪，这时他听了钱学森关于发展中国导弹的种种设想之后说：钱先生的设想很好，我们赶紧到三座门请周恩来拍板！

三座门，是坐落在北京景山西侧大高玄殿外的三座牌坊，北京人习惯于把牌楼叫作"门"，所以那里也就叫三座门。当年那里是中央军委大院所在地，所以三座门也就成了中央军委的代称。那时候，中南海、紫光阁（国务院）和三座门（中央军委）在周末常有舞会。陈赓知道周恩来总理在忙碌了一星期之后，往往在周末到三座门去跳舞。于是，陈赓跟叶剑英、钱学森乘坐一辆轿车，直奔三座门。

陈赓到底是中央特科出身，果真在那里找到了周恩来总理。

如同钱学森后来所回忆的那样：

> 有一次叶帅在家请我们吃饭，我爱人也去了，陈赓也在。吃完饭，大概是星期六晚上，他们说找总理去，总理就在三座门跳舞。我们跑到那儿，等一场舞下来，总理走过来，叶帅、陈赓他们与总理谈话。后来大概就谈定了，总理交给我一个任务，叫我写个意见——怎么组织一个研究机构？后来我写了一个意见，又在西花厅开了一次会，决定搞导弹了。那天开完会，在总理那儿吃了一顿午饭，桌上有蒸鸡蛋，碗放在总理那边，总理还特意盛了一勺给我。

我们体会，中国在那样一个工业、技术基础都很薄弱的情况下搞

"两弹",没有社会主义制度是不行的,那就是党中央、毛主席一声号令,没二话,我们就干,而直接领导者、组织者就是周恩来总理和聂帅。

钱学森所说的"总理交给我一个任务,叫我写个意见",就是1956年2月17日钱学森递交给国务院的《建立我国国防航空工业的意见书》——当时为保密起见,用"国防航空工业"这个词来代表火箭、导弹。钱学森就发展中国的导弹事业,从领导、科研、设计、生产等方面提出了建议。钱学森指出,为了发展"国防航空工业",需要设置专门的科研机构、试验场以及制造工厂,要培养大批年轻力量,要制订长远的规划。

钱学森在《建立我国国防航空工业的意见书》中建议:

1. "领导机构应包括科学、工程、军事、政治方面的人员。这个机构设在国防部内"。

2. 作长远及基本研究的单位,"重点放在完全了解一个问题的机理","探索新方向"。这种单位"组织上可以在中国科学院系统之内,但同时也归上述机构领导"。如"现在科学院内的力学研究所",其他研究所中的"高温材料研究、电子学研究、计算机研究等;将来很可能再设空气动力学研究所、自动控制研究所等"。"估计这个方面工作的研究人员,在整个系统完成时有600人,其中副博士水平以上的研究人员120人至150人。"

3. 作设计研究单位,其任务是"生产新型产品,包括试制及试飞阶段在内"。这是一个"很大的复杂的机构,在整个系统完成时应有技术人员6000人,其中博士水平以上的人员500人至600人"。它应该包括:"空气动力学研究所、结构研究所、火箭推进机研究所、冲压推进机研究所、透平式推进机研究所、控制系统研究所、材料研究所、燃料研究所、计算局……",共12个研究单位。

4. 生产工厂"是航空生产的一系列工厂","包括金属及非金属原料工厂,各种零件制造厂,电器制造厂,燃料工厂,最后才是飞机及飞弹制造厂"。[1]

---

[1] 涂元季:《人民科学家钱学森》,第47页,上海交通大学出版社2002年版。

钱学森在《建立我国国防航空工业的意见书》中分析了当时国内航空工业十分落后的现状以后指出：问题是如何"以最迅速的方法，建立起我国国防航空工业的三部分：研究、设计和生产"。他建议：

1. 立即在国防部成立航空局，实施全面的规划和领导；
2. 从全国调配力量，组建队伍。《意见书》开列了从1956至1967年，逐年调来各有关专业毕业生人数；
3. 争取苏联及其他兄弟国家的援助。[1]

《建立我国国防航空工业的意见书》还开列了一批国内21位导弹高级专家名单，其中包括任新民、罗沛霖、梁守槃、庄逢甘、林津、胡海昌等。

钱学森的《建立我国国防航空工业的意见书》是中国导弹事业的奠基之作。

中央作出决策，研制导弹

1956年2月21日，周恩来逐字逐句地审阅了意见书，作了一些修改，并在《建立我国国防航空工业的意见书》的标题下面署上"钱学森"三个字。

2月22日，周恩来嘱秘书把《建立我国国防航空工业的意见书》印发中央军委各委员。周恩来在送呈中央军委主席毛泽东审阅的那份打印稿上写道："即送主席阅，这是我要钱学森写的意见，准备在今晚谈原子能时一谈。"周恩来所说的"原子能"，也就是原子弹。那天晚上，要"两弹"一起研究了！

正在这时，在北京阜成门外的西郊宾馆，在周恩来总理直接领导下的200多位科学家聚集在那里，研究制定《1956年至1967年科学技术发展远景规划纲要》，钱学森担任科学规划综合组组长。这个规划确定了57项国家重要科学技术任务。其中的第37项是"喷气和火箭技术"的规划，由钱学森主持，在王弼、沈元、任新民等的合作下完成。

在钱学森作了"喷气和火箭技术"的规划说明之后，中国科学院院长郭

---

[1] 涂元季：《人民科学家钱学森》，第47-48页，上海交通大学出版社2002年版。

沫若深受鼓舞，当即挥毫，赋诗一首：

赠钱学森

大火无心云外流，
登楼几见月当头。
太平洋上风涛险，
西子湖中景色幽。
突破藩篱归故国，
参加规划献宏猷。
从兹十二年间事，
跨箭相期星际游。

钱学森很喜欢郭沫若的这首诗，裱好之后，一直挂在他的书房里。

1956 年 3 月 14 日上午，在中国人民解放军总参谋部，周恩来总理主持中央军委扩大会议。会议一开始，周恩来说道："今天军委扩大会议的议题，就是请钱学森同志谈谈我国发展导弹技术的设想和规划。"

这时，对钱学森的称呼，由"钱先生"改为"钱学森同志"，使钱学森感到无比亲切。

钱学森依照《建立我国国防航空工业的意见书》中的内容，向中央军委扩大会议作《发展我国导弹技术》的报告。

这次会议决定建立导弹科学研究的领导机构——"航空工业委员会"（简称"航委"）。这个委员会由周恩来总理、聂荣臻元帅和钱学森等筹备建立。"航空工业委员会"下设计机构、科研机构和生产机构。

国防部长彭德怀在会上明确提出，中国要搞原子弹和导弹。

这次中央军委扩大会议的讨论结果，上报中共中央书记处、中共中央政治局和毛泽东主席。中共中央政治局作出了在我国发展导弹事业的决定。

1956 年 4 月 13 日，国防部发出通知：国务院决定成立"航空工业委员会"，直属国防部，聂荣臻任主任，钱学森等为委员，安东任航委会委员兼秘书长。

1956 年 4 月 25 日，毛泽东在中共中央政治局扩大会议上作了《论十大关系》的报告。毛泽东指出：

我们现在还没有原子弹。但是，过去我们也没有飞机和大炮，我们是用小米加步枪打败了日本帝国主义和蒋介石的。我们现在比过去强，以后还要比现在强，不但要有更多的飞机和大炮，而且还要有原子弹，在今天的世界上，我们要不受人家欺负，就不能没有这个东西。[1]

"航空工业委员会"主任聂荣臻在仔细研究、征求钱学森等人的意见后，于1956年5月10日向国务院、中央军委提出《建立我国导弹研究工作的初步意见》的报告。

1956年5月26日，周恩来出席中央军委第71次会议，讨论并通过了聂荣臻的报告。这次会议做出了发展中国导弹事业的决策。周恩来在会上说："中国发展导弹不能等一切条件都具备了才开始进行研究工作，应当采取集中力量，突破一点的方针。"

会议决定由"航委"负责，组建导弹管理局（国防部五局）和导弹研究院（国防部第五研究院）。这两个机构于10月成立，任命钟夫翔为国防部五局局长，钱学森为第一副局长、总工程师兼国防部第五研究院院长.

也就是说，钱学森被任命为导弹管理局第一副局长、总工程师，同时兼任导弹研究院院长。新中国把研制导弹的重担，压在了钱学森的肩上。

在钱学森的领导下，国防部第五研究院成了"中国火箭和导弹的摇篮"。

公开的身份——力学家

钱学森回国之后，他那一系列频繁的关于研制导弹的活动、讲座、计划，由于众所周知的原因，全部是在"幕后"进行的。

钱学森也常常在媒体上露面。那时候中国还没有电视台，媒体主要是报纸。《人民日报》一次又一次报道钱学森，加在他的名字前的头衔，往往是"力学家""物理学家"或者笼统的"科学家"，避讳"火箭专家""导弹专家"之类敏感字眼。

---

[1] 毛泽东：《论十大关系》，《毛泽东选集》第五卷，第271页，人民出版社1977年版。

第五章
一将难求

早在1950年9月23日,《人民日报》在报道钱学森遭到美国政府扣留时,称之为"力学专家钱学森博士"。

1955年10月10日以及30日,《人民日报》在报道钱学森到达广州、北京时,称之为"刚从美国回来的我国著名科学家钱学森"。

1955年11月3日,《人民日报》刊登记者柏生对钱学森的长篇专访《热爱祖国的科学家钱学森》,内中第一次透露钱学森回国之后的动向:

> 钱学森博士谦虚地表示,自己刚刚回国,许多东西都还要学习,他愿意把自己二十年来从事科学研究工作的成果完全贡献出来,并为祖国培养年青的科学研究人才。能为祖国服务他感到光荣和骄傲。现在他已经接受了中国科学院的聘请,准备主持和领导中国科学院力学方面的研究工作。

据说,钱学森归来之后,中国高层对钱学森进行了双重工作安排:理所当然,中国高层要钱学森主持导弹研制工作,但是与此同时又安排钱学森在中国科学院担任工作,便于钱学森以中国科学院的科学家这一公开身份参加各种社会活动。正因为这样,《人民日报》记者透露钱学森"准备主持和领导中国科学院力学方面的研究工作"。

其实,钱学森一回国,中国科学院就安排钱学森担任力学研究所所长。当时,中国科学院副院长吴有训曾对朱兆祥说:"院里的意思是,趁钱学森回国之际,把力学研究所建立起来,可以以钱伟长在数学研究所建立的力学研究室为基础,再加一些研究人员。此事已经和钱伟长、周培源酝酿过,大家都赞成钱学森当所长、钱伟长任副所长。我们希望钱学森先到科学院来,暂时不要到国防部门去,这样在国际上的印象好一些。请你跟钱学森委婉地谈一谈。"

吴有训所说的"暂时不要到国防部门去,这样在国际上的印象好一些",只有一部分照办了。由于陈赓大将的积极争取,钱学森还是到国防部门去了,只是钱学森在国防部门的活动完全处于保密状态。

1955年12月31日的《人民日报》报道《今年归国的留美学生大部走上工作岗位》,称"空气动力学家钱学森现在在中国科学院主持力学研究所的筹建工作"。这句话把钱学森回国之后的"单位"说得清清楚楚,即中国科学院力学研究所。

中国科学院力学研究所

中国科学院力学研究所是在原有的力学研究室的基础上建立的。力学研究室设在中国科学院数学研究所之下，成立于1951年，钱伟长担任力学研究室主任。由于当时钱伟长在清华大学工作，这个力学研究室也就落脚在清华大学。

在1955年10月钱学森回国之后，便与钱伟长、吴仲华、胡海昌、朱兆祥、郑哲敏等共同筹划成立力学研究所。

1956年1月5日，中国科学院召开了当年第一次院务常务会议，郭沫若院长主持会议。会议的第一项议程就是讨论成立力学研究所。钱学森提出了建立力学研究所的方案，即准备建立弹性力学、塑性力学、流体力学、物理力学、化学流体力学、自动控制、运筹学等7个研究室。会议通过了成立力学研究所的决定。

1月6日，力学所筹备组召开了全所人员大会。会上，钱学森作了题为"关于力学研究方法"的讲话。钱学森指出：

> 任何科学研究必须和实际结合，挑选课题应结合国家工业推进方向。在研究过程中一定要很快弄清哪些是主要之点，这样可以暂时忽略

其中非主要之点。

研究工作一定要注意一般性原则，要有判断能力，哪些问题是可能的，哪些是不可能的。

要开诚布公进行讨论。

1月7日，中国科学院将《关于成立力学研究所的报告》呈报国务院。

1月16日，陈毅副总理亲笔签署批复了科学院《关于成立力学研究所的报告》。随后，中国科学院发文，任命钱学森任力学研究所所长，钱伟长任力学研究所副所长。

在建所初期，力学研究所确定固体力学、流体力学、化学流体力学、物理力学、运筹学五个研究方向，同时任命了各研究室的负责人：弹性力学研究室，负责人郑哲敏；塑性力学研究室，负责人李敏华；流体力学研究室，负责人林同骥；化学流体力学研究室，负责人林鸿荪；物理力学研究室，负责人钱学森；运筹学研究室，负责人许国志。

1956年3月2日，《人民日报》作了这样的报道："中国科学院今年要新设一批研究机构。由著名科学家钱学森领导的中国科学院力学研究所已经在北京成立。这个研究所正在进行同国家建设有重要关系的科学研究工作。"

1956年6月11日，《人民日报》发表署名"中国科学院力学研究所所长钱学森"的介绍力学的文章——《一门古老而又年青的学科》，似乎在向世界宣告，钱学森归来之后，他的职务就是"中国科学院力学研究所所长"，他的工作就是研究力学：

> 我们所要谈的这门学科是力学。力学是一门古老的学科。就是不谈古代的发展，专说现代科学中的力学，那也是自牛顿发现了他那出名的三定律以后就有了的，所以力学至少有近三百年的历史了。在这三百年中，力学从一个质点的力学发展到刚体、流体、弹性和塑性力学等等。这也是由于生产实践对力学有广泛的需要。可是如果拿力学和新兴的科学——半导体，或电子学，或电子计算机等来比，那么力学又的确是一门古老的学科了。
>
> ……
>
> 力学既然是介乎基本科学和工程技术之间的一门学问，要在力学领

域里工作，就必须在力学本门学识之外，也了解一些基本科学，也知道理论科学中严密论证的方法。另一方面，力学工作者也须要了解工程技术的观点和在工程技术中的问题。这样说来，学习力学不是一件容易的事，它要求广阔的面，从基本科学一直到工程技术都要有一定的知识。所以直到现在，无论在苏联也好，在资本主义国家也好，有成就的力学家，不是先学习基本科学的，就是先学习工程技术的学生，然后转入力学，最后还要深入实际工作，累积经验。经过这样漫长的学习过程，才能"炉火纯青"，达到力学工作者所必须具有的能力：灵活地把理论和实际结合起来，一面能用高深的理论来解决实际所发生的问题，一面能从实际所发生的问题中抽出具有一般性的理论研究对象。这也就是说，优秀的力学工作者不但要有广泛丰富的学识，而且要能掌握辩证唯物主义的观点；因为只有掌握了辩证唯物主义，才能真正灵活地把理论同实际结合起来。所以我们可以说，所有在资本主义国家中的第一流力学家都是自发的辩证论者，只不过他们运用辩证法不可避免地局限于他们的专业业务工作。这样看来，这门古老而又年青的学科只有在社会主义的社会中才能得到它发扬滋长的环境。

新中国对力学事业的发展是十分重视的。从1952年起，高等教育部就在北京大学数学力学系设立了力学专业，专门培养力学干部。去年中国科学院成立了力学研究所。今年八月，科学院物理学、数学、化学学部也将召开全国力学会议。在祖国的社会主义建设事业中，正需要而也必定会涌现出大批力学专家，他们将会解决理论上和实践上的许多重要问题。我们可以肯定，同资本主义和平竞赛中，在力学发展上，胜利也是属于我们的。

钱学森在担任力学研究所的所长之后，曾经主讲《工程控制论》。据他当时的学生戴汝为回忆，钱学森的讲学风格是这样的：

> 他给我们讲《工程控制论》的课，有一点大家非常吃惊，他讲的完全是地道的北京话，没有一句英文。大家都觉得很不容易，因为他在美国待了二十年，在美国东部的麻省理工学院取得硕士学位，在西部的加州理工学院取得博士学位，又在麻省理工学院获得了最年轻的教授职

称，回国的时候43岁。我知道他在语言上是花了很大工夫的。他多次问别人某一个英文在汉语中究竟是什么意思。比如说"random"这个词，另外一个人就告诉他"random"在国内叫"随机"，他为这个单词问了好些人。最后他讲课的时候一个英文也没有，令大家都很感动。当时我在北大、清华也听过不少有名的教授的课，听过他的课的人都发现这位新来的所长确实有独到之处。北大的青年教师和同学说从来没有听过讲得那么好的课，这位科学家真不简单。他讲课的时候，能够引人入胜，从具体的讲起，又概括，又提高。而且，他讲课就是拿着支粉笔，不带书，粉笔字写得也非常清晰、规范。

走进力学研究所

在北京中关村的一个大门口，左边挂着"中国科学院力学研究所"的牌子，右边挂着"中国力学学会"的牌子，这里就是钱学森回国之后第一个工作单位，他是第一任中国科学院力学研究所所长，也是第一任中国力学学会会长。

关于钱学森创建中国科学院力学研究所，他的加州理工学院同事弗兰克·E.马勃在中国科学院力学研究所建所50周年时，这样论及钱学森创建力学所理念的来源：

> 为了追寻钱学森创建力学所理念的来源，我们得回顾一下历史。在庆贺钱学森九十周年诞辰的研讨会上我说过，20世纪30年代后期到40年代初，钱学森在冯·卡门直接指导下工作，我称之为是他做"学徒"的阶段。正是在这一时期，钱学森逐渐确立了关于力学研究的观点。那么，人们要问，冯·卡门的观点又是如何形成的？是在什么时候形成的？毫无疑问，这发生在19世纪末，当时冯·卡门在哥廷根大学从教。他有机会与当时的"科学大家"、应用数学的发明人克莱恩（Geheimrat Felix Klein）和纯粹数学的巨匠希尔伯特（David Hilbert）切磋讨论。克莱恩强烈主张数学与实际工程要结合起来，并认为，所有伟大的数学家都

知道应如何运用数学去解决实际问题，而这种观点又是希尔伯特和其他数学家所反对的。为了确保自己的这种想法能够实施，克莱恩在哥廷根大学设立了应用数学和应用力学讲座职位。

在哥廷根大学从教的这段时间内，克莱恩的观点对冯·卡门产生了重要影响，并成为他后来在亚琛工学院和加州理工学院致力于科学与技术相结合的动力源泉。正当冯·卡门在美国大力宣传应用数学和应用力学观点的时候，钱学森来到了加州理工学院，成为了冯·卡门的"学徒"。可以说，在建立中国科学院力学研究所的时候，钱学森所秉持的也正是这种应用数学和应用力学的观点。

步入中国科学院力学研究所大门之后，可以看见一幢红白相间的五层大楼，那就是中国科学院力学研究所办公楼，是在钱学森担任所长的时候兴建的。当年，钱学森就是在这幢楼三楼的所长办公室上班。

走进大楼，看到门厅两侧的墙上挂着"力学研究所院士风貌"照片，总共有24位院士。一个研究所先后拥有24名院士，足见这个研究所科研实力的强大。内中，既有钱学森、郭永怀的照片，也有钱伟长的照片。当年，钱伟长曾经担任中国科学院力学研究所副所长。

郭永怀是继钱学森归国之后回国的。

1955年10月，钱学森在回国之前，给郭永怀和李佩写了一封信，希望郭永怀跟他一起回去。当时，郭永怀正好答应了威廉姆·西尔斯要做一项研究工作，要等一年才能完成，所以郭永怀给钱学森去信说，你们先回去，我和李佩明年一定回来。

1956年2月2日钱学森致信郭永怀，希望他"快来，快来"：

永怀兄：

接到你的信，每次都说归期在即，听了令人高兴。

我们现在为力学忙，已经把你的大名向科学院管理处"挂了号"，自然是到力学所来，快来，快来！

计算机可以带来，如果要纳税，力学所可以代办。电冰箱也可带。北京夏天还是要冰箱，而现在冰块有不够的情形。

老兄回来，还是可以做气动力学工作，我们的需要绝不比您那面差，带书的时候可以估计在内。多带书！这里俄文书多、好，而又廉价，只不过我看不懂，苦极！

请兄多带几个人回来，这里的工作，不论在目标、内容和条件方面都是世界先进水平。这里才是真正科学工作者的乐园！另纸书名，请兄转大理石托他买，我改日再和他通信。

此致

敬礼！嫂夫人均此！

钱学森
上
2月2日

我们有人出席世界力学会议（比国九月）。[1]

这里提到的"比国"，即比利时。

信中所说托"大理石"买书一事，是请他们的好友 Frank Marble 办。"marble"一词意思是"大理石"。钱学森在信中不说英文"Marble"，而说中文"大理石"，有不给 Marble 引起意外麻烦的意思。

郭永怀说话算数。1956年9月，郭永怀辞去美国康奈尔大学航空研究院的教授职务，带着妻子李佩和女儿郭芹，途经深圳回到祖国。

1956年9月11日，钱学森致函郭永怀表示热烈欢迎：

永怀兄：

这封信是请广州的中国科学院办事处面交，算是我们欢迎您一家三众的一点心意！我们本想到深圳去迎接你们过桥，但看来办不到了，失迎了！我们一年来是生活在最愉快的生活中，每一天都被美好的前景所

郭永怀

---

[1]《钱学森书信》第1卷，第4页，国防工业出版社2007年版。

鼓舞，我们想您们也必定会有一样的经验。今天是足踏祖国土地的头一天，也就是快乐生活的头一天，忘去那黑暗的美国吧！

我个人还更要表示欢迎你，请你到中国科学院的力学研究所来工作，我们已经为你在所里准备好了你的"办公室"，是一间朝南的在二层楼的房间，淡绿色的窗帘，望出去是一排松树。希望你能满意。你的住房也已经准备了，离办公室只五分钟的步行，离我们也很近，算是近邻。

自然我们现在是"统一分配"，老兄必定要填写志愿书，请您只写力学所。原因是：中国科学院有研究力学的最好环境，而且现在力学所的任务重大，非您来帮助不可。——我们这里也有好几位青年大学毕业生等您来教导。此外力学所也负责讲授在清华大学中办的"工程力学研究班"（是一百多人的班，由全国工科高等学校中的五年级优秀生组成，两年毕业，为力学研究工作的主要人才来源）。由于上述原因，我们拼命欢迎的，请你不要使我们失望。

嫂夫人寄来的书，早已收到，请不必念念！

不多写了，见面详谈。即此再致

欢迎！

钱学森

1956年9月11日

附：力学所现有兄旧识如下：

钱伟长、郑哲敏、潘良儒[1]

郭永怀回来了，回到北京，回到好友钱学森身边。

郭永怀回国之后，担任中国科学院力学研究所副所长，而所长就是钱学森。钱学森做事大刀阔斧，郭永怀则细致入微，他俩是绝佳拍档。

谈庆明教授是中国科学院力学研究所的老人，详细叙述了在钱学森领导下创办中国科学院力学研究所的经过[2]。

谈庆明教授1956年毕业于北京大学数学力学系，刚毕业就被分配到中国科学院力学研究所。谈庆明成了力学研究所副所长郭永怀教授的研究生，研

---

[1]《钱学森书信》第1卷，第7—8页，国防工业出版社2007年版。
[2] 2010年5月15日上午，叶永烈在中国科学院力学研究所采访谈庆明教授。

化学流体力学。当时，力学研究所从清华大学迁至数学研究所对面的一幢小楼里，然后开始建设力学研究所新大楼，这幢大楼一直沿用到现在。

谈庆明教授说，当时我们很多同事都很怕钱学森，因为钱学森批评人的时候不留情面，我就被他当着很多人的面在会议上批评过。尽管我们有点怕他，但谁都佩服他的学问以及他的缜密的思维逻辑。

谈庆明教授（叶永烈摄）

谈庆明教授说，我的研究室主任是郑哲敏先生。平时，钱学森对郑哲敏很客气。可是，有一回力学研究所办展览会，钱学森在审阅展板时，忽然令人把郑哲敏找来，指着展板很严肃地批评说，你看看，小数点后的有效数字怎么多达五六位？你的实验有那么精确吗？

郑哲敏一看，是自己在审稿时没有注意，当即表示改正。

在科学上，所谓"有效数字"，是实验精度的一种标志。如果有效数字的位数取多了，易使人误认为测量精度很高。小数点之后的有效数字多达五六位，表明实验精度达到 10 万分之一至 100 万分之一。通常，要按照实验的精度删除后面的几位数字。钱学森在科学上非常严格，所以会相当严厉地批评自己手下的研究室主任。

钱学森的学生樊蔚勋回忆了难忘的力学研究所"科学文献讨论班"，也就是钱学森从美国加州理工学院"移植"过来的科学讨论会。樊蔚勋说，1956年3月他到力学所报到的当天下午就参加了"塑性应力应变关系"的科学文献讨论班，起初是一头雾水，渐渐有门了，笔者的副导师、主持讨论班的李敏华学部委员鼓励我在讨论班上多发言。讨论班把这个学科分支在历史上的由来和发展都搞得清清楚楚。科学文献讨论班一定要有学术带头人，钱学森参加的讨论班学术带头人就是冯·卡门教授。冯·卡门能提出学科最前沿的问题，给与会年轻人以重大启发，从而使讨论热烈、深入，这是培养杰出的科学技术发明创造人才所必需的。钱学森、林家翘、钱伟长、郭永怀等都有这样的成长经历，都感谢恩师当年指引了重要的科研方向。力学研究所当时的"塑性应力应变关系"科学文献讨论班，李敏华学部委员、王仁学部委员每次必到，胡海昌学部委员、钱伟长学部委员有时参加，主持讨论班的李敏华学部委员定期向钱伟长副所长汇报。讨论班每周一个下午，讨论6篇文献，报告人由各位高级研究人员轮流担任，与会人员众多，一半以上是年轻人，即初、中级研究人员和北京中关村附近的大学里只有教学经验的讲师、助教。他们普遍感到听不懂、跟不上，李敏华学部委员为他们"开小灶"，每周增加一个下午的讨论班，只讨论一篇重要文献，指定樊蔚勋为报告人并启发主持讨论。樊蔚勋发言往往"一针见血"，鲜明地赞成什么、反对什么，对事不对人。一位好心人向樊蔚勋提出忠告：人家是讲师啊！发言要婉转曲折，不能直道其详，要给人家留面子。可是钱学森描述在加州理工学院的讨论班中热烈到"卡门教授也参加争吵"的地步，"但不影响人与人的关系"。力学研究所的科学文献讨论班学习加州理工学院科学讨论班的精神，参与者逐步更新观念，讨论班受到普遍欢迎。

据樊蔚勋回忆，钱学森在力学研究所虽然做过多次讲座，但是最具"轰动效应"的是主讲马克思主义。一个在美国生活了20年的科学家，在回国不到一年的日子里，居然要作马克思主义讲座。樊蔚勋说，"国务院系统几百人好奇地赶来听讲"，足见这次讲座引起诸多关注。钱学森怎么讲马克思主义呢？其实钱学森就是以一个在美国生活了20年的人的视角，来谈对马克思主义的感受。樊蔚勋回忆说，钱学森用充满感情的话语讲述道："我在美国20年，把长期积累的工作经验上升到观点、方法来认识，回国后学了马克思主义，发现这些观点、方法，全都已经包含在毛泽东主席的《矛盾论》《实践论》里面了。"钱学森强调，马克思主义不是空洞的、抽象的，而是深刻地体现在科学的本身。科学家要善于从马克思主义的观点，找出科学的规律。

王礼立也是在1956年分配到中国科学院力学研究所的大学毕业生之一。他回忆说，在钱学森所长主持下的力学研究所，有两个细节令他难忘：一是除普通的办公桌椅外，工作室里有一个带许多小抽斗的文献卡片柜。钱学森认为，做科学研究一定要大量阅读科学文献，而在阅读时一定要随手写好文献卡片，分门别类放入文献卡片柜；二是钱所长要求每一个工作室里挂一块小黑板，以便在什么时候都可以写写画画，三三两两在小黑板前讨论。

谈庆明则记得，在1960年，钱学森曾经在力学研究所的篮球场上，主持了一次别开生面的表演——把一块小钢片放在碗状的钢的模具上，上面放置了雷管。随着一声爆炸，小钢片当即被炸成一只小钢碗。钱学森手持这只小钢碗，在篮球场上走了一圈，展示给来宾看。虽然那只小钢碗看上去凹凸不平，还只是"丑小鸭",钱学森说,这将带来一场工艺上的革命。

钱学森的目光是深远的,他把爆炸时使钢片成形的力学命名为"爆炸力学",这成为力学的新学科。这种工艺,叫作"爆炸成型"。果然,后来"爆炸成型"得到迅速的发展、普遍的应用。后来,就连导弹的关键部件——火箭喷管,由于形状复杂,难以机械加工,却用"爆炸成型"在瞬间完成了。

王克仁教授也是力学研究所的老人,他指出,钱学森是中国科学院力学研究所的创始人,对于中国力学的研究和发展做出了重大贡献。对于创建中国科学技术大学,钱学森也是功不可没。在科学上,对于钱学森影响最大的,是他的导师冯·卡门。对钱学森在科学上的巨大成就,争议很少。[1]

金银和女士在中国力学会工作多年。她说,钱学森不仅是中国科学院力学研究所的创始人,也是中

王克仁教授(叶永烈摄)

中国力学会金银和女士

国力学会的创始人。[2] 钱学森是中国力学会的第一任理事长,任期从1957年直至1982年,达25年之久。1982年钱学森当选中国力学会名誉理事长。钱学森把全国力学家组织起来,团结在中国力学会之中。2007年7月20日,96岁高龄的钱学森还为中国力学会50周年发来贺信。

---

[1] 2010年5月15日上午,叶永烈在中国科学院力学研究所采访王克仁。
[2] 2010年5月15日上午,叶永烈在中国科学院力学研究所采访金银和。

在中关村"海归楼"安家

钱学森担任中国科学院力学研究所所长之后,在北京中关村安家。

钱学森与郭永怀的家相邻。郭永怀夫人李佩教授带领笔者去看当年钱学森在中关村所住的地方。[1]

那里如今叫"科源社区",是中关村最老的一批宿舍楼,建于20世纪50年代初期。其中有三幢三层高的青砖砌成的宿舍楼,即13、14、15号楼,设施最好,每套房子的面积也大,当时被称为"特楼",是当时为了安置著名科学家和从海外归来的学者而建设的宿舍楼,所以今日也有人称之为"海归楼"。

钱学森当时就住在"特楼"中的14号楼的二楼,而郭永怀和李佩就住在

钱学森故居——中关村"特楼"14号楼(当时住在二楼)

---

[1] 2010年5月15日上午,叶永烈在中国科学院力学研究所采访郭永怀先生的夫人91岁的李佩。

旁边的13号楼。至今，李佩还是住在那里，已经住了半个多世纪。李佩家中客厅里的两个单人沙发和茶几是她回国时父母补送给她的嫁妆，硬木花格架、长条形茶几和钢琴是她和郭永怀一道买的。在"特楼"里，不仅住过钱学森和郭永怀，也住过贝时璋、钱三强、赵九章、杨嘉墀、童第周、顾准……2009年10月29日，106岁的生物物理学家贝时璋去世时，就住在跟他一样上了年纪的中关村"特楼"中。

钱学森一家入住中关村"特楼"之后，当时家具极其简单，是公家分配的。他家的旧家具上，有着"中国科学院"的红漆金属铭牌。后来这些家具折价给住户。钱学森使用多年的，就是这些最普通不过的家具。

且不说这三居室的公寓无法跟钱学森在美国洛杉矶的花园洋房相比，就连当时钱学森从美国带回来的家用电器，诸如吸尘器、电冰箱、录音机，都是当时那一带公寓楼里的"稀有元素"。

钱学森在北京中关村"特楼"安家之后，就把父亲钱均夫从上海接来。

据钱月华回忆，当时，钱学森一家住在北京中关村的"特楼"，中国科学院又在北京东四六条南板桥胡同的第五宿舍，划拨5间平房安置钱学森父亲和蒋英母亲蒋左梅。钱月华记得，那5间平房是在中国科学院第五宿舍最后一排，独门独院，有一个小花园，核桃树亭亭如盖，闹中取静。这5间平房之中，第一间作为厨房，第二间是客厅，第三间是钱均夫卧室，第四间是她的卧室，第五间是蒋英母亲蒋左梅的卧室。虽说蒋英母亲是日本人，汉语不很流利，但很快就喜欢上钱月华，常跟月华一起上街，有说有笑。月华除照料钱均夫之外，也照料蒋英母亲。[1]

到了北京之后，经陈叔通推荐，周恩来总理指示，1956年4月，国务院聘任74岁的钱均夫为中央文史研究馆员。

中央文史研究馆专聘有"德、才、

钱学森父亲钱均夫先生

---

[1] 2010年5月14日上午，叶永烈在北京采访钱月华。

"望"的年长的文化名流担任馆员，每月发给工资，平常的工作就是研究文史问题，文史馆会派专人上门请教，不用到馆上班。这样，钱均夫在晚年有了安定的又能发挥自己专长的工作。

多年失业在家的钱均夫，如今成为中央文史研究馆员，生活安定，心情非常舒畅。

这时，钱均夫要给钱月华办理终身大事。钱月华自从11岁到钱家，由于多年照料钱均夫，到了这时候已经37岁，尚待字闺中，已经是"大龄青年"。起初友人介绍了几位男子，都是丧偶或者离异的，年岁在50以上，钱月华不愿嫁。后来，跟钱家有那么点远亲关系的张德洛，一则对此人知根知底，二则比钱月华小1岁，是未婚"大龄青年"，钱月华倒是动心了。遗憾的是，张德洛在抗日战争中断了左腿，他一直没有成家就因为残疾。好在他装了假肢，照样上班下班，有一份稳定的收入。钱月华选择了这位未婚"大龄青年"。

喜讯传出，钱均夫说，钱月华是他的干女儿，但是胜过亲闺女，一定要好好为她操办婚事。钱均夫送了金戒指给钱月华。钱学森送了200元人民币作为礼金。蒋英母亲蒋左梅说，她在东四北大街西侧的马大人胡同次31号（今育群胡同26号），有一座小院，她的第五个女儿蒋和住在那里，可以腾出一

2010年5月14日上午，叶永烈在北京采访钱学森的干妹妹90岁的钱月华以及她的丈夫张德洛

间耳房，给钱月华作为新房。

从此，钱月华搬到马大人胡同居住，但是每天仍去不远处的东四六条南板桥胡同照料钱均夫和蒋英的母亲。

举办《工程控制论》讲座

在北京中关村，离中国科学院力学研究所不远处，就是中国科学院自动化研究所高高的大楼。

一身浅灰色的西装，一头浅灰色的头发，78岁的戴汝为院士作为"博导"还在带研究生，还在忙碌地工作。他用充满感情的语调，向笔者叙述他的恩师钱学森——钱学森从美国回来之后，所带的第一个研究生就是他。[1]

戴汝为院士说自己是一个非常幸运的人，一是就读于名校北京大学数学力学系，二是毕业之后成为名师钱学森的研究生。这名校、名师加上他自己的努力，使他走上成功之路。

戴汝为是云南昆明人。抗日战争时期，北京大学、清华大学和南开大学南迁至昆明，组成西南联合大学，简称"西南联大"。戴汝为有幸就读于西南联大附属小学、西南联大附属中学，受到很好的教育。1951年戴汝为高中毕业，无论如何要报考清华大学，与4位同学一起"上京赴考"。那时候交通艰难，他带着铺盖，花了22天时间才从昆明到了北京。到了北京之后，无处落脚。天无绝人之路，正巧那时候北京市政府收押妓女，前门那一带的房子空着，他们就住了进去。然后去考试，5人居然全部考上北京大学或者清华大学。

戴汝为院士（叶永烈摄）

---

[1] 2010年5月17日下午，叶永烈在北京中国科学院自动化研究所采访戴汝为院士。

这也表明西南联大附属中学的教育质量很好。戴汝为考上清华大学，由于学的是理科，在1952年院系调整时，被调往北京大学。

1955年，戴汝为从北京大学数学力学系毕业之后，分配到中国科学院力学研究室，室主任是钱伟长。真是天赐良机，钱学森正在这时候回来，筹建中国科学院力学研究所，戴汝为被"分配"到钱学森门下，成为钱学森的研究生。戴汝为知道钱学森是国际闻名的科学家，能够在钱学森的指导下从事研究工作，非常兴奋。

戴汝为记得，中国科学院力学研究所第一次开全所大会时，不过10个人而已。当时，钱学森不过40多岁，正是年富力强，工作相当忙碌。

钱学森开始举办工程控制论讲座，每周讲一次。对于戴汝为来说，这是从未接触过的课题。戴汝为与另外一位研究生何善堉一起负责整理钱学森的讲课笔记。钱学森拿出一本从美国带回来的他写的英文版《工程控制论》，作为教科书。何善堉在1949年入北京大学数学系，英文较好，而戴汝为在北京大学当时学的是俄语，只在中学时学过英语，这时就下苦功夫学英语。

当时借用中国科学院化学研究所的大厅举行讲座，听课者200多人，主要来自北京大学、清华大学以及中国科学院。在诸多听课者之中，最特殊也最感人的是天津大学的年轻教师周恒，他居然每周从天津赶来听课，一直坚持到最后一堂课。那时候，北京与天津之间的交通并不方便，能够使周恒不顾劳累往返于京津之间，这表明钱学森的讲课具有何等的魅力。如今，周恒成为中国科学院院士。

戴汝为说，钱学森备课非常充分，讲课只拿着一支粉笔，不带书，讲课层次分明，语言流畅。钱学森的粉笔字写得也非常清晰、规范。戴汝为说，听过钱学森的课的人都发现这位新来的所长确实有独到之处。北京大学的青年教师和同学说从来没有听过讲得那么好的课，这位科学家真不简单。钱学森讲课的时候，能够引人入胜，从具体的讲起，又概括，又提高。

戴汝为把听课笔记整理好之后，交给钱学森。钱学森会很仔细进行修改，用红笔标记出不合适的地方，然后交给戴汝为刻蜡纸，印成讲义，发给听课者。

戴汝为还与何善堉一起，花费一年多的时间，把钱学森的英文版《工程控制论》译成中文。经过钱学森校阅之后，于1958年出版。戴汝为说，当时钱学森从美国带回来的英文版《工程控制论》只有2本。那时候没有复印机，为了便于翻译，只得把其中的一本拆成一页页。戴汝为向笔者出示了钱学森著《工程控制论》的英文版、俄文版和中文版。当年除钱学森自己保存一本英文版《工程控制论》之外，另外一本已经被拆掉，那么戴汝为手中的英文原版书是怎么来的呢？戴汝为说，那是他跟美国亚利桑那州大学教授王飞跃（FeiYue-Wang）谈起钱学森的名著《工程控制论》，王飞跃对钱学森深为敬佩。2004年2月，王飞跃教授从美国来北京，跟戴汝为见面时，送给戴汝为一件珍贵的礼物，那就是钱学森著英文版《工程控制论》。原来王飞跃从美国的旧书网搜索，居然发现有5本钱学森著英文版《工程控制论》在那里拍卖，就悉数买下。在钱学森著英文版《工程控制论》出版50年之后，美国朋友为戴汝为送来1954年的原版书，作为钱学森的学生及《工程控制论》中文版译者，戴汝为深感欣慰。

戴汝为说，维纳的《控制论》出版之后，被苏联科学家斥为"伪科学"。中华人民共和国成立初期，中国在意识形态上受苏联影响很大，中共中央宣传部有一班人甚至专门写文章"批判"维纳的《控制论》。但是由于苏联方面重视钱学森的《工程控制论》，苏联A.A.费尔包姆教授主持翻译了《工程控制论》俄文版，并在1956年3月邀请钱学森访问苏联，中共中央宣传部那班"批判"维纳的人，对钱学森的《工程控制论》也就没有说三道四。

戴汝为注意到，钱学森在作《工程控制论》讲座时没有一句英语。钱学森在美国生活了20年，当时刚回国，做到这一点是很不容易的。工程控制论是一门新的科学，很多科学名词还没有相应的中译名。钱学森在作讲座前，花费了很多精力把一些英语的科学专用名词译成中文，然后在讲座时第一次提到这一名词时，在黑板上写明英文原文以及相应的中译名。

戴汝为说，钱学森多次问别人某一个英文在汉语中究竟是什么意思。

钱学森在确定这些中文名时，总是反复琢磨，从好几个中译名中挑选最为妥切的。比如，laser这个术语是由light amplification by stimulated emission of radiation的第一个字母组成，有人意译为"激射光辐射放大""光量子放大""受激发射光"，显得冗长。也有人把laser音译为"莱塞"，令人不知所云。而钱学森译为"激光"，又简短又鲜明，很快就被大家所接受，一直沿用至今。再比如说"random"这个词，有各种不同译名，钱学森最后选定了"随机"，也被普遍认可。

戴汝为说，当时中国科学院力学研究所没有党组书记，党的负责人就是去罗湖桥迎接钱学森的朱兆祥先生。朱兆祥曾经说起一个故事：当钱学森出现在罗湖桥头时，记者们围了上来。其中一个香港记者用英语问了一个问题，钱学森就说："我想每个中国人都应该讲中国话。"那位香港记者解释说，他只会讲广东话和英语。钱学森说："我想普通话在中国用得很普遍，而你是中国人，应该学会讲普通话！"钱学森这么一说，大家都笑了。正因为这样，钱学森回国之后，在讲坛、在研究所，很注意只讲汉语，不讲英语。

《工程控制论》按计划讲十次，讲到第九次之后，钱学森因工作太忙，没有讲最后一课。

《工程控制论》中译本中的另一位译者何善堉很不幸，在"反右派斗争"中被错划为"右派分子"。虽然何善堉蒙受了政治灾难，但是他仍在复杂系统理论和控制理论研究方面作出很大贡献，后来成为中国科学院自动化研究所学术委员会主任及博士研究生导师。中国科学院自动化研究所还以他名字设立了"何善堉奖"科学基金。

有什么说什么

钱学森很直率，有什么说什么。

钱学森的学生樊蔚勋回忆说，1956年3月他到中国科学院力学研究所报到不久，就听说钱学森所长出国去苏联访问。7月，钱学森回国，在力学所会议室开会，全所10多名高、中、初级研究人员全部到齐，钱伟长副所长也从清华过来参加了。钱学森做了访问苏联的观感报告说：

> 出国以前就听说苏联科学技术如何如何了不起，这次去了一看才知道，苏联的一流科学家确实比美国的二流科学家要强一些。
>
> 去苏联中央流体动力研究院参观，经过苏方三次托词延期以后，进去一看，才知道是为我准备的，放在风洞里面的吹风模型都是二战时期的过时产品。
>
> 去了莫斯科大学数学力学系，那里的中国留学生很苦闷，原来到了高年级和研究生，学校把学生划分为保密班和公开班，所有外国留学生

包括中国留学生在内一律都放在公开班，保密班的学生都到苏联中央流体动力研究院等产业部门做研究，公开班的学生只能留在学校内做纯理论的数学力学研究。

当时，正处于中苏友好的"蜜月期"，钱学森敢于如此尖锐地批评苏联，是难能可贵的。尤其是"苏联的一流科学家确实比美国的二流科学家要强一些"这样的话，是毫不客气的。

据戴汝为回忆，在会议上有人问："钱所长，你感觉社会主义的科研与资本主义的科研有什么区别？"钱学森回答说："我不知道什么是社会主义的科学，什么是资本主义的科学，真正的科研只有一流还是三流的区别。做得好就是一流的科学，做得不好就是三、四流的科学。在科学上，没有什么两大阵营，什么是资本主义的，什么是社会主义的。"

钱学森当时的言论，可以说是相当直率的。

戴汝为还记得，他在帮助钱学森整理《工程控制论》讲课笔记时，曾经问钱学森："我不是学工程的，要补学点什么？"钱学森却回答说："这样的问题，用不着我来回答。"戴汝为当时觉得非常难堪。戴汝为刚到力学研究所不久，有一天在研究所的图书馆里遇到了正在看书的钱学森，请教他应该看些什么参考书。钱学森又一次说："做科研的人应当独立思考解决这种问题，用不着问我。"戴汝为脸红了，从此他明白，必须培养自己独立思考的能力。戴汝为向钱学森表达自己的学术见解，钱学森有时候会当面批评说："听不懂你的话，你的表达没有条理性。"有时候甚至批评说："你简直是胡说八道！"戴汝为说，研究所里很多人都有过被钱学森批评得满脸通红的经历。不过，大家被钱学森所长"刺"几下，难堪几次，倒是明白

1956年，钱学森在科学院力学所办公室

了自己的缺点，从此大有进步。

钱学森对戴汝为说，他从美国回来之后，最不习惯的是学生们老是说对，不敢提出相反的意见。在讲课的时候，钱学森甚至故意讲错，看看学生是否会指出老师讲错了。钱学森认为，在学术上有什么就说什么，不分职务的高低。戴汝为说："我一直称呼钱学森为老师，但是他却把我看成工作搭档。"甚至在外人面前这样介绍戴汝为："他是我的搭档。"钱学森说，师生在科学上是平等的。

钱学森当时虽然非常痛恨美国政府对他的迫害，但是怀念美国加州理工学院的学术民主空气。

戴汝为在钱学森身边工作了几年，钱学森并没有把他留在力学研究所，而是建议他去自动化研究所。在钱学森看来，戴汝为把《工程控制论》译成中文，而且对工程控制论做了许多研究，更适合从事自动化研究。

这样，戴汝为离开恩师钱学森，到中国科学院自动化研究所从事研究工作。在20世纪60年代，戴汝为解决了用极大值原理解最速控制、终值控制的数值计算问题。在70年代，戴汝为最早在国内开展模式识别研究，完成了信函分拣中的手写数字识别系统。

1979年8月，美国普渡大学的模式识别领域专家、美籍华人傅京孙教授应中国科学院等单位邀请，到中国进行模式识别方面的讲学，与戴汝为相识。1980年至1982年，戴汝为在美国普渡大学电机系做访问学者。戴汝为与傅京孙合作，提出了"语义句法模式识别技术"，提出了语义、句法方法。这一成果获中国科学院1986年科技进步奖二等奖，钱学森评价说："我深感戴汝为同志是我国模式识别方面的权威之一，学术造诣深。"

从美国回来之后，戴汝为通过通信经常向钱学森请教，彼此就学术问题交换意见。戴汝为说，钱学森写给他的信，有200多封。

戴汝为在20世纪80年代中期开展了人工神经网络在知识工程中应用的研究；90年代初，进行智能控制及手写汉字识别的工作。他还通过知识系统及人工智能的途径，跨入对开放的复杂系统及其方法论的研究。

钱学森不仅是中国力学的学科带头人，他作为工程控制论的创始者，也是中国自动化学科带头人。1957年，中国自动化学会筹备委员会成立，在钱学森倡导下开展工作。1961年中国自动化学会在天津正式成立，钱学森当选为第一、二届理事长。此后，第三届理事长为宋健院士，第四届理事长为胡启恒院士，第五届理事长为胡启恒院士、杨嘉墀院士，第六届理事长为杨嘉墀院士、陈翰馥院士，戴汝为担任第七届、第八届、第九届理事长至今。

经钱学森亲自推荐，1991年戴汝为当选中国科学院院士。1993年至1998年戴汝为任中科院技术科学部副主任。

女秘书眼中的"国宝"

连她自己都没有想到，她会去做秘书工作，而且是给钱学森当秘书[1]。

1947年，张可文考入北京大学数学系。1951年毕业之后，在北京工农速成中学当数学教师。用她自己的话来说，属于"三门干部"，即出了家门到校门，出了校门到机关门。

1956年7月，领导突然通知她，担任钱学森秘书。她从来没有做过秘书。后来才明白，当时钱学森回国不久，正需要一位秘书，张可文的一位同班同学推荐了她，一来她是北京大学数学系毕业，懂业务，二来她是中共党员。

就这样，29岁的张可文被调到中国科学院力学研究所工作，成为钱学森第一任秘书。她记得见到这位大科学家时，喊他"钱先生"，而钱学森则直呼其名张可文。

张可文非常尊重钱学森。在她看来，钱学森是"国宝"，能够给"国宝"级的大科学家当秘书，非常荣幸。

在张可文看来，做钱学森的秘书相当轻松，无非就是给钱学森接个电话，收发文件，开会时做个记录。钱学森总是自己起草讲话稿，起草文件，亲笔给别人回信，不用秘书代

钱学森第一任秘书张可文（叶永烈摄）

---

[1] 2010年5月17日上午，叶永烈在北京采访钱学森第一任秘书张可文。

1956年，钱学森在中国科学院力学研究所办公室办公

劳。她原本以为大科学家一定很严肃，不苟言笑，接触时间长了，她发现钱学森讲话很幽默，也很亲切。那时候的她，没有出过国，处于相当封闭的状态，很想知道美国的情况，了解世界科学发展的态势。每当休息的时候，钱学森就讲国外的情况给她听，使她增长了不少见识。钱学森还说，要多看外国的科技杂志，从中获取科技信息以至科技情报。要多掌握几门外语。就连科技广告也要注意，比如从外国的风洞广告就可以大致了解他们的超音速飞机的发展水平。钱学森还教张可文做剪报工作，即把报刊上有参考价值的文章剪下来，按照不同的主题分类放于不同的牛皮纸袋里。

张可文说，在星期六，钱学森甚至给力学研究所的工作人员作音乐讲座。钱学森主张，科学家要有广泛的兴趣，不能总是待在研究室里。

那时候，中国科学院力学研究所大楼刚造好，所长办公室安排在三楼。那是一个套间，外间是张可文的办公室，里屋是钱学森的办公室。钱学森问张可文，办公桌该怎么安放？张可文从来没有想过这个问题，一时答不上来。钱学森告诉张可文，办公桌都应该放在办公室左侧靠窗的地方，这样一抬头就看见房门，尤其是钱学森坐在里屋，一抬头可以看见两间办公室的门。钱学森还关照，他的办公室里的门，门锁要朝里，这样只有他从屋里开门，门才能打开，外面的人打不开他的办公室的门。张可文一听，钱学森这样安排办公桌的位置，确实很有道理，她非常佩服钱学森的细心，连办公桌怎么放、房门的锁怎么安装，都有一番讲究。

在钱学森办公室隔壁，是副所长办公室。当时的力学研究所副所长是钱学森的好友郭永怀。

张可文回忆说，在1956年，大家的工作热情都很高，力学研究所差不多都是三时段上班，即除上午、下午上班之外，晚上仍然开会，所以力学研究所入夜仍灯火通明，食堂通常供应夜宵。钱学森总是回家吃饭，从研究所到家大约要走十几分钟，每天来回走三趟。当时中关村尚在初创时期，从研究所到家要路过一大片田野。那时候张可文住在中关村宿舍 10 号楼,钱学森住在 14 号楼,钱学森在夜间回家时,总是跟张可文一起回去。

张可文说,钱学森生活很朴素,穿普通的中山装,脚下是一双北京圆口布鞋。

跟钱学森接触多了,张可文对这位大科学家也就敢说敢言了。

张可文记得,从美国回来不久的钱学森,一股"外国作风",讲话直来直去,不讲情面。有一回,一位北京大学数学系的副教授来见钱学森。进了钱学森办公室,可能是钱学森对他有看法,也可能钱学森当时没有注意,尽管办公室里有椅子,也没有叫人家坐下来。那位副教授就站在钱学森的办公桌前毕恭毕敬地跟钱学森谈话,谈了十几分钟,钱学森最后说了一句话:"连这样的问题你都不懂?"那位副教授顿时脸涨得通红,很尴尬地站了一会儿,向钱学森鞠了一躬,走了。

当时坐在外屋的张可文,清清楚楚看见这一幕。当时,张可文不便说什么。过了些时候,张可文向钱学森说,"树有皮,人有脸",人家到底还是一个副教授,不能那样对待他。

钱学森沉默不语,一声不响。

不过,张可文发觉,从那以后,钱学森再也没有那样对待别人。

事情过去 20 多年,1980 年钱学森在一次谈话中曾经说及,我的最初的秘书张可文对我帮助很大。

这话传到张可文的耳朵里,她感到茫然,不知钱学森所说的对他帮助很大是指什么事。

1987 年钱学森来到中国科学院自动化研究所开会,张可文也去了。在会上,钱学森当着大家的面,指着张可文说,她曾经是我的秘书,对我帮助很大。

张可文依然不知所云,又不便于问钱学森。

直到 2005 年纪念钱学森回国 50 周年时,力学研究所的老人谈庆明研究员遇到钱学森之子钱永刚,问起此事,方知钱学森说的是张可文"树有皮,人有脸"那句话对他触动很大。其实,张可文早就忘掉此事,经钱永刚重提,她才记起往事。

张可文说,钱学森如此虚心接受意见,错了就改,很令她感动。

在张可文担任钱学森秘书之后,席卷全国的反右派斗争开始了。这是钱学森回国之后经历的第一场激烈的政治运动。在"大鸣大放"中,要响应号召,贴大字报。当时力学研究所给钱学森贴大字报的人不多,因为他冲破美国的重重罗网回国,大家都很敬重他。不过他毕竟是一所之长,总不能没有大字报。于是,张可文给钱学森贴大字报,说钱学森太严肃,接近群众不够。为了响应号召,钱学森也不能不写大字报。钱学森给张可文写大字报,说她"太孩子气"。

钱学森平日在政治上出言谨慎,而且当时他正在争取入党,所以他在反右派斗争中没有受到冲击。

在钱学森入党时,入党介绍人有两位,一位是"天线",即上面的领导,中国科学院秘书长杜润生;另一位是"地线",即钱学森所在单位的党员,最初指定张可文为"地线"。后来,"地线"改为力学研究所党委书记杨刚毅。

张可文说,钱学森对中国共产党、对毛泽东主席的感情是很真挚的。钱学森作为著名科学家,有很强的自尊心。在美国遭受那样的不公正待遇,他认为是极大的侮辱。正因为这样,他回到祖国,他非常佩服毛泽东主席,因为毛泽东敢摸美国的"老虎屁股",敢于与美国这样世界上最强大的国家相抗衡。所以他迫切要求加入中国共产党,急切地要为祖国作出贡献。

从1956年7月张可文担任钱学森秘书,至1959年3月调离,前后两年半多时间。

张可文说及,"三钱"之中的另一"钱"——钱伟长,命运就大不相同。钱伟长当时虽然兼任中国科学院力学研究所副所长,但是主要工作在清华大学担任副校长。钱伟长被打成"资产阶级右派分子",从此划入另册,撤销一切职务,命运乖戾。

聂帅挂帅"两弹"

自从钱学森从美国归来之后,不光是美国中央情报局关注钱学森在中国的一举一动,美国媒体记者也关注着钱学森。他们知道,找到了钱学森的轨迹,等于找到了中国导弹事业的动向。很遗憾,自从钱学森1955年回国之后,钱学森如同掉进了"黑洞",除偶尔有关于"力学家钱学森"的报道之外，在中国媒体上找不到钱学森跟研制导弹相关的任何报道……

其实，自从钱学森归来，中国的导弹研制工作就紧锣密鼓地在进行着。

也就在 1956 年 6 月 11 日《人民日报》发表署名"中国科学院力学研究所所长钱学森"的文章《一门古老而又年青的学科》前半个月，钱学森被任命为国防部五局第一副局长、总工程师兼国防部第五研究院院长，亦即导弹管理局第一副局长、总工程师兼导弹研究院院长。关于这一重要的任命，《人民日报》一个字也没有提及，只见之于中央军委与国防部的绝密文件之中。国防部第五研究院属于保密单位，当时的代号为"0038 部队"。

钱学森面临着当年陈赓大将筹建中国人民解放军军事工程学院时一样的处境，即从零开始。

钱学森的当务之急，就是从全国各地调集导弹研究人才。周恩来总理给了钱学森"尚方宝剑"，他作出指示，只要是国防部第五研究院需要的技术专家和党政干部，都可以从工业部门、高校和军队中抽调。后来，中共中央还专门发出《关于迅速完成提前选调给国防部五院应届大学毕业生的通知》，要求各省、市委指定组织部长亲自负责挑选审查，迅速调齐。

1956 年 4 月 13 日，国防部通知，国防部航空工业委员会正式成立，由聂荣臻任主任。此前，在 1955 年 7 月，中共中央指定陈云、聂荣臻、薄一波组成三人小组，负责指导"原子能事业"的工作。这样，聂荣臻挑起了"原子能事业"（研制原子弹）和"航空工业委员会"（研制导弹）这"两弹"的领导重任。1957 年，"两弹"之外又加一"星"，指挥这支特殊部队的司令官一直是聂荣臻元帅。据聂荣臻秘书柳鸣回忆说，得知钱学森回国，聂荣臻指示陈赓与钱学森接触，确定中国要搞导弹。[1]

聂荣臻，1899 年出生于四川江津（现属重庆市），字福骈。1919 年赴法勤工俭学。1922 年 8 月参加旅欧中国少年共产党。1923 年春转为中国共产党党员。1924 年 10 月，聂荣臻到莫斯科东方劳动者共产主义大学学习，后转入苏联红军学校中国班学习军事。1925 年回国，在黄埔军校任政治部秘书兼政治教官。

此后，聂荣臻身经百战：1927 年作为中共前敌军委书记参加南昌八一起义；1931 年 12 月，前往江西中央革命根据地，任中国工农红军总政治部副主

---

[1] 2010 年 5 月 20 日上午，叶永烈在北京采访聂荣臻元帅秘书柳鸣。

任；1934年10月参加长征，与军团长林彪一起率红一军团屡建奇功；在抗日战争中与林彪共同指挥了著名的平型关战役；在解放战争中，任华北军区司令员，与林彪、罗荣桓一起指挥平津战役，和平改编国民党傅作义20万起义部队，进军北平城……

中华人民共和国成立后，聂荣臻任中央军委代总参谋长、北京市市长。

聂荣臻是一个严肃的人。据聂荣臻秘书刘振杰回忆说，他在总参谋部与聂荣臻一起工作了3年，在办公室里只听他笑过一回。那是1950年的一天，刘伯承从南京来到北京，就住在聂荣臻的家里。刘伯承进城时，聂荣臻已经到总参谋部上班了。刘伯承就打来一个电话，开玩笑说："总参谋长，我到北京来了，向你报到。"聂荣臻说："你来了？缴枪没有？我这个北京市长是不许带枪进北京的。"说完，聂荣臻自己就笑了。

1954年，聂荣臻任中央人民政府人民革命军事委员会副主席，主管军队武器装备工作。这时，聂荣臻工作的重心开始从中国人民解放军代总参谋长转移到军队武器装备工作。1955年，聂荣臻被授予中华人民共和国元帅军衔，成为十大元帅之一。1956年11月任国务院副总理，主管科学技术工作。1958年，聂荣臻又兼任国防科学技术委员会主任、国家科学技术委员会主任。1959年，聂荣臻任中共中央军事委员会副主席，主管尖端武器的研制工作。

聂荣臻戎马生涯半辈子，转为"两弹一星"总指挥，成为钱学森的"顶头上司"。其实，"两弹一星"工程相当于美国的"曼哈顿工程"，是一个庞大的系统工程，要调动知识界的千军万马。

"两弹一星"最初是"两弹"，因为当时苏联第一颗人造地球卫星尚未上天，中国还没有开展对于人造地球卫星的研制工作。当时中央确定的方针是"两弹为主，导弹第一"。也就是说，在国防科研上，研制导弹和原子弹放在"先行"的地位，而在"两弹"之中，放在第一位的是导弹。

聂荣臻为人谦和，尤其是对科学家格外尊重，钱学森称之为良师，在他开列的曾经给予他深刻影响的17人名单之中，就有聂荣臻。

1956年5月10日，聂荣臻提出了《关于建立我国导弹研究工作的初步意见》报告，指出：

> 第二次世界大战后，美国、英国、法国等都在大力进行各种导弹的研制工作。

>为适应中国国防现代化的需要，必须立即开始导弹的研制与培养技术人才的工作。
>
>要以最大的速度，在几年内研制成功一种或一种以上的导弹。
>
>为此，建议在航委下面设立统一管理导弹研制工作的导弹管理局；建立导弹研究院，以钱学森为院长，尽快开展导弹研制工作；建立自动控制、无线电定位等研究所，加速建立电子元器件研究所。

1956年5月26日，中央军委召开会议，专题研究聂荣臻《关于建立我国导弹研究工作的初步意见》，出席会议的有周恩来、彭德怀等。

周恩来在会上作了重要指示：

>一、导弹的研究方针是先突破一点，不能等一切条件都具备了，才开始研究和生产。
>
>二、需要的专家和行政干部，同意从工业部门、高等院校、科研机构和军队中抽调。
>
>三、同意组建导弹管理局，由钟夫翔任局长；同意钱学森为导弹研究院院长。
>
>四、电子技术方面，可以先从培养人才开始，在西安设立军事通信学院。

会议讨论通过了聂荣臻的《关于建立我国导弹研究工作的初步意见》，责成聂荣臻全权落实这个方案。

1956年5月29日，根据周恩来总理的指示，聂荣臻元帅在北京三座门召开专门的会议，商议为国防部第五研究院选调技术骨干。国务院秘书长习仲勋、中国人民解放军副总参谋长兼军事工程学院院长陈赓、国家科委副主任范长江、第一机械工业部部长黄敬、中国科学院副院长张劲夫、清华大学校长蒋南翔，以及国务院各部委领导共33人出席会议。

聂荣臻作了主旨发言："我国发展尖端武器迫在眉睫，但国际技术援助还没有落实，尽管困难很多，但中央下了决心。当前急需的是各类人才，请在座诸位大力支援，鼎力相助。"

出席者谁都明白发展中国的导弹事业事关重大，但是毕竟当时的人才分属于各个"单位",每个"单位"都有自己的小九九,而要调走的往往又是业务上第一流的骨干。

就在许多"单位"的主管面有难色之际,陈赓大将的"大将风度"感动了所有的与会者。把钱学森推到导弹研究院院长的位置,陈赓是出了大力的,然而如今导弹研究院即将诞生,中国人民解放军军事工程学院首当其冲,业务骨干的第一供应大户就是中国人民解放军军事工程学院。

陈赓大将非常爽气,照顾大局。他说:"四年前'哈军工'筹建时,全国、全军支援了我们,现在应该是我们回报国家的时候了。聂总,五院的筹建,我们学院将义不容辞,全力配合。"陈赓表示,"哈军工"有一批从事航空和火箭专业教学的专家、教授,可以抽调6名教授,支援国防部五院。

陈赓大将思索了一下,又补充说,"哈军工"还可以增加3至4名专家、教授,支援五院。

陈赓大将这么一带头,别的单位也纷纷响应。很快地,国防部第五研究院有了许多业务骨干。

聂荣臻把需要商调的380名中高级技术人员的名单报送周恩来。周恩来看后,对聂荣臻说:"你们需要的干部同各部门商调就可以了。"就这样,这380名中高级技术人员调入国防部第五研究院,成为中国研制导弹的骨干队伍。屠守锷、蔡金涛、黄纬禄、吴朔平、姚桐斌都先后调往国防部第五研究院。

从"哈军工"调往国防部第五研究院的第一批业务骨干是任新民、梁守槃、庄逢甘、朱正这4位教授。接着,又抽调刘有光、卢庆骏等教授到五院。其中,任新民和庄逢甘正出差北京,陈赓叫他们别回哈尔滨,马上到钱学森那里报到。正因为这样,任新民回忆说,他去国防部第五研究院报到时,除院长钱学森之外,只有他和庄逢甘两个人![1]

聂荣臻曾先后18次召集各有关方面负责人开会,商讨为国防部第五研究院选调科技骨干、党政骨干、大学毕业生。

为了培养研制导弹的后备军,聂荣臻建议,在哈尔滨军事工程学院、北京航空学院、北京工业学院组建导弹专业,在通信学院、邮电学院、交通大学、清华大学等高等院校设置有关导弹的专业。

聂荣臻的建议得到了中央的批准。

---

[1] 2010年5月20日下午,叶永烈在北京航天科技集团公司2410室采访95岁的任新民院士。

"黄带子坟"的绝密研究院

有人还要有地方。紧接着,重要的事情就是选择院址。

聂荣臻找中央军委办公厅主任萧向荣、中央军委对外联络处处长安东、北京市人民政府秘书长薛子正一起开会研究。

笔者在访问任新民时,他说安东曾经担任聂荣臻元帅秘书,精明强干,办事雷厉风行。[1] 安东原名安振威,1932年(14岁)加入中国共产主义青年团,1933年(15岁)加入中国工农红军,1951年2月任中国人民解放军总参谋长办公室主任,1952年6月兼任军委办公厅机要秘书处处长。在抗美援朝期间,他协助代总长聂荣臻安排和处理日常工作。后来担任聂荣臻元帅秘书。1955年授少将军衔。1956年5月,以聂荣臻为主任的航空工作委员会成立,安东为委员会的委员兼秘书长。

安东积极为国防部第五研究院寻找院址。

导弹研制部门是需严格保密的单位,设在北京城区显然不合适。经过中央军委对外联络处处长安东的多方联络,解放军124疗养院、北京军区106疗养院、北京军区空军466医院都表示可以腾出地方给国防部第五研究院。经过实地勘察,最后选定了位于车道沟的北京空军466医院、位于黄带子坟的北京军区106疗养院和位于西钓鱼台的解放军124疗养院作为国防部第五研究院院址。

"黄带子坟"是一个老北京才知道的地方。"黄",即黄色,是皇帝的"专用色",北京的紫禁城就叫作"黄圈圈"。清朝宗室叫作"黄带子"。所谓"黄带子坟",也就是清朝宗室的安葬之处。

谁都没有想到,国防部第五研究院就在"黄带子坟"安营扎寨。钱学森就在这里摆开研制导弹的阵势。

很早就到"黄带子坟"上班的,是任新民和庄逢甘。他们当时出差北京,奉院长陈赓之命就赶到这里。他俩垒起一摞砖头,撂上几块木板,就开始工作。晚上就在那里睡地铺。聂荣臻和钱学森知道之后,都深受感动。有了这

---

[1] 2010年5月20日下午,叶永烈在北京航天科技集团公司2410室采访95岁的任新民院士。

1956年10月8日，我国火箭研制机构——国防部第五研究院正式成立，钱学森任院长

样一支铁打的队伍，中国的导弹事业就有希望了。

有了地方有了人，在短短的时间里，国防部第五研究院就从无到有了。

1956年10月8日，对于钱学森是一个值得两重纪念的日子：第一，这是钱学森回国正好1周年的日子；第二，这是钱学森所领导的国防部第五研究院宣告正式成立的日子。

就在钱学森跨过罗湖桥整整一年的日子里，这位导弹专家走上新中国导弹研究院院长的岗位。

车道沟北京军区空军466医院的食堂，变成了礼堂。国防部第五研究院成立大会就在这里举行。这一天，成了新中国导弹事业奠基的日子。

200多人出席了大会。在主席台上就座的有聂荣臻、钱学森、李强、安东、钟夫翔等。

出席者大都穿着绿色的军装，而钱学森则穿着便衣——回国不久的他，当时还没有中国人民解放军军籍。

聂荣臻元帅亲自主持国防部第五研究院成立仪式，宣布钱学森任院长，白学光为副院长。

聂荣臻说，在座的各位，都是中国导弹事业的"开国元勋"。现在人手虽少，但只要大家团结一心，奋发图强，艰苦奋斗，边学习边研究，中国的火箭、导弹事业一定会有美好的前景。我希望在座的诸位，要下定决心，毕生致力于中国的导弹研究事业。我愿意同你们一起，当你们的"后勤部长"。

国防部第五研究院设立了导弹总体、空气动力、发动机、弹体结构、推进剂、控制系统、控制组件、无线电、计算机、技术物理等10个研究室。

100多名大学毕业生分配到国防部第五研究院，进入导弹专业训练班。钱学森开始为他们主讲《导弹概论》。

钱学森非常重视培养新生力量。他再三说，导弹靠一两个人是做不成的，导弹需要一大群人去做，需要培养一支庞大的队伍。正因为这样，他坚持亲自给新来的大学生讲课。

这一切，都是在很短的时间里做成功的。

后来，钱学森在回忆往事时，感叹道："那时中央军委的决定，要哪一个单位办一件什么事，那是没有二话的。决定也很简单：中央军委哪次哪次会议，决定要你单位办什么什么，限什么时间完成……也不说为什么，这就是命令！中央军委的同志拿去，把领导找来，命令一宣读，那就得照办啊！好多协作都是这样办的。有时候铁路运输要车辆，一道命令，车就发出来了。没这套怎么行呢？千军万马的事，原子弹要爆炸，导弹要发射了，到时候大家不齐心怎么行呢？"

1957年2月18日，国务院总理周恩来签署任命书，任命钱学森为国防部第五研究院院长。一个不穿军装、没有军衔的人[1]，领导着那么多军人，内中少将、大校、上校比比皆是，这在当时是极其罕见的。由于钱学森具有崇高的威望，所以军人们都佩服他的学问，服从他的领导。

建院时，国防部第五研究院确定的建院方针是："自力更生为主，力争外援为辅，充分利用资本主义国家已有的科学成就。"

内中提及的"外援"，不言而喻是指苏联。

1957年3月，为了减少层次，国防部第五局与第五研究院合并。8月，任命谷景生为第五研究院政委，刘秉彦任副院长。11月16日，刘有光接替谷景生任第五研究院政治委员，不久王诤任副院长。

就在钱学森担任国防部第五研究院院长不久，一条来自台湾的消息在第五研究院引起热议：5月7日，美国宣布将在台湾驻扎装备导弹的美国空军部队。翌日，美国驻台军事指挥官宣布，导弹部队的先头部队已进驻台湾。5月11日，中国外交部发表声明，对美国导弹部队进驻台湾表示极大的愤慨。外交部的声明说，中国人民解放自己领土台湾的决心是不可动摇的，美国必须对它的侵略行径负完全的责任。

美国在台湾部署导弹，形势逼人，要求国防部第五研究院尽快研制出自己的导弹，以对付美国的导弹威胁。钱学森肩上的担子更加重了。

1957年11月，国防部第五研究院成立两个分院。一分院，负责地对地导弹总体设计和弹体、发动机研制，包括总设计师、空气动力、结构强度、发动

---

[1] 钱学森在1970年6月出任国防科委副主任时入伍。

机和推进剂五个研究室；二分院负责导弹控制系统的设计工作，包括控制系统、控制元件、无线电、计算机、技术物理五个研究室。1961年成立了三分院，承担空气动力学研究试验，液体发动机和冲压发动机研究试验及全弹试车等任务。1964年成立了四分院，从事固体火箭发动机研制。

1957年11月16日，周恩来总理任命钱学森兼任国防部第五研究院一分院院长。

1958年2月，中国人民解放军通信兵部所属军事电子科学研究院划归国防部第五研究院。

1958年6月10日，中共中央通知，为了加强对"两弹"研制工作的党的一元化领导，决定成立直属中央政治局的科学小组，聂荣臻为组长[1]。

三个月后，聂荣臻向彭德怀汇报：鉴于国防尖端科研工作已经在军队和地方的研究机构、院校、工业部门广泛展开，单靠航委领导，已难以胜任，建议在航委的基础上，充实力量，改组为统一领导国防科研工作的行政领导机构。

彭德怀表示赞成，要聂荣臻代军委起草向中央的报告。聂荣臻在报告中提出："建议把原国防部航空工业委员会的工作范围加以扩大，改为国防部国防科学技术委员会（简称国防科委），在军委、中央科学小组领导下工作。"

1958年10月16日，中央批准了军委的报告，任命聂荣臻为国防科委主任，陈赓为副主任，安东任国防科委秘书长。后来，又增加了刘亚楼、张爱萍、万毅为副主任。国防科委在中共中央、国务院、中央军委领导下，对国防科技工作负全面领导责任。

在钱学森的领导下，拥有四个分院的国防部第五研究院，成为中国导弹的分工细致、学科完备的研制机构，成为中国导弹起飞的坚实基础。

国防部第五研究院建立了极其严格的保密制度。据钱学森的学术秘书刘兆世回忆，当时进出国防部第五研究院必须持通行证。通行证分甲、乙、丙三种，每一种通行证又分为有没有圆圈。刘兆世所持是甲字带圆圈的通行证，可以在全院各部门进出。钱学森所持的代字加圆圈的红色通行证，不仅可以在全院各部门进出，而且可以带没有通行证的人一起进出。这种红色通行证，只限于几位院领导持有。

有一回，刘兆世陪同钱学森前往空气动力所，警卫战士看了刘兆世的通

---

[1] 周均伦等：《聂荣臻的非常之路》，人民出版社2007年版。

行证,放行了。可是警卫战士却把钱学森挡在门外,因为他没有见过代字加圆圈的红色通行证。刘兆世赶紧进去,把庄逢甘所长请出来,这才使钱学森得以进门。庄逢甘所长要批评那位警卫战士,钱学森说警卫战士没有错,错误在领导,没有把各种通行证说清楚。

钱学森的工作重心逐渐向国防部第五研究院倾斜,在国防部第五研究院工作的日子越来越多。到了后来,每周六天之中(当时每周只休息一天),周一至周五在国防部第五研究院上班,只有周六才去中国科学院力学研究所上班。不过,在种种对外的报道中,钱学森总是以中国科学院力学研究所所长的身份出现。

关于"中将"军衔的传说

1957年9月7日,一架苏制伊尔-18客机从北京西郊机场起飞。这是中国政府工业代表团的专机。代表团团长是国务院副总理聂荣臻,副团长是第三机械工业部长宋任穷、中国人民解放军副总参谋长陈赓。

这个代表团总共31人,大多数团员身穿军装。虽然名为"工业代表团",实际上这是中国政府派出的"两弹"代表团,就苏联政府援助中国研制"两弹"进行谈判。

国防部第五研究院院长钱学森出现在代表团之中,不言而喻,他代表"两弹"之中的导弹。

第三机械工业部长宋任穷出现在代表团之中,则代表"两弹"之中的另一弹——原子弹。

1956年11月,成立了由宋任穷任部长的第三机械工业部,其实就是原子能工业部。在1958年,第三机械工业部改称二机部。

那个年月,中苏两国的关系不错,作为同属社会主义阵营的兄弟国家,苏联给中国提供先进的科学技术。中国在"两弹"技术方面,也积极争取苏联"老大哥"的帮助。

在第二次世界大战即将结束时,美国先下手为强,把以冯·布劳恩为首的大批导弹专家带回美国,还把大批德国制造的导弹以及相关设备运往美国。

在德国专家的帮助之下，美国很快就掌握了导弹技术。

苏联虽然晚了一步，但是德国两大导弹基地——佩内明德和诺德豪森，都在苏占区的版图之内。苏联尽量寻找剩余的德国火箭、导弹专家，其中最大的收获就是找到赫尔穆特·格罗特鲁普，他是德国佩内明德火箭中心制导控制系统的专家。苏联搜寻了3500名德国工程师、技工和他们的家属，集中到莫斯科以北200千米的格罗多姆利娅岛上，在那里建立了第88研究所。苏联在德国专家的帮助下，以德国V-2火箭为蓝本，仿制成功第一枚国产P-1导弹，在1947年10月18日试射成功。从此，苏联掌握了制造导弹的技术。

美国和苏联都是在德国导弹专家的帮助下，以德国V-2火箭为蓝本，加以改进，试制成功导弹的。那么，中国能不能以苏联的导弹为蓝本，仿制出自己的近程导弹呢？

1956年1月12日，中国国防部部长彭德怀与陈赓大将在接见苏联军事总顾问彼德鲁瑟夫斯基时，征询苏联方面对中国发展火箭、导弹的建议，并提出请苏联提供导弹图纸、资料及有关技术援助的问题。

1956年8月，聂荣臻让国务院副总理李富春出面，写信给苏联部长会议主席布尔加宁，提出了请苏联在导弹技术方面援助中国的问题，并提议中国派政府代表团去苏联谈判。

9月，苏联方面答复说，对于中国的导弹技术方面的援助只限于培训，他们可以派5名教授来中国讲学，还可以接受50名留学生到苏联学习。另外，可以为中国提供两枚供教学用的P-1型地对地导弹模型。这表明，苏联在导弹技术方面给予中国的帮助是有限的。

1956年10月，东欧发生了波兰、匈牙利事件。为了镇压匈牙利的反对派，赫鲁晓夫派出苏联军队前往匈牙利，布达佩斯街头响起苏军坦克的轰鸣声——20万苏军长驱直入匈牙利。顿时，世界上响起一片谴责声，苏联在外交上陷于孤立，在政治上寻求中国的支持。

德国专家帮助苏联仿V-2设计的P-1导弹

此后不久，赫鲁晓夫陆续把政敌马林科夫、莫洛托夫、布尔加宁以及国防部长朱可夫等赶下台，独揽苏联党政大权，但是赫鲁晓夫立足未稳，又在政治上寻求中国的支持。

于是，苏联显示出对于中国的"格外友好"，中苏关系进入了"蜜月期"。

聂荣臻认为时机到了，请示周恩来总理可否再向苏联提出给予国防新技术上的援助。所谓"国防新技术"，也就是"两弹"。

周恩来指示，可以找阿尔希波夫一谈。

伊·瓦·阿尔希波夫就住在北京。1950年，他受斯大林的派遣来到中国，出任苏联驻中国经济技术总顾问、苏联来华专家组总负责人，一直工作到1958年。回国后担任苏联部长会议第一副主席。晚年，作为中国的友好人士，阿尔希波夫担任俄罗斯中国友好协会名誉主席。

1957年6月18日傍晚，聂荣臻和对外贸易部副部长李强一起，来到北京东交民巷的一个拐角处的小楼，拜访住在那里的阿尔希波夫，表示中国政府希望苏联能够在"国防新技术"上给予帮助。

阿尔希波夫当即表示，马上向苏联政府转达中国政府的意见。

7月20日，聂荣臻和李强应邀再一次来到东交民巷那幢小楼。阿尔希波夫说："元帅阁下，您上次提出的国防新技术援助的问题，我国政府对中国政府的要求表示支持。我受权宣布，苏联政府同意在适当的时候，由中国派政府代表团去苏联谈判。"

经过毛泽东主席、周恩来总理的同意，聂荣臻副总理开始组建代表团，准备赴苏联谈判。

关于钱学森访问苏联，曾经有过一个流传甚广的"故事"：

苏联国防部提出，苏联的火箭、导弹和其他尖端技术设备属于高度保密的单位，中国代表团的成员之中，只有相当级别的政府官员和相当高级军衔的军官才能参观。

在代表团成员之中，钱学森是最资深的中国导弹专家，他是必定要去参观苏联那些高度保密的单位。然而，钱学森没有军衔，更谈不上"高级军衔"了。

周恩来总理知道了这件事，建议中央军委马上授予钱学森中将军衔。周恩来幽默地说，早在1945年美国政府就曾授予钱学森上校军衔。现在已经过了12年，我们为什么不能让他当将军呢？就是按军队的晋升制度，也该轮到钱学森当将军了。

毛泽东得知此事,说道,恩来同志考虑得很周到。我想,钱学森同志至少也得授予中将军衔。

就这样,中央军委很快就作出决定,授予钱学森中将军衔。

于是,钱学森佩中将军衔,出现在苏联。

虽然这一传说有鼻子有眼,但是有三个明显的漏洞:

一是在《中国人民解放军将帅录》里面查不到钱学森;

二是从未见到钱学森佩中将肩章或者领章的照片;

三是在《毛泽东传》《毛泽东年谱》《建国以来毛泽东文稿》以及《周恩来传》《周恩来年谱》中,没有查到相关的记录。

钱学森之子钱永刚教授告诉笔者,这纯属讹传,他说:"造谣都造到毛泽东主席、周恩来总理头上去了!"[1]

钱学森本人也曾经对秘书涂元季说过:"这是误传。"[2]

钱学森是在1970年6月12日出任国防科委副主任时入伍的[3]。从那时起,钱学森才穿上中国人民解放军军装。在此之前,钱学森还没有中国人民解放军军籍,怎么可能有中国人民解放军军衔?

关于钱学森本人否认曾经被授予中将军衔一事,韦锡新给笔者寄来他的文章,讲得最为清楚。钱学森称,关于他被授予中将军衔是"小道消息",不要相信:

> 1985年11月7日,我和中国未来研究会的王建新同志,来到钱学森办公室汇报工作。当时,钱老除担任国防科工委科技委副主任外,还担任中国科协副主席、中国未来研究会顾问等职务。在他的办公室里,我当面问他回国后是否被授予军衔一事,钱学森直截了当地说:"我回国后没有被授予军衔。在(国防部)第五研究院工作时,我这个院长没有穿过军装,后来调到国防科委,穿上军装,已取消军衔制了。"我又问,有次您去苏联访问,为了便于工作,被授予中将军衔,有这回事吗?钱

---

[1] 2009年9月2日采访钱永刚于北京。
[2] 涂元季:《人民科学家钱学森》,第60页,上海交通大学出版社2002年版。
[3] 韦锡新:《钱学森和中国未来研究会》,《未来与发展》2009年第11期。

学森说，根本没这回事，我是和聂荣臻元帅一起去的。最后钱学森对我说，不要轻信小道消息。

钱老讲这些事情时，在场的有我和王建新两个人。如今王建新可以证明。[1]

在钱学森1970年6月入伍时，中国人民解放军没有军衔。1965年5月第三届全国人大常委会第九次会议决定取消军衔制。

当时，钱学森作为中国政府工业代表团的成员访问苏联，苏联方面对他格外注意，因为苏联方面知道钱学森的学识和阅历，知道在1945年钱学森曾经作为美国国防部科学咨询团上校考察了德国的导弹基地，审讯了德国导弹专家。钱学森是代表团中唯一的资深火箭导弹专家。当时的苏联导弹尚处于仿制德国导弹的阶段。正因为这样，在参观苏联导弹基地的时候，苏联方面总是请钱学森去给大学作讲座，或者安排与苏联科学家见面。苏联方面对钱学森解释说，那些导弹你在德国、美国都看过，不值得去参观，对于曾经担任美国加州理工学院喷气推进中心主任的你，不值得费时去参观那些不屑一顾的东西。

钱学森在莫斯科

---

[1] 韦锡新：《钱学森未被授过中将》，《科技文摘报》2009年4月23日。

在访苏期间，苏联科学院邀请钱学森作讲座。钱学森就工程控制论作了讲座，因为一年前他的著作《工程控制论》俄文版刚在苏联出版。钱学森对于工程控制论的见解，引起苏联科学家们的莫大兴趣。

钱学森先后作为美国代表团成员考察德国导弹基地，作为中国代表团的成员与苏联的导弹专家进行了交流。丰富的阅历，使他在领导新中国的导弹研制工作中视野开阔，经验丰富。

中国政府工业代表团这次访问苏联，正处于苏联在政治上有求于中国的时候，所以受到高规格、友好的接待。中国政府工业代表团1957年9月7日飞抵莫斯科之后，从9月9日开始谈判，分为军事、原子、导弹、飞机、无线电五组同时进行。

9月14日，苏方提交了协定草案。苏联代表团团长、国家对外经济联络委员会主席别尔乌辛说，这种协议在苏联外交史上还是第一次，因为中国是最可靠、最可信托的朋友，希望中国政府能早日定案。

10月15日，中苏正式签署《关于生产新式武器和军事技术装备以及在中国建立综合性原子能工业的协定》（简称《国防新技术协定》）。协定共五章二十二条。

根据这一协定，苏联在1957年底至1961年底，除供应中国四种导弹

1957年9月，钱学森（右一）、陈一民（右二）、徐昌裕（右三）、屠守锷（右四）随聂荣臻团长赴苏联谈判引进导弹事宜

（P-2，C-75，C-2，K-5M）的样品和技术资料外，还决定帮助中国进行导弹研制和发射基地的工程设计，派遣技术专家帮助仿制导弹，允诺在1960—1961年间供给P-2导弹的技术资料。在1959年4月前，苏联向中国交付两个连的岸对舰导弹装备，帮助海军建立一支导弹部队。

在苏联进行了历时一个多月的谈判之后，聂荣臻作出这样的判断："苏方对我国援助的态度，在签订协定时就是有所保留的，是有限度的，其基本意图是在新式武器和科学研究上使我与他保持相当的差距。要我们仿制苏联的第三线甚至停了产的装备，而不给第一线或第二线的最新装备。"

聂荣臻和钱学森考虑到苏联方面愿意提供关于研制导弹的有限的技术帮助，决定中国导弹的研制工作的步骤：先仿制，后改进，再自行设计。

美苏争霸太空

就在这个时候，苏联和美国展开了激烈的太空竞争。

人类是在1957年10月4日，首次叩开宇宙的大门。这一天，苏联成功地把世界上第一颗人造地球卫星送上了太空，开创了人类征服太空的新纪元。

苏联第一颗人造地球卫星工程的总设计师是火箭专家谢尔盖·科罗廖夫。1954年5月27日，谢尔盖·科罗廖夫向日后担任苏联国防部部长的乌斯季诺夫提出发展人造卫星计划。

1955年7月29日，美国总统艾森豪威尔通过白宫新闻秘书发布新闻：美国将于1957年即国际地球物理年（IGY），发射第一颗人造地球卫星。

来自美国的消息，大大刺激了苏联政府。一个多星期之后——1955年8月8日，苏联共产党中央政治局批准了科罗廖夫关于发射苏联人造卫星的计划。

1956年1月30日，苏联部长会议批准了发射人造地球卫星的立案，为了保密，以"D"为代号，计划于1957至1958年发射苏联第一颗人造地球卫星。但是由于运载火箭以及人造地球卫星上的科学仪器未能如期达到设计要求，"D"不得不推迟到1958年4月发射。

然而来自美国的情报表明，美国正在加紧发射第一颗人造地球卫星的准备工作。苏联政府认为，必须抢在美国之前发射自己的第一颗人造地球卫星，

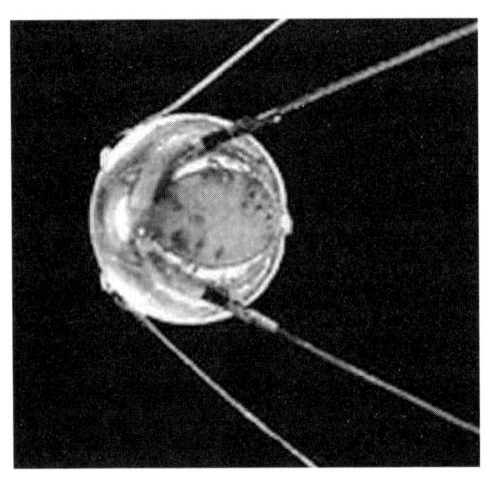

1957年，苏联发射第一颗人造地球卫星

于是加快了"D"的进程。

为了抢得"世界第一"，谢尔盖·科罗廖夫简化了设计中的人造地球卫星，以求加快进程。只花了3个月的时间，就制成一颗简易人造地球卫星"斯普特尼克1号"，代号改为"PS"。

"斯普特尼克1号"原定于1957年10月6日发射，但是苏联情报部门突然获悉，美国可能会在1957年10月5日发射第一颗人造地球卫星，于是谢尔盖·科罗廖夫匆忙改变计划，决定提前到1957年10月4日发射。

1957年10月4日格林尼治时间19：28：34（莫斯科时间22：28：34），苏联从当时的哈萨克斯坦共和国草原上的拜科努尔太空中心，成功发射世界上第一颗人造地球卫星"斯普特尼克1号"，造成全球轰动，尤其是极大地冲击和刺激了美国。

在第二次世界大战即将结束时，美国与苏联对于德国火箭、导弹专家和设备的你争我夺，就已经显现出激烈竞争的端倪。在第二次世界大战结束之后，美苏竞争的格局确立，两大阵营逐步形成。美国向来自以为在科学技术方面领先于苏联，而这一回却落后于苏联。美国把苏联卫星上天的那天宣布为"国耻日"，也有人称为"斯普特尼克危机"。当时的美国总统艾森豪威尔甚至要"查一查美国的小学教育出了什么问题"？！

苏联精心选择了发射第一颗人造地球卫星的时机，即在苏联"十月革命"胜利40周年前夕。

"斯普特尼克1号"其实是一颗非常简单的人造地球卫星，球形，铝合金，有两个雷达发射器和4根天线，能够向地球发出信号报告太空中的气压和温度变化。

作为苏联最大的同盟国中国，对于苏联成功发射第一颗人造地球卫星表现出欢欣鼓舞之情。在那个年代出生的中国婴儿，成千上万地取名为"卫星""星宇""征宇""征空"之类。

作为中国的著名科学家，钱学森在北京举行的十月社会主义革命40周年庆祝大会上讲话，对苏联成功发射第一颗人造地球卫星给予高度评价。钱学森指出：

> 苏联的科学技术工作者在今年10月4日，发射了世界上第一颗人造地球卫星。这是一个球形体，它的重量是83.6千克，它的直径是58厘米，卫星的轨道高度平均是900千米，周期是96分钟……

钱学森毕竟是火箭专家，他从火箭技术的角度评论道：

> 这一颗卫星的重量和体积看来并不惊人，但是，作为一个科学技术工作者来说，我们必须把我们的注意力转到发射这颗卫星的工具上去。根据已经掌握的资料，发射卫星的工具是一个三级火箭……
>
> 因此，苏联人造卫星的成功标志着科学工作者在火箭研制上的高度成就。用三级火箭连续将卫星送入近于圆形的轨道，可以看得出来，这一工作要求非常精确的控制和遥测系统。所以苏联发射人造卫星的成功，标志着苏联的科学技术工作者在自动控制和计算机技术方面的高度成就。

就像杂技场上，观众的目光往往聚焦于在大力士肩上表演的身材小巧的小姐，而钱学森关注的是底下的大力士。钱学森以为，苏联能够把"小姐"——人造地球卫星送上太空，关键还是在于底下的"大力士"——火箭。这充分显示，苏联的火箭技术已经达到相当高的水平。

确如钱学森所分析的，苏联从1954年就开始研制P-7洲际弹道式战略导弹。1957年8月21日，P-7首次进行全程飞行试验并获得了成功。接着，苏联在P-7战略导弹所用的运载器基础上改装成卫星号运载火箭。苏联的第一颗人造地球卫星，正是用卫星号运载火箭送上太空的。

钱学森推测，苏联的第一颗人造地球卫星是用"三级火箭"送上太空。对于当时的火箭技术而言，"三级火箭"可以说是最高水平了。后来，随着苏联的解体，终于透露出苏联发射第一颗人造地球卫星的技术内幕，当时苏联还没有掌握"三级火箭"技术，所用的卫星号运载火箭，只是一枚一级半型的火

钱学森就苏联发射人造卫星一事接受记者采访

箭！所谓"一级半"，也就是芯级是一枚单级火箭，四周捆绑 4 个助推火箭。卫星号运载火箭全长 29.167 米，起飞时总重 267.3 吨，起飞推力达 3904.4 千牛顿。芯级火箭是液体火箭，采用液氧和煤油做推进剂。4 个助推器采用的也是液体火箭，同样用液氧和煤油作为推进剂。起飞时，中间的芯级火箭与 4 个助推器同时点火；飞行 120 秒后，助推器的发动机关机，并同芯级火箭分离；芯级火箭继续工作 180 秒，当火箭达到卫星入轨速度后，芯级火箭的发动机关机，卫星与火箭分离，卫星进入预定轨道。

钱学森还指出，苏联的这一成就预示着可以用火箭推动飞机高速飞行——这是他在美国的时候就已经提出的设想：

> 苏联发射第一颗人造地球卫星是一级星际航行的先锋。但是，它在科学技术上的先进意义并不限于此，它对地球表面本身的交通也指出了新的可能：就是用火箭来推进弹道式的飞机，因而创造出超高速的交通工具……

钱学森也指出，人造地球卫星的成功发射，意味着电子计算机技术发挥了重要作用：

> 值得我们深思的是：苏联并不是第一个发展电子计算机技术的国家，第一个制成现代大型计算机的是美国。但是美国先有了这个有力的工具，却不会好好使用它；真正使用了计算机的是苏联。这是什么缘故？我看这是因为美国的科学技术工作者，是资本主义制度下的科学技术工作者，他们充满了个人主义，争权夺利，因而做实验的看不起做理论的，做理论的也看不起做实验的。两方面的人，合作不到一起。
>
> 我们可以看到，在科学技术工作中有效地使用计算方法是等于用理论的方法去解决实际的问题。理论工作者必须和实践工作者紧密地结合起来，这是资本主义国家里的科学技术工作者所做不到的。而且理论与实际的结合决不是一种机械的连接，而是辩证唯物的。所以只有在社会主义国家里，只有在马克思列宁主义的党的光辉领导下，科学技术工作者才能普遍地掌握理论联系实际的原则，才能把这一项宝贵的原则灵活地运用到所有的问题上去，从而取得卓越的成就。

钱学森把苏联的成功归结为"社会主义优越性"：

> 苏联的科学技术工作者，最近在人造地球卫星上，以及其他一系列重大科学领域上所以能够做出这样的丰功伟绩，归根结底是由于社会主义优越性，是由于有党领导的科学的不可战胜的力量。

钱学森的这番讲话，马上引起美国媒体的注意。美国的一位专栏作家这样写道：

> 钱学森对苏联发射第一颗人造地球卫星，发表了洋洋万言的长篇评论，以致对美国造成无比的冲击。美国知识界人士抱怨美国政府逼走了钱学森，以致钱学森个人价值、钱学森的科学知识为中国大陆共产党所利用……

苏联成功发射第一颗人造地球卫星，引发一场热火朝天的太空竞赛。

苏联在发射第一颗人造地球卫星之后不到一个月，1957年11月2日又发射了第二颗人造地球卫星"斯普特尼克2号"。"斯普特尼克2号"要比"斯

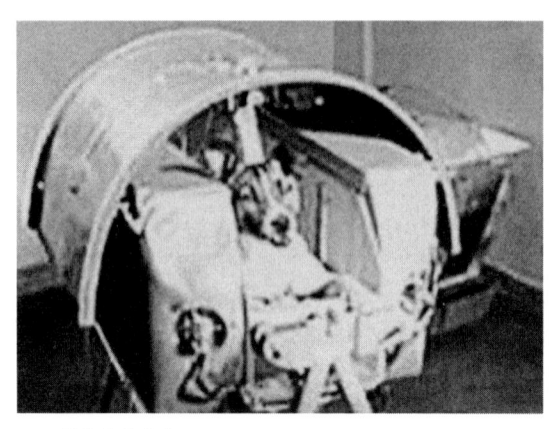

莱依卡在座舱里

普特尼克1号"大得多,因为运载了一只名叫"莱依卡"的小狗,又一次轰动了世界。莱依卡成了第一个飞上太空的动物明星。

不过,那时候苏联还没有掌握卫星的回收技术,所以莱依卡在太空中飞行了4天之后因氧气耗尽而悲惨地死去。"斯普特尼克2号"在太空中绕地球2570圈之后,于1958年4月14日坠落,在进入大气层时销毁,莱依卡的遗体也随之"火化"。

美国急起直追,终于在1958年2月1日发射了第一颗人造地球卫星,重量仅为8.3千克,形状为圆柱体。

这样,当时世界上的两个超级大国开始在太空中展开一场激烈的角逐。谁都明白,这场角逐并不仅仅只是表现各自在太空中的"绝招",更重要的是,卫星是用火箭推上太空的,而火箭是军事力量的重要象征,因为火箭可以装载卫星,当然也就可以运载导弹;火箭可以把卫星送上太空,也就意味着可以把导弹运载到地球上的任何一个角落。所以人造地球卫星的竞争,从某种意义上讲,也就是火箭技术的竞争。

手心上的神机妙算

1958年1月5日,钱学森突然接到来自中国人民解放军总参谋部的一个紧急任务,要求他作为中国的专家,协助寻找苏联第一颗人造地球卫星"斯普特尼克1号"的残骸。

"斯普特尼克1号"自从1957年10月4日发射成功之后,在太空运行了22天,由于卫星上的电池电能耗尽(那时候还没有配备太阳能电池),失去了工作能力。"斯普特尼克1号"围绕地球运转了6000万千米,于1958年1月

第五章 一将难求

4日从太空向地球坠落。

在"斯普特尼克1号"坠落时,苏联驻中国大使馆紧急通知中国政府,宣称"斯普特尼克1号"坠落的地点很可能在东亚,其中落在中国领土上的可能性最大。对于苏联来说,"斯普特尼克1号"不论是进入大气层之后烧焦或者是坠落地面时撞成一团碎片,残骸都极具科学研究的价值,因为这毕竟是人类第一颗人造地球卫星。

当时,中苏关系良好,中国政府理所当然答应尽力帮助苏联寻找"斯普特尼克1号"残骸。这一紧急而又特殊的寻找任务,交给了中国人民解放军总参谋部。总参谋部当即把这一紧急情报通报各军区,逐级下达。与此同时,中国人民解放军总参谋部也通报国防部第五研究院,请钱学森院长关注此事。

没几天,沈阳军区旅大警备区报告,说是一位战士在值夜班时,看见一团火从天而降,划过夜空。会不会是"斯普特尼克1号"坠落呢?

中国人民解放军总参谋部作战部部长王尚荣很重视沈阳军区旅大警备区的报告,决定从北京调一架专机飞往那里调查。王尚荣把任务交给了林有声,并请钱学森作为专家前去调查。

林有声,1938年9月入伍,1942年5月加入中国共产党。历任参谋、训练队长、军分区作战股长、参谋、主任、团参谋长、副团长、31师副参谋长、12军参谋长,后来担任江苏省军区司令员。林有声在朝鲜作战时,在上甘岭采用坑道战术,建树功勋。

作为中国人民解放军的高级军官,林有声曾经听过钱学森关于导弹技术的讲座。但是与钱学森共同执行任务,还是第一次。

时隔半个世纪之后,林有声回忆当年,讲述了一个极其精彩的关于钱学森的故事:

> 这次前往实地考察的总共只有七八个人,除空军派来保障飞行的一位干部,以及总参谋部派来的我外,其他的都是专家。钱学森和其他专家一样都是身穿中山装,穿着很朴素,

老将军林有声在给记者讲述当年往事

个子也不高，中等身材，但绝对是一表人才。

那架专机是第二次世界大战时用的苏联飞机，最多也就只能坐十几个人，飞机里面的噪音也很大，所以一路上大家都没多说话。飞机飞得很快，大概一个多小时就到了，到的时候是上午9点多钟。旅大警备区的司令员曾绍山亲自到机场迎接，并安排了吃住。曾绍山说，已经派了大队人马按照那位士兵所说的方位去找那颗卫星了，不过现在还没有消息，等有消息了就带专家一起过去看。

钱学森不住地问问题，问得很详细。等了大概有1个多小时后，钱学森就有点儿坐不住了，于是就跟曾绍山商量，让他们也一起去现场找找看。这时已经11点多，曾绍山就说要不等吃过饭再去。但钱学森不同意，说哪怕晚点儿吃饭或者不吃，也要尽快去核实一下。曾绍山经不住再三要求，于是就带专家们一同前往现场了。

到了现场后，钱学森请部队同志把那位发现卫星降落的士兵叫来，让士兵把当时看到的情况再详细描述一遍，又让士兵回忆当时所站立的具体位置，然后又问他当时头摆在什么方位时看到火光的，火光从哪里划到哪里，成什么角度。钱学森一边让士兵模拟还原现场，一边就用笔在左手手心里写写画画。

因为当时走得匆忙，没有想到要带纸笔给专家备用，所以当时钱学森就只好拿钢笔在自己的左手心里画。我当时就站在钱学森的旁边，看到他手心里画着一条抛物线，下面是一些阿拉伯数字，具体是什么意思，我这个外行可就看不懂了。

就这样，钱学森不停地写写画画，不一会儿他对我和其他专家说："从士兵所描述的轨迹来看，不像是苏联卫星的轨迹。就算是那颗卫星的轨迹，按照这个火光飞行的角度，落在这里的可能性也不大，起码落在2000千米以外的地方，很有可能不在中国。"

钱学森得出结果后，就让曾绍山通知大家不用再找这颗卫星的遗骸了，这样会浪费大家的精力。这时已经是下午一两点钟，大家赶回市里，吃了一顿饭，稍事休息后就乘坐飞机返回北京了。

下了飞机后，这时北京的街边路灯已经亮起，专家们都各自回家了，而我还要赶回单位汇报工作。到了单位，一个值班的工作人员告诉我，钱学森计算得没错，卫星确实不在我们国家，苏联大使馆发来最新通报，卫星好像落到了阿拉斯加了。我听后，对钱学森敬佩不已。[1]

没有仪器，没有电脑，连一张纸也没有，钱学森凭借在手心画画算算，就准确地判断，苏联卫星"起码落在2000千米以外的地方"。不仅亲历者林有声将军对钱学森敬佩不已，所有的本书的读者也会对钱学森敬佩不已。

钱学森那画画算算，除他深谙火箭、导弹、卫星技术之外，还有他那从小培养的数学才能。难怪在美国的时候，连冯·卡门都一再夸奖："钱的数学能力极强。""钱的这种天资是我不常遇到的。"

钱学森手心上的神机妙算，从一个小小的事例，折射出他的深厚的科学功底。

在钱学森完成这项特殊的任务之后，每当苏联在发射人造地球卫星方面有了新的进展，钱学森总是应邀发表谈话、文章、评论。钱学森的身份，也总是"中国著名科学家""中国科学院力学研究所所长""中国著名力学家"，从不涉及钱学森的"秘密身份"，诸如国防部第五研究院院长。例如：

1958年5月17日，钱学森在《人民日报》发表谈话，"谈苏联第三个卫星发射成功的意义"；

1958年10月5日，钱学森在《人民日报》发表谈话，"纪念苏联红月亮上天一周年"；

1959年1月8日，中国科学院力学研究所所长钱学森在北京作了一次关于苏联宇宙火箭问题的报告。1月10日，《人民日报》发表钱学森的文章《谈宇宙火箭和星际飞行》。

满洲里车站的庞然大物

满洲里，中国北端的边境小城。这里原名"霍勒津布拉格"，蒙语的意思为"旺盛的泉水"。清光绪二十七年（1901年）在这里建成中东铁路西部线的

---

[1] 戎丹妍、辛一：《在手心上算出卫星下落 破解钱学森掌心秘密》，《现代快报》2009年11月10日。

火车站，成为从俄国进入中国东北地区的首站。由于当时俄国惯称东北为"满洲"，于是就把这首站称为"满洲里站"，沿用至今。

满洲里的冬日天寒地冻。1957年12月20日，从苏联开来的23770次国际列车，缓缓驶进满洲里火车站。

这趟列车，由10多节车厢组成，头尾两节载客，中间是载货，所有的货物都用帆布盖得严严实实。从列车上下来的，清一色是苏联军人，其中军官37名、士兵65名，总共102人。

月台上，一位身穿上校军服的中国人民解放军军官带领一群中国官兵对于远方来客表示热烈欢迎。列车上的货物的秘密交接仪式在满洲里举行。那位中国人民解放军上校在交接书上用中文签下"任新民"三个字。在出发前，国防部第五研究院领导对任新民和随行人员说："这次任务是一次重要的秘密行动，谁也不能告诉任何人。"任新民在接受笔者采访时说，当时很多随行人员只知道这是一次绝密行动，但是并不知道执行什么任务，更不知道从苏联运来的"大家伙"是什么东西。[1]

这是根据1957年10月15日签订的中苏《国防新技术协定》，苏联援助中国进行导弹仿制，向中国提供的导弹样品和技术资料。1957年11月26日，苏联代理军事总顾问沙甫琴科少将向中方转达了苏联国防部的通知，根据中苏双方签订的《国防新技术协议》，将于12月下旬用火车载运P-2型地对地导弹及地面设备到中国满洲里。为教会中方使用和维护，苏方将派苏军火箭营102人随同前来中国执行教学任务，教学时间为3个月。

任新民告诉笔者，当时的苏联P-2型地对地导弹，实际上就是对德国的V-2型地对地导弹稍加改进。[2]

任新民所带领的那支部队，是为了迎接从苏联运来的导弹而刚刚组建的中国的"火箭军"——导弹部队。这支部队的正式名字叫"中国人民解放军炮兵教导大队"（1958年8月21日改名为国防部第五研究院教导大队），属炮兵和国防部第五研究院领导。这支部队最初由两部分人所组成，一部分是从全军选调的一批政治素质好、年富力强的各类专业干部和学员，另一部分是从国防部第五研究院选调的年轻的科技人员，他们大多数是1956年和1957年大专毕

---

[1] 2010年5月20日下午，叶永烈在北京航天科技集团公司2410室采访95岁的任新民院士。
[2] 同上。

业生，共计570人。这支部队的大队长是孙式性上校，政治委员为宋杲上校。炮兵教导大队人员从12月9日才开始集中。12月中旬，由大队长孙式性上校率领50人组成的接装组，跟随任新民上校前往满洲里接收苏军装备和迎接苏军。

苏联铁路用的是宽轨，中国铁路用的是窄轨，苏联列车无法驶入中国，列车上的货物必须在满洲里车站卸下，装上中国的列车。

为了保密，卸货、装货都在夜间进行。车上载有庞然大物——两枚苏制P-2型地对地教学导弹，一个导弹营的主要技术装备，包括地面测试、发射、校正、运输、加注等设备45件。

转运到中国列车之后，为了防止发生意外，专列在沿途不做停留，直奔北京。这两枚苏制P-2型导弹到达北京之后，一枚运往国防部第五研究院，作"解剖"研究用；另一枚运往长辛店中央马列学院。把导弹运到中央马列学院干什么？原来，中央马列学院亦即后来的中共中央党校，刚从那里搬到北京颐和园附近，而旧校址成了新组建的中国人民解放军炮兵教导大队营房。

苏联导弹成了中国的"过继儿子"

1957年12月24日，苏制P-2型导弹运抵长辛店，同期到达的还有以布里奥·波列任斯基中校为首的苏军火箭营官兵102人。在中国人民解放军炮兵教导大队营房，举行了欢迎仪式。

国防部部长彭德怀元帅和钱学森出席了仪式，彭德怀亲手解开了系在P-2型导弹上的红绸带，说了一句深刻的话："这是苏联老大哥过继给我们的'儿子'，祖国把他托付给你们了，你们可要把他当作亲生儿子看待呀！"

钱学森则对炮兵教导大队的第一批学员说，P-2型导弹是苏联第一代产品，谈不上先进，是苏军战斗序列中退役的装备，所以叫作"教学导弹"，是供教学用的。但是对于我们来说，毕竟有了教学实物，可使我们少走弯路，我在美国就没看到这样的实物，要好好学！

炮兵教导大队经过一夜奋战，在25日晨把P-2型导弹全套技术装备卸装入库。

在苏军火箭营官兵的帮助下，炮兵教导大队开始组装 P-2 型导弹。苏制 P-2 型导弹弹长 17.68 米，直径 1.652 米。炮兵教导大队官兵很快就发现，把导弹竖起来之后，目标就暴露了。学院只有一幢四层楼房，无法遮住导弹。于是，官兵们就在导弹四周搭起一个高高的席棚，把导弹围了起来。

P-2 型导弹起飞重量 20.5 吨，射程 600 千米。全弹由头部、稳定裙、酒精贮箱、液氧贮箱、中段壳体、仪器舱、尾段和发动机等几大部分组成，尾部装有 4 个梯形尾翼。推进剂为液氧和酒精，弹头采用常规装药。

就连任新民都没有看见过导弹，更不用说国防部第五研究院的那些科技人员——其中的例外是那个第二次世界大战期间在伦敦差一点被德国导弹炸死的黄纬禄。任新民回忆说，当时见过导弹的，只有钱学森和黄纬禄。[1] 大家兴奋地在席棚里参观这个来自苏联的"过继儿子"。炮兵教导大队的官兵们听说这枚导弹的最大射程为 600 千米，都非常惊讶：这么大这么重的家伙，能够"飞"起来命中 600 千米处的目标？

黄纬禄说，解剖 P-2 型导弹的过程中，不时地牵起他对伦敦博物馆 V-2 火箭实体的回忆。那虽是不到两小时的参观，却留下了大致的印象，跟眼前 P-2 导弹比照，他感觉构造大同小异，没特别之处。

1958 年 1 月 11 日，炮兵教导大队第一期导弹训练班开学。

在开学典礼上，钱学森说，对火箭导弹武器装备来说，我们还是个不会走路的孩子，现在是刚刚起步，我们深信在党中央的正确领导下，在启蒙老师苏联专家的帮助下，经过我们自己的辛勤努力，一定能会走、会跑，成长壮大。

导弹训练班采取严格的保密制度。学员听课时，笔记一律记在保密本上，下课、吃饭时交到保密室保管。外出时不许带听课笔记。

参加训练的学员共 533 人，另有见习人员 150 名，分成 23 个专业教学组，采取按职务对口教学的方式，由苏军导弹营官兵直接任教。前 3 个月完全是接受苏联官兵手把手的教练，以后是自己独立组织第二期、第三期培训。到 1959 年 7 月 24 日，导弹训练班共培养了地对地导弹专业技术骨干 1357 名，为建立中国的导弹部队打下扎实的基础。

1958 年 3 月 15 日，陈毅元帅、聂荣臻元帅、陈锡联上将、杨成武上将前来炮兵教导大队参观导弹，钱学森陪同并作了讲解。这些曾经指挥过千军万

---

[1] 2010 年 5 月 20 日下午，叶永烈在北京航天科技集团公司 2410 室采访 95 岁的任新民院士。

马、经历过无数战斗的将帅，第一次亲眼看见了导弹。他们鼓励钱学森，尽快把中国的导弹造出来！

有了导弹，还要建设导弹靶场。在苏制导弹运抵中国的同时，1957年8月31日，中央军委讨论通过了国防部第五研究院提出的《关于建设导弹靶场和试验场的规划草案》，决定开始筹建导弹试验靶场。

1957年9月25日，按照国防部部长彭德怀的指示，总参谋部批准成立了"靶场筹备处"，并授予"0029部队"代号。

根据中苏签订的《国防新技术协议》，苏联在1957年派遣以盖杜柯夫少将为首的苏联专家组前来中国，帮助选择并修建导弹试验靶场。导弹飞越的距离大，必须选择开阔而又人烟稀少的地方。

1958年初，由炮兵司令员陈锡联上将、总参作战部部长王尚荣中将、苏联盖杜柯夫少将等人组成的导弹试验靶场勘察小组乘坐专机从北京出发，先到东三省，再飞内蒙古、宁夏、甘肃、新疆，又从上海飞到青岛一带的海滩，再到大西南崇山峻岭。最后，苏联专家选定内蒙古自治区的额济纳地区的一块地方。这里地域开阔，而且人口不多。苏联专家盖杜柯夫说："我看这里就很好，也便于保密。苏联的火箭发射场也是建在这种地方的。"

当时参加勘察的孙继先中将表示不同意，认为这里交通不便，生存条件恶劣，将会增加人力、物力消耗。再说这里离边境太近，靶场地形开阔，无险可守，机械化部队到达这里用不了两小时。如果选择在银川一带建立靶场，那里有山有滩，附近就是黄河，建设成本比较小。

苏联专家反对在银川建场，认为那一带地质条件不好，区域也不够宽阔等。

中央军委开会反复比较额济纳方案和银川方案，最后采纳了苏联专家的意见。

1958年2月26日，毛泽东主席审阅完勘察选场报告后，批示交中央书记处处理。经邓小平、陈云、陈毅审核后，最后确定以西北部甘肃省酒泉地区附近的戈壁滩作为中国第一个陆上靶场的建设地点。

接着，中央军委以毛泽东主席的名义，签发了以孙继先中将、栗在山少将为共和国第一个导弹卫星发射基地司令员和政委的命令。

经过中央军委同意，开始在那里建设导弹试验靶场。

由于额济纳地区邻近甘肃酒泉附近，所以后来被人们称为"酒泉基地"——其实，如今的酒泉航天城并不在甘肃酒泉，而在内蒙古自治区的额济纳地区。

"酒泉基地"的代号为"20基地"。

这里原本是"天上无飞鸟，地上不长草，荒芜绝人烟，风吹石头跑"。1958年2月，中国人民志愿军第十九兵团秘密回国，10万将士在陈士榘上将指挥下，用了两年多的时间，于1960年8月在额济纳地区的沙漠里建起了规模相当大的导弹试验靶场，并通了火车，建成后移交二十兵团使用，所以从此代号叫"20基地"。另外，还建设了鼎新军用机场（空军清水14号）。鼎新军用机场位于甘肃省酒泉市金塔县鼎新镇以北的巴丹吉林沙漠腹地，在酒泉卫星发射中心西南75千米。

1960年4月18日，聂荣臻在上海视察探空火箭发动机试车情况。右起：聂荣臻、张劲夫、钱学森

起初，酒泉基地只是中国第一个导弹综合试验靶场，后来随着中国第一颗人造地球卫星在那里发射，演变为酒泉卫星发射中心。成为酒泉卫星发射中心配套设施的鼎新军用机场经过多次扩建，成为亚洲最大的军用机场。

另外，中国还逐步建设起太原卫星发射中心（第五试验部）、西安卫星测控中心（第六试验部）、西昌卫星发射中心（第七试验部）等发射试验基地。

"响尾蛇"与"萨姆"导弹的较量

苏制P-2型导弹属于"地对地导弹"，用于陆地作战。中国从苏联引进P-2型导弹的同时，还引进"萨姆-2"型导弹（又称"C-75"型导弹）。"萨姆-2"型导弹属于地对空导弹，用于防空。

1957年10月，中苏签订引进"萨姆-2"型防空导弹系统的协议。

世界上最早的地对空导弹是德国在第二次世界大战后期研制的，称为"莱茵女儿"和"瀑布"等。其中"瀑布"地对空导弹的技术相当成熟。在德国地对空导弹技术的基础上，苏联和美国在第二次世界大战之后都制成了地对空导弹。其中苏联的地对空导弹叫"萨姆"，即英文缩写词"SAM"的音译名，意为"地对空导弹"。从1955年开始，苏联已经用"萨姆"武装部队。苏联的"萨姆"导弹有十几个系列，当时已经生产了上万枚。

中国很在意苏联的"萨姆"导弹。这是因为从1955年8月，由美国出钱出机、国民党空军出人，在台湾建立了一支专门搜集大陆情报的高空侦察机中队。起初，中国人民解放军空军用苏制"米格-17""米格-19"歼击机击落多架台湾高空侦察机。然而，到了1958年，台湾用美制改进的RB-57D型高空侦察机侦察，飞行高度达1.8万至2万米，机上装配有4部航空相机，能对长约4000千米、宽约70千米的地面目标进行侦察照相。"米格-17""米格-19"歼击机飞不了那样的高度，只得"望高兴叹"，无可奈何。

以1959年1月至3月为例，蒋军用美制改进的RB-57D型高空侦察机对大陆高空侦察了10次，中国人民解放军空军"米格-19"歼击机起飞109批202架次，其中106架次发现了敌机，但敌机飞得太高，当时的"米格-19"歼击机实际升限不足1.8万米，无法歼击敌机。

什么武器能够对付美制RB-57D型高空侦察机呢？

杨成武副总参谋长率团参观苏联在远东军区组织的军事演习时，被一种新式的防空武器吸引住了，那就是"萨姆-2"型地对空导弹。这种地对空导弹是高空侦察机的克星。

1950年以来，苏联不断受到北约高空侦察机的骚扰，斯大林下命令研制地对空导弹。苏联终于制成了"萨姆"防空导弹。

面对美制RB-57D型高空侦察机的一次次深入中国腹地侦察，中国急于从苏联引进"萨姆-2"型地对空导弹。根据中苏双方的协议，中国从苏联进口"萨姆"防空导弹。

1958年7月，中央军委作出组建地对空导弹部队的决定。

1958年9月，中国空军建立了导弹学校，聘请12名苏联专家授课，以培训地对地、地对空、岸对舰等导弹兵器的工程技术和指挥干部。

1958年10月6日，中国第一支地对空导弹部队在北京正式成立。

1958年11月27日和29日，苏联提供的4套"萨姆-2"型地对空导弹运到北京，其中两套装备空军部队，1套给钱学森所领导的国防部第五研究院进行仿制，1套给20基地（酒泉发射基地）做试验用。

苏联派出一个导弹营帮助中国进行战斗训练。中国组织了两个导弹营，一个营参与训练，另外一个营不直接参加，在一旁观看。

打靶训练在宁夏贺兰山以西进行。1959年4月经过实弹打靶考核，成绩均为优秀。随后，在靶场举行了兵器装备交接仪式。

从此，中国有了可以用于实战的地对空导弹部队。1959年8月6日，国防科委下达了实弹演习任务。从8月22日至9月4日，共发射6发"萨姆-2"型导弹，其中3发命中目标。

1959年10月1日，是中华人民共和国成立10周年大庆的日子，70多个国家和地区的领导人应邀出席庆典。就在这一重要节日到来的前前后后，在中国上空发生了激烈的"导弹较量战"。

1959年9月11日，组建不久的三个导弹营奉命抵达北京，参加保卫首都庆祝国庆10周年战备任务。这支导弹部队把攻击的目标，锁定那横行霸道多日的美制RB-57D型高空侦察机，决心要把RB-57D揍下来。

然而，就在国庆10周年前夕——1958年9月29日，《人民日报》在头版刊登了新华社电讯稿《美国侵略者指使蒋机使用"响尾蛇"导弹》，随文还刊登了5幅"响尾蛇"导弹残骸照片。

那是在9月24日上午，24架蒋介石空军F-86战斗机分两批从台湾桃园机场起飞，越过台湾海峡，直扑温州地区上空。

9时30分，中国人民解放军空军罗烈达中队与24架蒋介石空军战机在温州地区上空遭遇。解放军空军王自重所驾米格战机在战斗中掉队，被12架敌F-86战斗机包围。王自重在击落两架F-86飞机之后，被蒋介石空军战机发射的"秘密武器"击中，机毁人亡。

蒋介石空军所用的"秘密武器"，就是来自美国的"响尾蛇"空对空导弹。这是世界空战史上第一次使用空对空导弹。

"响尾蛇"导弹在当时是很先进的空对空导弹。这种导弹被冠以响尾蛇之名，源于它是仿照响尾蛇的原理制成的。响尾蛇能准确无误地捕捉到小动物，是由于响尾蛇两只眼睛的前下方各有一个漏斗状的小窝，这对小窝是一种极强的"热感受器"，能"看见"红外线，人们称之为"热眼"。仿照这一原理，在导弹上安装了人造的"热眼"，使导弹自动跟踪敌机的喷火口，就能准确地击中对方的飞机。

1953年，美国研制成功"响尾蛇"空对空导弹。1955年开始装备美国空军。"响尾蛇"导弹代号AIM－9B，是世界上第一种被动式红外制导空对空导弹，弹长2.84米，重70千克，发射距离1—7.6千米，最大射程11千米，内装4.8千克烈性炸药。

中国人民解放军从坠落在温州的导弹残骸，得知蒋介石空军使用了美国的"响尾蛇"空对空导弹。这一空战发生在国庆10周年前夕，使中国人民解放军更加加强了北京的空中戒备。

受成功使用"响尾蛇"空对空导弹的鼓舞，台湾方面计划在10月1日北京天安门广场举行庆祝活动的时候，派出美制RB-57D型高空侦察机进行骚扰。可是，那天北京有薄云，不利于高空拍照。台湾方面只得推迟计划。北京一连数日都有薄云，直到10月6日多云转晴。

于是，在10月7日9时，一架美制RB-57D型高空侦察机从台湾桃园机场起飞，以19500米的高度进入中国大陆。像往常一样，这架美制RB-57D型高空侦察机大摇大摆，毫无顾忌，深信在那样的高度无敌手，肆无忌惮地直扑北京。

就在这时，中国人民解放军导弹营进入战斗状态，等待着空中猎物的到来。

距离越来越近。

12时4分，飞机进入导弹二营火力范围。在敌机距离只有125千米的时候，营长岳振华命令："导弹三发！"三枚"萨姆-2"型导弹腾空而起，从高空传来了火光和爆炸声——击中目标！

美制RB-57D型高空侦察机的残骸坠落在通县东南18千米的田野上，上尉飞行员王英钦也当场毙命。

这次战斗，创造了一个"世界第一"，因为虽然当时美、苏、英、法等国都研制了地对空导弹并装备了部队，但是从未用于实战。中国人民解放军用"萨姆-2"型导弹击落美制RB-57D型高空侦察机，成为世界上在实战中地对空导弹击落敌机的第一例。

新华社低调地报道了这一胜利，只是说在华北上空击落美制RB-57D型高空侦察机一架，一个字也没有提到是用什么新式武器打下的。

台湾蒋氏政权和美国深为震惊。从此美制RB-57D型高空侦察机再也不敢旁若无人地在中国大陆上空侦察。

从 1959 年 9 月 24 日到 10 月 7 日，短短十几天的时间里，不论是"响尾蛇"空对空导弹打下中国人民解放军的米格战机，还是"萨姆-2"型地对空导弹击落美制 RB-57D 型高空侦察机，这两个"首次"，都充分说明了导弹对于国防的重要性。中共高层认识到导弹的厉害，加快了中国研制导弹的步伐。以钱学森为院长的国防部第五研究院以"萨姆-2"型导弹为样本，加紧仿制。

然而，也就在 1959 年国庆节，应邀访华的苏共中央第一书记赫鲁晓夫与中共中央主席毛泽东在会谈中产生了严重分歧。苏联中断了向中国出口"萨姆-2"导弹。

就在这个时候，发生了"'响尾蛇'导弹事件"，加深了中苏之间的裂痕。

所谓"'响尾蛇'导弹事件"，是指在温州地区上空的那场空战之后，在飞行员王自重牺牲的现场，除找到 1 枚"响尾蛇"导弹残骸之外，还意外地发现 4 枚没有爆炸的"响尾蛇"导弹！

那枚"响尾蛇"导弹残骸当然是击中王自重座机之后掉下来的，至于那 4 枚没有爆炸的"响尾蛇"导弹，估计是其他蒋军飞机射出的，由于没有击中目标，就从空中落了下来。不言而喻，这 4 枚完好的"响尾蛇"导弹是极其重要的军事研究"标本"。

苏联很快就得知这一消息。当时苏联正在研制空对空导弹，这 4 枚完好的"响尾蛇"导弹对于他们来说，是非常重要的参照物，从中可以窥视美国的空对空导弹的秘密。他们要求中国方面提供这 4 枚"响尾蛇"导弹。

可是，中国方面左一个借口，右一个借口，一直拖着，不肯把"响尾蛇"导弹交给苏联。当然，"老大哥"心中也明白，这是中国对苏联中断了"萨姆-2"型导弹出口的报复。

终于，苏共中央第一书记赫鲁晓夫发狠话了。他说，你们从陆军到空军到海军哪一件先进武器不是苏联提供的？我们管你们要个导弹，还不是你们的，是美国人的，你都不给，还算是兄弟党？还算是兄弟国家？

拖了一阵子，中国方面终于愿意给苏联提供美国的"响尾蛇"导弹。

不过，运到苏联之后，苏联专家一看，美国的"响尾蛇"导弹都被中国的专家拆过，而且最关键的远红外线的制导系统——也就是"红眼"，据说在"响尾蛇"导弹坠落时摔坏了！

至于曾经仔仔细细研究过美国这几枚"响尾蛇"导弹的中国导弹专家之

中有没有钱学森，这就不得而知了。

尽管如此，苏联专家还是从这几枚"响尾蛇"导弹中得到莫大的启发，研制成功苏联的"环礁"空对空导弹。

由于苏联中断了向中国出口"萨姆-2"型导弹，中国的导弹部队只剩下50多发导弹，而要防守的却是960万平方千米的广大国土。

不言而喻，中国必须尽快地研制国产的地对空导弹。在钱学森的领导下，加紧了自制国产的地对空导弹的步伐。

发生在1959年的这场"导弹战争"，表面上是中国大陆和台湾在导弹上的较量，其幕后却是中国、苏联、美国之间在导弹领域的角逐。

1957年的"震撼弹"

> 春天的小草正在发芽，
> 阳光伴着小草一点点长大。
> 我把阳光攥在手里，
> 想和他说说心里话：
> 谁是你的爸爸妈妈？
> 你的家乡又在哪？
> 阳光他调皮地看着我，
> 就是不回答。
> 这是为什么呀？
> 这是为什么呀？

这首生动活泼的橡皮虫儿歌《这是为什么》，是那么的欢快。然而，在1957年6月8日，《人民日报》发表的社论也叫《这是为什么？》，那文字却是那么的咄咄逼人：

> 有极少数人对社会主义是口是心非，心里向往的其实是资本主义，脑子里憧憬的是欧美式的政治，这些人就是今天的右派……在我们的国

家里，阶级斗争还在进行着，我们还必须用阶级斗争的观点来观察当前的种种现象……

《人民日报》发表的这篇社论《这是为什么?》，是中国当代历史的一块里程碑。从这一天开始，一场名叫"反右派斗争"的政治运动暴风骤雨一般席卷着中国大地。

在美国生活了20年，回国才1年多的钱学森，从来没有领教过中国政治运动的滋味。20世纪50、60、70年代，政治运动一波未平，一波又起。诚如钱学森在1958年4月29日《人民日报》发表的《发挥集体智慧是唯一好办法》中所说："我们的党提出了整风的号召，整风运动开始后，跟着就是反右派，搞干部下放，然后是查五气、反浪费、反保守……"那时候，钱学森回国才两年多，就要经受"整风运动""反右派斗争""干部下放""查五气""反浪费""反保守"这么多政治运动。

对于钱学森来说，头一回接受"阶级斗争"风雨的洗礼。什么"大鸣大放"，什么"大字报"，什么"批判会"，什么"斗争会"……钱学森从来没有见过。那时候的中国，由于一个政治运动接着一个政治运动，很多人成了"老运动员"。可是对于钱学森来说，却是平生第一次经受中国政治运动的洗礼。

报纸上铺天盖地般登满"大批判"文章，指责章伯钧、罗隆基是"大右派"，"章罗联盟"是"右派分子"的核心，还指责储安平是"最反动"的"右派分子"……

笔者在采访当时担任中国民主同盟秘书长的罗涵先先生时，对于他当年没有被划成"右派分子"表示惊讶，因为他当时还身兼罗隆基秘书，而罗隆基是中国第二号"大右派"。罗涵先笑着说，中国民主同盟中央在"大鸣大放"中非常积极，每次"鸣放"会上都有许多人排队争着发言。每当轮到罗涵先要发言时，别人就说，你是中央秘书长，发言的机会有的是，就"让"一下吧。罗涵先就这样一让再让，直到1957年6月8日《人民日报》发表社论《这是为什么?》。所以罗涵先在"大鸣大放"期间没有"鸣放"，也就没有"右派言论"，没有被划为"右派分子"。[1] 不过，从罗涵先的谈话中，可以感受到

---

[1] 2010年5月12日下午，叶永烈在北京采访罗隆基秘书、民盟中央副主席、88岁的罗涵先。

当年"大鸣大放"的盛况。

钱学森跟章伯钧、罗隆基、储安平没有什么交往，读着那些充满火药味的"大批判"文章，还有点隔岸观火的感觉。然而随着"反右派斗争"的扩大和深入，中国科学界也"揪"出众多的右派，就连钱学森担任所长的中国科学院力学研究所也"揪"出一个又一个"右派分子"。钱学森所熟悉的朋友，一个个"中弹"，如同一颗颗炸弹在他的脚边爆炸，剧烈地震撼着钱学森。

第一个震撼弹，就是朱兆祥被打倒了！

朱兆祥是钱学森最熟悉不过的了。钱学森一跨过深圳的罗湖桥，代表中国科学院前来欢迎他的就是朱兆祥。在钱学森回国之初，朱兆祥每天都陪伴着钱学森，陪着钱学森到广州、到上海、到北京、到东北……在中国科学院力学研究所初建的日子里，朱兆祥作为党组织的领导成员给予钱学森许多帮助。在钱学森的眼里，朱兆祥是党的代表，向来对他非常尊敬。

确实，在科学界，朱兆祥是资深的中共党员。他早在1940年初，就加入了中国共产党。

然而在激烈的"反右派斗争"中，朱兆祥竟然"中弹"，遭到"批判"，被开除党籍！

从此，朱兆祥从中国科学院力学研究所消失了。后来被"流放"到合肥，到中国科学技术大学去做砖头！

第二枚震撼弹，那就是钱学森的助手被"划右"！

钱学森的助手、《工程控制论》中译本的译者之一何善堉，是中国科学院力学研究所团支部书记，原本准备送他到苏联留学，不料也因发表了直率之言，被划入另册。

何善堉是一个富有才华的青年，深受钱学森看重。何善堉通晓德语、英语、法语、俄语、日语、西班牙语、意大利语和希腊语，人称"八国联军"。何善堉当时在《中国科学》上发表论文，10多年之后仍被设在意大利的国际理论物理中心所赞赏，聘请何善堉为该中心委员。

何善堉被打成"右派分子"之后，再也无法去苏联留学。他也从中国科学院力学研究所消失了，被送往河北西柏坡劳动改造。

第三枚震撼弹，也在钱学森身边爆炸！

令钱学森大为吃惊的是，他的同学徐璋本也在"反右派斗争"的枪林弹雨中倒下。

徐璋本与钱学森同龄，都生于1911年。他俩都在交通大学读书，同赴美国留学。1939年钱学森在加州理工学院获博士学位，1940年徐璋本在加州理工学院获博士学位。钱学森研究的是导弹，而徐璋本研究的是反导弹，人称是"珠联璧合的一对"。钱学森和徐璋本私交甚厚。徐璋本在1949年回国，曾在交通大学电信研究所任职。1955年院系调整之后，徐璋本调往清华大学物理教研室工作。

在1957年的"大鸣大放"中，徐璋本的"鸣放"言论非常尖锐。据5月25日《人民日报》报道，徐璋本"以为以马克思主义作为指导思想，一定要产生教条主义；因为任何学说都是在一定的历史条件下产生的，都有其局限性，若以一种比较固定的学说作为指导思想，就不可避免要犯教条主义。他说，即使一个最聪明的领导者也要犯错误。马列主义的理想是共产主义，但共产主义是全人类的理想，不只是马列主义的理想。印度对崇高理想的追求也很深刻。马列主义的理想也不能仅以政治与经济的内容来包括一切。所以拿马列主义的学说来处理一切矛盾问题就会有问题。有些错误是难免的，有些错误是因为运用马列主义的政治、经济学说而发生的。任何一个学说都不能包括全部的真理。经济与生产是人们自己组成的，因此说经济环境决定人的思想就是教条主义"。

就在徐璋本发表"以马克思主义作为指导思想，一定要产生教条主义"的讲话之后十多天，《人民日报》发表社论《这是为什么？》，"反右派斗争"开始了。很多"右派分子"纷纷唱起"是我错"，而受美国民主政治影响颇深的徐璋本却逆势而上，在7月8日居然提出要组建"劳动党"，还提出完整的政治理论纲领，并正式开始组党，向政府要求登记这一政党。

1957年8月19日，清华大学校刊《新清华》刊登报道说："为了实现他的反革命纲领，徐璋本公然明目张胆地积极进行反动活动。他居然狂妄地'动员'共产党员张维、王英杰等教授退出共产党而参加他的'党'，并妄想拉张子高、徐亦庄、王宗淦、童诗白等教授签名支持他的反动宣言，8月4日他还到王明贞教授家，趁几位留美归国教师李恒德、王明贞等教授在座，又大肆煽动，李恒德副教授走后徐又企图强拉其他人充当所谓'劳动党'的发起人。并公然向学生煽动，要他们不要站在共产党的立场上，不要以政府的意志作为自己的意志，要他们起来反对共产党和人民政府，并举臂狂呼：'中国青年就是我的青年！''我就是要争取青年！'"

徐璋本教授在"大鸣大放"中以为真的"言者无罪",坦率说出所思所想,不仅被打成"右派分子",甚至被打成"现行反革命分子",被捕入狱,判刑15年。

据徐璋本的家人介绍,出于彼此之间的深厚同窗之谊,1957年钱学森曾在一天晚上来到徐家,告诉徐璋本,要出大事了,赶快承认错误,以免遭到更大的麻烦。

在徐璋本被捕后,徐家陷入困境,钱学森曾经给过徐家一些资助。笔者在《钱学森书信》第一卷里读到钱学森在1958年初致徐璋本夫人王锡琼(当时徐璋本已经被捕)的一封颇长的信。信中说:"去年除夕(引者注:指1957年12月31日)托郑哲敏同志送上40元,想已收到。"信中说这40元"作为1月份的钱","在这个月底,我愿意帮助您30元作为2月份的钱;在2月底,我愿意帮助您20元作为3月份的钱"。钱学森在信中提出,希望徐璋本夫人向工会请求帮助,以解决因徐璋本被捕而造成的家庭经济困难。

应当说,当时徐璋本不仅是"右派分子",而且是已经被捕的"现行反革命分子",钱学森仍然能够对徐璋本家属给予帮助,是难能可贵的。当时钱学森承受着巨大的政治压力,深知给徐璋本夫人写信可能会遇到麻烦,特地请秘书张可文抄了一份留底。后来这一问题果然被视为钱学森没有跟徐璋本"划清界限",成为钱学森1958年入党时必须检查的"立场问题"。

徐璋本在服刑期间,钱学森还去探视过这位老同学。

粉碎"四人帮"之后,钱学森给主管科技的国务院方毅副总理写了一封信,表示确信老同学徐璋本没有历史问题,只是思想有些偏激。

不久,徐璋本在度过漫漫20年囚徒生活之后,终于得以"平反"而返回清华大学。他痛惜20年光阴付诸流水,拼命工作,欲夺诺贝尔奖,夜夜工作至凌晨二三时。

1988年元旦,徐璋本给钱学森寄去贺年片,钱学森于1988年1月4日给"璋本学兄"亲笔复信。徐璋本在贺年片上写着"我们友谊""随岁月而茁壮",而钱学森在回信中也感叹:"我们是六十多年的同学学友了呀,中间多少事呵!"[1]

---

[1] 钱学森致徐璋本,1988年1月4日,《钱学森书信》第1卷,第21页,国防工业出版社2007年版。

不过，两位60多年的老同学，却对那张贺年片上的画，产生不同的看法。

贺年片通常色彩鲜艳，充满喜庆气氛。那张贺年片上的画，却是"雾蒙蒙雪地上蒺藜遍野"[1]。徐璋本选择了这样的贺年片寄给钱学森，是因为他的人生如同"雪地上蒺藜"，20年的牢狱之灾使他如同生活在寒冬之中。

钱学森也意识到徐璋本的贺年片别有一番含意。他不便批评老同学，而是批评起画家："难道创作者不知道今天的中国早已不是鲁迅先生在三十年代写的'万家墨面没蒿莱'了吗？这是我国当前文艺界思想混乱的表现……"[2]

钱学森在复函中抄了赵朴初的元旦献词《调寄驻云飞》给徐璋本：

喜报春回，十三大先开岭上梅。
开放风[3]云会，改革洪波沸。
飞！神龙起迅雷。澄清积痗。
万里长空，四海光明被。
十亿同心振国威。

从对待一张小小的贺年片的不同看法，折射出两位老同学的不同心境。受尽屈辱的徐璋本和意气风发的钱学森，形成了鲜明的对比。

就在这一年，徐璋本终因过度劳累而含恨离世，终年77岁。

"三钱"之中倒了钱伟长

在1957年，令钱学森最为震惊的，莫过于好友钱伟长被打成"右派分子"！

钱伟长乃"三钱"之一。1940年8月钱伟长终于赶赴加拿大多伦多大

---

[1] 钱学森致徐璋本，1988年1月4日，《钱学森书信》第1卷，第21页，国防工业出版社2007年版。

[2] 钱学森致徐璋本，1988年1月4日，《钱学森书信》第1卷，第21页，国防工业出版社2007年版。

[3] 引者注：钱学森抄录时漏了"风"字。

学学习，主攻弹性力学，1942年获博士学位。当年转往美国加州理工学院，在冯·卡门麾下，在喷气推进实验室，与钱学森一起工作达4年之久。钱伟长在1946年5月回国。

当钱学森在1955年回国之后，他与钱伟长共同创建中国科学院力学研究所，钱学森为所长，钱伟长为副所长，他们又在一起愉快地共事。不过，钱伟长当时兼清华大学副校长，他的主要工作在清华大学。

钱伟长被打成"右派分子"，起因在于所谓"1·7谈话"。那是钱伟长就高等工业学校的培养目标问题接受记者采访，谈话内容发表在1957年1月7日的《光明日报》上。

"三钱"之一的钱伟长

钱伟长"1·7谈话"的核心，就是对1952年院系调整之后在中国推行的苏联教育模式提出质疑。钱伟长以为，中国自从推行苏联教育模式以来，弊病是显而易见的，即课程门数花样繁多、课程内容烦琐、学制一再延长、专业划分过细。钱伟长认为："在高等工科学校中，应当以数、理、化三门课为主，如果这三门课学得透彻了，什么都好办。"

钱伟长是勇敢的。在中苏关系处于"蜜月期"的日子里，能够如此公开抨击苏联教育模式，是需要足够的勇气的。

钱伟长"1·7谈话"一发表，在中国教育界就引起热烈的讨论，很多人赞同钱伟长的见解。然而1957年6月8日《人民日报》发表社论《这是为什么？》之后，政治风向转变了。"反对苏联"成为划分"右派分子"的一条政治标准。于是，钱伟长在劫难逃了。

就中国科学院力学研究所而言，钱伟长比起朱兆祥、何善堉、徐璋本来说，名气大得多，因此他成了中国科学界"右派"的代表人物，成了"全国共讨之"的"大右派"。"批判"钱伟长的文章连篇累牍见诸报刊。其中除"批判"钱伟长对于苏联教育模式的否定之外，还有钱伟长的"反苏"言论："苏联专家也不是什么都懂。"

在"批判"朱兆祥、何善堉、徐璋本这些"右派分子"的时候，钱学森可以不表态，或者只在本研究所的"批判"会上敷衍几句。但是"批判"钱伟长的大会接二连三地开，作为中国科学界头面人物的钱学森，就无法敷衍了事了。

其实，钱伟长的谈话跟1956年4月钱学森在中国科学院力学研究所做的访问苏联观感报告有着异曲同工之妙。钱学森早就不满于苏联、不满于苏联专家。钱学森刚回国，在哈尔滨看到那么多的苏联专家，就对朱兆祥说，中国干吗要请那么多的苏联专家？尽管钱学森批评苏联、批评苏联专家的话，有的比钱伟长还尖锐，但是钱学森的讲话只在内部小范围，不像钱伟长那样在报刊上公开发表。

在中国科学院力学研究所有人揭发，钱学森在"反右派斗争"开始之后还去看望钱伟长！

虽说钱学森的见解与钱伟长"1·7谈话"是一致的，钱学森也有诸多"反苏"言论，要把钱学森打成"右派分子"，易如反掌。不过，钱学森毕竟是作为从美国归来的爱国知识分子的典型来宣传，而且受到毛泽东主席、周恩来总理的热情接见，何况钱学森所从事的火箭、导弹研制工作正是中国国防科技的重点项目，所以钱学森属于"保护对象""重点统战对象"，"反右派斗争"的声势再大，也不会把钱学森圈进"右册"。

尽管钱学森在"反右派斗争"中受到"保护"，但是钱学森作为中国科学界的一流科学家，必须"积极"参加这一"斗争"，因为开展"反右派斗争"是毛泽东主席发出的号召，是中共中央作出的决定。在那时候，中国知识分子中的著名作家巴金、老舍，著名历史学家吴晗等，都不得不响应号召，出席各种各样"反右派斗争"大会，发表拥护"反右派斗争"的文章。钱学森也不能例外。尤其是出席各种各样的"批判"会，别人都在那里争先恐后地响应毛泽东主席的号召，"批判右派分子"，你钱学森能保持沉默？

钱学森在重重压力之下，不能不对"反右派斗争"表示拥护。

1957年6月22日《光明日报》发表报道《钱学森痛斥右派反社会主义言论》，指出：

> 著名科学家钱学森在今天（6月21日——编者）的一次科学工作者的集会上，痛斥右派分子反党反社会主义的荒谬言论……

钱学森说，我在美国的社会里钻了二十年，我要说，美国的"物质文明"是先进一些，但是，美国的黑人、犹太人却要受压迫和歧视，中国人在那里也受歧视。美国每年用在商业广告等非生产方面和军事方面的费用有几百亿美元。假设美国没有资本主义，而是社会主义制度，这些钱就可以拿来为人民服务，人民生活也就会好。所谓美国生活的优越只是在表面上，事实上要不得的东西太多。它有一个很大很好的科学技术基础，但并没有给人民带来多大好处。到底应该选择资本主义的领导，还是社会主义的领导呢？当然，只能选择社会主义的领导。

钱学森说，过去，共产党的领导工作中是存在过一些缺点和错误，共产党提出整风也正是因为要克服自己的缺点错误。但是，究竟是成绩多，还是缺点错误多？当然，大多数人都看得很清楚，成就是最主要的。比如肃反问题，虽然在工作上有某些缺点错误，但不肃反行不行？如果不肃清反革命分子，我想我们今天恐怕就不能在这里坐得这样安稳。

1957年8月19日《人民日报》发表署名"中国科学院力学研究所所长钱学森"的文章《知识分子需要不断的改造》：

为什么右派分子猖狂地向党进攻呢？他们之中有不少人说是"利令智昏"。那么是什么"利"有这样的力量呢？这他们自己也已经招供出来了，是夺取党的领导权。做了中央的部长还不能满足，做了副部长、副校长更不能满足，一定要争取副总理以至总理、主席。他们都说他们是"有职无权"，"不能当家做主"，"大材小用"了。他们自以为是中国最优秀的"大知识分子"，可是没有被人民和党赏识，因此，他们要反党、反人民，想骑到人民的头上发号施令。这些右派分子的病根子自然是他们根深蒂固的资产阶级思想，一贯敌视社会主义向往资本主义，但是从上面所说的右派分子的言论看来，他们也还有一个共同的毛病，那就是自高自大，有"天下不是别人的而是我的"这种看法。虽然我们应该把右派分子和广大知识分子分清，决不能同等看待，可是自高自大、自私自利倒也是知识分子的毛病，非右派分子所专有。在这一点上每一个知识分子都要好好地反省一下。

除泛泛地表示支持"反右派斗争"之外，摆在钱学森面前的还有一道绕不过去的难题，那就是必须对好友钱伟长的"右派"言论予以批驳。

中国科学院力学研究所中共党组积极动员钱学森"批判"钱伟长。须知，钱学森是中国科学院力学研究所所长兼中国力学会理事长，钱伟长是中国科学院力学研究所副所长兼中国力学会副理事长，钱学森无法对钱伟长的"问题"置之度外。钱学森唯一的选择，那就是不能不随大流，也对钱伟长进行违心的"批判"。

据1957年7月17日《人民日报》报道：

> 钱学森在会上驳斥了右派分子的科学研究要完全自由、不要计划不要组织的说法。
>
> 钱学森说，现在已经不是科学研究的手工业时代，科学研究必须要有计划地进行。如果说不要计划能进行现代科学研究，那完全是不可能的。
>
> 钱学森指出，钱伟长的反党反社会主义言行不是偶然的。钱学森说，钱伟长对自己所犯的罪行还没有很好认识。钱伟长说要把清华大学办成像加州理工学院那样，好像并没有什么，但他传播这个资本主义学校制度，并在全国范围内活动，却是一种对人民对党的反叛行为。

钱学森在加州理工学院工作了16年，他原本与钱伟长一样非常赞赏这所学校的教育体制。但是面对"反右派斗争"的严峻局面，钱学森只好言不由衷地说了这番话，总算"过关"了。

经过中国科学院和清华大学大会批，小会斗，钱伟长被戴上"右派分子"的帽子。从此"三钱"之中倒了"一钱"。

清华大学原本安排钱伟长到北大荒劳动改造，毛泽东知道之后说道："钱伟长是个好教师，要保留教授职位。"这么一来，钱伟长被留在清华大学里，但是不再是副校长，而且剥夺了他上讲坛的权利。从1957年被打成"右派分子"到1966年的9年间，钱伟长先后为各方提供咨询、解决技术难题100多个……

在"文化大革命"中，从1968年起，钱伟长被分配到北京首都特钢厂做了一名炉前工。

1972年，中国科学家代表团访问英国、瑞典、加拿大和美国，周恩来亲自点名让尚未摘掉"右派分子"帽子的钱伟长参加。代表团团长表示不能保证钱伟长出国后不逃走。周恩来坚持让钱伟长参加,叫秘书派车去清华大学找钱伟长,方知钱伟长还在首都特钢厂劳动。钱伟长匆匆得以参加中国科学家代表团出访。

1975年,钱伟长当选第四届全国人民代表大会代表。

笔者在采访金银和女士时,她拿出中国力学会大事记,翻到1976年2月那一页,上面记载:"中国力学会党组成员钱学森、周培源、沈元、张维、李树诚在中国科学院力学研究所聚会,决议:……纠正'反右派斗争'造成的错误,立即恢复钱伟长副理事长职务。"[1]

于是,1976年2月,中国力学会党组作出恢复钱伟长中国力学会副理事长的决定。

在中国力学会的大事记里还记载:"1976年2月,钱学森与李树诚亲莅钱伟长住所拜望,道歉致意。"

1979年,中央撤销把钱伟长划为"右派分子"的决定。1980年,钱伟长恢复为中国科学院学部委员,担任全国政协常委。1983年至1987年任上海工业大学校长,上海市应用数学和力学研究所所长。1987年至1994年,钱伟长任全国政协副主席,民盟中央副主席。

2010年7月30日上午6时,钱伟长在上海逝世,与钱学森一样,享年98岁。

常常有人误把钱伟长列为"两弹一星"元勋之一。其实,"三钱"之中钱学森与钱三强是"两弹一星"元勋,而钱伟长并不是。这是因为在"两弹一星"拉开研制大幕时,原本应当进入研制科学家行列的钱伟长头上戴着"右派分子"的帽子,只有接受"思想改造"的份儿,怎能与"两

钱学森(左)与钱伟长(1985年)

---

[1] 2010年5月15日上午,叶永烈在中国科学院力学研究所采访金银和。

弹一星"沾边呢？对于钱伟长而言，非不能也，是不许也。与徐璋本一样，钱伟长年富力强的黄金岁月被"错划右派"这一"错"消耗殆尽！等到盼来"改正"日，已是白发苍苍时。虽说钱伟长、徐璋本与钱学森一样都是在加拿大或者美国戴上博士帽，1957年的风暴改变了他们的命运……

庄严的入党时刻

尽管对于许多知识分子而言，1957年风云激荡，中箭落马者不少。然而对于钱学森来说，1957年连获殊荣，非钱伟长、徐璋本所能相比：

在1957年，钱学森著《工程控制论》荣获中国科学院1956年度自然科学奖一等奖；

在1957年，钱学森当选中国力学学会第一届理事会理事长；

在1957年，钱学森任国防部第五研究院院长，兼任该院一分院院长；

在1957年，钱学森在中国科学院第二次学部委员大会上，被增聘为中国科学院学部委员。

从1955年回国之后，钱学森经历了1955年的参观学习，1956年的适应中国环境，1957年的"反右派斗争"洗礼，进入1958年的"大跃进"岁月。

钱学森从1957年的"反右派斗争"中得出最大的教训，那就是必须注意自己的一言一行，必须要跟中央保持一致。否则，"三钱"之一的钱伟长就是活生生的例子。"爱中国首先要爱中国共产党，爱中国共产党首先要爱伟大领袖毛主席"。从此，跟中央保持一致，积极响应毛泽东主席的号召，就成为钱学森严格遵循的政治准则。

1958年初，钱学森向中国科学院党组书记张劲夫吐露心曲：加入中国共产党。

钱学森在美国遭到"驱逐出境"，"理由"是"他是共产党"。

1955年9月，在钱学森回国途中，他所乘坐的"克利夫兰总统号"停靠在菲律宾马尼拉港口时，有位记者还问他："你究竟是不是共产党员？"钱学森答："共产党员是无产阶级的先进分子，我还没有资格当一名共产党员呢！"

钱学森终于从内心发出强烈的声音：我要做一名中国共产党党员！

关于钱学森的入党经过，最清楚的是中国科学院党组书记张劲夫。张劲夫是这样回忆跟钱学森的认识过程：

>   记得我与钱学森同志第一次见面，是 1956 年春节后在北京阜成门外的西郊宾馆。当时有 200 多位科学家聚集在那里，在周恩来总理的直接领导下，研究制订我国 12 年科学规划，即 1956—1967 年科学技术发展远景规划。我作为郭沫若院长的助手，主持中国科学院的日常工作，并任国务院科学规划委员会秘书长。刚一上任，陈毅元帅就谆谆告诫我："各学科的负责人，是科学元帅（意为科学大师），绝不要从行政隶属关系来看待，要从学术成就来看待。尊重科学，首先要做到尊重学者。中国的科学家是我们的宝贵财富，一定要重视发挥科学家的作用。"这段谈话对我教育至深，至今仍记忆犹新。它成为我在科学院工作的座右铭，也成了我与钱学森同志及众多科学家建立深厚友情的思想基础。
>
>   当时，钱学森同志是力学所所长，还担任 12 年科学规划综合组组长。那年我 42 岁，钱学森同志长我两岁半。四十多岁的他，身材不高，宽阔的脑门下，一双深邃睿智的眼睛，白净的脸庞透着秀气，思维活跃，知识渊博，离开祖国 20 年之久，仍说得一口标准的普通话，浓重的京腔京味，使我感到惊讶。他所作的关于核聚变的精彩报告，令人眼界大开，使大家看到了当时世界科学技术的前沿。
>
>   在讨论制订规划的过程中，钱学森发言很积极，他用自己的智慧给规划出了不少好主意，特别是亲自主持制订的第 37 项任务"喷气和火箭技术的建立"，我感到既志存高远又切实可行。
>
>   ……
>
>   后来，我们在一起工作，更加深了我对他的了解。我们之间的相互合作十分融洽。学森同志到国防部五院担任院长以后，仍在很长的一段时间兼任力学所所长，对加强科学院和五院之间的联系发挥了重要作用。按照全国一盘棋和大力协同的精神，使科学院为配合"两弹一星"的研制，做了大量实实在在的工作，迅速使我国成为继美国和苏联之后，世界上第三个拥有"两弹一星"的国家，所以至今大家都很怀念那个时代。我和学森也成了好朋友。记得当时为选择我国第一个火箭发动机试车台基地，我和他一起乘飞机勘察选点。一次我到他家，他请我吃

炸酱面，使我看到这位大科学家俭朴的生活，感受至深。又一次，我陪郭沫若院长一家、钱学森全家，还有裴丽生副院长一家、范长江一家游览西山，中午郭老请客。学森的夫人蒋英是艺术家，大家欢迎她表演节目，她即兴唱了一支陕北民歌《南泥湾》，赢得了大家的一片掌声，饭后又乘火车游览了官厅水库，五家人相处得非常愉快。[1]

对于张劲夫，钱学森则是这样回忆的：

> 刚回国时，我在中国科学院工作。今天在座的有张劲夫同志，那时您是中国科学院的副院长，是我的领导。我一直记得，在50年代，您每个星期六上午组织我们这些不是党员的所长座谈，领会中央的方针政策。有十来个人参加，先让我们发言，大家敞开思想讲，然后您用30分钟作总结发言。每星期六的这个会，我受益匪浅，至今记忆犹新。[2]

1958年3月17日，《人民日报》所载"民主党派和无党派民主人士社会主义自我改造促进大会主席团名单"中，有钱学森的名字。这表明当时钱学森还是"无党派民主人士"。其实这个时候，钱学森正在积极争取加入中国共产党。

张劲夫回忆起钱学森在1958年初向他提出入党申请的情形：

> 在科学院我家住在北太平庄12号楼，一天晚上钱学森同志一个人找到我家里，谈了他在美国20年，所有工作都是在做准备，准备将来为祖国做点事情，所以一美元的保险也不买。回国后，为使人民过上有尊严的幸福生活，将竭尽全力建设自己的国家；并郑重地提出了入党的要求。我很赞同，告诉他按照党章必须经两个人介绍，要他自己找两个入党介绍人。我感到十分欣慰的是，我们科学院党组及时批准了钱学森的入党申请。记得他的入党介绍人是杜润生和杨刚毅两位老同志。当他们介绍了钱学森的情况以后，党组成员一致通过。事实证明，我们的决定

---

[1] 张劲夫：《让科学精神永放光芒——读〈钱学森手稿〉有感》，《科技日报》2001年9月24日。
[2] 钱学森：《在授奖仪式上的讲话》，《人民日报》1991年10月19日。

是完全正确的。钱学森同志以他的行动表明,他是我党的一名优秀党员,科技界的一面旗帜。他的回国带动了一批海外学子的归来;而他的入党又推动了科学院一大批知名科学家政治上的进步。[1]

1958年10月,钱学森加入中国共产党。图为钱学森参加党支部组织生活

钱学森要求加入中国共产党,是极其真诚的。他的秘书涂元季详细记述了钱学森的入党经过,内中涉及钱学森曾经同情钱伟长和徐璋本的问题:

> 在1958年4月6日向组织写了长达7页纸的"思想检查",对自己过去的历史作了详细交代,还深挖了回国以后的思想。比如,他说自己对思想改造的艰巨性、长期性认识不足,一回国就急着要把杭州老家的房产交给国家。以为把那点东西一交自己就成为"无产阶级"了,"思想就轻松了",可国家偏偏不接收,弄得他思想很不愉快。他说,这其实是自己"资产阶级思想的一种幼稚病",还"没有下决心从根本上改造自己的人生观、世界观"。
>
> 由于他认识深刻,这份"思想检查"得到了组织的肯定。同时力学所支部召开有部分群众参加的支部大会,征求广大党员和群众的意见。大家在会上都发了言,既肯定钱学森的进步,也坦率地提出了自己的意见。钱学森认真听取大家的意见并作了详细记录,至今他十分珍视保留的记录稿纸就有8页。比如,有人说钱学森不接触工农群众,有知识分子的"臭架子"。钱学森在会议结束时表示虚心接受大家的意见,一定在行动中注意改正缺点错误……
>
> 1958年4月19日他又向党写了长达8页的"交心"材料,进一步

---

[1] 张劲夫:《让科学精神永放光芒——读〈钱学森手稿〉有感》,《科技日报》2001年9月24日。

谈了他对党的各项方针政策的认识，尤其是对反右斗争的认识。因为有人提出他在反右斗争中还去看望钱伟长，在经济上接济"现行反革命分子"清华大学教授徐璋本的家属，政治立场不坚定，思想上划不清界线。钱学森在"交心"材料中深刻检讨了自己的错误。

像这样的事在那个年代其实是司空见惯的，今天的人们不值得大惊小怪。党组织对钱学森是十分爱护的，他写的这些材料当时都定为"绝密"级，不准向外扩散。鉴于钱学森对党的深厚感情和对党认识的提高，组织上决定发展他入党。1958年9月24日钱学森正式填写"入党申请书"，1958年10月16日力学所支部召开有部分群众参加的支部大会，正式讨论钱学森入党问题。全体党员一致同意钱学森入党，也诚恳地给他提出了意见和希望。比如，有人提出钱学森和院领导如张劲夫、裴丽生、杜润生等关系很好，但对力学所党的领导尊重不够，一些业务上的重大问题不征求他们的意见。钱学森在支部会上老老实实承认了自己的缺点，说他在思想上觉得张劲夫、裴丽生等人虽不懂科学，但很能干，有领导水平，所以有问题总愿意请示他们。在他的思想深处确有瞧不起力学所党支部负责人的想法，遇事就很少找他们商量。经过大家的帮助，他认识到"这是不尊重党的领导的表现"，是一个"严重问题"，他"一定从思想深处提高认识，坚决改正"。

钱学森是心口一致，说到做到的。他在以后的工作中和力学所历任党支部、党总支负责人，像晋曾毅、杨刚毅等同志都建立了良好的同志式工作关系。他在晚年也常常念叨这些老同志在他刚刚回国时对他的帮助和支持。他也很感谢同志们在支部大会上给他提的意见。他说："像我这样的人上面很重视，如果我飘然自大，不尊重本单位领导，那也做不好工作。同志们及早指出我这方面的缺点，使我在以后的工作中时时注意这个问题。我后来在工作中和老五院、七机部、国防科委及国防科工委的领导同志能处好关系，搞好团结，是与支部大会同志们的帮助分不开的。"

1959年1月5日，科学院党委通知力学所党总支：钱学森"已被接收为中国共产党预备党员，预备期一年，自1958年10月16日至1959年10月16日"。

1959年11月12日，力学所所办支部大会一致通过钱学森转正。从此，这位科学家就成为中国共产党的一名正式党员了。[1]

加入中国共产党，是钱学森人生道路上的里程碑。从此，他有了坚定的政治信念，在中国共产党的领导下，为共产主义事业奋斗终生。

讲坛上的风采

钱学森有着三重身份：在研制火箭、导弹的第一线，钱学森是"总设计师"；在中国科学院力学研究所，钱学森是研究员；然而，他又是教授，手持粉笔在三尺讲坛上授课。

钱学森担任过美国麻省理工学院教授、加州理工学院教授，在那里他用英语给学生上课。回到中国之后，他的主要工作是研制火箭、导弹，但是他也走上讲坛，用汉语给学生上课。

谈庆明特别提到，钱学森非常重视人才的培养。[2] 在1958年春天，力学研究所的"三巨头"——钱学森（所长）、郭永怀（副所长）、杨刚毅（党委书记）在北京万寿山开会，确定了力学研究所的研究方向是"上天、下海、入地"。在这次会议上，钱学森提出，必须办一个学校培育学生，建立一个"星际航行学院"，以培养"上天、下海、入地"的人才。他写了报告，上报到中国科学院。郭沫若院长主持院务会议讨论钱学森的报告，很多人以为，不光是火箭、航天方

2010年5月15日上午，叶永烈在中国科学院力学研究所采访郭永怀先生91岁的夫人李佩以及谈庆明教授

---

[1] 涂元季：《作为一名共产党员的钱学森》，《人民日报》2005年6月2日。
[2] 2010年5月15日上午，叶永烈在中国科学院力学研究所采访谈庆明。

面的人才缺乏，方方面面的科技人才都缺乏，干脆办一个集综合性、前沿性、尖端性于一身的新型大学，这个大学就叫"中国科学技术大学"。当时，郭沫若亲自兼任中国科学技术大学校长，钱学森为力学系主任，华罗庚任数学系主任，郭永怀是化学物理系主任。借用北京玉泉路政治学院二部作为教室和校舍，只花了3个月，就办起了中国科学技术大学。如今，中国科学技术大学是中国名校之一。追溯中国科学技术大学的创立，钱学森功不可没。

据中国科学技术大学力学系当年的学生张瑜回忆说："至今我还记得，钱学森先生在全系大会上宣布聘任教师的名单时那踌躇满志的神情。他高声地说：'我把科学院的大炮都给你们调来了！'"

钱学森调来了哪些"大炮"呢？中科院技术科学部主任、物理学家严济慈主讲"普通物理"，1957年与钱学森同获中国科学院科学奖一等奖的数学家吴文俊主讲"高等数学"，刚刚归国的留美博士蒋丽金主讲化学课，钱临照、卞荫贵、林同骥、郭永怀……还加上钱学森，他亲自为学生们上课。这么多一流的科学家亲自为中国科学技术大学力学系学生上课，真可谓是盛况空前。

钱学森在中国科学院力学研究所主讲"工程控制论"和"物理力学"，这两门课程他在美国大学里都讲过，驾轻就熟。

接着，由于教学的需要，钱学森又开设了3门新课：

在他刚刚就任国防部第五研究院院长之后，100多名大学毕业生被分配到该院，钱学森主办导弹专业训练班，为他们开讲新课"导弹概论"。

在中国科学院力学研究所和清华大学，钱学森开讲新课"水动力学"。

1958年春，钱学森成为中国科学技术大学筹备委员会的10位委员之一，参与创办这所新的大学。他担任中国科学技术大学近代力学系主任达20年之久。1961年至1962年，钱学森为近代力学系58、59级学生主讲新课"火箭技术概论"（后定名为"星际航行概论"），听课人数达到400多人，每周1次，每次3小时。

众所周知，开讲新课的工作量是很大的，相当于写一部新的学术专著。钱学森开设的"导弹概论""水动力学""星际航行概论"的讲义经过整理，后来都成为专著出版。

在1957年，"导弹概论"在当时是很新的一门课程。钱学森为开设这门课程所写的手稿，被列为"秘密文件"。2006年11月，《导弹概论》一书由中国宇航出版社出版。"此次出版影印了当年钱学森的手稿，并配以珍贵的图片。

钱学森（前左）与中国科学技术大学近代力学系教师们研究教学计划

当年聆听过钱学森讲课的部分老同志的回忆被收进附录。全书共分四讲，内容通俗易懂，逻辑严密，既有公式推导，又有图表。"[1]

上海交通大学何友声院士多次建议出版钱学森的"水动力学"讲义，他认为"从整体上看，钱先生的这份讲义至今仍然是学界水平最高的教材"。2007年，上海交通大学出版社出版了钱学森著《水动力学讲义手稿》。

在"火箭技术概论"讲课的基础上，钱学森先是写成《星际航行概论》一书，在1963年由科学出版社出版。2008年，中国科学技术大学出版社出版了《"火箭技术概论"手稿及讲义·钱学森与中国科学技术大学》，共两册。

钱学森在当时能够开设"工程控制论""物理力学""导弹概论""水动力学""星际航行概论"这五门课程，从整体上反映了钱学森高超的学术水平。尤其是"工程控制论""导弹概论"和"星际航行概论"，在当时属于开创性的学科或者尖端科学技术。

关于钱学森的讲课风格，听课的学生们后来回忆说：

钱学森著《导弹概论》

---

[1]《"秘密文件"50年后首亮相 钱学森手稿影印出版》，《人民日报》2006年11月21日。

钱学森继承了恩师冯·卡门的经典德国学院派授课方式，上课只靠两根粉笔和四块黑板。口齿清楚、层次分明、板书漂亮，而且四块黑板、两根粉笔用完，下课铃即响。

钱先生每周上一次课，一次四个学时，一个学期中除一次因去苏联访问而调课外，从没有缺席过。钱先生声音洪亮、板书非常规矩，由于学校配的扩音器带着导线不方便，他就对着大教室大声讲课，一节课下来嗓子都沙哑了。

钱学森还特别注意听课者的感受，在大的阶梯教室，他专门安排人检验自己的板书在最后一排是否能看得清，自己的声音在最后一排是否能听得清。

钱学森先生讲授的"火箭技术概论"45学时，分13次讲完。大家众口一词地认为，钱先生讲课富有哲理、逻辑性强、概念清楚、关键公式的演绎都不用看讲稿、板书工整、语言规范。有时，课末留一段时间，给同学们讲做人道理，讲爱国精神，讲科学态度和治学方法，给大家留下了终生难忘的印象。

钱学森的考试也是别具一格，那时候学生也曾希望他透露一些考试范围，但是被告知：他采用开卷考试，笔记本、教科书、参考书、字典都可以带，只是不许互相交流。

平时，钱先生上课都是和蔼可亲的，笑眯眯的，就有两次却板起面孔生气了，都是为了学生在考试卷子上捅了娄子。第一次，考试中有一问："第一宇宙速度是多少？"有一位同学的答案是7.8米/秒[1]。钱先生非常生气地说："你的基本概念都不对！自行车都比你快！"他还说，这个问题现在如果不提的话，以后不光是流汗的问题了，要流血啊！

---

[1] 应为7.9千米/秒。

他曾在黑板上写了"严谨、严肃、严格、严密"这八个大字，反复告诫大家："做学问必须一丝不苟！"

据当年的学生米博恩回忆说："有次上课，钱老师说如果你5道题做对了4道，按

钱学森在中国科学技术大学教学

常理，该得80分，但如果你错了一个小数点，我就扣你20分。他常告诉我们，科学上不能有一点失误，小数点错一个，打出去的导弹就可能飞回来打到自己。"

1963年3月30日，钱学森在中国科学技术大学对1958级的学生作了一次《怎样写毕业论文》的讲座。当时在座的一位学生做了详细的笔记。如今，这位学生把笔记整理出来，可以看出钱学森对于《怎样写毕业论文》的种种独到的见解：

毕业论文就是给大家一个过渡，作一次攀登高峰工作进行前的练兵。这就是毕业论文的目的。练习一下怎样把所学过的东西应用到具体工作上。

做毕业论文是练兵，但要求严格，要真刀真枪地练，要像对真正工作一样认真对待。论文的科学内容要求不能太高。同学们刚毕业，既不是专家，也不是经验丰富的科学家，所以论文的科学内容太高是不切实际的。有同学认为："不干则已，要干就要达到世界水平。"干出来当然很好，但这不太实事求是。

应该以严肃、严密、严格的三严作风来对待论文。论文要写得像个样子。论文必须按照一般世界科学论文的总格式来写。这一套格式就是：第一部分，首先写明论文题目，指明写论文的目的；指出前人在这些方面已做了些什么工作，引出不同于前人的观点，用什么方法解决问题。这一段是自我介绍（引言）。第二部分，如属理论性分析论文，要介绍本题；若属实验性论文就介绍具体实验。第三部分，具体结果。理论分析

论文，清楚地写出具体计算结果；实验性论文，写出实验结果。第四部分，由所得结果可以总结出什么规律，并进行讨论是否解决了问题，要老老实实，不能乱吹，不能含糊。如解决问题不那么彻底，要提出今后工作的建议。最后，引出文献索引（书籍，期刊名称，某某人著，卷册数，页数，出版社，出版年月）。论文就要这样写。这是世界科学论文的总格式，不标新立异。我主张字要楷书，不能潦草，文句要顺畅，达意，准确。但也不能太"浪漫主义"了。是一就是一，是二就是二，简明扼要，不能啰唆。论文里的图要上墨，画得清清楚楚，不要用铅笔，否则容易磨掉或模糊。

如果论文是几个人合作，就应该有所分工，但更重要的是几个人协作，要同心协力。一个人只作某一方面的问题。为了解决这个问题，一定会牵连到别人所进行的工作，别人问题的解决。只有通过充分的讨论，密切合作才能解决问题。任何想自私搞"自留地"的人都是不可能拿出论文来的。即使拿出来了，也很臭。不养成和别人合作的良好作风，将来在科学工作中是要吃亏的。

根据多年来的工作，我深深体会到研究科学只能一步一步来，结结实实，顽强苦干。起初解决芝麻大的问题，以后慢慢大，直到最后能建立一门科学。在科学道路上必须要有一股傻劲，不要怕做小的工作，需要付出大量的平凡劳动。取得一次成功，必须经过千百次的失败。跌倒了，爬起来，满怀信心，干劲充沛，任何困难也难不住，工作就一定能做好。

钱学森作为"总设计师"是出色的，作为研究员是出色的，作为教授也是非常出色的。他的学识，他的睿智，他的严格，他对年轻一代的热忱，全都倾泻在三尺讲坛。

"三起三落"物理力学

前面已经详细述及工程控制论，在这里，要特别提一下物理力学。

钱学森是物理力学这门学科的创始人。钱学森从事物理力学研究，几乎是与研究工程控制论同时进行的，即在美国他受到软禁的 5 年，无法从事国防科学技术研究，便从事工程控制论和物理力学理论研究。与工程控制论一样，物理力学在当时也是新兴科学。

1953 年钱学森在美国首次正式提出物理力学概念，主张从物质的微观规律确定其宏观力学特性，改变过去只靠实验测定力学性质的方法，并开拓了高温高压流体力学的新领域。随后，钱学森发表了《液体特性》《气体在高温高压下的热力学性质》等数篇论文，并在加州理工学院开设了"物理力学"课程，编写了《物理力学讲义》。

钱学森回国之后，担任中国科学院力学研究所所长，同时又兼任力学研究所的物理力学研究室主任，而且亲自带物理力学研究生，足见钱学森对于物理力学的看重。当时，钱学森确立了物理力学的四个研究方向，即高温气体、高压气体、高压固体，以及临界态和超临界态。

物理力学在中国科学技术大学经历了"三起三落"的艰难过程：

1958 年，中国科学技术大学化学物理系设立了物理力学专业。但是物理力学专业刚建立，在"大跃进"中被认为"远离生产"，被取消了。

1961 年要重新设立物理力学专业，钱学森决定在 1962 年亲自为化学物理系 58 级学生主讲物理力学课。钱学森拿出在美国出版的英文版《物理力学讲义》，在他主持下把这本讲义译成中文，1962 年 2 月由科学出版社出版，作为教材。

可是物理力学专业在"文化大革命"中又被取消。钱学森培养的物理力学研究人员在"文化大革命"中到工厂、农村去"与工农结合"。

直到 1979 年，中国科学技术大学的物理力学专业在钱学森的再三建议下才得以恢复。然而到了 1993 年又取消。

经过这"三起三落"，物理力学专业最终在中国科学技术大学得以确立。

钱学森在中国科学技术大学讲课

当物理力学研究在中国科学技术大学起起落落之际，物理力学在美国却得到发展，尤其是在超临界态的物理力学获得突出成就，获得诺贝尔物理学奖！

进入20世纪90年代，世界纳米技术突飞猛进，而物理力学正是纳米技术的基础。很遗憾，在钱学森的领导下，中国原本可以在物理力学研究方面领先的，却因为"三起三落"而落伍了！

就在美国重视物理力学的同时，物理力学在当年的苏联也得到重视。

钱永刚向笔者讲述了一个有趣的故事：

那是2010年6月6日，在上海交通大学举办的钱学森图书馆奠基仪式上，钱永刚除了向钱学森图书馆捐赠了钱学森的交通大学毕业证书，还捐赠了钱学森著作《物理力学讲义》俄文版。

这本钱学森著《物理力学讲义》俄文版的来历，颇为曲折。

那是钱学森的《物理力学讲义》在1962年2月由科学出版社出版之后，苏联方面看重这部专著的独创性学术价值，组织人马进行翻译。俄译者Н.А.斯别施涅夫精通中文，因为他从小在北京长大，然后回苏联上中学，能够讲一口标准的普通话。可是他不懂物理力学。为了能够译好钱学森的《物理力学讲义》，苏联方面请了两位科学家与他合作，这样译者扩大为三人。

Н.А.斯别施涅夫在晚年作为俄中友好协会成员来到北京，接待他的中俄友好协会成员之中，有一位女士名叫刘恕。刘恕早年毕业于列宁格勒基洛夫森林工程学院，回国之后从事沙漠治理工作，曾经得到钱学森的许多帮助。钱学森提出了"沙产业"的概念，使刘恕受到极大的启示。在与《物理力学讲义》俄译者Н.А.斯别施涅夫交谈时，刘恕说起了钱学森。Н.А.斯别施涅夫顿时双眼发亮，显得格外兴奋，说自己曾经翻译了钱学森的《物理力学讲义》。

Н.А.斯别施涅夫回国之后，给刘恕寄来了《物理力学讲义》俄译本。

刘恕把这一珍贵礼物送给了钱永刚，钱永刚又捐赠给了上海的钱学森图书馆。

上海的钱学森图书馆郑重其事地给俄译者Н.А.斯别施涅夫寄去捐赠证书……[1]

从当年苏联翻译、出版钱学森的《物理力学讲义》，可见苏联对于钱学森以及物理力学这门新科学的重视。

---

[1] 2010年9月9日，叶永烈采访钱永刚于上海。

第六章　两弹一星

钱学森在指导火箭发射任务

"1059"导弹的诞生

聂荣臻和钱学森商定的中国导弹的研制工作的步骤是：先仿制，后改进，再自行设计。

按照这步骤的第一步，就是仿制。

用毛泽东主席的话来说，那就是："先学楷书，后写草书。"

聂荣臻元帅也说："要学会走路，然后再学习跑步。"

聂荣臻元帅还说，从仿制入手，"爬楼梯"，大练兵。

1958年9月，国防部第五研究院开始了仿制苏联的P-2型导弹工作。中国仿制型号命名为"1059"，意思是在1959年10月1日建国10周年之际完成仿制。

仿制需要图纸和资料。1958年6月，苏联提供的第一批P-2型导弹的图纸资料运抵中国。

国防部第五研究院的科技人员着手P-2型导弹图纸的复制和技术资料的翻译。到了1958年8月，任新民发现苏联提供的技术资料中，没有火箭发动机试车及试车台的资料。这是决定导弹能不能出厂、能不能投入发射的关键性技术资料。任新民去询问苏联专家，他们的答复是："等你们的发动机搞成了，到我们苏联去试车。"这怎么行呢？显然，苏联在提供这样已经淘汰的导弹的资料时，还留了一手！

苏联专家组长施尼亚金是苏联导弹发动机工厂的总工程

钱学森（右二）与苏联专家交谈

师,对中国非常友好。尽管他的上级再三强调,要对建造火箭发动机试车台的技术保密,他还是尽自己的力量帮助中国建造火箭发动机试车台。在他奉命调回苏联时,他对中国朋友说:"将来中苏关系恢复友好了,我还要到中国来,看望中国老朋友。"为此,他在回到苏联之后,背上了"泄密"的罪名,受到了严厉的惩处。施尼亚金始终记得自己离开中国时说的话。1993年秋天,90岁高龄的施尼亚金自费来到中国,看望老朋友,受到热烈欢迎。

钱学森强调,在仿制工作中,仍必须发扬自力更生精神。苏方留一手,我们就自己想办法克服。

仿制 P-2 型导弹工作是一项庞大的工程。当时全国直接和间接参加仿制的单位有 1400 多个,涉及航空、电子、兵器、冶金、建材、轻工、纺织和商业等各个领域,其中主要承制厂就有 60 多个。

其中最为"刁钻苛刻"的零件是导弹发动机液氧阀门的密封垫圈,按照苏联图纸的规定,必须用 3 岁公牛犊臀部的牛皮制作,而且这臀部的牛皮上必须没有鞭伤!国防部第五研究院的科技人员一时找不到"没有鞭伤的 3 岁公牛犊臀部的牛皮",就用别的材料代替,效果也不错。

聂荣臻元帅听说这个故事之后,作了指示:"有了苏联图纸和技术资料,可以加速导弹事业的发展,但我们不要忘记自力更生。在仿制每一类型导弹时,要吃透它的设计理论。仿制成功后立即开展自行设计战术指标更高的同类国产导弹。"

在钱学森的领导下,"1059"的仿制工作克服一道又一道难关。

就在这个时候,中苏两国的"蜜月期"结束了。中苏两党在意识形态方面产生了严重的分歧。苏共中央斥责中共中央是"教条主义",而中共中央则批评苏共中央是"现代修正主义"。

1958 年 7 月 31 日,苏共中央第一书记赫鲁晓夫访华,再次提出建立长波电台和联合舰队的建议,企图在军事上控制中国,遭到毛泽东的严词拒绝。中苏关系明显地开始紧张。

1959 年 6 月,苏共中央致函中共中央,提出暂缓向中国提供原子弹教学模型和图纸资料。这清楚表明,苏联开始单方面撕毁 1957 年 10 月 15 日两国签订的《国防新技术协定》。

按照《国防新技术协定》,苏方供应中国国防部第五研究院 100 吨不锈钢材用于仿制导弹,也遭到苏方反悔。原定在 1959 年 10 月 1 日建国 10 周年之际完成仿制的"1059"导弹，也不得不延期了。

国防部第五研究院担负的责任更重了，1960年成了国防部第五研究院大发展的一年。在这一年里，调入的大学毕业生达4000多名，中专生、高中生、初中生、党政干部、复员军人达9000多名，共计13000多人[1]。

1960年2月5日，"1059"导弹的第一个大部段——酒精贮箱仿制成功。接着，其余7个大部段也相继完成。

"1059"导弹在一家废弃的飞机修理厂的厂房里进行总装。

这时候，"1059"导弹的"心脏"——发动机要进行试车。

1960年3月，国防部第五研究院自己设计、自己建造的大型液体火箭发动机试车台完工。

1960年4月4日，国务院副总理兼国防科委主任聂荣臻在关于国防部第五研究院工作安排的会议上指出：

"钱学森主持全院的研究设计工作，把行政工作免去，发挥你科学家的作用，把五院的科技工作全抓起来，可以选几个助手协助你工作，要有参谋，把你的意图传达下去，党委和政治机关要保证。"[2]

从此，钱学森得以"把行政工作免去"，专心于科研领导工作。不过在中国政治运动频发的年代，钱学森也无法置身于接二连三的政治运动之外。例如在"大跃进"年代，钱学森在从事火箭、导弹研究的同时，也要去打麻雀、灭蝇蛆，参加"除四害"运动[3]；在所谓的"四清运动"（即"社会主义教育运动"）中，1965年7月钱学森被任命为第七机械工业部"四清工作团副团长"，他与工人一样在车间里坐在小马扎上，学习"四清"文件，接受"社会主义运动"教育。

1960年6月28日，国防部第五研究院向中央军委报告，争取在1960年国庆节前后完成第一批导弹的仿制任务，并进行飞行试验。毛泽东、朱德、邓小平、贺龙、陈毅、罗荣桓、徐向前、谭政和林彪等圈阅了这份报告。叶剑英、聂荣臻和刘伯承作了重要指示。

中国第一枚导弹的发射日子临近了。

---

[1] 刘兆世：《航天与系统工程》，第9页，中国宇航出版社2006年7月版。
[2] 刘兆世：《航天与系统工程》，第12页，中国宇航出版社2006年7月版。
[3] 熊卫民：《1958年，中国科学家的选择与遭遇》，《社会科学论坛》2010年第12期。

1960年中苏关系破裂，苏联撤回专家，钱学森（前左三）在北京火车站欢送苏联专家

然而，试车要用的推进剂发生了麻烦。"1059"导弹所用的液体推进剂是液氧和酒精。其中的酒精是燃料，而液氧则是高度浓缩了的氧。点火之后，酒精迅速燃烧，产生极大的推力，推动火箭前进。按照中苏双方签订的合同，酒精是由中方生产，而液氧是由苏方提供。然而，这时生产液氧的西伯利亚液氧厂发生意外事故，苏方无法供应液氧。于是，中方请吉林化肥厂以最快的速度，在5天之内生产了32吨液氧。

这32吨液氧运达基地后，经过化验，完全合格。可是，苏联专家组长契尔柯夫却说："我们苏联的液氧是专门生产火箭推进剂的工厂生产的，你们是化肥厂生产的，让人不放心。"当时的决定权在苏联专家手中，由于契尔柯夫的反对，这批国产液氧只好全部报废。

就在这个时候，苏联政府总摊牌的日子到了：1960年7月16日，苏联政府照会中国政府，自12天后的7月28日到9月1日，撤走全部的在华专家，废除双方签订的257个科学技术合作项目！

聂荣臻秘书柳鸣的回忆

苏联政府撕毁合同，撤走专家，使正在起步的中国导弹研制工作遭到极大的困难。聂荣臻秘书柳鸣见证了在那困难的时刻，在聂荣臻的统帅下，钱学森鼓起克服困难的巨大勇气。[1]

---

[1] 2010年5月20日上午，叶永烈在北京采访聂荣臻元帅秘书柳鸣。

柳鸣跟随聂荣臻多年。早在解放战争时期，聂荣臻担任华北军区司令员，柳鸣就是华北野战军司令部机要组组长。1949年10月19日中央人民政府人民革命军事委员会在北京成立，这天徐向前被任命为人民解放军总参谋长，聂荣臻为副总参谋长。但徐向前因病休养，由聂荣臻代总参谋长工作。同时，聂荣臻还被任命为华北军区司令员，徐向前为副司令员。当时，聂荣臻还兼北京市市长，工作非常繁忙，调来4位秘书在身边协助总参谋部工作，其中的秘书之一就是柳鸣（在北京市政府里聂荣臻还有别的秘书）。当时柳鸣只有22岁。1952年9月，聂荣臻随彭德怀到北京郊区视察国防工程，由于过度劳累，聂荣臻在回到办公室后突然摔倒在地板上。好在这时候朝鲜战场上大规模的战役已经停止，中央批准聂荣臻暂时离职休养，他在总参谋部的工作由粟裕接替。

柳鸣担任聂荣臻秘书两年半之后，曾经被分配到留苏预备班学习俄语。由于中苏关系恶化，柳鸣未能去苏联留学，又重新回到聂荣臻身边担任秘书。

柳鸣记得，当他再度担任聂荣臻秘书时，聂荣臻的工作重心完全改变了，不再是忙于中国人民解放军总参谋部的工作，而是在领导全国、全军的科学工作。

柳鸣第一次见到钱学森，是在1956年6月1日，在北京三座门召开的航空工业委员会会议上，聂荣臻是这个委员会的主任，钱学森是委员会的成员。柳鸣当时担任中央军委办公厅秘书，所以与钱学森有了许多接触。在柳鸣的印象中，钱学森很随和。当钱学森给中国人民解放军高级军官作导弹讲座的时候，柳鸣也去听，他觉得钱学森的讲座很注意通俗易懂。

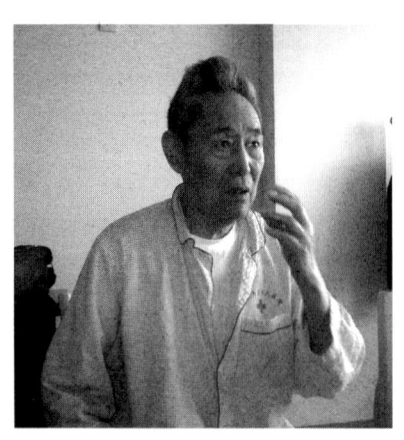

聂荣臻元帅秘书柳鸣谈钱学森（叶永烈摄）

柳鸣记得，1960年苏联专家撤退之后，6月间，聂荣臻从外地回来，请钱学森、王秉璋、王铮谈工作，那一次柳鸣参加了会议。地点是在赫鲁晓夫来北京时住过的那幢楼的一楼小会议厅里。钱学森发言，谈了苏联专家撤退之后的导弹研制规划：首先是抓仿制的"1059"导弹，在短时间内完成试射，打响第一炮。接着研制自己设计的导弹，分三步走，第一步是在

"1059"导弹基础上研制短程地对地导弹，射程是400千米；第二步是研制中程地对地导弹，射程是2000千米；第三步是研制远程地对地导弹，射程是4000千米。聂荣臻听了钱学森的汇报之后，肯定了这"三步走"的计划。聂荣臻指出，目前最重要的是把仿制苏联的"1059"导弹发射成功，从中吸取经验。我们的导弹工作，不要看不起仿制，仿制是利用别人成功的经验，可以少走很多弯路。我们在仿制中积累经验，再开始自己的设计。当年，苏联的导弹就是仿制德国的导弹才获得成功。

柳鸣说，聂荣臻要他当场就把报告写出来，请钱学森阅定。后来，聂荣臻又找钱学森，对报告进行修改，即把导弹三步走的射程，从近程400千米、中程2000千米、远程4000千米，修改为短程700千米、中近程1200千米、中程2400千米，更加适合中国国防的实际需要。钱学森很佩服聂荣臻的战略眼光。另外，对这三种导弹制定型号，分别为"东风-1号""东风-2号""东风-3号"。这样，就把苏联撕毁合同、撤走专家之后的中国导弹研制工作，规定了明确的方向和步骤。

聂荣臻把导弹研制规划报告送交周恩来总理。

紧接着，聂荣臻前往北戴河。1960年7月5日至8月10日，中共中央在北戴河召开工作会议。面对苏联的背信弃义，在北戴河主持中共中央工作会议的毛泽东说道："我们要下定决心搞尖端技术。赫鲁晓夫不给我们尖端技术，极好。如果给了，这个账是难还的。我看应该给赫鲁晓夫一吨重的勋章！"会议着重讨论苏联专家撤退使得中国250多个企业和事业单位的建设处于停顿、半停顿状态所造成的困难。柳鸣和聂荣臻办公室主任安东少将一起从北京乘小飞机来到北戴河。聂荣臻在会议上谈了钱学森关于导弹研制工作分三步走的规划，得到会议的肯定。

从1959年庐山会议之后，林彪取代彭德怀担任国防部部长并主持军委日常工作，提倡所谓"四个第一"，即"人的因素第一，政治工作第一，思想工作第一，活的思想第一"，把政治工作强调到了不适当的地位。柳鸣说，聂荣臻反对搞空头政治，在国防部第五研究院不搞按照"四个第一"评所谓的"四好"。

柳鸣说，聂荣臻是把军事上大兵团作战的经验用到了国防科研上，抓"两弹一星"。由于聂荣臻是国务院副总理，可以调动钢铁、木材、水泥、铜铝铅锌等物资到国防科研战线上去。柳鸣透露，当时中国研制原子弹大约花了

30亿元人民币，而研制导弹大约花了10亿元人民币。

柳鸣说，聂荣臻与钱学森建立了深厚的友谊，关键在于聂荣臻充分尊重知识分子。聂荣臻强调，从战争转到国防科研要有一个熟悉的过程，转变的过程，不能用带兵的办法带领知识分子。在国防科研中，要充分尊重知识，充分尊重知识分子，团结知识分子。

柳鸣说，在钱学森担任国防部第五研究院院长、国防科委副主任的时候，部队里少数军官有过议论，认为钱学森没有革命资历，又不是长征干部，怎么给他那样高的职位，那么大的权力？聂荣臻驳斥说，钱学森是大科学家，是冲破美国重重封锁归来的大科学家，有着高度的爱国热情，我们应当充分尊重钱学森这样的科学家。聂荣臻还说，钱学森很直率，而且有能力，对党忠诚。聂荣臻喜欢钱学森学问高而不自傲。正是根据聂荣臻指示，为钱学森加强警卫，配备一整套工作班子，使钱学森能够顺利开展研究工作。聂荣臻对钱三强也很尊重，聂荣臻和钱三强都有着留学法国的经历，更有共同语言。

柳鸣说，钱学森的机缘很好，钱学森回国之时，正是新中国的"两弹"研制工作准备上马的时候。钱学森能够在聂荣臻这样理解他、尊重他的元帅领导之下开展导弹研制工作，可以说很幸运，聂荣臻为他创造了极好的工作环境。再说，钱学森本人胸怀宽广，肚量大，所以即便在遭到一些人的非议、排斥的时候，尤其是在"文化大革命"后期，聂荣臻元帅"靠边"，钱学森受到某些胸襟狭小的领导的不公正对待，连中共中央委员都没有选上，一度处境很不好，但是钱学森仍坚持工作，作出了巨大的贡献。所以钱学森在那时候，非常怀念聂荣臻元帅。

钱学森与聂荣臻元帅（右）

"争气弹"终于飞上天

面对严峻的形势，1960年10月中旬，陈毅、聂荣臻、陈赓受周恩来总理的委托，在人民大会堂举行了一次大型宴会，宴请著名科学家和工程师。钱学森应邀出席。

聂荣臻元帅在宴会上说："逼上梁山，自己干吧！靠别人是靠不住的。以后就靠在座的大家了。党中央寄希望于我们自己的专家！"

钱学森发表即席讲话："聂帅说，中国的科技人员并不比别人笨，这是客气了。我说，中国科技人员是了不起的。我们不仅有聪明智慧，我们还能够艰苦奋斗。只要国家给了任务，大家便会夜以继日、废寝忘食地去干，甚至为此而损害健康，直到牺牲，也不泄气。有了这种精神，我们就不怕落后，不怕困难多。我们一定要赶上去，我们能够赶上去！"

国防部第五研究院在钱学森的领导下，带领着任新民、屠守锷、梁守槃、黄纬禄、庄逢甘、林爽、谢光选等一大批优秀专家，在独立自主、自力更生的道路上前进。

发射"1059"导弹，不仅没有因为苏联专家的撤走而推迟，反而加紧了发射的准备工作。

中央军委作出决定，用国产推进剂发射"1059"导弹，时间定在1960年11月5日。

为了落实中央军委的决定，1960年9月，成立了"1059"导弹首次试验委员会。张爱萍上将为主任，钱学森、王诤为副主任。

值得一提的是，这时候，陈赓大将由于患病，研制导弹的领导工作由张爱萍上将替代。

陈赓大将是铁汉子。在筹建"哈军工"的那些日子里，由于工作劳累，陈赓的心绞痛便已频繁发作。1957年冬陈赓作为中国政府工业代表团副团长与钱学森一起去苏联，回国之后突发心肌梗死，不得不在医院休息三个月。此后，他胸口常痛。他却如同"拼命三郎"，依然超负荷工作。1960年夏，陈赓第二次心肌梗死，经过抢救才从死神魔爪下逃脱。到了冬日，胸口疼痛加剧，

钱学森（左）和刘亚楼（中）、王秉璋（右一）在火箭基地

他仍坚持工作。1961年3月16日，陈赓大将因第三次心肌梗死而病逝于上海，终年仅58岁！陈赓在逝世前一天，还在为他的《作战经验总结》写作序言……

当陈赓的骨灰盒用专机运送抵达北京西郊机场时，钱学森闻讯赶往机场迎接。他对陈赓大将的突然去世，深感悲痛。

张爱萍上将跟陈赓一样，也是一位儒将。张爱萍是一位"将军诗人"，他又喜欢书法、摄影。正是由于张爱萍有着相当的文学修养，知识面广，所以他跟钱学森认识之后，很快就成为很好的朋友。

在这里，还要提到的是，从1960年3月开始，国防部第五研究院的院长不再是钱学森，而是由空军司令员刘亚楼兼任，钱学森改任国防部第五研究院的副院长。

钱学森为什么从正院长"降"为副院长呢？

这是钱学森再三主动要求的。

原来，他以往担任过加州理工学院航空系系主任，也担任过加州理工学院喷气推进中心主任，正职没有太多行政事务，他可以专心于研究工作。然而，在中国，他作为国防部第五研究院的院长，行政事务一大堆，无法专心从事研究工作。所以他主动请辞正职。领导终于同意他担任"副"职的请求，派了空军副司令员王秉璋当副院长，主持常务工作。

通常，人们视副职转正为仕途升迁，而钱学森反过来从正转副，只求有利于工作。后来，他担任国防科委副主任、第七机械工业部副部长等一连串副职。此外，他不参加剪彩仪式、鉴定会、开幕庆典，也不为人题词、写序，不兼任任何顾问、名誉顾问之类的荣誉性职务。

按照中央军委的决定，钱学森有条不紊地指挥着"1059"导弹发射前的准备工作：

1960年9月，第一枚"1059"导弹总装圆满完成。

由于那个反对使用中国液氧的苏联专家契尔柯夫也撤走了，国防部第五研究院采用国产的酒精和液氧作为推进剂，1960年10月17日进行"1059"导弹发动机的90秒点火试车，获得成功。这表明，"1059"导弹发动机以及推进剂工作正常。

就在"1059"导弹准备从北京运往酒泉导弹试射场的时候，1960年10月24日，苏联发生了一次世界上最惨烈的导弹悲剧，苏联国防部副部长、炮兵主帅和战略火箭军总司令米特罗凡·伊万诺维奇·涅杰林以及发射场上的160名工程科技人员全部遇难！

那天，正是苏共中央第一书记赫鲁晓夫访问美国的时候。赫鲁晓夫临行前给涅杰林下达任务的时候说："当我赴美国谈判，我的脚踏上美利坚合众国的土地时，你要给我放一枚导弹，吓唬吓唬美国人。"

赫鲁晓夫下令发射的是苏联刚刚研制成功的东方号运载火箭（用以运载月球探测器）。在拜克努尔发射场发射前夕，发现一级发动机氧化剂和燃料管路内的高温隔膜故障。按照规定，必须把已经装好的液体燃料全部卸载，才能进行修理。涅杰林当然明白这一点。但是全部卸载液体燃料，就不能在赫鲁晓夫"脚踏上美利坚合众国的土地"的时候发射 P–16 洲际导弹，涅杰林明白将因此遭受沉重的政治压力。于是，他就在不卸载液体燃料的情况下冒险抢修。这时，第二级引擎不知何故突然猛烈燃烧，引发满载的液体燃料大爆炸，燃起冲天大火，涅杰林等100多人当即全部牺牲。事后，人们在现场只找到涅杰林两件遗物，即烧得只剩半块的炮兵主帅肩章和熔化掉的保险箱钥匙。

苏联方面对涅杰林之死严格保密，只是宣称死于"飞机失事"。

毕竟这是一场巨大的导弹事故，中国方面很快获得相关情报。这一事故距离"1059"的预定发射时间只有20天，而"1059"却是中国导弹的"头胎产儿"。聂荣臻元帅叮嘱：一定要沉着、冷静，做到万无一失。

派谁安全、稳妥地把"1059"押运到试验场呢？

钱学森仔细思量，派出他的得力助手耿青担当这一重任。

耿青当时任国防部第五研究院党委常委、科学技术部部长，既是党政干部，又是技术干部，钱学森称之为"两栖人才"，集指挥才干和科技能力于一身。

耿青本名杨朝汉，乃羊枣（原名杨朝）之子。羊枣是著名的新闻记者、国际问题专家和军事评论家。在父亲的影响下，耿青16岁参加新四军，17岁加入中国共产党。耿青在战火中成长，亲历了解放战争、朝鲜战争直至西藏平叛。1959 年春，原本是师政委的耿青突然被从西藏调到钱学森身边，在国防部第五研究院担任科学技术部部长。作为科学技术部部长，不可不懂科学技术。38 岁的耿青以惊人的毅力，夜以继日钻研俄语、英语、高等数学、高能物理学、导弹学、军事系统工程学，变外行为内行，成为钱学森所说的"两栖人才"。

耿青精心组织、精心指挥"1059"的押运工作。1960 年 10 月 23 日 0 时 45 分，一趟由 18 节客、货和特种车厢组成的专列，载着"1059"导弹，从北京的永定门车站启程，驶向酒泉导弹试射场（当时的代号叫"20 基地"）。耿青知道最精密的水平陀螺仪是"1059"的关键部件，为此专门成立了以他自己为首的 5 人"保姆"小组，轮换抱着坐在软席卧铺上，确保水平陀螺仪安全运抵基地。

10 月 27 日，"1059"导弹安全运抵发射场。

10 月 28 日，"1059"导弹进入技术阵地进行单元和综合测试。

11 月 3 日，"1059"导弹的单元和综合测试合格，运往三号发射场区，吊到起竖托架上，像一把利剑，直刺蓝天。

11 月 4 日，在张爱萍、陈士榘两位将军和钱学森的陪同下，聂荣臻元帅从北京飞抵酒泉发射场。

聂荣臻一到达，就开始视察发射现场，他说："这是我国自己生产的导弹，试验工作一定要严肃认真，不能有丝毫马虎。"

钱学森坐镇指挥，仔细检查发射前的准备工作。

在发射前夕，突然发现导弹舵机有漏油现象。这是极为严重的技术故障。经检查，原因是舵机油压轮泵光洁度不符合要求。唯一的解决办法就是更换新的部件，重新组装。技

钱学森（前左三）与聂荣臻元帅（前左四）在酒泉基地

术人员在严寒中连续奋战,终于排除了这一故障。

一切就绪,钱学森下令,开始往火箭里加注推进剂。

加完推进剂之后,发生异常:导弹的弹体往里瘪进去一块。

钱学森接到报告,马上赶往现场,爬上发射架。他在仔细察看故障之后,作出判断。他说,弹体的变形并未达到结构损伤的程度。他分析了弹体瘪进去的原因:当年,他在美国做过壳体研究工作,知道这是在加入推进剂之后,泄出时忘了开通气阀,造成箱内真空,导致内外压力差过大,就瘪进去了。在点火之后,箱内要充气,弹体内压力会升高,弹体到时候会恢复原状。于是,他认为可以照常进行发射。

这毕竟是第一次发射,酒泉基地司令员、参谋长出于小心谨慎,不同意发射。按照当时的规定,只有钱学森、酒泉基地司令员、参谋长3人签字同意发射,才能发射。

正好聂荣臻元帅在现场,三人请他作最后裁决。

聂荣臻说:"有钱院长的签字,我就同意发射,因为这是技术问题,技术上钱学森说了算。如果只有司令员和参谋长两人签字而没有钱院长的签字,我倒不敢同意发射。"

聂荣臻的话,透露出对钱学森的无比信任。

当晚,聂荣臻告诉大家,周恩来总理已经报告毛主席,同意明天发射。

状况连连,就在这时候,总设计师向钱学森报告,说是零点触发发现故障。钱学森马上下令把负责这一问题的技术员找来,一个扎小辫子的、从大学毕业不久的姑娘来了。钱学森用命令式的口气对她说:"必须在十小时内排除故障!"

军令如山。那位姑娘花了4小时就排除了故障。不过,她的嘴歪了——那是急歪了的!

清晨,酒泉基地的气温降到零下20多摄氏度。天气良好,天空一片瓦蓝。

9时2分28秒,发射指挥员下达了点火命令。火箭发出震耳欲聋的轰鸣声,发射台包围在浓烟之中,"1059"导弹尾部发出一团亮光之后,迅速腾空。先是垂直上升,然后在制导系统的控制下,转弯,飞向预定的目标。

指挥中心不断传来各跟踪台站"发现目标,飞行正常"的报告。

7分32秒后,飞行了550千米的"1059"导弹准确击中目标。

中国第一枚国产导弹,终于发射成功!

"1059"导弹的发射成功，清楚表明钱学森的现场判断能力和指挥能力是无懈可击的。

当晚，在酒泉基地的庆祝酒会上，聂荣臻元帅高举酒杯说道："今天，在祖国的地平线上第一次飞起了我国自己制造的第一枚导弹，这是一枚'争气弹'，是我国军事装备史上的一个重要转折点。从此以后，我们有了自己的导弹。"

1960年11月5日，是中国导弹发展史上具有里程碑式的日子。中国人民终于拥有"两弹"中的一"弹"。

从1955年10月8日钱学森归来，到1960年11月5日中国自制的"1059"导弹发射成功，前后整整5年。

就弹道导弹而言，按照射程分为短程弹道导弹（又称近程弹道导弹）、中程弹道导弹、远程弹道导弹和洲际弹道导弹。它们的划分标准可以用简称"1、3、8"来划分，即射程为1000千米以下的弹道导弹称为短程弹道导弹，射程在1000—3000千米的弹道导弹称为中程弹道导弹，射程在3000—8000千米的弹道导弹称为远程弹道导弹；射程为8000千米以上的弹道导弹称为洲际弹道导弹。

"1059"导弹射程为550千米，属于最"起码"的短程弹道导弹。但是，"1059"导弹的发射成功，意味着中国导弹研制史上零的突破。

钱学森在回国之初对彭德怀元帅说的那段话，完全被中国导弹发展历史证实：应当建立一支研制导弹的专业队伍。美国军方从着手研制导弹，到试制成功第一枚导弹，大约花费了10年时间。中国可以比他们快，花费5年时间就可以试制成功第一枚导弹。当然，导弹从短程到中程到洲际，需要时间，需要逐步提高研制水平。

在1960年12月，酒泉基地又发射了两枚"1059"导弹，都获得成功。

在三枚"1059"导弹都试射成功之后，"1059"导弹投入了小批量生产，以满足部队的需求。

1964年2月27日晚，一枚"1059"导弹撩开神秘的面纱，被送到中国军事博物馆展出。半个月后，"1059"导弹按上级指示改名为"东风–1号"导弹。

"东风–1号"这名字，取义于"东风第一枝"。当时，中国组建第一支战略导弹部队"地地导弹营"，周恩来总理称之为"东风第一枝"。

采用"东风"的汉语拼音开头字母"DF","东风-1号"也被缩写为"DF-1"。

也就在这个时候,在钱学森的领导下,1964年12月,国防部第五研究院根据苏联"萨姆-2"型地对空导弹仿制成功"红旗-1"型导弹。

1965年4月19日,第七机械工业部召开自行设计的"红旗-2"型地对空导弹研制工作会议上,通过了"红旗-2"型总体设计方案。

1967年6月,"红旗-2"型地对空导弹研制成功,开始装备部队。

此后,中国大约生产了12000枚"红旗-2"型地对空导弹,为确保领空安全作出巨大的贡献。

中国军事博物馆馆藏"东风-1号"导弹

如影随形的警卫秘书

1960年夏日,对于钱学森来说,是最忙碌、最紧张的时刻:苏联专家即将撤走,而"1059"导弹的研制工作进入关键时期。

就在这个时候,钱学森的身边多了一个军人。这个军人不仅"进驻"钱学森家中,而且钱学森走到哪里,他必定在钱学森之侧1.5米至3米的地方。倘若钱学森去开会,他就守在会议室门口,真可谓如影随形。

这个军人还有一个"规矩":钱学森上楼或者上山,他走在钱学森后面;钱学森下楼或者下山,他走在钱学森前面。这样,钱学森一旦发生意外,他都可以伸手一把抓住钱学森。

钱学森的警卫秘书刁九勃（叶永烈摄）

这位军人名叫刁九勃[1]。他原本在中国人民志愿军保卫部工作，1958年10月从朝鲜撤回之后，分配到国防部第五研究院导弹训练营（对外称"教导大队"）保卫科工作。

1960年夏天，刁九勃突然接到调令，到国防部第五研究院院长钱学森身边工作，职务是警卫秘书。

钱学森虽然从担任中国科学院力学研究所所长开始就有了秘书，但是从来没有专职的警卫秘书。

刁九勃突然调任钱学森警卫秘书，他向笔者透露了其中的内情：

那是1960年春，趁着中苏关系恶化，蒋介石在台湾准备"反攻大陆"，策划暗杀中国大陆的导弹专家钱学森。公安部部长罗瑞卿获得这一情报后，立即报告总参，报告主管国防科研的聂荣臻元帅。聂荣臻元帅迅即报告周恩来总理。周恩来总理高度重视这一情报，指示要加强钱学森的保卫工作。

当时，钱学森在中关村的住处所在小区，是有警卫站岗的，但是那警卫是管整片小区，并非专门警卫钱学森。在钱学森的工作单位——国防部第五研究院，有一个警卫连24小时值勤，但是那警卫连是负责第五研究院的安全，并非专门警卫钱学森。聂荣臻元帅为了落实周恩来总理的指示，与公安部部长罗瑞卿商议，决定给钱学森增派专门的警卫。

当时有两种方案，一是从中国科学院力学研究所派出警卫，二是从国防科委派出警卫。国防科委属于部队编制，从国防科委抽调警卫显然更加合适。

公安部部长罗瑞卿认为，光是给钱学森派一个警卫是不够的，应当配备警卫秘书。按照当时公安部的规定，只有"四副两高"才够得上配备警卫秘书。所谓"四副两高"，那"四副"是指中共中央副主席、国务院副总理、全国人大常委会副委员长、全国政协副主席，而"两高"是指最高法院院长、最高检察院检察长。在当时的中国科学家之中，"享有"这种待遇的只有两人。

多年从事保卫工作的刁九勃，被选中担此重任。刁九勃受命24小时随身

---

[1] 2010年5月14日下午，叶永烈在北京采访钱学森的警卫秘书刁九勃。

警卫钱学森。

当时,蒋介石派特务企图暗杀钱学森,并非空穴来风。蒋介石手下的特务机关获知中国大陆在着手研制导弹、原子弹这"两弹",高度紧张也高度关注。因为中国大陆一旦有了"两弹",无疑是对蒋介石的"反攻大陆"计划的沉重打击。钱学森作为"两弹"的第一号科学家,理所当然成为蒋介石的特务机关的关注目标。笔者从青海的核基地得知,1964年9月,台湾派遣特务陈炳宏从深圳入境,来到青海西宁,利用陈炳宏之子陈安仪在西宁的家作掩护,搜集情报。陈安仪的清华大学女同学朱淑英在221厂驻西宁办事处工作,陈安仪在跟朱淑英"聊天"时获知重要情报:"221厂是搞原子弹的,中共的原子弹就要做成功了,原子弹用的核材料有铀235、铀238,221厂里有3万人,军队警戒甚严。"其实,就在陈炳宏入境时,已经受到公安部门跟踪。在陈炳宏准备经香港回台北的时候,连同他的儿子陈安仪以及泄密者朱淑英一起被捕。台湾方面见陈炳宏迟迟未归,又派他的妻子、特务卓娅入境,刚在西宁下车就被捕了。经过审判,陈炳宏被判处死刑,陈安仪判17年有期徒刑,卓娅判无期徒刑,朱淑英判7年有期徒刑。陈炳宏刺探核机密案,暴露了蒋介石特务机关破坏大陆"两弹"计划的行径。

刁九勃记得,在他担任钱学森的警卫秘书时,国防部第五研究院政委刘有光少将约见他。刘有光指出,把钱学森的安全保卫工作做好了,把钱学森的生活照顾好了,就是对国防科学研究的重大贡献。

刘有光少将很细心,他深知钱学森作为一个知识分子,老是有一个人整天跟着他,会很不习惯,甚至不喜欢。刘有光叮嘱刁九勃要做好钱学森的思想工作,要善于跟家中的老老少少打成一片,跟他们搞好关系,他们的满意就是你最大的成功。

刘有光关照刁九勃,你要把在钱学森身边工作的同志团结好、组织好,你是核心,是领导。无论出了什么事,我都要找你。

刘有光还说,你在钱学森家遇上什么困难,随时向我汇报,我会尽力帮助解决。

带着领导的高度信任,刁九勃向首长钱学森报到,开始执行任务。

刁九勃一上任,就对钱学森的工作环境、住宿环境进行检查。他认为,工作环境的保卫工作不错,但是住宿环境的保卫工作显然不行。钱学森在中关村住的是中国科学院宿舍大楼,而中国科学院是民用单位,人进人出,很难警卫。

刁九勃向领导部门建议，为了保证钱学森的安全，钱学森家必须迁出中关村的宿舍大楼。

也真巧，随着中苏关系恶化，苏联导弹专家撤离中国，阜成路8号的国防部第五研究院苏联专家宿舍空空如也，正好可供钱学森迁居之用。由于国防部第五研究院是部队单位，本来就门卫森严，何况专家楼不是宿舍大楼，一个单元三层，六套房子，便于警卫。

钱学森的新居比原来大，也就把父亲、蒋英母亲以及蒋英的奶妈接来一起住。于是，底楼的两套房子，1号房由刁九勃等工作人员居住，2号房由钱学森父亲钱均夫以及蒋英母亲蒋左梅、蒋英奶妈三姨妈居住，二层的3号房由钱永刚和钱永真居住，4号房由钱学森夫妇居住。三楼的5号房、6号房住的也是国防部第五研究院的同事。这么一来，钱学森住处的安全有了保障。

在整个小区，有警卫连值勤。晚间，小区里还有哨兵巡逻。

外人要见钱学森，除必须在大门口的值班室填会客单登记、交验证件之外，值班室还给钱学森家中打电话，征得同意，才能入内。

钱学森从1955年回国之后，中国科学院按照教授一级工资，给钱学森每月335.8元人民币。从1957年起，钱学森当选中国科学院学部委员，每月增加津贴100元人民币。另外，当时中国科学院每年年底给钱学森500元人民币左右的奖金。

钱学森的收入，虽说无法跟他在美国的工资相比，但是与当时普通工人的收入相比，还是很不错的了。当时中国普通工人每月工资在32元至140元人民币之间，厂长、经理和处级干部收入在130元至270元人民币不等。

钱学森夫人蒋英，每月工资190元。

钱学森夫妇除了负担两个孩子，还负担钱学森父亲和蒋英母亲以及蒋英奶妈。自从钱学森父亲成为国务院文史馆馆员之后，有了自己的工资，就不用钱学森负担了。

钱学森在1959年、1961年两次获得分别为3700元、11568元的稿费，全部捐献。迄今，一封已经发黄的《1961年校党委为钱学森向学校捐款所致感谢信》仍珍藏在中科大校史馆里。苏联1957年给钱学森26000卢布的礼金（当时折合人民币14700元），也全部捐献。

凡是钱学森与他人合写的文章，钱学森总是把自己的稿费让给合作者。

钱学森总是对合作者说，我的工资比你高，你留着补贴家用吧。在1990年前，钱学森和他人合作著作总共7部，他把自己应得的稿费14238元，全部赠给合作者。

钱学森姓钱不爱钱，传为美谈，感动了许多与他共事的人。

幸亏钱学森搬了家！几年之后"文化大革命"风暴席卷北京，中关村的"特楼"成了红卫兵抄家的重点目标。在"特楼"里，这家刚抄完，紧接着抄那家。反正给"海归"们戴上"特务""间谍"之类的帽子轻而易举，就连从那里抄出的胡适、朱家骅、傅斯年的信件，也都被列为"反动罪证"。倘若钱学森仍住在"特楼"，恐怕难逃被红卫兵抄家的厄运。由于后来钱学森住在部队看守的大院里，红卫兵冲不进去，也就安全得多。

身边的工作班子

刁九勃作为警卫秘书，受公安部警卫局和总参警卫处双重领导。

由于钱学森是按照"四副两高"的标准警卫，他身边的工作人员也按照"四副两高"配备。

刁九勃作为警卫秘书，成为钱学森身边工作人员的总负责人，蒋英的奶妈三姨妈就送给刁九勃一个外号，叫他钱家的"大管家"。没想到，后来大家都喊刁九勃为"大管家"。

刁九勃手下有管理员。管理员负责钱学森家的采购工作。刁九勃回忆说，管理员在每月初向蒋英领取一笔生活费用，月底向刁九勃报账，经过刁九勃审核之后，交给蒋英过目，然后再领取下个月的生活费用。开门七件事，都由管理员张罗，钱学森可以从不过问家庭生活琐事，就连两个孩子上学的各种费用，都由管理员负责支付，不用钱学森操心。刁九勃叮嘱管理员，能够为钱家节省的，就尽量节省，绝对不能浪费。

刁九勃手下还有炊事员和保姆。

炊事员王永顺回忆说：首长愿意吃什么菜呢？他是南方人，爱吃蔬菜，清淡的，不要放酱油，不搁花椒、大料，不吃葱姜蒜，吃鱼也不能放葱姜蒜，喜欢吃饼，爱吃面条，经常吃黄鱼面。

第一任的管理员叫李国香。第二任管理员是邢保平。每天，管理员到东单或者西单菜市场买菜，交给炊事员。炊事员负责钱家老小的一日三餐。炊事员汪师傅很善于琢磨钱家的口味，知道钱学森是南方人，菜尽量清淡，隔三岔五吃点鱼。

立夏时节，长江鲥鱼肥。虽说价格贵了点，管理员还是买了一条。那天汪师傅精心做好清蒸鲥鱼，钱学森赞不绝口，他已经很久没有吃到如此鲜美的鲥鱼了。

汪师傅知道钱学森的父亲喜欢吃面条，就把面条先放作料煮一煮，再用卤汁卤一卤，味道就比用白开水煮的面条好吃多了。

蒋英的母亲蒋左梅是日本人，喜欢吃热的、软的东西。汪师傅专门给她炖菜，蒋左梅连声道谢。

那时候，钱均夫的干女儿钱月华虽然不住在钱家，但是常去看望钱均夫。刁九勃就从钱月华那里打听"老爷子"对伙食的意见，因为钱均夫很客气，刁九勃往往很难当面从他那里征求到对伙食的意见。

刁九勃说，钱家的伙食其实很一般，钱学森如果不出差，三顿饭差不多都是跟家人一起吃。那时候钱学森应酬不多。

聂荣臻元帅很关心钱学森。那时候正值三年自然灾害时期，有一回聂荣臻元帅从军区的慰劳品中，送了半条猪给钱学森。刁九勃就把这半条猪交给食堂，然后分期分批从食堂领取猪肉给钱家。炊事员高高兴兴做了一碗红烧肉端上饭桌，钱学森一看见就追问，这么多肉从哪里来的？尽管刁九勃解释说是聂荣臻元帅送的，钱学森还是坚持生活上不能特殊化，关照以后不要从食堂领取猪肉。

保姆工作也很尽心，除照料钱学森夫妇起居之外，还照料钱家三位老人和两个孩子。这样，钱月华就用不着每天去那里照料两位老人了。不过，每星期二，钱均夫必定乘公共汽车来到东四马大人胡同看望钱月华，在她那里一起吃中饭，直至下午3时，才乘公共汽车回阜成路8号大院。有时，钱月华也到阜成路8号大院看望钱均夫。

钱学森的一对儿女迅速长高，看到两个孩子的衣服小了、短了，刁九勃就让管理员去买。

那些年月，钱学森从来不必过问家务事，专心致志于科学研究。

有一次散步，刁九勃对钱学森说，小刚和小妹忙于考试，他们都很紧张，很累啊！钱学森听罢笑道，累什么？我念初中，念高中，就是"玩儿过来"的，从来没觉得过什么累。

此外，钱学森还有专车，专职司机黄英福。那时候，钱学森乘坐的专车，原本是一辆美国生产的天蓝色轿车。当时北京市只有两辆这样的车。细心的聂荣臻元帅见到之后，认为太显眼，不利于钱学森的安全。根据聂帅指示，给钱学森换了一辆红旗牌黑色轿车。司机黄英福很尽责，那么多年没有出一次事故。

那时候，钱学森有秘书、警卫秘书、管理员、炊事员、保姆、司机各一人，形成了一整套的工作班子。这是"四副两高"的待遇。后来，领导上还给钱家增派了一位化验员（后文将述及），在钱学森身边形成了7人工作班子，这在中国科学家中是独一无二的。除了炊事员和保姆不是中共党员，其余5人都是中共党员，成立了党小组，刁九勃为组长。他们直属国防部第五研究院政治部领导。刁九勃说，组织上给钱学森配备了这样齐全的工作班子，这体现了党和政府对钱学森的极大关怀。这么多人在钱家做服务工作，保障他的安全，为的就是让钱学森无后顾之忧，能够集中全部精力把中国的火箭、导弹事业搞上去。

平常，只有炊事员和保姆在钱学森家一起吃饭，其他的人都在机关食堂吃饭。

钱学森出差时，秘书与警卫秘书刁九勃随行。有时候，秘书没有去，而刁九勃则一定要去。钱学森乘火车，刁九勃同行。钱学森去酒泉基地，每一回从北京南苑机场乘飞机，刁九勃也都同行。就连钱学森平时乘坐吉姆轿车外出，刁九勃也必定同坐在车上，以保障钱学森的安全。钱学森去人民大会堂开会，刁九勃总是送他进大门，然后到钱学森的专车上待命。会议一结束，刁九勃就到人民大会堂大门口等待，钱学森一出门，就由他领路，来到专车。

刁九勃说，钱学森当时每天的工作时间表是"9上、3上、8开会"，即上午9时上班，下午3时上班，晚上8时开会。通常，钱学森在早上6∶30起床，7∶20早餐。

晚饭之后，钱学森总是与夫人蒋英在住地附近散步。这时，刁九勃远远跟在后边。后来觉得老是这样跟着不方便，何况住地附近有哨兵值班，刁九勃就不再跟随。在钱学森散步回来之后，再去第五研究院开会，刁九勃就同去，直到钱学森开会结束，刁九勃又同归。

增添了学术秘书

随着钱学森工作担子的加重,钱学森的秘书不断增加。除了行政秘书、警卫秘书,还有学术秘书。行政秘书、警卫秘书每天陪伴在钱学森身边,而学术秘书主要是作为钱学森的学术助手,并不天天在钱学森身边上班。

1960年3月,刘兆世担任钱学森的学术秘书。先后担任钱学森学术秘书的还有王寿云和陶家渠。其中王寿云是学数学力学的,从1965年起担任钱学森的行政秘书,前后达17年之久。1997年12月,王寿云因车祸而去世。

刘兆世回忆说,当时他刚从南京航空学院毕业。他在钱学森身边工作了6年,直至1966年6月。[1]

刘兆世说,钱学森是一个谦和的大学者,能够在钱学森身边工作是非常幸运的。就在钱学森去世的前两天,他还曾去钱学森家看望。那天钱永刚告诉他,老人家身体不大好,改天见吧,所以他只在底楼跟钱永刚聊了一会儿。没想到,两天之后,他接到钱永刚发来的短信息,告知令他震惊的消息——钱学森病逝。刘兆世说,如果知道这样,那天他无论如何会上楼见钱学森最后一面。

刘兆世不由得说起当年的故事——

1942年,正值郭沫若50大寿,叶挺将军被囚禁在重庆郊外监狱中,写一对联致贺:"寿比萧伯纳,功追高尔基。"

1961年,正巧是钱学森50大寿。刘兆世在轿车上,跟钱学森聊起叶挺将军的对联,钱学森说道:"科学家长寿的不多。"

其实,萧伯纳终年94岁,钱学森终年98岁,可以说是"寿超萧伯纳"了。

刘兆世来到钱学森身边之后,钱学森

钱学森秘书刘兆世(叶永烈摄)

---

[1] 2010年5月12日上午,叶永烈在北京采访刘兆世。

要他着重研究组织管理问题，因为当时钱学森正领导中国第一枚火箭的研制，全国1400个单位参与这一重大课题，如何组织管理这支庞大的队伍，是一个重要的大问题。刘兆世原本学的是发动机专业，眼下要他去研究组织管理问题，觉得自己是"改行"了。钱学森就对他说："根据国家需要，改行是常事，我就改行6次。我在交通大学学的是火车机车专业，到了美国改学航空专业，后来研究空气动力学，再改行研究火箭发动机，在美国被捕之后，不能搞火箭了，就研究工程控制论。回国之后，成为研制火箭、导弹的组织管理者，所以现在要研究组织管理问题。"钱学森还幽默地说，自己是"越改越快"——飞机比火车快，火箭比飞机快。经钱学森这么"现身说法"，刘兆世愉快地接受了新的研究任务。在钱学森的帮助下，刘兆世后来从事系统工程研究。他送给笔者最近出版的《航天与系统工程》专著。他说，这本书就是在钱学森的系统工程理论指导下完成的。如果没有钱学森当年要他研究组织管理问题，他不可能从事系统工程研究。刘兆世称钱学森是"科学管理大师"。

刘兆世回忆，钱学森要求他多读书，用脑子读书，要把厚书读薄。钱学森说，在一本书里，真正闪闪发光的话，也就那么几行。如果你能够发现这几行闪闪发光的话，领会其中的真谛，那就是把厚书读薄了，读懂了，读通了。

钱学森读书甚多，涉猎甚广。钱学森常给新华书店开列书单，新华书店在书柜里专门给钱学森留了一格，积成一批，就通知钱学森秘书前来取书。钱学森要买的书，从自然科学到社会科学，各种各样的新书都有，其中还包括最新的外文科学书籍、杂志。钱学森读书很快，但是他很善于抓住重点。凡是他感兴趣的、他认为有重要参考价值的章节，那就细细地看。正因为这样，钱学森使自己的知识处于经常更新状态。

钱学森是战略科学家。在钱学森回国之后，当时中国国防工业面临着抉择：是发展战斗机，还是发展导弹？钱学森提出了重要意见：当时中国制造"米格"战斗机，可以得到苏联的技术帮助，而导弹的研制必须自力更生，何况导弹在现代化战争中更具威慑力。在发展导弹的同时，中国必须研制原子弹。后来，中国的国防工业就是按照这一战略方针发展的，并被实践证明是富有远见卓识的。

据刘兆世回忆，1961年6月初，突然接到聂荣臻元帅办公室的电话，说是聂帅请钱副院长根据苏联方面公布的数据，计算一下苏联在4月12日发射"东方号"宇宙飞船的运载火箭的重量和推力。接到电话之后，刘兆世随即向国防部第五研究院总院科技部部长耿青汇报。耿青要求刘兆世作出初步计算，再请钱学森副院长审核。经过刘兆世的计算，钱学森又根据自己掌握的结构系数进行重要的改正，最后确定"东方号"宇宙飞船运载火箭的发射重量为6.5吨，向聂帅作了报告。根据钱学森的意见，这一计算结果还发表于内部刊物《新技术快报》。4个月之后，美国的《导弹与火箭》杂志也发表文章，推测苏联"东方号"宇宙飞船运载火箭的发射重量，结果与钱学森、刘兆世的计算结果一样。

1963年5月9日，钱学森的导师冯·卡门在德国亚琛病逝。刘兆世记得，一天早上，他照例来到钱学森办公室。钱学森没有像往日那样在那里批阅文件。他的办公桌上放着一份电报，他用带着伤感的语调对刘兆世说，我的老师冯·卡门不幸去世了。钱学森沉默了一会儿，又说道，冯·卡门的贡献永存人间，按照冯·卡门晚年指出的研究方向努力去做，都会获得成功。钱学森感叹道，一个人到了晚年能够做到这样，是很不容易的。

钱学森非常重视科学道德。他曾经对刘兆世说，一位教授发表过100篇论文，如果有一篇被人发现是抄袭的，那就身败名裂。

刘兆世回忆说，钱学森所从事的是军工研究，但是他最初没有军籍，所以在参加会议时，在一片绿色的军装中，只有他穿便服。夏日，钱学森穿西装短裤，而刘兆世穿军装，只能穿长裤。到了1970年，钱学森穿上了军装，而刘兆世退役了，穿便服。到了夏天，则轮到刘兆世穿西装短裤，钱学森必须穿军装长裤。钱学森笑着对刘兆世说："你我正好倒了一个个儿。"

"两弹"差一点下马

中国的经济困难越来越严重。林彪对"两弹"的态度原本非常坚决。林彪曾说，原子弹一定要搞下去，一定要响，就是用柴火烧也要把它烧响了。但是据柳鸣回忆，林彪在经济困难面前，提出在国防科研中"三年用不上的，撤！"。这样，"两弹"的研制工作遭遇很大困难，甚至面临下马的境地——因为"两弹"尚在研制之中，未必三年用得上。

聂荣臻的秘书柳鸣回忆说，到了1961年夏天，中央军委在北戴河召开国防工业委员会工作会议，会上要求"两弹"下马的呼声达到最高点，有人甚至尖锐地提出，"不能为了一头牛，饿死一群羊"！[1]这样的下马呼声，当然也是有几分道理的，因为那时候的中国处于极度困难之中，连毛泽东、周恩来都几个月不吃一块肉，而研制"两弹"要花费很多的钱。

但是，许多元帅反对"两弹"下马，陈毅元帅当时担任国务院副总理兼外交部长，他说，当了裤子也要把"两弹"搞上去，否则他这个外交部长的腰杆子就不硬。叶剑英元帅、贺龙元帅也坚决支持搞"两弹"。

国防科委副主任刘西尧在回忆录《攀峰与穿雾》中写及：

> 1960年我兼任了国防科委副主任。1961年夏，聂荣臻副总理把我和国防科委计划局的柳鸣找到北戴河，他要我们向中央起草了一个导弹要继续上马的报告。他的意见受到毛主席的重视和支持……我和柳鸣起草报告，还参加了军委召开的一次讨论国防工业生产和科研的会议。[2]

7月20日，聂荣臻来到北戴河，出席会议。聂荣臻作为"两弹"研制工作的主帅，他在听取方方面面的意见之后，认为就"两弹"的研制工作而言，近程地对地导弹已仿制成功，自行设计的中近程导弹正在进行研制，原子弹也在探索性研究试验工作的基础上，开始了基本理论和关键技术的攻关。因此，只要齐心协力，加上政策、措施得当，经过艰苦的努力，争取三年或再长一些时间，突破"两弹"技术是完全可能的。

聂荣臻指出，第一个是"自力更生，两弹为主，导弹第一"，这是中央确定的方针，不能动摇。争取三五年内突破尖端，这是历史的任务，困难是有的，但我们有能力克服。第二个就是"两弹"为主，并没有排除常规武器的发展，我们应该继续两条腿走路，既搞常规，又搞"两弹"。我们困难多，应该理一理，先解决什么，后解决什么，我相信我们的困难是能够克服的。

聂荣臻还说，就是尖端武器不搞，在新型原材料、精密仪器仪表和技术力量分散的情况下，常规武器也上不去。那就只能搞步枪、轻机枪等，如果这个也搞不出来，那只有靠梭镖了。

---

[1] 2010年5月20日上午，叶永烈在北京采访聂荣臻元帅秘书柳鸣。
[2] 刘西尧：《攀峰与穿雾》，武汉大学出版社2007年版。

8月20日，聂荣臻向中央呈送了《导弹、原子弹应坚持攻关的报告》。聂荣臻的报告，得到毛泽东主席的支持，"两弹"的研制工作终于没有下马。

柳鸣说，钱学森回国之后，得到毛泽东主席、周恩来总理的直接关心，更多的是得到聂荣臻元帅的支持。聂荣臻是钱学森的"顶头上司"。聂荣臻与钱学森相互尊重，相处融洽，使钱学森能够充分发挥自己的特长，为"两弹一星"事业作出了不可磨灭的贡献。

柳鸣说，1972年周恩来总理在接见美籍物理学家、诺贝尔奖获得者丁肇中时说，钱学森从美国回来，干出了一番大事业。柳鸣在北京西苑宾馆的科技会议上，传达了周恩来总理跟丁肇中的谈话。周恩来的意思是，尽管丁肇中在美国工作获得了诺贝尔奖，而钱学森回国之后，在中国作出了巨大的贡献。

"失败是成功之母"

大喜连着大悲。刚刚喝了"1059"导弹的庆功酒，紧接着便是一杯难咽的苦酒。

"1059"导弹的发射成功，表明按照中国导弹的研制工作的步骤，第一步"先仿制"已经完成。由于是仿制，聂荣臻指示，仿制的规模不宜过大，因为苏联援助的都是些老的产品，这方面更新换代的周期很短，船大了不容易掉头。

紧接着，钱学森领导国防部第五研究院开始中国导弹研制工作的第二步和第三步，即在仿制的基础上进行"改进，再自行设计"。

自行设计的难度远远高于仿制。

国防部第五研究院自行设计的第一种导弹，就是"东风-2号"导弹，亦即"DF-2"导弹。

东风-2号中近程地对地战略导弹，全长20.9米，弹径1.65米，起飞重量29.8吨，采用一级液体燃料火箭发动机，以过氧化氢、酒精为推进剂，最大射程1300千米，可携带1500千克高爆弹头。

在苏联专家撤走之后一个月，钱学森就向中央军委递交了研制"东风-2号"导弹的计划。经过中央军委批准之后，在钱学森的领导下，国防部第五研究院完成了"东风-2号"导弹的总体设计方案。

在"东风-1号"导弹("1059"导弹)发射成功的鼓舞下,"东风-2号"导弹加紧了投产进度。

当时,任新民担任"东风-2号"导弹副总设计师,主要负责新型火箭发动机的研制工作。据任新民回忆,"东风-2号"火箭发动机试车多次出现故障的时候,聂荣臻元帅鼓励他:"最困难的时候就是即将成功的时刻,希望你注意身体。"[1]

1962年的春节前夕,"东风-2号"导弹发动机试车成功。

1962年的春节之后,"东风-2号"导弹就装上列车,从北京运往酒泉发射场了。

1962年3月21日,"东风-2号"导弹竖立在酒泉发射场,一切就绪,准备发射。

这是中国自己设计的第一枚导弹的发射,正在准备写下中国导弹发展史上的新篇章。当时,钱学森在北京指挥总部坐镇。

在指挥员下达点火命令之后,"东风-2号"导弹发出巨大的声响和明亮的火光,向着碧空飞腾。起初,一切正常,现场的工作人员脸上挂着笑容。

突然,"东风-2号"导弹失去控制,调头向北飞去,从高处朝下跌落,坠落在离发射塔600多米处,发生剧烈爆炸,平地升起弥天烟尘!

"导弹飞离发射台后失稳,8秒失去控制,十几秒发动机着火,飞行了几十秒就坠毁爆炸了,在地上砸了20米深的大坑。"在场的钱学森的学生钱振业这么叙述当时的情景。

现场的所有人员都目瞪口呆,因为谁都没有经历过这样巨大的事故。

1979年笔者因编导《向宇宙进军》一片,在北京观看了记录这次"东风-2号"导弹事故的内部影片。笔者非常佩服那位电影摄影师的镇定:从"东风-2号"导弹点火开始,他的长焦距镜头就紧紧跟踪"东风-2号"导弹。随着"东风-2号"导弹起飞,他准确地摇起镜头,导弹始终在画面的中心。当导弹突然在高处"拐弯",他的镜头也跟着向下摇,跟踪导弹的下坠,直至导弹落地爆炸,他的镜头里出现耀眼的火光,然后是漫天的浓烟。整个镜头长达几分钟,一气呵成,没有中断。

---

[1] 2010年5月20日下午,叶永烈在北京航天科技集团公司2410室采访95岁的任新民院士。

这个镜头极其珍贵,记录了中国导弹事业的挫折。经第七机械工业部科技处的同意,笔者拷贝了这个镜头带回上海,并用在《向宇宙进军》一片第一集(全片共一个半小时,分三集,每集半小时)里。笔者在剪辑影片时,曾经多次观看过这个惊心动魄的镜头。只是影片完成双片之后,笔者送北京第七机械工业部审查,钱学森亲自看了影片。看完之后,他的脸色极其严肃,说道:"这个镜头必须删掉!"他的语气斩钉截铁,不容商量。虽然笔者遵命剪去了这个长长的镜头,但是"东风-2号"导弹第一次发射失败给笔者留下极其深刻的印象。

虽说研制火箭、导弹本身就是高风险的工作,当年德国冯·布劳恩在试验时火箭爆炸导致3人当场炸死,不久前苏联元帅涅杰林等100多人当场炸死在导弹发射架下,但是"东风-2号"导弹的坠落、爆炸,毕竟给中国刚刚建立的导弹研制队伍以极大的震撼。

"东风-2号"导弹的失败,给中国年轻的导弹研制队伍泼了一盆冷水,大家意识到研制导弹的复杂性和艰巨性。

聂荣臻元帅给在北京的钱学森打电话,要钱学森带一个工作组来酒泉基地,分析事故原因。

钱学森急急从北京乘专机赶往酒泉基地。他的内心承受的压力之大,可想而知。但是,一到现场,钱学森镇定地给大家打气,他深知他的一举一动都会影响整个研制队伍的士气。

钱学森一派大将风度,他说:"同志们,不就是摔下来一个'东风-2号'吗?今天它掉下来,明天我们将把它射上去,没有什么了不起的。当年,我在美国的时候,写一篇很重要的论文,写成的只有几页,可是我写的底稿,却装满一个柜子。到底失败了多少次,我自己都数不清了。如果失败了就哭鼻子,闹情绪,恐怕就没有后来的成功了。"

钱学森在酒泉基地讲话

钱学森还说:"科学试验嘛,如

果每一次都保证成功，又何必试验呢？那就制造出来直接拿去用好了。我说，我们不要怕失败，失败了，总结经验教训，再重来。经过挫折和失败，会使我们长才干，变得更加聪明。取得成功，对我们是锻炼；遭受失败，同样可以使我们得到锻炼，而这种锻炼则更为重要，更为宝贵。"

钱学森的讲话重振了导弹研制人员的士气。

据聂荣臻秘书范济生回忆，聂荣臻元帅曾找钱学森谈心。聂荣臻深知，从表面上看，钱学森非常坦然，但实际上钱学森承受的压力比任何人都大，所以给钱学森以鼓励。

当时的酒泉基地，天寒地冻，钱学森带领大家在基地附近收集"东风-2号"导弹的残骸、碎片。花费两三天时间，这才把大部分残骸、碎片找到。

"东风-2号"导弹的残骸被拉到导弹总体设计部试验车间。面对残骸，钱学森一脸严肃，仔细分析着"东风-2号"导弹失败的原因。

任新民作为副总设计师，与钱学森一起从导弹残骸中分析失败原因，发现毛病之一是发动机燃烧不稳定。经过研究与反复试验，终于攻克这一技术难关。任新民回忆说，当时"东风-2号"导弹的发动机，总共试制了5个，其中两个在试验中成功，两个在试验中失败，照理应该继续试验，可是当时急于求成的情绪浓厚，就把第5个发动机装上了"东风-2号"导弹，造成了发射失败。[1]

在钱学森的领导下，国防部第五研究院的一分院、二分院、三分院以及20基地的领导、技术骨干进行了半个月的专题总结。最后由耿青执笔写出了"东风-2号"导弹失败的总结报告。

钱学森从失败中汲取的不仅仅是单纯的技术原因。自从发生"东风-2号"导弹的首战失败，钱学森提出一个极为重要的原则："把一切事故消灭在地面上，导弹不能带着疑点上天！"

钱学森认为，"东风-2号"导弹的失败，在于上天之前没有在地面上进行充分的试验。必须建设一批导弹的地面测试设备。尽管建设地面测试设备要花费很多资金，但是这样做值得。只有在上天之前做好充分的地面测试，才能保证导弹上天后万无一失。

钱学森提出的这一原则，后来成了中国火箭、导弹研制的不可动摇的原

---

[1] 2010年5月20日下午，叶永烈在北京航天科技集团公司2410室采访95岁的任新民院士。

则，一直沿用至今。

从此，新试制的导弹在发射前必须在地面进行多项大型试验，全部合格之后，才能运往发射场。

也正因为这样，从"东风−2号"导弹的事故之后，中国的火箭、导弹发射，几乎没有再发生类似的重大事故。

钱学森还指出，"东风−2号"导弹在设计中，设计人员是按照苏联导弹照猫画虎，没有消化吃透，更没有掌握总体设计规律性。从此，钱学森认为必须加强对于总体设计规律性的认识，并专门设立了总体设计部。这个总体设计部负责对各个分系统的技术难题进行技术协调，统筹规划，总体设计。钱学森总结出一句非常深刻的话："不求单项技术的先进性，只求总体设计的合理性。"

钱学森的学生深有体会地说："国防部第五研究院由老干部、工人、科技专家和刚毕业的大学生等组成。干部不懂技术，科研人员不懂管理，大家焦头烂额。有了总体设计部之后，航天工程的系统实践就井然有序了。"

钱学森还建立了导弹型号设计师制度。1960年8月17日，钱学森任命李同力为"544"舰对舰导弹总设计师。1962年5月，钱学森任命林爽为"东风−2号"地对地导弹总设计师，钱文极为"红旗−1号"地对空导弹总设计师，吕琳为"544"海防导弹总设计师。总设计师负责导弹的总体设计。此外，还建立了主任设计师、主管设计师制度，分别负责导弹的分系统和单机设计。这一系列制度的建立，使导弹设计走上正规、有序的道路。

钱学森善于总结经验教训，一次失败，为后来的一次次成功奠定了基础。从这个意义上讲，确实"失败为成功之母"。

古巴导弹危机中的小插曲

1962年，"导弹"成了世界各国媒体上的高频词。那时候，普通百姓街谈巷议也都在说导弹。可以说，导弹在现代战争中的重要性，上至国家元首，下至平民百姓，得到普遍认同，就是从那时候开始的。

那是因为在西半球的加勒比海岛国古巴，爆发了一场导弹危机，史称

"古巴导弹危机",或称"加勒比海导弹危机"。

虽说"古巴导弹危机"众所周知,但钱学森派出导弹专家孙家栋在此时此刻去了古巴,却是鲜为人知……

古巴,坐落在美国的"后院",对面就是美国的佛罗里达州,相隔不过100多千米。古巴曾经是美国的附属国。20世纪初,美国几度占领古巴。

1933年,军人巴蒂斯塔发动政变上台,从此在古巴实行独裁统治。

1953年7月26日,27岁的哈瓦那大学法学博士菲德尔·卡斯特罗发动武装起义,意图推翻巴蒂斯塔独裁政权,失败后被捕。1955年,他流亡美国、墨西哥。1959年1月,卡斯特罗率领起义军推翻巴蒂斯塔独裁政权,成立革命政府,出任政府总理及武装部队总司令。

美国与古巴严重对立。1961年1月3日,美国与古巴断交。当时正处于冷战时期,以苏联为首的社会主义阵营与以美国为首的资本主义阵营分庭抗礼。具有强烈反美情绪而又处境极其孤立的古巴别无选择,理所当然倒向以苏联为首的社会主义阵营。

美国不满于古巴的革命政府,密谋推翻卡斯特罗政权。美国中央情报局策划了"冥王星"行动,于1961年4月17至21日组织1200多名雇佣兵,在古巴中部拉斯维利亚斯省南部登陆,占领了吉隆滩(又称猪湾),遭到卡斯特罗和亲密战友切·格拉瓦领导的古巴军队的坚决反击,击毙雇佣军114名,俘获1113名,史称"吉隆滩之战",美国则称之为"猪湾事件"。

1962年是古巴历史上大风大浪的一年。

1962年5月,卡斯特罗宣布古巴走社会主义道路,成为以苏联为首的社会主义阵营中的一员。

苏联庆幸在美国鼻子底下有了那么一个小伙计。于是赫鲁晓夫就悄然把大批导弹运到古巴。

1962年8月31日,美国从侦察机拍摄的空中照片上惊讶地发现,古巴开始安装苏联的防空导弹,拍到运载地对地导弹的苏联船只正在驶向古巴。10月14日,美国的U-2侦察机发现,苏联在古巴建设了6个中近程地对地导弹基地。不言而喻,这些中近程地对地导弹的矛头,正对着美国。

美国的卧榻之侧,岂能容忍苏联在那里安装导弹?!

美国年轻气盛的总统肯尼迪向来以强硬、泼辣著称。肯尼迪强烈谴责苏联政府,抨击赫鲁晓夫,要求苏联立即从古巴撤出所有导弹,停止"这种秘密鲁莽并富有挑衅气味的威胁"。

赫鲁晓夫则装聋卖傻，声称在古巴并没有苏联导弹。

肯尼迪在盛怒之下，在10月24日调集68个空军中队和8艘航空母舰对古巴实行封锁。

苏联则谴责美国的"轻率玩火"行动，派出苏联舰队远征加勒比海。

古巴导弹危机中，美国侦察飞机拍摄到的苏联向古巴运送导弹的船只

美国与苏联这两个超级大国在加勒比海围绕导弹进行尖锐对抗，把冷战推向"热战"，一场大战一触即发。

10月25日，美国代表在联合国展示了在古巴的苏联导弹和发射场的照片，揭穿了赫鲁晓夫的谎言。

终于，苏联赫鲁晓夫在美国的军事恫吓之下，双腿发软了。10月26日，赫鲁晓夫给肯尼迪送去一封秘密信件，提出愿在联合国监督下从古巴撤出进攻性武器，并表示不再向古巴运送这种武器，交换条件是美国撤销对古巴的封锁，并保证不再入侵古巴。

10月28日，赫鲁晓夫在广播讲话中公开答复美国总统肯尼迪：苏联政府下令"拆除您称为进攻性武器，并加以包装运回苏联"！

11月8日至11日，苏联从古巴撤走了42枚导弹。

12月6日，美国国防部宣布苏联轰炸机已撤出古巴。

至此，针尖对麦芒的震惊世界的古巴导弹危机，以苏联赫鲁晓夫的退却画上了句号。

在古巴导弹危机期间，中国密切关注美国和苏联的一举一动。由于中美之间尚处于敌对状态，中苏之间又处于公开交恶状态，所以中国没有卷入古巴导弹危机。

在古巴导弹危机结束之后，《人民日报》的一篇评论以一句极其精练的话，概括了赫鲁晓夫在古巴导弹危机中的错误："先是冒险主义，后是投降主义。"

在古巴导弹危机中，作为新生的社会主义国家古巴，对社会主义阵营中的"老大"苏联和"老二"中国都保持友好的态度。古巴导弹危机中的一个小插曲，就在这样的背景下展开……

那是在1962年初，一枚美国"雷神"导弹坠落在古巴，未爆，完好无损，可以说是研究美国导弹的难得的"标本"。古巴赶紧通知了苏联驻古巴大使馆，也通知了中华人民共和国驻古巴大使馆。

当时中华人民共和国驻古巴大使申健在第一时间向国内报告。可是，申健的报告久久得不到国内的答复。那时候，申健的报告要从外交部转到国务院，再从国务院转到国防部，从国防部转到国防部第五研究院钱学森手里，要经过漫长的公文旅行。

国防部第五研究院科技部部长耿青曾说："当时我们驻古巴的一个工作组，向总参、总政、外交部发电，请示是否需要拆取这枚导弹上的机件，也未得答复。"

其实，苏联方面也是如此。层层请示、报告花费了许多时间，苏联方面也没有迅速派出导弹专家前往古巴。

过了半年之后，据钱学森的学术秘书刘兆世回忆，一天晚饭之后，突然接到通知，说是中国驻古巴大使申健要找国防部第五研究院副院长王诤谈话，要他陪同。

王诤是一位充满传奇色彩的人物。他原名吴人鉴，中国人民解放军中将，毛泽东称他是"中国人民解放军通信工作的开山鼻祖"。1930年王诤参加红军，由于精通无线电技术，出任红军总司令部无线电台大队长。中华人民共和国成立后任中央人民政府邮电部副部长。后来调任国防部第五研究院副院长，与钱学森共事。

申健也是一位充满传奇色彩的人物。他曾经长期从事秘密工作，潜伏于国民党第34集团军总司令胡宗南身边，使胡宗南在进攻延安时屡战屡败，损失惨重。

刘兆世急匆匆赶到国防部第五研究院院办公室，申健大使已经在那里等候了。申健跟王诤是老朋友。由于王诤已经下班，刘兆世陪同申健大使来到王诤家中，申健大使送给王诤一盒从古巴带来的雪茄烟。

刘兆世记得，当时申健对王诤说："古巴政府对我国很友好，'雷神'导弹刚掉下来，就通知了我们。我们立即向国内请示，却一直没有回音。前几天，苏联已经派人去把大件都拉走了。还有一些小件，我们应当派人去看看，是不是还有什么有用的东西。"

唉，可惜！如果中国的动作稍微快一点，就不至于"前几天，苏联已经派人去把大件都拉走了"！

这一回，由于申健大使从古巴回来，直接找到国防部第五研究院副院长王诤，终于接通了"关系"。

虽说美国"雷神"导弹大件已经被苏联拉走，中国只能吃点"剩菜剩饭"，经过王诤与钱学森商量之后，决定派出孙家栋赶往遥远的古巴——这时候，正值古巴导弹危机这场"大戏"上演。

孙家栋毕竟是导弹专家。他从"剩菜剩饭"之中，发现了美国"雷神"导弹控制姿态用的液压传动的摇摆发动机。

孙家栋把这一看似废铜烂铁的东西带回中国，经过国防部第五研究院专家们细细研究，掌握了其中的设计优点，用于中国导弹的控制执行机构的设计上。

顺便提一个小插曲：在孙家栋完成在古巴的工作任务之后，古巴方面招待他观光一天。孙家栋乘坐快艇，游览加勒比海。当快艇在海面飞驶时，突然发动机故障，停摆。就在这时，后面一艘快艇迅速撞了上来。快艇没有"刹车"，驾驶员急中生智，让快艇的头一翘，从孙家栋乘坐快艇上方飞了过去。当时，孙家栋正弯腰捡东西，后面的快艇从他头顶飞了过去。孙家栋当时是船上个子最高的人。其他的人都受了些外伤，孙家栋却毫发未损！

钱学森"失踪"

自从"东风-2号"导弹事故之后，钱学森便"失踪"了。在中国科学院力学研究所，很少看到所长钱学森的身影。

1960年10月钱学森搬家了。从美国回到中国以来，这是钱学森唯一的一次搬家。他的工作重点从力学研究转移到火箭和导弹技术的研究，他从中关村"特楼"搬进国防部五院机关大院的一幢公寓楼里，一住就是40多年，直至去世。

其实，钱学森不光是从中国科学院力学研究所"失踪"，也从家中"消失"了。

钱学森三天两头出差。他在酒泉基地一工作就是十天半月，甚至一个月。他的行踪严格保密，就连夫人蒋英也不知道。有一回蒋英一个多月都不知道丈夫的音讯，就找到国防部第五研究院询问："钱学森干什么去了，这么长时间杳无声息，他还要不要这个家了？"国防部第五研究院连忙向她解释："钱院长出差在外地，平安无恙，只是工作太忙，暂时还回不来，请您放心。"

蒋英回忆说："那时候，他什么都不对我讲。我问他在干什么？不说。我问他到哪儿去？不说。去多久？也不说。"

任新民回忆说，"东风–2号"导弹发射失败之后，他几乎都在基地工作，只在春节时回家几天。[1]

钱学森全力以赴解决"东风–2号"导弹存在的问题。

"东风–2号"导弹的副总设计师兼控制系统主任设计师黄纬禄说，经过钱学森和大家反复讨论，认定"东风–2号"导弹坠落的原因是："东风–2号"跟"东风–1号"的弹体直径一样，但是弹体的长度加长了。这是因为考虑到"东风–2号"导弹要打的距离要比"东风–1号"远，所以推进剂要多装，拉长长度是为了多装推进剂。这么一来，"东风–2号"的弹体在发射之后像一根扁担一样产生振动，这叫弹体的弹性振动，导致了发射的失败。

钱学森经过仔细调查，把事故的原因归结为两点：一是没有充分考虑导弹弹体是弹性体，飞行中弹体会作弹性振动，与姿态控制系统发生耦合，导致导弹飞行失控；二是火箭发动机改进设计时提高了推力，但强度不够，导致飞行过程中局部破坏而起火。

找出原因之后，在钱学森的主持下，修改了"东风–2号"导弹的设计图纸，研制出改进型"东风–2号"导弹。

改进型"东风–2号"导弹要发射，必须先通过地面上17项试验。

国防部第五研究院根据钱学森的意见，决定建造导弹全弹试车台，以确保中程导弹的地面试验。

建造导弹全弹试车台是一项庞大而又复杂的工程，光是图纸，就数以千计。钱学森亲自主持设计和建造导弹全弹试车台。

---

[1] 2010年5月20日下午，叶永烈在北京航天科技集团公司2410室采访95岁的任新民院士。

1964年6月29日,我国自行设计的"东风-2号"中近程导弹发射试验成功,这标志着我国的火箭技术走上独立发展的道路

经过一年多的时间,导弹全弹试车台终于在1963年9月完工。这项工程包括22个系统,经严格验收,全部合格。

1964年春天,改进型"东风-2号"导弹在新的全弹试车台上进行试车,经过两次全弹试车,完全合格。

经过两年的总结、测试,1964年6月29日上午7时,改进型"东风-2号"导弹竖立在酒泉发射场的发射架上。

这一回,钱学森在酒泉发射现场亲自指挥。坐在他身边的是张爱萍上将。聂荣臻元帅在北京指挥总部坐镇。钱学森打电话向聂荣臻元帅报告,一切就绪。聂荣臻同意发射。

钱学森向现场指挥员下达点火命令。

改进型"东风-2号"导弹在7时5分发射,先是笔直刺向蓝天,然后开始倾斜,按照预定的轨道,飞向千里之外的新疆荒漠。

命中目标!发射成功!改进型"东风-2号"导弹终于旗开得胜。

钱学森很有感慨地在酒泉基地发表讲话:"如果说,两年前我们还是小学生的话,现在至少是中学生了。短短两年,大家努力提高到中学水平,不简单。现在,美苏都欺负我们,但是,我们有党中央和毛主席的领导,发扬自力更生精神，战胜了很多困难，终于打破他们对尖端技术的垄断，这是值得庆贺的一件大事情。"

聂荣臻元帅打电话向钱学森表示热烈祝贺。他说："现在看得更清楚了，上一次的失败，的确不是坏事情。这个插曲很有意义。"

不过，所有的这些祝贺都是限于内部。导弹的研制是严格保密的，不论成功或者失败，都没有对外透露半个字。有人描述钱学森当时在酒泉基地承受极大的压力，因为"发射时间已经公布，中外记者的目光聚焦在他身上"，这显然是把后来的"神舟"飞船公开的发射模式，误搬到20世纪60年代秘密发射导弹的现场。

紧接着，在1964年7月9日、11日，两次发射"东风-2号"导弹，都获得成功。三发三中，这表明"东风-2号"这一型号的导弹具备稳定的技术基础，可以投入批量生产，先后生产了160枚。

从1966年起，"东风-2号"导弹开始装备部队，成为第一种投入实战的中国自己设计、自己制造的中程地对地导弹。

从此，中国不断扩大"东风"导弹"家族"。2009年10月1日亮相于新中国国庆60周年大阅兵队伍中、最引人注目的"东风31-A型"核导弹，就是"东风"导弹"家族"的新成员。

用导弹武装起来的中国人民解放军（2009年10月1日）

"黑寡妇"的穷途末路

在钱学森的领导下，中国的科学家在研制地对地导弹的同时，也着手研制地对空导弹。

美制RB-57D型高空侦察机在1959年10月7日被击落之后，台湾的蒋介石集团一头雾水。

后来，蒋介石终于打听到，那是中国人民解放军有了苏制地对空导弹，从此台湾方面的美制RB-57D型高空侦察机再也不敢那样猖狂冒犯大陆领空了。

大陆的天空清净了整整两年零三个月的时间。然而，到了1962年初，一种外号叫作"黑寡妇"的新式高空侦察机，开始光临中国大陆上空，甚至长驱直进到中国大陆腹地罗布泊上空，拍摄那里的21基地——核基地。

"黑寡妇"又像往日的美制RB-57D型高空侦察机那样无所顾忌，是因为飞行高度达2.2万米，是当时美国最先进的高空侦察机，可长途飞行9个小时。

这位"黑寡妇"，就是U-2高空侦察机。U-2是由美国洛克希德·马丁公司研制开发，首飞时间为1955年8月4日。

U-2的特点是机身很轻，机翼很长，机长15.11米，翼展达24.38米，适合于高空长时间飞行。由于飞行高度很高，飞行员甚至要穿上宇航服驾驶飞机。

美国用U-2武装台湾空军，台湾为此专门成立了空军第三十五独立中队，专门执行U-2任务。这个中队以黑猫为标志，人称"黑猫中队"。美国特意让台湾的驾驶员驾驶U-2深入中国大陆侦察，为的是万一被击落，遭到俘获的不是美国飞行员，可以避免引起国际纠纷。

有一次，当蒋介石在看U-2侦察机拍摄的照片时，随口问道，有没有浙江奉化他老家的照片。于

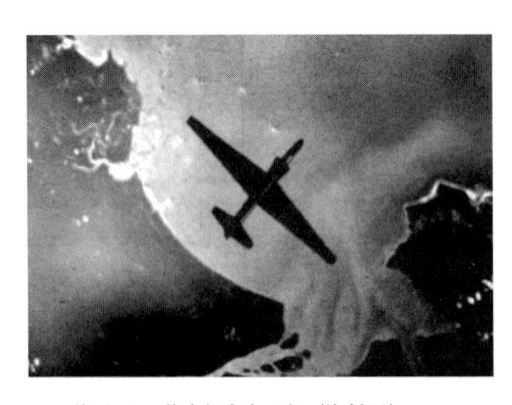

美国U-2侦察机高空飞行（资料图）

是，"黑猫中队"特地让U-2飞机在奉化上空拍摄，结果在照片上蒋介石母亲的坟墓清清楚楚，使蒋介石大为惊讶。

照理，用苏联的"萨姆-2"导弹是可以打掉U-2侦察机。然而，由于中苏关系恶化，苏联不再向中国出口"萨姆-2"导弹，中国人民解放军的地对空导弹"543"部队只能用所剩不多的"萨姆-2"导弹对付"黑寡妇"。

地对空导弹部队原本驻守在北京附近。中国人民解放军总参谋长罗瑞卿召集专门会议，研究对付U-2的办法，终于想出了妙计，设法"伏击"U-2侦察机。

"543"部队以"打井队"的名义，从北京悄然南下，埋伏在江西向塘军用机场附近。1962年9月7日，解放军的大批轰炸机从南京飞往向塘，降落在向塘军用机场。这一军事动向果然引起台湾方面的高度关注。

翌日——9月8日，一架U-2由"黑猫中队"杨世驹驾驶，果真越过了台湾海峡，原计划先飞往昆明，然后再转往南京、桂林，转了一圈之后，直扑南昌。然而，这架U-2在桂林上空出了一点故障，杨世驹就径直飞回台湾桃园机场，没有进入圈套。

9月9日7点32分，一架U-2由"黑猫中队"陈怀（又名陈怀生）驾驶，再度进入大陆，飞过福州、南平，朝南昌飞来。忽然，转悠到九江上空。8点24分，U-2从九江掉头，直扑向塘军用机场。这一回，U-2中了解放军地对空导弹部队设下的圈套。两颗"萨姆-2"导弹腾空而起，U-2拖着长长的黑烟倒栽葱！飞行员陈怀来不及跳伞，当场身亡。

在指挥所坐镇的中国人民解放军空军司令员刘亚楼，见到U-2从雷达荧光屏上消失，兴高采烈地大喊道："有茅台酒没有呀？快拿茅台酒来！"

这一新闻见报之后，中国大陆万众欢腾，天安门广场举行万人大会庆贺胜利。

击落敌机的"543"部队2营营长岳振华带着U-2飞机碎片前往北京，受到毛泽东主席和中共中央政治局委员们的接见。

毛泽东后来在跟外宾谈话时，笑称"U-2飞机被中国人民用竹竿捅了下来"。

尽管蒋军的一架U-2飞机被"萨姆-2"导弹打下，但是蒋军知道中国人民解放军的苏制"萨姆-2"导弹很有限，故依然有恃无恐，不断派U-2飞机进入中国大陆。

中国人民解放军地对空导弹部队摸到 U-2 飞机的规律，在飞往中国大陆西北侦察酒泉基地、罗布泊核基地之后，返航时总是经过陕西潼关，于是"543"部队就在潼关一带布阵。

1963 年 11 月 1 日，"黑猫中队"的叶常棣驾驶 U-2 在中国大陆西北侦察之后，返航时果真进入"543"部队的"口袋"里。"543"部队 2 营连发三发"萨姆 -2"导弹，把叶常棣驾驶的 U-2 飞机打下来了！叶常棣跳伞后被活捉。

在检查 U-2 飞机残骸时，经过中国导弹专家检查，发现该机安装了"12 号预警系统"。所谓"12 号系统"，就是能够在 160 千米外侦测到"萨姆 -2"导弹搜索雷达的信号，让飞行员及时驾机逃避。

经过钱学森领导的国防部第五研究院研究，研制成功"反电子预警 1 号系统"——先以假频率跟踪敌机，在 U-2 的距离只有 40 千米的时候，发射导弹时再改用真频率引导导弹。这样，U-2 就躲避不及。

1964 年 7 月 9 日，"黑猫中队"李南屏驾驶 U-2 飞机在中国南方侦察时，飞至广东汕头附近，"12 号预警系统"突然发出警告，就在李南屏惊呼一声"12 号高频灯亮起"的时候，他的 U-2 飞机已经中了导弹！

中国人民解放军地对空导弹部队一次又一次用苏联"萨姆"导弹击落 U-2 飞机，在欢欣鼓舞之后，数一数苏制"萨姆 -2"地对空导弹已经所剩无几，更加强烈希望中国自制的地对空导弹早日问世。

在钱学森的领导下，国防部第五研究院担负起研制地对空导弹的重任。

钱学森任命国防部第五研究院二分院副院长为地对空导弹总设计师，这位总设计师居然也姓钱，叫钱文极。吴展、陈怀瑾、李蕴滋为副总设计师（后陈怀瑾接任总设计师）。

钱文极倒是一位"老革命"。他 1916 年出生于江苏太仓，同济大学肄业。1938 年到延安，曾任中央军委通信局材料厂技术员、晋冀鲁豫军区司令部通信局装配科科长。在解放战争时期，他在太行山区装制了无线电台以接替陕北广播电台，使中共中央的声音传播到全国各地。中华人民共和国成立后任解放军总参谋部通信部器材处处长、通信部电子科学技术研究院副院长。

在钱文极出任地对空导弹总设计师之后，第一步工作就是仿制苏联的"萨姆 -2"导弹，于 1963 年 4 月完成模型弹仿制，6 月进行模型弹飞行试验。仿制的导弹命名为"红旗 -1 号"。

1964年10月6日，"红旗-1号"导弹成功击落中高空仿真目标。

1964年12月10日，"红旗-1号"导弹定型。

与此同时，从1964年1月，在"萨姆-2"导弹的基础上改进设计，研制"红旗-2号"地空导弹。"红旗-2号"增加了导弹的射高和作战斜距，增强了制导站的抗干扰能力，确保了测量精度，改善了操作使用性能。

1965年4月19日，第七机械工业部召开"红旗-2号"地对空导弹研制工作会议，通过了"红旗-2号"总体设计方案。

1966年底，"红旗-2号"经过多次战斗弹和遥测弹的飞行试验，表明设计相当成功。

1967年6月，"红旗-2号"地对空导弹设计定型，投入批量生产，开始装备部队。

1967年9月8日上午，一架U-2飞机进入浙江嘉兴地区侦察，飞行高度为2万至2.05万米，被中国人民解放军导弹部队用国产"红旗-2号"地对空导弹击落。

此后，中国大约生产12000枚"红旗-2号"型地对空导弹，为确保领空安全作出巨大的贡献。

自从中国拥有大批的国产地对空导弹之后，"黑寡妇"再也不敢光顾中国大陆。

1972年2月，美国尼克松总统访问北京，承诺停止一切在中国大陆的侦察飞行。

2009年10月1日，在新中国60华诞大阅兵时，中国人民解放军空军的"红旗-9号"地对空导弹方队、"红旗-12号"地对空导弹方队徐徐驶过天安门广场，亮出了最新式的中国地对空导弹。

1964年2月6日，毛泽东在中南海寓所接见钱学森、李四光、竺可桢三位科学家。

在谈话中，毛泽东问钱学森："你搞的导弹那么厉害，有没有办法对付它呀？"

钱学森回答说："美国搞了些试验，但不成功。"

毛泽东说："有矛必有盾。再厉害的东西总可以找到对付的办法嘛。搞少数人，有饭吃，专门研究这个问题。5年不行，10年不行，15年，总可以搞出来。"

毛泽东所说的，也就是研制反导弹系统。

那时候，毛泽东的指示都必须照办。钱学森回去后，传达了毛泽东的话，第七机械工业部第二研究院就成立了反导弹研究组。为了保密起见，称为"640工程"。原本徐璋本是从美国回来的反导弹专家，由于1957年被错划成"右派分子"，不能从事他的本行研究工作。

1984年至1985年，"红旗-2号"在实施拦截空中导弹试验中，获得很好的效果。这表明，"红旗-2号"不仅能够歼灭入侵的敌机，而且还能够拦截敌方的导弹，起着反导弹的作用。

中国放了"大炮仗"

对于中国来说，1964年是"两弹"丰收年：1964年6月29日，第一枚中国自己设计、制造的"东风-2号"导弹成功发射。三个多月后，1964年10月16日15时，第一枚中国自己设计、制造的原子弹成功爆炸。

导弹的研制和发射是严格保密的，外人莫知，然而外国的情报机构一直在紧盯着。

原子弹的研制同样严格保密，但是原子弹的试爆毕竟是惊天动地的，无法保密。

中国戈壁滩上升起的蘑菇云，震惊了世界。中国继美国、苏联、英国、法国之后，成为世界"核俱乐部"的第五位成员。

也就在这一天，当时被中国斥为"现代修正主义头子"的苏共第一书记赫鲁晓夫下台。

有人称钱学森为"中国原子弹之父"，有的报纸曾经以《一张香烟纸[1]，让中国提前20年拥有原子弹！》为题报道钱学森，还有人写信向钱学森请教中国核武器的发展史，钱学森给予的答复是"问道于盲"！

钱学森是火箭专家、导弹专家，并非核专家。如果说钱学森是中国研制

---

[1] 钱学森写给陈叔通先生的信，通常被说成写在"香烟纸"上，这是一种流传甚广的传说。钱永刚说，只要看看那封信的原件，就知道这种传说并无根据。

导弹、火箭的主帅，那么钱三强、邓稼先是中国研制核武器的主帅。

钱学森的贡献是让核武器跟导弹结合，制成威力无比的核导弹。

中国作为一个大国，理所当然希望拥有核武器。1954年9月，中国国防部长率中国军事代表团去苏联观摩了核爆炸

钱学森（右）与钱三强（1991年1月18日）

试验，第一次目击了原子弹的巨大威力。紧接着，1954年10月，在中国国庆节期间，苏共第一书记赫鲁晓夫应邀访华。毛泽东首次向赫鲁晓夫询问能否提供核武器方面的技术帮助，赫鲁晓夫先是错愕了一下，然后说，社会主义大家庭，有一把"核保护伞"就行了，不需要大家都搞原子弹。原子弹费钱费力，不能吃，不能用，何况中国眼下正忙于社会主义建设，还是把钱用到建设上去吧。

毛泽东不屑于在苏联的"核保护伞"下生活。可以说，在钱学森还没有回国之前，毛泽东与周恩来已经在部署中国研制核武器和导弹的领军人物，即钱三强和钱学森。

中国研制核武器的另一领军人物是邓稼先。1950年8月20日，邓稼先获得美国普渡大学博士学位，他谢绝了恩师和同校好友的挽留，毅然决定回国。

邓稼先回国之后，人们问他从美国带回什么。他回答说："带了几双眼下中国还不能生产的尼龙袜子送给父亲，还带了一脑袋关于原子核的知识。"

在钱学森1955年10月回国之前，1955年1月15日，毛泽东主持中共中央书记处扩大会议时，邀请了两位著名的科学家——钱三强和李四光作关于原子弹的讲座。那次会议决策，中国要研制原子弹！

钱三强挂帅研制原子弹。钱三强比钱学森小两岁，1913年生于浙江绍兴，原名钱秉穹。读书时，同学们见他身强、手强、力强，给他起个外号叫"三强"。他父亲知道后，决定给他改名钱三强，并赋予新义，即"人强、民强、国强"。从此，钱三强毕生为"人强、民强、国强"而奋斗。

青年邓稼先

1936年，钱三强毕业于北京清华大学物理系。1937年6月，24岁的钱三强通过中法基金会考试，赴法国留学。他在居里夫人的女儿伊莱娜和女婿约里奥的实验室学习，探索原子核的秘密。1948年夏日，钱三强回到祖国，迎接新中国的诞生。1949年1月北平和平解放时，钱三强加入了欢庆的队伍。

钱三强受命挂帅研制原子弹不久，1956年爆发波匈事件，赫鲁晓夫为寻求中国支持，于1957年同意向中国提供核技术。钱三强多次到苏联谈判和参观。

1957年，当有关方面向钱学森征询，谁承担核武器爆炸力学工作最合适的时候，钱学森不假思索地回答说："郭永怀！"郭永怀在钱学森的推荐之下，进入中国核武器研究的领导行列。

1958年秋，钱三强找到了邓稼先，告诉他"我们的国家打算造一个'大炮仗'"，邓稼先一听就明白是怎么回事。钱三强说，这个工作是绝密的，从事这个工作之后要跟外界完全切断联系。邓稼先答应了。从此邓稼先默默献身于严格保密的研制"大炮仗"的工作。

1959年6月26日苏联共产党中央来信，拒绝提供原子弹的有关资料及教学模型。8月23日，苏联又单方面终止了两国签订的新技术协定，撤走了全部专家，还讽刺："中国人20年也搞不出原子弹，只能守着一堆废钢铁。"

1960年，毛泽东主席指示："自己动手，从头做起，准备用8年时间拿出自己的原子弹！"中共中央决定独立自主研制核武器，调105名科学家从事核武器和导弹研制工作。

钱三强出任第二机械工业部副部长，统率中国的核武器研制队伍。第二机械工业部亦即核工业部。在第二机械工业部之下，设立了第九研究所，后来第九研究所扩大为第九研究院。第九研究院亦即核武器研究院。

三员大将出任第九研究院副院长，即王淦昌、彭桓武和郭永怀，他们还同时兼任第九研究院第二、第四和第三技术委员会主任。作为年轻一辈的邓稼先，担任第二机械工业部第九研究院理论部主任。邓稼先尊称王淦昌、郭永怀和彭桓武为中国核武器研制领域的"三尊大菩萨"。后来，邓稼先在原子弹、氢弹研究中领导开展了爆轰物理、流体力学、状态方程、中子输运等基础理论研究，对原子弹的物理过程进行了大量模拟计算和分析，从而迈出了中国独立研究核武器的第一步。邓稼先领导完成原子弹的理论方案，并参与指导核试验的爆轰模拟试验。我国先后进行的 30 多次核试验中，有一半都是邓稼先担任现场指挥。1972 年，邓稼先在第二机械工业部第九研究院担任副院长，1979年任院长。

在钱三强统帅下的中国核队伍，在独立自主的道路上艰难地摸索前进。

偏远的青海省海北藏族自治州海晏县的西海镇，在极端秘密的情况下，建成大批的科学研究大楼和特殊的工厂。那里成为中国外人莫知、外人莫入的"原子城"，即中国核队伍的大本营。中国的第一颗原子弹和第一颗氢弹，就在这里诞生。这座"原子城"，对外称"青海矿区国营 221 厂"。

考虑到在核武器的研制和生产过程中可能发生的意外，考虑到"原子城"可能遭到敌人的突然袭击，在这里地下 9 米处用厚厚的钢筋水泥建成地下指挥中心，光是铁门就重达三吨半。地下指挥中心有直线电话直通中央、国防部、一号首长、一分厂和二分厂。其中的一号首长不言而喻是指毛泽东。

1987 年，中央军委、国务院下令撤销 221 厂。

1993 年，221 厂正式退役，移交给了青海省海北藏族自治州，变成了自治州首府，改名为西海镇。如今，那里成为青海省的红色旅游景点。

原子弹还需要一个辽阔的无人区作为核爆炸试验场。首选之地当推新疆戈壁滩。新疆库尔勒正西方向 185 千米的山谷之中，被选中作为核爆炸试验场。这个地方离罗布泊约 185 千米。

罗布泊在 20 世纪 50 年代还有湖水，后来完全干涸，成了一片盐碱荒滩。在离罗布泊不远的地方，冒出一座新城，成为沙海之中的绿洲。这座新城叫马兰，代号叫"21 基地"。这里原本是一片荒漠，生长着马兰花。马兰花是兰科植物，茎叶像剑麻叶，开出的花有紫色、嫩黄色。马兰花具有顽强的生命力，能够在戈壁滩上生长。这样，当把这里开辟为中国核基地时，就把基地命名为马兰。

邓稼先率领着中国的核科研队伍，长期在青海原子城和新疆马兰核基地工作。邓稼先冒着酷暑严寒，在生活条件极其艰苦的核试验场度过了整整 8 年的单身汉生活。

邓稼先的夫人许鹿希是许德珩的长女。许德珩是1919年五四运动的学生领袖之一，曾起草了《北京学生界宣言》。后赴法勤工俭学，结识劳君展小姐，她当时正师从居里夫人研究镭学，是中国最早从事核研究的科学家。劳君展早年在湖南曾经参加毛泽东领导的新民学会。许德珩与劳君展结婚后，生下女儿许鹿希。后来许德珩担任全国人大常委会副委员长。1953年，许鹿希与邓稼先结婚。劳君展想不到，女婿也是核专家。

邓稼先

许鹿希充分理解丈夫邓稼先的献身精神。尽管她并不知道邓稼先具体在做什么工作，但是她知道是国家的重要工作。正因为这样，夫妻俩过着两地分居的生活，她并无怨言。

邓稼先带领着一大批的中国科学家研制那个"大炮仗"。非常细心的周恩来总理关照，为了保密，这个"大炮仗"要取一个代号，称为"邱小姐"——因为原子弹是球形的，"球"的谐音就是"邱"。

经过多年的努力，中国科学家挺进了原子弹的神秘王国：

1962年11月，在中共中央领导下成立了以周恩来为主任的中央15人专门委员会，有七个副总理、七个部长参加（简称"中央专委"），他们是贺龙、李富春、李先念、薄一波、陆定一、聂荣臻、罗瑞卿、赵尔陆、张爱萍、王鹤寿、刘杰、孙志远、段君毅、高扬，总共15人，领导我国的原子能工业建设和核科技工作。由于有周恩来总理亲自挂帅，中央专门委员会发挥了很大的统一领导和协调作用，解决了研制原子弹中许多涉及全局性的问题。

1963年3月，完成第一颗原子弹的理论设计方案；

1963年11月29日，铀工厂生产出第一批合格的金属铀；

1963年12月24日，同步聚焦爆轰产生中子试验成功；

1964年1月14日，生产出第一批合格的浓缩铀-235；

1964年4月，制造了第一套原子弹上用的核部件；

1964年6月6日，在研制基地试爆了一颗"准原子弹"（除未装浓缩铀-235以外，其他均是未来原子弹爆炸时用的实物）。

中国第一颗原子弹终于即将进行试爆了。

1964年9月20日，罗瑞卿向中共中央、毛泽东主席呈送了《关于首次核试验时间的请示报告》。

9月22日，中共中央政治局召开常委扩大会议，听取周恩来汇报"早试"与"晚试"两个方案，并研究了罗瑞卿的请示报告。会议决定按照"早试"的方案进行，试爆时间定在10月。

1964年10月4日，经邓稼先签字之后，"邱小姐"从青海的原子城用专列秘密运往新疆马兰核基地主控站装配工房，在那里组装。当时，规定了一系列密语：

原子弹装配，密语为"邱小姐穿衣"；

原子弹在装配间，密语为"邱小姐住下房"；

原子弹在塔上密闭工作间，密语为"邱小姐住上房"；

原子弹上塔顶，密语为"邱小姐上梳妆台"；

原子弹插接雷管，密语为"邱小姐梳辫子"；

另外，还规定气象的密语为"血压"；原子弹起爆的时间，密语为"零时"。

中央领导也都规定了代号，毛泽东是"87号"，刘少奇是"88号"，周恩来是"82号"，贺龙是"83号"，聂荣臻是"84号"，罗瑞卿是"85号"。

即将进行第一次试爆，这次试爆显然要震动世界，经过中央批准，时间定在1964年10月16日15时。这个时间包含"三个15"：1964年是新中国诞生15周年，10月16日是国庆节——10月1日之后的第15天，再加上是在15时试爆，所以正好是"三个15"。

10月12日晚10时30分，"邱小姐穿衣"完毕，然后住进"下房"。

按照"三个15"的时间表，"邱小姐"按照既定的程序"梳妆"。

北京关注着21基地的进度。

除在马兰的一位"邱小姐"进入试爆的最后阶段之外，还有一位备用的"邱小姐"在乌鲁木齐的专列上待命。在临近试爆时，为了确保安全，备用的"邱小姐"转移到酒泉基地。

离"三个15"越来越近。

1964年10月14日,以中国人民解放军副总参谋长张爱萍为主任、二机部副部长刘西尧为副主任的中国首次核试验委员会,宣布了中央的命令:经中央专委确定,原子弹试验的"零时"定为1964年10月16日15时(北京时间)。

当晚7时,"邱小姐"上"梳妆台"——组装好的原子弹被送到102米高的铁塔顶部,并安装好。

1964年10月16日14时59分40秒,新疆马兰核基地主控站的操作员按下了电钮,引爆了中国第一颗原子弹。20秒钟之后,罗布泊闪过一道白中带蓝的光芒。紧接着腾空而起的是巨大的蘑菇云,伴随着巨大的轰鸣与飞沙走石的巨风,中国的"大炮仗"震撼了世界!

正巧,苏共第一书记赫鲁晓夫刚好在这一天下台。外电的评论认为中国为了庆贺赫鲁晓夫下台而放了"大炮仗"。其实那纯粹属于巧合。

原子弹爆炸成功之后,钱三强的老师严济慈去看望他的好友许德珩先生,说起了原子弹。

许德珩先生问:"是谁有这么大本事,把原子弹搞出来了?"

"嘿,你还问我,问你的女婿呀!"严济慈笑个不停。

"我的女婿——邓稼先?"许德珩先生直到这时,还不知道那个"大炮仗"是他的女婿带着一批科学家放的!

从这一细节也可以看出,当时的保密工作是何等的严密!

就在中国第一颗原子弹成功爆炸不久,1964年12月26日,正好是毛泽东71岁生日。往年毛泽东过生日,从不声张,总是"悄然"度过。这一回,毛泽东与往常不同,决定请客,请了三

原子弹爆炸后,蘑菇云不断翻滚

桌。钱学森作为嘉宾,出席了毛泽东生日宴会。

那年从12月20日起,第三届全国人民代表大会第一次会议在北京举行,一直开到翌年1月4日。毛泽东趁生日宴会,把陶铸、李井泉、李雪峰、柯庆施、刘澜涛、宋任穷这些平时在中南、西南、华北、华东、西北、东北工作的老战友请来一聚。当然,他也把在中央工作的刘少奇、周恩来、李富春、邓小平、罗瑞卿、谢富治、汪东兴请来。最"显赫"的客人,要算是导弹专家钱学森、知识青年上山下乡模范邢燕子和董加耕、山西昔阳县大寨大队党支部书记陈永贵。

宴席共分三桌,毛泽东坐在按品字形摆的三张桌子上方那张的首席,左右两边是陈永贵和董加耕,陈、董旁边是钱学森、邢燕子,这桌还坐了陶铸、罗瑞卿、谢富治、汪东兴和曾志。刘少奇、胡耀邦和各大区书记以及江青则分坐另外两桌。

那天的气氛显得颇为严肃,因为毛泽东一开始便说:"今天是我的生日,过了年就71岁啰。我老了,也许不久就要去见马克思,所以今天请大家来吃顿饭……"这样的开场白,一下子使客人们的心情变得紧张起来。

为了打破沉闷的气氛,毛泽东从烟盒里抽出一根烟,递给钱学森。

钱学森虽然不抽烟,但是毛泽东主席给他烟,于是赶紧站了起来,伸出双手恭恭敬敬地去接。这时,毛泽东突然把拿着烟的手缩了回去,使钱学森不知所措。

毛泽东笑道:"还要自力更生的哟,靠外援,人家不给,你就没有了!"[1]

大家一听,都大笑起来,宴会的气氛也就变得轻松起来。不过,细细一想,其实毛泽东话里有话,因为不久前苏联撤走专家、撕毁合同,中国人民靠着自力更生,搞起"两弹一星"。

那天客人们的话很少,倒是毛泽东在不断地说着。他说起中国的阶级斗争的形势,说起正在全国开展的"四清"运动……他的话,显示了他对于国家前途、党的命运的担心和忧虑。毛泽东在讲话中,提到钱学森。毛泽东说:"钱学森不要稿费,私事不坐公车,这很好!"

不久,《人民日报》上刊登了一张毛泽东、钱学森和陈永贵三人合影的照片。有人解读说,当时毛泽东正在提倡进行"三大革命"——阶级斗争、生产

---

[1] 杨红:《我的父亲杨南生》,第99页。

斗争和科学实验。这张三人合影中,毛泽东代表阶级斗争,钱学森代表科学实验,而陈永贵则代表生产斗争。

钱家来了化验员

就在中国的"两弹"进入研制的关键时刻,钱学森身边的 8 人工作班子在 1964 年三四月间,又增加了 1 人。

这位新来的工作人员,也穿一身军装。他叫段恩润,是一位化验员。据他告诉笔者,他在 1951 年入伍,参加过抗美援朝,做过 9 年护士。从 1959 年开始担任化验员。1963 年随部队来到北京。[1]

钱学森家为什么要配备一位专职的化验员呢?

这位化验员不是给钱学森化验血液,而是专门化验钱学森家的食品。一句话,凡是钱学森"进口"的食品,包括青菜、猪肉、鸡蛋、白糖、面粉、大米直至酱油、醋、食用油、茶叶,一概要经过段恩润化验,才能食用或者饮用。

给钱学森配备食品化验员,是根据上级指示执行的。由于当时海峡两岸的对立加剧,而蒋介石的特务机关从 1960 年起就把钱学森列为暗杀目标。到了 1964 年,公安部发现了蒋介石特务在食品中投毒进行暗害的案件,于是决定加强钱学森的食品安全,所以给钱家派出了食品化验员。上级要求,在 3 个月内就要正式开展钱学森家的食品化验工作。

当时,段恩润只知道要调到一位姓钱的首长身边做食品

钱学森当年的饮食化验员段恩润(叶永烈摄)

---

[1] 2010 年 5 月 15 日下午,叶永烈在北京采访段恩润。

化验工作，但是并不知道这位首长是做什么工作的。段恩润来到钱学森家中，按照保密规定，不该问的不问，直到有一次钱家大扫除，他整理钱学森的书架，看到很多是火箭、导弹方面的书，才知道首长做的是什么工作。

段恩润虽然在医院做过化验员，但是医院的常规医疗化验毕竟与食品化验不同。为此，段恩润到北京三座门——国防部所在地，专门接受那里的"毒物检疫室"的培训。好在段恩润懂得化验基本知识，所以很快就掌握了食品化验技术。在当时，北京饭店设有食品化验室，主要负责人民大会堂重要宴会的食品检验。

段恩润被调往国防部第五研究院保卫部，开始为钱学森家专门筹建一个食品化验室。

食品化验室设在钱学森家附近的办公楼里，两个房间，还安装了电话。由于国防部第五研究院非常重视这一工作，所以段恩润所需要的化验仪器、药品很快就到位。当时，段恩润需要一架高倍光学显微镜，也很快从军事科学院调来。段恩润一看，是德国名牌蔡司（zeiss）显微镜，在当时的中国是不多见的。那时候，电冰箱还很稀罕，出于化验工作的需要，给化验室调来了从苏联进口的电冰箱。

在方方面面的大力支持之下，段恩润很快就将食品化验室建立起来。

钱学森的警卫秘书刁九勃本来就很注意钱学森家的食品安全，一再关照管理员尽量在北京西单、东单那里的大菜场购买食品。自从段恩润来了以后，管理员购买的食品必须经过段恩润取样化验、确证无毒，段恩润写好化验单，交给管理员，管理员才能把买来的食品交给炊事员，烹调后端上餐桌。

另外还规定，钱家成员不能在外购买食品，包括两个孩子。如果买了食品或者饮料，必须经过化验员化验，确证无毒，方可食用。不光是青菜、萝卜、鸡蛋、猪肉、牛奶要化验，水果也要化验。

食品化验要查些什么项目？

段恩润说，主要是检查食品中有没有氰化物、砷化物，有没有生物制剂毒素，有没有生物碱。另外，还要检查所有食品是否干净以及新鲜度。

检查的项目相当多，而检查的范围又是那么广，即钱家所有"进口"的食物、饮料都要检查，都要写出化验单。

还有，食品化验必须天天做。段恩润没有休假日，天天上班。钱家买来新的食品、饮料，段恩润就得及时进行化验。

这么一来，段恩润的工作担子相当繁重，但是为了保障钱学森的饮食安全，他不厌其烦地做好食品化验工作。段恩润说，在当时，配备专门的食品化验员，不仅在中国科学家中绝无仅有，而且连中国人民解放军的元帅都没有，足见周恩来总理、聂荣臻元帅对于钱学森的高度重视和百般爱护。在中国的科学家之中，钱学森是唯一享受这样待遇的人。

除了每天的食品在食用前要进行化验，段恩润还必须对钱家的每盘菜取样，放在玻璃皿里，再放进电冰箱。直至24小时之后，钱家人无恙，方可废弃样品。每天、每顿、每盘菜，都如此取样、保存。

段恩润说，钱学森家生活简朴，可以说是粗菜淡饭。那时候，富强粉、大米这样的细粮不多，60%是粗粮。菜也很普通。管理员总是精打细算，从不铺张浪费。

在段恩润的印象中，钱家最"豪华"的宴会是在1964年他到任不久。当时，蒋英在比利时的妹妹蒋华（1955年蒋华替钱学森转寄了那封至关重要的、写给陈叔通的那封信）回国探亲，来看望钱学森一家。钱学森和蒋英理所当然宴请蒋华。考虑到钱学森的安全，不便于在外边的饭店里宴请，钱学森和蒋英就在家中宴请。蒋英请管理员到东单市场买了鱼翅、燕窝。那几天，段恩润和炊事员都特别忙，炊事员的忙碌可想而知，段恩润则忙于样样菜肴都要进行化验并保存样品。在家宴上，蒋英和蒋华喝茅台酒，而钱学森只能礼节性地抿几口黄酒。对于那次家宴，钱学森和蒋英都表示非常满意。不过，当时蒋华一点也不知道，她在钱学森家所吃的菜肴、所喝的酒，事先都经过段恩润的严格检查。

从1964年到钱学森家，至1970年上级决定撤销、调离，段恩润在这6年间一直为钱家的食品做化验工作。那么他在这6年间有没有发现食品中的毒物呢？他说没有，但是有几次发现食品不够新鲜，投了"否决票"。

段恩润印象最深的一次是，他"否决"了管理员买来的一条鲥鱼：管理员买过一回鲥鱼，知道钱学森很喜欢吃。虽说鲥鱼贵，过了些日子，管理员又买了一条。鲥鱼出在长江，运到北京，大都是冰冻的。段恩润一检查，认为那条鲥鱼不新鲜，不能吃。管理员着急了，难得买这么一条，不能吃多可惜。但是由于段恩润的坚持，那条鲥鱼最终未能端上钱家餐桌。在段恩润看来，新鲜度也是衡量食品能否食用的重要标准之一，他必须对首长的健康负责。

段恩润注意到，钱学森公私分明。虽然钱学森有专车，但是孩子上学、钱学森的父亲去单位领工资或者去看干女儿钱月华，都是乘公共汽车，从来不坐钱学森的专车。蒋英的妈妈很少外出，有时候司机要出去加油，就带蒋英的妈妈出去转悠一下，老太太显得很高兴，连声道谢。钱学森父亲、蒋英妈妈和奶奶的医疗费，也都是由钱学森负担。

段恩润说，他在钱学森身边工作的时候，钱学森年富力强，身体很好，而蒋英相对要差一些。有时候，蒋英患哮喘，需要打安茶碱（即氨茶碱）。段恩润毕竟当过护士，给蒋英注射针药，或者扎耳针之类，都很内行。也有时，段恩润帮她买氧气筒。蒋英待人很客气，1969年段恩润的妻子生了孩子，蒋英亲自到段恩润家看望，还送了床单、玩具等礼品。

"邱小姐"与导弹结合

中国的第一颗原子弹，是在102米高的铁塔顶部引爆的。外电在震惊之余，嘲笑中国的原子弹是"无枪的子弹"———一颗安装在铁塔顶部的原子弹，怎么去进攻敌人？

中国很快就解决了"枪"的问题：1965年5月14日，中国用一架图-16轰炸机在罗布泊上空成功地空投了一颗原子弹。9时59分10秒，弹舱打开，原子弹从飞机中落下，向靶标坠去。50秒后，又一个"大炮仗"打响，再一次震惊世界。

用轰炸机投掷原子弹，虽然说使中国的核武器"有弹有枪"，不过早在1945年第二次世界大战中美国就用轰炸机向日本广岛、长崎投掷原子弹，轰炸机这杆"枪"已经显得落后。

最先进的"枪"是导弹。"邱小姐"与导弹相结合：原子弹+导弹=核导弹。

核导弹比起用轰炸机投掷原子弹，更具有威慑力。核导弹的射程远，命中率高，而且难以阻挡。

其实，早在第一颗原子弹爆炸成功之前，钱学森就以超前的眼光，提出了"两弹结合"的构想，要给中国的原子弹配一支最好的"枪"。

钱学森的远见卓识受到高度重视，1964年9月1日中央专委召开会议，决定由负责研制原子弹的第二机械工业部和负责研制导弹的国防部第五研究院共同组织"两弹结合"方案的论证小组，着手进行核导弹的研究设计，钱学森担任总负责人。

就在会议结束的第二天，钱学森就跟论证小组开始工作，论证"两弹结合"的初步方案。

1964年10月10日，在国防科委大楼里，钱学森向聂荣臻报告"两弹结合"的初步方案："我们已经同二机部研究讨论过，弹头准备装在'东风−2号'导弹的空间，位置稍向后移，重心作适当调整。我们认为这个办法是可行的，也是可靠的。"

聂荣臻握着钱学森的手说："很好，看来你又要忙一阵了。"

不久之后，中国第一颗原子弹的试爆成功，使核导弹的论证小组加快了研制进度。

核导弹的研制，对于核武器和导弹都提出了新的要求：核导弹是把原子弹安装在火箭上，这就要求原子弹必须小型化；核导弹也要求火箭加大推力，加强安全可靠性，尤其是要求制导系统提高命中率。

第二机械工业部和国防部第五研究院通力合作，逐步解决这些技术难题。

中国科学院党组书记、副院长张劲夫回忆说：

> 我国第一枚导弹的射程太短，更不能用来发射原子弹、氢弹。钱学森又提出，一定要进一步地搞高能燃料，加大它的推力、速度。新的高能燃料主要是液氢，它的推力大，导弹的温度相对也高了，这就需要科学院再研究耐高温的材料。远程导弹分成几级，自动控制问题也必须解决好，科学院又为此成立了自动化研究所。火箭里面还要有小型计算机，叫弹上微型计算机，用来控制那一节火箭什么时候脱离开来。要研制小型的计算机，任务交给刚回国的年轻科学家黄敞负责，他是搞大规模集成电路的，我们要搞第三代计算机，他先在北京做一段工作，然后到大后方去。后方选点是计算机所所长阎沛霖去的，选在陕西省的一个山沟里，建立起计算机研究基地。我们把大规模的研究力量派到那边去。罗瑞卿同志亲自确定导弹里面的小计算机由科学院研制。[1]

---

[1] 张劲夫：《请历史记住他们——关于中国科学院与"两弹一星"的回忆》，《人民日报》1999年5月6日。

另外，还必须攻克核弹头小型化的难关。张劲夫回忆说：

> 在导弹上装原子弹，特别是氢弹头。这项工作很关键的问题是要有高能炸药，就是弹头不能太重了，太重就发射不远。要发射得远，弹头要有重量最高限度。科学院大连化学物理研究所在甘肃专门建立了一个分所，与五机部一个所协作，专门研究高能炸药。经过不断的地面试验，最后把高能炸药的关攻破了，能够使我们的导弹带上原子弹、氢弹，发射得很远很远，成为战略火箭，就是带有核弹头的战略导弹。[1]

用于核导弹的就是"东风-2A号"火箭。在解决原子弹的小型化之后，试制核导弹的条件已经具备。

钱学森强调，核导弹的试射非同小可。1962年3月21日，"东风-2号"导弹发射失败，从半空中坠落，地面炸出一个大坑。然而，倘若坠落的是核导弹，那意味着一颗原子弹在发射基地爆炸，会造成不可挽回的重大国际影响。

正因为这样，钱学森严字当头，对核导弹的每一个细节都提出严格的要求。

1966年，钱学森（前右三）在基地协助聂荣臻元帅（前右四）主持两弹结合飞行爆炸试验

---

[1] 张劲夫：《请历史记住他们——关于中国科学院与"两弹一星"的回忆》，《人民日报》1999年5月6日。

核导弹按部就班进行了一系列地面测试之后，在装上核弹头之前，还要进行没有核弹头的发射，这叫"冷试验"。钱学森两度飞往酒泉发射基地，亲自对进行"冷试验"的导弹进行仔细检查。钱学森特别注意对相关协作单位制造的元件、部件进行严格的检查。他强调，不可有任何的疏忽，一根没有焊好的电线，一个不合规格的元件，都可能造成严重的事故。

　　酒泉导弹发射基地的一位新战士，受到了钱学森的表彰。这位新战士发现弹体内有一根大约五毫米长的小白毛，担心因此造成通电接触不良，就用镊子夹，细铁丝挑，都未能取出小白毛。最后，战士用一根猪鬃终于挑出小白毛。钱学森把这根小白毛小心翼翼包起来，带回北京，希望从事"两弹结合"的科研人员都向那位新战士学习。

　　聂荣臻元帅也非常严格。据聂荣臻秘书范济生说，在导弹总装车间，零部件小到一颗螺丝钉，都是有严格数量的。有一次，聂帅听组装人员无意中说："导弹组装时，最后发现少了一颗小螺丝钉。"有人主张全部拆卸开找，有人认为费了大力才组装起来，为一颗小螺丝钉不值得再大折腾，不会出什么问题，或许掉在地上了，根本没有落在导弹内。聂帅当时正在病中，听说这件事后立即要我陪同张爱萍同志赶赴导弹总装基地"坐镇"。我们遵照聂帅指示，一直坐在总装车间，直到把这颗螺丝钉找到，聂帅这才放心地同意按期发射。后来，聂帅以此事为例告诫我们：科学就是科学，来不得半点虚假和马虎。

　　1965年3月2日，中共中央指示，中央专委不仅要管原子弹，也要管导弹，中央15人专门委员会扩大成员，并改称为中央专门委员会，增加的委员人选有余秋里（石油工业部部长）、王诤（电子工业部部长）、邱创成（兵器工业部部长）、方强（造船工业部部长）、王秉璋（导弹工业部部长）、袁宝华（物资管理部部长）、吕东（冶金工业部部长）。

　　核导弹的试射方案也制定出来了。此前，美国和苏联试验核导弹，是从自己的国土上往大洋里打。中国虽然有着辽阔的海岸线，可是当时的中国海军还不够强大，中国的核导弹不能往大洋里打。所幸中国是幅员辽阔的大国，选择了在自己的国土上试射核导弹，这在世界上是绝无仅有的。经过反复研究，确定核导弹从酒泉基地射向894千米之外的罗布泊。

　　在正式发射核导弹之前，进行了两次"冷试验"。钱学森在酒泉发射基地主持了这两次"冷试验"，都获得成功。

　　下一步，就是"热试验"——正式发射核导弹了。

第六章
两弹一星

1966年6月30日，周恩来总理在访问罗马尼亚、阿尔巴尼亚后，由巴基斯坦拉瓦尔品第回国，他在途中于14时40分在酒泉导弹试验场降落，亲自检查这次核弹与导弹结合飞行试验的各项准备工作。

虽然两次"冷试验"都圆满成功，但是那毕竟是两次"冷试验"，并不能保证"热试验"万无一失。按照预定的弹道，核导弹要从兰新铁路飞过，那附近有5万居民。周恩来总理问，核导弹落在那里的可能性有多大？科研人员经过计算，回答说：概率为十万分之六。毕竟还有十万分之六的可能性呀。周恩来总理指示，这次发射一定要严肃认真、周到细致、稳妥可靠、万无一失。为了保险，必须临时全部撤离这5万居民。另外，周恩来还指示，要对发射之后核导弹偏离预定轨道，做出预案——导弹上的安全系统将自动启动，在空中把核弹头炸成碎片，防止原子弹爆炸。

1966年10月8日、20日，周恩来两次主持中央专委会会议，专门讨论这次两弹结合试验。周恩来强调，这类试验，美国和苏联只是在海上进行的，我们在本土大陆上进行，一定不能出乱子。

钱学森曾经这样回忆周恩来总理：

> 那个时候周恩来总理抓我们这项工作，他提出来做这项工作的16个字方针，16个字就是"严肃、认真、周到、细致、一丝不苟、有错必究"，而且要达到这个要求，他又说有三高的要求，三个高字：第一个高是"高度的政治觉悟"，第二个高是"高度的组织纪律性"，第三个高是"高度的科学性"。

> 那个时候大概每个月或者三个礼拜，要开一次向他的汇报会，他的要求很清楚，所有负责各方面、各部分结构的负责人都要来。周总理就坐那里听我们的汇报，很细致、很耐心。汇报当中，周总理也有问题要解答。他记性非常好，你上一次汇报的数据如果跟你这次汇报数据不一样，他就问怎么上一次你说的不是这个数据？所以我们这些人去向总理汇报都要很小心，你上一次怎么说可得记住，这次如果也需要改变的话，就得说明为什么改变。有的时候，到下午六时还没完，总理就说那大家就在这儿吃顿晚饭吧，吃完晚饭再继续开会。有时候这样的会一直开到晚上10点还不停，开到11点甚至更晚，一直到会完了，我们离开人大会堂，向周总理说再见的时候，周总理还对我说："钱学森你别太累

着。"我心真是感动得流泪。我想你周总理比我累得多,他却跟我说这样的话。

经过周密的部署,经中央批准,中国首枚核导弹在1966年10月择机发射。

1966年10月24日晚,周恩来、叶剑英、聂荣臻、钱学森向毛泽东汇报"两弹"结合飞行试验的准备工作情况。聂荣臻提出要去现场主持试验。毛泽东批准了进行这次试验,同意聂荣臻到现场主持试验,并说:这次试验可能打胜仗,也可能打败仗,失败了也不要紧。

1966年10月27日9时,"东风-2A"核导弹点火升空,9分14秒后核弹头在距发射场894千米之外的罗布泊弹着区靶心上空569米高度爆炸。

"两弹结合",完全成功。从此,中国的核武器,不仅有弹,而且有了一支能够射向地球大多数角落的"枪"。

翌日——1966年10月27日,钱学森的大名出现在美国《纽约时报》头版的"新闻人物"栏里。美国情报机关一直"关注"着钱学森。他们知道,中国这次热核导弹的总策划是钱学森。

短短几年,中国在研制原子弹的道路上,成功地走出了三步:

第一步——1964年10月16日,首颗原子弹在102米高的铁塔顶部试爆成功。

第二步——1965年5月14日,用轰炸机在罗布泊上空成功地空投了一颗原子弹。

第三步——1966年10月27日,首枚核导弹试射成功。

美国当然明白钱学森在中国研

1966年10月27日,中国核导弹在甘肃双城子基地成功发射

制核导弹中的关键性作用，1966年10月28日，《纽约时报》在报道中这样写及钱学森：

> 一位15年中在美国接受教育、培养、鼓励并成为科学名流的人，负责了这项试验，这是对冷战历史的嘲弄。1950—1955年的5年中，美国政府成为这位科学家的迫害者，将他视为异己的共产党分子予以拘捕，并试图改变他的思想，违背他的意愿滞留他，最后才放逐他出境回到自己的祖国。

挚友郭永怀不幸遭遇空难

一步一个脚印，一步一个台阶。在核物理学家于敏、邓稼先的领导下，中国更上一层楼，着手研制威力比原子弹更大的氢弹。

1967年6月17日，在新疆罗布泊大漠上空，中国第一颗氢弹成功爆炸。

从原子弹到氢弹，苏联用了10年，法国用了8年，美国用了7年，中国只用了两年零八个月，创造了世界上最快的速度。

在中国制成氢弹之后，钱学森又一次承担重任——让导弹与氢弹相结合，试制中国的热核导弹。跟原子弹一样，如果氢弹不能与导弹相结合，就不能精确打击远程目标，就构不成威慑力。

有了制造核导弹的经验，制造热核导弹的进程要快得多。钱学森决定启用新的"东风-3号"中程地对地导弹，装载氢弹。

就在钱学森领导的研制任务即将完成，进入试射阶段，一桩意外发生的事故，给了钱学森沉重的一击。

那是1968年12月5日凌晨，一架从兰州飞往北京的民航飞机在即将着陆时突然失事，一头扎在了机场附近的玉米地里，发生剧烈的爆炸。这爆炸声结束了钱学森挚友、59岁的郭永怀教授的生命。

在清理事故现场时，人们发现两具被烧焦的遗体紧紧抱在一起，好不容易分开这两具遗体，在两人胸部中间有一个保密公文包完好无损。公文包里装的就是即将发射的热核导弹的相关试验数据文件。他们在生命的最后一刻，首先想到的是保护国家机密。这两位牺牲者，就是郭永怀教授和他的警卫员牟方东。

有关部门火速把这一不幸消息报告国务院总理周恩来。周恩来双眸被泪水模糊。沉默许久，他作出两点指示：一是马上彻查客机失事原因，二是在《人民日报》发布这次重大事故的消息。

钱学森也在第一时间得知郭永怀遇难的噩耗，陷入极度的痛楚之中。钱学森长叹道："一个全世界知名的优秀力学专家离开了人世！"

后来，钱学森在《写在〈郭永怀文集〉的后面》中深情地写道：

> 郭永怀同志因公乘飞机，在着陆事故中牺牲了。是的，就那么十秒钟吧，一个有生命、有智慧的人，一位全世界知名的优秀应用力学家就离开了人世；生和死，就那么十秒钟！[1]

为了中国核武器的研制，从1961年起，郭永怀和王淦昌就经常往返于北京与青海221厂之间。最初，221厂的厂房还没有建好，郭永怀和王淦昌住在帐篷里。青海221厂位于海拔3000米以上的高原，郭永怀的高原反应相当严重，但他仍坚持在221厂工作。这次，为了热核导弹的试验，郭永怀在青海221厂工作了45天。

周恩来总理曾经指示，为了安全，希望这些"两弹"科学家们尽量乘坐火车。然而，为了赶时间，郭永怀还是从青海乘坐火车到兰州，再改乘飞机前往北京。

顺便提一下，当郭永怀不幸遇难时，夫人李佩正在中国科学技术大学受到"审查"，罪名是"美国特务"。在"文化大革命"中，凡是有着留学经历的人，被安上个"美国特务"之类的罪名是轻而易举的。尽管郭永怀为国壮烈牺牲，李佩在1970年初还是随着中国科学技术大学迁到了合肥，留下因病在家休养的女儿郭芹独自一人在北京。从1970年到1973年底，她在合肥继续接受隔离审查，监督劳动……

由于郭永怀教授在我国原子弹、氢弹的研制工作中领导和组织爆炸力学、高压物态方程、空气动力学、飞行力学、结构力学和武器环境实验科学等

---

[1] 钱学森：《写在〈郭永怀文集〉的后面》，《郭永怀文集》，第332页，科学出版社1982年版。

研究工作，解决了一系列重大问题，1985年获国家科技进步奖特等奖。1999年被授予"两弹一星荣誉勋章"。

如今，在北京中关村中国科学院力学研究所大楼的右前方，安放着一尊白色的郭永怀教授石雕像。黑色的碑座上刻着"郭永怀教授，1909—1968"。

李佩是一位异常刚强的女性。她的丈夫郭永怀突然遇难，从此永远离开人世，她痛哭多日，她的悲伤是可想而知的。不料，后来她与郭永怀的独生女郭芹又因罹患癌症，先她而去。从此温馨的三口之家，只剩下孤零零的她。她战胜了不幸的命运，依然不停地工作。

2007年6月5日，李佩把30万元积蓄捐献给中国科学技术大学，设立"郭永怀奖学金"，以帮助优秀的青年学生。

2010年5月15日上午，笔者在中国科学院力学研究所采访她和她的同事，她从家里带来许多糖果招待大家。笔者和她一起吃中餐——盒饭。她很节省，把吃不了的盒饭打包，带回家去当晚饭。她说："我只一个人，把剩饭打包回家，足够我一顿晚餐了。"

笔者问起她最近忙什么。她说，一是主持中国科学院力学研究所的讲坛，从邀请嘉宾到主持会议，一手包办。长达数小时的讲座，她端坐在台下，仔仔细细听讲。二是组织了一批人把钱学森当年在美国发表的论文，译成中文。她不仅是组织者，而且亲自校阅每一篇译文。

笔者问她，如何评价钱学森？她说，钱学森不是一般的科学家，他是战

中国科学院力学研究所大楼前的郭永怀先生塑像

2010年5月15日上午，叶永烈在中国科学院力学研究所采访郭永怀先生的夫人91岁的李佩

略科学家，是从战略的高度考虑中国科学发展前景的科学家。

她还说，有的科学家是纯科学的科学家，而钱学森则是有技术背景的科学家。钱学森兼通理与工。

"导弹＋氢弹"

就在郭永怀不幸遇难之后，1968年12月11日、13日，周恩来总理主持召集中央专委会会议，听取钱学森关于"东风－3号"中程地对地导弹的试验报告。

12月14日，周恩来总理向毛泽东主席建议，批准这次热核导弹试验，并说："试验结果，无非成功或失败，即使失败，也可在发射过程中取得改进根据，以利再试。"

在热核导弹试验中，核弹头吊装、对接是最危险的环节，稍有不慎，后果不堪设想。在吊装对接的100多分钟时间里，钱学森一直站在导弹旁，给操作人员以极大的信心。钱学森当时说："危险面前如果我躲得远远的，人家战士心里怎么想？"战士们则说，有钱老在跟前，我们心里就踏实，身上就有劲。

经毛泽东主席批示同意，12月27日，我国第一枚热核导弹试验成功，由"东风－3号"中程地对地导弹运载的氢弹，第一次使用了钚作为核材料，爆炸当量相当于300万吨TNT炸药。这时，距离郭永怀遇难只有22天。

这是中国第二次完成的导弹核武器全试验。这两次试验表明，中国已经完全掌握了核导弹、热核导弹技术，此后中国再也没有进行过这样完整的导弹核武器全试验。

中国成为世界公认的核大国。

钱学森在回顾中国的"两弹"研制工作时说：

我们的科技人员爱国是一贯的，是有光荣传统的。聂老总有句评语说："中国科学家不笨！"的确如此。我还要说，中国的科学家聪明得很！而且中国科技人员都是拼命干的，外国人少有像中国人这样拼命干的。

那时中央专委的决定，要哪一个单位办一件什么事，那是没有二话的。决定也很简单：中央专委哪次哪次会议，决定要你单位办什么什么，限什么时间完成……也不说为什么，这就是命令！中央专委的同志拿去，把领导找来，命令一宣读，那就得照办啊！好多协作都是这样办的，有时候铁路运输要车辆，一道命令，车就发出来了。没这套怎么行呢？千军万马的事，原子弹要爆炸，导弹要发射了，到时候大家不齐心怎么行呢？当然，现在我们国家正在进行一系列体制改革，什么都用指令是不行的，但可以搞合同嘛！那也是合同说到的就要做到的呀。

曾经一段时间有那么一些误解，认为搞"两弹"是个错误，花那么多钱，没有用来发展生产，这还不是个别人的意见。我总是解释说："不是这样的。首先，我们搞'两弹'花钱比外国少，因为有党的领导，具体就是周恩来总理和聂帅在领导我们。再就是中国科技人员的优秀品质，所以完成了这个任务，损失最小，花费最少。"

当然，也不能说我们没有错误，也不是说一点冤枉钱都没花。中国的工业、科技那样落后，我还算是在国外接触了一点火箭、导弹的，但是一知半解。所以说不是没有犯错误，不能说一点钱没浪费，这是学费。但是总的看要比国外好得多，原因就是上面讲的两个方面。我还说："你说不该搞，那好；如果不搞，没有原子弹、导弹、人造卫星，那中国是什么地位？你要搞经济建设也不可能，因为没有那样的和平环境。"

2009年10月1日，新中国60华诞之际，第二炮兵的"东风31-A"型洲际核导弹方队，作为中国人民解放军三军的"压轴"方队，以无与伦比的威严阵势徐徐通过天安门广场，吸引了世界的目光。"东风31-A"型洲际核导弹使用固体燃料，可以隐藏于山地洞库，可以车载，具备公路机动性能，最大射程超过11000千米。国外评论说，这意味着中国可以把核弹投射到地球的任何一个角落，是中国的"撒手锏"，是中国军事硬实力的"王牌"。

中国政府明确宣告："第二炮兵遵守国家不首先使用核武器政策，贯彻自卫防御核战略，严格执行中央军委命令，以保证国家免受外来核攻击为基本使命。第二炮兵所属导弹核武器，平时不瞄准任何国家……"

中国的军事专家则指出："那些霸权国家，它对你是真担心还是假担心，真害怕还是假害怕，就是看你有没有洲际核打击能力。在地球上相隔很远的两个国家，近程、中程导弹都够不上，它根本就不害怕，反正你也打不着我。

但洲际导弹就不一样,它就具有全球覆盖能力。敌对的国家,不管它离你有多远,它都会对你产生恐惧心理。我国是一个有核国家,那么维持我们核国家的地位,真正对敌对势力产生震慑作用的,最主要的就是洲际核导弹。"

核导弹部队被誉为"中国实施战略威慑的核心力量""中国的和平盾牌"。这支中国国防的至关重要的核导弹部队,凝结着钱学森的智慧和贡献。正是在钱学森的主持下,1966年10月27日首枚核导弹试射成功,才有今日隆隆驶过天安门广场的第二炮兵的"东风31-A"型洲际核导弹方队。

中国自古就奉行"以戈止武""以戈止战"。中国只有拥有强大的导弹部队以至核导弹部队,中国的核导弹可以准确地命中世界的任何一个角落,这样才能起着强大的威慑作用,使得敌对势力不敢轻举妄动,达到"以戈止武""以戈止战"的目的。

"我们也要搞人造卫星"

在钱学森的领导下,新中国的"两弹一星"事业一步一登堂:

第一步——1960年11月5日,成功发射中国第一枚导弹"1059";

第二步——1966年10月27日,中国首枚核导弹试射成功;

第三步——发射中国首颗人造地球卫星。

这第三步,为"两弹"添上"一星",终于实现新中国的"两弹一星"伟业。

当苏联第一颗人造地球卫星上天不久,钱学森就认为,人类探索太空的时代到来了,中国也应当加入探索太空的队伍。钱学森与赵九章、郭永怀等一起研究相关问题。

赵九章是气象学、地球物理和空间物理学家。1955年当选中国科学院学部委

赵九章

员（院士）。他年长钱学森4岁，早年毕业于清华大学物理系。1935年，当钱学森赴美国留学的时候，赵九章赴德国留学。1938年获德国柏林大学博士学位。他回国之后，主持中央研究院气象研究所工作，成为继竺可桢之后中国现代气象科学的学科领头人。

1953年，中国科学院考察团出国考察，钱三强任团长，华罗庚、赵九章等都是成员。在长途飞行中，闲着无事，文学底蕴深厚的华罗庚作一嵌名联，上联为：

三强韩赵魏

这"三强"当然是指钱三强，而韩、赵、魏则是战国时期的三个强国，华罗庚用语双关。至于下联，无人能对，华罗庚只得自揭"谜底"：

九章勾股弦

华罗庚的下联一出，众人皆称赞是"绝对"。"九章"当然是指赵九章，而《九章》又是我国古代著名的数学著作，这本书首次记载了我国数学家所发现的勾股定理。

钱学森找赵九章商议，是因为空间科学与赵九章的气象学、地球物理、空间物理学专业有关。至于郭永怀，前已述及，是钱学森多年好友，力学家、应用数学家、空气动力学家，他们准备一起向中央建议，中国应当研制、发射人造地球卫星。钱学森还多次发表谈话，提出中国应当早日搞出自己的人造地球卫星。

毛泽东主席注意到钱学森的建议。1958年5月5日至23日，中国共产党第八届全国代表大会第二次会议在北京召开。5月17日，毛泽东主席在会议上说："我们也要搞人造卫星。"毛泽东还说，像美国那样只有鸡蛋大的，我们不抛。

美国的第一颗人造地球卫星只有8.3千克，毛泽东戏称为"只有鸡蛋大"。

毛泽东表态"我们也要搞人造卫星"，国务院副总理聂荣臻马上责成中国科学院和国防部第五研究院加以落实。"我们也要搞人造卫星"被列为1958年第一重要的科研任务，代称为"581"。钱学森受命担任"581"组组长，副组长是赵九章、卫一清，成员有杨刚毅、武汝扬、顾德欢、华寿俊等。另设技术小组，由钱学森和赵九章主持。经常参加"581"组会议的有陆元九、杨嘉墀、陈芳允、吕保维、马大猷、孙湘、孙健、王正、吴几康、施履吉等。在钱学森的主持下，1958年7月至9月，"581"组差不多每周开两到三次会，足见科学家当时对于落实毛泽东的"我们也要搞人造卫星"的指示是何等地重视。

1958年8月，钱学森主持起草了一份给党中央的报告，说明了发射人造地球卫星对于推动尖端科技发展的重大意义：

> 发射人造卫星，将使尖端科学技术发展加速前进，开辟新的科学技术研究工作的新领域，为导弹技术动员后备力量。同时，任何人造卫星的上天，是洲际弹道导弹成功的公开标志，是国家科学技术水平的集中表现，是科学技术研究工作向高层空间发展的必不可少的工具……围绕人造卫星的研究，将会把一系列工作带动起来，比如，高能燃料、耐高温合金、无线电子学、电子计算机和应用数学等。

国务院办公室召开了专门会议，研究中国卫星如何起步的问题。会后，由钱学森主持制定了人造卫星发展规划设想草案，提出了研制中国人造地球卫星分三步走的规划：

> 第一步，实现卫星上天；
> 第二步，研制回收型卫星；
> 第三步，发射同步通信卫星。

成功地发射人造地球卫星，这当然是第一步。

回收人造地球卫星，这涉及复杂的技术。人造地球卫星通常分为两类，即"不返回的"和"需返回的"。通信卫星、气象卫星和导航卫星在发射之后，按照既定轨道运行即可，并不需要返回，而军事侦察卫星由于当时是使用胶卷拍摄，必须返回。特别是载人飞船，必须在掌握回收技术之后才能发射，不然就和苏联的莱依卡同样的命运。要使卫星、飞船按预定时间、路线顺利返回地面，必须准确地控制卫星、飞船返回大气层的角度及制动火箭的点火时刻，这就需要地面和卫星上的程序控制做到准确无误。所以掌握回收技术是发展人造地球卫星必须迈出的第二步。

通常的人造地球卫星，是沿着一定的轨道绕着地球运行，而同步卫星的技术则要复杂得多。所谓同步卫星是指卫星围绕地球公转方向与地球自转方向一致、速度相同，从地面上任意一点看，卫星都是静止不动的。这种对地相对静止的人造地球卫星，通常用于转播电视以及用于通信，称为同步通信卫星。研制同步通信卫星，被列为中国发展人造地球卫星的第三步。

就其中的第一步"实现卫星上天"，又细分为三步，即：

第一步发射探空火箭；
第二步发射小卫星；
第三步发射大卫星。

在钱学森的领导下，"581"组制定了具体时间表，最初的方案是在1959年国庆10周年发射中国第一颗人造地球卫星。后来改为在1960年发射。

另外，"581"组对研制工作作了分工：研制用于发射人造地球卫星用的火箭，以国防部第五研究院为主；研制人造地球卫星及发射之后的观测工作，以中国科学院为主。

为了落实"581"计划，中国科学院成立了三个设计院：

第一设计院负责卫星总体设计和火箭研制，为便于与上海市合作，于1958年11月迁上海，改名为上海机电设计院；

第二设计院负责研制控制系统，分三个研究室，即姿态控制系统仿真、遥控遥测和运动物体控制；

第三设计院负责探空仪器研制与空间环境的研究。

据中国科学院党组书记、副院长张劲夫回忆：

卫星要上天，需要做很多工作。其中很难的一件事，就是所有装在卫星上面的仪器，要在地面上建一个基地，造成高空真空环境，仪器在这个地方运转先试验好；送生物上天，也要在地面模拟设备里边试验好。所以，最重要的是要在北京北郊建立高空模拟实验设备，就是卫星上天以后仪器怎样运转，在地面真空的条件下，所有的仪器、生物等等，都要先进行实验。再加上卫星本身，搞什么仪器等。[1]

为了培养人才，1958年在北京创办了以新兴学科为主的大学——中国科学技术大学，设立了一系列有关空间技术的课程，其中有钱学森主讲《星际航行概论》、赵九章主讲《高空大气物理学》、陆元九主讲《陀螺及惯性导航原理》等，后来这些学生成了我国航天科技的骨干。

张劲夫回忆说：

> 钱学森非常重视火箭的燃料研制工作，主持召开了全国的高能燃料会议，组织"四大家族"——北京、上海、大连、长春四大化学研究所，开展液体、固体高能燃料的研制。
>
> 钱学森提出，搞导弹主要看你火箭用什么燃料，火箭的燃料很重要。钱学森说一定要搞新的高能燃料。科学院要把科研重点放在开发自己的高能燃料上，这样火箭才能做得大，射得远。
>
> 每一种高能燃料研制出来后都要试烧，要试车，火箭的发动机、尾巴的喷管均要试验。我和钱学森商定，让科学院力学所承担这个任务，需要选一个实验基地，当时民航局给了我们一架专机，在北京上空转了几圈，我和钱学森坐在飞机上往下看，看了几遍就选定京郊山区的一片林地里面，成立力学所二部，由林鸿荪负责。林鸿荪是钱学森在美国大学教书时的学生，也回国到力学所工作……
>
> 因为钱学森、郭永怀他们有这方面的专长，实验基地的主要实验方向是先试验液氧，要把氧气变成液体，它需要低温。科学院在中关村建立了一座气体站，可以集中相当数量的氧气、氢气。既供应民用，也供应科研使用。科学院物理所洪朝生负责的低温实验室，专门研究低温，把温度降低，氧气就变成液体燃料了。首先用液氧，需把温度降到零下180摄氏度左右。但推力大的是液氢，可制成液氢的难度就大了。需要把温度降到零下250摄氏度左右，氢气才能液化。而且，氢气还容易爆炸。[2]

---

[1] 张劲夫：《请历史记住他们——关于中国科学院与"两弹一星"的回忆》，《人民日报》1999年5月6日。

[2] 张劲夫：《请历史记住他们——关于中国科学院与"两弹一星"的回忆》，《人民日报》1999年5月6日。

全国的高能燃料会议是在 1958 年召开的。笔者记得，当时正在北京大学化学系学习，在 1959 年参加了高能燃料硼烷的研制工作。那时候只知道"上面"交办这项研究工作，属于保密项目，并不知道要干什么用。硼烷是硼与氢组成的化合物，有 20 多种，燃烧时产生高热能。在老师指导下，笔者查阅了美国和苏联的化学文献，才知道硼烷可用作喷气式飞机和火箭燃料，用得最多的是乙硼烷。笔者在实验室参加了乙硼烷的制造工作。就化学合成而言，制造乙硼烷不算太难。乙硼烷有一股难闻的气味，燃烧时产生绿色的火焰。连笔者这样的大学生都投入到高能燃料的研制工作，足见当时对高能燃料的重视。

1958 年 11 月，中共中央政治局研究并决定拨两亿人民币专款用于研制人造地球卫星。

这样，在毛泽东主席作出"我们也要搞人造卫星"的指示之后，研制人造地球卫星的机构、规划、人员、资金都到位了。作为"581"组组长的钱学森，决心要尽早把中国第一颗人造地球卫星送上太空。

探空火箭从上海起飞

"581"组紧锣密鼓，朝着在 1960 年发射第一颗中国人造地球卫星的目标努力。就在这个时候，来了"降温"指示。

1958 年举国"大跃进"，导致国力空虚，"三分天灾，七分人祸"，当中国从虚幻的"大跃进"走出的时候，迎面便是冷峻的三年自然灾害。

中国科学院党组书记、副院长张劲夫回忆说：

> 由于三年经济困难，两位中央常委、副总理陈云、邓小平分别对我说："卫星还要搞，但是要推后一点，因为国家经济困难。"1959 年 1 月 21 日，我在院党组会上传达了中央书记处总书记邓小平的指示："卫星明年不放，与国力不相称。"[1]

---

[1] 张劲夫：《请历史记住他们——关于中国科学院与"两弹一星"的回忆》，《人民日报》1999 年 5 月 6 日。

这样，原定在1960年发射第一颗中国人造地球卫星的计划就取消了。

不过，"581"计划仍在进行，只是速度放慢了。按照"581"组规划中第一步"实现卫星上天"的第一步，是"发射探空火箭"。

钱学森指出，先放探空火箭和气象火箭，可以为研制运载火箭和放卫星积累经验。

1959年5月4日，钱学森主持了"和平1号"探空火箭协作分工会议，就遥测系统、箭上仪器、结构设计、弹道测量、与靶场挂钩问题作了具体安排。

紧接着，新成立的上海机电设计院迈出了可贵的第一步，在总工程师王希季（上海交通大学动力系主任）和副院长杨南生（1943年西南联大机械工程系毕业，1950年获英国曼彻斯特大学博士学位）主持下，开始着手制造中国第一枚探空火箭。这是中国的"581"计划从图纸走向实践的重要一步。

上海机电设计院设计制造了"T-7M"试验型液体燃料探空火箭，杨南生担任主任工程师。"T-7M"火箭从1959年10月开始研制，仅用三个月就完成了第一枚主火箭的装配。

上海南汇老港镇东进村被选中作为探空火箭的发射基地。

1960年2月19日，"T-7M"探空火箭竖立在东进村的简易发射场，准备发射。人们这样回忆当时发射场条件的简陋："发电站是用芦席围成的，顶上盖了一张油布；没有步话机，没有电话，连广播喇叭都没有，总指挥下达命令时，只能大声喊叫或用手势比画；没有专用加注设备，只能用自行车打气筒加注推进剂；没有自动遥测定向天线，只能靠人来转动天线。"

下午4点47分，竖立在20米高的发射架上的"T-7M"火箭点火发射，一举成功！

"T-7M"是由液体燃料主火箭和固体燃料助推器串联而成的两级无控制火箭。主火箭发动机燃烧剂为苯胺和糠醇，氧化剂为白烟硝酸。这枚火箭的起飞总重量为190千克，总长度5.3米，直径0.25米。火箭飞行高度为8千米——还

上海，中国第一枚探空火箭从这里起飞

不及现在的民航客机飞得高。

为了纪念"T-7M"火箭发射成功，1997年11月4日在火箭发射原址建立了纪念碑。

1960年4月18日，聂荣臻副总理在张劲夫、钱学森的陪同下，到上海视察"T-7M"探空火箭主发动机热试车。当时，上海郊区机场旁的一个过去侵华日军遗弃的废碉堡，被用作火箭发动机的试车台。聂荣臻元帅和钱学森冒雨站在这个碉堡外，通过观察窗观看发动机的点火和试车。钱学森当场发表讲话："中国人不比美国人差，我们在美国初期干的时候，也和这次差不多。中国人不必自卑。"

就在"T-7M"探空火箭发射成功三个多月后，1960年5月28日晚，毛泽东主席在中共上海市委第一书记柯庆施的陪同下，来到上海市新技术展览会，饶有兴味地在保密馆里参观了"T-7M"火箭。毛泽东在听取了关于"T-7M"火箭的介绍之后，问道："火箭能飞多高？"技术人员回答说："能飞8千米。"毛泽东高兴地说："8千米那也了不起。"他鼓励火箭研制人员说："应该是8千米、20千米、200千米搞上去！"[1] 毛泽东接着还说，搞它个天翻地覆！

1960年12月22日，钱学森（左三）在上海南汇探空火箭发射基地

[1] 张劲夫：《请历史记住他们——关于中国科学院与"两弹一星"的回忆》，《人民日报》1999年5月6日。

半年之后,"T-7M"探空火箭的发射高度达到了 60 到 80 千米。虽说这样的高度只是到达大气层的边缘,尚未进入太空,但是比最初的 8 千米已经大有进步了。其实,发射人造地球卫星,除研制卫星之外,关键在于火箭。如果火箭的高度穿越了大气层,进入太空,那就达到可以发射人造地球卫星的水准了。

1961 年 6 月起,在钱学森、赵九章的倡议下,中国科学院举办了 12 场"星际航行座谈会",探讨向太空进军。

1963 年,中国科学院成立了以竺可桢、裴丽生、钱学森、赵九章为领导的星际航行委员会,制订中国的星际航行发展规划。

起用年轻人挑起研制卫星的大梁

1964 年 11 月 23 日,国务院决定成立第七机械工业部(1982 年改称航天工业部),统一管理导弹工业的科研、设计、试制、生产和基本建设工作,加速导弹工业的发展。钱学森被任命为第七机械工业部副部长。

当时的八大机械工业部的分工如下:

第一机械工业部——民用机械工业部

第二机械工业部——核工业部

第三机械工业部——航空工业部

第四机械工业部——电子工业部

第五机械工业部——兵器工业部

第六机械工业部——船舶工业部

第七机械工业部——航天工业部

第八机械工业部——农业机械部

1965 年 1 月 4 日,第七机械工业部正式成立。

受到 1964 年中国"两弹"成功的鼓舞,再说中国经济从 1965 年起开始好转,曾经被"推后一点"的发射人造地球卫星计划,又被提到日程上来了。

钱学森认为,有了"东风-2A"导弹的成功经验,又有探空火箭的成功经验,已经为发射人造地球卫星打下良好基础。1965 年 1 月 8 日,钱学森向政府提出报告，建议早日制订中国人造地球卫星研制计划并列入国家任务。

钱学森在报告中指出：

> 自从苏联在1957年10月4日发射第一颗人造地球卫星以来，中国科学院及原第五研究院对这项新技术就有些考虑，但未作研制任务。现在看来，人造卫星有以下几种已经明确的用途：测地卫星、通讯及广播卫星、预警卫星、气象卫星、导航卫星、侦察卫星。重量更大的载人卫星在国际上的应用，现在虽然还不十分明确，但也得有所准备。现在我国弹道式导弹已有一定的基础，现有型号进一步发展，即能发射100千克左右重量的仪器卫星。这些工作是复杂艰巨的，必须及早开展有关的研究、研制工作，才能到时拿出东西。因此建议国家早日制订我国人造卫星的研究计划，列入国家任务，促进这项重大的国防科学技术的发展。

聂荣臻副总理非常重视钱学森的报告，批示"只要力量有可能，就要积极去搞"，并请张爱萍上将予以落实。

除钱学森之外，赵九章和吕强也分别就研制中国人造地球卫星向中央打了报告。

1965年1月，周总理批示科学院提出具体方案。于是，在1958年制定的研制人造地球卫星的"581"计划，此时被改名为"651"计划。

张爱萍召集张劲夫、钱学森、孙俊人等对中国人造地球卫星研制计划的方案进行讨论，并于1965年4月29日以国防科委的名义向中央专门委员会打了报告——《关于研制人造卫星的方案报告》，提出拟于1970—1971年发射中国的第一颗人造地球卫星。

1965年8月，周恩来主持中央专门委员会第十二次会议，这次会议确定将人造地球卫星研制列为国家尖端技术发展的一项重大任务。中央专门委员会批准了《关于发展中国人造卫星工作的规划方案建议》（该建议于1966年修订形成了《发展中国人造卫星事业的十年规划》）。

会议强调，只要是"651"需要的，全国的人、财、物，不管是哪个地方、哪个单位的，一律放行，全面绿灯。

1965年7月1日，《中国科学院关于发展我国人造卫星工作的规划方案建议》呈报到中央专委。

8月中旬，中国科学院决定成立三个组织：

卫星任务领导小组，组长谷羽（胡乔木夫人），副组长杨刚毅、赵九章；

卫星总体设计组，组长赵九章，副组长郭永怀、王大珩；

卫星任务办公室，主任陆绶观。

1965年11月底，中国第一颗人造地球卫星的总体方案初步确定，各分系统开始了技术设计、试制和试验工作。

1966年1月，中国科学院设立卫星设计院，代号为"651设计院"，公开名称为"科学仪器设计院"，赵九章被任命为院长，启动了第一颗人造地球卫星工程，而钱骥则被任命为副院长兼卫星总设计师，杨刚毅任党委书记。上海机电设计院在王希季总工程师的主持下，进行第一颗人造地球卫星的运载火箭方案的总体论证和返回式遥感卫星方案探讨。

当卫星总设计师钱骥奉命向周恩来汇报人造地球卫星设计方案时，周恩来一语双关地说，我们的卫星总设计师也是姓钱啊？我们搞尖端的，原子弹、导弹、卫星，都离不开"钱"啊。[1]

然而"651"计划正准备实施，"文化大革命"开始了。没有吸取1958年的"折腾"的教训，刚刚能够吃饱饭的中国又开始"折腾"。"651"计划受到"文化大革命"的严重干扰。中国科学院乱成一锅粥。

为了保证研制中国人造地球卫星的工作在"文化大革命"中不受干扰，1966年12月，中央专委决定人造地球卫星的研制任务由国防科委全面负责。

1967年初，按照钱学森的建议，聂荣臻副总理向中央呈送报告，提出了组建"中国卫星飞船研究院"的建议，后来这个研究院改名为"中国空间技术研究院"。

不过，在1967年2月的所谓"反击二月逆流"中，聂荣臻元帅也被打倒了。聂荣臻兼任国防科委主任，他被打倒，严重影响了国防科委所担负的中国人造地球卫星的研制工作。

经过中央批准，1967年8月成立了空间技术研究院筹备处（又称"651"筹备处），由钱学森担任筹备处负责人。

1967年9月，中国科学院终于完成了中国第一颗人造地球卫星方案论证。

---

[1] 张劲夫：《请历史记住他们——关于中国科学院与"两弹一星"的回忆》，《人民日报》1999年5月6日。

1967年11月，国防科委批准了由钱学森代表空间技术研究院筹备处提出的编制方案，确定了研究院的任务以及各组成单位的方向、任务、分工等。

在筹备空间技术研究院的时候，钱学森起用一位年轻人挑大梁，他就是当时只有38岁的孙家栋。

叶永烈与孙家栋院士（2009年12月5日）

在国防部第五研究院，孙家栋是钱学森手下的一员大将。经钱学森推荐，孙家栋调至空间技术研究院担任人造地球卫星的总体设计。从此，孙家栋成为钱学森的得力助手，对中国的空间科学作出重大贡献。

孙家栋于1948年考入哈尔滨工业大学预科。后来参加空军。1951年被空军选派到苏联莫斯科茹科夫斯基空军工程学院学习飞机设计。1958年毕业，因成绩优异，获得全苏斯大林金质奖章。回国后被分配到国防部第五研究院第一分院从事导弹研制工作。

孙家栋记得，在"1967年建军节前三天的一个下午"，上级突然派人向他宣布："为了确保第一颗人造卫星的研制工作顺利进行，中央决定筹备组建中国空间技术研究院，由钱学森任院长。钱学森向聂荣臻推荐你了，根据聂老总的指示，决定调你去负责第一颗人造地球卫星的总体设计工作。"

孙家栋一上任，根据钱学森的指示，就是要为研制第一颗人造地球卫星挑选一批精兵强将。当时，第七机械工业部的"915""916"两大造反派正在激烈内斗，孙家栋排除"文化大革命"的干扰，花费两个月，挑选了18位业务骨干。后来这些人成为中国空间科学的中坚力量，人称"十八勇士"。

1967年12月，孙家栋主持第一颗人造地球卫星研制工作会议，审定了总体方案和各系统方案，从此中国的人造地球卫星研制工作扎扎实实地开展起来。钱学森欣慰地说道："看来，把孙家栋找来还是对的，他的确敢干事，会干事。"

1968年2月20日，经毛泽东主席、国务院、中央军委批准，国防科委筹备组建的空间技术研究院正式成立，中国科学院从事人造地球卫星研制的部门划归空间技术研究院，任命钱学森为首任院长，全面负责人造地球卫星的研制以及空间科学研究工作。

从此，中国的空间科学研究，有了统一、权威的研究机构。原本分散各地的中国空间科学研究部门，包括中国科学院卫星设计院、自动化研究所、力学研究所分部、应用地球物理研究所、电工研究所、西南电子研究所、生物物理研究所、兰州物理研究所、北京科学仪器厂、上海科学仪器厂、山西太谷科学仪器厂、第七机械工业部第八设计院（原上海机电研究院）、军事医学科学院第三研究所等单位，全部纳入空间技术研究院，成为一个由钱学森统一领导的集团军。

空间技术研究院下属总体设计部、空间控制技术研究所、空间电子技术研究所、空间物理及探测技术研究所、电火箭研究所、宇宙医学与工程研究所、真空技术研究所、北京科学仪器厂、上海科学仪器厂等12个单位，员工共计8570人。

空间技术研究院的主要任务是负责国家空间技术研究的抓总工作，拟订国家空间技术研究规划，负责组织、实施和协调空间技术研究工作，负责空间飞行器的研究、设计、试制、试验和生产等。

空间技术研究院的成立，为中国空间科学的发展奠定了重要的基础。

周恩来总理明确指出，研制人造地球卫星由"651总抓，由国防科委负责，钱学森参加"。

1968年3月6日，钱学森对研制人造地球卫星工作提出明确的要求："总的要求是卫星不放则已，一放就成功。"

钱学森统观全局，提出重要建议，即在当时研制成功的"东风-4号"导弹的基础上，加上探空火箭的经验，设计制造发射人造地球卫星用的运载火箭，不必另起炉灶。

自从1964年6月29日"东风-2号"导弹发射成功之后，1966年12月中程导弹"东风-3号"发射成功，1968年中远程导弹"东风-4号"发射成功，钱学森认为，可以在"东风"型系列导弹的研制经验上，制造人造地球卫星运载火箭。

后来的实践表明，钱学森的这一建议，大大节省了时间和人力、物力。发射中国第一颗人造地球卫星的运载火箭"长征-1号"，就是在"东风-4号"导弹的基础上，加了一个固体燃料推进的第三级火箭所组成的。这样，中国逐步形成"东风"系列的导弹、"和平"系列的探空火箭、"长征"系列的运载火箭。

1968年6月下旬，研制"长征-1号"运载火箭遇到一个大难题：为了解决"长征-1号"的滑行段喷管控制问题，进行滑行段晃动半实物仿真试验，发现晃动幅值达几十米！

钱学森在指导火箭发射任务

第七机械工业部第一研究院的研制人员经过反复讨论，百思不得其解，只得请教钱学森。

钱学森来到现场，仔细观看之后，认为晃动幅值那么大是由于在地面进行试验所造成的，进入太空之后不会产生这样的现象。钱学森如同一位高明的医生，对"病症"作出明确的判断："滑行段在近于失重状态下，原晃动模型已不成立，此时流体已呈粉末状态，晃动力应该很小。所以地面上进行的这种模拟实验，并不代表空间运行的真实情况，不会影响飞行。"

钱学森的判断是很大胆的。后来在"长征-1号"运载火箭的多次飞行中，都证明钱学森的判断完全正确。

钱学森在"两弹一星"的研制工作中，屡次解决重大的技术难关，所以科研人员都打心底里佩服钱学森的学识。

"富有人情味"

从1960年来到钱学森身边，直到1975年调离，整整15年，刁九勃是所有警卫人员中任期最长的。刁九勃如影随形工作在钱学森左右，他起早摸黑，兢兢业业，没有休息日，他始终记住刘有光少将对他说的话：把钱学森的生活照顾好了，把钱学森的安全保卫工作做好了，就是对国防科学研究的重大贡献。

当时，刁九勃的妻子在沈阳，有一回给他寄来包裹，他只能在中午钱学森休息时，赶紧骑自行车到邮局去取。妻子来北京，刁九勃也只能去招待所看望一下，然后马上回到工作岗位。

刁九勃说，在钱学森身边工作15年，唯一一次失误是在1970年4月24日。那天，中国第一颗人造地球卫星在酒泉卫星发射中心成功发射，他陪同钱学森在酒泉基地。在庆祝胜利的晚宴上，大家互相敬酒，刁九勃开怀痛饮，喝了15杯茅台酒，还喝了3杯西凤酒。回到招待所，刁九勃就呕吐，然后呼呼大睡。翌日，当刁九勃酒醒，已经是上午11时了！刁九勃赶紧跑去找钱学森，钱学森早就离开那里。据招待所服务员转告，首长知道刁九勃昨晚呕吐，就关照让他好好休息……

对于那一次失误，刁九勃刻骨铭心，而钱学森并没有批评他。从那以后，刁九勃再也没有在工作中出差错。

还有一件事，也令刁九勃难忘：

钱学森有着严格的生活规律和作息制度。每天中午，钱学森都要午休。一天吃过中饭，钱学森照例躺在沙发上午睡。

没多久，刁九勃接到中共中央办公厅的紧急电话，说是毛泽东主席要接见钱学森。

刁九勃的第一反应是给司机打电话，叫司机马上备车。然后他给钱学森打电话，钱学森没有接。刁九勃知道钱学森向来入睡甚快，可能已经睡着，没有接电话。刁九勃赶快上楼，敲钱学森的书房的房门，屋里没有反应。刁九勃大声地敲房门，依然没有反应。刁九勃只好找出备用钥匙，打开了钱学森书房的房门，向钱学森报告了来自中共中央办公厅的通知。

钱学森一听，霍然从沙发上跃起，告诉刁九勃："请通知司机，赶紧出发！"

刁九勃说："轿车已经在楼下等候了。"

在刁九勃陪同下，钱学森迅速上了红旗轿车，出发了……

刁九勃记得，他刚担任钱学森警卫秘书没几天，就随钱学森出差青岛。从此刁九勃跟随钱学森走遍全国，随时随刻保卫钱学森。到钱学森2009年去世时，总共换过8任警卫秘书。

对于钱学森的印象，刁九勃说，钱学森很和气，对下属非常体谅，从来没有见到他发火，富有人情味。就拿那次在酒泉喝酒误事来说，钱学森认为，刁九勃在庆贺中国第一颗人造地球卫星发射成功的大喜日子里多喝了几杯，人之常情，所以没有批评他。

刁九勃笑谓，钱家分"两派"，即"男派"与"女派"。

"男派"以钱学森为代表，包括父亲钱均夫、儿子钱永刚，特点是话语不多，非常细心。刁九勃记得，有一回他画图，需要圆规，就到钱永刚的书桌抽屉里找了一个。钱永刚放学回家，马上就发觉有人翻过他的抽屉，对刁九勃说："刁叔，你怎么翻我的抽屉啦？"

"女派"以蒋英为代表，包括蒋英的母亲、女儿钱永真以及蒋英的奶妈，热情外向，大大咧咧，丢了东西都不知道。刁九勃说，你只要给蒋英的母亲做了什么事，她总是一而再、再而三向你道谢。蒋英也非常关心工作人员的生活，每逢过年，总是给大家发糖果，表示感谢。后来，钱永真去了美国，在回国探亲时给"刁叔"带来茅台酒。刁九勃在感谢之余问道，为什么不在国内买？钱永真说，她在国内一不小心也许买的是假茅台酒，而在美国商店里，卖的是正宗的茅台酒。虽然从美国带茅台酒增加了旅行的负担，但是送给"刁叔"一定要是正宗的茅台酒。看得出，钱永真如今也粗中有细了。

刁九勃回忆说，钱学森滴酒不进，而蒋英酒量乃女中豪杰。在一次宴会上，蒋英与郭沫若互相连连敬酒，郭沫若当场说："甘拜下风！"

刁九勃说，那一时期钱学森把全部身心都投入工作。尤其是在 1962 年 3 月"东风 -2 号"火箭发射失败之后，钱学森夜以继日扑在工作上。为了寻找"东风 -2 号"的失事原因，刁九勃记得，一连好几个月，每个星期天上午，任新民、屠守锷、梁守槃这几位专家总是要来到钱学森家。他们在客厅里开小会，反复研究"东风 -2 号"的失事原因。他们最后查明，是火箭尾部发动机酒精和液氧的喷嘴排列出了问题。钱学森深有体会地说，很多问题看似复杂，其实就是一层窗户纸，一捅就明白了。

郭永怀是钱学森的挚友。不过，郭永怀来到钱学森家，只述友情，不谈工作。因为郭永怀做的是另一摊子的工作（原子弹研究），按照当时严格的保密制度，连钱学森跟郭永怀之间都不能谈彼此的研究情况。

为了使钱学森能够在紧张的工作中得以舒缓，刁九勃有时安排钱家在星期天出游。那一天，成了钱家老少最高兴的日子。不过，刁九勃事先要忙上一阵子，要把钱家出游计划上报，要与景区公安部门取得联系，以保障钱学森一家的出游安全。出游时乘车，永刚坐在"刁叔"身旁，而小妹永真则坐在"刁叔"的膝盖上。

415

在"文化大革命"的风暴中

1966年5月16日,关于"文化大革命"的纲领性文件《五一六通知》获得通过,从此中国蒙受10年的"文化大革命"大灾大难。

跟1957年的"反右派斗争"十分类似,一颗又一颗震撼弹在钱学森身边爆炸,只是这样的爆炸烈度远远超过了1957年的"反右派斗争"。

第一颗震撼弹来得那么快,就在《五一六通知》之后的第5天,突然在国防科委传出惊人的消息:5月21日清早8时,聂荣臻元帅办公室里接到电话,一个小女孩在电话中说,她爸爸突然患病,快不行了。

聂荣臻办公室的值班秘书一听,就知道小女孩说的爸爸,就是安东。安东少将长期以来是聂荣臻元帅副手,担任过聂荣臻机要秘书、办公室主任,当时是国防科委常务副主任。安东家与聂荣臻相邻。聂荣臻办公室的值班秘书立即奉聂荣臻之命赶往安东家,安东已经昏迷在地,送往医院急救,已经无回天之术。安东终年仅48岁。

安东的突然死亡,震撼着国防科委,震撼着钱学森——钱学森当时是国防科委副主任。

起初,安东被怀疑为心脏病猝发而死。但是,安东只有轻度心脏病,不致猝死。尸检报告表明,安东是因误服了大剂量的安眠镇静药"眠尔通",导致中枢神经麻痹而死亡。

实际上,安东是受到"文化大革命"冲击,一时想不开而死,但是后来康生插手安东之死的调查,声称安东有着"国际背景",是"畏罪自杀"。所谓"国际背景",也就是指安东"里通外国"。康生等借安东之死大做文章,目的是借此攻击、打倒聂荣臻元帅[1]。

果真,随着"文化大革命"大潮的兴起,聂荣臻元帅不断遭到"批判""炮

---

[1] 由于聂荣臻元帅仗义执言,在1972年国防科委有关领导经慎重研究,最后以国防科委党委的名义,经中央军委批准后,给已故多年的安东将军,作出了"没有政治问题,按病故人员对待"的正式结论。

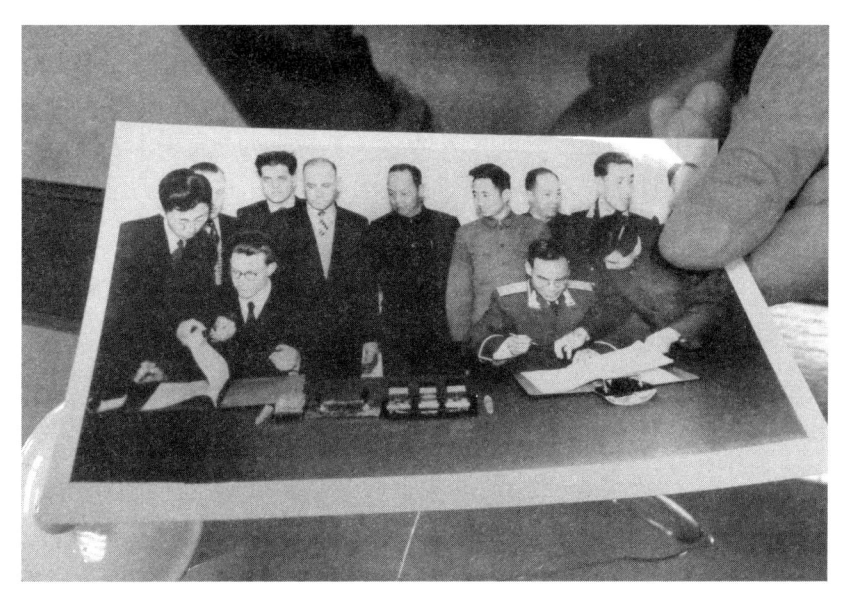

任新民指着照片说，后排右四就是安东少将

轰"。1967年2月，聂荣臻、陈毅等人质疑"文化大革命"，被扣上"反对毛主席的革命路线""反对无产阶级文化大革命"等罪名，称作"二月逆流黑干将"。

当时北京赫赫有名的红卫兵组织——"北航红旗"（即北京航空学院"红旗战斗队"），派出一大批红卫兵在国防科委前面静坐，就要揪出国防科委的"黑霸天"——聂荣臻。这样的静坐，一坐就坐了40多天。顿时，国防科委被红卫兵搞得乱糟糟的。作为国防科委副主任的钱学森就在这样的乱糟糟的环境中工作。

1969年10月18日，根据林彪所谓"第一个号令"，以加强战备，防止敌人突然袭击为名，把聂荣臻从北京"疏散"到郑州。

连聂荣臻元帅都受到"文化大革命"的猛烈冲击，这完全出乎钱学森的意料。钱学森当然也成为造反派攻击的目标。所幸钱学森是著名科学家，而且多次受到毛泽东主席和周恩来总理的接见，在"文化大革命"中造反派们对钱学森多少还有点顾忌，不敢冲击钱学森。

钱学森受到周恩来总理的点名保护。不然，钱学森光是曾经担任"美军上校"、岳父蒋百里是蒋介石手下要员这两条，在"文化大革命"中就够他呛！

1966年在"文化大革命"闹剧刚刚开始的时候，6月23日，聂荣臻与李富春在听取中国科学院汇报"文化大革命"情况时，就明确指出，要向中央建议，要保护像钱学森、华罗庚这样的著名科学家。

1966年国庆节，周恩来亲自安排60名有代表性的科学家上天安门观礼，其中就有钱学森。翌日，这60名科学家的名单见报，这是对钱学森等科学家一种特殊的保护。

跟警卫秘书刁九勃的回忆一样，食品化验员段恩润说，钱学森回国之后最困难的日子是在"文化大革命"期间。那时候，第七机械工业部很乱，有人贴钱学森的大字报，还有人贴蒋英的大字报。由于周恩来总理的保护，钱学森才没有受到批斗。[1]

1967年1月23日晚上10点多，第七机械工业部造反派"夺权"，非要担任第七机械工业部部长的王秉璋以及钱学森等五个副部长出席会议不可。钱学森只得去了。

大约是受到当时一部"无产阶级电影"《夺印》的影响，那时候造反派夺权，很重视夺"印把子"——大印。第七机械工业部的"九一六"造反派用焊枪割开了保险柜，从中拿到第七机械工业部的大印，算是"夺权"获得胜利的标志。

"夺权"大会开了一通宵，震耳的口号声也喊了一通宵。钱学森过于劳累，当场休克，被紧急送往医院救治。这是钱学森第一次经受那"既不是革命的又不是文化的更不是无产阶级的"所谓"无产阶级文化大革命"的冲击。

在"文化大革命"中，蒋英也准备到"五七干校"劳动。考虑到钱学森需要人照顾，而且蒋英体弱也不适宜在"五七干校"劳动，经过有关部门的帮助，总算让蒋英留在北京。

卫星设计院院长赵九章就没有那么幸运，他是国民党元老戴季陶的外甥，年轻时做过戴季陶的机要秘书，在"文化大革命"中被斥为"历史反革命"，受到无穷尽的折磨。钱骥在1965年曾经主持提出《我国第一颗人造卫星方案设想》的报告，此时也被打入"牛棚"，罪名是"特务"！

赵九章留学德国的时候，就结识乔冠华。在他受到造反派的日夜拷问时，想起打电话给乔冠华求救，因为当时乔冠华担任外交部副部长，跟周恩来总理过往密切，会把他的苦难处境向周恩来反映。无奈他被抄家的时候，通讯

---

[1] 2010年5月15日下午，叶永烈在北京采访段恩润。

录被抄走,他找不到乔冠华的电话号码。

据目击者称,赵九章遭到造反派的残酷批斗,头上被戴上了"反革命"的高帽子,胸前挂着"大特务"的铁牌子,每天被押着四处游行。

1968年10月11日凌晨2时,赵九章服用过量安眠药,离开了人世。中国研制人造地球卫星工作,失去了一位挂帅的著名科学家。周恩来总理得知赵九章自杀的噩耗,热泪盈眶。

其实,就在十多天前,一封印有中华人民共和国国徽的请柬在国庆节的前三天已经发到了中国科学院,邀请赵九章出席国庆观礼。但是造反派扣压了这封请柬。倘若赵九章收到这封请柬,也许不会走上绝路。

就在赵九章自杀前不久,1968年6月8日,第七机械工业部两派发生大规模武斗,钱学森的部下、703所所长姚桐斌被造反派在混乱中用钢管猛击头部。即便如此,造反派仍架起他就走。途中,他脚上的鞋袜全被拖掉了,也没人理睬,照样将他光着脚丫拖到了所谓的"左派"总部,然后接着拷打。姚桐斌连话也说不出来。他靠在一张木椅上,两眼发直,随后便瘫在了地上……

姚桐斌就这样被活活打死,年仅46岁!当时的罪名是"反动学术权威"!

姚桐斌是导弹和航天材料与工艺技术专家,1945年毕业于交通大学,1947年赴英国伯明翰大学工业冶金系留学,1951年获博士学位,1954年赴联邦德国亚亨工业大学冶金系铸造研究室任研究员兼教授助理。在国外工作期间已经参加了中国共产党。1957年回国后,历任国防部第五研究院一分院材料研究室研究员、主任,材料研究所所长。1999年中共中央、国务院、中央军委授予姚桐斌"两弹一星功勋奖章"。

周恩来总理得知姚桐斌教授惨死,极为震怒,说道:"姚桐斌是我从海外要回来的专家,国家需要这样的专家!"他派协助自己工作的粟裕将军前往第七机械工业部调查,严办凶手,并要部军管会开列了一份对重要科学家的保护名单,钱学森名列第一位。

在"文化大革命"中,钱学森的友人之中除赵九章、姚桐斌这样著名的专家惨遭非正常死亡之外,北京大学数学力学系教授董铁宝也走上非正常死亡的不归路。

力学专家董铁宝教授是钱学森的校友、同行,1939年毕业于交通大学,1945年去美国,1949年取得博士学位,1956年与夫人梅镇安一起带着三个年幼的孩子绕道欧洲历时三个月终于回到祖国。

当钱学森出任中国科学院力学研究所所长时，曾经与同为力学家的董铁宝教授有过许多交往。

然而，董铁宝在"文化大革命"中成为北京大学数学力学系"重点审查"的对象，被非法关押在北京大学28楼，遭到体罚和殴打。据当时一起遭到"隔离审查"的同事说，有一种体罚是"抱树"，要人长时间站在树前，张开双臂作抱树状，但是不准以手触树。还有一种惩罚是中午时分仰脸睁眼看太阳，如果闭眼，就遭打。还有所谓"熬鹰"，连续几天几夜审讯，不准睡觉。有人被捆上双手吊起来拷打。至于打耳光则是家常便饭。董铁宝夫人梅镇安几度要求进28楼见丈夫，均遭拒绝。一天傍晚董铁宝趁看守人员不注意，离开28楼，吊死于一棵树上。

作为钱学森研究团队中的骨干、火箭燃料专家、中国科学院大连化学物理所研究员萧光琰，在"文化大革命"中则遭受灭门之灾。

萧光琰1942年毕业于美国坡摩那大学化学系。1945年获美国芝加哥大学物理化学博士学位。1951年回国。

在1968年的"清理阶级队伍运动"中，萧光琰被关押，在遭到残酷的殴打之后，身上鞭痕累累，于12月10日服用过量安眠药自杀身亡。三天后，他的妻子、美籍华人甄素辉和15岁的女儿萧络连一起自杀，一家三口悲惨地离开这个世界。

跟钱学森有着密切关系的"两罗一李"，在"文化大革命"中也惨遭厄运，罪名竟然都是"特嫌"！

钱学森与"两罗一李"的友情，开始于美国加州理工学院。"两罗一李"都是从美国归来，所以套用"文化大革命"中流行的"公式"——"曾经被捕皆叛徒，曾经留洋皆特务"，把他们打成"特务""特嫌"，易如反掌。

"两罗"即罗时钧、罗沛霖。

罗时钧，空气动力学家。罗时钧就读于加州理工学院时，在钱学森指导下获得了博士学位。此后，1950年8月罗时钧从美国回国的时候，又因他是钱学森的学生，被非法关押于日本达三个月之久。钱学森回国之后，来到哈尔滨，当时提出要去"哈军工"——中国人民解放军军事工程学院，就是为了看望在那里工作的罗时钧。当钱学森出任国防部第五研究院院长时，曾经点名要调罗时钧到国防部第五研究院工作。由于"哈军工"的教学工作离不开，罗时钧被留在"哈军工"继续执教。

在"文化大革命"中,"哈军工"的红卫兵们冲冲杀杀,闻名全国。灾难降临在罗时钧教授头上,他被戴上"派遣特务"的莫须有的罪名,遭到残酷的折磨,以致双脚被红卫兵烫烂。罗时钧教授的夫人、外语教研室冷怀莹讲师被迫害致死。由于钱学森出面拯救罗时钧教授,这才使他走出"牛棚"。

另一"罗"——罗沛霖,像他这样的"红色科学家",在"文化大革命"的险风恶浪中照理应当安然无恙。不料,在1968年,罗沛霖也遭到隔离审查,罪名是"特嫌"。

罗沛霖

"红色科学家"怎么会变成"特嫌"的呢?

原因相当离奇:罗沛霖的妻子杨敏如教授,是翻译家杨宪益的妹妹。杨宪益与夫人戴乃迭因合作用英文翻译全本《红楼梦》、全本《儒林外史》等多部中国文学名著而享誉西方。戴乃迭是英国人。在"文化大革命"中,造反派发挥充分的"想象力",把戴乃迭打成"英国间谍"。1968年4月27日,杨宪益与夫人戴乃迭作为"英国间谍"而被捕入狱。"文化大革命"讲究株连,一下子就株连到杨敏如,还株连到罗沛霖,都成了"特嫌"。

后来杨敏如是这样回忆的:"杨宪益与夫人戴乃迭一被捕,我和罗沛霖立刻就都是'特嫌'了。罗沛霖遭到隔离审查,回不了家了。我很快地也被隔离了。家都完了。我母亲立刻就被拉去扫街了。作为'特嫌'写交代,你知道我多难写吗?就是要写杨宪益与夫人戴乃迭进监狱以前的十天,每天有什么来往都得写。一段一段地写。今天什么时候见到乃迭的?你们都说了什么话?你为什么送她一个被子?他们难道没有棉被吗?你送的棉被里有什么东西?把棉被都撕了,查里头有什么东西。那简直就像特务来了一样!"

至于"两罗一李"中的一"李",就是郭永怀夫人李佩,同样是"特嫌"。

从聂荣臻元帅48岁的秘书安东将军之死,到46岁的导弹和航天材料与工艺技术专家姚桐斌被用铁棍打死;

从卫星设计院院长赵九章自杀身亡,到力学专家董铁宝教授上吊于北京

大学校园树上,直至火箭燃料专家萧光琰一家三口惨死;

钱学森的好友"两罗一李",个个被打成"特嫌",就连动员钱学森回国的"红色科学家"罗沛霖也无法幸免。

面对这无端的迫害、"残酷斗争",钱学森陷入了迷惘,陷入了困境。

"武力保护"钱学森

第七机械工业部在"文化大革命"中依然武斗不息。1969年8月9日,周恩来甚至说要"武力保护"钱学森!

那是在下午1时至4时45分,周恩来在国务院会议厅主持召开国防工办、国防科委和二机部负责人参加的会议时,批准几百人应保护的名单,并提出必要时"可以用武力保护"。

周恩来在会上宣布:"部里由钱学森同志挂帅,杨国宇同志为政委。你们两个负责。你(指杨国宇)是政治保证,他(指钱学森)和其他专家要是被人抓走了,不能正常工作,我拿你是问!"

周恩来对杨国宇说:"这些同志都是搞国防科研的尖子。即使不是参加某工程的,也要保护。当然不一定都要专门派卫兵,主要是从政治空气上保护他们,不许别人侵犯他们,抓走他们。如果有人要武斗、抓人,可以用武力保护。总之,你的任务就是要想尽一切办法,使他们不受干扰,不被冲击。"

警卫秘书刁九勃回忆说,最感吃力、最感迷茫的日子是在"文化大革命"期间。

那时候,钱学森担任第七机械工业部副部长,而第七机械工业部在"文化大革命"中出现的大大小小的派别组织不下几百个,后来形成两大派,即"九一五派"和"九一六派",两派斗争非常激烈。"九一五派"是1966年9月15日成立的,"九一六派"是1966年9月16日成立的。第七机械工业部在"文化大革命"中,成了"老大难"单位。在第七机械工业部,有人贴钱学森大字报。由于周恩来总理点名保护钱学森,使钱学森在"文化大革命"中免受冲击,但是钱学森也不得不出席一些群众性集会。

在那种混乱的场合,刁九勃寸步不离钱学森。可是,当时处于大动荡的时候，很多领导被打成"走资本主义当权派"，有一年多没有人过问刁九勃的工作。刁九勃说，没有人过问，他就"自力更生"，照样严格做好钱学森的保卫工作，没有出任何组织纰漏。

在"文化大革命"中，不光是第七机械工业部一片混乱，连国防科委也陷入混乱。在1974年"批林批孔"，国防科委系统的造反派们流传着这样的怪话："一个儒家（陶鲁笳，当时的国防科委主任，"儒家"是鲁笳的谐音），两个专家（钱学森、朱光亚），就缺法家。"他们期待以所谓的"法家"来取代陶鲁笳。

1975年5月19日，中共中央军委第十三次常委会议，听取国防科委和七机部的工作汇报。重新复出的邓小平针对七机部的派性问题，明确指出：不准再打派仗，凡是打派仗的，坚决按中央九号文件办。不管什么老虎屁股都要摸。七机部领导班子要勇敢地干工作，不要怕说错话。说错话，有错误，这不要紧，做工作没有错误不可能，错了就改嘛。只要你们大胆工作，错了我们负责。大字报一万张都不怕。要告诉那些搞派性的人，现在再搞派性就是顽固的资产阶级派性。要规定一个期限，从7月1日这天开始，凡继续闹派性的坚决调开，你们调不动，军委调。不管你老资格、新资格，干了多少年革命，都一样。不这样不可能把事情办成。

经过邓小平的大力整顿，七机部的派性问题总算逐步得到解决。

由于钱学森受到保护，在"文化大革命"中曾经多次参加外事活动，他的名字见之于《人民日报》——这在"文化大革命"中是十分重要的。

据1971年8月19日《人民日报》报道：8月4日下午周恩来总理会见并宴请了杨振宁博士，"参加会见的有郭沫若、傅作义、吴有训、竺可桢、刘西尧、丁江、钱学森、朱光亚、周培源、华罗庚、王竹溪、张文裕、王承书、邓稼先、黄昆、黄宛、钱伟长以及杜聿明夫妇和杨振宁博士的弟妹等"。

据1973年10月5日《人民日报》报道：10月4日中国科学院副院长、全国科协副主席吴有训会见并宴请美国斯坦福大学化学家莱纳斯·波林（引者注：又译为鲍林）教授和夫人，宾主进行了亲切友好的交谈。"参加会见和宴请的有关方面负责人和科学工作者有周培源、钱学森、王立芬、王蒂澂、柳大纲、冯因复、唐有琪等。"

据1974年6月29日《人民日报》报道：6月28日江青、陈锡联、纪登奎会见美国籍物理学家杨振宁博士，"同他进行了十分亲切的谈话并且一起进餐。参加会见的有罗青长、钱学森、乔冠华、王海容、唐闻生、章含之"。

由于周恩来总理的保护，钱学森在"文化大革命"中仍继续从事"两弹一星"工作。

钱学森在那样混乱的局面下工作，是很不容易的。钱学森变得"不谦虚"起来，他在下达任务的大会上，只得亮出毛泽东主席、周恩来总理的牌子，说明"两弹一星"是毛泽东主席亲自批准的，他是受毛泽东主席和周恩来总理的委托来讲话……倘若在平时，钱学森讲话哪敢这么说。可是在那特殊的时期，钱学森必须亮出"底牌"，才能令那些正忙于打"派战"的造反派们服从指挥，按计划完成工作任务。

后来，钱学森在《周总理让我搞导弹》的回忆文章中写道：

> "文革"中我们都是受保护的，没有周总理的保护，恐怕我这个人早就不在人世了。那时候，我们都是军管的。军管会每星期都要向总理汇报一次。总理下了一个命令，要搞一个科学家的名单。名单送上去后，总理说："名单中的每个人，你们要保证，出了问题，我找你们！"杨国宇知道这件事，他是军管会的副主任，主管科技的，和我们接触很多，他说起这些事来，生动极了。

1969年夏日，钱均夫病重，住进721医院。钱学森正在外地执行任务。钱月华和蒋英在京日夜陪护钱均夫。

1969年8月23日，钱均夫病逝于北京，终年87岁。

据警卫秘书刁九勃回忆，钱学森从外地赶回来，去721医院太平间看望父亲遗体。钱学森脸色凝重。

钱月华在钱均夫病重时，已经给钱均夫准备好一套老式的长袍作为寿衣。钱学森看了之后说，不穿长袍，还是穿中山装吧。这样，在追悼会上，钱均夫的遗体就穿上中山装。

虑事如水银泻地的周恩来总理，不仅对钱学森关怀备至，而且还亲自过问钱学森父亲钱均夫的追悼会。

周恩来总理得知钱均夫病逝之后，于8月30日指示国务院直属口军代表丁江：钱学森的父亲钱均夫先生是中央文史研究馆馆员，骨灰存于八宝山。请你同文史馆同志研究一下，可否由文史馆为钱开一小型告别会，由党外民主人士，如章士钊馆长主持，党外约若干位民主人士，党内亦可约国防工业方面如粟裕、李如洪、陈华堂、张翼翔、王秉璋、罗舜初、杨国宇等同志参加。如可行，再与钱学森同志酌商。[1] 当日，周恩来总理批示同意丁江关于为钱均夫举行告别会安排的报告。

1969年9月2日，中央文史研究馆在八宝山革命公墓为钱均夫举行了小型的告别会。

钱均夫把毕生精力献给了中国的教育和文史事业。钱均夫著有《伦理学》《逻辑学》《地学通论》《外国地志》《西洋历史》等。

值得一提的是，由于"文化大革命"，从1966年起中央文史研究馆就不发工资了。所以，钱均夫老先生在去世前3年未领到一分钱工资。到了1978年落实政策时，中央文史研究馆给钱钧夫补发了3000多元的工资。然而，钱老先生已经过世，钱学森作为钱均夫唯一的儿子，中央文史研究馆就把这笔钱给了钱学森。钱学森说，父亲已经过世，他不能收这笔钱。中央文史研究馆说，这是按照党的政策办事，你应当收。钱学森最后把这笔钱交了党费。

钱均夫三年的工资为3000多元人民币，由此可以推算出他每月的工资大约为100元人民币，这在当年应当是不错的了，相当于当时大学毕业生工资的两倍。周恩来亲自安排钱均夫（当时已经74岁）进入中央文史研究馆工作，钱均夫从1956年至1966年（1966年之后因"文化大革命"被停发工资）这10年中，除钱学森对父亲周到的照顾以外，自己有了工资收入，而且又有了公费医疗，他的晚年生活更加无忧无虑。

钱均夫故后，骨灰盒送至杭州，与妻子章兰娟合葬在一起。

还应顺便提到的是，根据钱均夫的遗愿和钱学森的意见，把杭州的一处钱家老宅分给钱月华。钱月华说，前些年她卖掉杭州的钱家老宅，买了现在北京所住的高层住宅。[2] 如今，年已九旬的她和丈夫在这明亮、高大的新居里安度晚年。

---

[1] 引自《中央文史研究馆馆务活动录》。
[2] 2010年5月14日上午，叶永烈在北京采访钱月华。

中国卫星终于飞上太空

孙家栋确实如钱学森所说的"敢干事，会干事"，在他担任人造地球卫星的总体设计之后，仔细研究了当时的"卫星形势"：苏联在1957年、美国在1958年发射了各自的第一颗人造地球卫星，摘取了金牌和银牌。法国在1965年发射了第一颗人造地球卫星，摘取了铜牌。日本则在1966年成为第四名。毛泽东主席虽然早在1958年就说"我们也要搞人造卫星"，无奈中国的政治运动不断，冲击着人造地球卫星的研制工作。再不抓紧，中国恐怕连第五名都挨不上。

孙家栋大胆地提出，简化中国的第一颗人造地球卫星，不要那么多的探测仪器，先放一颗"政治卫星"，把那个鸭蛋打破。这样，可以大大加快发射中国第一颗人造地球卫星的进度。

孙家栋对这颗"政治卫星"的设想是"上得去、抓得住、看得见、听得到"。

所谓"上得去"，就是发射成功。所谓"抓得住"，就是准确入轨。对于一颗人造地球卫星来说，"上得去、抓得住"是最起码的要求。

所谓"看得见"，是指在地球上用肉眼看得见。

所谓"听得到"，是指从卫星上发射讯号，在地球上可以用收音机听得到。

"看得见"不大好办，因为当时设计的中国的第一颗人造地球卫星，直径只有1米，何况表面也不够亮，在地球上很难用肉眼看得见。如果加大卫星，超过了运载火箭的承载力，又不行。孙家栋想出妙计，把脑筋动到三级火箭上面：当卫星进入太空之后，卫星在前面飞，三级火箭在后面飞，这个三级火箭比卫星大得多，只是表面灰暗，不反光。孙家栋设法在三级火箭外面套上一个球形的气套。进入太空之后，卫星弹出去了，这个气套也通过充气，成了直径3米的大气球。他又想出办法，把气套表面镀上银白色的金属，变成了银光锃亮的大气球，在地球上用肉眼就能看得见。

至于"听得到"，孙家栋回忆说："那个时候老百姓只有收音机，这个频率短波听不见。后来想了个办法，就是由中央人民广播电台给转播一下。但是听什么呢？光听嘀嘀嗒嗒的工程信号，老百姓听不懂是什么。大家你一句我一句，就碰出个火花：放《东方红》乐曲。都说可以，向钱学森汇报，钱学森也支持。但这是个大事情，钱学森又叫人写了一个报告，给了聂荣臻元帅。聂帅也同意了，报给中央，中央最后批了。提出这个建议的时候，大家热情很高，但中央批了以后，就等于说是中央下了这个任务，那就得把这个事办好。这一来就感觉压力大了。第一次搞这种仪器，如果上天以后又变调了，这在当时'文化大革命'期间是绝对不可以的，那压力可真大。后来做得很好，搞设备的同志可是立了功了。"

令孙家栋左右为难的是，当时参加研制人造卫星的单位，要在仪器上镶嵌毛泽东像，说是要把毛泽东像送上太空，让全世界人民都看到！这许许多多毛泽东像都是金属的，增加了人造卫星的重量，这怎么行呢？

1969年10月，卫星初样完成，钱学森带着孙家栋等人向周恩来总理汇报。孙家栋提出了毛泽东像问题。周恩来不愧为一个充满政治智慧而讲话又滴水不漏的人。他并没有正面回答放还是不放毛泽东像，而是说："全党、全军、全国人民当然要无限热爱、崇拜毛主席。你看看人民大会堂——政治上这么重要的地方，有的大厅挂了主席的像，有的会议室挂了主席写的字。但是挂在什么地方，都不是随随便便的，必须非常严肃、非常认真地来考虑什么地方合适挂，什么地方不合适挂，你看咱们这个会议室就没有挂。你们回去也要好好考虑一下……"

孙家栋会心地一笑。那些毛泽东像，就凭周恩来的这几句话，没有装进卫星。

在发射卫星之前，必须对运载火箭"长征-1号"进行试验。任新民是运载火箭"长征-1号"的总设计师。

"长征-1号"是三级运载火箭。在任新民的领导下，攻克了多级火箭组合、二级高空点火和级间分离等技术关键，再加上新研制的第三级固体火箭，组成三级运载火箭。

1969年11月16日下午6时，首枚用"长征-1号"火箭推进的中远程导弹准时点火起飞，飞行到18秒时，突然间发生故障，不知去向！

本来，只要弹头一进入落区上空，落区的观测人员凭肉眼也能立即发现目标。在弹头着地后几分钟，就能把落点位置找出来。然而，这一回过了40多分钟了，没有一个观测人员发现目标！

当时最大的担心是导弹飞出国境,落到苏联领土上。中苏关系正处于最紧张的时刻,发生这样的事件将给中国带来极大的麻烦。周恩来总理接连三次从北京打来电话,询问火箭到底落到什么地方了。

于是,空军出动飞机进行搜索。在第三天,终于在新疆某地发现了火箭残骸。经过调查,查明火箭飞行失败是由于一个程序配电器发生了故障,导致二级火箭未能点火而自毁坠落。

在任新民领导下,经过两个多月的检查、研究、改进,1970年1月30日,作为卫星的运载火箭"长征-1号"终于试射成功。

1970年3月21日,中国的第一颗人造地球卫星——"东方红-1号"完成总装任务。

1970年4月1日,载着两颗"东方红-1号"卫星(其中一颗备用)和一枚"长征-1号"运载火箭的专列,秘密运抵酒泉卫星发射场。

1970年4月2日下午,周恩来总理在人民大会堂听取钱学森关于卫星和运载火箭情况的专门汇报。钱学森和任新民等专程从酒泉发射基地赶到北京。周恩来总理指出:"这是我们第一次发射人造卫星,意义很大。不仅要把卫星送入轨道,还要对我国卫星飞经各国首都上空的时间,如乌干达、赞比亚、也门、坦桑尼亚、毛里塔尼亚等国家作好预报,鼓舞第三世界人民。"

1970年4月14日晚7时,周恩来等国家领导人又在人民大会堂听取钱学森等人的汇报。

第一颗人造地球卫星的发射进入倒计时。1970年4月20日,周恩来再次打电话给酒泉发射基地,强调"绝不能带任何一个疑点上天"。

1970年4月24日20时整,"东方红-1号"卫星的发射进入发射前的"一小时准备",在对卫星和运载火箭进行最后检查时,发现严重问题:"东方红-1号"应答机对地面触发信号失去反应!

酒泉发射基地当即向中央

中国第一颗人造卫星"东方红-1号"在进行检测

专委报告，建议推迟发射。

在 21 时，终于查明故障是地面触发信号源性能下降，功率太低，造成触发不良。紧急排除故障。

1970 年 4 月 24 日 21 时 35 分，"长征 -1 号"火箭终于点火。

1970 年 4 月 25 日 18 点，新华社向全世界宣布：

> 1970 年 4 月 24 日，中国成功地发射了第一颗人造卫星，卫星运行轨道的近地点高度 439 千米，远地点高度 2384 千米，轨道平面与地球赤道平面夹角 68.5 度，绕地球一圈 114 分钟。卫星重 173 千克，用 20.009 兆周的频率播送"东方红"乐曲。

"东方红 -1 号"卫星真的可以用肉眼"看得到"，而且可以"听得到"《东方红》乐曲，达到了"政治卫星"的宣传效果。

这时，距离毛泽东所说的"我们也要搞人造卫星"这句话，已经过去 12 个年头。"东方红 -1 号"卫星达到了毛泽东所说的"鸡蛋那么大的我们不抛"的要求：苏联第一颗人造地球卫星 83.6 千克，美国第一颗人造地球卫星 8.22 千克，法国为 38 千克，日本为 9.4 千克，而中国的"东方红 -1 号"重达 173 千克。

"东方红 -1 号"的成功，意味着中国的火箭技术达到了新的水平。发射"东方红 -1 号"所用的运载火箭"长征 -1 号"是在中远程导弹"东风 -4 号"的基础上研制成功的三级火箭。火箭第一、第二级用液体燃料火箭发动机，第三级用固体燃料火箭发动机。火箭全长 29.5 米，最大直径 2.25 米，起飞质量 81.5 吨，起飞推力 1019 千牛，近地轨道运载能力 300 千克。

"东方红 -1 号"的发射成功，为中国的"两弹一星"事业添上那颗宝贵的"星"。

1970 年 4 月 25 日上午，处于"半靠边"状态的聂荣臻元帅刚刚用过早餐，秘书周均伦就向他报告喜讯："东方红 -1 号"发射成功，收音机里能听到卫星播放的《东方红》乐曲。聂荣臻元帅听后，在高兴之余，感慨地说了一句："要不是现在形势的影响，卫星还可以放得早一点啊！"

1970 年 4 月 27 日，美国《华尔街日报》报道了中国成功发射第一颗人造地球卫星的消息，标题是耐人寻味的：《北京的第一颗卫星是美国培养的科学

东方红卫星

《人民日报》套红报道中国第一颗人造地球卫星上天

家计划的》。不言而喻,那"美国培养的科学家",指的就是钱学森。

遗憾的是,曾经为研制中国第一颗人造地球卫星出了大力的卫星设计院院长赵九章先生,没有看到"东方红-1号"遨游太空。而卫星总体设计负责人钱骥则是在"牛棚"里谛听从宇宙传来的《东方红》乐曲声。

1970年5月1日,国际劳动节晚上,毛泽东主席、周恩来总理在天安门城楼上接见了钱学森、任新民、戚发轫等参加第一颗卫星工程研制的代表。

毛泽东紧握着钱学森的手,表示祝贺。这时,任新民"躲"在后边。周恩来总理发现了,就说:"任新民同志,请到前边来,不要老往后边躲,你的座位在我这边。"周恩来向毛泽东介绍任新民说,"他就是我们放卫星的人"。毛泽东主席赞叹说:"了不起啊,了不起!"

1970年7月,钱学森调到国防科学技术委员会担任副主任,而任新民1975年则被任命为第七机械工业部副部长。

1971年3月3日,"长征-1号"火箭把"实践-1号"科学探测试验卫星成功送上太空。这颗卫星的外形与"东方红-1号"卫星相似,为72面球形多面体,总质量223千克。这是一颗真正意义上的科学卫星,主要任务是试验太阳能电源系统、遥测设备、温度控制系统及无线电线路在空间环境下的长期工作性能,测量高空磁场、X射线、宇宙射线等空间环境数据。"实践-1号"在太空运行8年,大大超过了它的设计寿命,直到1979年6月11日才坠落陨毁。

从此，中国一颗又一颗功能各异的人造地球卫星飞上太空，为发展中国的国民经济和加强国防力量，作出了巨大的贡献。

军事专家张召忠教授用这样一段话，概括钱学森在中国"两弹一星"中所作出的贡献：

> 钱学森对中国航天军事科技最主要的贡献就是研制"弹（导弹）、箭（火箭）、星（人造地球卫星）"，具体是指原子弹、氢弹和运载火箭、导弹；第二个贡献是组建中国第一个火箭、导弹研究所——国防部第五研究院并担任首任院长。主持完成了"喷气和火箭技术的建立"规划，参与了近程导弹、中近程导弹和中国第一颗人造地球卫星的研制，直接领导了用中近程导弹运载原子弹"两弹结合"试验，参与制定了中国中近程导弹运载原子弹"两弹结合"试验，参与制定了中国第一个星际航行的发展规划等。第三个主要贡献是培养一大批航天科技人才，这些人才在中国航天军事科技的发展过程中发挥了极其重要的作用。最后，钱老还给我们留下催人奋进的"两弹一星"精神，"两弹一星"精神不断鼓舞中国科技的创新和发展。

孙家栋由于在人造地球卫星和航天方面作出了巨大贡献，1988年当选国际宇航科学院院士，1992年当选中国科学院院士，1996年当选国际欧亚科学院院士。1999年被授予"两弹一星功勋奖章"。2003年任中国探月工程总设计师。

2009年3月，当年的"年轻人"孙家栋也已经80岁。钱学森专门写信，祝贺孙家栋80大寿：

孙家栋院士：

您是我当年十分欣赏的一位年轻人，听说您今年都80大寿了，我要向您表示衷心的祝贺！

您是在中国航天事业发展历程中

孙家栋

成长起来的优秀科学家,也是中国航天事业的见证人。自第一颗人造地球卫星首战告捷起,到绕月探测工程的圆满成功,您几十年来为中国航天的发展做出了突出贡献,共和国不会忘记,人民不会忘记。我为您取得的成就感到骄傲。

希望您今后要保重身体,健康生活,做一名百岁航天老人。

谨祝生日快乐!夫人面前代致问候!

钱学森
2009 年 3 月 3 日

收到 98 岁高龄的钱学森的贺信,孙家栋非常高兴。孙家栋说,自己做的每一件工作都是在钱学森的指导下完成的,自己是钱学森的学生。

2010 年 1 月 11 日上午,2009 年度国家最高科学技术奖揭晓,孙家栋获此殊荣。孙家栋回顾自己的人生道路时说:"钱老这位恩师,对我的一生影响是非常大的。得到这样的大奖的时候,一定要感谢钱老几十年来对我的培养和教育,我会尽一切努力不辜负他对我的希望,同时把航天事业做得更好。"

"海中蛟龙"核潜艇

钱学森的名字,似乎向来与"天""空"联系在一起。然而,2009 年 11 月 6 日新华社发布的《钱学森同志生平》中,却多次提到了核潜艇:

> 1980 年 5 月、1982 年 10 月、1984 年 4 月,参与组织领导了中国洲际导弹第一次全程飞行、潜艇水下发射导弹和地球静止轨道试验通信卫星发射任务。

这表明,钱学森的名字与"海"、与核潜艇也紧紧联系在一起。

潜艇,亦即潜水艇,游弋在深深的水晶宫,具有极好的隐蔽性。正因为这样,潜艇往往能够出其不意地发动突然袭击。

通常的潜艇是用柴油机—蓄电池作为动力,被称为"常规动力潜艇"。常规动力潜艇上安装了柴油发动机和蓄电池。众所周知，柴油燃烧需要氧气，所以柴油发动机只有潜艇在水面上航行时才能使用。这时，柴油发动机还同时带动发电机，给蓄电池充电。潜艇在水下航行时，只能以蓄电池中的电能作为动力。这样，常规动力潜艇在水下的航程就很有限。后来发明了一种"呼吸管"，在潜艇的蓄电池电力不足时，上升到离海面很近的地方，把"呼吸管"伸出海面，"喘"口气——开动柴油发动机，让蓄电池充电。所以常规动力潜艇的最大缺陷，就是无法在水面下长时间地航行。

核潜艇的诞生，是潜艇发展史上的里程碑。所谓核潜艇，就是用原子能作为动力。也就是用核子反应炉产生高温，使蒸汽机产生大量蒸汽，推动蒸汽涡轮机，带动螺旋桨旋转。核动力不需要氧气，使潜艇长期"潜伏"在水下，"潜伏"的时间甚至达几百天！1955年美国建成的世界上第一艘核动力潜艇"鹦鹉螺"号正式服役，意味着核潜艇成为海军的新锐。

不过，核潜艇光是能够长期"潜伏"在水下还不够，还必须具备强大的攻击力。常规的鱼雷已经不配核潜艇的"胃口"。核潜艇变成水下猛将，是在变成"双核"之后。"双核"的另一"核"，就是核导弹。核潜艇配备了核导弹，这种"双料"的核潜艇极具威慑力。

就核武器的载体而言，最初是轰炸机，美国在第二次世界大战中就是用轰炸机在广岛和长崎掷下两颗原子弹。轰炸机很容易在飞行的途中被击落。此后，核武器的载体改为导弹，亦即核导弹。

最初，核导弹是安装在陆地的基地的发射架上，是固定的，很容易暴露。后来，核导弹转移到地下，发射时才从地下"钻"出来。这样的核导弹的隐蔽性当然好一些，但发射点毕竟是固定的。自从核导弹被安装在卡车上，成了车载核导弹，就有了很大的机动性。卡车开到哪里，就可以从哪里发射核导弹。

不过，车载核导弹，只能在本国领土上移动。一旦在核潜艇上安装了核导弹，核潜艇可以在全世界的公海中"溜达"，具有极大的隐蔽性和流动性，随时可以从水下发射核导弹，构成极强的威慑力。

正因为这样，有了导弹，有了核武器，有了核导弹，还必须拥有用核导弹武装起来的核潜艇——"双料"的核潜艇。

1955年，就在世界上第一艘核潜艇——美国的"鹦鹉螺"号核潜艇刚刚服役，中国主管国防科研的聂荣臻元帅就以敏锐的目光，注意到这一重要的战略性新武器。恰恰在这个时候，钱学森从美国归来。

在钱学森出任国防部第五研究院（导弹研究院）院长之后，聂荣臻元帅召集会议，专门研究核潜艇研制计划。出席会议的除钱学森之外，还有海军政委苏振华上将、海军副司令员罗舜初中将、中国科学院副院长张劲夫、第二机械工业部副部长刘杰。第二机械工业部也就是原子能部。这是中国第一次核潜艇研制会议。

须知，当时中国还只有几艘旧而小的苏制常规动力潜艇，刚刚试制成功第一艘仿苏潜艇。

须知，当时中国既没有导弹，也没有核武器。中国的第一个原子反应炉，刚刚建成。

就在这样的一穷二白的条件下，中国居然要追赶美国，研制最新战略武器核潜艇。1958年6月27日，聂荣臻元帅呈报中共中央和毛泽东主席《关于开展研制导弹原子潜艇的报告》。这"导弹原子潜艇"，其实就是用导弹作为武器的核潜艇。这是中国首次关于研制核潜艇的报告。报告指出："中国原子反应炉已开始运转，在国防利用方面应早作安排。根据现有力量，考虑国防部需要，本着自力更生的方针，拟首先自行设计和试制能够发射导弹的原子潜艇。"

1958年6月29日，邓小平总书记在聂荣臻的报告上批了两个字："好事"。

1958年7月，聂荣臻的报告经过中共中央批准，研制核潜艇开始立项，成立了核潜艇研制的领导小组，罗舜初为组长，张连奎为副组长，刘杰、王诤为组员。

不过，当时中国研制核潜艇，一无图纸，二无技术。在国庆10周年前夕，苏共中央总书记赫鲁晓夫访问北京，中国方面希冀"老大哥"给予帮助。赫鲁晓夫摇头说："核潜艇技术复杂，你们搞不了，花钱太多，你们不要搞。苏联有核潜艇，等于你们就有了，我们可以组织联合舰队嘛。"毛泽东知道了，针锋相对地说："核潜艇，一万年也要搞出来！"

从此，中国核潜艇摒弃了仿苏之路，完全依靠自力更生来研制。1960年3月22日，国防科委成立以海军政委苏振华为组长的核潜艇研制工程领导小组，中国开始了核潜艇的预研工作，确定了"核潜艇的研制要以反应堆为纲，船、机、电、弹紧紧跟上"的研制方针。在理论物理学家彭桓武的指导下，制定了《潜艇核动力方案设计（草案）》。

然而，由于中国遭受三年自然灾害，为了确保"两弹"的研制，在1963年3月中央专委决定核潜艇研制工作暂时"下马"。两年之后，中国经济形势好转，1965年3月20日中央专委决定核潜艇研制工作重新"上马"。

1965年5月，核潜艇研制工作正式启动。彭士禄被任命为核潜艇工程的副总工程师（当时没有总工程师，1979年彭士禄被任命为总工程师）。彭士禄乃中共早期领导人、农民运动领袖彭湃烈士之子。他3岁时母亲牺牲，4岁时父亲就义。后来到延安学习，1951年留学苏联，起初学化工机械，后来成为莫斯科动力学院核动力专业的研究生，1958年回国。彭士禄把毕生的精力奉献给中国的核潜艇研制工作。

在研制核潜艇的同时，还要研制专门用于核潜艇上使用的导弹。钱学森为彭士禄调来了另一"禄"——导弹与控制技术专家黄纬禄。后来彭士禄和黄纬禄这"两禄"都成为中国科学院院士。

水下"撒手锏"

从核潜艇里发射的导弹，叫作"潜地导弹"，也就是从潜艇发射至陆地的导弹。"潜地导弹"明显不同于在陆地上发射的"陆基导弹"——"地地导弹"（地对地导弹）、"地空导弹"（地对空导弹）。这是因为"潜地导弹"是在水下发射，是从潜艇上发射，其难度要远远高于"陆基导弹"。

钱学森点将黄纬禄，出任"潜地导弹"总设计师。

黄纬禄比钱学森小5岁，当年他在英国留学时，饱受德国V-2火箭的惊恐，差一点丧命于V-2火箭。他那时候在伦敦大学帝国学院读的是无线电专业。

大约在英国亲身吃过导弹的苦头，所以1956年他听导弹专家钱学森的报告时，格外有兴趣。他曾经回忆说：

> 我第一次见到钱学森同志是1956年春天，当时我作为通信兵部电信技术研究所的代表到中南海听一个重要报告，报告场上汇集了三军的高级将领和各大科研机构的顶尖技术人员。通过报告主持人陈赓大将的

介绍，我才知道主讲人就是几个月前刚从大洋彼岸辗转回国的、鼎鼎大名的钱学森。他讲了导弹概况，并建议中国要尽快着手研制导弹和原子弹，他运用渊博的学识将报告讲得深入浅出，他的建议触动了在场的高级将领，但也有很多人有疑虑我们能不能行。钱学森坚定地说，我们中国人不笨，外国人能搞的，中国人也能搞出来。在场的人都为他的话热烈鼓掌。[1]

那时候，黄纬禄只是作为局外人来听钱学森关于导弹的报告。黄纬禄没有想到，一年多之后，他竟然从局外人变为"圈内人"。1957年11月16日国防部第五研究院二分院成立，黄纬禄所在的研究所被整体划归二分院，也就是说，他成了钱学森领导之下的导弹研究院中的一员。1958年春，黄纬禄被任命为国防部第五研究院二分院液体战略导弹控制系统总设计师。从此，黄纬禄在钱学森的直接领导下工作。

黄纬禄回忆说：

> 有一次，我们搞控制系统的研究所和总体部在技术问题上有了很大分歧，大家各持己见，谁都不肯让步。钱学森同志平时很忙，就在周六的晚上把我和总体部的负责人叫到他家里去。听取了双方的情况介绍之后，他才根据自己的知识和经验作出判断，再讲明谁是谁非，确定最后的方案，大家也都心服口服。[2]

黄纬禄一着手"潜地导弹"的总体设计，就发现研制这种导弹比研制"陆基导弹"困难得多。如他所言，"有诸多陆地导弹没有的技术问题，比如克服水中阻力的水下弹道问题、弹体封密问题，因潜艇的晃动或行进又需解决发射点的位置、平台调平的基准等问题"。

可以说，"潜地导弹"的重要性不亚于核潜艇本身。因为光是有了核潜艇，没有"潜地导弹"，核潜艇如同赤手空拳，没有"撒手锏"。

1967年3月，国防科委正式下达了"中程潜地固体导弹"的研制任务。

---

[1] 黄纬禄：《他永远活在我们心里》，《科学时报》2009年11月4日。
[2] 同上。

1969 年 10 月，国务院、中央军委决定成立"核潜艇工程领导小组"，办公室设在海军。由国防科委、国防工办、国家计委、海军及有关工业部的领导组成，海军政委李作鹏任组长，罗舜初、周希汉任副组长。1971 年改为苏振华任组长，余秋里、方强、钱学森、周希汉任副组长。

"潜地导弹"是在水下发射，必须进行水下试验。黄纬禄回忆说："原计划在西部挖建一个大池子引黄河水做水下试验，且已开始动工。但多数人认为应该免修这项工程，直接拿到海上试验。黄纬禄支持大家的意见，如实把意见向上反映。最后在钱学森主持的研制单位和使用单位的协调会议上，才最终确定去海上试验。"

黄纬禄还记得，在 1970 年夏天，他带领着一批技术人员在南京长江大桥进行"导弹落水深度试验"。所谓"导弹落水深度试验"，就是由潜艇将导弹发射升空后，为防止导弹出问题掉下来砸中潜艇，而设计的一种导弹自爆（自毁）的安全系统装置。这种试验也是他从未做过的，却是"潜地导弹"设计中必须克服的一道难关。

1971 年 8 月 23 日，由黄旭华主持设计的中国第一艘鱼雷攻击型核潜艇开始航行试验，到 1972 年 4 月共出海试验 20 余航次。这表明中国成功研制出核潜艇。后来，黄旭华被任命为第一代核潜艇的总设计师。1972 年 3 月，中央军委叶剑英副主席观看了核潜艇研制纪录片后，高兴地说："核潜艇搞出来了，人民感谢你们！" 8 月 12 日，毛泽东主席签发电报，批准核潜艇进行扩大航行试验。

1974 年 8 月 1 日，中央军委发布命令，命名中国第一艘鱼雷攻击型核潜艇为"长征一号"，正式编入海军序列，并举行了庄严的军旗授予仪式。海军司令员萧劲光、国防科委副主任钱学森等参加了交接命名大会。

随着第一艘核潜艇正式进入中国海军服役，随着"长征一号"核潜艇开始批量生产，中央军委要求尽快用"潜地导弹"武装"长征一号"。1975 年 5 月 25 日中共中央作出关于国防尖端技术发展问题的决定中，提出必须抓紧"潜地导弹"的研制。研制中的"潜地导弹"被命名为"巨浪"。

"巨浪"终于研制出来了，首先要在陆地上试射。第一次试射失败。1981 年 6 月 17 日，"巨浪"在第二次陆地上试射终于获得成功。中央军委发了贺电。

美国国防部迅速获悉中国海军的巨大进步，一位不愿透露姓名的官员表示："中国已建成第一艘可发射洲际弹道导弹的核潜艇。"他说，虽然这种新型核潜艇已经建成，但是要安装导弹以及巡航，还需相当长时间。他表示，美国情报部门一直知道中国正在研制这种叫作094型的新型核潜艇，但是没有料到中方这么快就建成这种潜艇。

"巨浪"在过了陆地试验关之后，真正的考验到了：在潜艇中，在水下进行发射，代号为9182任务。

"巨浪"的水下发射在公海中进行。在发射前，按照国际规定要发表公告，告知在导弹预定落点的海区，在1982年10月7—12日内禁止所有船只通行。这个公告一发表，全世界都知道中国要进行"潜地导弹"的试验了。

中国海军动用近百艘舰船配合这次公海试射，参试人员上万人。

在那些日子里，作为"巨浪"潜地导弹总设计师的黄纬禄处于高度的忙碌和紧张状态之中。

1982年10月7日15时14分，中国进行首次从潜艇进行水下发射"巨浪"的试验。"巨浪"的火箭发射正常，但点火后不久，导弹失控翻转。在这危急时刻，黄纬禄在南京长江大桥反复试验的"导弹自爆"发挥了作用。"巨浪"在空中自毁，碎片像天女散花似的撒在海面上。第一次潜艇发射导弹试验宣告失败。国际舆论一片哗然。

必须尽快进行第二次试射，以争取试射成功——全世界千千万万双眼睛在看着中国到底能不能制造"潜地导弹"。

当时总共准备了三枚"巨浪"导弹，尚余两枚。由于事先宣布的导弹预定落点的海区的禁海时间为10月7日至12日，那么"巨浪"导弹的再次水下发射，必须在规定时间内进行。然而时间十分紧迫的前提是不可动摇的——必须在最短的时间内查明首枚"巨浪"导弹失败的原因。

巨大的压力压得黄纬禄喘不过气来。他连续多日失眠，终于查出失败的原因，并采取了改进的措施。黄纬禄向潜艇水下发射运载火箭海上试验总指挥部负责人张爱萍报告。虽然很多人不放心，生怕第二次再遭失败，但是钱学森支持黄纬禄。张爱萍决定还是按照黄纬禄的意见，在采取改进措施之后，第二次进行发射。

就在第一次失败之后的第5天——10月12日15时01秒，"巨浪"导弹再次水下发射。现场指挥员不断报告："××区发现目标，××站跟踪正常，二级火箭点火，两级分离，头体分离……"最后，传来振奋人心的消息："在预定落点的海区，发现目标！"

"巨浪"潜地导弹,终于发射成功。中共中央、国务院、中央军委发电祝贺,指出"这是党的自力更生方针的又一胜利"。这意味着中国成为世界上第四个能自行研制、第五个能从潜艇上发射战略导弹的国家。

中国的"巨浪"潜地导弹已经在公海发射成功,全世界都知道中国拥有核潜艇。1984年8月20日,中国首次揭开核潜艇的神秘面纱,安排美国海军部长莱曼一行在小平岛参观中国自己研制的核潜艇,使美国人感到中国的海军正在迅速崛起。1984年10月1日,在国庆35周年阅兵式上,中国首次展示了海军的潜地战略导弹。

人民解放军海军的新型潜艇具备了从海底发射核导弹的能力

"理所当然",美国更加关注着中国核潜艇和"潜地导弹"研制工作的进展。进入21世纪,据美国军方透露,中国的核潜艇配备了核导弹,成为名副其实的"双核"潜艇。美国《中国军力报告》称中国的核潜艇部队"具有全球的打击能力"。美国军方还指出,中国最先进的"巨浪-2"型弹道导弹,最大射程为8000千米,分导式核弹头,可携带3—6个分弹头,每个核弹头爆炸当量为20万吨TNT炸药。一艘094核潜艇可装备16枚"巨浪-2"型导弹,也就是说一艘094装备的所有导弹的总爆炸当量高达960万至1920万吨TNT! 094只要进入中太平洋,射程8000千米的"巨浪-2"型导弹,其射程就足以覆盖整个欧亚大陆、大洋洲和美洲,如果每枚导弹仅装备3个弹头,一艘094就能同时打击48个目标……

诚然,这只是"参考消息",只是美国军方的情报而已。不过中国的核潜艇和潜地战略导弹构成的核威慑力,则已经跃然纸上。3位中国科学院院士——钱学森和彭士禄、黄纬禄这"两禄"以及中国工程院院士黄旭华,为中国的核潜艇和潜地战略导弹所作的历史性贡献,永载史册。

顺便提一句，在20世纪80年代中后期，在钱学森主持下，中国制成了海鹰系列地对舰导弹。尤其是在钱学森提议下，中国又把海鹰号导弹从雷达制导换成红外线制导，大大提高了在实战中对敌方舰艇的威胁力。这种海鹰系列地对舰导弹弹身短而粗，西方称之为"蚕式导弹"。美国曾经仔细研究过中国的"蚕式导弹"，认为性能不亚于美国的"鱼叉"式地对舰导弹、苏联的"冥河"式地对舰导弹、法国的"飞鱼"式地对舰导弹。

钱学森为中国的"两弹一星"、为中国的国防科技作出了巨大的贡献。诚如1988年10月24日邓小平在北京参观正负电子对撞机时发表《中国必须在世界高科技领域占有一席之地》讲话中所说：

> 如果六十年代以来中国没有原子弹、氢弹，没有发射卫星，中国就不能叫有重要影响的大国，就没有现在这样的国际地位。这些东西反映一个民族的能力，也是一个民族、一个国家兴旺发达的标志。

第七章 梦圆飞天

佩戴奖章的钱学森出席会议

"把载人航天的锣鼓敲起来"

一步一个脚印。当中国第一颗人造地球卫星在1970年4月24日上天之后，新中国完成了"两弹一星"的伟业。

"两弹一星"是依靠一支新中国的优秀的科学团队获得成功的。1999年，在庆祝中华人民共和国成立50周年之际，党中央、国务院、中央军委决定，对当年为研制"两弹一星"作出突出贡献的23位科技专家予以表彰，并授予于敏、王大珩、王希季、朱光亚、孙家栋、任新民、吴自良、陈芳允、陈能宽、杨嘉墀、周光召、钱学森、屠守锷、黄纬禄、程开甲、彭桓武"两弹一星功勋奖章"，追授王淦昌、邓稼先、赵九章、姚桐斌、钱骥、钱三强、郭永怀"两弹一星功勋奖章"（以上排名按姓氏笔画为序）。

在这支新中国的优秀的科学团队之中，钱学森是"抓总的"，是全盘的运筹者，是首席科学家。

钱学森在领导新中国的科学家们取得"两弹一星"的胜利之后，当即提出了下一步的目标：中国要搞载人航天！

关于"航天"一词，钱学森曾经告诉笔者，是他首创[1]。他说，把人类在地球大气层之外的飞行活动称为"航天"，是从航海、航空"推理"而成的。他最初是从毛泽东主席的诗句"巡天遥看一千河"中得到启示。他还首创了"航宇"一词，亦即"星际航行"，他在《星际航行概论》一书中详尽地论述了行星之间以至恒星之间的飞行。如今，如果说"航宇"一词对于普通百姓还有点陌生的话，"航天"一词已经被中国官方作为正式名词，例如中国政府的相关部门叫航天部、航天局，而不叫"宇航部""宇航局"。中国媒体也大都采用"航天员"这一名词，而老百姓则叫惯"宇航员"。

---

[1] 1979年2月23日，叶永烈在上海访问钱学森。

任新民说,"航天"一词确实是钱学森首创的,只是在钱学森提出"航天"一词之前,中国媒体已经普遍采用"宇航"一词,所以人们一度不习惯用"航天"一词。[1] 随着航天部、航天局作为政府机关的名称使用,"航天"一词也就得到普遍的认可和使用。不过,"国际宇航学会""中国宇航学会"作为民间团体,还是使用"宇航"一词。在英国,则叫"星际学会"。

由于钱学森的建议,中国的载人航天计划被提到日程上来,被命名为"714 工程"。关于这"714"的来历,据说是因为 1970 年 7 月 14 日毛泽东主席圈阅了钱学森主持起草的我国发展载人飞船的报告,报告提出我国第一艘飞船计划于 1973 年年底发射升空,所以叫"714 工程"。

"714 工程"表明中国在发射人造地球卫星之后,启动了载人航天工程。用钱学森的话来说,那就是"把载人航天的锣鼓敲起来"!

世界载人航天的历史性一页,是在 1961 年 4 月 12 日掀开的。苏联发射了世界上第一艘载人飞船,把世界上第一位宇航员尤里·加加林送上太空。加加林乘坐"东方-1 号"飞船进入近地轨道,绕地球转了一圈后返回地面,开创了人类进入太空飞行的新纪元。

加加林是苏联农民的儿子。他的父母、祖父母都是农民。1957 年,23 岁的加加林从契卡洛夫第一军事航空飞行员学校毕业之后,成为优秀的歼击机飞行员。加加林头脑灵活,反应迅速,技术娴熟。正因为这样,加加林被选入苏联第一批宇航员。当时与加加林一起入选的第一批宇航员还有十几人,加加林能够脱颖而出,还在于苏共中央第一书记赫鲁晓夫考虑到一旦飞行成功之后,这位宇航员会成为"明星",成为苏联的骄傲,所以特地指示:"必须是纯俄罗斯人。"因此,使具备同等条件的乌克兰族的宇航员季托夫成为首次航天的预备宇航员。加加林

苏联第一个宇航员加加林

---

[1] 2010 年 5 月 20 日下午,叶永烈在北京航天科技集团公司 2410 室采访 95 岁的任新民院士。

苏联万众欢迎加加林

除具备以上条件之外，英俊的外表和活泼开朗的性格也使他博得苏联人民的喜爱。

加加林是赫鲁晓夫时代的英雄。赫鲁晓夫深为苏联在与美国展开的"和平竞赛"中遥遥领先而洋洋得意。

在加加林上天一个月之后，美国也进行了一次载人航天飞行。但是这次飞行没有进入轨道，只在空中作了 15 分钟的亚轨道飞行，便回到了地面。

1961 年 6 月 3 日，钱学森在北京作了题为《今天苏联及美国星际航行中的火箭动力及其展望》的讲座，详细介绍了当时苏联和美国的空间技术发展概况。

直到 1962 年 2 月 20 日，美国才成功地进行了第一次载人航天飞行，宇航员约翰·格林在轨道上停留了近 5 小时。即便如此，仍不能与不久前苏联宇航员季托夫在太空中飞行 25 小时 11 分钟的纪录相提并论。

格林当时 41 岁。他曾经担任喷气式战斗机驾驶员多年，有着丰富的空中经验。

美国不甘示弱。1960 年 11 月 8 日，年轻的约翰·F.肯尼迪当选美国总统，他决心在"太空竞赛"上战胜苏联。

美国决心在登月飞行上夺取第一，超过苏联。1961 年 5 月 25 日，美国总统肯尼迪在国会提出著名的"阿波罗"登月计划,即在10年内把美国人送上月球并安全返回。

美国宇航局根据总统的命令,组织了40多万人、耗费250多亿美元进行"阿波罗登月工程"。

在8年之中,美国一连发射10艘"阿波罗"飞船。

1969年7月16日,美国发射的"阿波罗-11号"飞船载着3名宇航员,终于登上了月球,震撼了全世界。"阿波罗"登月成功,为美国在航天史上争得一个重量级的"第一"。

美国第一个绕地球飞行的宇航员格林

格林尼治时间1969年7月16日4时07分,这是历史性的时刻。"阿波罗-11号"宇航员阿姆斯特朗从登月舱下到月球。寂静的月亮上,出现第一个人类的脚印。这个脚印见证了载人航天的辉煌,见证了人类征服自然的能力。阿姆斯特朗激动地说:"这对一个人来说,只不过是小小的一步,可是对人类来讲,却是巨大的一步。"

美国和苏联在载人航天上的骄人成就,一次又一次给中国打出问号:什么时候才能在太空见到中国人的身影?

左图:阿姆斯特朗(左)、柯林斯(中)、奥尔德林(右)1969年拍摄的合影。右图:美国人阿姆斯特朗登上月球

钱学森明白：苏联是在 1957 年 10 月发射第一颗人造地球卫星，不到 4 年，1961 年 4 月他们成功地把第一位宇航员加加林送上太空。美国是在 1958 年 2 月发射第一颗人造地球卫星，整整 4 年后的 1962 年 2 月，他们也把宇航员格林送上了太空。中国在 1970 年 4 月发射第一颗人造地球卫星，依照苏联和美国的速度，应当在 1974 年把中国的宇航员送上太空。

正因为这样，在中国的"东方红 -1 号"上天之后，"714 工程"就在钱学森的领导下开始实行。1971 年 5 月 13 日，"714 工程"筹备组在北京成立。

中国小狗飞上天

其实，如果不是 1958 年"大跃进"和后来的 10 年"文化大革命"瞎折腾，中国的人造地球卫星早就飞上太空。

在钱学森的领导下，在"东方红 -1 号"上天之前，中国早就开始做载人航天的前期准备工作。用钱学森的话来说："先把载人航天的锣鼓敲起来。"

这个"锣鼓"，早在 1960 年上海开始试制探空火箭时，就开始敲起来了。最初探空火箭用于气象探测，成为气象探空火箭，但很快就被用来运载动物，测试动物在火箭发射之后的种种反应，成了生物探空火箭。

最初，把探空火箭的发射基地设立在上海郊区，由于上海是大城市，人多眼杂，高高的火箭发射塔以及发射时的巨大声响和耀眼的火光，很难保密。经过勘察，选中了广德县誓节镇茆林村。广德县地处安徽省东南部，与江苏、浙江接壤。那里四面环山，竹林茂盛。把那里选为探空火箭发射基地，是考虑到那里离制造探空火箭的上海不算太远，运输方便，而且那里地广人稀，当探空火箭的回收舱从天而降的时候，不大会伤及百姓。

生物火箭的箭头（鞠浪摄）

第七章
梦圆飞天

于是，在那里茂密的竹林里，**矗**立起 52 米高的火箭发射架。在发射架四周，建起了发射控制室、发动机测试室、助推器装药室、推进剂加注房、箭头总装总调间、遥测接收站、雷达阵地工程、气象观测室和生活区宿舍等。

在安徽广德，探空火箭的发射除试验火箭本身的性能之外，还担负着太空生物试验的任务。生物火箭的试验，在为中国的载人航天作准备。载人航天总是从动物试飞开始。苏联从 1949 年到 1959 年，曾经把 44 只狗和 1 只兔子发射上天。美国也曾经用狗和猴子进行过多次试飞实验。

1964 年 7 月 19 日，中国第一枚生物火箭"T-7A/S1"在广德发射成功，把 8 只白鼠送上 80 千米的高空。当时中国还没掌握回收技术，火箭只是到达 80 千米的高空，把回收舱弹出，降落伞打开，回收舱降落在地面。

紧接着，开始试验把小狗送上天。

上天的小狗，要经过严格的遴选，除身体健康、反应灵敏、性格温和、善解人意之外，体重要在 6 千克左右，"大胖子"不行，"小个子"也不行。当时，从 30 多只小狗中，选定了小公狗"小豹"和小母狗"珊珊"。

脱颖而出的"小豹"和"珊珊"，在上天之前，必须接受各种各样的训练。这种训练项目，也是宇航员在上天之前需要进行的，只是宇航员进行训练的各种设施更加先进和完善。

小狗被捆在震动器上受训。因为火箭发射的时候，小"乘客"要受到强烈的震动。

小狗被捆绑在木板上不断翻转。因为火箭发射之后一边向前进，一边会旋转，小"乘客"必须适应这种环境。

待在冰箱里的滋味也不好受。因为在高空气温很低，小狗必须在冰箱里接受这样的低温训练。当然，在这么刺耳的大喇叭下生活，也真够呛！不过，火箭发射时那声音就是这么刺耳，小狗不能不接受这样特殊的训练。

当然，最厉害的训练是把小狗装进小铁箱里，用离心机高速旋转！没办法，火箭发射后，小狗就要受到这样强大的离心力，所以必须接受这项训练。

在大白鼠成功地上天之后，竖立在安徽广德县的发射架又是一片繁忙景象，人们在吊装新的生物火箭。这一回的"乘客"，个头比大白鼠要大得多——小狗。

可爱的小狗"小豹"被选中第一个上天。在上天之前，"小豹"就被捆绑起来，进行外科手术。经过手术，"小豹"的右颈总动脉的皮瓣被移置进测量仪以记录血压，银质电极埋入胸部第五肋皮下记录心电。在生物火箭发射之后，小狗要经历"主动段、失重段、返回段"这三种不同的阶段，必须测试小狗在不同阶段的心率、血压、心电和呼吸这四大生理指标，这些数据将对载人航天有着重要的参考价值。

1966年7月15日，"小豹"被装进"T-7A/S2"生物火箭。"小豹"被送上了离地面70千米的高空。与此同时，中国人民解放军的一架直升机在空中进行搜索，以便寻找归来的"小豹"。安徽广德县以及附近各县的民兵们也接到通知，处于戒备状态。民兵们仰望着天空，一旦发现降落伞，马上向上级报告。终于，见到降落伞下吊着生物舱，徐徐下降。"小豹"受到英雄般的欢迎！

在"小豹"胜利归来之后不久，1966年7月28日，小狗"珊珊"被装进"T-7A/S2"生物火箭，送上高空，之后同样凯旋。

"小豹"和"珊珊"成了中国的"动物明星"，被运往北京，在著名生物学家贝时璋的陪同下，受到中国科学院院长郭沫若和党组书记张劲夫的"接见"。

张劲夫回忆，在1960年至1965年，曾经用"T-7"型火箭就进行了9批次24发高空科学探测试验。

张劲夫说：

> 其中成功的多，也经历过失败。一次我和钱学森在现场，就亲眼看到了失败的一幕，当时的心情非常沉重。但是经过试验我们不但获得了高空大气的风向风速资料，也开展了高空生物学和高空医学研究。箭上遥控和摄影系统正常，生物舱安全地回收，为我国宇宙生物学研究和生物保障工程设计开了先河。国防部五院为此致函中国科学院，祝贺生物火箭试验成功！[1]

太空归来俩小狗（鞠浪摄）

---

[1] 张劲夫：《请历史记住他们——关于中国科学院与"两弹一星"的回忆》，《人民日报》1999年5月6日。

在成功地把大白鼠和小狗用生物火箭送上天之后,当时还准备把猴子送上天。这是因为猴子是高级动物,与人更加相近。然而,就在这个时候,"文化大革命"爆发,在安徽广德的科研人员被紧急召回北京,参加"文化大革命",猴子上天的计划也不得不因此中断了。

"曙光号"飞船搁浅

在"文化大革命"的前夜——1966年3月底,在钱学森的主持下,国防科委召开了一次严格保密的会议,与会者是航天方面的科学家、学者。经过20多天的讨论,制定了中国载人航天以及研制宇宙飞船的发展规划。

周恩来总理在听取汇报之后指出:我国在卫星研制的同时,宇宙飞船的研制工作也应该逐步开展起来。

在"文化大革命"中,载人航天事业不断受到干扰,但是仍在断断续续进行着。

1967年7月,中国科学院和第七机械工业部召开会议,对中国发展载人航天的途径和步骤作了专题研究。

当时统一了认识,即苏联和美国的飞船最初都是从装载动物开始,中国已经做过动物探空试验(虽说还不是进入太空),飞船应当直接从载人开始。

至于载人要载多少人,引起了争论:有人主张飞船应当载五名宇航员以赶超苏联、美国,有人则主张从国情出发稳扎稳打载1名宇航员,还有人主张载2名、3名宇航员。一时间,这4种方案的提出者都认为自己是最佳方案。

这一争议必须尽早定下来,因为飞船所载宇航员的人数多寡,直接关系到飞船要多大,直接关系到运载火箭有多大推力。主张上5名宇航员的人认为,上一名宇航员显得太落后;但是上5名宇航员的方案也受到质疑,因为按照当时中国火箭的能力,无法把5名宇航员推上太空。

钱学森组织专家进行论证,最后确认中国的第一艘宇宙飞船以运载2名宇航员为最佳方案。2名宇航员可以相互照料。

确定了宇航员的人数之后,就着手飞船的设计。参考了美国和苏联的各种各样飞船,最后决定以美国第二代飞船"双子星座号"作为蓝本,外形像个倒扣的大漏斗,由座舱和调配舱两大舱段组成。

中国的第一艘宇宙飞船叫什么名字好呢?有人主张叫"大跃进号",足见当时身处"文化大革命"岁月的人们仍念念不忘"大跃进"。1967年9月,钱学森说,经过中央专门委员会研究,飞船的名字定为"曙光-1号"。钱学森着手筹备飞船总体设计室,指定范剑峰主持"曙光-1号"飞船的设计。

1968年1月8日,以钱学森为负责人的空间技术研究院筹备处首次召开"中国第一艘载人飞船总体方案设想论证会",对"曙光-1号"飞船方案进行论证。

1968年2月20日,经毛泽东主席批准,以钱学森为院长的中国空间技术研究院成立。钱学森运筹帷幄,挑起重担。当时,钱学森的首要任务是领导研制、发射中国第一颗人造地球卫星,而作为后续任务就是领导研制、发射中国第一艘载人飞船。这两项任务都是庞大的系统工程。尽管正处于"文化大革命"乱世,钱学森依然稳坐中军帐。

就载人航天而言,这一庞大的工程包括7大系统:宇航员系统、飞船应用系统、载人飞船系统、运载火箭系统、发射场系统、测控通信系统和着陆场系统。

作为中国载人航天的总指挥,钱学森有条不紊地推进中国载人航天事业。钱学森一手抓"曙光-1号"飞船的设计,一手抓宇航员的选拔、培养和训练。钱学森向国防科委打报告,建议成立"宇宙医学及工程研究所",从事空间医学科学研究,并负责宇航员的选拔、培养和训练工作。

1968年4月1日,国防科委批准成立"宇宙医学及工程研究所",代号为"507所"。这个研究所设在北京远郊。当时"宇宙医学及工程研究所"的所长为何权轩,政委为朱玉,副所长为霍俊峰、陈信、石云峰,总编制定员为1265人。后来,这个研究所改名为"北京航天医学工程研究所",成为中国航天医学的研究中心,培养、训练航天员的基地。

航天员训练基地最初由3个研究所抽调人员组建而成。初创时条件十分艰苦,两年内搬迁3次,甚至还一度住在帐篷里工作。

钱学森前往中国航天员训练基地,连续三天给科研人员作学术报告。科研人员们发现,钱学森对世界载人航天的进展情况了如指掌,信息非常灵通。

此后,中国航天员训练基地每周举行一次学术交流活动,钱学森也差不多都到会参加讨论,足见他对中国载人航天事业的关切。作为学术领头人,钱

第七章
梦圆飞天

钱学森讲载人航天课（鞠浪摄）

学森在亲自率领中国航天大军向宇宙进军。

1970年底，经国务院副总理李先念批准，"507所"与"501部"（空间飞行器总体设计部）一起搬进了北京农业大学，总算有了像样的房子。为什么会搬进北京农业大学呢？那是因为在"文化大革命"中毛泽东说，农业大学建在城里，活见鬼！于是，北京农业大学就迁往延安，整座校舍成了空城。李先念副总理就把空荡荡的北京农业大学校舍拨给了"507所"与"501部"。

"507所"——航天医学工程研究所建立之后，开始建设大型的载人航天地面模拟实验设备，并进行了大量人体医学实验。

有了飞船总体设计室，有了航天医学工程研究所，钱学森同时又抓飞船的运载火箭"东风－5号"的研制工作。飞船的运载火箭要比人造地球卫星的运载火箭具有更大的推力。

在"东方红1号"人造地球卫星飞上太空刚刚80多天，1970年7月14日，毛泽东主席在国防科委关于研制载人飞船报告上画了一个圈。这在当时叫作"圈阅"。用林彪的话来说，毛泽东"一句顶一万句"。毛泽东的这一个圈，表明他赞同"即着手载人飞船的研制工作，并开始选拔训练宇航员"。这极大地鼓舞了钱学森。"714"工程从此正式启动。

1970年11月9日，国防科委和第七机械工业部在北京京西宾馆联合召开"曙光 –1 号"飞船方案论证会。在钱学森主持下，200多名专家出席会议。范剑峰作了关于《"曙光号"飞船总体方案》的主题报告。

当时，全国有十几个省市的1000多个科研单位，参加了研制"曙光 –1 号"飞船的相关工作。

1971年4月，来自全国80多个单位的400多名专家学者云集北京京西宾馆，空间技术研究院院长钱学森成为会议的中心人物。这次大型的对外严格保密的会议，讨论的主题是"714工程"。

会议代表们很有兴味地品尝了上海生产的"航天食品"。上海的食品工厂专为宇航员们生产了花色繁多的"航天食品"。这些食品是特意用电锯锯成一小块、一小块，像"陆军棋棋子"，做成"一口食"，便于宇航员们食用。

首批宇航员的选拔任务开始了。根据苏联的经验，宇航员从飞行员中选拔，加加林、季托夫都是优秀的歼击机飞行员，而美国最初是从运动员中选拔，后来改为从飞行员中选拔，所以中国选拔宇航员也决定从飞行员中选拔。这是因为飞行员具有丰富的空中飞行经验，而且通常身体素质也很好。其中特别是歼击机的飞行员，更适合培养为宇航员，因为歼击机的飞行员往往单独驾驶，能够灵活应付各种复杂的空中情况，有着丰富的飞行经验。

1971年4月，中央军委确定选拔宇航员由空军负责。中共中央批准了这一方案。

1971年5月12日，空军以绝密电报，紧急命令空24师师长薛伦、空34师副师长李振军、空军航空医学研究所所长郭儒茂、空军第13航校副校长刘树志、空42师团参谋长徐培根、北京军区军训处飞行技术检查员李瑞祥、空3军训练处参谋邹永利等7名干部，务必于5月14日前往北京东交民巷的空军招待所报到。

1971年5月15日，空军"宇航员训练筹备组"正式成立。薛伦为"宇航员训练筹备组"组长，李振军负责政治思想工作。

当时，航天员称"宇航员"。1992年9月21日，中共中央政治局十三届常委会第195次会议讨论同意了中央专委《关于开展我国载人飞船工程研制的请示》，正式批准实施我国载人航天工程。从那时候开始，中国对外统称"航天员"——这一名称是由钱学森首创的"航天"一词衍生的。

"宇航员训练筹备组"当时的代号是"714"办公室,设在空军学院内。于是,"714"办公室组成宇航员选拔小组,着手选拔中国首批宇航员。

选拔小组参照苏联和美国的选拔标准,制定了中国的宇航员选拔标准,多达100多条。其中初选的条件是身高1.59米至1.74米,年龄24岁至38岁,体重55千克至70千克,飞行时间300小时以上。

1971年10月,空军派出专机,载着宇航员选拔小组成员前往沈阳军区、北京军区、广州军区、南京军区四大空军的十多个飞行部队,进行选拔。在当时,选拔宇航员的工作严格保密,以"体检"的名义进行。

不过,这样的"体检"非同一般,被检查者要戴上眼罩,坐在每分钟转速24圈的电动转盘上迅速转动,以测试抗眩晕的能力,亦即前庭神经功能。在宇宙火箭起飞时,往往一边向太空前进,一边自身在迅速旋转,所以对于宇航员来说,抗眩晕的能力是很重要的。还有,被检查者平卧之后,突然把帆布床立起来,测试各种生理指标……

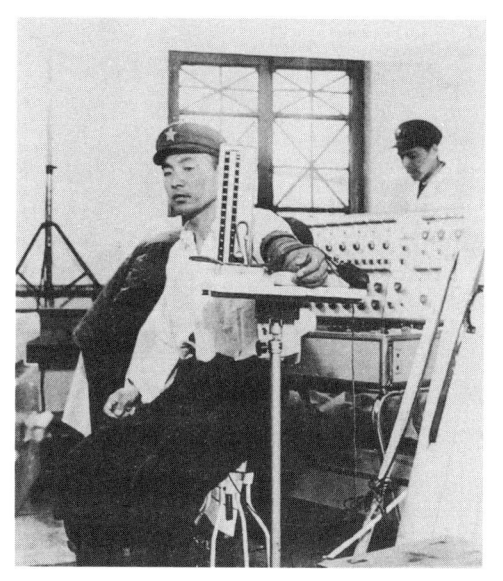

1971年中国以体检名义选拔宇航员(鞠浪摄)

1971年"体检"时坐电动转椅(鞠浪摄)

经过反复选拔之后,被选中的人员还要进行非常特殊的"体检":前来"体检"的原本都是歼击机的驾驶员,对于他们来说乘坐歼击机乃家常便饭。然而,当他们坐进机舱之后,歼击机飞入高空之后,突然作横"8"字飞行,

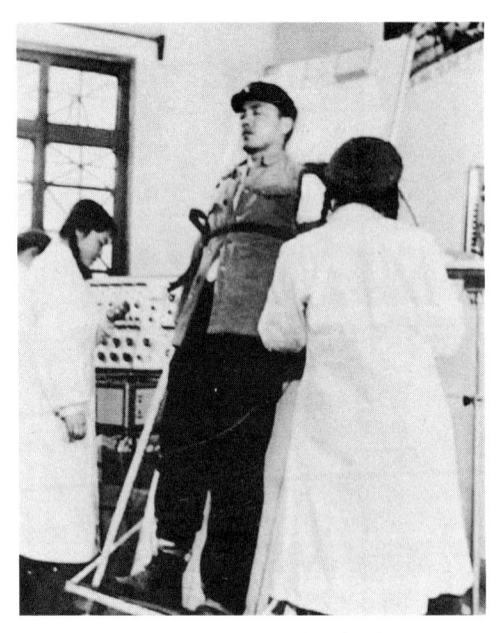

1971年"体检"时做立位床试验（鞠浪摄）

亦即作"∞"形飞行。高速飞行的歼击机在"上坡"飞行时，飞机处于"加重"状态，而作"下坡"飞行时，飞机则处于"失重"状态。进行这样的"体检"，是因为宇航员在上天时，处于"加重"状态，而到达太空之后，则处于"失重"状态。不言而喻，这样的"体检"是考验是否适合于宇航员的特殊生活环境。

1840名歼击机飞行员经过"体检"，有215名符合初选条件。接着再进行筛选，从中选出88名。这88名歼击机飞行员集中住在北京空军总医院一座封闭的小楼里，继续进行"淘汰赛"，剩下33名。最后从这33名中选定19名，可以说是"百里挑一"，终于成为中国首批宇航员的候选人。这19人当时已经量了衣服尺寸，准备为他们制作宇航服。

当时，打算把这19名歼击机飞行员用两年时间，从中培养出两名宇航员，在1973年乘坐"曙光 -1号"载人飞船飞向太空。

就在中国载人航天工程紧锣密鼓般进行的时候，1971年9月13日爆发了林彪摔死在蒙古温都尔汗的"九一三"事件，空军司令员吴法宪是林彪集团重要成员，空军也就成为"批林运动"的重点。

刚刚被严格挑选入围的19名歼击机飞行员，还没有开始真正的宇航员训练生活，在1971年10月突然接到通知："暂时"推迟任务，返回原单位，并要求对于这次"体检"严格保密。1971年11月中旬，空军宣布解散"宇航员训练筹备组"。

来自中央的声音说，载人航天的事先暂停一下，先处理好地球上的事，地球以外的事往后放一放。

"曙光 -1号"飞船只完成了1∶1的模型设计，从此搁浅了。

第七章
梦圆飞天

毛泽东在病中记起钱学森

载人航天计划被叫停,除了林彪事件的影响,还有经济、技术方面的原因。毕竟当时受到"文化大革命"的冲击,中国的经济状况不好。

周恩来总理专门就中国载人航天的发展讲了几条原则:不与苏美大国开展"太空竞赛";要先把地球上的事搞好;发展国家建设急需的应用卫星。

虽说钱学森的载人航天的"锣鼓"停了下来,但是载人航天的前提——卫星回收技术的研究仍在进行。

对于载人航天来说,回收技术是至关重要的前提,因为载人飞船飞上去了,必须保证宇航员平安回到地球。不过,不仅发射载人飞船需要掌握回收技术,发射一些人造地球卫星同样需要掌握回收技术。在当时,世界上掌握回收技术的国家,只有苏联和美国。

所谓"回收",其实也就是回收人造地球卫星或者飞船里的回收舱。人造地球卫星的回收舱里有拍摄过的胶卷、科学探测的结果等,飞船的回收舱里有宇航员、试验动物等。在中国,当时发射军事侦察卫星以及一些科学探测卫星,需要回收侦察照相机拍摄的胶卷以及科学探测的结果。早在1970年3月,研制"返回式遥感卫星"就已经被列为国家重点项目。

1973年,返回式遥感卫星进入研制阶段。

回收技术相当复杂。要使卫星在预定的时间、预定的地点返回,必须突破以下技术关键:

要求运载火箭有很高的导航精度,能准确地把卫星送到预定的轨道,使卫星飞行的最后一圈,正好经过预定回收地区的上空;

必须精确地向卫星发出返回指令,使卫星能转变成返回的姿态并抛掉多余舱段;

当卫星以每秒近8000米的速度进入稠密大气层,发生强烈的摩擦,卫星表面的温度高达1万摄氏度,必须有很好的防热层;

卫星接近地面时,能在一定高度上抽出并打开降落伞,使卫星减速;

卫星着陆之后发出信号,报告所在地点,便于用飞机、舰船、车辆等将其收回。

1974年11月5日，中国第一次用"长征-2号"火箭发射返回式卫星失败！

钱学森率专家组寻找失败的原因，发现竟是一个低级错误导致失败：火箭控制系统速率陀螺仪输出电缆断了一根导线！

1974年11月28日，第七机械工业部召开"11·5"事故总结会议，总结了失败的教训，作出了再打第二发的决定。

1975年8月19日，时任国防科委副主任的钱学森，陪同国防科委主任张爱萍检查"长征-2号"火箭第二发质量复查情况。听完汇报之后，钱学森发表讲话说："我们要实现周总理讲的'一次成功，多方受益'。现在的总装测试队伍，就是到东风（即酒泉卫星发射中心）去发射的队伍。听说这次去300多人，要精打细算，去的人要明确对哪一部分负责，出了问题就找他。试验队要配备相应的政工人员，还要有人管生活。一切出厂产品，都要有文字记录，是谁检查的，要签名。问题有偶然性就有必然性，不能放过任何一个偶然。到了靶场，时间一长就急躁，找几次不复现就放过去了。一年前，没有认真对待事故的苗头，所以失败了！这一次要认真对待。"

经过极其认真的检测，1975年11月26日11时29分52秒，中国用"长征-2号"火箭再次进行发射返回式遥感卫星，卫星准确进入预定轨道。1975年11月29日，卫星在太空运行47圈之后成功返回，中国成为世界上第三个掌握卫星返回技术的国家。这颗返回式遥感卫星所拍摄的照片送进中南海，毛泽东主席很有兴味地看了这些来自太空的"居高临下"拍摄的照片。

中国成为第三个掌握卫星回收技术的国家，表明中国在空间科学技术方面的实力仅次于美国和苏联。在中国之后，迄今尚未出现第四个掌握卫星回收技术的国家，这就表明卫星回收技术的难度是很高的。

中国组建了一支专业的卫星回收部队，专门负责返回式卫星、飞船测控回收任务，卫星、飞船落到哪里，就追到哪里，人称"绿色追星族"。

在掌握了卫星回收技术之后，在钱学森领导下，中国朝着新的目标迈进——研制第一颗地球"静止轨道试验性通信卫星"，即地球同步卫星。

地球同步卫星由于与地球同步运行，仿佛静止"停"在地球上空，又称"静止卫星"。静止卫星固定在地球某处上空，可以用于电话通信、电视节目的转播等，所以也被称为"通讯卫星"。

发射地球同步卫星的技术相当复杂，只有少数国家掌握这一技术，世界上大部分国家和地区向那少数国家"买星""租星"。当时中国也有人主张从国外"买"进地球同步卫星,但是这样一来,核心技术仍掌握在外国人手中。

1975年3月31日,毛泽东主席批准了钱学森、任新民等《关于发展中国通信卫星工程的报告》,从此"331"成了中国通信卫星工程的代号。

通信卫星成功的关键,不仅在于通信卫星本身,而且在于三级运载火箭。当时,在"长征-3号"运载火箭的第三级火箭上,采用了最为先进的氢氧发动机。

"331"工程经过9年的攻关,终于即将实现。1984年1月29日,西昌卫星发射中心用"长征-3号"运载火箭发射中国第一颗同步卫星。发射升空之后,"长征-3号"运载火箭飞行正常,但由于第三级发动机第二次点火后提前关机,只把试验卫星送入一条400千米高的停泊轨道,未能进入同步定点所需的大椭圆转移轨道,发射试验只取得部分成功。试验卫星通信工程的总设计师任新民制定了改进措施。

1984年4月8日,"长征-3号"运载火箭再度进行发射。4月16日18时27分57秒,这颗试验通信卫星成功地定点于东经125度的赤道上空。1984年5月14日,通信卫星正式交付使用。从此,中国开始了用自己的卫星通信的历史。地处偏远地区的乌鲁木齐和昆明等山区的观众,从此都能收看画面清晰的中央电视台的电视节目。

这样,早在1958年由钱学森主持制定了人造卫星的规划,全部得以实现,即第一步,实现卫星上天;第二步,研制回收型卫星;第三步,发射同步通信卫星。

此外,1965年3月20日,中央专委会批准的第七机械工业部"八年四弹"规划——《地地导弹发展规划》,也圆满完成。所谓"八年四弹",就是在1965年至1972年的8年时间里,研制成功用于"两弹结合"的增程的中近程液体弹道导弹,中程、中远程、远程液体弹道导弹。

混乱不堪的"文化大革命",使身处晚年的毛泽东和周恩来都心力交瘁。即便如此,毛泽东一直记得钱学森对于中国"两弹一星"的巨大贡献。1975年1月,在四届人大召开前夕,周恩来总理抱病从北京飞到湖南长沙,向病中的毛泽东主席请示工作。周恩来递交了四届人大代表名单。这时,毛泽东说:"不看了。但是我想起两个人,一个是钱学森,一个是侯宝林,请你查查人大代表里有没有,如果没有,就把他们补上。"

1975年1月，钱学森与著名相声演员侯宝林（左）在四届人大谈笑风生

周恩来一查，钱学森在"文化大革命"中是保护对象，所以仍在人大代表名单之中，而侯宝林还被关在"牛棚"里呢。于是，急急下令解放侯宝林。

后来，钱学森与侯宝林在人民大会堂喜相逢，彼此都心知肚明是毛泽东主席"点名"予以特别关照的人。记者抓拍了钱学森与侯宝林谈笑风生的镜头。这张照片成为钱学森一生之中的"经典照片"之一。

据钱学森回忆，他小时候在北京很爱听相声，常常在放学以后溜到天桥去听相声。1955年他刚回国，住在北京饭店，有一天晚上在北京饭店举行宴会，欢迎他和与他一同归国的学者。宴会后有文艺演出，其中就有侯宝林表演相声。侯宝林的精彩表演，给钱学森留下难忘的印象。

1993年2月4日，侯宝林因病逝世。1993年2月14日，钱学森在一封信中称侯宝林是"伟大的人民艺术家"。

与钱学森的零距离接触

载人航天工程在1971年秋日搁浅之后，第一批选拔的19名宇航员全部回到了原工作岗位，航天医学工程研究所也差一点被撤销。幸亏钱学森力排众议，坚持要保留航天医学工程研究所。这样，在那些艰难的日子里，航天医学工程研究所的研究工作仍在继续进行着。

1976年10月6日，折腾了整整10年的"文化大革命"终于画上了句号。

1977年7月9日，合众国际社高级编辑查尔斯·史密斯香港电，报道了钱学森在中共中央理论刊物《红旗》杂志上发表的文章，表示中国要"赶超世界先进水平"：

> 中国的第一流的导弹科学家说，中国的科学和技术发展由于政治上的干扰而落后于世界先进水平。
>
> 但是钱学森（现任中国科学院力学研究所所长）还说，中国一定要"赶超世界先进水平"。
>
> 钱学森在最近一期（七月）的《红旗》杂志上发表的文章中说，党的领导人由于给予科学家更多的自由，使他们有可能迅速进步。
>
> 他写道："我们应当肯定，中国有接近或超过世界先进水平的东西；但又要看到，那只是一部分，而且是比较小的一部分，大部分项目我们还比较落后。"
>
> "只有实事求是地承认与世界先进水平比，确实有差距，才能感到迎头赶上、迅速赶超的迫切性。"
>
> 他指出，这个差距的主要原因之一是对科学家实行的政治方面的束缚。他抱怨说，许多主张学习外国的东西的人常常受批判，而为了发展，学习外国的东西是绝对必要的。
>
> 他指责"四人帮"进行这样的政治迫害。
>
> 钱写道："过去，谁一提赶超世界先进水平，'四人帮'就乱扣'洋奴哲学'的帽子。"
>
> "现在'四人帮'打倒了，清除了他们那种乱打棍子、乱扣帽子的法西斯作风，毛主席倡导的'双百'方针一定能够认真贯彻执行。"

1978年底，中共十一届三中全会召开，开启了中国改革开放的新航程。

就在这个时候，笔者受命担任《向宇宙进军》一片的编剧兼导演。这是一部一个半小时的影片，共分3辑。我前往北京的第七机械工业部采访，在那里观看了许多苏联、美国的空间技术纪录影片，还观看了关于中国空间技术的内部纪录影片，使我对空间技术有了全景式的了解。当时，我惊讶地得知，中国早就把小狗送上天，并且很早就开始选拔、培训宇航员。他们还送给我一批内部出版的《载人航天》杂志。

出乎意料的是，我跟中国"航天元帅"钱学森有了零距离的接触。

记得在1979年2月23日，我忽然接到国防科委科技部副部长柳鸣的电话，说是"钱副主任"到上海，约我一谈。当时，钱学森担任国防科委副主任，习惯于称他为"钱副主任"。

事情的起因是当时我把拍摄提纲寄往主管部门——国防科委以及第七机械工业部审查，没想到钱学森亲自看了拍摄提纲，趁来沪之际跟我谈谈他的意见。

当天晚上，我如约前往上海延安饭店。柳鸣领着我来到楼上一间会客室，我刚坐定，穿着一身军装的钱学森就来了。他摘下军帽，露出宽广丰满而白净细嫩的天庭，书生气质，温文尔雅。一双眼睛，射出睿智的光芒。虽说他出生在上海，由于3岁时便随父亲前往北京，所以满口京腔。他谦逊地自称"笨人"，"对艺术外行"，却对影片提出诸多建设性意见。

他告诉我，来上海之前，曾经与第七机械工业部副部长任新民就拍摄提纲交换了意见。第七机械工业部领导这么重视影片的拍摄，真使我感动。

钱学森说，影片的开头应该表现中国古代对太空的美好幻想：从马王堆汉墓出土的立轴上的月亮、太阳、神仙，到嫦娥奔月神话、敦煌飞天壁画。在历数古人的飞天之梦时，钱学森还建议，这一组镜头最好以古筝配上中国古典乐曲……其实，渊博的钱学森对艺术十分在行，尤其是音乐。他当年在上海交通大学就读时，曾是校乐队的主力圆号手，何况他的夫人蒋英是留学德国的女高音声乐家。

钱学森非常概括地说，空间技术分三部分，"送上去，传下来，接收"。

"送上去"，就是用火箭把卫星、飞船送上太空；"传下来"，就是把卫星、飞船在太空的观测数据传下来；"接收"，就是地面接收站接收来自太空的数据。

对于"送上去"，钱学森说："要宣传一下我们发射的火箭。火箭是空间技术的基础，要有一定的篇幅，讲这件事情。"

我问钱学森，如何把握有关火箭的保密尺度。他回答说："关键看你是不是泄露要害。如果拍火箭，一个圆筒子，朝上跑，那有什么可保密？大家都是这个样子的嘛！现在你们别多想这些保密问题，多想了，会束缚思想。思想束缚了，什么都不敢动了。"

当时最感棘手的是影片的第三辑《载人航天》。虽然我知道中国早在1971年就开始秘密选拔宇航员，但宇航员训练基地是处于严格保密的所在，无法进去拍摄，所以我只能准备采用美国和苏联的载人航天电影资料。

趁钱学森接见我们摄制组的机会，我问钱学森，摄制组能不能前往中国航天员训练基地拍摄中国的载人航天？

令我非常兴奋的是，钱学森答应了！

钱学森说："你们要求到基地拍摄，这件事，我们国防科委同意了，就可以办到。"

钱学森一锤定音！正是钱学森的这句话，打开了那严格保密的中国宇航员训练基地的大门。

钱学森并不讳言，在中国决策高层，对于发展载人航天有争议。有人形容载人航天的火箭是"烧着人民币飞上太空的"，中国现在国力并不强大，连自己国家的事都忙不过来，何必去管那月球上的事？但是，更多的人认为，载人航天虽然很花钱，但是值得花，因为这是一门重要的新兴科学，其意义并非只局限于"管那月球上的事"。也有人认为，人不上天，通过人造卫星也完全可以得到那些资料。土星、木星、金星，没人上去过，资料仍是得到了。美国把人送到月球上去，那是肯尼迪为了显示美国的力量。

钱学森说，其实，有人与没人，是有很大区别的。为什么要人上天？上天干什么？影片一定要讲明白。要发展空间科学技术，人就得上太空。影片要先讲人为什么要上天，再讲航天，比较好，符合逻辑。

钱学森还说，人类并不局限于"航天"，将来还会发展到"航宇"。

当时，我还是头一回听说"航宇"这新名词。我问，"航宇"与"航天"有什么区别？

钱学森说："'航宇'——这个名词是我首先提出来的。"

他解释说："对于星际航行，我在《星际航行概论》这本书里，一开始就是说指行星之间，不是指恒星之间。'航宇'，就是飞出太阳系。当然，今天来说，这还不很现实。火箭要达到光速才行。最近的两颗恒星之间，距离是四个光年。用现在火箭的速度，要几万年，这怎么行呢？飞出太阳系，是现在火箭解决不了的问题。我提出'航宇'，这是从中国人的习惯，从航海、航空、航天推出来的。"

钱学森笑着对我说，你们去航天员训练基地，一定会受欢迎。他们是专干这个的。你说他们支持你们拍电影，这是当然的事情。他们就是要抓住这个拍电影的机会，好好扩大影响，宣传一下载人航天。

钱学森非常健谈，一口气谈了两个多小时。翌日，我根据笔记整理出近万字的钱学森谈话记录，交打字员打印（那时候还没有电脑）。这份打印稿，如今成为珍贵的文献。

目击中国航天员的训练

有了钱学森给我开绿灯，我当然也很"积极"，深知能够到中国航天员训练基地拍摄，是极其难得的机会。就在与钱学森谈话之后，我随即办好了前往中国航天员训练基地的手续，到那里作采访，并写作分镜头剧本。果真，在那里我受到热烈的欢迎，中国航天员训练基地在所长陈信领导下成立了专门的小组，负责接待、协助我们拍摄电影。

航天员训练基地有许多穿军装的小伙子，他们被称为"航天锻炼员"。穿军装上银幕，未免太严肃，所以我请摄制组的美工设计了带白色镶边的运动服，从上海带到北京。我发现，当他们穿上这些运动服上镜头，显得漂亮多了。

1979年4月，我带领摄制组从上海前往北京。由于当时中国航天员训练基地处于严格的保密之中，摄制组成员事先都经过有关部门的政治审查，同意之后才取得通行证。最终，我率摄制组进入"507所"——北京航天医学工程研究所以及中国航天员训练基地，在那里拍摄了半个月。那部《载人航天》影片，记录了中国航天事业的艰难历程。

在北京，我们那辆满载灯具的大卡车开了很久，进入远郊，眼前出现一大排楼房，还有几座圆形的巨大建筑。汽车在楼房前停了下来，我们终于到达了目的地。我们在那里拍摄了半个多月。

这里的气氛十分活跃。大楼后边有一个很大的操场，正在进行紧张的篮球赛。有的小伙子在练习长跑、跳高、跨栏，还有的在伏虎圈里飞快地转动着……

老黄担任影片的顾问。老黄说，这些生龙活虎的小伙子，有的是进行各种航天试验的实验员，有的参加航天训练，这是为培养我国未来的航天员创造条件，所以他们通称"航天锻炼员"。"航天锻炼员"这名字有点拗口，后来在影片中改为"航天训练员"，意思是说，经过训练，培养为航天员——因为只有飞上太空，才叫航天员。

一个航天员不仅要有健康的身体，而且要有坚强的毅力，还要有一定的科学文化水平。参加航天训练的人大都从飞机驾驶员中选拔。他们在这里进行各种特殊的训练。

我们拍摄了训练航天员的多功能自动转椅，看上去像牙科的诊疗椅。这多功能自动转椅一启动，就飞快地转起来，最快的时候大约每2.5秒就要转1圈，普通人一上去就会眩晕，受不了。多功能自动转椅最快能在1分钟里转24圈。转椅还可以做180°顺时针和逆时针的快速运转，而且可以上下前后同时摆动。多功能自动转椅主要用于检查航天训练员的前庭神经功能，以了解他对振动及眩晕的耐受能力。

在一个不大的房间里，我们的摄影机镜头对准一张躺椅，椅上铺着毛毯。参加训练的小伙子躺上椅子。老黄一按电钮，那椅子就剧烈地震动起来。这叫"振动试验"。因为火箭发射以后，航天员要受到剧烈的振动。所以，航天训练员一定要适应这种强烈的振动。

我们来到一个又高又大的房间——电动秋千室进行拍摄。在十来米高的钢架之下，吊着一辆小轿车似的东西，来回荡秋千。在试拍的时候，摄制组的小徐说让他试试，说完就钻进了那辆小轿车。

老黄用皮带把小徐牢牢绑在"小轿车"里的椅子上。然后，一按钮，这"小轿车"就像秋千一样，来回摆动着，越摆越高。小徐坐在里面，十分得意地向大家点着头。突然，老黄按了一下另一个电钮，小徐坐着的椅子就转动起来。于

1979年训练航天员的电秋千（张崇基摄）

是，小徐一边来回荡着，一边转着。他脸上的笑容消失了。电动秋千越荡越高，前后能甩出 15 米。没一会儿，他大叫："吃不消了！"老黄赶紧停车。只见小徐脸色变成灰白，紧皱眉头坐在那里。他说，坐在里面，仿佛坐在一艘在大风大浪中摇晃得很厉害的轮船上，头晕了，想呕吐。

原来，在火箭发射时，常常一边前进，一边晃动。未来的航天员就要经得起这样的考验。电动秋千室主要用来训练航天员适应空间运动并开展对空间运动病的研究。空间运动病和晕车、晕船症状非常相似，飞船一进入轨道后就会发生，持续个 2 天至 4 天，此后症状自动消失。克服空间运动病，是航天员必须越过的难关。

在拍摄离心试验时，航天训练员受到更为严峻的考验。那是一座宽敞的圆柱形的房子。房子里空荡荡的，那钢臂不是朝上伸，而是水平地放着。钢臂的一端，也有一个小轿车似的东西，里面放着座椅。航天训练员走过去，坐进了"小轿车"。其实，这"小轿车"是圆柱形的。当侧面的舱门敞开的时候，可以看见航天训练员"正襟危坐"，准备接受测试。

老黄告诉我：这是一台离心机。当飞船起飞的时候，航天员要受到很大的横向离心力。这台高速离心机，就是模拟飞船起飞时的环境。航天员在上天之前，必须在这里进行训练。

航天员要有丰富的知识，尤其是具备丰富的天文知识。在太空中，要靠星座判别方向。航天训练员们在天象馆识别星座。在模拟飞船上，航天训练员通过观察屏幕上显示的星座，判断飞船在太空中所处的方位。

我们开始拍摄航天服的镜头：当时，中国自己制造的橘黄色的航天服分好多好多层。先穿好内衣，又穿一层，再穿一层，最后还要穿上外罩。航天服的靴子与裤子是连在一起的，上衣与裤子又是连在一起的。戴上手套后，手套与袖子紧紧相连。

当时，中国的能工巧匠们用缝纫机缝制结构复杂的多层航天服。最里层是衬里；衬里外是液冷通风服，是在尼龙纤维上面铺了许多输送冷却液的塑料细管；液冷通风服外是两层加压气密层；然后是限制层，用来限制加压气密层向外膨胀；在限制层的外面，则是防热防微陨尘服，起着防热和防微陨尘的作用；最外面的一层是外套。

穿好航天服之后，要背上氧气瓶，把氧气接入头盔内，这样，航天员就可以在真空中生活。衣服是用合成纤维做的，背面涂着橡胶，不透气。

第七章
梦圆飞天

我们拍摄了惊心动魄的"冲击试验"。那试验是在一个十几米高的铁塔上进行的。这铁塔叫作"冲击塔"。参加训练的小伙子被紧紧地绑在铺着泡沫塑料的椅子上,慢慢升到塔顶。突然,挂钩脱开了,航天训练员猛地摔下来,"砰"的一声落在地上。老黄说,当航天员回到地球时,如果机舱在陆地上着陆,尽管在着陆前会打开降落伞,但是着陆时机舱仍会受到这么强烈的冲击。航天员要进行这种冲击训练。

穿上航天服(张崇基摄)

在拍摄了这些特殊的试验之后,我们把摄影机搬进了模拟飞船里,拍摄参加航天训练的模拟太空生活。模拟飞船是按照未来的宇宙飞船式样设计的,整个飞行舱的舱壁都是用

当年手工做航天服(鞠浪摄)

金属板做的。飞船舱里很小,总共才十来个平方米。关上舱门之后,里面万籁俱寂。这是因为在太空中没有空气,不能传播声音,那里是最静悄悄的地方。作为航天员一定要适应这种寂静、单调的生活。

模拟飞船里只有几扇小圆窗,嵌着双层厚玻璃,再用黑布遮起来。舱里亮着灯。在里面,分辨不了昼夜的变化。在模拟飞船里,只有看手表,才知道时间。航天训练员必须适应这样的分不清白天、黑夜的生活,能够按照作息制度有规律地生活。因为航天员在太空中,就过着这样分不清昼夜的生活。这一点看似平常,要想做到并不容易。

穿白大褂的科研人员守在模拟飞船外面,用各种仪器记录着航天训练员们在模拟飞船中的生理数据。我们在模拟飞船进行拍摄,很快就感到胸闷。原

465

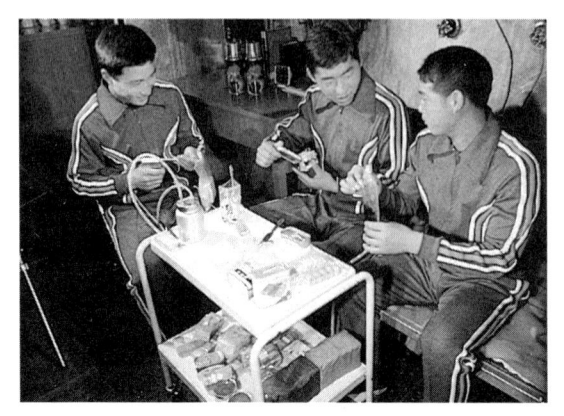

在模拟飞船里吃航天食品（张崇基摄）

来，飞船里的气压很低——宇宙是真空的，飞船上天之后，舱内通常低于正常的大气压力。作为航天员，必须习惯在这样的低气压中生活。

在小小的模拟飞船里，我们拍摄了航天训练员骑自行车的镜头。这自行车没有轮子，只有脚踏板，踏起来相当吃力。航天员在太空中必须每天坚持骑这种原地不动的"自行车"，以便促进血液循环，锻炼身体。

我们还拍摄了航天训练员在模拟飞船里吃饭的镜头：小桌上，放着一块块只有陆军棋棋子大小的压缩饼干，一块块只有半个火柴盒大小的方形"月饼"。这些东西叫作"一口食"，也就是要一口吃下去，不需要掰开来吃。我们拍摄了航天员吃小小的"月饼"时的有趣姿势：他把"一口食"放进嘴巴之后，立即把嘴唇紧紧抿上，然后就这样紧闭着嘴咀嚼食物，直到把食物咽下喉咙。这是因为飞船在太空中处于失重状态，你稍一张开嘴巴，碎屑马上就从嘴巴里飞出去，弄得整个飞船里飘满碎屑。

我仔细看了看那些小"月饼"，发觉表面亮晶晶的，仿佛包着一层透明的薄膜。老黄说，那是涂了一层"可食性塑料"。涂上这层薄膜，也是为了防止在咀嚼时碎屑飞扬。这些航天食品，是上海的食品工厂专为航天员们生产的，花色繁多，以使航天员们在太空能够吃到可口的食品。航天食品不仅"味道好极了"，而且富有营养，含有人体需要的各种维生素、矿物质。另外，早餐、午餐、晚餐，三餐的菜谱，热量卡路里的含量，都专门有人研究，以保证航天员在太空中吃得好，吃得有营养。

培养一个合格的航天员不容易。航天训练员的训练项目很多，还要进入模拟不同太空环境的高压氧舱、变温舱、减压舱等，进行训练、测试。

为了拍摄《载人航天》这部电影，我与钱学森有了多次交往，有时在北京国防科委他的办公室，有时在文化部电影放映室。每一回去北京送审影片，他总是亲自看，一边看一边谈意见，而我则坐在他的旁边做详细记录。

钱学森说："中国人最早发明火箭。这是世界公认的。我们发明了火箭，这是我们民族的光荣。在南宋的时候，我们发明了火箭。这一点，提纲中是讲到了，不太着重，但是值得给予相当的分量，这件事应该好好宣传一下。"根据钱学森的意见，后来在影片中，我特地加了一个动画镜头，按照中国古代的火箭"飞火龙"的形象，设计了"火龙出水"的场面。钱学森在审查影片时，对这个动画镜头十分满意。

钱学森审查影片非常仔细，尤其是涉及保密的问题。比如，在我看来，火箭发射时，尾部喷射的火焰极其壮观，所以先用尾部喷火近景，再跳接火箭上天远景。钱学森告诉我，那个近景镜头一定要剪短，火箭尾部的喷射口刚一露出，马上跳远景。他说，那个近景，"外行人看热闹，内行人看门道"，泄密就会泄在近景上。所以，在影片中，大都用"一个圆筒子，朝上跑"，这样就避免了泄密。

影片结尾，一架中国航天飞机喷射着耀眼的火焰，载人航天，载人航宇，飞向太空深处。这架中国航天飞机是我们用模型做成的，在特技摄影棚里拍摄完成。钱学森非常赞赏这个镜头，因为这架远航的中国航天飞机，满载着中国航天人的希望，象征着中国载人航天辉煌的明天。

钱学森对解说词也很注意。看完影片，还向我要一份解说词，细细推敲一遍。

1980年，我当选中国科学技术协会全国委员，钱学森是中国科协副主席，在会议期间，我也多次见到钱学森，跟他交谈。

飞船与航天飞机之争

1980年5月18日至21日，中国向太平洋海域发射第一枚远程运载火箭获得成功。

两年后的1982年10月，我国又首次成功进行了潜艇水下发射运载火箭的飞行试验。

1984年4月初，"长征-3号"运载火箭把我国第一颗试验通信卫星送入地球同步转移轨道。这一试验通信卫星成功定点赤道上空后进行了通信、广播、电视传输试验。

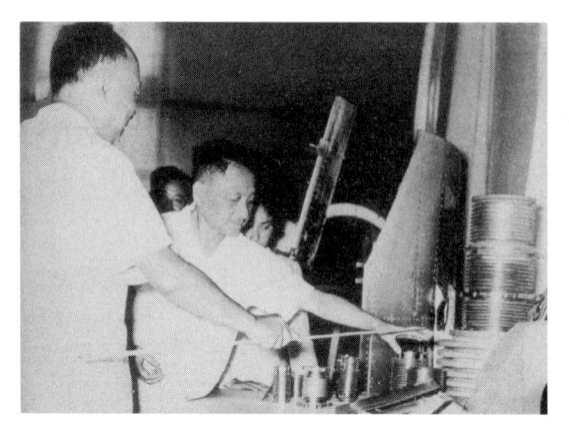

钱学森（左）陪同邓小平（中）参观展览会

这三次新的成功，表明中国空间技术的巨大进步，表明中国发射载人飞船的技术条件已经日臻成熟。

进入 20 世纪 80 年代，钱学森已经步入古稀之年。他从第一线退了下来。

1986 年 4 月 11 日，中国人民政治协商第六届全国委员会第四次会议增选钱学森为副主席。两个月后，中国科协第二次全国代表大会在 1986 年 6 月 27 日一致选举钱学森为中国科协主席。

身居二线的钱学森，用他丰富的经验和渊博的知识，仍为中国的空间技术研究贡献力量。他念念不忘的是"两弹一星"之后的未竟之业——中国的载人航天事业。

1986 年春天，王大珩、王淦昌、杨嘉墀、陈芳允 4 位科学家写出《关于跟踪研究外国战略性高技术发展的建议》，送到邓小平手中。四位科学家把载人航天也列入建议书中。3 月 5 日，邓小平在这封信上作了批示："这个建议十分重要，请找专家和有关负责同志，提出意见，以凭决策。此事宜速作决断，不可拖延。"

根据邓小平的重要批示，制定了《高技术研究发展计划纲要》。这个高技术发展计划，后来被称为"863 计划"，以纪念邓小平在 1986 年 3 月的重要批示。

"863 计划"涉及七大领域，其中第二领域的主题项目是："大型运载火箭及天地往返运输系统、载人空间站系统及其应用。"国家拨款 50 亿人民币。这两个系统工程有联系，但是各有使命。大型运载火箭及天地往返运输系统的代号为"863－204"，载人空间站系统及其应用的代号"863－205"。

这样，载人航天工程再度被提到议事日程上来。载人航天的锣鼓重新敲了起来。

一场激烈的争论也就随之而来。钱学森理所当然地关注这场大争论，但是他毕竟已经退居二线，不便直接参与这场论战。何况钱学森在航天科学界处于一言九鼎的地位，他不愿轻易表态，充当裁判员，而是让专家们敞开思想进行大辩论。

争论什么呢？

引起争论的是"863-204"中的"天地往返运输系统"。也就是说，用什么运输工具往返于天地之间？

这"天地往返运输系统"有两种可供选择：一是飞船，二是航天飞机。

不论是苏联还是美国，最初宇航员飞上太空，都是乘坐宇宙飞船。苏联第一位宇航员加加林，乘坐的是"东方-1号"宇宙飞船，而美国第一位宇航员格林乘坐的是"水星号"宇宙飞船。

后来，苏联研制成功"联盟号"系列宇宙飞船，而美国则研制成功"阿波罗号"系列飞船。

从1964年开始，美国着手研制新一代"天地往返运输系统"，即航天飞机，"哥伦比亚号"航天飞机于1981年4月首飞成功。

苏联从1967年开始研制航天飞机，"暴风雪号"航天飞机于1988年11月首飞成功。

美国总共制造了6架航天飞机，飞入太空的航天飞机有5架，即"哥伦比亚号""挑战者号""发现号""亚特兰蒂斯号"及"奋进号"。苏联先后试制了5架航天飞机，但是飞入太空的航天飞机只有1架，即"暴风雪号"，而且只飞了一个架次。

在1986年那个岁月，正是世界航天飞机的黄金时代，给了中国专家们以深刻的影响。美国在实现载人登月之后，放弃了飞船的研发，而着

苏联的"联盟号"

莫斯科河畔"暴风雪号"航天飞机（叶永烈摄）

重发展航天飞机。日本提出了要研制"希望号"航天飞机，欧洲也着手研制航天飞机……在世界上的航天飞机热潮的推动下，主张中国的"天地往返运输系统"走航天飞机之路的呼声甚高。力主航天飞机者不无道理：从飞船到航天飞机，是一种技术上的进步。飞船是一次性的运载工具，而航天飞机具有可以重复发射、运载量大等宇宙飞船不可比的优越性。当时，虽然有航天专家王希季院士主张中国应当首先发展宇宙飞船，但是这种声音相当微弱，几乎一边倒的意见是中国应当走航天飞机之路。王希季曾回忆说："当时，美国航天飞机取得了巨大的轰动，所以国内主导意见是上航天飞机。宇宙飞船开始根本排不上号。"

"亚特兰蒂斯号"航天飞机

"863-204"专家组在1987年4月发布了《关于大型运载火箭及天地往返运输系统的概念研究和可行性论证》的招标通知。在不到两个月的时间里，各竞标单位提出了11种技术方案。"863-204"专家组筛选出6种方案，要求他们在1988年6月底前，完成技术可行性论证报告，以便进行评审。

在这6种方案之中，5种方案是航天飞机，足见当时航天飞机之热。这5种航天飞机方案是：

航空航天部一院一部提出的"天骄一号"小型航天飞机方案；

航空航天部上海航天局805所与航空部604所共同提出的"长城一号"航天飞机方案；

航空航天部北京11所提出的"V-2"两级火箭飞机的方案；

航空航天部601所提出的"H-2"空天飞机方案；

航空航天部611所提出仿制法国正在研究的赫尔墨斯小型航天飞机。

唯一主张试制宇宙飞船的是航空航天部第五研究院508所。航空航天部第五研究院，即现在的中国空间技术研究院的前身。

1988年7月20日至31日，上百位航天专家齐聚哈尔滨，对5种航天飞机方案进行综合、比较。

1989年8月，航空航天部火箭技术研究院高技术论证组致函国家航天领

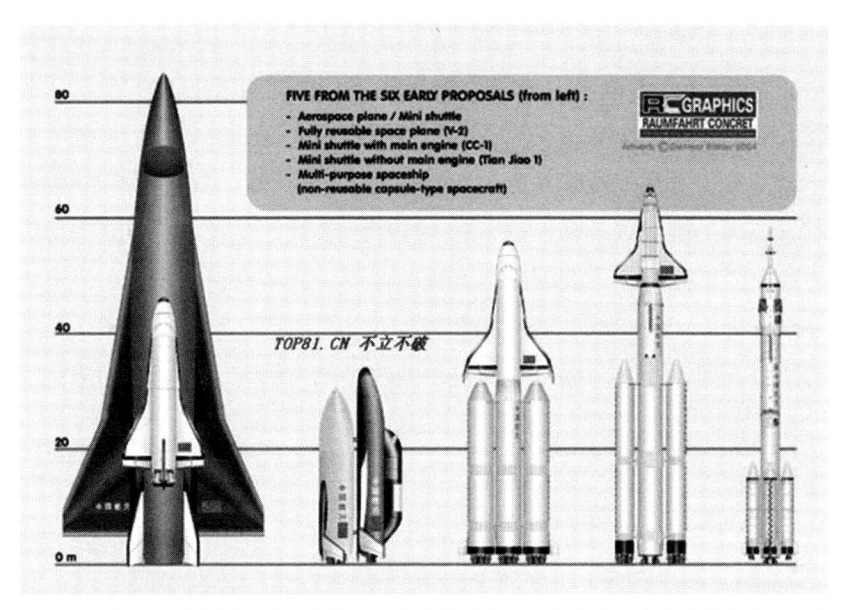

中国在1988年提出来的4种航天飞机方案和宇宙飞船方案，当年被誉为"五朵金花"，最后选择了最右边的神舟系列宇宙飞船

导小组办公室，认为"航天飞机方案"大大优于"飞船方案"，指出：

> 载人飞船作为天地往返运输手段已经处于衰退阶段，航天飞机可重复使用，代表了国际航天发展潮流，中国的载人航天应当有一个高起点。搞飞船做一个扔一个，不但不能争光，还会给国家抹黑。

国家航天领导小组办公室在向中央报告时，把报告复印了一份，送呈钱学森，征求意见。

本来，已经退居二线的钱学森，不便发表意见。这时，既然征求他的意见，他也就拿起笔，在那份报告上写了一行至关重要的字：

> 应将飞船案也报中央。

这短短9个字，在航天飞机的主张占压倒优势的情况下，清楚地表达了钱学森的意见。钱学森所说的"飞船案"，也就是航天部第五研究院508所提出的载人飞船方案。

在中国，不论是对于宇宙飞船还是航天飞机，最了解的人莫过于钱学森。

早在1966年3月底，在钱学森的主持下，国防科委召开了会议，制定了中国载人航天以及研制宇宙飞船的发展规划。根据这一规划，后来着手研制中国的"曙光号"飞船。只是由于"文化大革命"的干扰，"曙光号"飞船流产。

对于航天飞机，钱学森更是早在1949年12月，就在纽约召开的美国火箭学会的会议上，提出实现洲际高速客机的蓝图。钱学森说，将来可以设计出一种"火箭客机"，形状像一支削尖的铅笔，自纽约垂直起飞后，到达洛杉矶的飞行时间将不到1小时。钱学森所提出的这种把火箭与飞机结合起来的"火箭客机"，也就是后来的航天飞机。

正因为这样，2008年1月6日美国《航空》周刊亚太区主管Bradley Perrett在该刊发表的《钱学森为中国太空事业奠基》一文指出：

> 1949年，钱阐释了他关于太空飞机的想法——一个有翅膀的火箭——被确认为是20世纪50年代晚期的戴那·索尔项目——太空飞梭之祖——的灵感来源。

所谓的"太空飞梭"，也就是航天飞机。

其实，就连"航天飞机"这一中译名，也是钱学森最早确定的。钱学森依照"航海""航空"，延伸出"航天""航宇"的新概念、新名词。"航天员""载人航天""航天飞机"以至"航天部""航天局"，都是根据钱学森提出的"航天"一词衍生出来的。

前文还曾经提及，1979年笔者导演的影片《载人航天》(《向宇宙进军》的第三辑)结尾处，一架中国航天飞机喷射着耀眼的火焰，飞向太空深处。这架中国航天飞机当时是用模型做成的，在特技摄影棚里拍摄完成。钱学森在审片时看到这个镜头，会心地笑了。

对于飞船和航天飞机都最为了解的钱学森，当然深知航

电影《载人航天》中用模型展示中国航天飞机在太空中

天飞机的可以重复发射、运载量大等优点，但是钱学森从中国的国情出发，认为中国当时连大飞机都不会制造，而航天飞机是由200多万零件组成的高度复杂的航天器，非中国当时的科学技术条件所能企及，更何况研制航天飞机需要巨额资金。钱学森认为，中国还是一个发展中国家，中国的载人航天应走飞船之路。飞船是一种经济、技术难度都不很大的运输器，而且中国已经熟练掌握返回式卫星的回收技术，可用于飞船的回收，所以研制飞船符合中国的国情。钱学森指出："假设要人上天，第一步可以是这样。如果说要搞载人，那么用简单办法走一段路，保持发言权，是可以的。"也就是说，他主张"用简单办法"，即飞船方案。钱学森的主张，可以用八个字来概括："量力而行，因己制宜。"

发生在20世纪80年代末的飞船与航天飞机之争，并不仅仅是科学技术问题，而是关系到中国载人航天事业能否迅速而稳健发展的大事。载人航天工程，是"两弹一星"的继续，是足以跟"两弹一星"相提并论的国家级的重大科研项目。钱学森说："这是国家最高决策。在20世纪50年代要搞'两弹'就是国家最高决策，那也不是我们这些科技工作者能定的，而是中央定的。"正因为这样，在请中央决策的重要关头，钱学森主张"应将飞船案也报中央"。

受航空航天部的委托，庄逢甘、孙家栋主持召开"航天飞机与飞船的比较论证会"，以求决定在航天飞机与宇宙飞船两者之中择一而行。

在这次比较论证会上，航空航天部北京空间机电研究所高技术论证组组长李颐黎作为载人飞船方案的代言人，作了重要发言。

李颐黎是钱学森的第一代弟子，1935年出生，1958年毕业于北京大学数学力学系，此后在钱学森指导下，长期从事火箭、卫星和载人飞船系统的设计与研究。

李颐黎指出航天飞机之路不适合中国国情：

> 欧洲发展小型航天飞机凭借的是航空技术优势，而我国航空技术不具有优势。欧洲小型航天飞机这条路尚未走完，技术风险大、投资风险大、研制周期长的弊病就已暴露出来了。
>
> 美国有钱，他们有4架航天飞机，每架回来后光检修就要半年时间，美国的航天飞机飞行一次就得4亿5亿美元。

俄罗斯也有 3 架航天飞机，其中一架飞过一次，另一架正准备飞，还有一架是做试验用的。因为没钱，现在也飞不起了。

欧空局研制的"赫尔墨斯号"小型航天飞机也是方案一变再变，进度一拖再拖，经费一加再加，盟国都不想干了，最后只好下马。

基于上述原因，我认为，从国情出发，绝不能搞航天飞机！

经过仔细的比较和论证，这次"航天飞机与飞船的比较论证会"上，专家们逐渐取得共识，中国的载人航天从载人飞船起步。

1990 年 5 月，"863-204"专家委员会最终确定了"投资较小，风险也小，把握较大"的飞船方案。

1992 年 1 月 8 日，中央专门委员会召开第五次会议，专门研究发展我国载人航天问题。会议决定：

从政治、经济、科技、军事等诸多方面考虑，立即发展我国载人航天是必要的。我国发展载人航天，要从载人飞船起步。

中央专门委员会的决定，为航天飞机与飞船之争画上了句号。

1992 年 9 月 21 日，中共中央政治局十三届常委会第 195 次会议讨论同意了中央专委《关于开展我国载人飞船工程研制的请示》，正式批准实施我国载人航天工程。如同钱学森所言，这是"国家最高决策"。从此中国的载人航天走飞船之路，成为"国家最高决策"。

从 1992 年底开始，中国的载人飞船工程投入正式研制。这是国家级的科学工程，与"神威"高性能计算机、"神光"高能激光等并列，以"神"字开头，命名为"神舟"载人飞船工程。

力荐王永志挂航天之帅

在航天飞机与飞船之争中，钱学森发挥了关键性的重要作用。

在载人飞船工程立项之后，谁来挂帅？

航空航天部成立了载人航天工程论证评审组时，组长是任新民，副组长是王大珩和屠善澄，成员有：王希季、庄逢甘、闵桂荣、张履谦、杨嘉墀、童铠、谢光选等院士。

另外，屠善澄曾经担任载人航天工程专家委员会的首席专家。

然而，这些年专家、院士们都已经上了年纪。要实行庞大、艰难的载人航天工程，要由年富力强的人来挂帅。

钱学森举荐了王永志。

钱学森慧眼识英才，善于从年轻一代中发现栋梁之才：在研制导弹的时候他举荐了任新民，在研制人造地球卫星时他举荐了孙家栋，而这一次他说王永志可以担当载人航天工程重任。

由于钱学森的举荐，王永志在1986年担任"863计划"载人航天工程研究组组长。1992年11月15日，中央军委正式任命王永志为中国载人航天工程总设计师。

王永志给钱学森留下深刻印象，是在1964年6月下旬，中国第一枚自行设计的导弹"东风-2号"即将发射的时候。

"东风-2号"导弹是一枚中近程火箭。当时，地处沙漠的酒泉发射基地的气温骤升，甚至高达40多摄氏度。众所周知，气温上升之后，火箭推进剂的体积就会膨胀，而且气化严重，燃料贮箱内所能容纳的火箭推进剂就会减少，导弹就达不到预定的射程，打不到预定的目标。

怎么办呢？要加大火箭的推力，唯一的办法就是增加火箭推进剂。但是燃料贮箱的体积有限，装不下那么多火箭推进剂。

指挥部召开紧急会议，研究对策。虽然专家们谈了不少补救方案，但是都不合适。于是指挥部召开扩大会议，听取意见。32岁的中尉军官王永志也被"扩大"进了会议。

王永志在1952年考入清华大学航空系飞机设计专业。1955年前往莫斯科航空学院留学，起初攻读飞机设计，后来改学导弹设计专业，1961年毕业于莫斯科航空学院。

王永志在会上听到的都是如何增加火

王永志

箭推进剂的方案，就站起来发表截然相反的意见："我主张应该泄出一些燃料，减少了导弹的重量，才能提高推力，加大射程。我经过计算，要是从火箭体内泄出 600 千克燃料，这枚火箭就会命中目标。"

王永志的意见，遭到了众人的反对。火箭不能命中目标明明是推进剂不够，怎么可以再往外泄掉推进剂呢？于是，没有人理睬他的不同于众的建议。

王永志知道钱学森正在酒泉基地坐镇指挥，便鼓起勇气敲开了钱学森的门。钱学森到底是高人，他仔细倾听这个小伙子的意见，马上说"有道理"。钱学森马上把火箭的总设计师请来，指着王永志对总设计师说："这个年轻人的意见对，就按他的办！"

"东风-2 号"导弹在卸下 600 千克燃料之后发射，果真提高了射程，命中了目标。

钱学森非常赞赏王永志的"逆向思维"，意识到这个小伙子才智超群。

在中国开始研制第二代导弹的时候，钱学森建议："第二代战略导弹让第二代人挂帅，让王永志担任总设计师。"

1992 年当载人航天立项上马，钱学森又一次推荐王永志担当重任。

果真，王永志不负钱学森的期望，领导中国载人航天事业取得一个又一个重大胜利。

后来，当总装备部领导看望钱学森时，钱学森曾说："我推荐王永志担任载人航天工程总设计师没错，此人年轻时就露出头角，他大胆逆向思维，和别人不一样。"

王永志则深情回忆说，每次重大发射，钱学森都亲临现场坐镇，决策重大技术问题。"1966 年 2 月下旬，戈壁滩正是最冷的时候，我在发射场远远地看到钱老走过来，赶忙迎上去，只见他就穿了一件单薄的呢子大衣。他想问我任务准备得怎么样了，可一句话没有说完，就被寒风呛回去了。"

王永志回忆说，钱学森曾经用一个生动的例子，告诉他搞总体设计，一定要有全局观点：

> 他当时举了个例子，给我印象很深，说有一个朋友问他，夏天房间里太热，把冰箱门打开，房间里是不是能凉爽一些？他回答说，这是不可能的。打开冰箱的门，冰箱门附近可能会有点凉意，但整个房间并不会凉爽下来。因为这样做的结果，增加了电能消耗，电能转变为热能，

电能消耗增加就意味着热能的增加，最终的结果是房间的温度升高。于是，他就跟我们说，搞总体设计，理解和研究问题就要从全局出发，从系统上来考虑这个事情，然后再决策。

王永志还回忆："钱老经常说：'如果不创新，我们将成为无能之辈！我们要敢干！'钱老强调的创新，在很大程度上就是要'敢于研究别人没有研究过的科学前沿问题'。"

1999年，中国第一艘无人试验飞船发射成功之后，作为总设计师的王永志去看望已经88岁高龄的钱学森，并送给他一个神舟飞船模型。钱学森把这个飞船模型放在了床的正对面一个随时都能看到的地方。

2005年3月29日，已经94岁高龄的钱学森，在解放军总医院的病房里和身边的工作人员作了一次长谈。他的谈话重点就是要重视培养创新人才。钱学森指出：

"今天找你们来，想和你们说说我近来思考的一个问题，即人才培养问题。我想说的不是一般人才的培养问题，而是科技创新人才的培养问题。"

我们一定要"培养会动脑筋，具有非凡创造能力的人才"，"回国以后，我觉得国家对我很重视，但是社会主义建设需要更多的钱学森，国家才会有大发展。"

"我今年已90多岁了，想到中国长远发展的事情，忧虑的就是这一点。"

钱学森一手提拔任新民、孙家栋、王永志这样许许多多的科技创新人才，许许多多"钱学森"，才有了中国"两弹一星"和载人航天的辉煌成就。

钱学森指出，"科技帅才"不仅要在国内某一领域位居前沿，而且要在全球科技领域让人一提到就竖起大拇指；不仅个人要具备拔尖的学术水平，还要有本事团结一大批人，统领一大批专家攻克重大的科技难关。

一艘艘"神舟"飞船成功飞上太空，中国航天员漫步太空，不仅证明了钱学森推荐王永志挂帅载人航天工程的正确，而且证明了当初钱学森力主走飞船之路的正确。

当年风光一时的航天飞机，由于发生两次机毁人亡的大事故，引发了广泛的质疑。全球历次载人航天失事一共造成22位宇航员丧生，而在美国航天飞机失事中丧生的宇航员就占了14位，其比例之高令人吃惊。

在技术和安全的双重压力下，俄罗斯与欧洲的航天飞机计划都纷纷下马。

在美国，每架航天飞机的设计寿命应是 20 年、100 次发射，但美国的 5 架投入使用的航天飞机总共才发射了 100 多次，20 年的机体寿命却已超过，每次发射的成本也被证明远远高于设计之初。

2004 年美国总统布什发表演讲，宣布航天飞机在 2010 年停飞。

2009 年 9 月 18 日，美国宇航局宣布，2010 年 9 月航天飞机将进行最后一次飞行，并公布了执行这次飞行的 6 人名单。之后，美国"航天飞机时代"将正式结束。

这清楚表明，当年钱学森确定中国载人航天应走飞船之路的远见卓识，在重大的决策关头起着关键性的作用。倘若当时中国走航天飞机之路，不仅成本高、风险大，而且最后还会像美国那样告别航天飞机，重走飞船之路。

第八章 金色晚年

晚年钱学森

第三大贡献

钱学森对许多问题的见解，常常非常尖锐。当他读了作家徐迟关于数学家陈景润的报告文学《哥特巴赫猜想》之后，说了一句话："在文学上很美，但在内容上有片面性，好像科研成果只是个人的创造。"

这是因为在钱学森看来，科研成果大都"是集体工作的结晶"。尤其是钱学森多年从事"两弹一星"的领导工作，更加有这样的体会。他关于系统科学的思索，正体现了这一特色。

充满生命活力的浓绿的夏日过去了，随之而来的是"秋水共长天一色"的恬淡。1981年，钱学森步入古稀之年，退出了第一线，进入他的金色晚年。

钱学森曾说："如果一个科学家的生命属于科学，就应把自己的生命过程使用得更有效率，更精细，更有韧劲。一个科学家的生命当说已经不属于自己，他应该属于创建科学的巅峰。不妨把科学家的生命看成是前人创造者的继续。科学家总是登着前辈的肩头攀缘，而自己，往往又成为后人的人梯。"钱学森在他的晚年，继续把生命奉献于"创建科学的巅峰"。

纵观钱学森的一生，有三大贡献：一是研制"弹（导弹）、箭（火箭）、星（人造地球卫星）"；二是发展载人航天；三是系统科学。

前面两大贡献，尤其是"弹、箭、星"，广为人知。而他的第三大贡献的主要工作是在他晚年完成的，所知者往往局限于知识界。

退居二线之后，钱学森有了更

钱学森（1983年7月，沈进摄）

多的思索时间，他探索的范围也就越加广泛。多思出智慧。他的思想在探索中得以升华。在秋日的阳光下，摆脱了繁忙公务的钱学森，作出了他人生的新的贡献。

事情要从1978年3月18日说起，中共中央在北京隆重召开了全国科学大会。在有6000人参加的开幕式上，中共中央副主席、国务院副总理邓小平作了重要讲话。在闭幕式上，中国科学院院长郭沫若作了题为《科学的春天》的讲话。从此中国科学走出"文化大革命"的严寒，开始了春风吹拂的新时期。

上海《文汇报》作为一张以知识分子为主要读者对象的报纸，加强了与科学界的联系。编辑倪平想约钱学森为《文汇报》撰稿，寄信到国防科委。第一封约稿信没有回音。倪平锲而不舍，又寄出第二封约稿信。被倪平的热情约稿所感动，钱学森当时的秘书王寿云给倪平回信，说钱学森正在写一篇自然科学与社会科学相结合的文章，不知是否适合《文汇报》刊登？王寿云在信中留了办公室电话号码。倪平见信后，当即致电王寿云说，只要是钱老的文章，什么文章都欢迎！[1]

就这样，王寿云给倪平寄来一篇1万多字的文章，题为《组织管理的技术——系统工程》，署名是钱学森、许国志、王寿云。

对于报纸而言，一万多字的文章算是很长的了。《文汇报》非常看重钱学森的文章，决定"全文刊登，一字不改"，而且强调要反复校对。这篇文章之末，有11条注释，《文汇报》也决定照登不误。

1978年9月27日，《文汇报》在第一版右方头条地位刊出钱学

1978年9月27日，《文汇报》在显著位置刊出钱学森、许国志、王寿云的《组织管理的技术——系统工程》

---

[1] 2009年9月19日，叶永烈采访倪平于上海。

森、许国志、王寿云的《组织管理的技术——系统工程》，文章从第一版转至第二版，用了一整版，而 11 条注释则登在第三版。

《组织管理的技术——系统工程》是钱学森关于系统工程和系统科学的第一篇文章。整整 30 年后的 2008 年 9 月 28 日，《文汇报》发表高志亮、李忠良、孙少波、郭花利、王钰的文章《学习系统学　学会做事情——纪念钱学森等〈组织管理的技术——系统工程〉一文发表 30 周年》，以"具有里程碑的意义"评价钱学森等的文章，指出：

> 30 年后的今天，我们再回头来看《组织管理的技术——系统工程》一文，这篇论文不但对系统工程的发展和系统科学的建立具有里程碑的意义，而且，还对我国社会主义经济建设与我国科学技术的创新发展以及我国政治体制改革都有很重要的影响。

《组织管理的技术——系统工程》的领衔作者是钱学森，这篇文章主要反映钱学森的见解。

第二作者许国志是运筹学家和系统科学家，中国工程院院士，比钱学森小 8 岁，1939 年考入交通大学机械系，1947 年底赴美，入堪萨斯大学，仍修机械工程，获硕士学位后，转入数学系，于 1953 年获博士学位。1955 年 9 月许国志与夫人蒋丽金（化学家，后来成为中国科学院院士）乘船回国时，正好与钱学森夫妇同船。在漫长的航行中，钱学森与许国志就当时新兴的运筹学深入进行探讨，从此结下友谊。回国之后，许国志在钱学森担任所长的中国科学院力学研究所研究运筹学。

许国志善诗词，曾经写下明志诗：

> 不信儒冠曾误我，
> 恨无慧语可惊人。
> 他生倘得从吾愿，
> 甘为诗书再献身。

第三作者王寿云 1960 年毕业于北京大学数学系，分配到国防部第五研究院工作。1965 年起担任第七机械工业部副部长钱学森的秘书，长达 17 年。

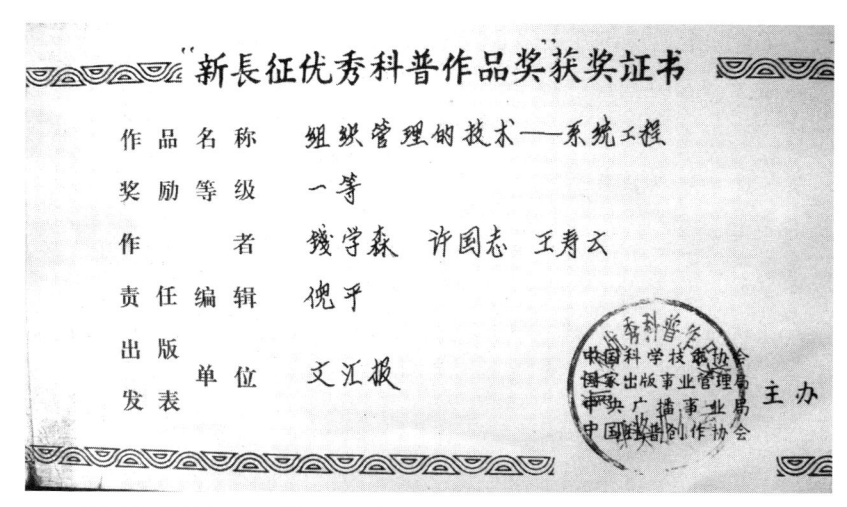

《组织管理的技术——系统工程》获奖证书

1982年任国防科工委综合计划部规划计划局副局长。1990年7月被授予少将军衔。曾任中国系统工程学会副理事长。1997年12月因车祸不幸遇难。

从学术上讲，《组织管理的技术——系统工程》是一篇开创性的论文，是系统工程的奠基之作。但是，这篇文章又写得通俗易懂，显示出钱学森那种思路清晰、语言活泼的特色，使广大普通读者能够从中明白什么是系统工程，什么是系统科学。文章从泥瓦匠说起：

> 他要造房子，首先要弄到材料，选定一个可行的方案，然后进行建设。他要建造一间什么样的房子，在他动手建造之前，房子的形象已经存在于他的头脑之中。他按照一定的目的来协调他的活动方式和方法，并且随着不断出现的新的情况来修改原来的计划。在整个劳动过程中，他既构想这所房屋的"总体"结构，又从每一个局部来实现房屋的建造；他是管理者也是劳动者，两者是合一的。后来生产进一步发展了，在手工业工场里，出现了以分工为基础的协作。马克思说："许多人在同一生产过程中，或在不同的但互相联系的生产过程中，有计划地一起协同劳动，这种劳动形式叫作协作。"又说："一切规模较大的直接社会劳动或共同劳动，都或多或少地需要指挥，以协调个人的活动，并执行生产总体的运动——不同于这一总体的独立器官的运动——所产生的各种一般职能。一个单独的提琴手是自己指挥自己，一个乐队就需要一个乐队指

挥。"(《马克思恩格斯全集》第二十三卷第 362、367 页）这是说有了职能的分工，在一切规模较大的工程技术中，都有"总体"，都有"协调"问题，都需要有个指挥来从总体运动的观点协调个人活动。在手工业工场里，这个指挥就是"监工"。后来生产进一步发展，在产业革命中出现的大工业的生产中，这个指挥就是"总工程师"。在制造一部复杂的机器设备时，如果它的一个一个局部构件彼此不协调，相互连不起来，那么，即使这些构件的设计和制造从局部看是很先进的，但这部机器的总体性能还是不合格的。因此必须有个"总设计师"来"抓总"，协调设计工作。

所谓系统工程，就是从"总设计师""总工程师"这样"抓总"的角度，来考虑如何协调一个巨大工程的总体设计和总体施工。

其实，这"抓总"，正是钱学森在"两弹一星"这样浩大工程中所担负的角色。钱学森是"两弹一星"的主帅。不仅"两弹一星"是一个庞大的系统工程，就连其中的每一项目，也是巨大的系统工程。"抓总"的钱学森，在"两弹一星"的实施过程中，"实践出真知"，开始从科学的角度，在系统工程中研究如何组织管理的技术，把实践升华为理论。

在这里，用得着英国兽医学家泰勒说的一句话："具有丰富知识和经验的人，比只有一种知识和经验的人要更容易产生新的联想和独到的见解。"钱学森是学问大家，所以他能够不断"产生新的联想和独到的见解"。

早在 20 世纪 50 年代初钱学森遭到美国当局软禁期间，他就花费 3 年多时间，研究工程控制论，用英文写成 30 多万字的《工程控制论》一书，于 1954 年由美国 McGraw Hill 出版社出版。钱学森把工程控制论定义为"研究控制论这门科学中能够直接用在控制系统工程设计的那些部分"。可以说，在那时候，钱学森已经在研究系统工程的控制问题。

回国之后，钱学森在担任国防部第五研究院院长的时候，意识到研制导弹是一项涉及几百家研究所、几千家工厂和几万科技人员的规模宏大的系统工程。

1957 年以来，美国把相当于系统工程的"计划协调技术（PERT）"应用于北极星导弹核潜艇的研制工程，使研制生产周期缩短了将近三分之一。这给了钱学森莫大的启示。

为此，钱学森开创性地在国防部第五研究院设立了总体设计部。这个总体设计部负责对各个分系统的技术难题进行技术协调，统筹规划，总体设计。可以说，设立总体设计部，是钱学森把系统工程的理论运用到实践中去了。

1963年，在制定第二个科学规划时，钱学森就正式提出要搞系统工程。

钱学森还在"两弹一星"的许多领导部门推行美国的"计划协调技术"，墙上挂起计划流程图。由于计划流程图的样子像棵苹果树，人称"苹果树"挂图。有了"苹果树"，总设计师、总工程师们心中有全局，在工作中能够分清主次，明确关键，以寻求最优方案进行突破。

有着20世纪50年代写作《工程控制论》的理论基础，有着20世纪60年代创建总体设计部的实践，再加上多年从事"两弹一星"的"抓总"工作的深切体验，所以钱学森在1978年与许国志、王寿云合作，写出具有重要理论意义的《组织管理的技术——系统工程》，是顺理成章、水到渠成的结果。

在《组织管理的技术——系统工程》一文中，钱学森等就以研制战略核导弹为例：

> 我们把极其复杂的研制对象称为"系统"，即由相互作用和相互依赖的若干组成部分结合成的具有特定功能的有机整体，而且这个"系统"本身又是它所从属的一个更大系统的组成部分。例如，研制一种战略核导弹，就是研制由弹体、弹头、发动机、制导、遥测、外弹道测量和发射等分系统组成的一个复杂系统；它可能又是由核动力潜艇、战略轰炸机、战略核导弹构成的战略防御武器系统的组成部分。导弹的每一个分系统在更细致的基础上划分为若干装置，如弹头分系统是由引信装置、保险装置和热核装置等组成的；每一个装置还可更细致地分为若干电子和机械构件。在组织研制任务时，一直细分到由每一个技术人员承担的具体工作为止。导弹武器系统是现代最复杂的工程系统之一，要靠成千上万人的大力协同工作才能研制成功。研制这样一种复杂工程系统所面临的基本问题是：怎样把比较笼统的初始研制要求逐步地变为成千上万个研制任务参加者的具体工作，以及怎样把这些工作最终综合成一个技术上合理、经济上合算、研制周期短、能协调运转的实际系统，并使这个系统成为它所从属的更大系统的有效组成部分。这样复杂的总体协调任务不可能靠一个人来完成；因为他不可能精通整个系统所涉及的全部

专业知识。他也不可能有足够的时间来完成数量惊人的技术协调工作。这就要求以一种组织、一个集体来代替先前的单个指挥者，对这种大规模社会劳动进行协调指挥。在我国国防尖端技术科研部门建立的这种组织就是"总体设计部"（或"总体设计所"）。

钱学森等正是从"总体设计部"引申出系统工程的概念：

> 总体设计部由熟悉系统各方面专业知识的技术人员组成，并由知识面比较宽广的专家负责领导。总体设计部设计的是系统的"总体"，是系统的"总体方案"，是实现整个系统的"技术途径"。总体设计部一般不承担具体部件的设计，却是整个系统研制工作中必不可少的技术抓总单位。总体设计部把系统作为它所从属的更大系统的组成部分进行研制，对它的所有技术要求都首先从实现这个更大系统技术协调的观点来考虑；总体设计部把系统作为若干分系统有机结合成的整体来设计，对每个分系统的技术要求都首先从实现整个系统技术协调的观点来考虑；总体设计部对研制过程中分系统与分系统之间的矛盾，分系统与系统之间的矛盾，都首先从总体协调的需要来选择解决方案，然后留给分系统研制单位或总体设计部自身去实施。总体设计部的实践，体现了一种科学方法，这种科学方法就是"系统工程"（systems engineering）。"系统工程"是组织管理"系统"的规划、研究、设计、制造、试验和使用的科学方法，是一种对所有"系统"都具有普遍意义的科学方法。我国国防尖端技术的实践，已经证明了这一方法的科学性。

接着，钱学森等指出要用运筹学、用电子计算机等"实施系统工程计划协调"，帮助计划部门确定最合适的调度，大大提高了系统工程的效率。

钱学森认为，系统工程就是用系统的观点和系统分析的方法，以最少的人力、物力和投资取得最优的效果，获得最佳的经济效益。

钱学森在系统工程中提出了"三性"原则，即"纵观全局的整体性"、"统筹兼顾的合理性"和"科学发展的有序性"。

1982年11月，钱学森等著《论系统工程》由湖南科学技术出版社出版。《论系统工程》收入钱学森及其合作者研究系统工程的20篇论文，加上介绍性的前言和一篇系统工程在中国发展的历史,共18万字。《论系统工程》一书的出版,表明钱学森对于系统工程的研究达到了成熟的阶段。

钱学森在《论系统工程》一书中,罗列了一系列系统思想与系统工程——社会系统工程,军事系统工程,信息系统工程,科学系统工程,农业系统工程,计量系统工程,标准系统工程,人才系统工程,环境系统工程,行政系统工程,法制系统工程,以及科学学、思维科学、人体科学、社会科学、哲学和自然辩证法。

事实证明,系统工程对于新中国的建设起着重要的作用。后来的三峡大坝、西气东输、南水北调、奥运会工程建设和奥运会组织、2009年国庆阅兵工程,无一不是系统工程,需要以系统工程的科学方法加以统筹,加以管理。

有趣的是,林黛玉究竟是几岁来到贾府,原本是困惑红学家们的难题。江苏省镇江市科委的科技工作人员彭昆仑运用系统工程的技术与方法,借助于电子计算机破解了这个百年未解之谜:林黛玉到贾府的年龄应为9岁!

在研究系统工程的基础上,钱学森又进一步提出建立系统学,进而建立系统科学的整体框架。

钱学森指出,从现代科学技术发展来看,一方面使已有学科不断分化,越分越细,新学科、新领域不断产生,呈现出高度分化的特点;另一方面使不同学科、不同领域之间相互交叉、结合与融合,向综合性、整体化的方向发展,呈现出高度综合的趋势。系统科学就是这后一发展趋势中最具有基础性的学问。

钱学森指出,应用系统论方法,要从系统整体出发将系统进行分解,即"化整为零";在分解后研究的基础上,再综合集成到系统整体,即"聚零为整";最终从整体上研究和解决问题,实现1+1>2的效果。

从1986年1月7日开始,钱学森倡导的"系统学讨论班"在北京正式进行学术讨论活动。众多有兴趣于此的来自不同学科的学者,参加了讨论。各种思想在这里闪光,各种观点在这里交锋。在碰撞中产生的思想火花,照亮了系统科学的探索之路。钱学森参加了每一次的讨论,而且每一次都由他作小结。经过一次又一次的讨论、辩论,系统科学的研究逐步深入。

1990年《自然》杂志第一期发表了钱学森、于景元、戴汝为的文章《一个科学新领域——开放的复杂巨系统及其方法论》,成为系统科学的奠基之作。这篇重要的论文,把"经验和专家判断力相结合的半经验半理论的方法"

进一步地加以提高和系统化，提炼出"开放的复杂巨系统"的概念；并以系统论的观点，在社会系统、地理系统等实践的基础上，提出处理"开放的复杂巨系统"的方法论，即"从定性到定量的综合集成方法"。

钱学森称"从定性到定量的综合集成方法"，是"大成智慧工程"。

钱学森指出系统科学在现代科学技术体系中的地位，即"三个层次和一个桥梁"。

三个层次分为：直接用来改造世界的应用技术（工程技术），即系统工程；为应用技术直接提供理论方法的技术科学，如运筹学、控制论等；再往上一个层次就是揭示客观世界规律的基础理论，也就是基础科学，即系统学。

"一个桥梁"是指系统论是系统科学通向辩证唯物主义的桥梁。

钱学森指出：

> 建立系统学的科学体系，要发挥我们的优势，这就是在马克思主义哲学的指导下，遵循正确的方法论，既广泛吸收各个学科的成果，加以融会贯通，又要联系我国的实际问题，从中获得正确的动力并得到检验。

钱学森从系统科学思想出发，还提出了现代科学技术的体系结构。

钱学森认为，这个科学技术体系从横向上看，有11大科学技术部门，即：自然科学、社会科学、数学科学、系统科学、思维科学、行为科学、人体科学、军事科学、地理科学、建筑科学、文艺理论。文学艺术其中只有一个层次，即基础理论层次的文艺理论，文艺创作就不是科学问题，而是属于艺术范畴了。

钱学森指出，科学知识的特点是，不仅能回答是什么，还能回答为什么。但人类从实践中还获得了大量的感性知识和经验知识，这部分知识的特点是只知道是什么，还不能回答为什么，所以进入不了现代科学技术体系之中。我们把这部分知识称作前科学。前科学处于该体系结构的底层。从前科学到科学再到哲学这样三个层次的知识，就构成了人类的整个知识体系。

钱学森强调，马克思主义哲学是人类对客观世界认识的最高概括，也是科学技术的最高概括，处于11类技术科学的顶部。辩证唯物主义反映了自然界、人类社会和人的思维发展的普遍规律。因此，现代科学技术的发展，应该坚持马克思主义哲学的指导作用。另一方面，现代科学技术的发展，也为马克思主义哲学进一步概括和发展提供了丰富的材料，这又推动着马克思主义哲学的发展。

钱学森的学生范良藻这样谈及他的老师：

> 先生治学，遍及自然科学很多门类，涉及园林艺术音乐，还有人体科学和特异功能。一个学者能涉猎如此广泛，没有哲学思维的概括能力，是不可想象的。正如爱因斯坦所说的那样："与其说我是物理学家，不如说我是哲学家。"先生的治学之道，也是以马克思列宁主义哲学为指导。科学和哲学的根本区别，在于科学上的所有认知都必须接受科学实验的检验，哲学可以指导科学，但绝不可以取代科学；不懂哲学的科学家是渺小的，同样，不懂科学的哲学家也是渺小的。

钱学森之子钱永刚则这样谈及钱学森提出的现代科学技术体系结构：

> 钱学森作为一个科学家与别的科学家的不同之处，最根本的不同就在于他提出的现代科学技术体系结构，他通过对科学知识的梳理，再用一个体系结构把它串起来。反过来，一旦这个体系建立之后，他用这个体系结构来观察他所要研究的对象。例如：研究某个问题只有自然科学不行，加点社会科学、系统科学，针对性就强了。当前面临的一个根本性问题就是受学科的限制太明显，为什么？他们就知道这点东西，你说社会科学有这方面的论述，他们就感到很奇怪。现在，钱学森修炼到这个程度，把所有的科学知识（当然他也有他自己的知识）条理化，这样就建立了现代科学技术体系结构。

1991年10月16日，当国务院、中央军委向钱学森授予"国家杰出贡献科学家"荣誉称号时，钱学森向江泽民、杨尚昆汇报了他的下一个心愿："我们完全可以建立起一个科学体系，而且运用这个科学体系去解决我们社会主义建设中的问题。我在今后的余生中就想促进这件事情。"江泽民当即站起来，握着钱学森的手说，好，祝你成功。

早在1991年3月8日，中共中央政治局常委扩大会议听取了钱学森关于设置国家级"总体设计部"的建议，并给予肯定。

钱学森（1991年）

1991年12月11日下午2时，北京中关村学术报告厅举行系统工程学说报告会。于景元等一批科学家来到那里。钱学森戴了一顶蓝色的干部帽、穿了一件褪得发黄的棉军大衣也来到那里。钱学森是第6个上台讲话，他就系统工程学说讲了20分钟。

当钱学森讲完，中国科协副主席高镇宁走上了讲台。他说："今天是钱老的八十寿辰……"会场里先是一片惊愕声，紧接着是一片热烈的掌声。

高镇宁接着说，钱老从不准我们为他祝寿，送蛋糕、水果也一律退回，还要批评……今天，是他的八十大寿，我们只为他准备了半听茶叶，可是，还是被他退了回来。

高镇宁的话音刚落，轰动全场的如雷的掌声，成为对钱学森八十大寿的最好祝贺。

与钱学森一起研究系统科学多年的中国航天科技集团公司710研究所科技委主任于景元教授，这样评价钱学森在系统科学方面的贡献：

与钱老共事的整个过程带给我们很深的影响和教育。作为一名科学家，他不仅有学科领域的深度，还有跨学科跨领域的广度，同时有跨科学、哲学的思想高度，是名副其实的科学领袖和科学大师。他的思想很有超前性，比如关于复杂系统和方法论的研究，留给我们宝贵的精神财富。

2008年1月19日，胡锦涛总书记在看望钱学森的时候，这样提及钱学森的系统工程理论：

"钱老，您在科学生涯中建树很多，我学了以后深受教益。"胡锦涛谈起钱学森提出的系统工程理论，"上世纪80年代初，我在中央党校学习时，就读过您的有关报告。您这个理论强调，在处理复杂问题时一定要注意从整体上加以把握，统筹考虑各方面因素，这很有创见。现在我们强调科学发展，就是注重统筹兼顾，注重全面协调可持续发展。"[1]

钱学森是大家公认的系统科学与系统工程的开创者和奠基者。钱学森希望能有众多学者一起参与系统科学的研究。他指出：

我们若是把这件事做成了，将会是震动世界的，在科学史上的意义将不亚于相对论和量子力学。

现代科学技术体系示意图：

	马克思主义哲学									
桥梁	数学哲学	自然辩证法	历史唯物主义	系统论	人天观	认识论	社会论	审美观	军事哲学
学科部类	数学	自然科学	社会科学	系统科学	人体科学	思维科学	行为科学	文学艺术	军事科学
基础理论	数学分析 几何 代数	生物学 化学 物理学 力学	社会学 经济学 民族学	系统学	生理学 心理学 神经学	信息学 思维学	行为学 伦理学	美学	战略学
技术基础	应用数学 计算数学	机械原理 化工原理 电工学	资本主义经济理论 社会主义理论	控制论 运筹学	病理学 药理学 免疫学	情报学 模式识别	社会主义道德理论	文艺理论 音乐理论	指挥学
应用技术	速算技术 统筹方法	硫酸生产工艺 齿轮技术	企业经营管理 社会工程	系统工程	心理咨询技术 内科学	人工智能 密码技术	人际关系学 公共关系学	绘画方法 文学技巧	军事工程 战术训练

---

[1] 孙承斌、李斌：《深情的关怀 倾心的交谈——胡锦涛总书记看望著名科学家钱学森、吴文俊纪实》，《人民日报》2008年1月20日。

三次激动

钱学森的一生之中,有过三次激动。

1991年10月16日,钱学森在国务院、中央军委授予他"国家杰出贡献科学家"荣誉称号的仪式上,是这么说的:

> 我这一辈子已经有了三次非常激动的时刻。
>
> 第一次是在1955年,我被允许可以回国了。手里拿着一本在美国刚刚出版的我写的《工程控制论》,还有一本我讲的物理力学的讲义,我把这两本东西送到冯·卡门老师手里,他翻了翻很有感慨地跟我说,你现在在学术上已经超过了我。这个时候他已经74岁了。我一听他这句话,激动极了,心想,我20年奋斗的目标,现在终于实现了,我钱学森在学术上超过了这么一位世界闻名的大权威,为中国人争了气,我激动极了。这是我有生以来第一次这么激动。

1991年,钱学森荣获"国家杰出贡献科学家"称号,与夫人蒋英一起出席授奖仪式(邹毅摄)

在建国十周年的时候，我被接纳为中国共产党的党员。这个时候，我心情是非常激动的，我钱学森是一个中国共产党的党员了！我简直激动得睡不着觉。这是我第二次的心情激动。

第三次的心情激动，就在今年。今年我看了王任重同志写的《史来贺传》的序。在这个序里他说中共中央组织部把雷锋、焦裕禄、王进喜、史来贺和钱学森这五个人作为解放四十年来在群众中享有崇高威望的共产党员的优秀代表……我看见这句话，我心里激动极了，我现在是劳动人民的一分子了，而且与劳动人民中最先进的分子连在一起了。[1]

在钱学森荣获"国家杰出贡献科学家"称号之后，国防科工委系统掀起了学习钱学森的高潮。钱学森看报纸，那些天都在说他的好话，觉得心里很不是滋味。他问秘书，有没有听到不同意见。秘书如实相告：有的年轻人说怎么党的知识分子的政策都落实到钱学森一个人身上了？当时，钱学森说："这个情况很重要，说明这件事涉及党的知识分子政策问题，如果它完全是我钱学森个人的问题，那我没什么可顾虑的，他们爱怎么宣传都行。问题是在今天，钱学森这个名字已经不完全属于我自己，所以我得十分谨慎。科技界有比我年长的，有和我同辈的，更多的则是比我年轻的，大家都在各自的岗位上为国家的科技事业做出了贡献，不要因为宣传钱学森过了头，影响别人的积极性，那就不是我钱学森个人的问题了，那就涉及全面贯彻落实党的知识分子的政策问题。所以要适可而止，我看现在应该画个句号了，到此为止吧。"他请秘书转告有关部门，把种种宣传都停下来。

戴汝为记得，当时他接到钱学森秘书的通知，把他在《神州学人》杂志上即将发表的关于钱学森的文章撤下来。[2] 戴汝为觉得，那篇文章已经排上《神州学人》版面，临时撤稿不大好。钱学森秘书给戴汝为写了一张条子，转告钱学森的意见，意思是类似回忆性文章都是在一个人死了以后才发表的。戴汝为一看钱学森这样说，再三向《神州学人》编辑部说明情况，撤回了那篇文章。

钱学森的一生之中，有三次激动，也有过三次喜悦。

---

[1] 钱学森：《在授奖仪式上的讲话》，《人民日报》1991年10月19日。
[2] 2010年5月17日下午，叶永烈在北京中国科学院自动化研究所采访戴汝为院士。

头一回是在 1955 年 10 月 8 日，他经过 5 年的坚持与斗争，终于从美国回到祖国母亲温馨的怀抱，过度的喜悦使他热泪盈眶。美国当局当时千方百计阻挠他返回新中国，尽管有着这样那样的"理由"，而五角大楼海军次长金贝尔所说的一句话，可谓"高度概括"之语："无论在哪里，他都值五个师。"然而由于周恩来总理的直接过问，在中美华沙谈判桌上，美国政府代表这才不得不同意让这位杰出的导弹专家回到新中国。其实，钱学森的价值远远超过 5 个师。他回国后才 5 年，在他的主持下，中国自己制造的第一枚导弹就顺利升空，意味着中国朝着国防现代化迈出历史性的一步。

第二次是在 1970 年 4 月 24 日，中国第一颗人造地球卫星上天。在他回国后的第 10 个年头，即 1965 年 1 月，他向中央提出人造卫星研制计划，这一重要计划也因此被命名为"651 工程"。在他的运筹帷幄之下，只用了 5 年时间，就成功地把中国第一颗人造地球卫星送上太空。中国从此敲开了太空的大门。

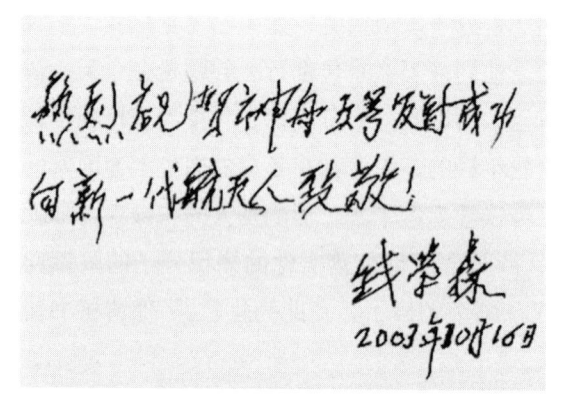

神舟-5 号飞船发射成功后，钱学森亲笔写了贺词

航天英雄杨利伟看望钱学森（2006 年 1 月 10 日）

第三次是在北京时间 2003 年 10 月 15 日 9 时，"长征－2F"火箭运载的神舟五号飞船进入太空，中国第一位航天员杨利伟圆了中国人的飞天梦。钱学森企盼了多少年，这一闪光的时刻终于在他有生之年到来。

2003 年 10 月 16 日，92 岁的钱学森，用他那只颤抖的手工整地写道："热烈祝贺神舟五号发射成功，向新一代航天人致敬"！

当杨利伟随着载人航天工程的负责人一起去看望钱学森时，钱学森一眼就认出了杨利伟，亲切地对他说："你们现在干成功的事情比我干的要复杂，所以说，你们已经超过我了！祝贺你们。"

杨利伟在接受媒体采访时则说："在我们心中，钱老早已是中国航天的科学泰斗和精神象征。"

值得一提的是，美国某些右翼势力一直对钱学森耿耿于怀，对于新中国的"两弹一星"与载人航天的成就充满敌意。1999年美国众议院特别调查委员会公布的《关于美国国家安全以及对华军事及商业关系的报告》（简称《考克斯报告》），还谈到中国科学家钱学森回国之事，并以此为例污蔑中国导弹技术是从美国"窃取"的。

对此，1999年5月31日，中国国务院新闻办公室负责人就《考克斯报告》发表谈话：

> 1935年，钱学森博士以清华大学公费留学生身份到美国学习，后留美工作。1949年中华人民共和国成立后，年轻有为、具有高度民族自尊心、民族自信心和民族气节的钱学森博士向往祖国。但当时，美国麦卡锡主义盛行，美国政府以种种"莫须有"的罪名对他进行迫害。
>
> 经中国政府多次交涉，钱学森博士于1955年回到祖国。由于受到美国政府的限制，钱学森回国时不仅没有带回任何研究资料，甚至连一些私人生活物品都未带回。《考克斯报告》称，由于钱学森曾参与美国"大力神"洲际导弹计划，从而将美国的导弹和相关技术非法带到中国。这是无中生有的诽谤。根据美国科学家协会（FAS）编写的"美国核力量的早期发展"资料，美国"大力神"导弹计划是根据1953年10月成立的美国空军"战略导弹评审委员会"（后称VONNEUMAN委员会）的建议确定的。1955年美国有关部门才正式签订研制合同。而在这之前，1950年7月，钱学森就被美国政府取消了参加机密研究的资格和自由，并被拘留。后虽被保释，但直到1955年离开美国前始终受到美国移民局的限制和联邦调查局的监视。考克斯等人数万言的报告似乎作得很细，实际上连时间的先后都没有弄清楚，这恐怕不会是一时的疏漏吧！[1]

---

[1]《事实胜于雄辩，谎言不攻自破——再驳〈考克斯报告〉》，《人民日报》1999年7月16日。

亲手剪报

30年前,笔者到过钱学森家。钱永刚说,钱学森至今仍住在那老房子里。钱学森就是在他家20多平方米的客厅里,接待中共中央总书记江泽民这样的贵宾。

钱学森回国之后,只搬过一次家。

钱学森渐渐步入老年。在20世纪90年代,组织上曾经打算给他盖一座带院子的小楼,这样便于他在院子里晒晒太阳,散散步。可是,钱学森一再谢绝。他说:"我现在的住房条件比和我同船归国的那些人都好,这已经脱离群众了,我常常为此感到不安,我不能脱离一般科技人员太远。"

秘书告诉他,你说的是"老皇历"了,现在科学家的住房条件都大有改善,很多人的住房都比你宽敞。

钱学森却对秘书说:"我在这儿住了几十年,习惯了,感觉很好。你们别折腾我,把我折腾到新房子里,我于心不安,心情不好,能有利于身体健康吗?以后不要再提这个问题了。"

钱学森家中,最多的家具是书柜,将近50个。钱学森书多,杂志多,剪报多。蒋英说:"我不羡慕人家装修这、装修那的。教授的家就应该是这样的,都是书。"

笔者有幸亲眼见到了钱学森保存的629袋剪报,总共24500多份,整整装满了5个大书柜。

剪报,是钱学森的资料库、信息库。他的剪报按照不同的内容,装进一个个牛皮纸袋,袋上写明剪报的主题。也有的主题的剪报很多,他就一、二、三……这样编列下去。

钱学森有好几位秘书。笔者原本以为,这些剪报大约是钱学森在报纸上画个圈,他的秘书帮助他剪下来。令人惊讶的是,钱永刚告诉笔者,这些剪报全是钱学森自己动手剪的!在工工整整剪好之后,钱学森把剪报端端正正贴在白纸上,再注明报刊名、年月日,便于日后引用时注明文章的出处。

钱学森喜欢看报。他每天要看的报纸依次是《人民日报》《经济日报》

《光明日报》《科技日报》《解放军报》《北京日报》《参考消息》《经济参考报》。这"依次",是指他的阅读顺序。公务员知道他的阅读习惯,每天收到这八份报纸之后,必定按照这一顺序放好,送给钱学森。钱学森逐一看完,必定按照"依次"的顺序放好。在阅读的过程中,他认为有保存、参考价值的文章,就剪下来保存。日积月累,钱学森的剪报竟然超过两万份,形成了一个有着钱学森特色的资料库。

在钱学森上了年纪之后,读报更是他每日常课。诚如钱学森在1994年7月4日致南开大学陈天崟教授的信中所说:"我因年老行动不便,已不再出席会议……我是在家看书读报刊,想问题,与同事用书信讨论问题,效率也很好。"[1]

在钱学森致友人的信中,常可以看到"附上剪报复印件"这样的话。这表明,钱学森不仅以剪报作为自己"想问题"的资料,而且也用来供友人参考,一起"讨论问题"。

钱学森看报很仔细。有一回,他的秘书涂元季告诉他,这一期《参考消息》有一篇文章,介绍美国加州理工学院——钱学森的母校。钱学森马上回答说,不是一期,是连载了两期!

钱学森对涂秘书说:"读了这篇文章,使我想起我在美国加州理工学院所受的教育。我是20世纪30年代去美国的,开始在麻省理工学院学习。麻省理工学院在当时也算是鼎鼎大名了,但我觉得没什么,一年就把硕士学位拿下了,成绩还拔尖。后来我转到加州理工学院,一下子就感觉到它和麻省理工学院很不一样,创新的学风弥漫在整个校园,可以说整个学校的一个精神就是创新。在这里,你必须想别人没有想到的东西,说别人没有说过的话。拔尖的人才很多,我得和他们竞赛,才能跑在前沿。这里的创新还不能是一般的,迈小步,那不行,你很快就会被别人超过。你所想的、做的要比别人高出一大截才行。那里的学术气氛非常浓厚,学术讨论会充分民主,活跃异常,大家相互启发,相互促进。"

钱学森的阅读面很广。他不光是看报,而且阅读方方面面的杂志,既有他专业方面的杂志,如《力学学报》《力学与实践》《中国航天》《航天技术通讯》《西安航空学院学报》等,也有自然科学杂志《科学通报》、《物理学

---

[1]《钱学森书信》第8卷,第249页,国防工业出版社2007年版。

报》、《数学的实践与认识》、《化学通讯》、Scientific American（即《科学美国人》），还有社会科学杂志《新建设》《中央社会主义学院学报》《语文建设》《中国图书评论》等。钱学森家中，藏有15000多册他阅读过的期刊。

在钱学森1992年3月23日致中国科学院自动化研究所戴汝为院士的信中，一开头就提到："近读《中国社会科学》1992年2期（207页）王钟俊的《论神话思维的特性》，又联系到去年《自然杂志》5期戴运生的《第二次成人过程原理》，我想到一个问题：人脑的思维能力是不断发展的……"[1]寥寥数语，便透露出钱学森阅读面之广，也反映出他的关注面之广。

值得一提的是，从1958年党的理论刊物《红旗》杂志创刊，直至后来改名为《求是》杂志，他每期必读。

钱学森的剪报习惯，其实早在美国从事研究工作的时候，就已经养成。1950年8月下旬，美国海关无理扣压了钱学森的8大箱准备托运回国的行李。美国联邦调查局在细细审查这些行李时，发现内中有9大本、400多页按照不同主题分类的剪报。其中，甚至有关于美国原子能方面的详尽剪报。美国联邦调查局感到不解，钱学森的专业是火箭，并不是原子能，他为什么那样关注美国的原子能研究？这会不会是一种"间谍"行为？后来他们"研究"了钱学森方方面面的剪报之后，终于认定，这是一位高层次的科学家的广博学识的体现。只有达到像钱学森那样的学问层次，才会对众多的科学前沿的研究都给予关注。

1955年6月15日，在美国处于软禁中的钱学森，寄出给陈叔通先生的信，为了说明美国政府扣留他的情况，特地在信中还附了一份1953年3月6日《纽约时报》报道的剪报，题为《驱逐对美国不利》。

陈叔通把钱学森信件连同剪报转给周恩来总理。钱学森信中所附的这份剪报，使周恩来总理看了之后，清楚地知道钱学森在美国艰难的处境，对于争取钱学森回国起了重要作用。

钱学森也注意保存自己在报刊上发表文章的剪报，便于自己查阅、检索。1994年7月5日，钱学森在致王寿云等人的信中，亲笔写了一份《钱学森论文艺与文艺理论著述目录（1980年至1994年）》[2]，开列了自己的21篇文

---

[1]《钱学森书信》第6卷，第285页，国防工业出版社2007年版。

[2]《钱学森书信》第8卷，第252–254页，国防工业出版社2007年版。

章目录，这目录极其"规范"，不仅按照文章发表时间顺序排列，而且都按照篇名、报刊名、年月日。倘若是报纸，还注明第几版；倘若是期刊，则写明第几期、第几页。这种精确到报纸的版、期刊的页，体现了钱学森治学的严谨。

年过九十之后，钱学森虽然仍每日坚持看报，但是毕竟体力有限，已经无法一一亲自剪报。他只能请身边的公务员代劳。不过，公务员要么贴歪了，要么日期、报刊名写不完整，钱学森不满意。钱学森的儿子钱永刚说："我来！"钱永刚贴的剪报，跟钱学森一样规范，钱学森这才满意。

年近百岁时的钱学森看报，只能大致上看看大标题。他对哪篇文章有兴趣，就请公务员读给他听。他依然是那么关注国家的命运，科学的进展。

"铁杆"广播迷

钱学森有两件特殊的"作品"：一个是他自己设计的音箱，另一个是褐色的木柜，看上去像是五斗橱，钱永刚说，那是钱学森自己设计的收音机。

钱学森不仅每日读报，而且每天收听广播，是一个"铁杆"广播迷。

中央人民广播电台有一档科学普及节目，叫作"科学知识"。从20世纪60年代起，"科学知识"就增加了两个忠实的听众，一个是作家夏衍，一个是科学家钱学森。

夏衍当时是文化部电影局局长。在一次座谈会上，笔者听见夏衍在那里谈电脑、激光、人造地球卫星、人工合成蛋白质等，说得头头是道。他笑道，他的这点"本钱"，是从广播里听来的。作为文学家，他每天都收听中央人民广播

钱学森自制的音箱（叶永烈摄）

钱永刚说，这个收音机是钱学森自己设计的（叶永烈摄）

电台的《科学知识》节目，借以了解科学。

《解放军报》上有一篇报道，说钱学森也"每日必闻"——每天早上6点，听中央人民广播电台的《科学知识》节目。有一次，有人当面"考"他，今天早上的《科学知识》广播什么？钱学森脱口而出："讲的是南京天文台的趣事。"

钱学森曾回忆说：

> 早些时候电台每天早晨有个15分钟的《科学知识》节目，后来改叫《科技与社会》，我是天天听这个节目的。1984年在人民大会堂开茶话会，纪念这个节目开办35周年，我去参加了。当时我说要在15分钟以内使听众有所收获才算成功，不要让他听了半天也不知道是怎么回事，那就没起到作用。

中央人民广播电台《科学知识》节目创办35周年座谈会，是1984年8月在北京人民大会堂召开的。钱学森出席会议，并作了发言。钱学森说："我每天早起听的第一个节目就是中央人民广播电台的《科学知识》（当时这个节目每天早上6：00—6：15在中央台第一套节目播出）。我非常感谢这个节目的编辑、记者和为节目撰稿的作者们，他们每天都在给我上课，给了我很大帮助。如果没有这些老师们，那我今天就不可能了解更多的现代科学技术知识。"

接着，钱学森笑着说："那么，大家可能要考我了。我每天早晨6点钟起来做的第一件事就是收听《科学知识》节目，今天也不例外。今天早晨6点到6点15分的《科学知识》节目播出的内容是什么？今天的《科学知识》节目播的是中国科学院学部委员、紫金山天文台名誉台长张玉哲研究员撰写的稿子，他从紫金山天文台的历史讲起，一直讲到我们国家天文科学的发展情况。对不对呀？"钱学森的话音刚落，全场立刻响起了热烈的掌声。

钱学森身为科学家，为什么还要收听《科学知识》节目呢？因为专家只是在他的专业范围内是"行家里手"，专业以外的知识，需要从科普作品中汲取。钱学森学识高深，他仍天天听《科学知识》节目，说明他深知专家也需要科普的道理。

钱学森向来主张科学家不能太"专"。他从美国回国之后，当时就感到：

> 清华、交大不像原来了，专业分得很细，培养出来的都是"专家"。要知道在美国"专家"是个贬义词，如果他们说到谁是"专家"，意思就是说他就懂那么一点点，而且有点死心眼。

后来，在1985年，中央人民广播电台及时提出调整节目格局的设想。当时担任中国科协主席的钱学森，看过中央台的书面报告后，马上批转给几位副主席，指出："中国科协似应对中央台的《科学知识》节目有所帮助。请找钱三强副主席商量一个具体办法。"在钱学森的支持下，在中国科协的帮助下，中央人民广播电台《科学知识》节目组建了由200多位专家参加的科技和医学宣传两个顾问团，著名科学家吴阶平、朱光亚、周光召和陈敏章等出任名誉顾问或首席顾问，保证了节目的权威性和科学性。

钱学森"雷打不动"的生活习惯是每天晚上6时半，他必定收听中央人民广播电台的新闻联播节目。为此，钱家通常在晚上6时吃晚饭，钱学森在半小时内吃完晚饭，然后开始收听中央人民广播电台的新闻联播节目。他非常关心国内外的政治动态，认为新闻联播是信息准确而又及时的节目。

直到90多岁了，钱学森还一直收听中央人民广播电台的新闻联播节目。不过，他的听觉渐渐减弱，特别是女声，他往往听不清楚。钱永刚告诉笔者一个细心而又有趣的

钱学森在听广播

观察结果：新闻联播节目是男女播音员交错播送新闻。男声在播的时候，钱学森睁大眼睛在听。到了女声播出的时候，钱学森的眼睛闭上了。接着，男声播出，他的眼睛马上又睁开了！

令人惊奇的是，钱永刚说，钱学森几十年来不看电视。对此，钱永刚解释说，这是钱学森早年在美国任教的时候养成的习惯。加州理工学院的教授们为了专心工作，绝大多数人不看电视。

但是，2009年起钱学森开始看电视了，那是由于他的听觉衰退，听不清楚广播，改为看每晚七时的中央电视台的《新闻联播》节目，虽说依然听不清播音员的声音，但是他可以从电视画面大致了解国内外动向。

看完电视节目，他开始练气功，然后睡觉。

有趣的是，钱学森家里有一大摞钱学森用过的扇子。钱永刚说，钱学森喜欢用扇子，不太喜欢电风扇。

科普高手

日日听，月月听，年年听，从钱学森多年坚持听中央人民广播电台的《科学知识》节目，可以看出他对科普工作的高度重视。

"如果你有机会去钱老的家，你会发现他家里面的科普书是最多的。别人总以为这样的科学大家很少会看科普书，但是钱老却看得津津有味。"戴汝为院士曾经这么说。

钱永刚则回忆说，他在上中学的时候，他的爷爷托人从上海买到一套第一版的《十万个为什么》。钱学森看了之后，认为值得让钱永刚看。正值暑假，钱学森规定钱永刚每天必须看40页，并对他说，"看不懂就问我"。就这样，钱永刚读完了第一版的《十万个为什么》。[1]

在"文化大革命"后，钱永刚又买了一套1980年出版的《十万个为什么》第四版，全书印刷考究多了，还是精装的。钱学森看到后向钱永刚"借"了两本拿去看。过了两三天，把书还给永刚，讲了句至今让永刚不能忘记的对

---

[1] 2009年12月5日，叶永烈采访钱永刚于北京。

该书的评价:"我看不如第一版的好。介绍的范围比老版宽多了,但是读了之后,对科学知识的整体认识反而模糊了。"[1]

钱学森非常重视科学普及工作。钱学森多次论述科普的重要性:

> 科学普及工作很重要。它关系到科技后备军的成长和广大工农兵科技水平的提高。

> 我们的目的是共产主义的自由王国,如果没有很高的认识客观世界的水平,就不可能进入共产主义自由王国,而且不是哪几个人,而是全体人民都要有一个很高的认识世界的水平,所以要对全民进行认识客观世界和改造客观世界的教育,这就是科学技术普及工作的内容。

> 今天人类发展、进步到这么一个时期,掌握知识、智力,或者说掌握认识客观世界和改造客观世界的本事才是最根本的……我们要认识客观世界和改造客观世界,科普就不能只限于自然科学技术的普及。人不了解社会是不行的,我们现在有很多问题,固然有自然科学技术问题,但是很多是由于不了解社会,不知道社会发展规律。

钱学森强调,做好科普,是每一个科学家的责任。他甚至提倡,在完成一篇科学论文的同时,完成一篇科普文章。

钱学森说:"做好科普工作并不那么简单,科技人员要把一个专业化的问题向外行人讲清楚并不容易。""作为一个科学工作者,应该有这样的本事,能用普通的语言向人民(包括领导)讲解你的专业知识。"

前面已经述及,钱学森曾经讲过他的老师冯·卡门如何形象生动地向美国国会议员讲解超声速是怎么回事。在钱学森的眼里,他的老师冯·卡门就是一位科普高手。

听过钱学森讲座的江苏省军区原司令员林有声将军回忆说,钱学森讲课非常生动,而且浅显易懂。林有声将军说:

---

[1] 这一段话是钱永刚在 2010 年 10 月审阅本书清样时亲笔加上去的。

有一次介绍什么是导弹、导弹怎么上天时，钱学森很骄傲地对大家说，最早发明导弹的国家，其实就是中国。为什么这么说呢？因为中国最先发明了火药，而把导弹送上天的技术其实就起源于中国的鞭炮。鞭炮里有一种叫"二踢脚"，"二踢脚"一点燃后就会从地上飞到天上，然后爆炸发出声音。而导弹的工作原理其实跟"二踢脚"一样啊，就是点火之后利用火药的推力发射到天上。所以说导弹是中国第一个发明的，一点儿也不为过。

钱学森把导弹比喻为"二踢脚"，又形象又易懂。

钱学森说："科普的对象是广大人民群众，在我国主要有三个层次。一是为农村及小集镇的'大农业'服务的科普和为城市'大工业'服务的科普。这种大面积的科普，可以大大提高劳动者的科学素养和生产技术水平，使产值翻番。二是为广大干部科学素养服务的科普。'科盲'是当不好干部的。三是为科技专家们了解非各自领域的新发展，以开阔思路服务的科普。我过去把它叫作'高级科普'。现在看来，应改称'宏观学术交流'。"

钱学森对三种不同层次的科普，都很重视。

钱学森回国之初，在北京积水潭总政文工团的排演厅给中国人民解放军的高级将领们讲述什么是导弹，他作了一场又一场的报告，这报告就是关于导弹技术的科普报告。钱学森也像自己的老师冯·卡门那样，讲得又通俗又生动。可以说，关于导弹技术的科普报告，是钱学森所讲的第二类科普，即"为广大干部科学素养服务的科普"。

此后，苏联发射人造地球卫星，钱学森又写了许多科普文章，向广大普通读者讲述人造地球卫星是怎么回事。这些文章，可以说是钱学森所讲的第一类科普，即"大面积的科普"。

钱学森也进行第三种科普，即"高级科普"或称"宏观学术交流"。

据钱学森的学生樊蔚勋回忆，从1956年5月起，中国科学院力学研究所所长钱学森为向全所高、中、初级研究人员普及工程技术知识，特设立"高级科普"讲座，外面请人来讲，每周一个下午，每次都是由钱所长个人出资为会议准备了奶油夹层饼干等茶点。

樊蔚勋说：

钱所长1935年出国留学以前，曾经在南昌飞机修理厂实习过。笔者在报考中国科学院力学研究所研究生时，递交了《略论飞机静力试验》一文，总结了自己在南昌飞机工厂（原南昌飞机修理厂的厂房基础上扩建的）前后2次参加、2次主持完成共4次飞机静力试验的技术经验。钱所长知道了很高兴，要我在"高级科普"讲座上讲一次。笔者在"开场白"里说："各位先生（对高级研究人员的敬称）都是力学工作者，我现在介绍一下工厂里的力学工作者是怎样进行工作的。"坐在黑板一侧主持会议的钱学森所长站起来纠正说："樊蔚勋的话不对，是强度工程师，不是力学工作者。"

钱所长重视科学普及，他要求我们学会把表面上很像高深的科学用形象易懂的语言、深入浅出地讲清晰。这既要求我们对需要解答的问题作深切地思虑（不然是难于用几句话说清晰的），又要求我们提高抒发能力。

可以看出，钱学森跟冯·卡门一样，也是一位科普高手。

钱学森用一句话来概括科普的重要性："道理很简单：科学技术很重要，要大家都懂，都重视，就需要科普。"

钱学森写信

钱永刚送笔者一套《钱学森书信》，总共10卷，16开本。钱学森秘书顾吉环告诉笔者，他曾经遵钱学森的嘱咐，给美国友人寄过一套，总重量为35千克！

这套《钱学森书信》之所以又大又厚，不仅仅因为钱学森的书信多，而且因为是手稿的影印本。

钱学森的书信，总共达7000多封。《钱学森书信》所收录的，还只是钱学森的3331封、写给1066人或单位的书信。另外，《钱学森书信》只是选编了1955年6月15日至2000年11月26日期间的部分书信。

逐卷阅读《钱学森书信》，由于是手稿影印，可以看出，钱学森的这些书信全部是亲笔，不是秘书代劳。他的字端端正正，没有一封龙飞凤舞。尤其是

钱学森之子钱永刚（右一）向叶永烈（右二）赠送《钱学森书信》（刘佩英摄）

从1964年开始，钱学森的书信如同刻蜡纸一样工整。

钱学森书信卷面非常干净，没有"大花脸"——大量的圈圈改改，偶尔有一两处涂抹，可见他写作时思路非常清晰。

信的开头，总是写上收信的单位名称或者地址，然后才写收信人名字。信末，除早期的少数信件把"1959"写作"59"或者没有写年份之外，绝大多数信末都清清楚楚写明年月日。有的人写信，往往只写月日，不写年份，这样过了几年往往弄不清楚是哪一年写的。

钱学森的字迹如同刻蜡版一样，一笔一画从不潦草。只是到了20世纪90年代末，他的右手颤抖，字迹才有点歪扭，但是依然清晰可辨。像他这样的年龄，早年写惯繁体汉字，在写信时，间或会出现一些繁体汉字是习惯使然，但是笔者注意到他的书信，除"协"字写成繁体的"協"之外，几乎是清一色的简体字。这表明钱学森在回国之后，非常认真地学习了简体字。

不过，在钱学森的书信手迹中，还可以看到一些不规范的简体字，如"意"字写成"乙"下面一个"心"字，"展"写成"尸"下"一"横，"部"字写成"卩"等。这些字，大都是1977年12月20日《第二次汉字简化方案（草案）》中的简化字。《第二次汉字简化方案（草案）》在公布之后，由于受到普遍的反对，只试用了半年多，到了1978年7月《人民日报》《解放军报》都停止试用这批简化字。可是，当时已经认真学习了《第二次汉字简化方案（草案）》中的简化字的钱学森，有的字写惯了，没有改过来，所以仍然沿用那些被停止使用的简化字。

在书信中可以看出，钱学森的习惯用语"您们"，现在很少有人用了，甚至有人认为不合乎汉语规范，但是老舍、王蒙、从维熙的作品中都用过"您们"，表明"您们"还是可用的。

笔者最为看重的是收入《钱学森书信》的首篇，即1955年6月15日钱学森致陈叔通的信的手稿。钱学森用一手繁体汉字，写下致陈叔通先生的这封至关重要的信。

钱学森致陈叔通的这封信是历史性文献，理所当然成为《钱学森书信》的开卷之篇。

《钱学森书信》其实是钱学森对方方面面的问题发表见解的真实记录。他的涉猎面之广、学识之博，是令人佩服的。

钱学森的书信，是用钢笔书写的。除了早年少数几封信用印着"中国科学院力学研究所"的公笺，绝大多数是用A4白纸写的。收入《钱学森书信》的信中，除了最初的两封信是竖书，其余都是横写。虽然白纸上没有横线，但钱学森的一行行字都保持水平，而且行距相等。

《钱学森书信》能够得以出版，钱学森秘书涂元季功不可没。他从1983年起担任钱学森秘书，就把所有钱学森寄出去的信件复印留底，所以《钱学森书信》中才有那么多钱学森书信手迹。钱永刚说："几十年下来，一个保险柜被塞得满满的。"

笔者问钱永刚，1983年前的钱学森书信没有留底，怎么办呢？他说，靠征集。虽然征集了不少，但是失散的还是很多。

笔者又问，钱学森的书信有没有用电脑写的呢？钱学森发不发E-mail？

钱永刚的答复使人惊讶：钱学森从来不摸电脑！尽管钱永刚是从事计算机应用软件系统研制的高级工程师，他1988年毕业于美国加州理工学院计算机科学系，获硕士学位。但是钱学森从不使用电脑，当然也就谈不上用电脑写信和收发E-mail了。

笔者还问，钱学森记不记日记？

钱永刚说，不记。不过，钱学森有着非常详尽的工作笔记，每天都记，相当于日记，一本又一本。只是他回国之后的60多本工作笔记，因为涉及国防机密，所以至今仍保存在他的办公室的保险柜里。这些工作笔记什么时候能够公开？恐怕还要

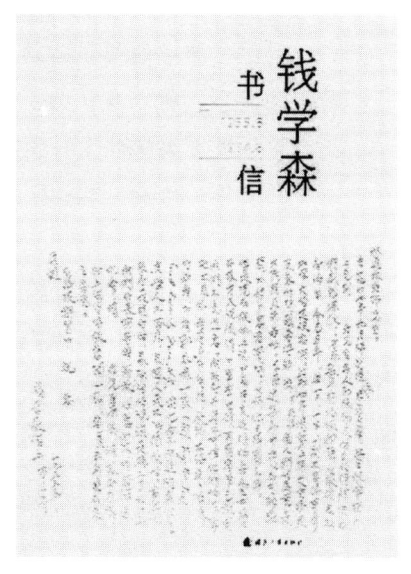

《钱学森书信》出版

等很久。

钱学森秘书涂元季说:"《钱学森书信》这套书出版前,我曾开玩笑说,如果换个名字,比如说叫《钱学森内心世界大揭秘》,摆在书摊上一定能吸引更多的人。其实,通过这些书信,我们也能走进他的内心世界,我建议年轻人看一看,是会受到启迪的。"

郝天护·茅以升 PK 钱学森

在阅读《钱学森书信》第 1 卷时,笔者见到钱学森在 1964 年 3 月 29 日写给郝天护的一封信,反映了钱学森承认自己错误的勇气。

那是在 1964 年 1 月 19 日,一位新疆生产建设兵团农学院的青年,名叫郝天护,给钱学森去信,指出钱学森新近发表的一篇关于土动力学的论文中,一个方程的推导有误。

钱学森亲笔给郝天护复信,信中说:

> 我很感谢 您指出我的错误!也可见 您是很能钻研的一位青年,这使我很高兴。
>
> 科学文章中的错误必须及时阐明,以免后来的工作者误用不正确的东西而耽误事。所以我认为,您应该把 您的意见写成一篇几百字的短文,投力学学报(编辑部设科学院力学所)刊登,帮助大家。 您认为怎样?
>
> 让我再一次向 您道谢。[1]

笔者注意到,钱学森写给郝天护的信中,称呼对方为"您",而且在"您"字之前空了一格,表示尊重。

在钱学森来信的鼓励之下,郝天护把自己的见解写成 700 字的一篇文章,题为《关于土动力学基本方程的一个问题》,经钱学森推荐,发表在 1966 年 3 月第 9 卷 1 期《力学学报》上。

---

[1]《钱学森书信》第 1 卷,第 84 页,国防工业出版社 2007 年版。

1964年3月29日钱学森致郝天护的信

钱学森的信，给了郝天护极大的鼓舞，他后来回忆说："他的炽热回信对我的一生起了极其重要的影响，使我在艰难条件下也坚韧地崇尚科学矢志不移。"

郝天护于1953年毕业于清华大学，在1956年曾听过钱学森的报告。后来，由于被指斥为走"白专道路"而遭到"批判"，在20世纪60年代初被"下放"到新疆生产建设兵团农学院。即使在那样偏远的地方，他仍关注学术动态。他发现了鼎鼎大名的钱学森论文中的错误，怀着惴惴不安的心情给钱学森写了那封信。他没有想到，钱学森向他承认了错误，并推荐他的文章在《力学学报》上发表。

1978年，郝天护考取清华大学研究生，回到了母校清华。在读研究生期间，他的各门成绩全是优秀。

如今，郝天护教授是固体力学专家、教授。1987、1989、1990年这3年时间里，他发表的论文数分别位居全国第10、第7和第2位。他还曾连续9年担任国家自然科学基金项目主要负责人，1995年被选为美国纽约科学院院士。

在《钱学森书信》第3卷，有一个熟悉的名字——严昭，笔者喊她"严大姐"。在国务院副总理陆定一家中，笔者曾经两度采访了严昭。严昭是陆定一夫人严慰冰的胞妹，周恩来总理的外事秘书。严昭的父亲严朴，是1925年入党的中共老党员。严昭后来调到科学普及出版社担任编辑。

钱学森写信给严昭，是因为科学普及出版社出版了《茅以升文集》。钱学森对于《茅以升文集》的编辑工作提出意见。

茅以升，著名的土木工程学家、桥梁专家、工程教育家，中国科学院院士，美国工程院院士。茅以升年长钱学森15岁。所以当钱学森尚在交通大学求学的时候，茅以升就在钱学森的老家杭州主持设计并组织修建了钱塘江公路铁路两用大桥，钱塘江大桥成为中国铁路桥梁史上的一个里程碑，也成为杭州的标志性建筑。

钱学森向来敬重茅以升，与茅以升有着很好的友谊。不过他们之间，也曾经有过PK。

那是1961年6月10日，钱学森在《光明日报》上发表了《科学技术工作的基本训练》。钱学森依照自己走过的学习之路，认为基础课程与专业课程的性质是不同的，不能把基础课程混在专业课程之中。钱学森强调基础课程的重要性。基础课程主要是理论。钱学森说："理论工作中主要是靠做习题来练，不做习题是练不出本领来的。"钱学森指出，工科的学生应当先要打好理论基础，再来学习工程技术。

茅以升看了钱学森的文章，认为无法苟同。茅以升有着与钱学森不同的治学经历。茅以升作为工程技术专家，认为先掌握了某种技术，再来学习理论，也不见得错。于是，茅以升在1961年6月14日针对钱学森的文章，写了《先掌握技术后学基础理论是错误的吗？——对〈科学技术工作的基本训练〉一文的商榷》。茅以升的文章点了钱学森的名，表示不同的意见。

钱学森与茅以升的争论，原本是很正常的学术之争。钱学森与茅以升之间，并没有因为这一争议而影响彼此的友谊。

1989年11月12日茅以升逝世之后，钱学森还特地撰文纪念茅以升，称颂茅以升是"我的好老师"："钱塘江大桥的建成通车证明：在工程技术领域，外国人不能独霸天下了，他们能干的，中国人也能干，茅以升先生是我的好老师，他为中国人争了气……我感谢茅以升先生给我的爱国主义教育。"

然而科学普及出版社在出版《茅以升文集》时，虽然收入了茅以升的《先掌握技术后学基础理论是错误的吗？——对〈科学技术工作的基本训练〉一文的商榷》，但是删去了文章中提及的钱学森的名字。

于是钱学森致函严昭，提出意见。钱学森的信全文如下：

严昭同志：

昨天在中国科学技术协会、北京市科学技术协会和铁道部科学研究院举办的茅以升同志从事科研、教学、科普工作六十五周年暨九十寿辰的庆祝会上，得到《茅以升文集》一册。回来非常高兴地翻到98页有一篇《先掌握技术后学基础理论是错误的吗？——对〈对科学技术工作的基本训练〉一文的商榷》，因为我写过一篇《科学技术工作的基本训练》，再看下去，确实知道茅老当时（1961年6月14日）说的就是我写的那篇东西。事过快二十五年了，回忆往事，是很有兴趣的。

但编辑工作中有个错误，我那篇东西登在《光明日报》是1961年6月10日，不是6月14日。茅老写评论文章的日子才是6月14日，在我写的东西发表四天之后，这也是合情合理的。所以在《茅以升文集》第二次印刷时，希望能纠正这个差错。我也想，最好能指明茅老评议的东西是我写的，我应负文责。所以这一节文字在一开始就改成"《光明日报》在1961年6月10日登载了钱学森的《科学技术工作的基本训练》一文……"我想这种文风也是合乎茅老提倡的科技工作者道德规范的。

可否请酌。

此致

敬礼！

钱学森

1986年1月8日[1]

从《钱学森书信》中的这两封信可以看出，不论是从钱学森对于来自晚辈郝天护的批评，还是来自老一辈茅以升的批评，都能够虚怀若谷。

"集大成，得智慧"

量性双悟智

天人一贯才

---

[1]《钱学森书信》第3卷，第43页，国防工业出版社2007年版。

这是新加坡一位 80 多岁的华侨潘受先生在 1996 年初春为钱学森所写的一副楹联。

钱学森与潘受素昧平生。远在新加坡的潘受先生,怎么会托人把亲笔书写的楹联送到钱学森家中的呢?

据中国人民大学教授钱学敏称,这是她在《人民日报》(海外版)上发表《钱学森的艺术情趣》一文所引起的。新加坡的《联合早报》转载了钱学敏的文章。潘受先生读了之后,便写了那副楹联,附上一信,寄往北京钱学森的工作单位——国防科工委。信中说:

> 学森先生称:科技为量智,文艺为性智。前者逻辑思维,后者形象思维。一客观,一主观,一冷一热,交流合冶,探微发秘,灵境神游。于是宇宙间万事万物之理,可化隔为不隔,化不通为通,从而奇光异彩,随之出现。综先生指归,其寤寐求之之道,曰:"大成智慧学",是亦古人学究天人之意也。量智,天学也;性智,人学也。然自古及今,鲜有学究天人足以媲美先生者。……因缀五言二句,书为楹帖,奉博先生洎[1]夫人一粲,尚乞不吝赐教,亦冀幸真有瞻风采,偿凤愿之一日耳。

> 乙亥冬新加坡联合早报转载钱学敏作《钱学森的艺术情趣》一文读后。
>
> 看云野叟潘受

这位远在新加坡的"看云野叟",也注意起钱学森的"大成智慧学",谈起"量智""性智",足见钱学森的"大成智慧学"的广泛影响。

"大成智慧学",是钱学森思想体系中的重要组成部分。钱学敏用一句话加以概括,那就是"集大成,得智慧",是引导人们如何尽快获得聪明才智与创新能力的学问。

钱学森曾经给钱学敏写过很多信。钱学森关于"大成智慧学"的论述,很多是写在致钱学敏的信中。这样,钱学敏也就成了钱学森的"大成智慧学"的最主要的研究者和宣讲者。

钱学敏的父亲钱家骥与钱学森是北京师大附中的先后同学。钱学敏比钱

---

[1] 洎,及的意思。

学森小22岁,出生在天津。

钱学敏记得,第一次见到钱学森是在1947年夏天。36岁的钱学森趁暑假回国探亲。钱学敏回忆说:"那年他来到北京看望亲戚,我见到了他,当时我年纪小,只有14岁,所以只记得他很喜欢笑,总是乐呵呵的,而且长得很英俊,看上去也很亲切,感觉就像是我的亲哥哥一样。"

1955年10月钱学森回国之后,钱学森与钱学敏都住在北京,彼此间来往并不多。钱学敏在中国人民大学教哲学多年,参与撰写和翻译多部专业学术著作。她跟钱学森有过几次见面,钱学森给她的印象是不苟言笑,非常严肃。1989年,钱学敏参加钱学森学术讨论班,见到钱学森。她在这位大科学家堂兄面前,不敢提问。钱学森对她说:"你不要害怕,有问题就问我。"从那以后,钱学敏只要工作中遇到问题,就主动写信或见面请教钱学森。

钱学敏回忆说,有一回她在信中除了与钱学森讨论科学话题,还提起了小的时候,父亲教自己演唱电影《城南旧事》主题曲《送别》。出乎意料,几天之后钱学森在回信中说,那个《城南旧事》里边唱的歌,他自己小时候也会唱。这件事让钱学敏觉得钱学森的情感世界也是很丰富的,她的堂兄并非只谈科学、严肃有余的那种人。

由于钱学敏在大学里教书,所以钱学森在信中常常跟她讨论教育问题,谈及"大成智慧学"。

关于钱学森的"大成智慧学"思想的形成过程,钱学敏在2005年3月24日回答赵泽宗教授的提问时,这样谈及:

> 钱学森形成"大成智慧学"思想的时间是20世纪70年代末80年代初,与思维科学形成时间大体同步,稍后一点。这个时期是他总结自己一生科学思想结晶的时期。这个时期已提出科学与艺术体系的11门科学的框架。
>
> 钱学森"大成智慧学"这个概念的正式提出是在1992年11月13日钱学森与王寿云、于景元、戴汝为、汪成为、钱学敏、涂元季的谈话中第一次提出的。
>
> 钱学森"大成智慧教育"这个概念的正式提出,是钱学森于1993年10月7日给钱学敏的一封信,谈到18岁的硕士是"大成智慧教育的硕士"。[1]

---

[1] 赵泽宗:《钱学森"大成智慧"教育思想研究大事记》,《人民教师》(B版)2005年第2期。

钱学敏认为，钱学森提出的"大成智慧学"，是把人的思维、思维的结果，人的知识、智慧及各种资料和信息，用现代化的手段"集成"起来。钱学森说："大成智慧学是古老的'爱、智、慧'概念的更进一步，更具体化。"

"大成智慧学"的研究者余华东指出，钱学森借鉴北京大学老哲学家熊十力教授把智慧分为"性智""量智"的观点，并对其加以唯物主义的解释与发挥。[1] 钱学森说："人的智慧是两大部分：量智和性智。缺一不成智慧！此为'大成智慧学'，是辩证唯物主义的。"他认为，数学科学、自然科学、系统科学、思维科学、军事科学等十大科学技术部门的知识是性智、量智的结合，主要表现为"量智"；而文艺创作、文艺理论、美学以及各种文艺实践活动，也是性智与量智的结合，但主要表现为"性智"；"性智""量智"是相通的。

余华东还指出，钱学森的"性智"主要指形象思维，"量智"主要指逻辑思维。

钱学森对于形象思维和逻辑思维，有着精辟的分析：

> 从思维科学角度看，科学工作总是从一个猜想开始的，然后才是科学论证；换言之，科学工作是源于形象思维，终于逻辑思维。
>
> 人的创造需要把形象思维的结果再加逻辑论证，是两种思维的辩证统一，是更高层次的思维，应取名为创造思维，这是智慧之花。
>
> 逻辑思维，微观法；形象思维，宏观法；创造思维，微观与宏观相结合。创造思维才是智慧的源泉，逻辑思维和形象思维都是手段。

关于"大成智慧教育"，钱学森在1993年10月7日致钱学敏的信中，详细论及：

> 我在这几天又在想中国21世纪的教育，我1989年的那篇东西不够了；是要人人大学毕业成硕士，18岁的硕士，但什么样的硕士？现在我想是大成智慧学的硕士。具体讲：（1）熟悉科学技术的体系，熟悉马克思主义哲学；（2）理、工、文、艺结合，有智慧；（3）熟悉信息网络，善于

---

[1] 余华东：《试析钱学森的大成智慧学和大成智慧教育思想》，《太原师范学院学报》（社科版）2008年第2期。

用电子计算机处理知识。

这样的人是全才。我们从西方文艺复兴时期的全才伟人，走到19世纪中叶的理、工、文、艺分家的专家教育；再走到20世纪40年代的理工结合加文、艺的教育体制；再走到今天的理工文（理、工、社科）结合的萌芽。到21世纪我们又回到像西方文艺复兴时期的全才了；但有一个不同：21世纪的全才并不否定专家，只是他，这位全才，大约只需一个星期的学习和锻炼就可以从一个专业转入另一个不同的专业。这是全与专的辩证统一。

大致可以作为下面这几段教育：①8年一贯制的初级教育，4岁到12岁，是打基础。②接着的5年（高中加大学），12岁到17岁，是完成大成智慧的学习。③后1年是"实习"，学成一个行业的专家，写出毕业论文。

这样的大成智慧硕士，可以进入任何一项工作，如不在行，弄一个星期就可以成为行家。以后如工作需要，改行也毫无困难。当然，他也可以再深造为博士，那主要是搞科学技术研究，开拓知识领域。

这个大胆设想，您看如何？新一次的"文艺复兴"呵！

钱学森晚年提出了著名的"钱学森之问"。他对温家宝总理说："现在中国没有完全发展起来，一个重要原因是没有一所大学能够按照培养科学技术发明创造人才的模式去办学，没有自己独特的创新的东西，老是'冒'不出杰出人才。这是很大的问题。"

2010年5月4日，温家宝总理在北京大学与大学生谈及"钱学森之问"时，这样说道：

钱学森之问对我们是个很大的刺痛，也是很大的鞭策。钱学森先生对我讲过两点意见，我觉得对同学们会有用，一是要让学生去想去做那些前人没有想过和做过的事情，没有创新，就不会成为杰出人才；二是学文科的要懂一些理工知识，学理工的要学一点文史知识。

大学改革要为学生创造独立思考、勇于创新的环境。大学还是应该由懂教育的人来办。教育家办教育不是干一阵子，而是干一辈子。大学还应该逐步改变行政化，按照教育规律办学。大学应该以教学为中心，使学生德智体美全面发展。学生作为学校的主体在教育改革中处于重要地位。[1]

"钱学森之问"引起了热烈的讨论。其实,钱学森在论及大成智慧教育时,就对于培养杰出人才——"神童"提出自己的见解:"信息革命的主要影响在于,它把人脑从记忆前人的知识和经验这一繁重的工作中解放了。从前有个词,叫'皓首穷经',就是说要读一辈子的书,来学习前人的知识和经验。现在不必了,都在计算机中存着,只要你学会操作办法,去查就是了。怎么查?那就用我们过去说的科学技术体系,按这个体系去找。……自古就有培养'神童'的说法,但在怎么培养的问题上,各说各的,并没有找到一个有效的办法。今天有了信息革命这套东西,在培养'神童'问题上就有了一个可操作的路线,这就是我说的大成智慧教育。"

钱学森所说的大成智慧教育,是培养杰出人才的一把钥匙。

"中国航天"打造香港大佛

从1993年12月29日之后,来到香港的游客多了一个必游的壮观景点,那就是可以与美国自由女神铜像媲美的天坛大佛铜像。

香港的天坛大佛铜像,是一座高达26.4米的释迦牟尼坐像。释迦牟尼铜像面如满月,额广平正,双耳垂肩,慈颜微笑,端坐于石砌的基座之上。由于大佛的基座系仿北京天坛圆丘设计建造,因而得名天坛大佛铜像。

天坛大佛铜像坐落在大屿山岛高高的木鱼峰上。大屿山岛在香港岛西面约10千米处,四周碧海清波荡漾。原本大屿山岛野草、灌木丛生,自从在这里建造了香港新机场——赤鱲角国际机场,建造了高大的天坛大佛铜像,地铁东涌线及机场快线跨过新建的青马大桥及汲水门大桥,把大屿山岛与香港市区连在一起,从此游人潮水般涌来,大屿山岛变得热闹起来。

笔者看到一张建造香港天坛大佛铜像时的工地照片,在又高又大的释迦

---

[1] 温家宝:《钱学森之问对我是很大刺痛》,新华社北京电2010年5月4日。

牟尼铜像之下的石砌的基座正中,有一白底红字横幅,上书四个大字:"中国航天"。

奇怪,这尊佛教始祖释迦牟尼铜像,怎么跟"中国航天"扯上关系?

其实,天坛大佛铜像不光是与"中国航天"有着密切的关系,而且还与本书的主人公——钱学森有着密切的关系。

在北京海淀区阜成路,就在离钱学森家不远处,一幢大楼前挂着"国家国防科技工业局""国家航天局"和"国家原子能机构"三块牌子。就在那里,笔者见到了在香港天坛大佛铜像前挂起"中国航天"横幅的照片。拿出这张照片的是中国航天系统工程公司原总经理李同力[1]。已经退休的他,刚从美国探亲归来。

李同力,本是钱学森手下的一员大将,他在国防部第五研究院工作时,曾经担任"544"导弹的总设计师,多年从事导弹的研制工作。

香港天坛大佛下的"中国航天"横幅(李同力提供)

2010年5月19日下午,叶永烈在北京中国航天系统工程公司采访李同力、王东亮(杨蕙芬摄)

过去,不论是导弹、火箭,还是航天,都是国家体制、国家计划、国家行动。随着中国走上改革开放之路,航天事业也面临着走向市场,面临着军品

---

[1] 2010年5月19日下午,叶永烈在北京中国航天系统工程公司采访李同力。

民用。到了 20 世纪 80 年代中期，航天部门面临改革。李同力这位导弹总设计师，换了新的岗位——摸索航天事业走向市场之路。

李同力求教于老上级钱学森。

钱学森说，美国兰德公司的经验，值得借鉴。

兰德（Rand），是英文"研究与发展（research and development）"的缩写。兰德公司是美国著名的智库公司。兰德公司最初出自美国的"兰德计划"。那是 1944 年 11 月，美国陆军航空队司令亨利·阿诺德上将提出一项关于《战后和下次大战时美国研究与发展计划》的备忘录，要求成立一个"独立的、介于官民之间的研究机构"，"以避免未来的国家灾祸，并赢得下次大战的胜利"。1945 年底，美国陆军航空队与道格拉斯飞机公司签订一项 1000 万美元的"研究与发展"计划的合同，这就是有名的"兰德计划"。1948 年 11 月兰德公司正式成立，不再是"介于官民之间"，而是纯粹的民间公司。

兰德公司第一次引起广泛关注，是在朝鲜战争前夕组织大批专家对朝鲜战争进行评估，得出"中国将出兵朝鲜"的结论。兰德公司打算以 200 万美元的价格把研究报告转让给五角大楼，但是五角大楼不屑一顾，认为中国根本没有力量跟美国较量。然而事实证明兰德公司的评估是完全正确的，从此声誉鹊起。

钱学森认为，中国航天部门可以设立类似于美国兰德公司的民间公司，着手做一两个广有影响的项目，以期打开影响。这些项目最好是国际性的，以求在国际上产生影响。

按照钱学森的思路，最初成立的中国航天科学技术咨询公司，李同力任副总经理。20 世纪 90 年代初，又成立了中国系统工程公司，李同力出任总经理。李同力说，公司成立了董事会，各院长、所长成了董事，当时觉得很新鲜。不过，当时中国航天系统工程公司的注册资金是 400 万元人民币，而其他带"中国"字头的公司，注册资金差不多都是上亿元人民币。

中国航天科学技术咨询公司成立之后，第一件事就是选择一个钱学森所要求的"广有影响的项目"，"最好是国际性的"。经过一段时间探索，选中了香港的天坛大佛工程，以在国际上打响知名度（当时香港尚在英国管辖之下）。

打着"中国航天"牌子的公司，怎么会选择了香港的天坛大佛工程作为"第一炮"呢？

第八章
金色晚年

从头至尾经手这一工程的李同力,向笔者娓娓道来……

大屿山上有一座名寺宝莲寺,有着"南天佛国"之称,被推为香港四大禅林之首。宝莲寺左前方有一山峰,形似僧人敲击之木鱼,故名为"木鱼山"。从1973年起,宝莲寺就打算在木鱼山之巅建一尊巨佛。1981年12月26日,宝莲寺正式成立了巨佛筹建委员会。然而,佛像由谁建造呢?日本获知此事,愿为宝莲寺无偿建造大佛,但是有一条件,即佛像要面向东京。宝莲寺住持认为,香港建造大佛铜像,怎么可以面朝东京呢?中国佛教协会会长赵朴初得知此事,立即连夜打电话给宝莲寺住持,谢绝了日方,请宝莲寺马上派人到北京商议。赵朴初问他们,你们有多少钱造大佛?他们说,倾家荡产也只能拿出3000万港元。于是赵朴初对他们说,剩下的钱,由我来募捐,设法解决。

大佛究竟由谁建造?许多公司闻讯而来,但是一听说铜佛高达26.4米,都面面相觑,不敢承接。"没有金刚钻,别揽瓷器活。"中国航天科学技术咨询公司出马竞标,一举中标。赵朴初笑谓宝莲寺:"航天集团能够上天,他们当有神通在天坛之上造一尊'天中天'。"所谓"天中天",又称"天中王",是释迦牟尼的另一尊称。经赵朴初从中斡旋,中国航天系统工程公司揽下了这"瓷器活"。当时代表中国航天系统工程公司与香港宝莲寺接洽的,就是李同力。

中国航天科学技术咨询公司中标之后,还必须经当时的港英当局审标。李同力记得,港英当局的官员很傲慢,尽管那官员是华人,一上来就用英语说道:"审标必须讲英语,不然就散会。"所幸李同力英语流利,当即用英语对答如流,审标顺利通过。

香港天坛大佛,究竟是怎样的"瓷器活"?这"瓷器活"跟航天技术有什么关系?经李同力细细解释,笔者才明白:

原来,天坛大佛是由202块铜片(佛身160块、莲花36块、云头6块)组成。用模型放大,要经过精确的计算,确定3900多个点。李同力拿出一本厚厚的数据册给笔者看,那3900多个点是经过一系列计算才确定的。

天坛大佛看上去如同庞然大物,其实那做成大佛的铜片是很薄的,只有12—13毫米。李同力说,做大佛的铜片那么薄,这倒不是为了节省铜,却是厚了反而不行,越厚越容易出问题。

天坛大佛位于400多米的高山之巅,四周是海,而香港多台风,天坛大佛

李同力拿出一本厚厚的数据册给笔者看，那3900多个点是经过一系列计算才确定的

必须经受台风的考验。这样，在正式制作大佛之前，要进行风洞试验。这对于中国航天系统来说，是"小菜一碟"，因为中国航天系统拥有大大小小、各种各样的风洞。他们对风速达每秒280米的情况下，大佛每个点所经受的压力、力矩进行测试，以求查清会不会引起共振、错频。

此外，天坛大佛在夏日曝晒下的热膨胀、海风的侵蚀、地震时的剧烈摇晃，还有电闪雷鸣等，都必须在设计时加以精细考虑。

另外，202块铜片的焊接也是一道难题，必须"天衣无缝"，这对于航天系统来说，却是拿手好戏，因为不论是导弹还是人造地球卫星，对于焊接技术的要求都是极高的。

天坛大佛铜像由航天工业部所属南京晨光机械厂承造。赵朴初非常关心这一工程，亲自到南京晨光机械厂观察。

那202块铜片用轮船运至香港大屿山岛，如何上山成了一道难题。特别是脸部的那一片达42平方米，又很薄，曾经考虑用直升机吊运，但是那么大的铜片吊在空中时很容易变形。最后还是决定用大型平板车运上去，上山公路两侧的树木、电线杆都临时被移除。

天坛大佛终于屹立在木鱼峰巅，面朝北京。港英当局请来法国焊接专家来验收，得出的结论是天坛大佛的焊接技术是第一流的。

1989年10月，天坛大佛圆顶成功，赵朴初调寄《齐天乐》一首庆贺：

彩霞明木鱼峰上，钢架百寻高竖，梯云九地，艰险林林总总。心无怯恐，为顺应群情，绍隆佛种，香海庄严，天中天现人天拥。航天队伍堪美，烈风兼烈日，不惊毛孔。更赖佛慈，土囊盛怒，退避梵音清讽；花光炯炯，看满院优昙，同时喷涌，庆佛顶圆成，人间欢乐永！

赵朴初还为天坛大佛题词："妙相神工"。这"神工"，指的就是中国航天系统工程公司。

天坛大佛工程，符合钱学森所要求的"广有影响的项目"。1993年12月29日天坛大佛举行开光典礼时，名流云集，出席者达两三万人，其中有赵朴初、周南、港英当局的总督彭定康，以及作为中国航天科学技术咨询公司的继任者中国航天系统工程公司，香港为之轰动。从此中国航天系统工程公司在海外拥有很高的知名度，工程订单纷至沓来。

中国航天系统工程公司现任总经理王东亮，详细介绍了中国航天系统工程公司在一炮打响之后繁忙的业务。[1]

王东亮说，香港天坛大佛落成之后，马来西亚槟城极乐寺要求建造观音菩萨铜像。这次是中国航天系统工程公司承接此工程。由于已经有了建造香港天坛大佛的经验，槟城极乐寺的观音菩萨铜像建造起来就熟能生巧了。这座观音菩萨铜像是立像，高达30.2米。观音菩萨铜像矗立在依山而建的平台上，台下是一个大广场，场内有园林花圃。2002年12月5日，马来西亚槟城举行了盛大的观音菩萨铜像开光典礼，中国航天系统工程公司名扬马来西亚。

王东亮说，此后中国航天系统工程公司又承接了为香港湾仔建造金色蟠龙等工程。中国航天系统工程公司按照钱学森的思路走出去，军工企业进入民用市场，打开了一条新路。

1993年12月14日，钱学森为中国航天系统工程公司亲笔题词：

成立航天系统工程公司，诚可庆贺。公司应开

赵朴初为天坛大佛题词："妙相神工"

钱学森为中国航天系统工程公司题词

---

[1] 2010年5月19日下午，叶永烈在北京中国航天系统工程公司采访王东亮。

展面向全国的系统工程咨询服务工作，实实在在抓住一两件事，努力做出明显效果，使中国航天系统工程公司名扬国内外！

关注"现代帝国主义研究"

中共中央党校地处北京西北郊。从1987年6月起，一辆黑色的轿车在每星期四上午将近9时，出示车证之后，驶入中共中央党校，停在教学大楼前，风雨无阻。那是钱学森的座驾，已经76岁、从第一线退下来的他每次到中共中央党校，轻车简从，只有一位司机替他驾车而已，连秘书也不带。

最为奇特的是，钱学森每周来中共中央党校，非常低调，校领导并不知道。这是钱学森再三关照的，他不愿意惊动中共中央党校领导。从1977年秋开始，钱学森曾经多次应中共中央党校之邀，在那里做讲座，每一次都座无虚席。钱学森跟校领导也都熟悉。然而，在这一年多的时间里，钱学森每周都来中共中央党校，党校领导从来不知，事后多年也不知。他来此，只是为了参加"现代帝国主义研究"的"微型"学术讨论会而已。出席这个"微型"学术讨论会的，包括钱学森在内只有12人。

这个"微型"学术讨论会从上午9时准时开始，12时结束。钱学森不在中共中央党校吃中饭，而是上车回家。

2010年5月，笔者走访了这个"现代帝国主义研究"课题的负责人吴健教授，87岁的他满头飞霜，陷入对往事、对故人的回忆之中……[1]

吴健教授是一个很坦率的人。他说，他只是普普通通的"教书匠"而已，在中共中央党校只是教授，没有担任别的职务。他早年参加新四军，1951年进入马列

吴健教授回忆钱学森（叶永烈摄）

[1] 2010年5月19日上午，叶永烈在北京中共中央党校采访吴健教授。

学院，即中共中央党校前身。

吴健教授诙谐地说，他的外号叫"老牌帝国主义"，因为他多年来一直从事帝国主义研究。

吴健教授说，在1957年的"反右派斗争"中，他虽然没有被打成"右派分子"，但是被认定"中间偏右"。在中共中央党校这样的政治环境里，他也就多年没有得到提拔。在"文化大革命"中，他这个"老牌帝国主义"遭到批斗，称他比杨献珍（曾任中共中央党校校长兼党委书记）还杨献珍，比刘少奇还刘少奇。1984年5月他认识钱学森的时候，只是副教授——他当了28年的副教授！直到1986年，63岁的他才成为教授。

那么吴健是怎么认识钱学森的呢？

他说，那是1985年4月，钱学森到中央党校作报告。吴健认为，钱学森谈的是自然科学方面的问题，没有去听。后来看到学校的简报上介绍钱学森报告内容，其中也谈到许多社会科学问题，甚至包括资本主义、帝国主义问题。于是，"老牌帝国主义"吴健就给钱学森写了一封信，表达自己的一些见解。钱学森通过秘书给他打电话，约他面谈。

吴健清楚记得那日子——1984年5月29日，他去看望钱学森。钱学森对他这个"老牌帝国主义"非常有兴趣，因为钱学森在美国这个"老牌帝国主义"那里生活了20年，很想探讨有关资本主义、帝国主义的问题。

翌日，钱学森致函吴健："昨日得与您畅谈，受教甚多，十分感谢。"从这一天，即1984年5月30日，至1989年8月30日，在5年零3个月之中，钱学森给吴健写了41封信以及一个提纲。

吴健教授按照学者的习惯，把钱学森写给他的信件按照年月顺序，整理得有条有理。承蒙他的美意，允许笔者全文复印了钱学森写给他的信件的手稿。

从钱学森的41封致吴健的信中可以看出，起初他们是在信件中讨论关于现代资本主义、帝国主义的一些问题。1987年5月30日，钱学森在吴健的信中指出：

我想您有8个人的研究班子，那您为什么不搞个"微型"学术讨论班，每周定期搞一个上午或下午，有间房子就能干。如果搞起来了，我也愿意去参加，也是学习。

（对我来说，星期四、六最好。）

又：题目可以广泛些，例（如）《国内动态清样》1987年5月29日的第1283期。

从这封信可以看出，"微型"学术讨论班是钱学森建议举办的。其实，钱学森早年在美国加州理工学院，那时候冯·卡门教授经常举行这样的"微型"学术讨论班，既进行不同意见的交锋，又能集思广益。钱学森非常喜欢这种"微型"学术讨论班。回国之后，钱学森在他担任所长的中国科学院力学研究所，就举行过多种"微型"学术讨论班。在研制"两弹一星"时，每星期日上午，任新民、屠守锷、梁守槃等总是到钱学森家举行"微型"学术讨论，对"两弹一星"研制过程中出现的问题进行切磋。

在钱学森退居二线之后，在他的倡导下，从1986年1月7日开始，作为系统学的"微型"学术讨论会——"系统学讨论班"，在北京举行。钱学森几乎每会必到。

从1988年开始，在钱学森提议下，又组织了人体科学的"微型"学术讨论班。钱学森同样几乎每会必到。

可以看出，那时候钱学森差不多同时参加三个"微型"学术讨论班，分别讨论三个完全不同领域的课题——系统学、人体科学和现代帝国主义研究。

当时钱学森已经是年逾75岁了，却兴致勃勃参加这么多的"微型"学术讨论班，足见他研究范围的广泛。这三个"微型"学术讨论班仅仅是钱学森晚年的"主频道"，他还关注许许多多其他的频道。

吴健拿出《国家社会科学基金研究项目申请书》，封面上写着：

学科分类：国际问题
课题名称：现代帝国主义研究
申请人（课题负责人）姓名：吴健
填表日期：87年3月6日

《现代帝国主义研究》课题申请书

在领导审核这一课题的意见中写及：

"课题负责人吴健同志，在我校从事经济学的教学和研究工作已有 30 多年，尤其是研究列宁关于帝国主义的理论与实践也将近 30 年，近 10 年来又重点研究现代帝国主义问题，是我校这方面课程的主讲教员。此外，由吴健同志担任副主编的《现代垄断资本主义经济》一书，也有一定影响。……我们对《现代帝国主义研究》课题组的工作尽力支持，希望他们早出成果。"

这份《国家社会科学基金研究项目申请书》获得批准，实际上也就是吴健教授所领导的《现代帝国主义研究》课题项目得以正式立项。

吴健教授曾经想请钱学森担任《现代帝国主义研究》课题研究顾问，钱学森谢绝了。在 1987 年 4 月 18 日致吴健教授的信中，钱学森写道：

> 研究"现代帝国主义"的确非常必要，但我只能作为一个不得力的助手，有时提点"怪"看法，当"顾问"是万万不够格的。

吴健教授回忆说，接到钱学森 1987 年 5 月 30 日的信，他当即在教学楼里申请了一间房间，每星期四上午就《现代帝国主义研究》这一课题展开讨论。

这个学术讨论班确实是"微型"的，出席会议的也就是《现代帝国主义研究》课题组的成员 11 人，其中除吴健当时已经是教授之外，还有"待批教授"（即将被批准为教授）1 位、副教授 2 位、讲师 3 位、硕士助教 2 位、博士副研究员 1 位、工作人员 1 位。这 11 位成员除来自中共中央党校之外，还来自中共中央办公厅、外交学院、国防大学以及中共安徽省委党校、中共福建省委党校。钱学森以普通一员出席这一学术讨论会，但是唯有他不是《现代帝国主义研究》课题组成员。

吴健教授说，他这样的"教书匠"，跟钱学森这样的首长、大科学家一起出席"微型"学术讨论班，起初有点紧张。但是钱学森除要求吴健教授给他办一张轿车入校的证件之外，别无要求。钱学森一点都没有首长、大科学家的架子，跟大家一样，事先做好充分准备，出席会议时非常坦率地讲述自己的观点。

1988 年 10 月 24 日钱学森在写给吴健教授的信中建议：

> （一）中心发言每次不宜多，一人作中心发言也够；然后讨论，每人十分钟。应该要言不烦，照直说。

（二）讨论问题必须讲实际，不可概念来概念去，围着名词打圈。

在一年多的时间里，钱学森每周都参加吴健教授主持的《现代帝国主义研究》"微型"学术讨论班，算起来钱学森起码去中共中央党校50次，在那里起码度过50个上午。笔者连着问吴健教授三个问题，得到的回答都是非常令人遗憾的——

笔者问：有没有会场照片？

吴健：没有，连我跟钱学森的合影也一张都没有！

笔者问：有没有录音？

吴健：没有，我没有想到过要录音。

笔者问：有没有记录？

吴健：没有，我忙着主持会议，不作记录。也没有指定谁作会议记录。至于出席者随手在自己的笔记本上记几句，也许有。

也就是说，钱学森去中共中央党校那么多次，在《现代帝国主义研究》"微型"学术讨论班上作那么多次发言，都没有记录。

遗憾，确实令人遗憾。

可惜，确实令人可惜。

笔者不由得记起，上海交通大学出版社在1998年出版的钱学森著《论人体科学与现代科技》，洋洋100万字，其中很多内容是根据钱学森在人体科学研讨会上的发言录音整理而成的。书前，附有钱学森在人体科学研讨会上发言的诸多彩色照片。

吴健教授无法提供钱学森在《现代帝国主义研究》"微型"学术讨论班上的照片、录音、发言记录，只能提供钱学森写给他的41封信。其中，1988年元旦钱学森致吴健教授的信，从一个侧面反映了钱学森参加《现代帝国主义研究》"微型"学术讨论班的发言以及他对吴健教授的坦诚的批评：

吴健教授：

昨天，去年年底，在党校讨论班上您最后的发言使我不安。

我的发言是：要分析研究像资本主义世界的经济长波现象必须综合考虑全世界，即资本主义发达国家、社会主义国家和第三世界国家的经济、政治、军事、社会心理等因素，决不是什么单纯的政治经济学一门学问能分析清楚的。为此要用系统工程或现在中央领导同志常常讲的社会系统工程方法，也就是我发言讲的定性与定量相结合的社会系统分析法。

而您的最后发言还是老一套，要把这么复杂的问题，全世界规模的社会系统工程简单化到一篇论文吗？赵涛的博士论文可能有几百页，也不会讲清问题；不然她昨天就能讲清了，而她没有，只提出了问题而已。

其实这也是目前社会科学家们的通病，不懂得系统科学·系统工程，一定要把本质上复杂的综合的实际问题简单化，那只能是主观愿望！哲学上就是唯心主义！

我劝您看点系统科学·系统工程·社会系统工程的书。

　　此致

敬礼！

钱学森
1988.1.1

1988年6月27日，钱学森在写给吴健教授的信中，批评就更加尖锐了：

我想您的讨论会，的确有个问题：讨论理论总要联系实际，理论不是凭空乱说的。在今天的中国，私有经济的生产值才占国民生产总值的1%；这当然包括了深圳，也包括了温州。我看就是私有经济加集体（股份）经济发展到占国民生产总值的20%，全民所有经济也还是占主导地位的嘛！您为什么只听那么几个凭空乱说的人的胡言，而不看看事实？这也许就是您脱离实际之处。

在1989年8月30日写给吴健教授的信中，钱学森批评了"微型讨论班"的若干问题：

我以为您和您近年来举行的"微型讨论班"在这点上未能做到：1. 对"长波论"只浅尝即止，流于形式；而赵涛在她的书《经济长波论》最终一句话是："对于资本主义宏大的经济现象——资本主义世界经济的长期波动，只有通过资本主义生产方式内部生产关系与生产力之间的矛盾运动才能予以把握，概括和解释。"2. 对1987年纽约股票市场的风暴，也是浅尝即止，未能深入分析资本主义金融及证券交易与垄断资本间的关系。3. 就是1988年11月24日上午的那次由鲁从明同志主讲的会，也是浅尝即止，未真正驳倒所谓"社会资本主义"的谬论。我认为这就是空谈所谓"理论"的正确，不深入实际！这不是自我陶醉吗？

笔者问吴健教授，钱学森写给你的信，你都一一保存，那么你写给钱学森的信呢？吴健教授说，没有留底稿。不过，从钱学森写给吴健教授的信中，也可以看出，吴健教授对钱学森也有善意的提醒。1987年2月6日，钱学森在写给吴健教授的信中说："都快春节了，还想到要给我写信，提醒我切莫陷入庸俗吹捧的泥坑！十分感谢呀！过去对此，我也有抵制，今后一定要更加小心，不辜负您的厚望。"

令吴健教授格外感动的是，当钱学森得知吴健教授的夫人生病，特地写信为她介绍医院和大夫。

在1995年春节来临时，当吴健教授打算到钱学森家拜年时，钱学森给他写信说："春节家访事，免了吧。我是不搞什么拜年的礼节，包括我的上级，我都不去。"

吴健教授说，2009年10月31日，当他得知钱学森病逝，不禁流下了眼泪。在钱学森追悼会上，他献上一首悼诗，表示自己沉痛的心情：

日盼百岁寿辰，
近闻驾鹤西归；
科学巨星全才，
再有疑难问谁？

首创"山水城市"

"山水城市"——中国未来城市发展模式。

所谓"山水城市"，那就是"有山有水、依山傍水、显山露水；要让城市有足够森林绿地、足够的江河湖面、足够的自然生态；要让城市富有良好的自然环境、生活环境、宜居环境"。

"山水城市"概念的首创者,不是中国建筑学界的元老级人物梁思成,也不是中国著名的古建筑学家陈从周,却是建筑界的"界外人士"——钱学森。

笔者在北京采访中国城市科学研究会首席专家、《城市发展研究》常务副总编鲍世行教授时,他以十分推崇的口气说起了钱学森的"山水城市"创意对于建筑学界的深刻影响。[1] 他还专门写了《钱学森论山水城市》一书[2]。

钱学森作为空气动力学家、火箭与导弹专家,喜欢"越界飞行"。钱学森关于"山水城市"的诸多论述,便是他"越"入建筑学界建树的成果。

鲍世行教授毕业于清华大学建筑系,曾长期从事城市规划工作。他曾经背起经纬仪,奔走于四川新城攀枝花。他主持的攀枝花市城市总体规划,因具有新的设计理念而博得规划界好评,连获省、部级奖。唐山大地震之后,鲍世行教授以国家建委专家组成员身份参加唐山和天津两地震后恢复重建规划。鲍世行曾经与钱学森作过关于"山水城市"的诸多探讨,光是钱学森写给他的信件就达70多封。

鲍世行教授说,钱学森对于城市规划,最初提出的是"园林城市"。

早在1958年3月1日,

2010年5月18日上午,叶永烈在北京采访建筑学家鲍世行,谈钱学森的山水城市

鲍世行教授谈钱学森(叶永烈摄)

---

[1] 2010年5月18日上午,叶永烈在北京采访建筑学家鲍世行。
[2] 鲍世行:《钱学森论山水城市》,中国建筑工业出版社2010年6月版。

回国不久的钱学森就在《人民日报》上发表了《不到园林，怎知春色如许——谈园林学》一文，指出：

> 以北京颐和园来说，它本身已经是美妙的了，但当我们从昆明湖东岸的知春亭西望群峰，更觉得全园的布置很像把本来不在园内的西山也吸收进来了，作为整体景象的一个组成部分。这种雄伟的气概在全世界任何别的地方是很少见到的吧。我国园林的特点是建筑物有规则的形状和山岩、树木等不规则的形状的对比；在布置里有疏有密，有对称也有不对称，但是总的来看却又是调和的。也可以说是平衡中有变化，而变化中又有平衡，是一种动的平衡。在这一方面，我们也可以用我国的园林比我国传统的山水画或花卉画，其妙在像自然又不像自然，比自然有更进一层的加工，是在提炼自然美的基础上又加以创造。

这篇文章表明，钱学森早就关注中国园林的特点以及园林与建筑的关系。鲍世行教授说，后来钱学森又进一步指出，园与林不同，园是艺术，林是种树，园林的"主角"是园。

就建筑学而言，在1982年，钱学森提出将建筑列入文学艺术大部门；1983年，钱学森提出在我国建立园林学；1985年，钱学森提出建立城市学；1990年，钱学森提出未来城市发展模式——山水城市；1994年，钱学森提出要重视建筑哲学在建筑科学体系中的领头作用；1996年，钱学森提出建筑科学技术体系及建立建筑科学大部门的问题；1998年，钱学森提出宏观建筑与微观建筑概念。

钱学森在写给中国建筑工业出版社的一封信中，这样谈及自己的建筑思想演变的过程：

> 我为什么对中国古代建筑爱好？这说来话长：我自3岁到北京，直至高中毕业离开，1914—1929年，在旧北京待过15年。中山公园、颐和园、故宫，以至明陵都是旧游之地。日常也走进走出宣武门。北京的胡同更是家居之所，所以对北京的旧建筑很习惯，从而产生感情。
>
> 1955年在美国20年后重返旧游，觉得新北京作为社会主义新中国的国都，气象千万！的确令人振奋！但也慢慢感到旧城没有了，城楼昏鸦

看不到了，也有所失！后来在中国科学院学部委员会议上碰到梁思成教授，谈得很投机。对梁教授爬上旧城墙，抢在城墙被拆除前抱回几块大城砖，我深有感慨。中国古代的建筑文化不能丢啊！70年代末，我游过苏州园林，与同济大学陈从周教授有书信交往，更加深了我对中国建筑文化的熟悉。

这一思想徐徐发展，所以在80年代我就提出城市建设要全面考虑，要有整体规划，每个城市都要有自己的特色，要在继续的基础上现代化。我认为这是一门专门的学问，叫"城市学"，是指导城市规划的。再后来读到刘敦桢教授的文集二卷，结合我对园林艺术的领会，在头脑中慢慢形成要把城市同园林结合起来的想法，要建有中国特色的城市。到1990年初就提出"山水城市"的概念。

钱学森提出"山水城市"，也是基于对北京现状的不满："现在我看到，北京市兴起的一座座长方形高楼，外表如积木块，进入房间则外望一片灰黄，见不到绿色，连一点点蓝天也淡淡无光。难道这是中国21世纪的城市吗？"

鲍世行教授说，钱学森是这样开始提出"山水城市"的概念：

1990年7月31日钱学森在给清华大学教授吴良镛先生的信中，首先提出"山水城市"的概念。钱学森在信中说："我近年来一直在想一个问题：能不能把中国的山水诗词、中国古典园林建筑和中国的山水画融合在一起，创立'山水城市'的概念？人离开自然又要返回自然。社会主义的中国，能建造山水城市式的居民区。"

1992年3月14日，钱学森给合肥市副市长吴翼的信中，进一步论述了"山水城市"："近年来我还有个想法：在社会主义中国有没有可能发扬光大祖国传统园林，把一个现代化城市建成一大座园林？高楼也可以建得错落有致，并在高层用树木点缀，整个城市是'山水城市'。"

钱学森有关城市、建筑科学书信和文章有156篇，完成于1992到2000年8年中的就达100多篇。其中的核心理念就是"山水城市"。

鲍世行教授回忆说，1996年6月15日至17日在长沙湖南大学、岳麓书院举行了"建筑与文化"1996国际学术讨论会。会前，在6月4日，85岁的钱学森会见他以及顾孟潮、吴小亚等建筑学家，就建筑科学作了长时间的热情谈话。钱学森那4个月里，给建筑界10个人写了25封关于建筑学的书信，有一天就写了4封关于建筑学的书信。鲍世行说，在那段时间里，建筑学成了钱学森的"学术兴奋点"。

鲍世行教授给予钱学森首倡的"山水城市"以高度评价。鲍世行以为，"山水城市"就是中国的生态城市，是大地园林化的升华，是城市里自然物与人工物的有机结合，是21世纪中国城市的模式。

鲍世行教授说，中国文化最有代表性的就是山水。山水代表自然。山象征崇高，水代表灵性。中国古代有那么多的山水画、山水诗词、山水园林，表明了中国人对于山水之美的热爱和追求。正因为这样，"山水城市"的概念，浓缩了中国文化的精髓。

钱学森是一位大师，是一位"大成智慧者"，博大精深，既有高深的科学修养，又有广博的文化修养，可以用一个"通"字来形容他。钱学森融会贯通科学与文化，所以能够触类旁通，提出"山水城市"的概念。

鲍世行教授说，钱学森提出"山水城市"之后，在建筑学界引起热烈反响。在建设部部长侯捷和副部长周干峙的支持下，1993年2月，中国建筑界在北京召开"山水城市研讨会"。这个研讨会肯定了"山水城市"的建设，代表了中国城市发展的方向。

鲍世行教授指出钱学森山水城市思想有三个含意：

> 首先，他认为园林只是山水中的一部分，山水含有更高的境界，那就是历代中国山水诗人和山水画家的精湛艺术所凝练成的人与自然统一的、天人合一的境界。他说所谓"城市山水"即将我国山水画移植进城市建设，把中国园林构筑艺术应用到城市大区域建设；加强将现代建筑技术和现代建筑与中国园林学的结合，如立体高层结构可以搞一些高低层布局，并且进行"立体绿化"，不是简单地用攀缘植物，而是在建筑物的不同高度设置适宜种花草树木的地方和垫面层，让古松侧出高楼，把黄山、峨眉山的自然景色模拟到城市中来，将现代科学技术和园林学结合起来；在高层建筑的侧面种一些攀缘植物，再砌筑高层的树坛种上松树，看起来和高山一样，这也是用中国的园林艺术来加以美化的办法。

钱学森的山水城市思想强调自然环境与人工环境的协调发展，最终目的是为了人。这是山水城市的第二个主要含意。他强调城市是人的居住点："所谓城市，也就是人民的居住点或区域，也就是大大小小的人民聚集点形成的结构，这种结构是由人的社会活动需要形成的。"他要求给人们提供的居室温暖、凉爽、有湿度和舒适。他对北京四合院那种良好的人文环境是赞赏的，建议像吴良镛教授主持的北京菊儿胡同危旧房改建那样吸取旧四合院的合理部分，又结合楼房建筑而成为"楼式四合院"，在其中再布置些"老北京"的花卉盆、荷花缸、养鱼缸等，创造一个美丽的充满人情味的庭院。

　　山水城市的第三个含意是城市的建设必须将中国古典文化传统与外国先进的文化和建筑技术结合起来，将传统与未来结合起来。他强调在山水城市中，文物必须保护，并加以科学的维修，而不仅是粉饰一新。他惋惜北京的城墙、城门楼拆得太干净，不断寻找不但"把古都风貌夺回来"，而且可以增添古都风貌的办法。如他建议："在南长街、北长街街道东侧，从中山公园西北角起，把现有民房拆去；再在南池子、北池子街道西侧，从劳动人民文化宫东北角起，也把现有民房拆去。在空出的地段，移植高大常青树，多种花卉，形成人民公园。北面筒子河北岸、景山前街南侧也移植些高大常青树。这样，紫禁城四周都在公园中，朝阳、夕照，风貌一定胜过旧时。"

鲍世行教授说，钱学森的"山水城市"观念，在海外也产生巨大影响。台湾学者很快就接受了"山水城市"的理念，提出要在台湾建设"山水人情城市"；1995年世界公园大会在宣言中强调"需要建设山水城市"的观点；法国、意大利等国召开的有关城市学的国际会议上，介绍山水城市的理念受到与会者的热烈欢迎；德国著名城市生态专家 Frederic Vester 教授说："'山水城市'不仅在生态、社会、文化方面有巨大的效益，而且还有巨大的经济效益。"

留住阳光　改造沙漠

2008年1月19日，胡锦涛总书记在看望97岁高龄的钱学森的时候，告诉他：

> 前不久，我到内蒙古自治区鄂尔多斯市考察，看到那里沙产业发展得很好，沙生植物加工搞起来了，生态正在得到恢复，人民生活水平也有了明显提高。钱老，您的设想正在变成现实。[1]

胡锦涛提到的"钱老，您的设想正在变成现实"，就是钱学森关于沙产业的设想。

众所周知，钱学森是火箭、导弹专家，怎么会关心起沙产业来呢？

其实，火箭、导弹倒是跟沙产业有着"天然"的联系。那是因为中国的火箭、导弹试验基地——酒泉卫星发射基地、鼎新导弹试验基地和马兰核试验基地，要么在甘肃、内蒙古，要么在新疆，全是在沙漠地带。在20世纪60年代至70年代，一次次导弹发射，一次次火箭试验，一次次卫星上天，还有核导弹试射，钱学森不断前往那里，生活在满目黄沙的地方。尤其是沙尘暴刮起的时候，黄沙蔽日。

然而，钱学森并没有认为沙漠是死亡之海，不毛之地。他在广袤的沙漠中看到了希望。他曾说："在内蒙古额济纳河边散步的时候，发现沙漠并不是一片黄色，一片荒凉，更不是鸟儿也不飞的地方，那里有绿洲，那里有生命力极强的沙生物。"

钱学森曾说，20世纪60年代我搞国防科研，利用业余时间考察了沙漠，我才发现我原来的认识有偏颇，沙漠不完全是不毛之地，那里有绿洲，有人，有珍稀的动物植物。钱学森回忆说，我们的航天将士，为了保证按时开饭吃馒头，把梭梭树砍了。当时钱学森就说，你们只砍不种，那怎么行？钱学森发现，这种特殊的具有顽强生命力的梭梭树，砍了又长。他由此得到启示，沙漠地区有别的地方没有的优势，那就是充沛的阳光，也有致命的弱点，就是干旱少雨，风大沙多，能不能扬长避短，整体设计，最后为中国西部脱贫致富、合理利用资源走出一条新路来？

钱学森不由得关注起改造沙漠这一世界性的课题。

在《钱学森书信》中，有34封书信是谈沙产业。其实，还没有收入《钱学森书信》中的钱学森谈论沙产业的书信，不止34封。笔者来到沙漠治理专

---

[1] 孙承斌、李斌：《深情的关怀　倾心的交谈——胡锦涛总书记看望著名科学家钱学森、吴文俊纪实》，《人民日报》2008年1月20日。

家刘恕教授家中,她出示一个厚厚的文件夹,内中整整齐齐收藏着钱学森写给她的关于沙产业的信件,就多达53封。此外,还有许多写在文件上的批语。[1]

刘恕和她的丈夫田裕钊都是留学苏联的生物学学生,1954年在列宁格勒相识。1960年,刘恕和田裕钊双双毕业于列宁格勒基洛夫森林工程学院。回国之后,一直致力于沙漠治理。刘恕先后担任中国科学院兰州沙漠研究所所长、甘肃省副省长、中国科协副主席。田裕钊担任中国科学院自然资源考察委员会副主任。

刘恕教授说,钱学森是大家,是从战略的高度、从宏观的角度思考问题。钱学森站在高科技的高度,站在系统科学和系统工程的广度,他对于改造沙漠的见解就非同一般。她只是在钱学森的指导下,做下一层面的工作。

刘恕教授拿出一份文件,那是中国科学院农业研究委员会在1984年8月20日印发的,标题是《创建农业型的知识密集产业——农业、林业、草业、海业和沙业》,署名钱学森。刘恕教授说,这是她在1989年调到中国科协工作时,钱学森送给她的。钱学森还在文件的天头上亲笔写了一行字:

刘恕同志:老旧货了,请您把它作为古董存着吧!钱学森1989年10月12日

刘恕教授说,钱学森是在1984年的全国科学工作会议上发表这一重要讲话,当时她就听说了,但是觉得很惊讶:钱学森是航天科学家,怎么会对改造沙漠问题提出一系列见解?有一次开会时,她正好坐在钱学森后面一排,很想当面请教他,可是又不敢问。她说,那时候对钱学森非常敬

2010年5月13日下午,叶永烈在北京采访原中国科协副主席刘恕(杨蕙芬摄)

---

[1] 2010年5月13日下午,叶永烈在北京采访原中国科协副主席刘恕及其丈夫、沙漠治理专家田裕钊。

仰，但是又有些敬畏。

刘恕教授说，自从调到中国科协工作，跟钱学森有了许多接触，这才打消顾虑，经常向他请教。

刘恕教授说，这份"古董"文件其实非常重要，表明钱学森早在1984年就从宏观的角度把"农业型的产业"划分为五业，即农业、林业、草业、海业和沙业。其中，草业和沙业，亦即"沙产业"和"草产业"。这是钱学森首次提出改造沙漠的"沙产业"和"草产业"的理论概念。

钱学森说，我国沙漠大约16亿亩，和农田面积差不多。沙漠并不是什么也不长，其潜力远远没有发挥出来。沙产业就是在"不毛之地"搞农业，而且是大农业，这可以说是又一项"尖端技术"。

钱学森的沙产业、草产业理论，概括地说就是充分利用沙漠，在沙地搞出"大农业"，以系统工程思想整合的"阳光农业体系"和"绿色产业集群"。

刘恕教授说，钱学森认为沙漠的优势是阳光强烈。沙产业就是以太阳为直接能源，靠植物的光合作用来进行产品生产的体系。为此，钱学森提出了沙产业的12字方针："多采光、少用水、新技术、高效益"。本来，对于沙漠来说，阳光强烈是一大害处，因为阳光强烈造成沙漠干旱，而钱学森换了一个角度思索，却把阳光强烈视为沙漠的一大优势，是改造沙漠的能源所在。要改造沙漠，必须留着阳光！

田裕钊教授作了这样的计算：

> 一平方千米的戈壁滩上，每天平均接收到的阳光辐射能量大致相当于100吨煤炭或50吨汽油。而不毛之地的荒漠，占地球表层的33%，占非洲总面积的55%，北美和中美的19%，南美的10%，亚洲的34%，澳大利亚的75%，欧洲的2%。由于人们不善于留下这些荒漠中的阳光，千百年间，我们丢失了难以数计的光能资源。[1]

刘恕教授说着，从书架上找出上、下卷的《军事谋略学》。她说，这是钱学森主持中国科协工作时，推荐给大家看的书。钱学森主张科学家要看"杂

---

[1] 田裕钊：《留下阳光——关于微藻阳光转化器的实践和思考》，第2页，科学普及出版社2008年版。

书",要看专业之外的书,这样会打开思路,才会有超前的预见性。钱学森说,不仅要办理工学院,还应当办"理农学院",理农结合,能够培养出新型的复合人才。

钱学森以现代思维、现代科技、现代管理的一系列新成果,把生态建设、富民工程、大棚农业和节水灌溉紧密结合,用电脑控制的滴灌、渗灌、微灌技术,无土栽培技术,生物高科技作为沙产业的科技支撑;用"草畜工贸四结合""农工贸一体化"的产业链,推动沙产业、草产业的市场化、集约化,并用系统工程思想发展循环经济。

钱学森论述沙产业的特点是:利用阳光,通过生物,延伸链条,依靠科技,面向市场,创造财富。

钱学森提出沙产业的五条认定的标准:

一是太阳能的转化效益;
二是知识的密集程度;
三是是否与市场接轨;
四是是否保护环境;
五是是否可持续发展。

田裕钊教授把他的著作《留下阳光——关于微藻阳光转化器的实践和思考》送给笔者。田裕钊教授说,提高太阳能转化的途径之一,是利用微藻。所谓微藻,就是小球藻等微型藻类。田裕钊教授多年从事利用微藻转化阳光的研究工作。他在甘肃武威建成小球藻中间试验车间。透明的车间里盘旋着一排排透明的管道,管道里流动着绿色的水——充满着小球藻。小球藻对阳光的吸收率、转化率远远高于普通的绿色植物。如果在沙漠地带大量建设这样的绿色小球藻工厂,从小球藻中获取蛋白质,将大大提高阳光的利用率。

田裕钊教授还展示了他的电脑中的许多图片,指出在沙漠地带实行滴灌、渗灌、微灌,是节约灌溉用水的科学途径。正巧,不久前笔者去了迪拜。迪拜是沙漠中的城市,但是街头到处是鲜花、绿草和碧树,就是广泛采用了滴灌技术——在花草、树木根部铺设了布满细孔的水管,让水从管道中汩汩而出,点点滴滴渗入植物根部,大大减少水的蒸发。田裕钊教授说,在我国沙漠地区,正在推广滴灌、渗灌、微灌,提高水的利用率,推进改造沙漠的进度。

走近钱学森

2010年5月13日下午,叶永烈在北京采访原中国科协副主席刘恕及其丈夫田裕钊(杨蕙芬摄)

1994年,根据钱学森的沙产业设想,中国科协、林业部和甘肃省人民政府选择了武威、张掖等地建立了试验点和示范基地。十几年来,张掖和武威致力于沙产业、阳光产业和节水农业,取得了显著成绩。

按照钱学森的沙产业理论,留住阳光,改造沙漠,广袤的沙漠将是未来的金窝窝。

草产业使内蒙古绿起来富起来

万里遨游,
百日山河无尽头,
山秃穷而陡,
水恶虎狼吼,
四月柳絮稠,
山花无锦绣,
狂风阵起哪辨昏与昼,
因此上把万紫千红一笔勾。

笔者采访来京的内蒙古沙产业草产业协会会长郝诚之时,他吟诵了清朝光绪年间翰林王培芬所作的《七笔勾》,来形容内蒙古的沙尘暴的可怖而又可憎的景象。[1]

---

[1] 2010年5月16日上午,叶永烈在北京紫玉饭店采访内蒙古沙产业草产业协会会长郝诚之、副秘书长孙卫东。

郝诚之的名片上，在"沙产业"之后写着"草产业"，他们的协会是"内蒙古沙产业草产业协会"。郝诚之解释说，对于内蒙古来说，钱学森的沙产业理论非常重要，钱学森的草产业理论也非常重要。沙产业跟草产业紧密相连。沙产业发展了，沙漠长出茂密的青草，变成了草原，那就要用钱学森的草产业的观念开发利用草原。

2010年5月16日上午，叶永烈在北京紫玉饭店采访内蒙古沙产业草产业协会会长郝诚之（杨蕙芬摄）

钱学森很多关于沙产业、草产业的信，是写给郝诚之的。

笔者问起怎么会与钱学森就沙产业、草产业问题进行通信的，郝诚之说，自从1964年大学毕业之后，在内蒙古鄂尔多斯工作了17年，然后调到《内蒙古日报》工作，编辑副刊《科学宫》。内蒙古拥有13亿亩草原。他很敬仰钱学森，很想听听钱学森对于开发、利用草原的见解。1984年5月25日，他给钱学森写了约稿信，并说明《科学宫》作为副刊限于篇幅，文章最好在1500字以内。他在信封上贴了8分钱邮票，寄走了。当时，他并不抱太大的希望，因为知道钱学森很忙，未必会给这样小小的科学副刊写稿。

很出乎意料，十几天之后，一封印着"中国人民解放军国防科学技术委员会"红字的挂号信，寄到郝诚之手中。内中，不仅有钱学森应约而写的《草原、草业和新技术革命》一文，还附有钱学森写于1984年6月8日的致郝诚之短函：

> 5月25日信收到了。遵嘱写了一篇短文《草原、草业和新技术革命》，现寄上，请审阅。[1]

---

[1] 内蒙古自治区林业厅、内蒙古政协办公厅、内蒙古沙产业草产业协会编：《钱学森与内蒙古》（特刊，上），第6页，2005年12月版。

郝诚之说，一封贴了8分钱邮票的信，居然约来大科学家钱学森的专论，真是惊喜万分。

郝诚之立即向报社领导汇报。报社领导认为，钱学森这么重要的文稿，要作特殊处理，以突出的地位刊登。1984年6月29日，《内蒙古日报》在头版发表了导读文章《著名科学家钱学森应约为本报撰专论〈草原、草业和新技术革命〉》，在第四版全文刊登钱学森的《草原、草业和新技术革命》，并刊登郝诚之执笔的编者按《开发草场资源的系统工程模式》，指出："钱学森院士以战略眼光分析了内蒙古的草场资源，细心研究了内蒙古党委第一书记周惠的有关文章（见《红旗》杂志1984年第10期《谈谈固定草原使用权的意义》），结合利用世界新技术革命的机会，提出了内蒙古自治区草原建设的新理论和新模式——利用系统工程的方法，研究并创立了中国式的现代草业和草业系统工程。"[1]

钱学森的文章《草原、草业和新技术革命》，确实具有重要意义。这篇文章首次系统阐述了草产业的概念和理论。钱学森在文章中指出：

> 在农业和林业之外，还有一个草业。也就是利用草原，让太阳光合成以碳水化合物为主的草，再以草为原料发展畜牧业及其他生产，这就是人认识上的飞跃了：现在国家有农业部、林业部，可没有草业部，而我国草原面积是农田面积的3倍，一共约43亿亩，怎么能忽视草业呢？

钱学森在文章中指出，内蒙古13亿亩草场的产值平均只有0.20元，这太低了，原因是转化得不够，新技术用得不够，没有系统工程的思想。他说，草原的草养肥了牛，牛的乳、肉、皮、脏器、骨头都转化增值了，但牛粪浪费了。现代科技告诉我们：牛粪可以养蚯蚓，蚯蚓可以喂鸡，鸡粪可以养鱼，鱼塘的水在密闭的水泥池中加上青草可以产生沼气，沼气可以照明、发电、加工饲料、搞工厂化养殖。生产要素集中了，人口集中定居了，工商业发展了，就可以建草原小城镇了，也就是"草业新村"。

钱学森着重指出：

---

[1]《钱学森论沙产业草产业林产业》，第58页，西安交通大学出版社2009年版。

我们要利用新技术革命的机会，利用系统工程的方法，研究并创立中国式的现代化草业和草业系统工程。

按照中国的惯例，向来是地方报纸转载《人民日报》的文章，这一回倒过来了，在《内蒙古日报》发表钱学森的《草原、草业和新技术革命》一文之后，《人民日报》在1985年3月7日全文转载，足见钱学森文章的重要和分量。

钱学森的这篇应约而写的文章，开始了他跟内蒙古自治区的第二次合作：第一次是在20世纪60年代，钱学森在内蒙古阿拉善盟的额济纳河边，从事火箭和导弹的发射研究工作。当时，在那里建立起军事禁区。为了祖国的"两弹一星"事业，那里的内蒙古牧民无怨无悔大搬迁，说"国家的事是天大的事"，给钱学森留下了深刻的印象；这一回，钱学森则是以他的草业系统工程理论指导内蒙古，期望内蒙古草原早日人畜两旺。

郝诚之说，后来钱学森在与友人的通信中，对草产业的理论又作了进一步的发展，认为草产业是"草业系统工程"的简称，是"以草原为基础，利用日光，通过生物，创造财富"的产业；沙产业是用系统思想、整体观念、科技成果、产业链条、市场运作、文化对接来经营管理沙漠资源，实现"沙漠增绿、农牧民增收、企业增效"的良性循环的新型产业。沙草产业理论要求我们用科学的经营管理理念，把知识和产业对接起来，把"输血"和"造血"联系起来，"开创21世纪的大农业"。为什么要强调21世纪呢？因为只有到21世纪才具备搞这个高起点、高技术、高转化、高效益的新型产业的条件。钱学森说："用100年时间来完成这个革命，现在只是开始。沙漠地区可以创造上千亿元的产值。"钱学森强调四点：善待沙漠、草原；尊重自然规律；关注边疆民生；兴边强国结合。

郝诚之在鄂尔多斯工作了17年，他特别谈及鄂尔多斯市的情况。

这些年，鄂尔多斯市的沙产业如同胡锦涛总书记所指出的那样，发展很好。鄂尔多斯市以盛产羊绒著称，前些年经历了关于鄂尔多斯市羊绒的一场大争论。羊绒号称"软黄金""草原黄金""钻石般的纤维"，鄂尔多斯羊绒是畅销世界的高价产品。鄂尔多斯羊绒真的是如同广告词所说，"温暖全世界"。鄂尔多斯羊绒，出自绒山羊。绒山羊耐干旱、耐贫瘠，吃草连根拔起。绒山羊走高山如履平地，拉萨布达拉宫顶上的青草，全靠绒山羊上去清除。

然而，随着羊绒的走红，绒山羊越养越多。有的媒体、学者以至全国政协委员（其中好几位是"大名人"）、环保局官员指责绒山羊"牙像铲子，蹄像凿子"，连根吃掉青草，使草原难以恢复生机，称绒山羊是"草原杀手"，甚至把沙尘暴都归罪于绒山羊。他们要求"禁卖羊绒衫"，杀掉"草原杀手"，以保护环境。还有人说，德国、英国、澳大利亚为了保护环境，不养绒山羊，宁可花高价从中国鄂尔多斯买羊绒。鄂尔多斯为了经济利益不惜破坏草原，破坏环境，是在"舍本求末"，"让金钱昧了良心"！

一时间，鄂尔多斯处于争议的中心，绒山羊面临被斩尽杀绝的境地。

鄂尔多斯及时地作出重大改进，即把绒山羊从放牧改为圈养，对草原实行禁牧、轮牧、休牧。但是，用郝诚之的话来说，鄂尔多斯在全国的声音"太小"，即便是采取了一系列措施解决绒山羊的问题，但是"讨伐"之声甚嚣尘上，依然要把鄂尔多斯的绒山羊斩尽杀绝。

为了抵御强大的舆论压力，郝诚之又一次想到了德高望重的钱学森，期望从钱学森那里得到支持。

2001年5月20日，郝诚之和内蒙古政协委员、东达蒙古王集团总裁赵永亮一起联名，把项目进展情况向90高龄的钱学森作了书面汇报。10天之后——5月30日，钱学森给他们复信，给予强有力的支持："我认为内蒙古东达蒙古王集团是在从事一项伟大的事业——将林、草、沙三业结合起来，开创我国西北沙区21世纪的大农业！而且实现了农工贸一体化的产业链，达到沙漠增绿，农牧民增收，企业增效的良性循环。我向您们表示祝贺，并预期祝您们今后取得更大成就。"

郝诚之说，钱学森"镇"住了那批"杀羊派"，拯救了绒山羊，拯救了鄂尔多斯的羊绒业。

东达蒙古王集团在鄂尔多斯沙柳中间种植优良牧草，伴以玉米秸秆等饲料，为绒山羊圈养创造条件，把"绿化"和"产业化"合理对接，"绿起来"和"富起来"有效结合，探索"三生统一"——恢复生态、发展生产、提高农牧民生活，达到三个"增"——沙漠增绿，农牧民增收，企业增效。另外，鄂尔多斯还着力改进绒山羊的品种，大大提高产绒量，提高绒的质量。

从此鄂尔多斯草原得以保护，而绒山羊的数量从2000年实施禁牧前的171.4万只发展到2006年底的430.6万只，绒山羊数量剧增，草原非但没有继续退化，反而奇迹般地恢复。

郝诚之说，钱学森是站在珠穆朗玛峰上看问题，所以他站得高，看得远。钱学森是以系统工程的角度看待沙漠和草原，建立了沙产业、草产业的理论，指明内蒙古经济发展的方向。钱学森抓住了"三化"，即绿化、转化、产业化。绿化，就是沙漠绿化，植树种草；转化，就是利用绿色植物的光合作用，把太阳能转化为植物蛋白，而牛、羊吃草，进行"过腹转化"，又把植物蛋白转化为动物蛋白，变成羊毛、羊皮、牛皮、羊肉、牛肉等；产业化，就是对畜牧产品进行深加工，在加工过程中大量增值。也就是说，钱学森的沙草业理论是"利用阳光，通过生物，依靠科技，创造财富，造福百姓"。沙漠是平台，长出了草，形成草产业；长出了树，形成了林产业。西部大开发，一开始就应该搞产业化，加强综合利用。

内蒙古自治区是钱学森知识密集型沙产业、草产业理论的构思之地、创建之地、试验之地和示范之地。

郝诚之称誉钱学森是"顶天立地"的人。这"天"就是航天，这"地"就是沙产业、草产业。钱学森志在强国，心在富民。

钱学森强调，不要迷信"洋人"。蒙古族曾经涌现"一代天骄"成吉思汗那样的民族英雄，打造了疆域辽阔、国富民强的元朝；汉朝时出塞的王昭君，创造了汉族和匈奴（蒙古族的先祖）团结和睦的典范。如今内蒙古的草产业，拥有蒙牛那样的全国名牌，拥有鄂尔多斯羊绒那样的世界名牌。

在内蒙古，运用钱学森沙产业理论，建成了具有一定规模的沙草产业示范基地，涌现出一批以民营企业为代表、以机制创新为特点的沙产业、草产业龙头企业和重点地区。在开展沙产业、草产业试点的鄂尔多斯市，植被覆盖率由五年前的25%提高到2009年的70%，探索出了"鄂尔多斯沙产业草产业模式"。正因为这样，胡锦涛在视察鄂尔多斯时，"看到那里沙产业发展得很好，沙生植物加工搞起来了，生态正在得到恢复，人民生活水平也有了明显提高"。

钱学森在晚年婉拒了诸多团体、学会的荣誉头衔，但是在2003年内蒙古沙产业草产业协会成立时，他欣然接受协会"名誉顾问"的头衔。这是钱学森晚年接受的仅有的两个社会职务之一，可见他对于沙产业、草产业的关注之情。

走近**钱学森**

从美国归来的"宝贝"

钱学森深厚的科学功底,令"两弹一星"系统的科技人员打心底里佩服。几度在发射现场发生重大疑难,众说纷纭,莫衷一是,是钱学森作为主帅力排众议,作出果断而准确的决定。事实三番五次证明,钱学森的结论是正确的,他带领科技人员走出困境,闯过难关。很多人除敬佩钱学森的天才之外,不明白钱学森为什么在科学上能够有一双洞察迷雾的火眼金睛?

1993年夏天发生的一件事,才使许多人明白钱学森学问的来历。

那时候,中国科学院力学研究所忽然接到了一个来自美国洛杉矶的电话。电话的那一头,响起了男声,说自己是加州理工学院的教授弗兰克·E.马勃(Frank E.Marble),是钱学森的老朋友。他说,自己很快就要退休了。我收集、保管了钱学森先生大量的手稿,这些手稿非常珍贵。我知道钱学森先生曾经是你们的所长,你们要不要这一大批手稿?

真是出人意料,1955年钱学森被美国"驱逐出境"的时候,美国移民局不许他带走手稿。这样,大量的手稿就留在了加州理工学院。没有想到,将近40个年头之后,这批手稿居然尚在!

喜出望外的中国科学院力学研究所除对马勃教授连声道谢之外,马上打电话给正在美国探亲的郑哲敏院士,希望他跟马勃教授联系,能否带回这一批珍贵的手稿。郑哲敏院士是钱学森的学生,闻讯当即从美国东部飞往西部的洛杉矶。他在马勃教授那里,看到了共达15000余页、重达80磅重的钱学森手稿,又惊喜又震撼!

马勃教授是在1946年与钱学森相识,共事于加州理工学院喷气推进实验室。他是个富有正义感的美国人。当钱学

1949年,钱学森(右)在加州理工学院任教,和同事在一起,左一为F.马勃

森被美国移民局关进拘留所的时候,他开车前去探望钱学森,并为钱学森找律师申诉。

1955年当钱学森离开美国之后,他看到钱学森的手稿散落在钱学森原先的实验室、办公室里,就帮钱学森收集起来。钱学森有个很好的习惯,他总是把手稿、资料保存在一个个牛皮纸的口袋里,在袋上写明文件的总标题。马勃教授把这些牛皮纸口袋保存起来,经过将近40年,仍完好无损。

郑哲敏院士代表钱学森向马勃教授深表感谢。他把一部分手稿先带回中国。接着,中国科学院力学研究所邀请马勃教授夫妇访华。1996年1月中国科学院力学所成立40周年的时候,第二批钱学森手稿由马勃亲自带到中国。至此,钱学森的手稿完璧归赵。

钱学森的这些珍贵手稿,被保存在中国科学院力学研究所。令人叹为观止的是,全部文稿用英文端端正正书写,字迹娟秀,简直是一页页艺术品。手稿分门别类装在一个个牛皮纸大信封里,有条有理。这些手稿,涉及应用力学、喷气推进、工程控制论、工程科学、物理力学等方方面面。如此众多的手稿,无声地说明了钱学森那广博深邃的学问是怎么得来的。

山西教育出版社从中选编了一部分,出版了《钱学森手稿》,让更多的读者领略钱学森的一丝不苟的工作态度。

1996年12月11日,钱学森好友、美国两院院士马勃偕夫人看望钱学森夫妇,并送来保存多年的钱学森手稿

戴汝为院士说，钱学森手稿里头的英文都是手写的，写得非常清秀流畅，一个个数学公式非常严整，一幅幅图表非常规范整洁，即使小小的等号也标准得像使用直尺画的一样。例如，他在研究解决薄壳变形的难题时，手稿长达800多页。在手稿达到500多页的时候，他在后面写上"不满意"，继续攻关，当这个问题彻底解决之后，他在装手稿的信封上用红笔写上了"final"，意思是这件事情做完了，但即刻认识到，在科学认识上没有什么是最终的，于是他又紧接写上了"Nothing is final"，可见他热中有冷的科学态度。力学所的一些同志把它送给科学院的老领导张劲夫同志看，他看了之后很感动，觉得这种严谨的治学态度应作为一种科学精神留给后人。

中国科学院党组书记、副院长张劲夫同志在读到《钱学森手稿》之后，撰写了《让科学精神永放光芒——读〈钱学森手稿〉有感》的文章，他指出：

> 这是一份难得的世界科学精神的宝贵财富。我虽不懂得英文，也不懂得力学专业知识，但看到学森同志当年做学问时写得清秀流畅的一串串英文，工整严密的数学公式推导，大量复杂的数值计算，严格规范的作图制表，再加上编者通俗易懂的中文说明，使我看到了在《手稿》中所体现的闪闪发光的科学精神和科学作风。[1]

值得一提的是，曾经在钱学森手下工作多年、后来担任国家体育总局局长的伍绍祖回忆说，他最初当参谋的时候，受到钱学森的一次表扬。那是因为钱学森看到他总是随身带着工作笔记本，随时进行记录。钱学森的表扬，使伍绍祖从此一直保持这一良好的工作习惯。

"钱永健旋风"

2008年10月8日，已经97岁高龄的钱学森，晚年的平静被打破。众多中国记者千方百计给钱学森家打电话，要求采访。在那些日子，钱永刚几乎成

---

[1] 张劲夫：《让科学精神永放光芒——读〈钱学森手稿〉有感》，《科技日报》2001年9月24日。

第八章
金色晚年

了钱家的"发言人",不断回答记者们的问题。

那是因为在这一天,瑞典皇家科学院宣布,日本科学家下村修、美国科学家马丁·沙尔菲和美籍华裔科学家钱永健获得2008年度的诺贝尔化学奖。

在三位获奖者之中,中国媒体最关注的是美籍华裔科学家钱永健。屈指算来,钱永健是第七位获此殊荣的华裔科学家。在他之前,杨振宁、李政道、丁肇中、李远哲、朱棣文、崔琦荣获过诺贝尔科学奖。

不过,这一回中国媒体在报道钱永健获得诺贝尔化学奖时,不像以往着眼点放

钱永健

在"美籍华裔"上,而是冠以"钱学森堂侄"的醒目字眼。有的报纸干脆以《钱学森堂侄摘下诺贝尔化学奖》为大字标题,连"钱永健"三个字都没有。这么一来,钱学森家也就理所当然地成了媒体的关注点。

笔者问钱永刚,钱永健是"钱学森堂侄",当然也就是你的"堂弟",究竟是怎样的亲戚关系?

钱永健出生于纽约,在新泽西州的利文斯顿长大。16岁时,还在上中学的他,便以金属如何与硫氰酸盐结合为题发表论文,获得素有"少年诺贝尔奖"之称的"西屋科学天才奖"(The Westinghouse Science Talent)第一名。20岁时,就以物理学学士和化学学士这样的"双学士"身份毕业于哈佛大学。他和长兄钱永佑分获美国难度最高的奖学金 Marshall 和 Rhodes 学者奖,双双前往英国,分别进入剑桥大学和牛津大学深造。后来,钱永健成为美国加州大学圣地亚哥分校药理学及化学与生物化学两个系的教授,成为美国科学院院士、美国医学院院士。现在他是美国霍华德休斯医学研究所的研究员。

钱永健闲暇时会弹弹钢琴,也爱好潜水,他骑自行车上下班,穿着朴素。

钱永健和美籍日裔科学家下村修、美国科学家马丁·查尔菲因发现和应用绿色荧光蛋白而共同获得2008年诺贝尔化学奖。

在中国,媒体特别放大了钱永健是钱学森堂侄这一身份。其实,1955年,当钱学森回国的时候,钱永健不过3岁。此后,众所周知,由于中美关系

处于紧张时期，况且钱学森所从事的又是中国敏感、机密的工作，所以钱永健与钱学森没有多少联系。

钱永健几乎不会讲汉语。他坦言，"确切地说，我对中国没有明确的'故乡'概念，我对中国的文化也并非特别熟悉"，"但母亲曾跟我讲过许多她记忆中的在中国时的往事，我也曾和我的母亲、夫人一起去过中国。当然，跟其他国家相比，我对中国的感情还是有所不同，毕竟，我有中国血缘"。

钱永健夫妇（左一、左二）和母亲（前坐）在杭州（陈天山提供）

多年没有回来的钱永健，2004年11月应邀到香港讲学。在去香港之前，钱永健与母亲李懿颖、夫人温迪一起于10月29日飞抵北京，11月2日从北京前往黄山，11月4日从黄山到杭州再去桂林，然后去香港，11月11日回美国。

对于钱永健获得诺贝尔奖，钱学森是非常高兴的，他向钱永健表示热烈祝贺。

钱学森的"再传弟子"

像钱学森当年热情培养了戴汝为等诸多年轻学者那样，戴汝为至今已经培养了70多名博士和硕士。在采访戴汝为院士之际，他特地介绍了他的学生尹红风。尹红风往返于北京和美国旧金山硅谷之间。那天，尹红风正好在北京。戴汝为院士打电话，请来了尹红风。

一位穿黑色圆领长袖T恤的年轻人，风风火火地赶来了。大约是走热了，他捋着双袖。他便是尹红风博士，美国耶宝（Yebol）公司总裁。人称尹红风是钱学森的"再传弟子"，这不仅仅由于戴汝为是钱学森的弟子，而尹红风是戴汝为的弟子,更由于尹红风的成长直接得到了钱学森的指点。

尹红风说,他受到钱学森的深刻影响,是在1986年。[1]那时候尹红风22岁,正在华中工学院信息系读硕士研究生,研究人工智能和模式识别。有一天,他在实验室里偶然看到一本署名钱学森主编的《关于思维科学》的小册子。

2010年5月17日下午,叶永烈在北京采访戴汝为院士(右)和尹红风(左)(杨蕙芬摄)

这本由上海人民出版社1986年出版的书中,共收录19位学者的24篇论文,其中钱学森的文章6篇。在这本书里,钱学森提出人的思维是有规律的,可以用科学的方法研究,思维科学是可以成立的。钱学森指出,思维可以分成"抽象思维"(即逻辑思维)、"形象思维"(即直感思维)和"灵感思维"(即顿悟思维)这三个部分。钱学森特别强调要在形象思维研究方面有突破。钱学森还认为计算机模拟技术是研究思维的有效工具。

钱学森在《关于思维科学》中,还特别对年轻人寄予厚望:

> 物色人选建立核心的思维科学力量将是很不容易的事。这个核心力量还必须是中、青年的科技人员:这主要是因为他们要工作到二十一世纪才能交班。因此,现在他们应该是三十多岁到四十多岁的人。为了能在思维科学的创建中,这批人能相互了解,交流讨论学术,达到基本一致的学术思想而起到核心作用,每一个成员的知识面又必须广阔。这是又一个条件。此外还有第一个条件:要有阅读外文的能力。这对建立思维科学新学科也是非常重要的。

钱学森的文章,给了年轻的尹红风以极大的启示和鼓舞。

---

[1] 2010年5月17日下午,叶永烈在北京中国科学院自动化研究所采访戴汝为院士和他的学生尹红风。

尹红风谈起了当时给钱学森写信的经过："自己的思路一下子被打开，几天几夜反复思考文章中的问题，怎样去实现形象思维？突然想到形象思维应该用一种网络结构来实现，也想通了三种思维之间的关系，从而建立了一个思维的结构模型和理论，根据这些理论和钱学森的研究，我看到当时日本的智能机计划是一个不可能成功的项目。这些结果使我非常兴奋，就把这些想法写了一篇《论偶氮染料人类思维及模拟智能》的稿件，并给研究室一位参加过钱学森思维科学研讨会的副教授看，但迟迟没有回音，当时我的导师知道我研究思维科学也不满。后来我就大胆把稿件寄给钱学森，并在附信中提到自己研究的压力。后来那位副教授说他接到钱学森的来信，说我给他去信并谈到自己的压力。随后，就给我安排研究室报告我的研究，我发现这不是一个报告会，而是一个批斗会，我刚讲几句，导师就说，钱学森可以空想，你一个学生凭什么空想？然后气愤离去，会议不了了之。后来我就下决心要到国内学术最好的导师那里做博士生。"

尹红风知道中国科学院自动化研究所戴汝为教授是钱学森高足，于是在1987年考取了戴汝为教授的博士研究生，开始和刘迎建（汉王科技总裁）一起做汉字识别研究。

尹红风回忆说："当时王珏从美国回来带来一篇美国关于人工神经元网络的论文，我看后非常震惊，我几年前关于形象思维设想是完全能够用严格的数学模型来研究和用计算机来模拟的。戴老师也马上让我转到人工神经元网络的研究，并很快有了新的突破，我也把几年前写的《论人类思维及模拟智能》重新充实修改，增加到4万多字，戴老师就拿给钱学森看。钱学森将稿件逐字逐句修改，更令我惊讶的是，文章后有些参考文献我是从其他文章的参考文献中直接抄写来的，钱学森却逐个查了参考文献，连最微小的差错都能发现修改，可见他是何等的严谨。"

《论人类思维及模拟智能》是尹红风在戴汝为指导下写成的，署名"尹红风，戴汝为"。

尹红风把钱学森于1989年5月14日写给戴汝为的信的复印件送给了笔者。钱学森在信中写道：

> 5月9日信及大作稿《论人类思维及模拟智能》均收到。洋洋四万余言，可谓大观！所论问题十分重要，应写成为一篇划时代的经典性文

章。所以我在下面提供几点看法，供尹红风同志和您参考……

钱学森的回信，写满四张信纸。钱学森建议删去标题中的"人类"两个字，幽默地说："有思维的还有不是人的吗？"因此，后来论文发表时，标题改为《论思维及模拟智能》。

钱学森所说的"应写成为一篇划时代的经典性文章"，是对《论思维及模拟智能》一文的高度评价。

按照钱学森指出的问题，尹红风在导师戴汝为指导下反复修改了《论思维及模拟智能》一文，发表于《计算机研究与发展》杂志1990年第4期上。

1996年尹红风赴加拿大Concordia大学学习，1997年获计算机科学博士学位。此后他转到美国加州硅谷的一家半导体公司工作。后来他在雅虎最核心的部门工作，整日在全球最大的数据平台上摸爬滚打，经历了从项目开发直到产生显著经济效益的完整过程。到了2007年，尹红风认为本应做得很好的雅虎在企业发展方向上出了问题，于是他离开了雅虎。2008年，尹红风创办了Yebol（耶宝）公司。

尹红风说，Yebol基于知识的搜索，从根本上改变了搜寻结果的显示方式。Yebol可以在传统显示10个链接的页面上，显示上百条经过分类的链接。这就大大减少了用户查找目标信息的时间，同时也给用户提供了丰富的浏览渠道。

尹红风奔走于中美之间。他正在北京组建Yebol研发团队，招募软件工程师。

这位钱学森的"再传弟子"，强调要"认真、深入、严格"研究钱学森的思想和理论，尤其是钱学森晚年的研究成果：

钱学森晚年的研究对世界科学和技术的贡献完全有可能超越早年在美国的成就和对中国航天的贡献。因为在美国的研究他毕竟只是先驱者之一，导弹虽对中国有巨大意义，但是在美国和苏联之后做出，在世界范围内意义又是另外一个层次。

中国科学界的研究主要是追随国外研究的潮流和热点，即使是钱学森提出的思想和理论，也很少有人愿意认真、深入、严格地进行真正的研究探讨。另一方面，一大批不具备基本科学研究素质的人，把他看得等同于科学和真理，对他提出的任何思想和理论不进行深入科学研究，盲目跟从和起哄，把科学变成迷信。不论他有多大的成就，也不能把他看成超越真理，否则就会受到真理的惩罚。这一切造成钱学森晚年研究的成就没有被充分地认识，没有完全发挥出他对世界科学应有的巨大贡献。

科学是认识真理、发现真理的工具之一，不是真理本身，因为真理是永恒不变的，科学在不断发展修正，真正的科学精神是对真理的执着、热爱和崇拜。而不是对科学的崇拜，更不是对科学家的崇拜。从五四以来至今，科学在中国被推到至高无上的地位，从而形成对科学的崇拜，这才是对科学精神的背叛，这才是中国科学发展的最大禁锢。

丰硕的人生秋天

在2008年新年钟声撞响之后，钱学森步入97岁高龄。虽然由于年老而终日在家，但是大洋彼岸仍不时"惦记"着他。

2008年1月6日，美国《航空》周刊亚太区主管布莱德利·佩雷特在该刊发表《钱学森为中国太空事业奠基》一文。他从2007年1月轰动世界的"反卫星（Asat）"事件说起，"中国用一个地面发射导弹销毁了它自己的一个航天器，粉碎了一个老化的气象卫星"。这件事表明中国拥有"以高级传感器以及追踪和精确弹道控制技术为基础的能力——之前只有美国和俄罗斯拥有"。他又说及2007年10月"中国展开了它的第一次行星任务：将一个科学探测器送上月球"。

布莱德利·佩雷特认为，"为这些成就奠定基础的人是一位出色的科学家"，那就是钱学森。

布莱德利·佩雷特在文章中详细介绍了"1911年在大清帝国的最后几个星期里出生"[1]的钱学森，如何在美国得到精心的培养，成为第一流的火箭、导弹专家，而由于美国的"愚蠢"，竟然把钱学森"驱逐"到中国去。

---

[1] 钱学森出生时清朝已亡。

第八章
金色晚年

布莱德利·佩雷特说：

钱学森成为我们的年度人物并不是由于其亲自领导取得了这些成就。已经96岁高龄并且身体状况并不太好，他已经很多年不在中国空间项目中活动。然而，正是他，作为新中国科学和工业的奠基人之一，扮演了无可替代的重要角色。从1956年开始，他几乎是从无到有地创造了这一切。在那个年代，他的中国同行对火箭的喷气推进知之甚少。

他在文章中这样"惦记"着这个"非常老的人"，危言耸听般这样说道：

如果中国现在是美国的战略性对手，那么钱的成果就史无前例地重要了——特别是中国经济正无情地向前发展，并且注意力集中在世界舞台。所以这个非常老的人一直与这一切有关。

半个月后，2008年1月20日，美国《华盛顿时报》也"惦记"起钱学森，发表威廉·霍金斯的文章，标题为《中国的年度人物》：

当《时代》周刊将普京评为2007年度人物的时候，世界的目光都被吸引了。

但是并没有引起人们太多注意的是，美国《航空周刊与空间技术》周刊将钱学森评为年度人物。钱学森被视为中国航天工业之父。正像《航空周刊与空间技术》周刊评价的，"2007年，在航空航天领域，没有什么比中国跃升到太空力量的第一集团更能改变现状的事了"。

2003年，中国成为世界上第三个完成载人航天飞行的国家。2007年，北京进行了反卫星试验，并在10月发射了探月卫星。

如果说普京的政策唤起了大家对过去的回忆，那么钱学森的成就应该被视为对我们面临的新危险的警告。

二战时期，钱学森是在美国学习的航空工程学并协助加州理工学院成立了超音速实验室。共产党在中国执政后，钱学森对祖国的忠诚使得他成为（美国的）安全威胁。虽然他的离去是有争议的，但可以肯定的是，他掌握着很多重要信息。

尽管如此，更直接促成北京现在的战略进步的，是近些年的技术转移。其中，中国与俄罗斯的合作是一个重要部分。同时，着急赚钱的美国公司通过商业途径也向中国转移了技术。这些技术对中国的崛起，起到了助推作用。

从2008年钱学森被美国《航空周刊与空间技术》周刊评为"2007年度人物"可以看出，96岁的钱学森在太平洋彼岸依然是那么的引人注目，富有影响。

也就是在2008年，钱学森被中央电视台评为2007年"感动中国年度人物"。

从这两个"年度人物"可以看出，愈是晚年，钱学森的声望愈高。可以说，在钱学森晚年，荣誉纷至：

在1989年，78岁的钱学森荣获国际技术与技术交流大会和国际理工研究所授予的"W.F.小罗克韦尔奖章"，荣获"世界级科学与工程名人"和"国际理工研究所名誉成员"称号。

1991年10月16日，国务院、中央军委在北京举行仪式，授予钱学森"国家杰出贡献科学家"荣誉称号和"一级英雄模范奖章"。图为钱学森在仪式上讲话（新华社供图）

"小罗克韦尔奖章"是国际理工研究所于1982年设立的最高奖赏，每年授予至多3位在国际理工界有很高声望的科学家。当时，在接受"世界级科技与工程名人"称号的16位科学家中，钱学森教授是唯一的中国学者。

国防科工委和中国科协为祝贺钱学森获得"小罗克韦尔奖章"，举行了座谈会。钱学森在会上说："今天给我的奖，说是第一名中国人得此奖，我说，要紧的是'中国人'三个字，这个'中国人'，应该包括中国成千上万为此作出贡献的人。"

在1991年10月16日，80岁

的钱学森荣获国务院、中央军委授予的"国家杰出贡献科学家"荣誉称号和中央军委授予的"一级英雄模范奖章"。可以说，这是钱学森所有获得的奖励中的最高荣誉。

钱学森在获奖时深有感慨地说，自己能够为国家做一点事，是与党的领导和在座同志们的支持、帮助分不开的。没有党和集体，他将一事无成。

接着，在1995年，香港的何梁何利基金颁发首届"何梁何利基金优秀奖"时，把84岁的钱学森列为首选人物。

1996年4月，在交通大学百年校庆之际，由江泽民总书记题写馆名的钱学森图书馆，矗立在西安交通大学的四大发明广场。这是第一座以中国大陆境内健在的科学家命名的图书馆。

在1999年，当中共中央、国务院、中央军委表彰"两弹一星"元勋时，88岁的钱学森理所当然名列其中，并荣获"两弹一星功勋奖章"。

2001年，经国际小行星中心和国际小行星命名委员会审议批准，中国科学院紫金山天文台发现的国际编号为3763号小行星，被正式命名为"钱学森星"。

2001年11月7日，霍英东奖金委员会把第二届"霍英东杰出奖"授予90岁的钱学森。由于钱学森卧床多年，行动不便，夫人蒋英代他去领取霍英东基金会科学奖金。临走时，蒋英对他说："我代表你去领奖金了。"钱学森笑着说："那好，你要钱，我要奖（蒋）！""钱"和"蒋"，正是钱学森和蒋英二人姓的谐音。钱学森把所领取的霍英东基金会科学奖金全部捐献了。

2001年12月9日，钱学森好友马勃院士来华参加钱老90华诞活动，并受加州理工学院校长的委托，将该校1979年颁发给钱老的"杰出校友奖"奖牌、证书当面交给钱老。

2009年3月28日，"世界因你而美丽——2008影响世界华人盛典"在北京大学举行，98岁高龄的钱学森获最高大奖——"终身成就最高荣誉大奖"。

2001年12月21日，由中国科协、中国科学院和中国工程院联合举办的"钱学森星"命名仪式在北京举行

2005年2月21日，为纪念人民科学家、五院首任院长钱学森归国50周年，同时庆祝五院建院37周年，钱学森铜像揭幕仪式在北京航天城隆重举行

2009年9月25日，在新中国60周年大庆前夕，钱学森入选"中国因你而骄傲，世界为你而感动"为主题的"建国60周年感动中国60人"。

有人称，这是一种名人的"马太效应"（Matthew Effect）。所谓"马太效应"，是美国科学史研究者罗伯特·莫顿（Robert K. Merton）在1968年首先提出的，指的是"好的愈好，坏的愈坏，多的愈多，少的愈少的一种社会现象"。马太，取义于《圣经·马太福音》。

其实，种种奖励和荣誉，对于钱学森来说，是实至名归，是对他为中国、为人民作出的巨大贡献的肯定。

为了永久纪念钱学森，一些单位建造了钱学森铜像、塑像。据钱学森办公室提供的资料表明，已经建有钱学森塑像的有：北京航空航天大学、中国运载火箭技术研究院、中国空间技术研究院（唐家岭办公区）、中国科学技术大学（西校区）、西安交通大学、中国航天时代电子公司（丰台总部基地）、北京师大附中、保定第三中学。

另外，正在筹建钱学森塑像的还有中国科学院力学研究所、上海交通大学、武汉生物工程学院等。

尽管在钱学森的晚年，各种各样的荣誉如同雪花般飞来，但是钱学森本人非常低调，他坚持"四不"：一不题词，不好为人序；二不接受采访，不同意出传记；三不出席各种应景活动；四不担任顾问、名誉顾问。

当人们称颂他是中国"火箭之父""导弹之父"，他总是说，没有党的领导，没有那么多人共同努力，哪有火箭？哪有导弹？

钱学森走过漫长的人生之路。

钱学森与中共四代领袖的合影，仿佛浓缩了不同岁月的钱学森身影：

1956年2月，毛泽东主席在国宴上请钱学森坐在他的身边，那时候45岁的钱学森一头黑发，显得那么年轻活跃；

第八章
金色晚年

1989年10月，邓小平接见钱学森时，78岁的钱学森头发稀疏，但是仍很精神；

1996年12月，江泽民总书记去看望钱学森时，85岁的钱学森不能站立，只能坐在客厅的椅子上，但是谈吐自如，思维活跃；

2008年1月19日，胡锦涛总书记去看望97岁的钱学森时，钱学森坐在床上，虽然听觉差一些，仍能与胡锦涛交谈。

钱学森有严格的作息制度。他一般是在下午见客。由于年事已高，通常不见客。每年的12月11日，来客特别多，因为那是钱学森的生日。

另外，"神舟"系列飞船成功发射之后，航天员们前来拜访钱学森，这差不多成了惯例。杨利伟、聂海胜、费俊龙都上门看望过钱学森。钱学森通常很少会见外宾。钱永刚记得，只有在1981年80高龄的美国量子化学家莱纳斯·卡尔·鲍林访华时，钱学森跟这位老朋友用英语长谈了一下午。鲍林是唯一一个单独两次获诺贝尔奖的人[1]（1954年化学奖，1962年和平奖），笔者在北京大学上学的时候就久闻鲍林的大名，因为傅鹰教授在课堂上多次提到他的老师鲍

2006年1月10日上午，杨利伟、费俊龙、聂海胜三位航天员到钱老家中看望

鲍林（两次诺贝尔奖的获得者）

---

[1] 尽管居里夫人和英国生物化学家桑格也曾两度获得诺贝尔奖，但是他们其中一次获奖是与别人一起获得的，而鲍林两次获得诺贝尔奖都是一人独得。

林。后来，中国化学界受苏联影响，曾经"批判"鲍林的"共振论"。在会晤鲍林之后，钱学森对钱永刚说："已经很久没有跟这样有学识的人谈话了。"

钱学森在美国加州理工学院工作的时候，就听过鲍林教授的课。当时鲍林是加州理工学院化学系主任。尽管钱学森是航空系的研究生，但是老师鼓励他要扩大知识面，所以他到化学系去听鲍林讲授结构化学，到生物系去听摩尔根讲遗传学。摩尔根是遗传学泰斗，1933年获诺贝尔生理学医学奖。那时候，正值谈家桢师从摩尔根攻读博士学位，所以钱学森跟谈家桢也有许多交往。谈家桢后来成为中国现代遗传学奠基人，复旦大学校长。

那时候，卢嘉锡（后来成为中国科学院院长）是鲍林的学生。鲍林在1973年第一次访问中国时，见到卢嘉锡，也会晤了钱学森，只是没有机会单独长谈。1981年鲍林第二次访华，他终于如愿会晤了老朋友钱学森。

钱学森与鲍林那样一见倾心，是由于彼此在人生体验上有诸多的共同语言。鲍林晚年在美国大力推行大剂量维生素疗法，虽然在美国饱受争议，但钱学森坚信不疑，在晚年一直坚持服用大剂量维生素。

钱学森最喜欢吟诵的诗是：

事理看破胆气壮
文章得意心花开

步入晚年，钱学森思索的范围更加广阔，迎来了人生丰硕的秋天。他把大量的时间用于开拓新的领域，提出新的科学理念和理论。他主持编辑了《论系统工程》及其增订版、《关于思维科学》、《人体科学》、《创建人体科学》、《论地理科学》、《科学的艺术与艺术的科学》等著作，并支持他人将自己的讲话、文章、书信分类整理出版。

人们在盘点钱学森一生的学术贡献时，指出主要在以下9大方面：

1. 应用力学

钱学森在应用力学的空气动力学方面和固体力学方面都做过开拓性的工作。与冯·卡门合作进行的可压缩边界层的研究，揭示了这一领域的一些温度变化情况，创立了"卡门—钱近似"公式。与郭永怀合作最早在跨声速流动问题中引入上下临界马赫数的概念。

2015年10月2日，加州理工学院院长罗森鲍姆（右一）、上海交通大学党委书记姜斯宪（中）、钱学森之女钱永真（左一）在加州理工学院出席钱学森事迹展开幕式（中新网图）

2. 喷气推进与航天技术

从20世纪40年代到60年代初期，钱学森在火箭与航天领域提出了若干重要的概念：在40年代提出并实现了火箭助推起飞装置（JATO），使飞机跑道距离缩短；在1949年提出了火箭旅客飞机概念和关于核火箭的设想；在1953年研究了行星际飞行理论的可能性；在1963年出版的《星际航行概论》中，提出了用一架装有喷气发动机的大飞机作为第一级运载工具，用一架装有火箭发动机的飞机作为第二级运载工具的天地往返运输系统概念。

3. 工程控制论

工程控制论在其形成过程中，把设计稳定与制导系统这类工程技术实践作为主要研究对象。钱学森本人就是这类研究工作的先驱者。

4. 物理力学

钱学森在1946年将稀薄气体的物理、化学和力学特性结合起来的研究，是先驱性的工作。1953年，他正式提出物理力学概念。1962年他编著的《物理力学讲义》正式出版。

5. 系统工程

钱学森不仅将我国航天系统工程的实践提炼成航天系统工程理论，并且在20世纪80年代初期提出国民经济建设总体设计部的概念，还坚持致力于将航天系统工程概念推广应用到整个国家和国民经济建设，并从社会形态和开放复杂巨系统的高度，论述了社会系统。

6. 系统科学

钱学森对系统科学最重要的贡献，是他发展了系统学和开放的复杂巨系统的方法论。

7. 思维科学

人工智能已成为国际上的一大热门，但学术思想却处于混乱状态。在这样的背景下，钱学森站在科技发展的前沿，提出创建思维科学（noeticscience）这一科学技术部门，把20世纪30年代中国哲学界曾议论过，有所争论，但在当时条件下没法讲清楚的主张，科学地概括成为思维科学。

8. 人体科学

钱学森是中国人体科学的倡导者。

钱学森提出用"人体功能态"理论来描述人体这一开放的复杂巨系统，研究系统的结构、功能和行为。他认为气功、特异功能是一种功能态，这样就把气功、特异功能、中医系统理论的研究置于先进的科学框架之内，对气功、特异功能的研究起了重大作用。

9. 科学技术体系与马克思主义哲学

钱学森认为，马克思主义哲学是人类对客观世界认识的最高概括，也是现代科学技术（包括科学的社会科学）的最高概括，钱学森将当代科学技术发展状况，归纳为十个紧密相连的科学技术部门。

"我是大科学家钱学森！"

钱学森是一个谦逊的人，他从未称自己是"大科学家"。然而，在他的晚年，却有一次例外，他竟然大声疾呼自称："我是大科学家钱学森！"

讲述这一有趣故事的，是钱学森的保健医生赵聚春[1]。

---

[1] 2010年5月18日下午，叶永烈在北京采访钱学森保健医生赵聚春。

那是在钱学森晚年，久卧病榻，语言不多。有人怀疑钱学森是否患了老年痴呆症。

老年痴呆症又称"阿兹海默氏症"。据不完全统计，在61—64岁的老年人中，患老年痴呆的比率为1%；在65—80岁的老年人中，达5%，而在80岁以上的老年人中，高达15%—20%。当时，钱学森年已九旬。

于是，趁钱学森有一回住院时，大夫就对他进行老年痴呆症测试。

老年痴呆症的表现之一，就是计算数字产生障碍。大夫按照老年痴呆症的测试"规矩"，问钱学森："100减7是多少？"

钱学森保健医生赵聚春（杨蕙芬摄）

钱学森不假思索回答说："93。"

大夫继续问："93减7是多少？"

钱学森迟疑了一下，答道："86。"

大夫再问："86再减7呢？"

这时，钱学森发觉大夫似乎怀疑他的思维能力，拿这种测试小学生数学水平的题目对他进行测试，顿时脸露愠色，大声呵斥道："你知道你问的是谁？我是大科学家钱学森！"

负责测试的大夫先是一怔，然后忍俊不禁笑了。因为这清楚表明，钱学森没有老年痴呆症。

听了赵聚春医生转述的这一趣事，笔者特地查阅了老年痴呆症测试问卷，其中果然有一道测试题："请受试者计算：100减7是多少？再减7是多少？再减7是多少？依次类推，计减5次为止，每答对1次得1分。"

从2002年起，赵聚春医生接替周顺祥医生担任钱学森的保健医生，直至2009年10月31日钱学森病逝。在2002年之前，周顺祥休假时，就由赵聚春代替，所以赵聚春在钱学森身边工作了多年。赵聚春总是称钱学森为"首长"。

给赵聚春医生留下深刻印象的是，钱学森的时间观念特别强，非常守时。记得，有一段时间钱学森患牙病，需要到301医院补牙。

301医院是部队医院，正式的名称是"中国人民解放军总医院"。这家医院的前身是"中国人民解放军第301医院"，在1957年6月改名为"中国人民解放军总医院"。不过，在北京叫惯了301医院。这家医院是中国人民解放军规模最大的综合性医院。

赵聚春医生事先为钱学森约好诊治时间，每一次都在上午8时。赵聚春总是在7:30去301医院南楼取出钱学森病历，做好准备工作。将近8时，他到楼下等候。这时，钱学森的黑色轿车会准时到达。一身军装的钱学森下车之后，赵聚春陪他乘电梯上楼，来到牙科诊室，不早不晚，8时整！

一连看了5次牙病，钱学森都是如此分秒不差。

同样，医生到他家给他打针，约好8:30，他就坐等，但是过时不候。

赵聚春医生说，钱学森体质不错，中年时期几乎不生病，不住院。钱学森的健康亮起红灯，是在20世纪80年代初的一次体检时，工作非常仔细的301医院化验员从钱学森尿液沉渣中发现了肿瘤细胞。于是，对钱学森进行严格的身体检查，查出尿液沉渣中的肿瘤细胞来自膀胱。这表明，钱学森可能得了膀胱癌。钱学森不得不住院检查。

经过用膀胱镜进行检查，确诊患膀胱癌。著名泌尿科专家、中国科学院学部委员（即院士）吴阶平关注钱学森的病情，过问钱学森的膀胱癌手术。

幸亏发现得早，钱学森经过外科手术切除恶性肿瘤之后，直至他98岁病逝，都没有发现癌症转移。

1991年10月16日，80岁的钱学森获国务院、中央军委授予的"国家杰出贡献科学家"荣誉称号和中央军委授予的"一级英雄模范奖章"。在授奖大会上，钱学森站起来讲话。当时在场的赵聚春医生说，钱学森穿一身中山装，站得笔挺，声音洪亮。赵聚春特别注意到，钱学森的声音带有金属之声，非常好听。

在80岁之后，随着年岁的增长，毕竟"老而病"乃人生不可抗拒的规律，钱学森的病渐渐多了起来，身体开始走下坡路。他觉得走路困难，双腿疼痛，经检查患"双侧股骨头无菌性坏死"，不得不坐上轮椅。在家里，钱学森则依靠推着圆形步行器行走。

钱学森晚年很少见客，那是因为医生考虑到他年事已高，又体弱多病，外人一多，容易对他造成感染。他每天亲笔写信，写下大量的书信，通过书信与友人交换意见，对各种各样的问题发表自己的见解。

接着，钱学森又患"腰椎楔形骨折"，难以久坐。从 90 岁之后，钱学森只能卧床静养。为了使终日卧床的钱学森能够有机会锻炼身体，照料钱学森生活的公务员每天要给钱学森套上钢丝背心，小心翼翼把他放在轮椅上，在房间里转上十几圈。然后脱去钢丝背心，再躺到床上。

毕竟年事已高，钱学森住院的日子也渐渐多起来。钱学森每一次住院，蒋英必定亲自送他下楼，在家门口注视着他被抬上救护车。然后，蒋英到 301 医院的病房探视钱学森。

赵聚春医生讲述了难忘的一幕：在 301 医院的病房里，钱学森跟蒋英在那里聊天。晚年的钱学森和蒋英的听力都差，他们似乎都听不清对方的话，聊天时"各说各话"，然而却聊得那样津津有味！

钱学森的堂妹钱学敏则回忆说："钱学森晚年听力很差，要戴助听器，我跟他说话也要很大声音。有一回在医院里，我跟他谈话，谈到下午快三四点钟的时候，他突然说，蒋英来了。我就奇怪，因为我还没听到蒋英来了呢。一看，蒋英正从电梯出来，往病房里走，他就听出来了，所以他们好像有心理感应似的。蒋英进来之后，把外套一脱，把袖子一挽，然后就给他揉肚子，要正着揉 36 圈，倒着揉 36 圈，其中有大圈、小圈。我看见他们两个人互相看着、笑着，两个人就这么贴得很近，互相看着，然后一块数，一圈，两圈，三圈……这么数着。"

蒋英晚年也多病。有时钱学森与蒋英同时患病，钱学森住在 301 医院，蒋英住在 306 医院。赵聚春医生发现，他在看望钱学森时，钱学森第一句话就是问蒋英怎么样，而他在看望蒋英时，蒋英第一句话就是问钱学森怎么样。为此，赵聚春在看望钱学森之前，先要弄清楚蒋英的病情，而在看望蒋英之前，先要弄清楚钱学森的病情。

赵聚春医生还记得，2005 年 3 月 29 日下午，钱学森在 301 医院对他的秘书和身边工作人员谈人才培养问题。当时赵聚春在侧。94 岁的钱学森在病床上仍然那么关注国家的命运，使赵聚春深受感动。

不过，钱学森很不喜欢住院。住院之后，他老是问赵聚春医生："我什么时候可以出院？"

由于久卧病榻，钱学森肌肉萎缩，原本体形壮硕的他不断瘦削，体重减轻，公务员轻轻一抱，就把他从床上抱起。

钱学森和蒋英白头偕老（2006年1月10日在家中）

就在这个时候，钱学森被怀疑得了"老年痴呆症"。然而他那"我是大科学家钱学森"一声怒吼，把"老年痴呆症"的嫌疑甩到九霄云外。

最后的岁月

赵聚春医生说，那时候如无特殊情况，他总是在星期三下午3时前往钱学森家中探望。他一走进钱学森卧室，钱学森会在床上举起手来，伸出三个手指头，表明今天是星期三。如果他有事，提早到星期二来钱学森家，钱学森会说："今天怎么早来了？"倘若他在星期四前去探望，钱学森会说："怎么今天才来？"

每一次探望钱学森，赵聚春医生坐在床边，给钱学森量血压、测心跳，钱学森就会把闹钟放在他跟前，让他看时间。接着，赵聚春检查钱学森的脖子、腋窝、摸淋巴结、心脏、左腿、右腿，最后检查有无褥疮。每一回，都按照程序，一步步检查。有一回，赵聚春发现钱学森右侧腋窝有一颗黄豆般的黑色素瘤，仔细进行了检查。钱学森马上就发觉今天赵医生没有按照程序检查，就追问为什么。

赵聚春医生说，钱学森是与众不同的病人。钱学森是"大科学家"，对自己要服什么药，清清楚楚。每个月钱学森都要请医院给他补充一次药品。每一回，钱学森总是亲笔写一纸条："司药同志，请给我发下列药品……"接着，他一一开列药品的名称，然后签上名字，交给赵聚春。最为特殊的是，钱学森甚至还附上药品的外包装。赵聚春接触那么多病人，钱学森是唯一如此细致对待药品的人。

有几次，药品的外包装改变了，钱学森要向赵聚春医生询问是怎么回事。还有一次，药品的生产厂变了，钱学森仔细询问了药品的成分是否如同原先的那家药厂的产品。

月月如此，钱学森总是事先写好取药的条子以及准备好药品的外包装，交给赵聚春医生。笔者问起医院门诊部是否保存这些钱学森亲笔写的一张张条子，赵聚春摇头说，把这些条子交给司药员之后，他们是否保存就不得而知了。

钱学森另一与众不同之处，就是大剂量服用维生素。大剂量服用维生素能够有益于健康，这是诺贝尔奖获得者、美国化学家鲍林的创意。钱学森与鲍林有着多年的友情，尽管鲍林的这一创意在美国有着激烈的争议，但是钱学森对此深信不疑。301医院大夫对此持慎重态度，不主张钱学森大剂量服用维生素。钱学森不向301医院领维生素，而是托人自购维生素C、维生素B、维生素E，大剂量服用。钱学森自称，他的心血管功能不错，是由于大剂量服用维生素的效果。

在钱学森晚年，由于体弱，多次发生肺炎。赵聚春医生以体温37℃为临界线，发现钱学森的体温升到37℃，就马上送301医院住院。如果稍有咳嗽，也立即送301医院住院。

在301医院南楼病房，钱学森常常自称"小弟弟"，因为住在那里的萧克上将比钱学森大3岁，活了101岁，而吕正操上将比钱学森大7岁，活了104岁。跟萧克、吕正操相

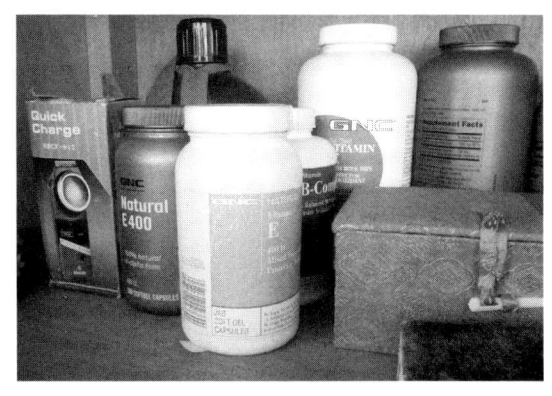

钱学森坚持服用大剂量维生素。这是他用过的维生素瓶子（叶永烈摄）

比，钱学森怎不是"小弟弟"？

每次见到钱学森被送进301医院，赵聚春医生总是为他担心，希望"首长"能够像萧克、吕正操那样超过百岁。钱学森指着一幅油画安慰赵医生。那是在火箭发射基地，在聂荣臻元帅之侧，站着风华正茂的钱学森、李福泽和栗在山。

聂荣臻元帅生于1899年，1992年去世，终年93岁；

李福泽是中国人民解放军少将，国防科委副主任兼20基地司令员，生于1914年，1996年去世，终年82岁；

栗在山是中国人民解放军少将，国防科委副政治委员，生于1916年，2007年去世，终年91岁。

钱学森说："我活得比他们都长。"

赵聚春医生明白，那是钱学森在安慰他，让他不要担心。

在钱学森生命的最后几年，身体每况愈下，301医院发现钱学森患"呼吸睡眠暂停综合征"。这是在20世纪70年代新确定的一种病症，是指有的人在睡眠时突发呼吸障碍，反复出现短时间停止呼吸，对生命造成严重的威胁。

为了防止钱学森在睡眠时突然停止呼吸，301医院决定给钱学森配置呼吸机进行治疗。当然，戴着氧气面罩进行呼吸，是很不舒服的。为了能够说服钱学森接受治疗，知道钱学森听力不好，儿子钱永刚特地画了呼吸机的草图。经过钱永刚和医生的耐心说明，钱学森点头了。这样，钱学森每天有2—3小时戴着面罩，呼吸机给他输入高浓度的氧气。经过一段时间的治疗，钱学森血液中氧的饱和度有了明显的提高，"呼吸睡眠暂停综合征"也得到一定程度的抑制。

不过，钱学森毕竟已经九十有八，身体越来越虚弱。

万众送别科学巨星

2009年8月6日，温家宝总理来到钱学森家，第四次看望钱学森。当时，98岁高龄的钱学森的精神还可以。温家宝总理说，看到您精神这么好，我很高兴。您把一生都献给了国家的国防和科技事业。祖国和人民永远都会记住您的贡献。

钱学森回答说，按照毛主席、周总理的教导，我做了一些事情。现在老了，不能做更多的事情了。中国要大发展，就是要培养杰出人才。

温家宝说，希望您健康长寿。您是科学家的榜样，也是全国人民的榜样。这几年，您特别关注教育。我每次来，您都提出要大力培养杰出人才。我经常将您的话讲给大家听。努力培养杰出人才，不仅是教育遵循的基本原则，也是国家长远发展的根本。

钱学森说，中国要走在世界前列。温家宝接过话头说，我们要努力把我们的国家建设得更加强大。

没想到，钱学森的这番话，成为他最后的谈话。

2009年10月31日上午8时6分，钱学森走完他漫长的98年的人生道路，离开了人世。

笔者请赵聚春医生详细回忆钱学森病逝的经过。赵聚春说，钱学森去世前夕，他自己正在306医院住院，钱学森的保健工作临时交给陈静舟医生。

那是2009年10月28日，钱学森发生呕吐，陈静舟医生接到钱学森亲属电话，马上赶到钱学森家中。经过检查，陈静舟给钱学森开了药。当时，钱学森的体温37℃。

10月29日上午，钱学森又发生呕吐。陈静舟医生立即报告301医院领导。当时正是甲型H1N1流行性感冒暴发的时候，301医院担心钱学森染上甲型H1N1流行性感冒，派了医生带了甲型H1N1流行性感冒快速测定仪来到钱学森家。经过检测，并不是甲型H1N1流行性感冒。不过，301医院生怕快速测定仪的检测结果不准确，带回样品到医院进行正规测定，最后排除了甲型H1N1流行性感冒的可能性。

考虑到钱学森接连发生呕吐，而且体温37℃，陈静舟医生认为钱学森必须住院治疗。征得钱学森亲属同意之后，301医院派出呼吸科主任乘救护车到钱学森家，接钱学森住院，钱永刚也陪同父亲一起来到301医院。301医院对钱学森的肺部进行CT检查，发现有阴影，表明患吸入性肺炎。大夫给钱学森戴上面罩，用呼吸机供氧。经过治疗，钱学森的病情一度稳定。

得知钱学森住院，10月30日赵聚春医生从306医院赶到301医院看望钱学森。当时，钱学森戴着氧气面罩，表情平静，呼吸、血压都正常。不过，赵聚春在检查导尿管时，发现了异常：前半段的尿液无色透明，但是后面的尿液的颜色却像酱油一样深。这无疑是一个凶兆，表明钱学森从肺功能衰竭演变到肾脏功能衰竭。虽然 301 医院大夫采取紧急救助措施，无奈钱学森已经气若游丝。

当天晚上，钱学森血压下降，处于病危状态。301 医院大夫对钱学森实行紧急抢救。无奈，已经回天无术。10 月 31 日凌晨，钱学森的心脏停止了跳动。临终，他没有留下遗言。

关于钱学森的离世，钱永刚是这么说的：

> 10 月 29 日吃晚饭时，父亲突然吐了一下。父亲是一位老年人，老年人的身体一旦有变化，我们就必须特别担心，这也是我们多年照顾他的经验。马上测体温，发现父亲体温有点高，当时就决定赶快送医院。
>
> 只用了很短的时间，父亲就被送往附近的解放军总医院。
>
> 这次与以前不同，一进去就报病危。医生很快给我的父亲进行检查，发现已是严重的肺部感染。可能之前已经出现了轻微的呼吸道症状，但他自己不觉得有什么明显不适，别人也没有特别细心地观测到，等送到医院时，炎症已扩散到肺部。哎，还是有点晚了。
>
> 医院很努力，已经尽心了。父亲的肺部出现大面积感染，肺表面只有一部分能供氧，造成身体多个器官因缺氧而怠工，后来血压测不到了，呼吸衰竭，人进入了休克状态。
>
> 最后走的时候并没有什么痛苦。可以说，父亲走得很安详，这也是我感到些许安慰的地方。

钱永刚还说：

> 父亲看书看到最后一天，一直到入院前几个小时都在看报纸，看文件。那天晚上出现呕吐症状后，他虽然还能说话，但精神状态变差了，到医院后处于休克状态。

赵聚春医生回忆说，钱学森故后，301 医院有人提议对遗体进行解剖，以查明死因。

中国人民解放军总装备部领导得知，说道："饶了我们的大科学家吧！"因为在总装备部领导看来,钱学森死于年老体衰,瓜熟蒂落,死因是明摆着的,不必再查了。

钱学森是坚强的人。在晚年,钱学森被"双侧股骨头无菌性坏死"锁在轮椅上,被"腰椎楔形骨折"锁在病床上,即便如此,他仍以一颗不停思索的脑袋,以顽强的意志力,关注着国家的命运,关注着时代的步伐。正因为这样,他在生命的最后时刻,仍向温家宝总理发出了震撼教育界的"钱学森之问"。

令赵聚春医生难以忘怀的是,在钱学森去世之后,他高度关注蒋英的情绪和健康。蒋英看出赵聚春的担心,对他说了一句话:"我很坚强!"

在钱学森病逝之后3小时,2009年10月31日上午11时,新华社发布了新闻:"我国科学巨星钱学森今天在北京逝世,享年98岁。"

消息传出,全国震惊。深秋的北京满地落叶。众多北京市民涌向北京的航天大院,悼念这位中国的科学巨匠。人们惊讶地发现,钱学森从1960年10月搬到这里,49年过去,依然住在这幢早已陈旧的老式公寓里。

钱永刚说:"对于父亲的离去,我有两个意外:一是没想到,父亲走得这么突然,我们这些年积累的应对疾病的经验用不上了;二是没想到,有这么多人来家里吊唁,让我很感动。前两天下雪,我们在外面搭了个4间大棚,放大家送来的花圈,原以为4天怎么都够用了,没想到1天半就放满了。"

万众送别钱学森(中新网记者金硕摄)

在前往钱学森家灵堂悼念的人群中，40位排着整齐队伍的中学生格外醒目。他们是北京海淀实验中学"钱学森班"的代表。这所中学出于对钱学森的敬仰和深情，早在2005年就建立了以钱学森名字命名的班级。钱学森的精神激励着中国的年轻一代。"钱学森班"的一位同学在悼念时说："钱爷爷的离开让我们感到非常悲痛，虽然我从没有见过钱爷爷，但他的精神始终激励着我成长，从跨进'钱学森班'的那一刻起，我就暗下决心要努力学习，将来像钱爷爷一样报效祖国。"

2009年11月6日上午，钱学森追悼会在北京八宝山隆重举行。中共中央政治局九常委胡锦涛、吴邦国、温家宝、贾庆林、李长春、习近平、李克强、贺国强等全部到齐，前往八宝山送别钱学森。钱学森的校友、前中共中央总书记江泽民以及前国务院总理朱镕基也赶往八宝山吊唁。上万民众自发来到八宝山，为钱学森送最后一程。

2008年诺贝尔化学奖得主钱永健说："获知伯父钱学森去世的消息后，我们全家人都十分悲伤。但由于预先的工作安排难以改变，所以今天不能来北京参加伯父的追悼会，为此感到很难过。"虽然出生在美国的他未曾与伯父钱学森谋面，但他对自己的这位科学家伯父非常感兴趣，伯父的诸多成就和事迹，他都十分了解，更深刻地意识到钱学森对整个中国的重要性。

2009年11月6日上午，钱学森的追悼会在北京八宝山举行

钱永健的兄长、美国科学院院士钱永佑写长文表达追思。钱永佑说：

> 由于一些外在的因素，当时我和我的家人离开了中国，但一直以来，我们都跟国内的亲人保持着很好的联系。
>
> 跟世界上很多人一样，我和我的兄弟们都十分崇拜我的伯父，尤其是他的科学成就和不重名利的高贵品格。
>
> 即使在他晚年的时候，他的思维都非常敏捷。我曾经也通过他在美国加州理工大学的朋友转达过对他的问候，他非常高兴。
>
> 我的伯父一家都十分友善，对我们全家都很好。我女儿钱向民现在在中国，我伯父一家一直都很照顾她。
>
> 我母亲说，二战后，伯祖父（钱学森的父亲）作为家中的大家长为整个家族作出了很大的贡献。由于伯祖父的鼎力协助，我才能和母亲一道从中国赶去美国与父亲团聚。而在母亲和我去了美国后，伯祖父还代我们照顾家乡的奶奶，这让我们十分感动。所以，我们兄弟都十分感激伯父一家，他们所做的一切都对我们十分重要。

温家宝总理在出席钱学森追悼会之后，直接从八宝山乘车前往北京首都国际机场。11月6日上午9时许，温家宝总理乘坐的专机从北京飞往埃及。

随同温家宝总理出访的中国新闻社记者张朔，写下当时专机上的见闻：

> 以往经历告诉记者，专机飞稳后总理就会来记者舱看望记者。很快，温总理出现在记者面前。他像往常一样，与每个记者亲切握手，见到熟悉的面孔，都能叫出名字。但这次总理没有在记者席坐下来，而是把我们请到他在前舱的临时"办公室"。
>
> 温总理神情凝重地说："这两天，我的心情特别不好。"
>
> 现场顿时安静下来。
>
> "我今天早上去了八宝山给钱老（钱学森）送别，然后直接赶来机场的。"
>
> 温总理说："我是第一时间得知钱老去世消息的。钱老是我的老师，我们是忘年交。我非常怀念他。这些天，我一直在翻阅往日与他的通信和写的日记。"

温总理动情地回忆起与钱老长谈如何建设中国的生态文明，探讨能否开发地球深处能源等问题。在钱学森晚年，教育则是他们最主要的话题。温总理动情地说："今年8月，尽管钱老说话已很不清楚，由于我们交往时间久了，他的每一句话我都能听懂，我还给他当'翻译'……"

钱学森的追悼会没有悼词，但是就在追悼会举行的那天，新华社发表了相当于悼词的长达6000字的《钱学森同志生平》。《钱学森同志生平》称赞钱学森是"中国共产党的优秀党员，忠诚的共产主义战士，享誉海内外的杰出科学家和中国航天事业的奠基人"。《钱学森同志生平》用11个"第一"，概括了钱学森对于中国航天和国防科技事业作出的卓越贡献。

在结束本书的时候，笔者不由得记起钱学森出自肺腑的话：

我本人只是沧海之一粟，渺小得很。真正伟大的是中国人民，是中国共产党，是中华人民共和国！

一切成就归于党，归于集体，我本人只是恰逢其时，做了该做的工作，仅此而已。

我作为一名中国的科技工作者，活着的目的就是为人民服务。如果人民最后对我的一生所做的各种工作表示满意的话，那才是最高的奖赏。

后　记

我在1979年有幸结识钱学森先生，并多次有机会听取他的意见。不过，那只是工作上的聆教，从未想及要为钱学森写一部传记。

钱学森反对在生前写传记，而且极少接受媒体采访。钱学森的这一态度，并不始于他成为"两弹一星"元勋之后，而是早在1950年，他在美国加州理工学院就说过："人在临终前最好不要写书（传记），免得活着时就开始后悔。"

2006年8月29日，在上海交通大学出版社社长韩建民先生、总编辑张天蔚先生和江晓原教授的介绍下，我结识了钱学森之子钱永刚教授。那次会晤，可以说是本书的第一次策划会议。最初商定是以图片为主，配上简略的文字。

此后，我有机会多次访问钱永刚教授。我发现，钱永刚与当年的钱学森相貌酷似，简直可以说是钱学森的"拷贝"。钱永刚也像钱学森那么健谈，跟我无拘无束地聊他的"老爷子"，使我开始熟悉钱学森的生平，着手写作。不料在动手写作之后，文字并不那么"简略"，也就不是最初设想的以图片为主的了，而成了以文字为主、图片为辅的了，成稿后定名《走近钱学森》。

就在《走近钱学森》一书刚刚写完，2009年10月31日传来钱学森病逝的噩耗。为了纪念钱学森先生，上海交通大学出版社全力以赴，以极快的速度，在钱学森去世一个月的那天，出版了42万字的《走近钱学森》一书。

2009年12月5日，《走近钱学森》首发式在北京隆重举行。钱学森之子

左起：钱永刚、叶永烈、江晓原一起商谈写作钱学森传记事宜（2006年8月29日于上海）

钱永刚教授，"两弹一星"元勋孙家栋院士，航天英雄杨利伟，英雄航天员费俊龙、聂海胜等出席了首发式，使我深受感动。

在《走近钱学森》出版之后，我听取了众多读者方方面面的意见，作了订正，并由钱永刚教授提供采访线索，专程赴北京作了诸多补充采访，在《走近钱学森》基础上增加了20万字，使内容更加丰富、扎实，写成了《走近钱学森》（修订版）并由四川人民出版社出版。近日，我又重新对此书作了修订与校改，交由天地出版社出版——钱学森确实是中国当代一位富有传奇色彩的人物。

写作本书，我有三条"准则"：

一是钱学森本人很少谈及自己的身世和经历，因此也就留下许多想象的空间，关于他的讹传随之流传，其中不少是"真名人，假故事"。我在写作本书时不得不担负起"考证"史实的任务，期望本书能够清除这些虚构、胡编的污垢，但是也很难保证没有错误的窜入。

二是本书以广大年轻读者为主要阅读对象，让"70后""80后""90后"了解钱学森是怎么走过来的，"两弹一星"和载人航天是怎样走过来的，我们的共和国是怎么走过来的。期望年轻人能够传承钱学森精神，在未来能有千千万万个"新钱学森"手持火炬朝着科学的顶峰迅跑。

三是虽然"两弹一星"和载人航天涉及种种艰深的科学原理，本书却力求用明白而流畅的语言使每一个读者都能读懂钱学森。我希望能够写出一个平实可信的钱学森，坚持用事实说话。即使是对于钱学森的种种争议，也尽量用中肯、如实的文字向读者说清楚、道明白内中的来龙去脉、是非曲直，但不作"裁判"。

书中没有"火箭之父""导弹之父"之类颂扬性的称谓，钱学森本人也不喜欢对他的不实赞美。"知识就是力量"和"爱国主义是实现中华民族伟大复兴的强大动力"是贯穿全书的主旋律。

钱学森的一生，如同一部中国的"两弹一星"发展史。本书主要是写钱学森的生平，但是也写以钱学森为主的"两弹一星"群体，正如钱学森本人再三强调的，"两弹一星"是许多人共同努力的成果，所以我在着力刻画钱学森的形象的同时，也旁及"两弹一星"的统帅聂荣臻元帅，恳请钱学森"出山"的陈赓大将，钱学森的挚友郭永怀，钱学森手下三员"大将"——任新民、孙家栋和王永志……此外，还注意勾画与钱学森人生道路有着密切关联的各具特色的人物形象，其中包括父亲钱均夫、导师冯·卡门、夫人蒋英、堂弟钱学榘、慧眼识英才的叶企孙、"红色科学家"罗沛霖、"三钱"的另一钱——钱伟长等。我还注意勾画美国海军次长金贝尔、加州理工学院院长杜布里奇、钱学森好友弗兰克·E.马勃以及郭永怀夫人李佩的不同的鲜明个性。这样的众星拱月式的表述方式，也许会有助于读者对于钱学森传奇人生的更深理解。

在《走近钱学森》中，我也不回避关于钱学森的种种所谓"敏感问题"。钱学森不是生活在真空之中，他回国之后正是中国政治运动的"多产岁月"。钱学森也不得不在"大鸣大放"中与秘书互贴大字报，在"四清"运动中在工厂车间里坐在小马扎上接受"社会主义教育"，在"文化大革命"中写《关于空间技术名词统一问题》这样的纯粹科学技术文件时也不能不写上一段"最高指示"……离开了当年的政治环境，就很难理解这样的"中国特色"的细节。

我写及钱学森在1957年"反右派斗争"的两难境地。他作为中国科学界的头面人物，一方面不能不在各种会议上对"反右派斗争"作应景式的表态，一方面又出自内心对于与他同龄、同样在美国获得博士学位的导弹专家徐璋本的悲惨遭遇表示同情，甚至多次帮助因徐璋本被捕而在经济上陷入困境的徐璋本夫人。我也写及钱学森在"文化大革命"中的迷茫。在那动乱的岁月，钱学森一方面要尽力排除"文化大革命"对他所领导的"两弹一星"事业的严重干扰，一方面对国防科委副主任安东少将、卫星专家赵九章教授、导弹专家姚桐斌教授的非正常死亡表示深切的关注，尤其是对当年力劝他回国的资深的中共党员罗沛霖居然被打成"特嫌"而被捕感到难以置信……

感谢钱永刚教授、航天档案馆原馆长刘登锐先生、中国未来研究会韦锡新先生、钱学森堂甥陈天山等的认真指正，使我能够改正疏漏之处。

特别感谢90岁的钱月华、91岁的李佩、93岁的李锐、95岁的任新民等众多与钱学森相关的人士接受我的采访。

需要说明的是，本书中大多数照片是由钱永刚先生提供。凡是能够查到摄影者姓名的，均已标明。由于种种原因而未能查明摄影者姓名的，万望知情者在读了本书之后告知出版社，以便再版时补上，并寄发摄影稿酬。

本书中的钱学榘、钱永健照片是由陈天山先生提供。

叶永烈

于上海"沉思斋"

2018 年 11 月 21 日

附录一：钱学森年表

1911 年

12 月 11 日（阴历辛亥年十月廿一日）生于上海。钱学森出生之后随父母回到杭州。父亲钱家治（字均夫，1880—1969）曾留学日本。母亲章兰娟，杭州富商之女。

1914 年

父亲钱家治到北平民国政府教育部任职，迁居北京宣武门外。3 岁的钱学森随父到北京。

1917 年

不满 6 岁的钱学森入国立北京女子高等师范学校附属小学校（今北京市第二实验小学）。

1920 年

转校到国立北京高等师范学校附属国民学校高等小学校（今北京市第一实验小学）。

1923 年

7月，钱学森从北京师范大学校附属小学校毕业（1923年7月1日北京高等师范学校改为北京师范大学校）。

9月，入北京师范大学校附属中学校。

1929 年

北京师范大学校附属中学校毕业。秋，入交通大学机械工程学院，攻读铁道机械工程。

1930 年

暑假回杭州，染伤寒，休学1年。

1934 年

毕业于交通大学机械工程学院。

8月，赴南京中央大学参加清华大学庚款留美公费生考试。

10月，考取清华大学"航空机架"专业庚款留美公费生。在清华大学导师、空气动力学教授王士倬指导下到南京的航空工厂、南昌的航空学院，进行为期一年的实地考察和进修。

1935 年

8月20日，从上海乘坐"杰克逊总统号"邮轮横渡太平洋，9月3日抵达美国西雅图。前往波士顿，入麻省理工学院航空系学习。

1936 年

获麻省理工学院航空工程硕士学位。10月转入加州理工学院航空系，开始了与冯·卡门教授先是师生后是亲密合作者的情谊。

1937 年

秋，参加研究火箭的技术小组，他担当起了理论设计师的角色。

1938 年

和冯·卡门合作，发表重要论文《可压缩流体的边界层》《倾斜旋转体的超音速流》。

1939 年

6月，完成《高速气动力学问题的研究》等4篇博士论文，获美国加州理工学院航空与数学博士学位。重要论文《可压缩流体的二维亚音速流》阐明压力修正公式，后被学界称为"卡门—钱近似"公式。

1940 年

由于王助教授的推荐，钱学森成为成都航空研究所的通信研究员，写了题为《高速气流突变之测定》的专论，刊登在该所报告第二号。

1941 年

与冯·卡门共同撰写了《薄柱壳在轴压下的翘曲》，发表在《航空科学杂志》第8卷上。

1942 年

美国航空喷气公司成立，任该公司顾问。

发表论文《风洞的汇聚风斗之设计》。

经冯·卡门的推荐、经过美国宪兵总司令部人事安全主管巴陀上校的安全审核，于该年12月1日获得安全许可证。

受聘为加州理工学院喷气技术训练班教员，为美军培养火箭导弹军官。

1943 年

任加州理工学院喷气推进实验室喷气研究组组长。任加州理工学院助理教授。

与火箭专家马林纳合作，完成《远程火箭的评论与初步分析》的研究报告。

与冯·卡门一起撰写了《关于远程火箭抛射体可能性的综述》。

1944年

与冯·卡门、马林纳共同撰写的《关于喷气推进系统应用于导弹和跨声速飞机的比较研究的综述》，发表在同年的《喷气推进实验室报告》上。

12月1日美国国防部科学咨询团正式成立，由冯·卡门任团长。冯·卡门推荐钱学森到华盛顿参加他领导的美国国防部科学咨询团。钱学森辞去在加州理工学院担任的各项职务，到华盛顿参加国防部科学咨询组。

1945年

冯·卡门与钱学森合作，完成论文《非均匀流体机翼的升力线理论》，发表于《应用力学》季刊第三卷上。

4月，美国国防部派遣以冯·卡门为首、团员包括钱学森在内的咨询团，飞往德国，审讯德国火箭科学家，考察V-2火箭。钱学森参与审讯德国火箭科学家沃纳·冯·布劳恩、鲁道夫·赫曼。冯·布劳恩应钱学森的要求，写出书面报告《德国液态火箭研究与展望》。钱学森还考察了德军绝密的戈林空气动力学研究所，撰写多份报告，还访问了法国和英国。

冬，任加州理工学院副教授。

1946年

发表论文《超等空气动力学》《稀薄气体力学》，主编《喷气推进的新天地》论文集。

冯·卡门教授因与加州理工学院当局产生分歧而辞职，转往麻省理工学院任教。作为冯·卡门的学生，钱学森也于暑期离开加州理工学院，跟随冯·卡门回到麻省理工学院，任麻省理工学院航空系副教授。

1947年

2月，经冯·卡门推荐，成为麻省理工学院的正教授，而且成为该校最年轻的终身教授。

7月，趁学校放暑假，向麻省理工学院请假，回国探亲。在回国期间，国民党政府教育部派人与钱学森洽谈出任交通大学校长事宜。

9月17日，钱学森和比他小8岁的蒋英在上海沙逊大厦举行婚礼。

9月26日，乘飞机离开上海，前往美国波士顿麻省理工学院。1个多月后，蒋英也来到美国波士顿。

1949 年

5月12日，当选为美国艺术与科学院（American Academy of Arts and Sciences）院士。

初夏，钱学森和冯·卡门一起返回加州理工学院，钱学森出任该院喷气推进中心主任，同时担任航空系教授，继续兼任航空喷气公司的顾问。

1950 年

6月6日，钱学森正在洛杉矶加州理工学院的办公室里工作，突然遭到美国联邦调查局两名探员的审问，宣称有足够的证据表明，钱学森是美国共产党党员，从此钱学森开始了漫长的五年的磨难和抗争。

9月7日，美国联邦调查局的探员们包围了位于洛杉矶帕萨迪纳的钱学森住宅。钱学森被拘留。当天，钱学森被吊销了安全许可证，从此不能再涉足美国国防机密研究工作。

中国科学院院长郭沫若、中华全国自然科学专门学会联合会主席李四光等许多中国科学家发表声明，抗议美国当局非法拘捕钱学森。

在加州理工学院院长杜布里奇和从欧洲赶回的冯·卡门的努力之下，9月22日钱学森获释，结束了15天的拘禁之灾。但是，钱学森仍处于软禁之中。

1951 年

4月26日，美国洛杉矶帕萨迪纳移民局通知钱学森，他的案件经过审理，认定他"曾经是美国共产党员的外国人"。依据美国国家安全条例的规定，凡是企图颠覆美国政府的外国人，必须驱逐出境。因此，帕萨迪纳移民局决定驱逐钱学森。但是，移民局马上受到来自华盛顿的干涉，要求暂缓执行对钱学森"驱逐出境"的决定。于是，对钱学森"驱逐出境"的裁定，就一直被拖着。钱学森处于无限期的软禁之中。

1954 年

署名"Tsien，H. S"（钱学森）的 Engineering Cybernetics（即《工程控制论》），由美国 McGraw-Hill 出版社出版。该书俄文版、德文版、中文版分别于1956年、1957年、1958年出版。1980年《工程控制论》（修订版）出版。

1955年

6月15日，钱学森写好给中国人大副委员长陈叔通先生的求救信，夹在蒋英寄给旅居比利时妹妹蒋华的信中，从比利时转往中国。陈叔通迅即把信交给周恩来总理。

8月2日，中美大使级会谈第二次会议在日内瓦举行。根据周恩来总理的指示，中方代表王炳南在会谈时出示钱学森致陈叔通的信。美方代表无言以对，表示马上向美国政府传达。

8月5日，美国司法部移民归化局通知钱学森，允许他离开美国。

9月17日，钱学森一家乘"克利夫兰总统号"邮轮从洛杉矶离开美国。

10月8日上午，"克利夫兰总统号"邮轮抵达香港。中午钱学森抵达深圳，晚上到达广州。

10月12日，钱学森一家抵达上海，与父亲团聚。

10月28日，钱学森一家乘火车抵达北京。中国科学院副院长吴有训和首都著名科学家华罗庚、周培源、钱伟长、赵忠尧等20多人在火车站热烈欢迎钱学森一家。

11月5日，国务院副总理陈毅接见钱学森，代表中央人民政府欢迎钱学森归来。

11月25日，钱学森访问哈尔滨的中国人民解放军军事工程学院，院长陈赓大将专程从北京飞来，与钱学森商谈研制导弹事宜。

12月26日，国防部长彭德怀元帅在陈赓的陪同下，会见钱学森，商谈研制导弹事宜。

1956年

1月6日，中国科学院力学研究所筹备组召开了全所人员大会。会上，钱学森作了题为"关于力学研究方法"的讲话。

1月16日，陈毅副总理亲笔签署批复了中国科学院《关于成立力学研究所的报告》。随后，中国科学院发文，任命钱学森为力学研究所所长，钱伟长任力学研究所副所长。

1月，在陈赓大将的安排下，钱学森在北京给在京的军事干部讲《导弹概论》，连讲三场。

1月30日至2月7日，中国人民政治协商会议第二届全国委员会第二次全体会议在北京召开。钱学森成为新增全国政协委员。

2月1日，毛泽东举行盛大宴会，宴请全国政协委员。毛泽东请钱学森坐在他的身边。

2月17日，按照周恩来总理的意见，钱学森向国务院递交《建立我国国防航空工业的意见书》——当时为保密起见，用"国防航空工业"这个词来代表火箭、导弹。钱学森就发展中国的导弹事业从领导、科研、设计、生产等方面提出了建议。

6月，以力学科学家身份访问苏联。

10月8日，钱学森任院长的国防部第五研究院成立。

1957年

所著《工程控制论》获中国科学院1956年度科学奖金（自然科学部分）一等奖。

2月18日，国务院总理周恩来签署任命书，任命钱学森为国防部第五研究院院长，兼任该院一分院（即今日的中国运载火箭技术研究院）院长。

当选为中国力学学会第一届理事会理事长。1982年当选为中国力学学会名誉理事长。

9月7日起作为中国政府工业代表团成员，考察了苏联的导弹基地，与苏联的导弹专家进行了交流，访苏1个多月。

在中国科学院第二次学部委员（院士）大会上，被增聘为中国科学院学部委员（院士）。

在法国巴黎召开的国际自动控制联合会成立大会上，当选为该会第一届理事会常务理事。

1958年

年初，向组织郑重提出入党要求。

参与创建中国科学技术大学，任力学和力学工程系（后更名为近代力学系）主任。

8月，主持起草了一份给党中央的报告，说明发射人造地球卫星对于推动尖端科技发展的重要意义。

8月28日，毛泽东在中南海丰泽园接见钱学森与钱三强。

10月27日，毛泽东参观中国科学院科学成果展览会，并第三次接见钱学森。

1959年

1月5日，中国科学院党委通知力学所党总支：钱学森"已被接收为中国共产党预备党员，预备期一年，自1958年10月16日至1959年10月16日"。

当选第二届全国人民代表大会代表，后来相继当选为第三、第四、第五届全国人民代表大会代表。

11月12日，力学所所办支部大会一致通过钱学森转正。从此，钱学森成为中国共产党的正式党员。

1960年

3月，改任国防部第五研究院副院长，并不再兼任该院一分院院长。

9月，中国第一枚仿制的"1059"近程地对地弹道导弹在钱学森领导下总装圆满完成。

11月5日，"1059"导弹发射成功。

1961年

当选为中国自动化学会第一届理事会理事长。

领导研制中国自行设计和制造的"东风-2号"中程地对地导弹。

1962年

3月21日，"东风-2号"导弹首次发射失败。钱学森负责调查、总结工作。开始研制经过改进的"东风-2A号"中程地对地导弹。

《物理力学讲义》出版。

1963年

《星际航行概论》出版。

9月，"东风-2A号"中程地对地导弹完工。这项工程包括22个系统，经严格验收，全部合格。

1964年

2月6日，毛泽东在中南海寓所接见钱学森、李四光和竺可桢。

6月29日，中国自行设计的第一枚中程地对地导弹"东风-2A号"在钱学森的领导下，终于发射成功。

12月26日，毛泽东71岁生日，钱学森与邢燕子、董加耕、陈永贵等应邀到中南海出席毛泽东生日宴会。

1965年

1月4日，第七机械工业部成立，任副部长。

1月8日，向国务院提出报告，建议早日制订中国人造地球卫星研制计划并列入国家任务。

3月20日，中央专委会议批准第七机械工业部"八年四弹"规划。所谓"八年四弹"，就是在1965年至1972年的8年时间里，研制成功用于"两弹结合"的增程的中近程液体弹道导弹，中程、中远程、远程液体弹道导弹。

4月29日，国防科委向中央专门委员会提出了在1970年或1971年发射重量为100千克左右的第一颗人造地球卫星的设想。这是国防科委副主任张爱萍将军邀请张劲夫、钱学森、孙俊人及国家科委、国防工办专业局的负责同志和专家进行研究之后提出的报告。

担任中国第一枚核导弹研制的领导工作。

1966年

10月27日9时，"东风-2A"核导弹点火升空，9分14秒后核弹头在距发射场894千米之外的罗布泊弹着区靶心上空569米的高度爆炸，发射圆满成功。

12月，中程导弹"东风-3号"发射成功。

《气体动力学诸方程》出版。

1967年

8月，成立了空间技术研究院筹备处（又称"651"筹备处），由钱学森担任筹备处负责人。

11月，国防科委批准了由钱学森代表空间技术研究院筹备处提出的编制方案，确定了研究院的任务以及各组成单位的方向、任务、分工等。

1968年

1月8日，以钱学森为负责人的空间技术研究院筹备处首次召开"中国第一艘载人飞船总体方案设想论证会"，对"曙光-1号"飞船方案进行论证。

经毛泽东主席、国务院、中央军委批准，解放军第五研究院正式成立，任命钱学森为首任院长，全面负责人造地球卫星的研制以及空间科学研究工作。

中远程导弹"东风-4号"发射成功。钱学森认为，可以在"东风"型系列导弹的研制经验的基础上，制造人造地球卫星运载火箭。

1969年

当选为中国共产党第九次全国代表大会代表和第九届中央委员会候补委员。此后相继当选为第十、第十一、第十二、第十三、第十四、第十五次全国代表大会代表，第十、第十一、第十二届中央委员会候补委员，是中国共产党第十六次、第十七次代表大会特邀代表。

8月23日，父亲钱均夫病逝于北京，终年87岁。

1970年

1月30日，作为卫星的运载火箭的第一枚"长征-1号"火箭试射成功。

3月21日，中国第一颗人造地球卫星——"东方红-1号"完成总装任务。

3月，将研制"返回式遥感卫星"列为国家重点项目。

4月24日，中国第一颗人造地球卫星发射成功。

5月1日，国际劳动节晚上，毛泽东主席、周恩来总理在天安门城楼上接见了钱学森、任新民、孙家栋等参加第一颗卫星工程研制的代表。

7月，钱学森调到国防科学技术委员会担任副主任。

7月14日，毛泽东主席圈阅了钱学森主持起草的中国发展载人飞船的报告，报告提出第一艘飞船计划于1973年年底发射升空，叫"714工程"。

11月9日，国防科委和第七机械工业部在北京京西宾馆为落实"714工程"，联合召开"曙光-1号"飞船方案论证会。在钱学森主持下，200多名专家出席会议。

1971年

3月3日,"长征-1号"火箭把"实践-1号"科学探测试验卫星成功送上太空。

4月,来自全国80多个单位的400多名专家学者云集北京京西宾馆,空间技术研究院院长钱学森主持讨论,主题是"714工程"。

5月15日,空军"宇航员训练筹备组"正式成立。

9月13日,爆发了林彪摔死在蒙古温都尔汗的"九一三"事件,空军司令员吴法宪是林彪集团重要成员,空军也就成为"批林运动"的重点。"714工程"叫停。

1973年

返回式遥感卫星进入研制阶段。

1974年

8月1日,中央军委发布命令,将中国自行设计制造的第一艘核动力潜艇命名为"长征一号",编入海军战斗序列。同日,中央军委为这艘潜艇举行了庄严的军旗授予仪式。海军司令员萧劲光、国防科委副主任钱学森等参加了潜艇的交接命名大会。从此,人民海军进入了拥有核潜艇的新阶段。这艘核潜艇是1970年12月26日建成下水的。

1975年

1月,在四届人大召开前夕,周恩来总理抱病从北京飞到湖南长沙,向病中的毛泽东主席请示工作。周恩来递交了四届人大代表名单。毛泽东说:"不看了。但是我想起两个人,一个是钱学森,一个是侯宝林,请你查查人大代表里有没有,如果没有,就把他们补上。"周恩来一查,钱学森在"文化大革命"中是保护对象,所以仍在人大代表名单之中。

11月26日,中国用"长征-2号"火箭发射了首颗返回式遥感卫星,卫星准确进入预定轨道,5天后成功地返回,中国成为世界上第三个掌握卫星返回技术的国家。

开始研制第一颗地球"静止轨道试验性通信卫星",即同步卫星。

1976 年
1月8日,周恩来总理病逝。钱学森说:"许多党外人士说,我们是认识周恩来才认识中国的,相信周恩来才相信中国的。"

1977 年
6月29日,钱学森约访周培源,就"文化大革命"期间被迫中断活动的中国科协及学会如何恢复活动交换意见。

1978 年
3月,出席全国科学大会。

9月27日,《文汇报》在第一版右方头条地位刊出钱学森、许国志、王寿云的《组织管理的技术——系统工程》。

1979 年
当选为中国宇航学会名誉理事长。

1980 年
当选为中国科学技术协会第二届全国委员会副主席。此后,1986 年当选为中国科学技术协会第三届全国委员会主席;1991 年在中国科学技术协会第四届全国委员会第一次全体会议上,被授予中国科学技术协会名誉主席称号。

当选为中国空气动力学研究会(1989 年更名为中国空气动力学会)名誉理事长。

当选为中国系统工程学会名誉理事长。

1982 年
任国防科学技术工业委员会科学技术委员会副主任。

《论系统工程》出版,1988 年《论系统工程》(增订版)出版。

1983 年

提出建立园林学。

提出建立地球表层学与数量地理学。

3月14日,在航天医学工程研究所(即507所)作"关于科学道德"的报告。从那时起,在航天医学工程研究所作报告、发言100多次,谈人体科学研究。

1984 年

在中国科学院第五次学部委员(院士)大会上,被增选为中国科学院主席团执行主席。

1986 年

在政协第六届全国委员会第四次全体会议上,被增选为政协第六届全国委员会副主席,并相继当选为政协第七、第八届全国委员会副主席。1988年兼任政协第七届全国委员会科学技术委员会主任。

因对我国战略导弹技术的贡献,作为第一获奖者和屠守锷、姚桐斌、郝复俭、梁思礼、庄逢甘、李绪鄂等获1985年度国家科技进步奖特等奖。

《关于思维科学》出版。

1987 年

《社会主义现代化建设的科学和系统工程》出版。

1988 年

被聘为国防科学技术工业委员会科学技术委员会高级顾问。

《论人体科学》出版。

1989 年

获国际技术与技术交流大会和国际理工研究所授予的"W.F. 小罗克韦尔奖章",获"世界级科学与工程名人"和"国际理工研究所名誉成员"称号。

《创建人体科学》出版。

1990年

在《自然》杂志第 13 卷第 1 期发表钱学森、于景元、戴汝为的《一个科学新领域——开放的复杂巨系统及其方法论》。

1991年

10 月 16 日，获国务院、中央军委授予的"国家杰出贡献科学家"荣誉称号和中央军委授予的"一级英雄模范奖章"。

《钱学森文集》（1938—1956）出版。

1992年

在中国科学院第六次学部委员（院士）大会上，被聘为中国科学院学部主席团名誉主席。

1994年

在中国工程院第一次院士大会上，被选聘为中国工程院院士。

《论地理科学》出版。

《城市学与山水城市》出版，1996 年《城市学与山水城市》（第二版）出版。1999 年，作为上述两本书的续集《山水城市与建筑科学》出版。

《科学的艺术与艺术的科学》出版。

1995年

获何梁何利基金颁发的首届（1994 年度）"何梁何利基金优秀奖"（后改称"何梁何利基金科学与技术成就奖"）。

1996年

4 月，交通大学百年校庆之际，由江泽民总书记题写馆名，第一次以中国大陆境内健在科学家的名字命名的图书馆——钱学森图书馆，在西安交通大学隆重举行命名仪式。该图书馆坐落在西安交通大学的四大发明广场。

《人体科学与现代科技发展纵横观》出版。

1998 年

在中国科学院第九次院士大会和中国工程院第四次院士大会上，被授予"中国科学院资深院士""中国工程院资深院士"称号。

《论人体科学与现代科技》出版。

1999 年

获中共中央、国务院、中央军委颁发的"两弹一星功勋奖章"。

2000 年

《钱学森手稿（1938—1955）》出版。

2001 年

经国际小行星中心和国际小行星命名委员会审议批准，将中国科学院紫金山天文台发现的国际编号为 3763 号小行星，正式命名为"钱学森星"。

《论宏观建筑与微观建筑》出版。

《第六次产业革命通信集》出版。

《创建系统学》出版。

11 月 7 日，获霍英东奖金委员会颁发的第二届"霍英东杰出奖"（中国地区）。

12 月 9 日，专程从美国赶来的老朋友富兰克·马勃教授，受加州理工学院院长 D. 巴尔的摩的委托授予钱学森该校 1979 年颁发的"杰出校友奖"。

2002 年

被聘为解放军总装备部科学技术委员会高级顾问。

杭州市园林文物保护局和杭州市上城区政府着手修缮方谷园 2 号钱学森故居。

2003 年

内蒙古沙产业草产业协会成立时，欣然接受协会"名誉顾问"的头衔。这是钱学森晚年接受的仅有的两个社会职务之一，可见他对于沙产业、草产业的关注。

10月16日，亲笔写下："热烈祝贺神舟五号发射成功，向新一代航天人致敬！"

2004 年

元宵节，中央军委委员、解放军总装备部部长李继耐、中国载人航天工程总设计师王永志和中国首位航天员杨利伟看望钱学森。

2005 年

3月29日，在解放军总医院的病房里和身边的工作人员谈要重视培养创新人才。

4月，《智慧的钥匙——钱学森论系统科学》一书在上海首发。

10月，各方隆重纪念钱学森归国50周年。

2006 年

11月17日，《导弹概论》手稿影印版首发式在京举行。2010年该书再版。

2007 年

上海交通大学出版社陆续出版《钱学森系统科学思想文库》（四卷本）、《水动力学讲义手稿》、《集大成 得智慧——钱学森谈教育》、《物理力学讲义》（新世纪版）等钱学森著作。

《钱学森书信》（十卷本）出版。

2008 年

1月19日，胡锦涛总书记看望97岁的钱学森。

被美国《航空与空间技术》周刊评为2007年度人物。

被中央电视台评为"感动中国2007年度人物"。

《"火箭技术概论"手稿及讲义》（两卷本）及《钱学森书信选》（两卷本）出版。

2009 年

3月28日，"世界因你而美丽——2008影响世界华人盛典"在北京大学举行,获"终身成就最高荣誉大奖"。

9月10日,当选为中央宣传部等11个部门联合组织评选的"新中国成立以来感动中国人物"。

10月31日上午8时6分,因病在北京去世,终年98岁。

《钱学森讲谈录——哲学、科学、艺术》《钱学森建筑科学思想探微》《钱学森论沙产业、草产业、林产业》出版。

2010 年

《钱学森论山水城市》《钱学森知识密集型草产业及第六次产业革命的理论与实践》《钱学森论建筑科学》出版。

附录二：钱学森著作一览（含他人编辑）
（国内出版社出版）

从飞机导弹说到生产过程自动化	1956	科学普及出版社
工程控制论	1958	科学出版社
物理力学讲义	1962	科学出版社
星际航行概论	1963	科学出版社
气体动力学诸方程	1966	科学出版社
论系统工程*	1982	湖南科学技术出版社
关于思维科学*	1986	上海人民出版社
（新学科丛书之一）		
社会主义现代化建设的科学和系统工程	1987	中共中央党校出版社
论人体科学*	1988	人民军医出版社
论系统工程·增订版*	1988	湖南科学技术出版社
（系统科学与系统工程丛书）		
论人体科学	1989	四川教育出版社
（现代体育科学丛书）		
创建人体科学*	1989	四川教育出版社
现代科学技术与科技政策	1991	中共中央党校出版社
钱学森文集（1938—1956）	1991	科学出版社

论地理科学 *	1994	浙江教育出版社
城市学与山水城市 *	1994	中国建筑工业出版社
科学的艺术与艺术的科学	1994	人民文学出版社
城市学与山水城市（第二版）*	1996	中国建筑工业出版社
人体科学与现代科技发展纵横观	1996	人民出版社
论人体科学与现代科技	1998	上海交通大学出版社
山水城市与建筑科学 *	1999	中国建筑工业出版社
钱学森手稿（1938—1955）	2000	山西教育出版社
论宏观建筑与微观建筑	2001	杭州出版社
钱学森论第六次产业革命通信集	2001	中国环境科学出版社
创建系统学	2001	山西科学技术出版社
智慧的钥匙——钱学森论系统科学	2004	上海交通大学出版社
"导弹概论"手稿	2006	中国宇航出版社
"水动力学讲义"手稿	2007	上海交通大学出版社
工程控制论（新世纪版） 　　（钱学森系统科学思想文库之一）	2007	上海交通大学出版社
论系统工程·增订版 *（新世纪版） 　　（钱学森系统科学思想文库之二）	2007	上海交通大学出版社
创建系统学（新世纪版） 　　（钱学森系统科学思想文库之三）	2007	上海交通大学出版社
集大成　得智慧——钱学森谈教育	2007	上海交通大学出版社
钱学森书信（十卷本）	2007	国防工业出版社
物理力学讲义（新世纪版）	2007	上海交通大学出版社
"火箭技术概论"手稿及讲义（两卷本）	2008	中国科学技术大学出版社
钱学森书信选（两卷本）	2008	国防工业出版社
星际航行概论（简体字版）	2008	中国宇航出版社
钱学森讲谈录——哲学、科学、艺术	2009	九州出版社
钱学森建筑科学思想探微	2009	中国建筑工业出版社
钱学森论沙产业、草产业、林产业 　　（钱学森第六次产业革命思想探微丛书之一）	2009	西安交通大学出版社
"导弹概论"手稿（第二版）	2010	中国宇航出版社

钱学森论山水城市	2010	中国建筑工业出版社
钱学森知识密集型草产业及第六次产业革命的理论与实践*	2010	中国农业出版社
钱学森书信选	2010	海宁博物馆
钱学森论建筑科学	2010	中国建筑工业出版社
钱学森现代军事科学思想* （钱学森科学技术思想研究丛书之三）	2011	科学出版社
钱学森论火箭导弹和航空航天* （钱学森科学技术思想研究丛书之四）	2011	科学出版社
钱学森系统科学思想文选	2011	中国宇航出版社
钱学森文集——1938—1956海外学术文献（两卷本）	2011	上海交通大学出版社
钱学森力学手稿（十卷本）	2011—2012	西安交通大学出版社
钱学森 宋平论沙草产业 （学习探索钱学森沙草产业理论丛书之一）	2011	西安交通大学出版社
钱学森论系统科学·讲话篇 （钱学森科学技术思想研究丛书之六）	2011	科学出版社
嘉言懿行：钱学森言论选编	2011	国防工业出版社
钱学森文集（六卷本）	2012	国防工业出版社
钱学森书信补编（五卷本）	2012	国防工业出版社
钱学森读报批注	2012	国防工业出版社
钱学森思维科学思想 （钱学森科学技术思想研究丛书之九）	2012	科学出版社
钱学森讲谈录——哲学、科学、艺术（增订版）	2012	九州出版社
钱学森论系统科学·书信篇 （钱学森科学技术思想研究丛书之十四）	2012	科学出版社
钱学森建筑科学书信手迹	2013	国防工业出版社
钱学森论大成智慧	2014	清华大学出版社
第六次产业革命	2015	清华大学出版社

注：标*的著作为与他人合著。